杨岐派史

徐文明 著

中国社会科学出版社

图书在版编目(CIP)数据

杨岐派史 / 徐文明著. —北京：中国社会科学出版社，2018.5
ISBN 978-7-5203-2524-0

Ⅰ.①杨…　Ⅱ.①徐…　Ⅲ.①杨歧宗—佛教史　Ⅳ.①B946.5

中国版本图书馆 CIP 数据核字(2018)第 103392 号

出 版 人	赵剑英
责任编辑	冯春凤
责任校对	王　卿
责任印制	张雪娇

出　　版	中国社会科学出版社
社　　址	北京鼓楼西大街甲 158 号
邮　　编	100720
网　　址	http://www.csspw.cn
发 行 部	010-84083685
门 市 部	010-84029450
经　　销	新华书店及其他书店

印刷装订	北京君升印刷有限公司
版　　次	2018 年 5 月第 1 版
印　　次	2018 年 5 月第 1 次印刷

开　　本	710×1000　1/16
印　　张	50.25
插　　页	2
字　　数	796 千字
定　　价	160.00 元

凡购买中国社会科学出版社图书，如有质量问题请与本社营销中心联系调换
电话：010-84083683
版权所有　侵权必究

目　　录

前言 ································· (1)
第一章　杨岐派的兴起 ························· (1)
　第一节　石霜楚圆生平与禅法 ···················· (1)
　第二节　杨岐方会与杨岐派的创立 ··················· (10)
　第三节　保宁仁勇禅师生平事迹 ···················· (23)
第二章　白云守端与早期杨岐派 ····················· (37)
　第一节　白云守端生平与禅法 ······················ (37)
　第二节　白云守端门下 ·························· (51)
　第三节　云盖智本及其法系 ······················· (56)
第三章　五祖法演与杨岐派的振兴 ··················· (64)
　第一节　五祖法演生平 ·························· (64)
　第二节　五祖法演门下 ·························· (77)
　第三节　九顶清素事迹 ·························· (84)
第四章　开福道宁及其法系 ······················· (93)
　第一节　开福道宁事迹 ·························· (93)
　第二节　月庵善果生平 ························· (100)
　第三节　月庵善果门下 ························· (106)
　第四节　大洪祖证、月林师观法系 ··················· (121)
　第五节　黄龙慧开法系与杨岐派东传日本 ··············· (128)
　第六节　孤峰德秀与皖山正凝法系 ··················· (135)
　第七节　蒙山德异与杨岐派传入高丽 ·················· (140)
　第八节　石霜妙印法系 ························· (148)
　第九节　竺源永盛一系 ························· (153)

第五章　佛鉴惠勤法系 ……………………………………（161）
 第一节　佛鉴惠勤 ………………………………………（161）
 第二节　惠勤门下 ………………………………………（166）
 第三节　南华智昺 ………………………………………（189）

第六章　佛眼清远法系 ……………………………………（195）
 第一节　佛眼清远 ………………………………………（195）
 第二节　佛眼门下 ………………………………………（206）
 第三节　高庵善悟一系 …………………………………（218）
 第四节　白杨法顺一系 …………………………………（228）
 第五节　云居法如一系 …………………………………（231）
 第六节　牧庵法忠一系 …………………………………（239）
 第七节　乌巨道行一系 …………………………………（244）
 第八节　鼓山士珪一系 …………………………………（261）

第七章　圆悟克勤 …………………………………………（273）
 第一节　圆悟克勤生平 …………………………………（273）
 第二节　圆悟克勤门下 …………………………………（282）
 第三节　此庵景元禅师生平及其法系 …………………（299）

第八章　大慧宗杲及其法系 ………………………………（309）
 第一节　大慧宗杲生平 …………………………………（309）
 第二节　大慧宗杲门下 …………………………………（318）
 第三节　无用净全一系 …………………………………（343）

第九章　佛照德光 …………………………………………（349）
 第一节　佛照德光生平 …………………………………（349）
 第二节　佛照德光门下 …………………………………（351）
 第三节　北磵居简、物初大观法系 ……………………（379）
 第四节　天泉祖渊与临济法派 …………………………（383）

第十章　浙翁如琰及其法系 ………………………………（387）
 第一节　浙翁如琰 ………………………………………（387）
 第二节　大川普济事迹 …………………………………（389）
 第三节　偃溪广闻 ………………………………………（392）

| 第四节　淮海原肇 ································· (396)
| 第五节　介石智朋 ································· (400)
| **第十一章　虎丘绍隆及其法系** ······························ (403)
| 第一节　虎丘绍隆 ································· (403)
| 第二节　应庵昙华 ································· (406)
| 第三节　密庵咸杰 ································· (414)
| 第四节　痴绝道冲 ································· (423)
| **第十二章　松源崇岳及其法系** ······························ (432)
| 第一节　松源崇岳 ································· (432)
| 第二节　松源崇岳门下 ····························· (436)
| 第三节　云巢道岩 ································· (439)
| 第四节　虚舟普度 ································· (443)
| 第五节　虚堂智愚 ································· (446)
| 第六节　石溪心月生平事迹 ························· (453)
| **第十三章　破庵祖先及其法系** ······························ (468)
| 第一节　破庵祖先 ································· (468)
| 第二节　石田法薰 ································· (474)
| 第三节　即庵慈觉 ································· (487)
| **第十四章　无准师范及其法系** ······························ (490)
| 第一节　无准师范 ································· (490)
| 第二节　西岩了慧 ································· (505)
| 第三节　别山祖智 ································· (510)
| 第四节　希叟绍昙 ································· (521)
| 第五节　环溪惟一 ································· (526)
| **第十五章　断桥妙伦及其法系** ······························ (540)
| 第一节　断桥妙伦 ································· (540)
| 第二节　断桥妙伦门下 ····························· (547)
| 第三节　方山文宝 ································· (553)
| **第十六章　无际了悟及其法系** ······························ (569)
| 第一节　无际了悟及道林寺法系 ····················· (569)

第二节　楚山绍琦 …………………………………………… (576)
　　第三节　德山翠峰 …………………………………………… (581)
　　第四节　憨山德清 …………………………………………… (590)
第十七章　雪岩祖钦及其法系 …………………………………… (596)
　　第一节　雪岩祖钦 …………………………………………… (596)
　　第二节　雪岩祖钦门下 ……………………………………… (601)
　　第三节　高峰原妙及其法系 ………………………………… (606)
　　第四节　梦东际醒与禅宗的净土化 ………………………… (621)
第十八章　密云圆悟及其法系 …………………………………… (627)
　　第一节　密云圆悟 …………………………………………… (627)
　　第二节　密云圆悟门下 ……………………………………… (630)
　　第三节　木陈道忞 …………………………………………… (634)
　　第四节　万如通微一系在北京地区的传播 ………………… (647)
第十九章　杨岐派的海外传播 …………………………………… (651)
　　第一节　杨岐派与日本禅宗 ………………………………… (651)
　　第二节　杨岐派传入朝鲜半岛 ……………………………… (657)
　　第三节　杨岐派在越南的传播 ……………………………… (661)
参考文献 …………………………………………………………… (674)
杨岐宗大事记 ……………………………………………………… (684)
杨岐宗史传承图 …………………………………………………… (781)
后记 ………………………………………………………………… (795)

前　言

自从六祖惠能曹溪一枝分为南岳、青原二系之后，复起五宗，其中临济最盛。临济一宗，自北宋石霜楚圆以下，又分黄龙、杨岐两派，黄龙崛起在先，杨岐大盛于后。北宋末期，五祖法演门庭鼎盛，下出"三佛一宁"，各领风骚，达数百年。四位大师之下，人物之盛，不胜枚举，其著者自然首推大慧宗杲、虎丘绍隆。

大慧以不世出之英才，挺生世间，门下过百，无可与抗，俊才辈出，难以备述，而以佛照德光一系，传承最为久远。虎丘系经应庵昙华、密庵咸杰、破庵祖先之后，开始崛起，松源崇岳一系兴盛一时，不仅遍及江南，更是法流海外，远传日本。破庵祖先下出石田法薰、无准师范二甘露门，无准师范主径山十八载，下出雪岩祖钦、断桥妙伦二系，成为杨岐派的主流。

断桥系经方山文宝、无见先睹、白云智度、古拙俊等之后，在明朝中期以无际了悟一系为最盛，仅仅门人楚山绍琦一系，就有二百法嗣，其门庭之盛、势力之大，可见一斑。此派以月溪惟澄一系为主枝，一直传到清朝。

雪岩系经高峰原妙、中峰明本、千岩元长、万峰时蔚、海舟普慈、宝峰明瑄、天奇本瑞、无闻正聪、笑岩德宝、幻有正传，正传下出密云圆悟、雪峤圆信、天隐圆修等，圆悟下出木陈道忞、破山海明等十二门人，成为杨岐派的正传，影响至今。

南宋晚期之后，黄龙派难觅行迹，杨岐派基本上成为临济宗唯一的代表。五宗之中，沩仰最先兴起，五世而绝，云门大盛于北宋，南宋中期便行衰微，虽然在金元之时盛于北方，至明则绝。法眼一宗，北宋末即衰，然而到了清朝却突然出现，不知何故，然而未成主流，影响不大。曹洞宗至北宋大阳警玄之后，事实上已经灭绝了，经过浮山法远代传，投子义青复振，死中得活，绵延不绝。明朝之后，基本上成为临济与曹洞两家并存的局面，而曹洞势力一直不如临济，是故有"临天下、曹一角"之说，而这一局面，当然是杨岐派所缔造的。

杨岐派崛起于南宋，到了中后期，除了天童如净之外，五山住持几乎全都属于杨岐派，形成垄断的局面。元朝时期有所减弱，因为北方云门宗依然活跃，曹洞宗也在复兴，然而到了明清时期还是占有压倒性的优势。

在杨岐派的发展过程之中，出现过众多的支系，也有很多大师，如风起云涌、潮起潮落，气象之盛，人物之多，无法尽述。本书力求将一些不为学界关注的小支派全部囊括，无所遗漏，而对那些学界关注较多的主流宗派则只述其主枝，并不全写。

禅宗在发展过程中出现了法派，杨岐派最早演派者为蒙山德异，但其法派并未流传下来，后世影响最大者为天泉祖渊派和突空智昇派，前者五字一句，后者四字，然而后世对其情况不明，误祖渊为"祖定"、智昇为"智板"。本书对这两个字派的产生和流传也进行了论述。

由于时间与篇幅、能力等方面的限制，很多目标无法完成，一些重要人物和支派也只好割爱，只能留待后日写临济宗时再行弥补。

第一章 杨岐派的兴起

第一节 石霜楚圆生平与禅法

石霜楚圆（986—1039）为汾阳善昭门人，为宋代临济宗著名禅师，其下出黄龙慧南与杨歧方会两家，从而使临济宗真正走向繁荣。虽然成书于景祐三年（1036）的《天圣广灯录》卷十八已经收有楚圆的语录，但对其生平事迹则无一语道及，有关楚圆生平的史料最早且最重要的是《建中靖国续灯录》和《禅林僧宝传》。

据《建中靖国续灯录》卷四：

> 潭州兴化禅院慈明禅师
> 讳楚圆，姓李氏，全州人也。童稚神悟，迥与众殊。依隐静寺出家受具，摄衣游方，遍参知识。最后访汾阳昭禅师。昭预谓首座曰："非久当有异僧至，传持吾道。"
> 一日，遂率首座游山。座曰："何往？"
> 昭曰："接待者去。"
> 座曰："老和尚颠倒作什么？"
> 昭曰："但去游山。"遂步林间，果逢师至。乃曰："此真吾侍者矣。"
> 即与同归，令造丈室。一言玄契，洞彻心源。执持巾瓶，经于一纪。后欲辞行，昭乃谓曰："子之法器，吾已久知。吾在首山先师处亲证三昧王，研穷之要，今付于汝，汝善护持。宜往南方，大兴吾道。"
> 师受嘱已，径造江西筠州洞山宝禅师法席，终日壁坐。宝即异之，下而问曰："达磨九年面壁，意旨如何？"

师云:"空腹高心。"

翌日,宝升座,推为导首。

师出世四十年,五坐道场。都尉李侯遵勖奏赐章服、师号。①

《联灯会要》卷十二的记载与《续灯录》基本一样,只是增加了他辞别汾阳善昭时的一个小故事,去掉了开法四十年的说法。

《禅林僧宝传》相关传记比较详细,但限于篇幅,不能具引,其中关键,是言楚圆二十二岁受具,世寿五十四岁等,《嘉泰普灯录》从之。

关于楚圆的生卒、受具时间,依《僧宝传》,其生于雍熙三年(986),卒于宝元二年(1039),景德四年(1007)受具。楚圆参方,游襄沔间,与大愚守芝、芭蕉谷泉结伴,入洛中,闻善昭之名,同至汾阳依之。依《僧宝传》,善昭故意长达二年不指点他,他忍不住前去参拜,善昭恶骂之,他欲辩解,善昭忽然用手掩其口,使其大悟,于是又服役七年而去。《续灯录》与此大异,道是善昭早就预料他到来,并与首座亲自出迎,他一言契悟,此后服事十二年,才离开。

《续灯录》言其受嘱之后,便南下直造江西,参洞山宝,《僧宝传》则言先参并州三交唐明智嵩,并由此与杨亿(974—1020)和李遵勖(988—1038)结缘,后至江西参洞山晓聪,应该说后说更为合理。

楚圆受具之后,北游襄阳,遇到守芝、谷泉等,结伴入洛,大约在大中祥符元年(1008)来到汾阳,拜见善昭,在这里前后九年,直到大中祥符九年(1016)才辞去。

据《大慧普觉禅师宗门武库》卷一:

慈明、琅琊(瑘)、大愚等数人辞汾阳,相让不肯为参头。汾阳云:"此行不可以戒腊推。听吾一颂:天无头,吉州城畔展戈矛。将军疋马林下过,圆州城里闹啾啾。"慈明出班云:"楚圆何人,敢当此记莂?"遂领众拜辞。②

---

① 《卍新续藏经》78册,第659页中下。
② 《大正藏》47册,第943页中。

这一故事又见于《联灯会要》，楚圆与琅慧觉、大愚守芝等一起辞别善昭到别处参学，数人相互谦让，都不肯当参头，这时善昭出来说道，此行不可以戒腊多少推举，他口占一颂，暗示楚圆，楚圆便领众拜辞。

楚圆等先到并州参礼善昭同门唐明智嵩。智嵩与杨亿和李遵勖关系密切，《古尊宿语录》智嵩语录中载有三人的大段问答。智嵩特意让楚圆传书给杨亿，并称杨亿得法稳密，值得交往，后来杨亿又介绍他与李遵勖结识，三人成了关系亲密的法友。

楚圆与杨亿、李遵勖结交，最有可能是在天禧元年（1017）。杨亿于大中祥符七年（1014）出知汝州，在那里结识首山省念门人广慧元琏（951—1036），并拜其为师，自此与首山一系结缘。后来杨亿又与元琏同门善昭、智嵩结识，双方关系更加密切。楚圆作为此系传人，被杨亿视为同门同参，二人结识，当在大中祥符八年（1016）到天禧四年（1020）间。

李遵勖尚万寿长公主（988—1051），后封荆国长公主。天禧元年（1017）十二月戊子，公主三十岁生日，李遵勖将此视为一件大事，不仅将其父继昌（947—1018）迎回府中，为公主祝寿，还专门安排了一场禅师说法，迎请谷隐蕴聪（965—1032）、石霜楚圆、叶县归省三人到府上，公主在帘后观看。归省最后上台，一下子把拄杖拗折掷地，然后下座。公主吓了一跳，道是这位长老为何发怒，遵勖却赞其为老作家。

此事据《联灯会要》卷十三：

> 公因肃（《湘山野录》卷下作"萧"，当为"齐"）国大长公主生辰，就府命谷隐、石灵（当依《湘山野录》作"霜"）、叶县三大禅师演法。末当叶县省禅师，省登座，拈拄杖，就膝拗折，掷于地，便下座。公笑云："老作家，手段终别。"省云："都尉也不得无过。"[1]

《湘山野录》卷下对此有更详细的记载，兹不再录，但二书都没说发生在哪一年。据情理来看，此事非小，不应当是普通的生日，公主三十岁是一个重大的日子，是故李遵勖有意使其办得隆重，特意邀请三大禅师前来

---

[1]《卍新续藏经》79 册，第 116 页上。

说法。当然，此日也不是楚圆首次前来，他们在年初就已经熟悉了，能够与两个前辈一起参与法会也是楚圆的荣誉。

楚圆在唐明门下大概三四年，其间一直与杨李二人保持联系，并时至京城。后由于母老南归，先至江西筠州洞山，参礼洞山晓聪（？—1030）。据说善昭曾经对楚圆说自己遍参云门尊宿，以不见晓聪为恨，故楚圆特意礼聪，依止三年，约在天禧二年（1018）至五年（1021）间。慧洪还言自己在洞山见到晓聪语要一卷，其中载有答楚圆请益及杨亿百问之语，如此表明楚圆南来时可能与杨亿通过消息，杨亿特意请他带来自己对禅法的百种疑问，请教晓聪。

楚圆三年后又到袁州仰山。据《续资治通鉴长编》卷九十九，乾兴元年（1022）七月，权户部判官、工部郎中黄宗旦知袁州。又据《江西通志》四十六，黄宗旦由工部郎中乾兴元年任，周熏由驾部员外郎天圣元年（1023）任袁州知府。楚圆在袁州南源开堂时多次强调"工部郎中""建立法幢"的功德，看来是在黄宗旦任上开法，当在乾兴元年（1022）秋。慧洪谓杨亿致书黄宗旦请楚圆出世，肯定有误，或当为李遵勖，因为杨亿已经去世两年了。

据《语录》，楚圆在袁州崇胜禅院受帖，后来崇圣和尚请其入院说法，可能是《天圣广灯录》卷二十六属于德山一系的崇胜志圭禅师，卷二十八载有法眼宗袁州崇胜院楚齐禅师，也有可能。

楚圆在南源三年，即自乾兴元年（1022）至天圣二年（1024）。

据《禅林僧宝传》卷二十一：

> 杨大年以书抵宜春太守黄宗旦，使请公出世说法。守虚南原致公，公不赴，旋特谒候守愿行。守问其故，对曰："始为让，今偶欲之耳。"守大贤之。住三年，弃去省母，以白金为寿。母诟曰："汝定累我入泥犁中！"投诸地。公色不怍，收之辞去。谒神鼎諲禅师，諲首山高弟，望尊一时。衲子非人类精奇，无敢登其门者。住山三十年，门弟子气吞诸方。公发长不剪，弊衣楚音，通谒称法侄，一众大笑。諲遣童子问："长老谁之嗣？"公仰视屋曰："亲见汾阳来。"諲杖而出，顾见顽然，问曰："汾州有西河师子，是否？"公指其后，绝叫曰："屋倒矣！"

童子返走，諲回顾相矍铄。公地坐，脱只履而视之。諲老忘所问，又失公所在。公徐起整衣，且行且语曰："见面不如闻名！"遂去。諲遣人追之不可，叹曰："汾州乃有此儿耶！"公自是名增重丛林。定林沙门本延有道行，雅为士大夫所信敬。諲见延，称公知见可兴临济。会道吾席虚，延白郡请以公主之。法令整肃，亡躯为法者集焉。①

又据《林间录》卷二：

慈明老人性豪逸，忽绳墨，凡圣莫测。初弃南源，归省其母，以银盆为之寿。其母投诸地，骂曰："汝少行脚，负布橐去，今安得此物？吾望汝济我，今反欲置我作地狱滓耶！"慈明色不怍，徐收之，辞去。谒神鼎諲公师叔，諲公首山之子，望高丛林，住山三十年，影不出山，诸方莫有当其意者，慈明通谒称法侄，一众大笑。諲公使人问："长老何人之嗣？"对曰："亲见汾阳来。"諲讶之，出与语，应答如流，大奇之。会道吾虚席，郡移书欲得大禅伯领之，諲以慈明应召。湘中衲子闻其名，聚观之。②

惠洪记事多有失实夸诞之处，杨大年已卒二年，何得致书荐举楚圆，初让而后请，多见虚伪，不似楚圆为人，至于以白金或银盆奉母，更是虚编故事，不可信。

然而，得到神鼎洪諲的称赞确实使楚圆于南方名声大振，道播丛林。

据《禅林宝训》卷二：

灵源谓长灵卓和尚曰：道之行，固自有时。昔慈明放意于荆楚间，含耻忍垢，见者忽之。慈明笑而已。有问其故，对曰："连城与瓦砾相触，予固知不胜矣。"逮见神鼎后，誉播丛林，终起临济之道。嗟乎，

---

① 《卍新续藏经》79 册，第 533 页上中。
② 《卍新续藏经》87 册，第 266 页上中。

道与时也，苟可强乎（《笔帖》）。①

这是灵源惟清（？—1114）对门人长灵守卓所言，称道之行否自有时节因缘，不可强求，如慈明初于荆楚间不为人知，甚至含羞忍耻，受人欺辱，后来见到神鼎，名播丛林，其道大行，固知强求无益。这表明与神鼎相遇、得到神鼎的赏识确实对于楚圆在潭州传法意义重大。

据《永觉元贤禅师广录》卷三十：

> 慈明访神鼎，只道得个屋倒也一句，神鼎叹曰："汾阳乃有此儿！"遂力荐之。慈明之名，由是大震。若论机锋峻捷，慈明固是作家，然开后学轻薄之风，其弊有不胜言者。神鼎为晚辈所触忤，不怒而力荐之，神鼎岂易及哉！是知慈明则捷鹰俊鹞，神鼎则天高地厚也。②

永觉元贤说得有理，然慈明是否说过"屋倒也"之类不太礼貌的话还需探讨。同出一人，《林间录》与《僧宝传》的记载便不一致。《林间录》言二人交谈，慈明对答如流，可见二人并非只说了一两句话。

据《嘉泰普灯录》卷三：

袁州杨岐方会禅师

> 郡之宜春人（《续灯》曰衡阳，非），族冷氏。少警敏，及冠，不事笔砚。系名征商课最，坐不职，乃宵遁入九峰，悦若旧游，眷不忍去。遂落发（《续灯》曰：依九峰勤禅师或道吾和尚）。每阅经，心融神会，能折节扣参老宿。慈明自南源徙道吾、石霜，师皆佐之，总院事。依之虽久，然未有省发。每咨参，明曰："库司事繁，且去。"他日又问，明语如前，或谓曰："监寺异时儿孙遍天下去，何用忙为？"有一老妪近寺而居，人莫之测，所谓"慈明婆"也，明乘间必至彼。一日雨作，知明将往，师侦之小径。既见，遂搊住云："这老汉，今日

---

① 《大正藏》48册，第1023页上。
② 《卍新续藏经》72册，第389页下。

须与我说，不说打你去！"明曰："监寺知是般事便休。"语未卒，师大悟，即于泥途拜之。起问："狭路相逢时如何？"明曰："你且躲避，我要去那里去。"师归，来日具威仪，诣方丈礼谢。明呵曰："未在！"一日当参，粥罢，久之不闻挝鼓。师问行者："今日当参，何不击鼓？"云："和尚出未归。"师径往婆处，见明执爨，婆羹粥。师曰："和尚今日当参，大众久待，何以不归？"明曰："你下得一转语，即归，下不得，各自东西。"师以笠子盖头上，行数步。明大喜，遂与同归。自是明每山行，师辄瞰其出，虽晚，必击鼓集众。明遽还，怒曰："少丛林！暮而升座，何从得此规绳？"师云："汾阳晚参也，何谓非规绳乎？"今丛林三八念诵罢犹参者，此其原也。又一日，明升堂，师出问云："幽鸟语喃喃、辞云入峰乱时如何？"曰："我行荒草里，汝又入深村。"云："官不容针，更借一问。"明便喝，师云："好喝！"明又喝，师亦喝。明连喝两喝，师礼拜。明曰："此事是个人方能担荷。"师拂袖便行。明移兴化，师辞归九峰，陆沈金谷。而萍宾道俗迎居杨岐，次迁云盖（受请语见《续灯》）。①

杨岐方会（996—1049）是楚圆最重要和最早的门人之一。他是袁州宜春人，于九峰出家，楚圆在南源弘法时，便从之，后来移湖南潭州道吾、石霜，皆助之，担任监寺。所谓"慈明婆"，当为楚圆之母，楚圆虽出家，但天性仁孝，故弃南源，回乡探母，可能当时家中有变故，老母在家无人照管，故他将母亲近寺安置，并且一有暇便前去照顾。这也是出家人的一个难以解决的矛盾，不事父母则不仁不孝，事父母则有违戒律，然禅宗历代祖师都强调孝行，五祖六祖都以孝亲著称，永嘉玄觉甚至顶住压力，将老母接到寺中供养。楚圆将老母就近安置，也是不得已之举。当然对于楚圆这样的悟者来说，事亲与领众不二，其间并无矛盾，方会亦于此有省，终得彻悟。楚圆白金奉母之事未必是实，但其事母至孝确实非虚。其母可能于其住石霜时去世。

据《语录》，楚圆在潭州兴化开堂，受请住道吾山。法眼宗清凉法灯泰

---

① 《卍新续藏经》79册，第303页上中。

钦（？—974）门人云居道齐（929—997）门下善能住持兴化，当时可能仍然在世。当时道吾虚席，有曹洞宗青林道虔系青原下九世契诠住道吾山，或许楚圆接替的就是契诠。

楚圆到湖南潭州，自然会拜见师叔神鼎洪諲，洪諲推荐称赞他也符合情理。但说洪諲又见定林沙门本延，本延与官府士大夫关系密切，推荐于他，使其住持道吾，未必全是事实。楚圆与杨亿、李遵勖关系密切，二人皆名重一时，特别是李遵勖，位高望重，潭州知府官僚当然会知道，而且洪諲亦是当代名僧，又何必用本延推荐呢？《林间录》便称洪諲自己推荐，未提本延。当然本延对楚圆尊敬非虚，他曾于天圣五年（1027）为楚圆语录作序，称其为"希代至宝"、"末劫真灯"，评价极高。

楚圆在道吾山时间也不长，当在天圣三年（1025）至五年（1027）。后来移居石霜山崇胜禅院。云门宗德山缘密门下南岳山南台寺勤禅师门人有石霜山节诚，或许他在五年入灭，由楚圆继任住持。

据《语录》，这次楚圆依然在兴化开堂受请，看来他与兴化有大因缘。楚圆在石霜时间最久，故后世以此为号。

据《禅林僧宝传》卷二十七：

蒋山元禅师

禅师名赞元，字万宗，婺州义乌人，双林傅大士之远孙也。三岁出家，七岁为大僧。性重迟，闲靖寡言，视之如鄙朴人，然于传记无所不窥，吐为词语，多绝尘之韵，特罕作耳。年十五游方，至石霜，谒慈明禅师，助春破薪，泯泯混十年。慈明移南岳，又与俱。及殁葬骨石于石霜，植种八年乃去。[1]

蒋山觉海赞元（？—1080）早岁游方，至石霜谒楚圆，服役十年，慈明移南岳，又与之俱。如此楚圆在石霜至少十年，因为赞元在这里服勤十年。《建中靖国续灯录》卷七称赞元"二十年中"求道事师，这是因为他在楚圆卒后又在石霜植种八年，共二十年。

---

[1]《卍新续藏经》79册，第545页上。

景祐三年（1036），楚圆自石霜迁南岳福严。

据《禅林僧宝传》卷二十二《黄龙南禅师》：

> 悦曰："石霜楚圆，手段出诸方，子欲见之，不宜后也。"公默计之曰："此行脚大事也。悦师翠岩，而使我见石霜，见之有得，于悦何有哉？"即日辨（办）装，中涂闻慈明不事事，慢侮少丛林，乃悔，欲无行。留萍乡累日，结伴自收县登衡岳，寓止福严。老宿号"贤叉手"者，大阳明安之嗣，命公掌书记。泐潭法侣，闻公不入石霜，遣使来讯。俄贤卒，郡以慈明领福严。公心喜之，且欲观其人，以验悦之言。慈明既至，公望见之，心容俱肃。闻其论，多贬剥诸方，而件件数以为邪解者，皆泐潭密付旨决，气索而归。念悦平日之语，翻然改曰："大丈夫心膂之间，其可自为疑碍乎？"趋诣慈明之室曰："惠南以闇短，望道未见，比闻夜参，如迷行得指南之车。然唯大慈，更施法施，使尽余疑。"慈明笑曰："书记已领徒游方，名闻丛林。借有疑，不以衰陋鄙弃，坐而商略，顾不可哉？"呼侍者进榻，且使坐。公固辞，哀恳愈切。慈明曰："书记学云门禅，必善其旨。如曰放洞山三顿棒，洞山于时应打、不应打？"公曰："应打。"慈明色庄而言："闻三顿棒声，便是吃棒，则汝自旦及暮，闻鸦鸣鹊噪、钟鱼鼓板之声，亦应吃棒。吃棒何时当已哉？"公瞠而却。慈明云："吾始疑不堪汝师，今可矣。"即使拜。公拜起，慈明理前语曰："脱如汝会云门意旨，则赵州尝言'台山婆子，被我勘破'，试指其可勘处。"公面热汗下，不知答，趋出。明日诣之，又遭诟骂。公惭，见左右即曰："政以未解求决耳，骂岂慈悲法施之式？"慈明笑曰："是骂耶？"公于是默悟其旨，失声曰："泐潭果是死语！"献偈曰："杰出丛林是赵州，老婆勘破没来由。而今四海清如镜，行人莫以路为雠。"慈明以手点"没"字顾公，公即易之，而心服其妙密。留月余辞去，时季三十五。①

云峰文悦（997—1062）为大愚守芝门人，他劝黄龙慧南（1002—

---

① 《卍新续藏经》79册，第534页下、535页上。

1069）离开怀澄，到石霜去参楚圆，慧南本来已经动心，然在半途听说楚圆的坏话，又犹豫不前，转至南岳福严从大阳警玄（943—1027）门下号称"贤叉手"的贤禅师，贤命之为书记，然而贤不久即命终，恰好楚圆被请来继任住持。慧南从之月余，得其法要，于是辞去，与汾阳善昭门人谷泉大道共同过夏，时年三十五。这表明楚圆是于景祐三年（1036）初到达福严，并在此收下了最重要的弟子之一慧南。

楚圆在福严时间不长，或在景祐四年（1037）又移居潭州兴化。在福严时，他与同门谷泉来往频繁，关系密切，其门下黄龙慧南亦与谷泉过夏，因此他经常到谷泉所住的方广寺一带。

据《禅林僧宝传》，宝元元年（1038），李遵勖遣使相邀，道是海内法友，唯师与大年，大年先行，近年颇觉衰落，愿得最后一见。楚圆得书，便东下抵京，途中造访同门琅琊慧觉，为作《牧童歌》。到京之后，与李遵勖相会月余，李遵勖安然而化，楚圆临圹别之。南归途中得疾，以宝元二年（1039）初到兴化，正月五日入灭，世寿五十四，僧腊三十二。

第二节 杨岐方会与杨岐派的创立

杨岐方会禅师为临济宗杨岐派的开创者，禅门一代宗师，锋辩过人，机用莫测，当时后世都有很大的影响。有关其生平事迹及思想的资料主要有《杨岐方会禅师语录》、《建中靖国续灯录》、《禅林僧宝传》、《嘉泰普灯录》等，今依上述资料略加分疏。

有关方会生平最早的资料是文政之《语录序》。据《杨岐方会和尚语录》卷一《潭州云盖山会和尚语录序》：

> 李唐朝有禅之杰者马大师，据江西泐潭，出门弟子八十有四人。其角立者，唯百丈海，得其大机；海出黄檗运，得其大用，自余唱导而已。运出颙，颙出沼，沼出念，念出昭，昭出圆，圆出会。会初住袁州杨岐，后止长沙云盖。当时谓海得其大机，运得其大用，兼而得者，独会师欤！师二居法席，凡越一纪，振领提纲，应机接诱，富有言句，不许抄录。衡阳守端上人，默而记诸，编成一轴。愚仰惠师之

名久矣,因就端求其编轴,焚香启读。大矣哉,师之机辩也,若巨灵神劈开太华首阳,河流迅急,曾无凝滞。匪上上大乘根器,曷能凑之乎?端命愚为序,贵师之道流传天下。且会师之名与道,深于识者悉闻之,故不可辞饰,但实序其由。师袁州宜春人,姓冷氏,落发于潭州浏阳道吾山。俗龄五十四,卒于云盖山,塔存焉。皇祐二年,仲春既望日,湘中苾刍文政述。①

这是守端请雪窦重显(980—1052)门人南岳胜业文政于皇祐二年(1050)春为其师语录所作序,也是最早最可靠的资料。

据此,则方会为袁州宜春人,俗姓冷氏,皇祐初年(1049)入灭,俗龄五十四,生于至道二年(996)。

然而据《嘉泰普灯录》卷三:

皇祐改元示寂(事迹未详),寿五十八。②

若依此说,则方会生于淳化三年(992)。如今学者多依后说,大可商量。如果文政序没有文字错误,毫无疑问当依前说,因为此说源自当时当事之人,不会出错。值得注意的是,"四"与"八"形近,如果"四"之边传抄有遗漏,就变成了"八"。假如无法证明前者确实有误,就不应依照百年之后的说法。

方会早年的情况,他处未载,只有惠洪言其生性滑稽,不喜读书,掌管商税,不职当罚,逃亡为僧,此说不知依据何在,可能属于后世传说。其初出家,并非是在筠州九峰,而是潭州道吾山。

据《天圣广灯录》卷二十四:

潭州道吾山契诠禅师

有僧问:"师唱谁家曲,宗风嗣阿谁?"师云:"凤岭无私曲,如今

---

① 《大正藏》47册,第645页下、646页上。
② 《卍新续藏》79册,第304页上。

天下传。"问："如何是道吾境？"师云："溪华含玉露，庭果落金台。"进云："如何是境中人？"师云："拥炉披古衲，曝日枕山根。"问："牛头未见四祖时如何？"师云："玉上青蝇。"进云："见后如何？"师云："红炉焰里冰。"①

道吾契诠为襄州谷隐（在凤凰山，故号凤岭）绍远（始居石门，后迁谷隐）门人，属于曹洞宗青林师虔一系，应当是方会的授业师。契诠应当于天圣三年（1025）入灭，因为此年楚圆继其住持。

据《僧宝传》，楚圆住持南源时，方会开始跟随他。楚圆在南源三年，即自乾兴元年（1022）至天圣二年（1024）。

楚圆后来住持道吾山，时间也不长，当在天圣三年（1025）至五年（1027）。后来移居石霜山崇胜禅院。云门宗德山缘密门下南岳山南台寺勤禅师门人有石霜山节诚，或许他在五年入灭，由楚圆继任住持。

据《语录》，这次楚圆依然在兴化开堂受请，看来他与兴化有大因缘。楚圆在石霜时间最久，故后世以此为号。

景祐三年（1036），楚圆自石霜迁南岳福严，接替大阳警玄（943—1027）门下号称"贤叉手"的贤禅师，在此收下了最重要的弟子之一惠南（1002—1069）。

景祐四年（1037）又移居潭州兴化，此时方会辞别楚圆，到筠州九峰山，拜会智门光祚门人九峰勤禅师。

九峰勤禅师属于前辈，宗派上属于云门宗，但他对方会关爱有加，二人关系相当密切。不久，杨岐山普通禅院虚席，方会受请住持，从此有了一个弘法传禅的平台。

据《杨岐方会和尚语录》卷一：

> 师在筠州九峰山，受疏了，披法衣，乃拈起示众云："会么？若也不会，今日无端走入水牯牛队里去也。还知么？筠阳九曲，萍实杨岐。"乃升座。时有僧出众，师云："渔翁未掷钓，跃鳞冲浪来。"僧便

---

① 《卍新续藏》78册，第547页中。

喝。师云："不信道。"僧抚掌归众。师云："消得龙王多少风？"问："师唱谁家曲，宗风嗣阿谁？"师云："有马骑马，无马步行。"进云："少年长老，足有机筹。"师云："念尔年老，放尔三十棒。"问："如何是佛？"师云："三脚驴子弄蹄行。"进云："莫只者便是？"师云："湖南长老。"问："人法俱遣，未是衲僧极则；佛祖双亡，犹是学人疑处。未审和尚如何为人？"师云："尔只要看破新长老。"进云："与么则旋斫生柴带叶烧。"师云："七九六十三。"师云："更有问话者么？试出众相见。杨岐今日性命，在尔诸人手里，一任横拖倒拽。为什么如此？大丈夫儿，须是当众决择，莫背地里似水底揿葫芦相似。当众引验，莫便面赤。有么有么，出来决择看。如无，杨岐失利。"师才下座，九峰勤和尚把住云："今日喜遇同参。"师云："同参底事作么生？"峰云："九峰牵犁，杨岐拽杷。"师云："正当与么时，杨岐在前，九峰在前？"峰拟议。师托开云："将谓同参，元来不是。"①

方会在九峰受请，升堂说法，其中关键一句是有人竟然称他为"少年长老"，当时他年龄肯定不会太大，若是淳化三年（992）生，此时已经四十六岁，离少年之说恐怕太远，因此他应当是至道二年（996）生，其时刚过不惑，算是开法较早者，故可以称为少年长老。当然也与问话者的年龄有关，可能提问者为老僧，故有此说。

九峰勤作为本寺长老，以方会为同参，算是提携后辈，但是"圆顿教，勿人情"，方会却反问何人在前，九峰拟议，他则道原来不是同参，这并非对前辈无礼，而是显示禅机。这体现当时上下平等、共论禅机的良好风气，显示了热爱真理、不计人情的精神。

据《林间录》卷二：

> 杨岐会禅师从慈明游最久，所至丛林，师必作寺主。慈明化去，托迹九峰。忽宜春移檄命居杨岐，时长老勤公惊曰："会监寺何曾参禅，万一受之，恐失州郡之望。"私忧之。会受请，即升座，机辨逸

---

① 《大正藏》47册，第640页上中。

格，一众为倾。下座，勤前握其手曰："且得个同参。"曰："如何是同参底事？"勤曰："杨岐牵犂，九峰拽把。"曰："正当与么时，杨岐在前耶，九峰在前耶？"勤拟议。会喝曰："将谓同参，却不同参。"自是道价重诸方，衲子过其门，莫不伏膺。尝因雪示众曰："杨岐乍住屋壁疏，满床尽布雪真珠。缩却项，暗嗟吁，翻忆古人树下居。"其活计风味类如此。①

这里是对方会最初受请开法情景的另一记载。其中"慈明化去，托迹九峰"一句容易使人误会，似乎方会是在楚圆入灭（939）之后才开法。此说其实有误，《禅林僧宝传》明明说是"慈明迁兴化"，并非"慈明迁化"，可见惠洪记事有时会自相矛盾。

方会开法之时，诸书未曾明载，然而文政明言"二居法席，凡越一纪"，表明他开法超过十二年，其实是说十三年，因此应当是景祐四年（1037）开法，不可能是宝元二年（1039）之后。

据《杨岐方会和尚语录》卷一：

慈明迁化，僧驰书至。师集众，挂真举哀。师至真前，提起坐具云："大众，会么？"遂指真云："我昔日行脚时，被者老和尚将一百二十斤担子，放在我身上。如今且得天下太平。"却顾视大众云："会么？"众无语。师搥胸云："呜呼哀哉，伏惟尚飨。"②

这表明宝元二年（1039）慈明迁化时他已经开法度众了，故集众为师举哀，肯定不在慈明身边。

据《建中靖国续灯录目录》卷三：

云居山道齐禅师法嗣三十七人
　　……

---

① 《卍新续藏》87册，第272页下。
② 《大正藏》47册，第642页中。

> 扬岐居諲禅师……
> 杨岐惠海禅师①

在方会之前，住持杨岐山者为云居道齐（929—997）的门人居諲禅师和惠海禅师，惠海禅师在后，是故方会当继之住持，其时距离道齐入灭已经四十年，是故惠海禅师当为道齐晚子。

据《石霜楚圆禅师语录》卷一：

> 问僧："近离什么处？"僧云："杨岐。"师云："今夏在什么处？"僧云："筠州兴教。"师云："兴教和尚还有鼻孔么？"僧云："有。"师便打。②

此则前后楚圆皆自称南源，看来是在他住持南源三年（1022—1024）时，当时他与住持杨岐的居諲禅师或惠海禅师有旧，亦与住持筠州兴教的同门大愚守芝关系密切，表明江西与湖南的禅师确实往来甚密，先后住持两地者不乏其人。

据《杨岐方会和尚语录》卷一：

> 王提刑问琏三生云："某甲四十年为官，怎么脱得此尘去？"生无对。师代云："一任蹉跳。"又看上峰路。琏云："这个是上峰路。"提刑云："寺在上头那？"琏云："是。"提刑云："怎么则不去也？"琏无语。师代云："今日勘破。"③

这是早年号称"琏三生"的大觉怀琏（1007—1091）与王提刑的一个公案，杨歧方会对此代答，表明此事不晚于方会之时。王提刑，应当是王罕（约993—约1072），庆历四年（1044）至五年（1045）十一月为湖南提

---

① 《卍新续藏》78 册，第 638 页上中。
② 《卍新续藏》69 册，第 194 页上。
③ 《大正藏》47 册，第 645 页中。

刑，熙宁二年（1069）至四年（1071）以卫尉卿知明州，卒光禄卿。王罕，字师言，王方贽之子，狄棐之婿，子王琪，终礼部侍郎，侄王珪（1019—1085），神宗时宰相。他为官清正，务适人情，颇有治绩。

据《宋代路分长官通考》：

庆历四年甲申（1044）
杨畋
王翌
庆历五年乙酉（1045）

王翌《长编》卷一五四："（庆历五年二月）己亥，提点荆湖南路刑狱、殿中丞杨畋为太常博士，赐五品服；前转运使、司勋员外郎周陵，同提点刑狱、内殿承制、阁门祗候王翌，降敕书奖谕。并以招捕蛮寇有劳也。"

杨畋《长编》卷一五八："（庆历五年十二月壬戌）提点刑狱、太常博士杨畋知太平州。"

庆历六年丙戌（1046）
苏舜元《淳熙三山志》卷二五提刑题名："苏舜元，庆历六年自湖南刑除（福建提刑）。八年，移京西提刑。"《蔡忠惠集》卷三五《苏才翁墓志铭》："出为荆南路提点刑狱，未行，易福建路。"[①]

此"王翌"，实为王罕。为什么当时有两个湖南提刑呢？主要是由于杨畋名为提刑，实际任务是统兵平叛，是故让王罕为"同提点刑狱"，负责真正的提刑职责。这也是一时权宜之计，不是常例。王罕可能庆历六年（1046）仍在任，因为苏舜元事实上未曾到任，另外王罕主要责任不是平叛，可能未因庆历五年（1045）十月胡元等人战死一事受罚。然而方会本人未有与王提刑交往的记载，可能他移居云盖后未及相见，王罕便调任了。

---

① 李之亮编：《宋代路分长官通考下》，巴蜀书社2003年版，第1646页。

上峰,即安上峰。

据《南岳总胜集》卷一:

[安上峰]
　　西南有止观寺、摄授寺、安乐寺、灵岩故基。赵季西书斋墨沼,皆在前后。有舜庙、舜溪、舜洞,昔舜因陟方九疑过此。①

琏三生陪同王提刑游南岳,不料此老却是作家,两次皆无言以对,可见其时他尚未开悟,其事当发生在他到南岳之早年。

又据《杨岐方会和尚后录》卷一:

　　一日,琏三生至。师云:"寒风凛烈,红叶飘空。祖室高流,朝离何处?"琏云:"斋后离南源。"师云:"脚跟下一句,作么生道?"琏以坐具摵一摵。师云:"只者个,别有在?"琏作抽身势。师云:"且坐吃茶。"②

这是琏三生与方会的一则公案,表明二人有故。方会住持杨歧之后,琏三生至,从二人应机之语来看,此时他已有所得,或由楚圆启发。由此二则,证明惠洪之说有故,这位与杨歧方会同时的琏三生应当就是怀琏,怀琏在参怀澄之前,确实在南岳居止多年,又以常住三生藏,故号"琏三生"。方会以"祖室高流"称之,可能是由于他曾参石霜楚圆,楚圆于景祐三年(1036)至次年住持南岳福严。

据《杨岐方会和尚语录》卷一:

　　送武泉常老出门,乃问:"出门便作还乡计,到家一句作么生道?"泉云:"和尚善为住持。"师云:"与么则身随寒影去,脚大草鞋宽。"

---

① 《大正藏》51册,第1062页上。
② 《大正藏》47册,第648页中。

泉云："和尚善为开田。"师云："兔子何曾离得窟。"①

住杨岐时，方会还与武泉常老关系密切，这位常老究竟是何人呢？《建中靖国续灯录目录》卷一：

> 潭州兴化慈明禅师法嗣四十六人（二十四人见录）
> ……
> 筠州武泉政禅师
> ……
> 洪州百丈政禅师②

又据《建中靖国续灯录》卷七：

> 筠州武泉山政禅师
> 问："如何是佛？"
> 师云："枪刺不入。"
> 僧曰："如何是佛法大意？"
> 师云："衣成人，水成田。"
> 问："如何是前照后用？"师便喝。
> 僧曰："如何是前用后照？"师亦喝。
> 僧曰："如何是照用同时？"师又喝。
> 僧曰："如何是照用不同时？"师随后便打。
> 师云："黄梅席上，海众千人，付法传衣，碓坊行者。是则红日西升，非则月轮东上。参。"③

此武泉山政禅师为方会同门，应当为其师弟，二人相互来往十分正常。

---

① 《大正藏》47 册，第 642 页中。
② 《卍新续藏》78 册，第 626 页上中。
③ 同上书，第 682 页上中。

然而《方会语录》却作武泉常禅师、《林间录》、《僧宝正续传》等亦然。那么同住武泉山的政禅师与常禅师究竟是什么关系，是否同一人？

据《林间录》卷二：

> 翠岩真点胸，英气逸群，不虚许可。尝客南昌章江寺，长老政公亦嗣慈明，性喜讲说，学者多尚义学。真一日见政，则以手抠其衣，露两胫缓步而过。政怪问之，对曰："前廊后架皆是葛藤，正恐绊倒耳。"政为大笑。又问曰："真兄，我与你同参，何得见人便骂我？"真熟视曰："我岂骂汝！吾畜一喙，准备骂佛骂祖，汝何预哉！"政无如之何而去。①

如此楚圆门下名为政禅师者至少有三人，一为武泉政，一为百丈政，一为章江政，而未闻有名为常禅师者。其门人中，既未有住持武泉者，又未有名为常者。

据《僧宝正续传》卷一：

潜庵源禅师

> 禅师名清源，豫章新建邓氏子，依洪岩僧处信得度具戒。参武泉常、云居舜、泐潭月三大士，颇见咨揖。然疑未决，晚依积翠南禅师。②

潜庵清源（1032—1129）为惠南门人，然早年约皇祐二年（1050）冠岁受具后先参武泉常，表明当时他住持武泉，是故武泉常确实与黄龙惠南、泐潭晓月等为同辈，应当属于楚圆门人。如此可能武泉禅师本来名为常，《建中靖国续灯录》误作"政"，后世因之。

据《杨岐方会和尚后录》卷一：

---

① 《卍新续藏》87册，第265页中下。
② 《卍新续藏》79册，第559页上。

师乃举：外道问佛，不问有言，不问无言。世尊良久。外道赞叹："世尊大慈大悲，开我迷云，令我得入。"外道去后，阿难问世尊云："外道见个什么，便道令我得入？"世尊云："如世良马，见鞭影而行。"师云："道吾师兄云：世尊只眼通三世，外道双眸贯五天。道吾师兄，善则善矣，甚与古人出气。杨岐道，金鍮不辨，玉石不分。大众要会么？世尊辍已从人，外道因斋庆赞。"遂以拄杖卓一下，喝一喝。①

方会在杨岐时，与师兄道吾悟真来往较多。
据《天圣广灯录》卷一：

　　袁州南圆山楚圆禅师法嗣（二人见录）
　　潭州道吾山真禅师（语句不收）
　　普照禅师修戒②

如此悟真为楚圆早期门人，开法较早，他应当于天圣五年（1025）继楚圆住持道吾，故列名《天圣广灯录》。

方会住持杨岐十年，故后世以此号之。他后来迁居潭州云盖。惠洪称庆历六年（1046），迁云盖，此说有理，为后世所依。
据《杨岐方会和尚语录》卷一：

　　师于兴化寺开堂，府主龙图度疏与师，师才接得，乃提起云："大众，府主龙图、驾部诸官，尽为尔诸人说第一义谛了也。诸人还知么？若知，家国安宁，事同一家；若不知，曲劳僧正度与表白宣读，且要天下人知。"③

可见方会次主云盖，是由当时知府亲自度疏邀请，表明他在当时的地

---

① 《大正藏》47 册，第 647 页上。
② 《卍新续藏》78 册，第 422 页上。
③ 《大正藏》47 册，第 641 页上。

位之高。其时知府为刘夔,他于庆历五年(1045)十二月至庆历六年(1046)十月以龙图阁直学士知潭州,故号称龙图,其年还京,权判吏部流内铨、知审刑院。刘夔,字道元,自号北山居士,建州崇安人,大中祥符八年(1005)进士,有道心,后知福州,上表请解官入武夷山为道士,不许,知建州,以户部侍郎致仕,英宗即位,迁吏部侍郎,卒,年八十三。驾部郎中某人当为潭州通判,不知何人。

据《杨岐方会和尚语录》卷一：

> 杨岐诠老来,师上堂："拈花付嘱有屈当人,面壁九年胡言汉语。当人分上把断乾坤。且道作么生是把断乾坤底句,还有人道得么?如无,云盖失利。"①

这位杨岐诠老是在方会之后住持杨岐,时在庆历七年(1047)末,但他并非方会之后辈,而是其同辈。当时在这一带弘法的名为诠的禅师有云居道齐门人(929—997)南岳彦诠、潭州石霜法永门人石霜皓诠等,当时彦诠不一定在世,因为距离其师入灭已经五十余年了。皓诠为方会同辈,继其住持杨岐符合情理,更有可能是他。

据《杨岐方会和尚语录》卷一：

> 杨畋提刑山下过,师出接。提刑乃问："和尚法嗣何人?"云："慈明大师。"杨云："见个什么道理便法嗣他?"云："共钵盂吃饭。"杨云："与么则不见也。"师捺膝云："什么处是不见?"杨大笑。师云："须是提刑始得。"师云："请入院烧香。"杨云："却待回来。"师乃献茶信。杨云："者个却不消得,有甚干曝曝底禅,希见示些子。"师指茶信云："者个尚自不要,岂况干曝曝底禅!"杨拟议。师乃有颂："示作王臣,佛祖罔措。为指迷源,杀人无数。"杨云："和尚为什么就身打劫?"师云："元来却是我家里人。"杨大笑。师云："山僧罪过。"②

---

① 《大正藏》47册,第642页上。
② 同上书,第642页上。

杨畋（1007—1062），字乐道，号叔武，为杨门将种，杨业之弟杨重勋之曾孙，文武之材，庆历三年（1043）十月自殿中丞知岳州擢任提点荆湖南路刑狱，驻衡州，故号提刑。①他当时为平徭大将，其过云盖山，南下平叛，当在庆历七年（1047）。当时他从文官换武资东染院使，任荆湖南路驻泊兵马钤辖，统军平乱，《语录》仍用旧职提刑称之，何冠环将他与方会的交往置于庆历三年（1043），是由于不了解方会住持云盖始于庆历六年（1046），此前他在江西杨岐，杨畋自岳州赴任衡州不可能路过袁州。

看来杨畋对于禅门心法也很有研究，是当时著名居士，方会称之为家里人，与后世守端对于杨杰的看法一致。

据《杨岐方会和尚语录》卷一：

龙兴孜老迁化，僧驰书至。师问："世尊入灭椁示双趺，和尚归真有何相示？"僧无语。师搥胸云："苍天，苍天！"②

这位龙兴孜老为何人呢？

据《建中靖国续灯录目录》卷一：

潭州神鼎山鸿諲禅师法嗣十四人
……
潭州龙兴惠孜禅师③

如此可知，孜老就是潭州龙兴惠孜，为神鼎鸿諲门人，属于方会师叔或师伯。这表明方会与前辈惠孜关系比较密切，可能其前也参过惠孜。惠孜入灭，是方会云盖语录的最后记载，表明其时在方会晚年，大概是在庆历末年（1048）。

方会前后交往的禅门高僧很多，多数属于临济一系，亦有云门宗、曹

---

① 参见何冠环《将门学士：杨家将第四代传人杨畋生平考述》，载李裕民主编《首届全国杨家将历史文化研究会论文集》，科学出版社2009年版，第31—68页。
② 《大正藏》47册，第642页中。
③ 《卍新续藏》78册，第624页中。

洞宗等宗派。他融合诸家,大开禅门,一时禅客,并聚会下,其中白云守端、保宁仁勇等为佼佼者,其中白云守端一系传承最久,影响最大,至北宋之末由五祖法演师徒崛起,后来成为临济宗的正宗。

第三节　保宁仁勇禅师生平事迹

保宁仁勇为杨歧方会门人,宋代著名禅师,是临济宗杨歧派早期的代表人物,对于杨歧派的开创贡献很大。在保宁仁勇之时,云门宗一家独盛,临济宗黄龙慧南(1002—1069)一系有迅速崛起之势,而杨歧系相当孤弱,只有白云守端(1025—1072)和仁勇二人力撑危局,守端出世虽早,却不幸早逝,而仁勇独自撑起"杨歧破屋",力挽狂澜,为后世杨歧派的振兴奠定了基础。

由于仁勇的法系传承不如守端系绵长,其贡献也常被忽视。因此对仁勇的研究不是很多,今对其生平经历进行初步的探讨,以期引玉。

据《建中靖国续灯录》卷十四:

金陵保宁仁勇禅师

俗姓竺氏,明州人也。受具游方,始参泐潭,迨逾一纪,疑情未息。次扣云盖会禅师,发明心印。出世保宁,二十余年唱扬祖道。[①]

又据淳熙十年(1183)《联灯会要》卷十五:

建康府保宁仁勇禅师(凡十四)

明州竺氏子,少习天台教。后更衣,谒雪窦显禅师。显熟视之,呵曰:"殃祥座主!"师气不平,发愤下山,望雪窦山,大展坐具,礼三拜,誓曰:"我此生行脚参禅,名不过如雪窦,誓不归乡!"即谒杨歧,发明心地。歧殁,从同参守端禅师游,研极玄奥。后出世,两住

[①]《卍新续藏经》78册,第727页上。

保宁而终老焉。①

再据《嘉泰普灯录》卷四：

建康府保宁仁勇禅师

四明人，族竺氏，容止渊秀。韶为大僧，通台教。俄黡服依雪窦明觉显禅师，显意其可任，一日诮之。师愤悱，即往依泐潭。踰纪，疑情未泮。闻杨歧移云盖，能钤键学者，直造丈室，一语未及，顿明心印。出住保宁，余二十年，大扬祖道。②

这是最早的记述仁勇事迹的三部灯录，如此仁勇俗姓竺，浙江明州人。生年不详，早岁出家，初习天台教，虽然此事不见于《建中靖国续灯录》，但也合乎情理，因为明州是天台宗非常盛行的地方。后参雪窦重显（980—1052），重显讥之为"殃祥座主"，意思可能是只会谈论吉凶事相的论师，不能发明心宗第一义。依照《嘉泰普灯录》的说法，重显是觉得他可以造就，故意刺激他。正值少年的仁勇确实大受刺激，于是愤然下山，望山而拜，发誓名不过雪窦，便不再还乡。

据《普觉宗杲禅师语录》卷一：

保宁勇禅师，四明人。初更衣，依雪窦明觉禅师问道。雪窦诃为"殃祥座主"。勇不意，堂仪才满，即抽单，望雪窦山礼拜，誓曰："我行脚参禅，道价若不过雪窦，定不归乡！"遂至长沙云盖，参见杨歧会和尚，与白云端和尚为弟昆。后出世住江宁府保宁，道播丛林，果如其言。③

看来大慧宗杲（1089—1163）之说最早，但他也未明确说明仁勇最早

---

① 《卍新续藏经》79 册，第 130 页中。
② 同上。
③ 《卍新续藏经》69 册，第 631 页上中。

学天台，不过既然重显讥之为"座主"，非禅僧明矣，而天台宗是其家乡最盛行的教派，言其初习台教并非无据。

据《保宁仁勇禅师语录》卷一：

> 上堂："山僧二十余年，挑囊负钵，向寰海内，参善知识十数余人。自家并无个见处，有若顽石相似。参底尊宿，亦无长处，可相利益。自此一生，只做个百无所解底人。幸自可怜生，忽被业风吹到江宁府，无端被人上堂，推向十字路头，住个破院，作粥饭主人，接待南北。事不获已，随分有盐有醋，粥足饭足，且与么过时。若是佛法，不曾梦见。"便下座。①

这是仁勇住保宁时自述经历，最为可靠。如此他参学长达二十余年，所参尊宿也有十余人。如果从其最后的业师方会入灭时算起，则他参方当始于天圣七年（1029）前。他初参重显于雪窦，重显于天圣元年（1023）始住雪窦，故其时当在此年至天圣七年（1029）间。然他在雪窦时间不长便愤然离去，后到江西参泐潭怀澄，于此长达十二年，其时或在天圣七年（1029）至庆历元年（1041）间，然未能悟道，故后来转从方会。

仁勇师从方会的时间地点，大慧宗杲言是"长沙云盖"，《建中靖国续灯录》亦言"次扣云盖会禅师"，《嘉泰普灯录》亦然，似乎仁勇在云盖山扣方会成为定说，由于方会庆历六年（1046）始移云盖，仁勇来投当在此后。然而仁勇也有可能扣方会于杨歧。

据《保宁仁勇禅师语录》卷一《金陵保宁禅院勇禅师语录序》：

> 凤台山老，南方游行时，至杨朱泣岐处，遇一善知识，白雪蒙头，师子踞坐，以金圈栗棘为佛事，布施十方学者，云："铁围山可透，吾金刚圈不可透；大海水可吞，吾栗棘蓬不可吞。若透一圈，即百千万亿圈，透之无疑，一切烦恼，于此解脱；若吞一蓬，则百千万亿蓬，吞之不疑，一切功德，于此成就。"时诸比丘，闶然退席，莫知所措。

---

① 《卍新续藏经》69册，第282页上。

彼上人者，从容道场，独蒙授记。后十五年，凤台山顶，震大雷音，三草二木，均沾一雨。其徒录其语，请无为子以序之云耳。时皇宋元丰元年清明日，无为子杨杰述。①

这是元丰元年（1078）时杨杰为仁勇语录所作序，是最早的实录。序中说得很明白，仁勇是于"杨朱泣歧处"即杨歧山遇到方会的。杨杰此说还有一个旁证，现存《杨歧方会和尚语录》中的《袁州杨歧山普通禅院会和尚语录》由"嗣法小师仁勇编"，表明仁勇确实是于杨歧山参见方会的。

仁勇所参过的十余位善知识，除上述三人外，还有五祖师戒门人云盖志颙（？—1046）。

据《嘉泰普灯录》卷二十九：

上云盖颙和尚（二）
拈将栗柳路纵横，大地清风飒飒生。
北斗柄斜轻拨转，大唐人眼直须盲。

忆昔相将决死生，死生难决盖生盲。
也知不负归根处，到了还从旧路行。②

志颙住持云盖，在他入灭后，由方会接任，守端便是始从志颙，后从方会。此偈当作于庆历六年（1046）志颙入灭前，从诗中可以看出，仁勇在过去曾经从志颙参学过，然未决死生，不过仁勇将此归结为自己是生盲之资、根器不够，不敢怪罪老师。志颙与怀澄为同门，仁勇也可能是在泐潭遇到志颙。

仁勇参方时正值云门宗极盛之时，故他参学的善知识大多属于云门，然他和黄龙慧南一样，最终归于临济宗，这预示了后来两宗盛衰的转折。

仁勇生年虽然难以确定，但从他参学经历来看，他应当生于大中祥符

---

① 《卍新续藏经》69 册，第 277 页中。
② 《卍新续藏经》79 册，第 474 页中。

年间（1008—1016），或三年（1010）至八年（1015）间。

仁勇从方会约十年，为其早期门人。白云守端先从云盖志颙，后从方会。仁勇与守端为法兄弟，关系密切。在方会入灭之后，二人一起料理葬事，并为方会编辑语录。

据《白云守端禅师广录》卷三：

送勇藏主还明

湘西昔日聊分袂，屈指年光逾十二。炉峰看雪方偶仝，莲峤乘凉期遽遂。（辛酉冬会圆通，壬寅夏回五祖）甘露亭中水石奇，终朝竟日夫何为。提尽古人未到处，从头一一加针锥。有所益兮无所益，手不及处争著力。浑圙无缝成两边，掷地金声如瓦砾。有所损兮无所损，几度和衣草里辊。树头惊起双双鱼，石上迸出长长笋。问我肩筇拟何适，报云太虚藏鸟迹。便进欲隐弥露言，直得青天轰霹雳。阿呵呵，谁可悉。砌下流泉忽倒流，岭上白云不敢白。杨岐顶上眼未真，杨岐脑后眼岂亲。当时一席三五百，透得金尘能几人。君兮将适江东去，我已退藏不足豫。清风定播好音来，南北东西看独步。①

这是守端后来于嘉祐七年（1062）壬寅于五祖寺送仁勇还明州时所作诗。诗中回忆二人在湘西分别已经超过十二年了，是从嘉祐六年（1061）辛丑（原作辛酉，误）在圆通禅院相会时算起，则其相别时在皇祐二年（1050）前。如此可能二人在皇祐二年（1050）便分开了，守端来到江西庐山。

此十余年间，仁勇行迹不明，守端称其为"藏主"，不知是在方会门下时他曾任此职还是后来别处之执，但他当时并未出世弘法。从世俗的立场来看，比他年轻很多的师弟守端已经两任住持，号称长老，他则仍未开法，其离开雪窦所发的弘愿远未实现。然守端对师兄十分尊敬，视之为知音，认为他是当年杨岐门下三五百众中少有的"透得金尘"之人，是天下独步的悟者。嘉祐七年（1062），二人于黄梅一夏研究琢磨，颂古提唱，提尽古

---

① 《卍新续藏经》69 册，第 319 页下。

人未到之处，很有心得。

据《白云守端禅师广录》卷三：

寄保宁勇长老
白莲峰下闲嬉日，几笑先师无脑门。
当路兴来提掇起，又应笑我入深村。①

又据《白云守端禅师广录》卷四：自题

嘉祐七年壬寅夏，寓五祖之西堂。因禅人见问，时悉以吾之大事印之，往往多未然者，愿请益古德因缘，于其间浸润，欲求其然，乃许之。或间为颂之，凡三十余首。八年癸卯秋九月，住此山。山深无事，复如其前，共成一百十首。然此一大事，在彻证者，方便出没，无不可者，唯恐途中之士，或泥之，或疎之，为病耳。苟以此浸润，而忽得其然，则吾颂何剩哉。然则高妙深远之致，则庶慰于先觉，以随器而任，则庶以报于古圣海岳之一毫，乃吾之志耳。治平元年甲辰孟夏既望，题之于后。②

这是后来守端回忆二人一起在黄梅商讨古人公案、提点后辈时的情景，当时成颂古三十余首，后来守端住法华时又续成一百一十首。现存不少仁勇颂古之作，也应始作于此时。

据《嘉泰普灯录》卷二十九：

寄端和尚（二）
云外青山万万重，有谁千里暗相通。
明时簸弄乾坤者，尽握灵蛇在手中。

---

① 《卍新纂续藏经》69册，第319页中。
② 同上书，第328页中。

无限栗蓬吞已了，百千圈子透难穷。
有时共入洪波里，尽日漫天是黑风。①

这是仁勇后来住持保宁时给守端的回书，同样是追忆二人在黄梅共同探讨先师禅法的情景。方会常以棘栗蓬和金刚圈示人，棘栗蓬可吞，金刚圈难透。能吞棘栗蓬，表明能够化解一切矛盾，不怕一切带刺的问题，金刚圈可能代表最上乘境界，透过此圈，则超凡入圣。诗中也表达二人对自己境界的自信，相信自己灵蛇在握，能够颠倒乾坤。

仁勇在嘉祐八年（1063）九月守端出任法华住持前离开黄梅，欲回故乡明州，故守端作诗送之。其时仁勇虽然境界很高，但名气并不很大，与雪窦相去甚远，此时归乡，有负其本愿，或许其故事本来出于宗杲等后辈的演绎。

仁勇可能并未回到明州，路过金陵时，暂住蒋山，得到赞元（？—1080）的赏识。赞元为慈明楚圆（986—1039）门人，是仁勇的师叔，当时住持蒋山太平兴国禅寺，后与王安石关系密切，有如兄弟，得赐紫衣，授"觉海禅师"号，属于当时临济宗中地位显赫的人物。守端以少年而出世，是由于得到了圆通居讷的荐举。仁勇也终于遇到了一个有影响的知音，荐其出任保宁住持。

仁勇出主保宁，依杨杰之说，是在蒙方会授记（实即其入灭）后十五年，则应在嘉祐八年（1063）或治平元年（1064）。据《语录》，仁勇入院时，江宁知府龙图阁学士王贽（994—1069）亲撰《开堂疏》，并到场致贺。据《宋文鉴》一百四十三《程伯淳墓志铭》，程颢任江宁县主簿，会仁宗去世，遗制官吏成服三日，及三日早晨，知府王贽便欲除服，程颢请等到夜间，王贽不听，程颢言公自除之，自己不到晚上不除，结果一府官吏都不敢除。这表明嘉祐八年（1063）四月仁宗去世时王贽正任江宁知府。又据《乐全集》卷三十九《王公墓志铭》，"英宗治平二年，龙图阁学士、给事中、知陈州王公年七十，请致君事，以尚书礼部侍郎得谢归乡里"。王贽"知池州，寻复左谏议大夫，知江宁府。英宗践阼，进给事中。移陈州，引

---

① 《卍新纂续藏经》79 册，第 474 页中。

年得请，遂归庐陵。"这表明仁勇住保宁是在英宗即位之后，故王赟时为"给事中"，但不久即移陈州，因此很有可能在嘉祐八年（1063）秋王赟离任前请仁勇入院。王赟"雅知养生，夙明性理，心量虚旷，而得安乐"，"居有林塘之胜，高僧野客，谈禅话道，间从诗酒，优游自娱，世事一不屑意，萧然有方外之趣，以至泊然委化，神明不动，其所得精矣"，是故王赟也是一个对禅学很有研究的居士，自然会尊敬仁勇。

据《建中靖国续灯录》卷九：

> 真州长芦崇福禅院广照禅师，讳应夫，姓蒋氏，滁州清流人也。依江宁府保宁禅院承泰禅师出家圆具，远造天衣山怀禅师法席，入室开悟，深造宗旨。①

如此仁勇有可能是接替承泰禅师。应夫又称"夫铁脚"，初依承泰，后依天衣义怀（993—1064）。保宁承泰为汾阳善昭（947—1024）门下石霜法永门人，是与方会同辈的高僧，属于仁勇的师叔，他可能于嘉祐八年（1063）去世。

住持保宁是仁勇生平中的一件大事，此前他虽然早已得悟，但未遇知音，因此一直没有机会出世弘法，这次得到赞元的举荐、知府王赟的赏识，终于有了一个属于自己的舞台。《语录》记载仁勇最初开法时的经历非常详细，当时的问答也十分精彩，可以说是开门红，一鸣惊人。

仁勇开法时年纪已经不少，故当时便有僧叹息"作家宗师，出世太晚"，虽然有"久居岩谷"之憾，但他自信"真不掩伪"，是黄金终会发光，不会终于林薮。据粗略估算，当时禅师出世平均约四十岁左右，象佛印了元二十八岁、白云守端三十二岁只是例外，仁勇出世时可能已过五十，故有太晚之叹。

仁勇住保宁时，与不少禅僧往来，其中有不少属于云门。

仁勇住持之初，便到常州广福。

据《保宁仁勇禅师语录》卷一：

---

① 《卍新纂续藏经》78册，第695页下。

常州广福，上堂："师子窟中，必无异兽，莫有哮吼者么？"有僧问："远离金陵丈室，幸届广福道场。向上宗乘，请师举唱。"答："微风摇宝铎，红日耀青天。"进云："满眸山色秀，遍地野华新。"答："白云千里万里。"进云："大众证明，学人礼谢。"答："多年历日。"

乃云："保宁今日，不免曲顺人情，举些浸不烂底多年葛藤，供养大众去也。尘尘尔，刹刹尔，山是山，水是水，弥勒不入楼阁，善财不须弹指。"以手一划，云："微尘世界，冰消瓦解，且道弥勒善财在什处？若向者里参彻去，不妨在处称尊。若也不见，客路如天远，侯门似海深。"①

据《建中靖国续灯录》卷三，云门文偃法孙智门光祚有门人常州广福允恭禅师，惜未有机缘语句，或许当时仍然在世。从上述问答来看，双方都很客气，似乎仁勇与常州广福很有渊源，也不排除他曾到这里参学过允恭禅师的可能。后来天衣义怀门下慧林觉海若冲的门人昙章法照也在此地住持，看来当时此寺属于云门宗。

据《云卧纪谭》卷二：

大觉禅师以治平三年上表辞英庙，乞归山。……既渡江，少留金山而氏西湖。四明郡守以育王虚席，迎致。②

大觉怀琏曾从学泐潭怀澄十余年，其与仁勇在泐潭时当即相识。大觉于治平三年（1066）辞归南下，留金山，也曾到金陵看望仁勇。

据《保宁仁勇禅师语录》卷一：

大觉禅师来，上堂："同声相应，同气相求。定光招手，智者点头。然虽如是，也未免笑破他人口。"③

---

① 《卍新纂续藏经》69册，第280页下。
② 《卍新纂续藏经》86册，第677页上中。
③ 《卍新纂续藏经》69册，第282页下。

仁勇仍将大觉视为同门好友，虽然未承嗣怀澄，但他与云门一系的关系还是很密切。大觉怀琏当时名满天下，他来看望仁勇当然也是保宁的光荣。

据《建中靖国续灯录》卷五：

真州长芦崇福禅院祖印禅师

讳智福，江州人，夏文庄之系族也。出家圆具，遂参雪窦，发明祖意。道行才智，洒然超迈。四处住持，胜缘毕集；三十年间，众盈五百。豫章郡王宗谔，稔闻道风，遥伸师礼，奏赐章服、师名。①

智福为雪窦重显门人，深受宗室豫章郡王赵宗谔（？—1082）崇敬，故赐紫，封祖印禅师，也是当时名僧，其与仁勇关系密切。

据《保宁仁勇禅师语录》卷一：

因长芦和尚来，上堂："金将火试，水将杖试。大众，只如金不将火试，水不将杖试，还有人辨得么？若辨得，是真也假也，深也浅也。若辨不得，且分付与明眼人。"②

这是仁勇住持保宁之初，长芦智福便前来看望。仁勇赞扬智福坚不怕炼，深不可测，是明眼人，说明二人关系很好，似乎他与雪窦门下并无芥蒂。

又据《保宁仁勇禅师语录》卷一：

长芦，上堂："未到者里，万事不言，既到者里，如何即是？有口有舌，何妨乱说。有问话者，出来！"

再召无人，师云："犹较些子。古资福云：隔江见资福刹竿便回，

---

① 《卍新纂续藏经》78册，第669页中。
② 《卍新纂续藏经》69册，第281页上中。

脚跟好与二十。保宁昨日离金陵，泛小舟渡大江，到长芦门下，见刹竿，观佛殿。上方丈，礼拜祖印禅师，蒙不赐罪责，特加殷勤。何故？恩深转无语，怀抱自分明。禅师又令对众升座，不免胡言汉语，瞒诸人等。是不识好恶，更有一颂：乘兴安然泛小舟，霎时风送到江头。不知相见谈何事。诸高德，试道看！"①

这是仁勇到真州长芦，看望祖印，祖印对他非常客气，并请他上堂说法。

仁勇还曾到真州资福，祖印有门人文雅禅师曾住持此寺，不知是否此时。

仁勇还到过太平州瑞竹，临济宗谷隐蕴聪（965—1032）金山达观昙颖（989—1060）曾在太平州隐静寺住持，其门人有瑞竹仲和及惟悟禅师，当时或许是他们其中之一担任住持，从辈份上讲，都是仁勇的师叔。

仁勇于元丰初年曾一度退院，其继任者可能是天衣义怀门人圆通法秀（1027—1090）。

据《建中靖国续灯录》卷十《东京法云寺圆通禅师》：

> 后游江淮，住龙舒四面，移居庐山栖贤。相国王公安石闻师道风，请居钟山，又迁凤台保宁，寻奉诏住长芦崇福。元丰甲子，越国大长公主、太尉张候敦礼奏请居法云寺，为第一祖。②

又据《禅林僧宝传》卷二十六《法云圆通秀禅师》：

> 蒋山元禅师殁，舒王以礼致秀嗣其席。秀至山，王先候谒，而秀方理丛林事，不时见。王以为慢己，遂不合，弃去。住真州长芦。③

---

① 《卍新纂续藏经》69 册，第 284 页中下。
② 《卍新纂续藏经》78 册，第 699 页下。
③ 《卍新纂续藏经》79 册，第 543 页下。

王安石请法秀居蒋山，当在熙宁九年（1076）十月罢为判江宁府后，赞元于元丰三年（1080）九月四日以前入灭，故王安石请法秀继之住持蒋山太平兴国禅寺。

王安石有《请秀长老疏》，中云"愿临真觉之道场，亲受云门之法印"，由于志公在宋太平兴国七年（982）被封为"道林真觉菩萨"[1]，故太平兴国禅寺即是"真觉道场"。法秀前来出自王安石的礼请，其离去却未必是由于二人交恶。法秀先住蒋山，不久由于仁勇退院，又迁凤台保宁。然而法秀在保宁为时极短，便奉诏移居长芦（可能是接替祖印），如此则其移去是皇帝诏命，并非由于与王安石不合。由于法秀住持时间很短，仁勇又不得又经历短暂的退休之后再住保宁，直到终老。

法秀与王安石未必不睦，而仁勇与王安石的关系更加耐人寻味。在仁勇住持保宁的二十余年间，王安石大半时间在江宁，而且二人有共同的知己赞元等，因此二人不可能不相识，然而在现存仁勇的《语录》中无一语道及王安石，在王安石现存诗文中只有一篇道及仁勇，这究竟是碰巧遗漏了还是二人关系不太亲密的表现，确实值得琢磨。

据《江西通志》卷一百四：

> 陈迁，字德升，宜黄人。年十六游金陵，以强记闻。荆公命与陆农师遍阅蒋山碑，无虑数十，及归录之，不遗一字。越二年，因病留蒋山，与勇禅师，言下有契，勇与偈曰：猢狲儿子太惺惺，爱弄千年鬼眼睛。不见宰官身说法，时时求我顶头行。即弃儒归隐，究心禅学，作《续传灯录》。

又据《五家正宗赞》卷二《保宁勇禅师》：

> 答陈迁秀才曰：胡孙儿子最惺惺，爱弄千年鬼眼睛。懊恼不知能要相，有时来我顶头行。[2]

---

[1] 参见杨永泉、陈蕊心《灵谷寺志》，江苏古籍出版社2001年版，第35页。
[2]《卍新纂续藏经》78册，第592页下。

虽然前后版本有异，但这段事实还是基本上可以肯定的。如此王安石与仁勇还有共同的学生。王安石于治平年间在金陵守丧，并收徒讲学，陆佃等皆于此时从学于他，陈迁亦应于此时从学，王安石命他与陆佃遍阅蒋山碑文数十通，他竟然全部背诵下来，一字不差，可见天资过人。仁勇对聪明异常、或许有点调皮的陈迁也是十分喜爱的，故作偈赠之，后来陈迁弃儒学禅，并作《续传灯录》，可惜不存于世。

王安石有《题勇老退居院》：

> 道人投老寄山林，偶坐翛然洗我心。
> 梦境此身能且在，明年寒食更相寻。①

这是王安石和仁勇直接来往的唯一证据，弥足珍贵。仁勇退居于铁索寺，这是出自荆公自注，十分可靠。王安石于某年寒食前来看望仁勇，并约定明年再来。铁索寺原为尼寺，刘宋元嘉年间有尼铁索罗等三人至，因以为号，宋初更名瑞相。不知这是仁勇首次由保宁退居时所居寺还是晚年再退，然《联灯会要》称师"两住保宁，而终老焉"，表明他终老于保宁，未再退院。如此此诗当作于元丰四年（1081）初寒食时，其时仁勇告老，退居铁索寺，由法秀继任，然而为时不久，法秀便应诏继智福住真州长芦，其退休时间可能不过数月，当年便再次住持保宁，直至终老。

据《樵隐悟逸禅师语录》卷二：

保宁塔（在）建康南门铁索寺后

> 金刚钻子话何堪，价索辽天死未甘。
> 大法乘绳铁索朽，一原秋色锁城南。②

这表明保宁仁勇入灭后建塔于铁索寺后，也证明他与铁索寺确实有渊源。仁勇卒年不详，既然他住持二十余年而终，则应在元丰六年（1083）

---

① 参见李之亮《王荆公诗注补笺》，2002年版，第792页。
② 《卍新纂续藏经》70册，第309页下。

至元祐七年（1092）间，很可能元丰末年入灭，世寿约七十余。

据《建中靖国续灯录目录》卷二：

金陵保宁仁勇禅师法嗣十人（六人见录）
　郢州月掌智渊禅师　　湖州寿圣楚文禅师
　信州灵鹫宗映禅师　　越州宝严道伦禅师
　洪州景福日余禅师　　湖州海会日益禅师
　（抗州灵凤允咸禅师　　襄州洞山文英禅师
　金陵华藏实禅师　　金陵崇因宗袭禅师）①

又据《建中靖国续灯录》卷十六：

泗州普照寺真寂禅师
　讳处辉，滁州清流人也，姓赵氏。依江宁府保宁勇禅师出家得度。绍圣四年朝旨住持。开堂日，问："世尊出世，地涌金莲。和尚出世有何祥瑞？"师云："扫却门前雪。"②

另外《大慧普觉禅师宗门武库》卷一记载仁勇有二弟子处清、处凝，后来同参白云守端，处凝出世舒州天柱山，处清住龙舒太平，皆有机辩，为五祖法演所敬。看来仁勇亲度的弟子都是"处"字辈。《罗湖野录》卷二载有瀰州显首座，也是先参仁勇，后从守端。仁勇开法二十余年，门下弟子应当很多，可惜在后世有影响的较少，这也使得仁勇在后世的影响和地位远不如师弟守端。

仁勇在南朝故都江宁府有名的大寺保宁住持二十余年，对于临济宗杨岐派的开创和最初的发展贡献很大，特别是在白云守端入灭之后，他以一己之力独撑危局，为后来此派的兴盛奠定了基础，其历史地位和贡献不容忽视。

---

① 《卍新纂续藏经》78 册，第 634 页上。
② 同上书，第 741 页中。

第二章 白云守端与早期杨岐派

第一节 白云守端生平与禅法

白云守端为杨岐方会嫡子，禅门一代宗匠，对于早期杨岐派的生存发展贡献很大。其历史地位有目共睹，然其生平史事中尚存一些疑点，需要进一步澄清。

据《建中靖国续灯录》卷十四：

舒州白云山海会院守端禅师

衡阳周氏子也，生而异相，遂舍出家。笃志参玄，勤询学问。法悟杨岐，名播宗席。语要颂古，诸方盛传。今也虽亡，道风益扇。①

此书虽早，但相关史事部分很短，只有生具异相一句，他书未载。

有关守端的比较完整的传记最早的是惠洪（1071—1128）的《禅林僧宝传》。

据《禅林僧宝传》卷二十八：

白云端禅师

禅师名守端，生衡州葛氏（或云周氏）。幼工翰墨，不喜处俗。依茶陵郁公剃发，年二十余，参颙禅师（或鹏禅师）。颙殁，会公嗣居焉，一见端，奇之，每与语终夕。一日忽问："上人受业师？"端曰："茶陵郁和尚。"曰："吾闻其过溪有省，作偈甚奇，能记之否？"

---

① 《卍新续藏经》78册，第726页下、727页上。

端即诵曰："我有神珠一颗，日夜被尘羁鏁（或云常被尘劳羁鏁）。今朝尘尽光生，照破青山万朵。"会大笑起去，端愕视左右，通夕不寐。明日求入室，咨询其事。时方岁旦，会曰："汝见昨日作夜狐者乎？"端曰："见之。"会曰："汝一筹不及渠。"端又大骇，曰："何谓也？"会曰："渠爱人笑，汝怕人笑。"端于是大悟于言下，辞去遍游。

庐山圆通讷禅师见之，自以为不及，举住江州承天，名声爆耀。又让圆通以居之，而自处东堂。端时年二十八，自以前辈让善丛林，责己甚重，故敬严临众，以公灭私，于是宗风大振。未几讷公厌闲寂，郡守至，自陈客情。太守恻然目端，端笑唯唯而已。明日升座曰："昔法眼禅师有偈曰：难难难是遣情难，情尽圆明一颗寒。方便遣情犹不是，更除方便太无端。大众且道，情作么生遣？"喝一喝，下座，负包去。一众大惊，挽之不可。遂渡江，夏于五祖之闲房。

舒州小刹，号法华，住持者如笼中鸟，不忘飞去。舒守闻端高风，欲以观其人，移文请以居之。端欣然杖策来，衲子至无所容，士大夫贤之。迁居白云海会，升座顾视曰："鼓声未击已前，山僧未登座之际，好个古佛样子。若人向此荐得，可谓古释迦不前，今弥勒不后。更听三寸舌头上带出来底，早已参差。须有辩参差眼，方救得完全。有么？"乃曰："更与汝老婆。开口时，末上一句正道著；举步时，末上一步正踏著。为什么鼻孔不正，为寻常见鼻孔顽了，所以不肯发心。今日劝诸人发却去。"良久，曰："一。"便下座。其门风峻拔如此。僧请问："慧超问法眼：'如何是佛？'曰：'汝是慧超。'"端作偈示之，曰："一文大光钱，买得个油糍。吃放肚里了，当下便不饥。"又问："僧问云门：'如何是透法身句？'曰：'北斗里藏身。'"端又作偈曰："九衢公子游花惯，未第贫儒感慨多。冷地看他人富贵，等闲无耐幞头何。"

赞曰：杨岐天纵神悟，善入游戏三昧，喜勘验衲子，有古尊宿之遗风。庆历以来，号称宗师。而白云妙年俊辩，胆气精锐，克肖前懿。至于应世则唾涕名位，说法则荡除知见，乃又逸格。如大沩之有寂子，玄沙之有琛公。临济法道，未甚寂寥也。①

此书所记虽然较早，但也有不少问题，需要参照他书。守端为衡阳人，但俗姓是葛，还是周，此书似乎两存，《建中靖国续灯录》、《联灯会要》作"衡阳周氏子"，《嘉泰普灯录》称"族葛氏（《续灯》云周氏非）"，并明言《续灯录》作周氏是错误的，《五灯会元》作"衡阳葛氏子"，《五家正宗赞》作"衡州葛氏子"，《佛祖历代通载》作"生衡之葛氏"，《白云守端禅师语录》作"姓葛氏，衡阳人"。应当说，姓葛氏是正确的。

守端生年尚有疑问，其卒年则是确定的。《嘉泰普灯录》卷四作"熙宁五年迁化，寿四十八"②，《五灯会元》、《释氏稽古略》、《续传灯录》从之，《佛祖历代通载》亦作熙宁五年（1072）示寂。

据《白云守端禅师语录》卷一：

> 师姓葛氏，衡阳人。幼事翰墨，及冠，依茶陵郁禅师披削。往参杨岐，岐一日忽问："受业师为谁？"师曰："茶陵郁和尚。"岐曰："吾闻伊过桥遭擨有省，作偈甚奇，能记否？"师诵曰："我有明珠一颗，久被尘劳关锁。今朝尘尽光生，照破山河万朵。"岐笑而趋起。师愕然，通夕不寐。黎明咨询之，适岁暮，岐曰："汝见昨日打驱傩者么？"曰："见。"岐曰："汝一筹不及渠。"师复骇曰："意旨如何？"岐曰："渠爱人笑，汝怕人笑。"师大悟。巾侍久之，辞游庐阜。圆通讷禅师，举住承天，声名籍甚。又逊居圆通，次徙法华、龙门、兴化、海会，所至众如云集。僧问："如何是佛法大意？"师曰："水底按葫芦。"又僧问："不求诸圣，不重己灵，未是衲僧分上事。如何是衲僧分上事？"师曰："死水不藏龙。"曰："便怎么去时如何？"师曰："赚杀汝！"宋仁宗熙宁五年丙戌示寂，世寿四十八。③

---

① 《卍新续藏经》79 册，第 548 页中下。
② 同上书，第 316 页中。
③ 《卍新续藏经》69 册，第 295 页上。

此一小传见诸《白云语录》，应当是最为可靠的，又与诸书相合，如此守端卒于熙宁五年（1072）、寿四十八，其生年当在天圣三年（1025）。

据《白云守端禅师语录》卷一：

卍云：上堂法语，既载于《续刊古尊宿语要》卷三，故今不再录，但收所遗者耳。①

如此《白云语录》编于《续刊古尊宿语要》之后，只是补遗之作。《续刊古尊宿语要》为鼓山晦室师明所作，成书于淳熙五年（1178）。《白云语录》编撰时间不详，但未必早于《嘉泰普灯录》。

据《禅林宝训》卷一：

白云初住九江承天，次迁圆通，年齿甚少。时晦堂在宝峰，谓月公晦曰："新圆通洞彻见元，不忝杨岐之嗣。惜乎发用太早，非丛林福。"公晦因问其故，晦堂曰："功名美器，造物惜之，不与人全。人固欲之，天必夺之。"逮白云终于舒之海会，方五十六岁。识者谓晦堂知机知微，真哲人矣。（《湛堂记闻》）②

《禅林宝训》原为大慧宗杲与竹庵士珪所作，后由净善重编。晦堂祖心（1025—1100）时在宝峰，参晓月公晦。这一故事据称是出自《湛堂记闻》，则为真净克文门人湛堂文准（1061—1115）所作。然而其中也有矛盾之处，按照此说，守端卒时五十六岁，则生于天禧元年（1017），长晦堂八岁，且其主圆通时已然四十多岁，何得谓年齿甚少、发用太早？晦堂居宝峰，在黄龙慧南移黄龙之后，而慧南移黄龙，肯定在治平二年（1065）之后（据《禅林僧宝传》卷二十三真净克文治平二年夏于大沩悟道，造访南师于积翠），又据《禅林宝训合注》卷一，"晓月，字公晦，得法于琅琊觉禅师，

---

① 《卍新续藏经》69册，第294页中。
② 《大正藏》48册，第1020页上。

于宋熙宁间,住洪州泐潭宝峰精舍,作《楞严标旨》。"① 祖心先到洪州西山依止翠岩可真(?—1064)二年,可真入灭后回到黄檗山,慧南命其为首座,分座说法。慧南移黄龙,他未随行,而是参晓月于宝峰,从究《楞严》深旨,时在熙宁初年,其时守端早已移居白云海会,"新圆通"之说如何成立?此说诸多自相矛盾,而且与他书不合,后世亦无取之者,因此当属误传。

守端冠岁即庆历四年(1044)依茶陵郁山主剃度,不久到潭州参五祖师戒门人云盖志颙(?—1046),志颙入灭后,方会于庆历六年(1046)继席,守端又从之参学。

守端悟道的因缘诸书所述基本一致,杨岐令其诵剃度师郁山主悟道颂,他诵毕之后,杨岐却大笑而去,他茫然不解,次日正值元旦,他入室再参,杨岐问他昨日(除夕)是否见到傩戏表演,他道见过了,杨岐道你不如他们,因为他们喜欢见人笑,你却不喜欢。守端于言下大悟,自此不离左右,直到皇祐元年(1049)杨岐入灭。

据《杨岐方会和尚语录》卷一《潭州云盖山会和尚语录序》:

> 李唐朝有禅之杰者马大师,据江西泐潭,出门弟子八十有四人。其角立者,唯百丈海,得其大机;海出黄檗运,得其大用,自余唱导而已。运出颙,颙出沼,沼出念,念出昭,昭出圆,圆出会。会初住袁州杨岐,后止长沙云盖。当时谓海得其大机,运得其大用,兼而得者,独会师欤!师二居法席,凡越一纪,振领提纲,应机接诱,富有言句,不许抄录。衡阳守端上人,默而记诸,编成一轴。愚仰惠师之名久矣,因就端求其编轴,焚香启读。大矣哉,师之机辩也,若巨灵神劈开太华首阳,河流迅急,曾无凝滞。匪上上大乘根器,曷能凑之乎?端命愚为序,贵师之道流传天下。且会师之名与道,深于识者悉闻之,故不可辞饰,但实序其由。师袁州宜春人,姓冷氏,落发于潭州浏阳道吾山。俗龄五十四,卒于云盖山,塔存焉。皇祐二年,仲春

---

① 《卍新续藏经》64册,第480页下。

既望日，湘中苾刍文政述。①

这是守端请雪窦重显（980—1052）门人南岳胜业文政于皇祐二年（1050）春为其师语录所作序。守端在杨歧圆寂后，与师兄保宁仁勇一起为其造塔，并编辑语录，尽到了弟子之责。

据《白云守端禅师广录》卷三：

送勇藏主还明

湘西昔日聊分袂，屈指年光逾十二。炉峰看雪方偶仝，莲峤乘凉期遽遂。（辛酉冬会圆通，壬寅夏回五祖）甘露亭中水石奇，终朝竟日夫何为。提尽古人未到处，从头一一加针锥。有所益兮无所益，手不及处争著力。浑圇无缝成两边，掷地金声如瓦砾。有所损兮无所损，几度和衣草里辊。树头惊起双双鱼，石上迸出长长笋。问我肩筇拟何适，报云太虚藏鸟迹。便进欲隐弥露言，直得青天轰霹雳。阿呵呵，谁可悉。砌下流泉忽倒流，岭上白云不敢白。杨歧顶上眼未真，杨歧脑后眼岂亲。当时一席三五百，透得金尘能几人。君兮将适江东去，我已退藏不足豫。清风定播好音来，南北东西看独步。②

这是守端后来于嘉祐七年（1062）壬寅于五祖寺送仁勇还明州时所作诗。诗中回忆二人在湘西分别已经超过十二年了，则其相别时在皇祐三年（1051）辛卯前。如此可能二人在皇祐二年（1050）便分开了，守端来到江西庐山。

据《禅林宝训》卷一：

白云曰："多见衲子未尝经及远大之计，予恐丛林自此衰薄矣。杨歧先师每言：上下偷安，最为法门大患。予昔隐居归宗书堂，披阅经史，不啻数百过。目其简编，弊故极矣。然每开卷，必有新获之意。

---

① 《大正藏》47 册，第 645 页下、646 页上。
② 《卍新续藏经》69 册，第 319 页下。

予以是思之，学不负人如此。"(《白云实录》)①

这表明守端先到庐山归宗，隐居书堂，披阅经史，自觉开卷有益，常读常新。守端虽然已经觉悟，却勤奋好学，博通内外，这对于他日后广度学人奠定了深厚的基础。

据《居士分灯录》卷二：

> 郭祥正，字功甫，母梦李白而生。皇祐四年，守端寓归宗时，正任星子主簿，往叩心法。迨端住承天、迁圆通，正复尉于德化，往来尤密。端移白云海会，正自当途往谒。②

著名文人郭祥正（1035—1113）与守端交情深厚，皇祐四年（1052），守端寓居归宗，郭祥正于皇祐五年（1053）中进士，为南康（星子）主簿，往扣心法，自此来往不绝。嘉祐四年（1059）复为德化尉，时守端住持承天。

据《大慧普觉禅师宗门武库》卷一：

> 归宗宣禅师，汉州人，琅琊广照之嗣，与郭功甫厚善。忽一日，南康守以事临之，宣令人驰书与功甫，且祝送书者云："莫令县君见。"功甫时任南昌尉。书云：某更有六年世缘未尽，今日不奈抑逼何，欲托生君家，望君相照。乃化去。功甫得书，惊喜盈怀。中夜其妻梦寐，髣髴见宣入卧内，不觉失声云："此不是和尚来处！"功甫问其故，妻答所见。功甫呼灯，以宣书示之。果有娠，及生即名"宣老"。才周岁，记问如昔。逮三岁，白云端和尚过其家，功甫唤出相见。望见，便呼师侄。端云："与和尚相别几年耶？"宣屈指云："四年也。"端云："在甚处相别？"宣云："白莲庄。"端云："以何为验？"宣云："爹爹妈妈，明日请和尚斋。"忽门外推车过。端云："门外什么声？"宣作推

---

① 《大正藏》48册，第1019页上、1020页上。
② 《卍新续藏》86册，第599页下。

车势。端云:"过后如何?"宣云:"平地一条沟。"甫及六岁,无疾而化。①

此事又见于《大慧语录》,表明守端到庐山归宗时,琅琊慧觉门下归宗可宣为住持。后来可宣受到南康太守的凌辱,虽世缘未尽,亦毅然入灭。这表明当时政治与宗教的关系并非总是和谐,宗教信仰自由在中国从未实现过,政治对宗教的压制始终存在,是以相传石门蕴聪(965—1032)有"平地起骨堆"之叹,归宗可宣有"平地一条沟"之哀。

这一故事真假勿论,然其中也有真实的史料,可宣受太守凌辱,可能入灭于皇祐五年(1053)。故事细节属于传说,因为郭祥正长子于其熙宁六年(1073)至八年(1075)任职桐城间夭折,年仅五岁("五岁养育恩,一朝随埃尘"),若是可宣后身,此时已经二十多岁了。此前一年,守端离开归宗,前往圆通寺,受到圆通居讷(999—1070)的欢迎和礼遇。

据《嘉泰普灯录》卷四:

> 嘉祐四年,辞游庐阜。圆通讷禅师一见,自谓不及,举住承天,声名籍甚。又逊居圆通。②

此嘉祐四年,当是皇祐四年(1052)之误,前文已述,守端皇祐年间便已到庐山,其与居讷结识,也不可能迟至嘉祐四年(1059)。《僧宝传》称居讷让居圆通时守端二十八岁,实际上这是守端到圆通时的时间,皇祐四年(1052)守端恰好二十八岁。

圆通居讷是一个特别善于发现并极力举荐人才的大师,他请大觉怀琏(1007—1091)为书记,并举荐他代替自己于皇祐二年(1050)入京住持十方净因禅寺,使其成为一代名僧。他又令佛印了元(1032—1098)继怀琏担任书记,后又荐其任承天住持。

居讷对守端的举荐也是不遗余力的,他先荐其住持江州承天能仁,又

---

① 《大正藏》47册,第954页上中。
② 《卍新纂续藏经》79册,第315页下。

让圆通，体现了一代高僧的风范。

据《云卧纪谭》卷一：

> 白云端和尚，住浔阳能仁，新其堂与厨，略记其实曰：古之称善知识者，盖专以祖法为务，旦夕坐于方丈间，应诸学者之问而决疑焉。若院之事，则有学者分而集之，故善知识之称，得其实而有尊矣。愚嘉祐丙申孟夏，自圆通应命来继兹席。虽不揆其实而至，且患其法堂、厨舍悉皆颓圮，有风雨不堪之忧，何足以容众而继人之后者哉？已而，得州人周氏怀义大新其堂，明年有慕藺来者，又新其厨，然后风雨不足忧，而徒众得以安焉。周氏素达于吾教，不欲书以自显。愚谓厨资出诸远近之人，不书之，无以嘉其善，乃并以二善刻于厨壁。噫！考于古之称善知识者之义，愚尚有愧焉。己亥九月十七日住持沙门守端述。①

这是嘉祐四年（1059）守端为江州能仁寺新作法堂、厨房所作记，十分珍贵。这表明他是于嘉祐元年（1056）丙申由圆通来任能仁住持的。《白云守端禅师广录》卷一亦载他于承天开堂时，"圆通讷和尚白槌"，表明确实是由圆通居讷为其引座。

嘉祐四年（1059），圆通居讷又作了一个惊世骇俗的决定，让圆通，自己退居东堂，由守端担任住持，同时又荐举佛印了元继任承天寺住持，了元时年二十八岁，是最年轻的住持之一。居讷这么做，可谓一举两得，一是让年轻的守端住持圆通大刹，二是让更年轻的了元成为一方宗主，虽然他自己做了牺牲，但他认为是值得的。

守端于嘉祐四年末至七年初，住持圆通，他为前辈出让大寺的义举而感动，因而兢兢业业，尽职尽责。然而，不知何故，他又于嘉祐七年（1062）离开圆通，过江到黄梅任五祖寺西堂。

据《林间录》卷一：

---

① 《卍新纂续藏经》86 册，第 663 页下。

圆通祖印讷禅师告老于郡，乞请承天端禅师主法席，郡可其请。端欣然而来，自以少荷大法，前辈让善丛林，责己甚重，故敬严临众，以公灭私，于是宗风大振。未几年，讷公厌闤寂，郡守至，自陈客情。太守恻然目端，端笑唯唯而已。明日，登座曰："昔日大法眼禅师有偈曰：难难难是遣情难，情尽圆明一颗寒。方便遣情犹不是，更除方便太无端。大众且道情作么生遣?"喝一喝，下座包腰而去。一众大惊，遮留之，不可。丛林至今敬畏之。①

按照惠洪的解释，是由于居讷让位后，又不甘寂寞，还想复职，于是告太守，守端知其意，次日便示偈告别，负包过江而去。此说未必完全正确，居讷若是贪恋名位，他就不会让怀琏代己出任京寺住持，也根本没有必要让位给守端。其间或许是守端"以公灭私"，虽然宗风大振，但也触犯了居讷原来某些徒众的利益，他们对守端出任住持本来就不满，借故生事，亦有可能，当然这纯属猜想。

据《永觉元贤禅师广录》卷三十：

白云端初住九江承天，圆通讷让圆通居之，而自退居西堂。久之，群小鬪构其间。讷不能忍，颇诉于客。群小遂谓讷不堪寂寞，有复住圆通之意。端乃辞而去之。去之诚是也，然其退院上堂之语，乃似归过于讷，则为小人之所蔽，而不能自察耳。②

这是后世永觉元贤的评论，其说比较公允。居讷和守端都是一代大师，没有私心，但由于利益纠葛，中间有小人挑拨，产生误会是可能的。居讷根本没有复住圆通、赶走守端的意思，守端为了化解矛盾离去是对的，但受到小人蒙蔽、有归过居讷之意则是错误的。然而此事不久就得到化解，两人的关系并未受到影响，守端对于居讷还是十分尊敬。

据《白云守端禅师广录》卷三：

---

① 《卍新纂续藏经》87册，第252页上中。
② 《卍新纂续藏经》72册，第573页上。

寄双峰祖印
宗门提掇事还多，既已归庵若奈何。
翻笑五回移祖榻，曾无巴鼻走禅和。①

这是守端在居讷退居之后所写，表达了对于五居祖师道场的祖印大师（居讷师号）的尊敬。

据《白云守端禅师广录》卷一：

到四祖，讷和尚请升座。乃云："庐山把手闲行，尽是无人知处；淮甸重陪高步，却欲出在人前。大众，在庐山时，为甚要怎么深密；及乎今日，为甚要怎么显露？不见道，卖金须遇买金人。"②

这是守端住持舒州法华后，于治平二年（1065）到四祖寺专门拜望居讷，强调不忘居讷的知遇之恩。

据《白云守端禅师广录》卷四《自题》：

嘉祐七年壬寅夏，寓五祖之西堂。因禅人见问，时悉以吾之大事印之，往往多未然者，愿请教古德因缘，于其间浸润，欲求其然，乃许之。或问为颂之，凡三十余首。八年癸卯秋九月，住此山。山深无事，复如其前，共成一百十首。然此一大事，在彻证者，方便出没，无不可者，唯恐途中之士，或泥之，或疎之，为病耳。苟以此浸润，而忽得其然，则吾颂何剩哉。然则高妙深远之致，则庶慰于先觉，以随器而任，则庶以报于古圣海岳之一毫，乃吾之志耳。治平元年甲辰孟夏既望，题之于后。③

这是守端自述他评唱古德公案机缘的缘由与经历，说明此事发端于他

---

① 《卍新纂续藏经》69册，第318页下。
② 同上书，第311页上。
③ 同上书，第328页中。

在五祖西堂时，当时有三十多首颂古，后来住持法华，又增益至一百一十篇。

据《白云守端禅师广录》卷一：

> 到五祖，升座云："昔年暂憩，今日重过，日月如流，将经二载。且道有不隔阂底道理么？诸仁者高宴白莲峰下，病叟深隐法华山中，相去一日之程，作么生说个不隔阂底道理。莫是'夜夜抱佛眠，朝朝还共起，起坐镇相随，如身影相似'，若恁么，正道著第二头底，未道著正定头底。且道作么生道？乃云：宇宙茫茫人不识，依前鼻孔大头垂。"①

这是守端住持法华后重回五祖，并应邀上堂说法，中言"将经二载"，其离开五祖在嘉祐八年（1063）九月，再回时当在治平二年（1065）九月以前。在法华时上堂，有"一阳生日冬至"之句，下面还有数段法语，可见至少二年末仍在法华。

守端自法华迁居龙门，其时应在治平三年（1066）初。

据《白云守端禅师广录》卷三：

> **寄九江上人**
> 灯前一夜看庐山，屈指俄经五载间。（来法华时有此）
> 今日白云堪自爱，悠悠舒卷水潺潺。②

他住法华之末时已经离开庐山五载，表明至少会在治平三年（1066）时仍在，否则不够五个年头。

不久，他又改任兴化禅院住持，其时或在是年秋，故引寒山"秋江清浅时"之句。治平四年（1067）元旦曾在兴化上堂说法。

据《白云守端禅师广录》卷二：

---

① 《卍新续藏经》69册，第311页上。
② 同上书，第319页下。

新正上堂。僧问："孟春犹寒即不问，如何是兴化境？"师云："家家尽看夜胡儿。"僧云："白云常展潇湘畔，满堂清众尽沾恩。"师云："你无分。"僧礼拜。师乃云："年去年来来去间，迎新送旧几多般。街头撞见张三伯，元正启祚太无端。喃喃犹道孟春寒，城上角声成一片，大家齐贺万年欢。"①

这个春节肯定是治平四年（1067）元旦，因为他治平二年（1065）末尚在法华，不可能在一个月内换两个地方当住持。他在龙门和兴化时间都不长，大概各住半年。就在四年初，他又到白云海会。

据《普觉宗杲禅师语录》卷一：

五祖和尚，初参圆照禅师，会尽古今因缘，唯不会"僧问兴化：四方八面来时如何？化云：打中间底。僧礼拜。化云：兴化昨日赴个村斋，半路遇一阵卒风暴雨，却去神庙里避得过。"遂请教圆照，照云："此是临济下门风，须是问他家儿孙始得。"祖乃参浮山远和尚，请教此公案。远云："我有个譬喻，你恰似三家村里卖柴汉，夯一条冲檐了，却问人中书堂今日商量甚么事。"祖云："恁么地时，大段未在。"远因谓祖曰："汝来晚矣，老僧年迈耳背，汝可去参个小长老，乃白云端和尚。老僧虽不识他，见他颂临济三顿棒因缘，见得净洁。"祖遂参白云。②

五祖法演（1013—1104）初参圆照宗本（1020—1099），因不会兴化存奖一则因缘，圆照命其参浮山法远（991—1067），法远其时年老，指示他参白云守端。

据《云卧纪谈》卷上，浮山法远于治平四年（1067）"仲春六日"即四月六日入灭，若宗杲之说无误，则守端住持白云海会当在年初。

守端自治平四年初至熙宁五年（1072）去世，一直住白云海会。其入

---

① 《卍新续藏经》69 册，第 313 页上中。
② 同上书，第 631 页中下。

灭之时，应当在五年初。

据《法演禅师语录》卷二：

> 先师忌晨，上堂云："去年正当恁么时，多前年三件事；今年正当恁么时，多去年七件事。这十件事，数不过者甚多。何也？云却七三存一事，是去年说是今日。急如箭，黑似漆。无言童子口吧吧，无足仙人撺胸趯。"乃云："交。"下座。
>
> 与能表白起丧云："本是尔送我，今朝我送尔。生死是寻常，推倒又扶起。"至坟所，复谓众云："今朝正当三月八，送殡之人且听说。君看陌上桃花红，尽是离人眼中血。"①

这两段前后相连，可以断定守端忌日在三月八日前，当在年初。

据《白云守端禅师广录》卷三《免太平请上杨大卿》：

> 长者存心不可名，一千余里古风清。山僧若得白云隐，端坐焚香过此生。②

守端住持白云时，光禄卿、舒州知州杨玙曾请其住太平，他坚辞不往。据《续资治通鉴长编》二百十二卷，熙宁三年（1070）六月丙寅，光禄卿知舒州杨玙分司南京。转运司言玙庸懦不职故也。杨玙知舒州当在熙宁之初，其请守端住持太平当在熙宁元年（1068）。

又据《白云守端禅师广录》卷三《答李待制风入松曲》：

> 琴有风入松，真闻但逆理。
> 飕飕满座间，在耳不在耳。③

---

① 《大正藏》47册，第662页上中。
② 《卍新续藏经》69册，第320页下。
③ 同上书，第320页上。

此李待制即天章阁待制李师中。据《续资治通鉴长编》卷二百十六、二百二十七，熙宁三年（1070）冬十月己卯，前知秦州右司郎中、天章阁待制李师中落待制，降授度支郎中知舒州，四年（1071）十月己巳，李师中知洪州。虽然李师中由于与王韶意见相左，落待制降知舒州，但守端出于礼貌，仍尊之为待制。

守端除了与舒州知州关系密切，还与许多文人往来。其中有南康签判余秘丞（后通判山南郡）、大湖昌秘校、陈主簿、凌静微秘校、胡斋郎、九江王元甫等。王元甫有诗名，有《景阳井》诗，隐居不仕，据《能改斋漫录》卷十一，绍圣间敕赐高尚处士，苏东坡南归，过九江，因道士胡洞微（或即胡斋郎）求谒之，元甫云不见士大夫五十年矣，竟不见。他与郭祥正和杨杰（1023—1092）关系尤其密切，郭祥正为其门人。

总之，白云守端虽然享寿不长，但得圆通居讷提携，开法很早，传法十七年，得五祖法演等著名门人，使得临济宗杨岐派得以兴盛，并且成为后世临济宗最为重要的传承，对于禅宗的兴旺与长期繁荣贡献很大。

第二节　白云守端门下

白云守端关于培养人才，有很多出色门人。

据《建中靖国续灯录目录》卷二：

舒州海会守端禅师法嗣十人（四人见录）
潭州云盖智本禅师　蕲州五祖法演禅师
滁州琅琊永起禅师　英州大溶殊禅师
（泉州崇胜珙禅师　郴州香山惠常禅师
舒州天柱处凝禅师　舒州浮山鸿䂖禅师
潭州谷山广润禅师　舒州甘露归善禅师）
（已上六人未见机缘语句）。①

---

① 《卍新续藏经》78册，第634页上。

这是灯录中有关守端门人的最早记载，但并不全面，且只为四人立传。除了上述门人外，还有舒州太平处清、海谭（编辑法华语录）、智华（编辑龙门语录）、显禅（庄主）、滋禅人（曾为处凝写守端真）、璇禅人、开禅人、明禅人、龙门无住等。

据《建中靖国续灯录》卷二十：

滁州琅琊山开化寺永起禅师

襄阳人也。鹫岭兴化禅院受业，参白云端禅师以出世，住持二十年，都尉张侯敦礼奏以椹服。

问："口欲谈而词丧，心欲缘而虑忘。去此二途，请师速道。"师云："一片白云无尽处，被风吹去又吹来。"僧曰："此犹是学人问处。"师云："尔问处作么生道？"僧曰："棒头有眼明如日，要识真金火里看。"师云："山僧罪过。"僧曰："知即得。"师拊掌一下，云："也不得放过。"

问："浅闻深悟，不舍一法；深闻不悟，不受一尘。上是法堂下是阶，作么生是迷逢达磨？"师云："终日相见，何消如此。"僧曰："迷逢达磨蒙师指，迷悟双忘事若何？"师云："唤作露柱。"僧曰："前头底如金似玉，后头底转见光辉。"师云："今日不著便。"

问："年穷年尽烹露地白牛，寸刃未施。请拈出完全底头角。"师良久。僧曰："凡圣难测，谁唤作牛？"师云："错。"僧以手点云："雪落在什么处？"师云："犹自不知。"僧曰："敢道诸方不到。"师云："少卖弄。"

问："千手大悲提不起，无言童子暗嗟吁。既是千手大悲，为什么却提不起？"师云："白云无缝罅。"僧曰："仰之弥高，钻之弥坚。"

师云："头头显露。"僧曰："为复神通妙用，为复法尔如然？"师云："放过一著。"问："庵内人为什么不见庵外事？"师云："东家点灯，西家暗坐。"僧曰："如何是庵内事？"师云："眼在什么处？"僧曰："三门头合掌。"师云："有甚交涉。"师乃云："五更残月落，天晓白云飞。分明目前事，不是目前机。既是目前事，为什么不是目前机？"良久。云："此去西天路，迢迢十万余。"

上堂。良久，拊掌一下，云："阿呵呵，阿呵呵，还会么？法法本来法。"遂拈拄杖云："遮个是山僧拄杖，那个是本来法，还定当得么？"卓一下。①

永起禅师，襄阳人，生卒年不详。他在守端处得法之后，住持滁州琅琊山开化寺在二十年以上。他何时开始住持也不清楚，肯定是在慧觉门人智仙之后。在他之前，住持琅琊山者还有崇定禅师，熙宁元年（1068）开始住持，贾易《舍利塔记》载其事；方锐禅师，熙宁八年（1075）住持，王古有诗赠之。② 如此永起应当是在元丰年间开始住持。

据《大慧普觉禅师宗门武库》卷一：

真净和尚退洞山，游浙，至滁州琅琊起和尚处。因众请小参，真净贬剥诸方异见邪解，无所忌惮。下座见起和尚云："堂头在此，赖是别无甚言语。"起云："尔也得也。"二人相顾大笑而去。③

真净克文元丰七年（1084）退洞山，因此永起至少此年已经开始住持了。在前引《建中靖国续灯录》建中靖国元年（1101）成书之时，他已经住持二十年，因此其始不会晚于元丰五年（1082）。

琅琊永起道眼明白，禅机迅敏，问答法语，简单直捷，不落窠臼，确实是一代宗师。

据《嘉泰普灯录》卷十一：

琅琊永起禅师法嗣一人
俞道婆
金陵人也，市油𩛆为业。常随众参问，琅琊以临济无位真人话示之。一日，闻丐者唱《莲华乐》云"不因柳毅传书信，何缘得到洞庭

---

① 《卍新续藏经》78 册，第 767 页上。
② 琅琊山志编撰委员会编：《琅琊山志》，黄山书社 1989 年版，第 290 页。
③ 《大正藏》47 册，第 944 页上。

山",忽大悟,以餐盘投地。夫傍睨云:"你颠耶?"婆掌曰:"非汝境界。"往见琅琊。琊望之,知其造诣,问:"那个是无位真人?"婆应声曰:"有一无位人,六臂三头努力嗔。一擘华山分两路,万年流水不知春。"由是声名蔼著。凡有僧至,则曰:"儿,儿。"僧拟议,即掩门。

佛灯珣禅师往勘之。婆见,如前所问。珣云:"爷在甚么处?"婆转身拜露柱。珣即踏倒云:"将谓有多少奇特。"便出。婆曰:"儿,儿。来,惜你则个。"珣竟不顾。

安首座至。便问:"甚处来?"云:"德山。"曰:"德山泰乃老婆儿子。"云:"婆是甚人儿子?"曰:"被上座一问,直得立地放尿。"安休去。

尝颂马祖不安因缘,曰:"日面月面,灵光闪电。虽然截断天下衲僧舌头,分明只道得一半。"①

琅琊永起法嗣不多,这一记载出自《雪堂道行录》,相当可靠。俞道婆是一个出色的比丘尼,得到永起印可后,声名远扬,佛灯守珣曾经勘之。德山安首座为圆悟克勤门人佛性法泰门人,后来开法灵岩,也是明眼禅者。据《建中靖国续灯录》卷二十:

英州大溶山保福殊禅师

开堂日。上首白槌罢,师顾视大众云:"会么,若也不会,第二杓恶水泼去也。"

时有僧问:"万缘俱荡尽,一衲任逍遥时如何?"师云:"暝猨啼古木。"僧曰:"学人不会。"师云:"寒雾锁幽林。"

问:"如何是佛法大意?"师云:"清溪三日一回虚。"僧曰:"未审其中事若何?"师云:"东头买贵,西头卖贱。"僧曰:"还当也无?"师云:"看物酬价。"

问:"诸佛未出世时如何?"师云:"山河大地。"僧曰:"出世后如何?"师云:"大地山河。"僧曰:"与么则一般也。"师云:"敲砖

---

① 《卍新续藏经》79册,第364页上中。

打瓦。"

问："如何是祖师西来意？"师云："一径杉松满面风。"僧曰："如何晓了？"师云："白杨青草雨蒙茸。"

问："如何是无心道人？"师云："林下高眠，春秋不记。"僧曰："若然者，更无踪迹到人间。"师云："蓬茅多长雨，松竹不凋霜。"

问："如何是和尚家风？"师云："椀大椀小。"僧曰："客来将何祗待？"师云："一杓两杓。"僧曰："未饱者作么生？"师云："少吃，少吃。"

问："如何是大道？"师云："闹市里。"僧云："如何是道中人？"师云："一任人看。"

问："如何是衲僧气息？"师云："熏天炙地。"问："如何是佛？"师云："巧画不似。"僧曰："如何是法？"师云："巧说不出。"僧曰："如何是僧？"师云："髻头跣足。"

问："言语道断时如何？"师云："舌落三分。"僧曰："心行处灭时如何？"师云："肚高三尺。"问："孤峰独宿时如何？"师云："林下长伸两脚眠。"

问："如何是禅？"师云："秋风临古渡，落日不堪闻。"僧曰："不问遮个禅。"师云："尔问那个禅？"僧曰："祖师禅。"师云："南华塔外松阴里，饮露吟风又更多。"

问："如何是大道之源？"师云："一路入烟草。"僧曰："如何得达去？"师云："千山啼子规。"

问："不落言诠，不落意想。闭却唇吻，请师分付。"师云："拄杖不在手。"僧曰："一片孤云点太清。"师云："重迭关山路。"问："西风凄凄，师意如何？"师云："草枯唯长菊，木落吕留松。"僧曰："四时心不变也。"师云："看看又是一阳生。"僧曰："毕竟如何？"师云："天长地久。"

问："祖意教意，是同是别？"师云："巢知风，穴知雨。"僧曰："怎么则同也。"师云："禽宿巢，狐守冢。"问："如何是真正路？"师云："出门看堠子。"师乃云："释迦何处灭俱尸，弥勒几曾在兜率。西觅普贤好惭惶，北讨文殊生受屈。坐压毗卢额污流，行筑观音鼻血出。

回头摸著个匾担，却道好个木牙笏。"遂喝一喝。

上堂云："乌鸡带雪，当人未决；黑牛卧水，是谁知委。是谁知委，师婆祭鬼；当人未决，鼻孔著楔。相逢休更问如何，措大襕衫千百结。"

上堂云："百草头上荐得，钝致群芳；闹市里识来，羞惭众面。离名离相遍体疮疣，无事无为周身梏桔。便脱洒去，笑杀他人；不与么来，孤负自己。行脚本分，请道将来。"良久，云："失钱遭罪。"击禅床一下。

上堂云："杲日丽天，形影相杂；清风照胆，眹兆交萌。且道透脱一路作么生？"良久，云："龟毛莫拟将为拂，恐动泓溟浪里尘。"①

殊禅师住持英州大溶山保福寺，事迹不详。

衲僧生涯，万缘俱尽，一衣一食，任性逍遥，有如猿鸣古木，雾锁幽林。禅师说法，也是应机接物，看货酬价，不过却是遇贵则买，逢贱便售，与寻常商家相反。

大溶家风，大碗小碗，客来有饭，于此不饱，不可再贪。

如何是禅，秋风古渡，日落噪鸣。于此不明，更问什么祖师禅，南华塔外松林中，饮露吟风无穷数。

殊禅师出语不凡，禅机过人，亦是明眼宗师，可惜后世不得其传。

第三节　云盖智本及其法系

云盖智本为白云守端著名门人之一，在当时禅林有相当大的影响。

据《石门文字禅》卷二十九：

夹山第十五代本禅师塔铭（并序）

师讳智本，筠高安郭氏子。生五岁，大饥，有贵客过门，见其气骨，留万钱与其父母，欲携去。祖母刘适从旁舍归，顾见，怒曰："儿

---

① 《卍新续藏经》78册，第767页中。

生之夕，吾梦天雨华吾家，吉兆也。宁饥死，不以与人。"推钱还之。既长大，游报慈寺，闻僧说出家因缘，愿为门弟子。刘氏喜曰："此吾志也。"

年十九，试经为僧，明年受具足戒，即往游方。时云居舜老夫、开先暹道者法席冠于庐山，师往来二老之间。久之，闻法华端禅师者，深为法窟，气压丛林，盖临际九世之孙也，而杨歧会公之的嗣也。师往谒之，遂留十年，名声远闻。舒州太守李公端臣请说法于龙门，辞去之日，端领众送之。师马逸而先顾，端曰："当仁不让。"端笑谓大众曰："国清才子贵，家富小儿骄。"其父子法喜游戏多类此。未几，屏院事，乃还庐山。时曾丞相由翰林学士出领长沙，以礼迎居南岳之法轮，学者争宗向之迁居南台。自南台迁居道林，自道林迁居云盖，自云盖迁居石霜。凡十三年，道大显著，劝请皆一时名公卿。师既老矣，而湖北运使陈公举必欲以夹山致师，师亦不辞，欣然曳杖而去。人登问之，答曰："系情去留，岂道人事。湖南湖北真一梦境尔，何优劣避就之耶。"

以大观元年上元夕，沐浴更衣，端坐终于夹山之正寝。阅世七十有三，僧腊五十有二。阇维齿骨，数珠不坏，葬于乐普庵之西。师性真率不事事，胆气盖于流辈，作为偈语肆笔而成，亦一时禅林之秀者。余未识师，闻清凉洪禅师言其为人甚详。后二年，门人处晓出开福英禅师所撰行状来乞铭，铭曰：

定慧圆明，力无所畏。显于湘南，遂起临济。学者如云，异人辈出。唯会与南，绝群超逸。号末法中，二甘露门。唯夹山本，实会的孙。七移法席，籍其声华。迅机雄辩，能世其家。放怀清真，亦足风味。睥睨死生，盖其一戏。白塔林间，矫如飞鹤。不涉春缘，碧岩花落。①

云盖智本（1035—1107），皇祐五年（1053）十九岁，试经为僧，至和元年（1054）二十岁受具。游方至庐山，师从云居晓舜、开先善暹，后闻

---

① 《嘉兴藏》23册，第723页上。

法华守端之名，从之十年。

据《宋两淮大郡守臣易替考》：

> 李师中《长编》卷二一六熙宁三年十月）己卯，前知秦州、右司郎中、天章阁待制李师中落天章阁待制，授度支郎中、知舒州

熙宁四年辛亥（1071）

李师中《长编》卷二二七熙宁四年十月己巳）知洪州、秘书监、集贤殿修撰荣湿老病，文书皆不画押，诏徙知舒州。以右司郎中李师中知洪州。①

如此，当时请智本开法龙门的舒州太守不是李端臣，而是李师中（1013—1078），其时熙宁四年（1071）。他跟随守端十年，当始于嘉祐七年（1062），是年恰好守端住持法华。

舒州龙门山乾明禅院，此前住持可能是天衣义怀门人宗贲禅师，先是白云守端在治平初住持。五祖师戒（？—1035）亦有门人于此住持，当在守端之前。晦堂祖心有门人夹山晓纯禅师，《嘉泰普灯录》称其为龙门纯，或许于其后住持。

或许由于不久李师中便改知洪州，他在龙门时间不长，便回到庐山。

据《宋两湖大郡守臣易替考》（244页），曾布（1036—1107）于熙宁八年（1075）十二月三日至十年二月二十三日间知潭州，因此最有可能是九年（1076）请智本到南岳法轮寺住持，可能是继慧南门人文昱禅师之后，其后任当为洪英门人齐添禅师。

后迁南岳南台寺，可能是继慧南门人宣明佛印禅师之后，其后任当为兴化绍清门人德基禅师。

据《古尊宿语录》卷二十二：

---

① 李之亮撰：《宋两淮大郡守臣易替考》，巴蜀书社2001年版，第434页。

次韵酬高台师兄

每览嘉隐篇，清风益可爱。有时说向人，时人都不会。
回首望衡岳，岳山千里外。独步立斜阳，飒飒闻秋籁。①

据《古尊宿语录》卷二十二：

寄高台本禅师法兄

春山望极几千重，独凭危栏谁与同。
夜静子规知我意，一声声在翠微中。②

这两首诗为五祖法演寄与云盖智本之作，表明当时他在南岳高台寺住持，也说明二人关系密切。

元祐元年（1086），云居元祐（1027—1092）住持六年后离开道林，迁居庐山罗汉院，智本继任道林住持。

元祐六年（1091），守智禅师（1025—1105）住持云盖山十年，退居，智本继之住持。

居石霜十三年，则始于元祐八年（1093）左右。

崇宁元年至四年，陈举为湖北转运判官。五月十日，直秘阁、治荆南府。

崇宁四年（1105）迁夹山，大观元年（1107）示灭。

据《建中靖国续灯录》卷二十：

潭州云盖山智本禅师

姓郭氏，筠州人也。依本州慈云院受具，即慕参游。造海会端禅师法席，投机开悟，众所推仰。初住舒州龙门，枢密曾公请住南岳法轮、高台、道林，晚迁云盖。

开堂日。升座，顾视云："会么？南岳山高，潇湘水绿；千仞壁

---

① 《卍新续藏经》68册，第148页下。
② 同上书，第149页上。

立，万派朝宗。久参先德，相共证明；后进初机，有疑请问。"

问："香烟馥郁，大众临筵，为国开堂，如何举唱？"师云："片云生岳顶。"僧曰："天上有星皆拱北，人间无水不朝东。"师云："孤月旧团圆。"僧曰："祝延圣算蒙师指，向上宗乘事若何？"师拍禅床一下。僧曰："逢人分明举似。"师云："早见错举。"

问："诸佛出世天雨四花，和尚出世有何祥瑞？"师云："千闻不如一见。"僧曰："见后如何？"师云："瞎。"问："如何是佛？"师云："释迦弥勒。"僧曰："便恁么会时如何？"师云："脑后擘拳。"

问："如何是祖师西来意？"师云："琉璃瓶子。"僧拟议，师便喝。

问："庭前柏树人知有，先师无语意如何？"师云："真瓶不换金。"

问："异类拟生全是兆，机锋兼带意如何？"师云："脱却襴衫提席帽，相逢不说那边来。"问："如何是清净法身？"师云："家无小使，不成君子。"

问："目瞪口呿，如何话会？"师云："傍观者丑。"问："将心觅心，如何觅得？"师云："波斯学汉语。"问："如何是学人出身处？"师云："雪峰元是岭南人。"问："素面相呈时如何？"师云："一场丑拙。"问："起坐相随为什么不识？"师云："相逢虽语笑，背后切无端。"问："如何是和尚家风？"师云："薄剧明月。"僧曰："只遮个，别有在？"师云："细切清风。"问："人人尽有一面古镜，如何是学人古镜？"师云："打破来，向尔道。"僧曰："打破了也。"师云："胡地冬生笋。"问："如何是咬人师子？"师云："五老峰前。"僧曰："遮个岂会咬人？"师云："今日拾得性命。"

问："古人道：说取行不得底，行取说不得底。未审行不得底作么生说？"师云："口在脚下。"僧曰："说不得底作么生行？"师云："蹋著舌头。"问："如何是祖师西来意？"师云："一队衲僧来，一队衲僧去。"问："知师久蕴囊中宝，今日当场略借看。"师云："适来恰被人借去。"问："王道与佛道相去多少？"师云："和尚褊衫阔，措大白襕宽。"上堂云："去者鼻孔辽天，来者脚蹋实地。且道祖师意向什么处著？"良久，云："长恨春归无处觅，不知流入此中来。"

上堂云："后词一诀，对面直说。若到诸方，不得漏泄。稍若商量，金刚脑裂。"遂拍一下。

上堂云："高台巴鼻，开口便是。若也便是，有甚巴鼻。月冷风高，水清山翠。"

上堂云："以楔出楔，有甚休歇。欲得休歇，以楔出楔。"喝一喝。

上堂。高声唤侍者，侍者应喏。师云："大众集也未？"侍者曰："大众已集。"师云："那一个为什么不来赴参？"侍者无语。师云："到即不点。"

上堂云："满口道不出，句句甚分明。满目觑不见，山山迭乱青。鼓声犹不会，何况是钟鸣。"喝一喝。

上堂云："祖翁卓卓荦荦，儿孙齷齷齪齪。有处藏头，没处露角。借问衲僧，如何摸搽？"

上堂云："鸡作鸡鸣，犬作犬吠，不用教招，自然如是。本分衲僧，却不瞥地。"上堂云："眼若朱红，面如泼墨。婆婆娑娑，颐颐索索。一口咬破铁馒头，馨香直到新罗国。"

上堂。横桉拄杖云："牙如刀剑面如铁，眼放电光光不歇。手把蒺藜一万斤，等闲敲著天边月。"卓一下。①

向上宗乘，千圣不言，暂时泄露，逢人不可错举。

诸佛出世，花雨纷纷，不过记载传说，法轮出世，现前祥瑞，还不歌咏赞叹。莫道见后，见则无后，分明未见，虚诈明头。

如何是佛，释迦弥勒，如此领会，佛转成魔。西来之意，琉璃瓶子；拟议即错，出语成非。清净法身，满面是尘，家无低端，不成大人。

智本家风，轻剥明月，细切清风。

人人尽有古镜，打破之后始逢，若是万缘放下，北方腊月笋生。

说取行不得，口在脚下踩；行取说不得，一意任纵横。

修行如鸡作鸡鸣，犬作犬叫，自然如是，可惜衲僧不能如是，妄作计较，弄巧成拙。

智本家风，还是杨岐派的金刚圈、蒺莉蓬，故他自称手把蒺莉一万斤，

---

① 《卍新续藏经》78 册，第 765 页下—766 页中。

一口咬破铁馒头。

又据《建中靖国续灯录》卷二十九：

潭州道林智本禅师（一首）
快活歌
　　山僧山里得优游，衲衣瓶钵外无求。
　　闲来纵步时迷经，倦即和云倚石头。
　　快活歌，歌快活，松韵萧萧泉聒聒。
　　野花芳草不知名，岩上落花红一抹。
　　任疏慵，忘礼节，时就潺湲弄明月。
　　个中消息若为传，回头笑共青山说。①

这表明了他以山中禅居为乐，强调山中生活自由自在，随缘放旷，与大自然打成一片，没有人间的是是非非，自然快活无比。

据《建中靖国续灯录目录》卷三：

潭州云盖山智本禅师法嗣四人见录
　　南岳承天自贤禅师　　南岳承天惠连禅师
　　庐陵香山惟德禅师　　南岳草衣庆时禅师②

据《建中靖国续灯录》卷二十四：

庐陵定香山惟德禅师
　　问："登师子座，作师子吼。"师云："退后三步。"僧曰："忽遇文殊来又作么生？"师云："列在下风。"
　　上堂云："独坐草庵中，空生直未委。天龙殊不知，花雨从何坠。摩竭徒掩室，毗耶空目闭。睡起一杯茶，别是个滋味。咄。"

---

① 《卍新续藏经》78 册，第 636 页中。
② 同上书，第 636 页中。

上堂云:"难,难,丝毫犹隔万重山;易,易,刹那便到无生地。堪嗟文殊与维摩,两个纷纷谈不二。山僧即不然。"良久云:"难,难,拣择明白君自看。"喝一喝。①

惟德禅师住持庐陵定香山,事迹不详。

为法王子,作师子吼,海内称尊,天下独步,若不退后三步,怕是血溅当场。莫道弄虚作假,便是文殊到来,也要位于下列。

独坐草庵,风光无限,空生不委,维摩难险。睡起一杯百味足,万古馨香无人见。

修行难,一尘犹是万重山;悟道易,顿时便到法王地。文殊维摩空饶舌,拣择明白非易事。

智本其他三位门人,都在南岳一带传法,在当时有一定的影响。

---

① 《卍新续藏经》78册,第788页上。

第三章　五祖法演与杨岐派的振兴

第一节　五祖法演生平

五祖法演（？—1104）为禅宗一代宗师，对后世影响很大。关于其生平事迹特别是生年，尚有值得探讨之处。

与五祖法演有关的传记，以佛国惟白《建中靖国续灯录》卷二十所载为最早，然此书但述其机缘，未言其生平，作于淳熙十年（1183）《联灯会要》亦然。详述其生平的史料，当以大慧宗杲门人舟峰庆老（？—1143）所作《补禅林僧宝传》为最早。

据《禅林僧宝传》卷三十：《补禅林僧宝传》

舟峰庵沙门庆老撰
五祖演禅师

　　禅师讳法演，绵州巴西邓氏，少落发受具，预城都讲席，习《百法》、《唯识论》。窥其奥，置之曰："胶柱安能鼓瑟乎？"即行游方，所至无足当其意者。抵浮山谒远录公，久之无所发明。远曰："吾老矣。白云端炉鞴，不可失也。"演唯诺，径造白云，端曰："川蘩苴，汝来耶。"演拜而就列。一日举僧问南泉摩尼珠语以问端，端叱之。演领悟，汗流被体。乃献投机颂曰："山前一片闲田地，叉手叮咛问祖翁。几度卖来还自买，为怜松竹引清风。"端颔之曰："栗棘蓬禅，属子矣。"演掌磨，有僧视磨急转，指以问演："此神通耶，法尔耶？"演褰衣旋磨一匝。端尝示众云："古人道，如镜铸像，像成后，镜在什么处？"众下语不契。演作街坊，自外来。端举示演，演前问讯曰："也不争多。"端笑曰："须是道者始得。"

> 初住四面，迁白云。上堂，云："汝等诸人，见老和尚鼓动唇舌，竖起拂子，便作胜解。及乎山禽聚集，牛动尾巴，却将作等闲。殊不知，檐声不断前旬雨，电影还连后夜雷。"又云："悟了同未悟，归家寻旧路。一字是一字，一句是一句。自小不脱空，两岁学移步。湛水生莲华，一年生一度。"又云："贱卖担板汉，贴秤麻三斤。百千年滞货，何处著浑身。"张丞相谓其应机接物，孤峭径直，不犯刊削，其知言耶。
>
> 演出世四十余年。晚住太平，移东山。崇宁三年六月二十五日，上堂辞众，时山门有土木之工，演躬自督役，诫曰："汝等好作息，吾不复来矣。"归方丈，净发澡浴，旦日吉祥而逝。阇维得舍利甚伙，塔于东山之南。盖年八十余。
>
> 先是五祖遗记曰："吾灭后可留真身，吾手启而举，吾再出矣。"演住山时，塑手泥涞（音来）中裂，相去容匕，众咸异之。演尝拜塔，以手指云："当时与么全身去，今日重来记得无。"复云："以何为验，以此为验。"遂作礼。及其将亡也，山摧石陨，四十里内，岩谷震吼。得法子，曰惠勤，曰克勤，曰清远，皆知名当世云。①

如此法演于崇宁三年（1104）六月二十五日上堂说法，道末后句，七月一日（旦日）入灭。其寿命不详，庆老但言其"盖年八十余"，已不能悉，其后如《嘉泰普灯录》、《五灯会元》等皆作此说。据此法演当生于天圣三年（1025）年前，或者说是大中祥符八年（1015）至天圣二年（1024）间。

据《古尊宿语录》卷三十二《佛眼清远语录》：

> 师云：亲近善友，先圣叮咛付嘱也。今时学者，须是依佛祖之言，寻师决择始得。若不恁么，何名学者？若要明此事，须是起疑参究。你若深疑此事，便是般若智现前。何故？行脚事，只要疑情息。你若不起疑，争得疑情息！不见先师三十五方落发，便在成都听习《唯

---

① 《卍新续藏经》79册，第554页上中下。

识》、《百法》，因闻说"菩萨入见道时，智与理冥，境与神会，不分能证所证。外道就难：既不分能所证，却以何为证？时无能对者，不鸣钟鼓，返披袈裟。后来唐三藏至彼，救此义云：智与理冥、境与神会时，如人饮水，冷暖自知"，遂自思惟：冷暖则可矣，怎么生是自知底事？无不深疑。因问讲师："不知自知之理如何？"讲师不能对，乃云："座主要明此理，我却说不到，南方有传佛心宗尊宿却知此事，汝须行脚始得。"先师便行脚游京师、两浙。凡是尊宿，便问此事，无不对者，也有说底，也有下语底，只是疑情不破。后来浮渡山见圆鉴，看他升堂入室，所说者尽皆说著心下事，遂住一年。令看"如来有密语、迦叶不覆藏"之语。一日云："子何不早来？吾年老矣，可往参白云端和尚。"先师到白云，一日上法堂，便大悟："如来有密语，迦叶不覆藏。果然，果然！智与理冥，境与神会，如人饮水，冷暖自知。诚哉是言也！"乃有投机颂云：山前一片闲田地，叉手叮咛问祖翁。几度卖来还自买，为怜松竹引清风。端和尚觑了点头。

诸人，此岂不是深疑了，亲近善知识，然后明得！只如先师行脚参善知识，后来却道问祖翁是如何，自卖了却自买是如何，须知无有剩也。古人道"总是你"，又道"我未尝有一句子到你，若有一句子到你，堪作什么？"诸人要疑情破么？亦须是似先师一回始得。久立。①

这是法演门人龙门清远（1067—1120）回忆乃师早年经历，比庆老之说应当更加可靠，后来《嘉泰普灯录》亦从此说，如此法演三十五岁才正式出家，并非"少落发受具"。

据《法演禅师语录》卷一：

又拈香云："此一瓣香，得来久矣。十有余年，海上云游，讨一个冤雠，未曾遭遇。一到龙舒，果遇其人，方契愤愤之心。今日对大众雪屈，须至爇却，为我见住白云端和尚，从教熏天炙地，一任穿过蔡

---

① 《卍新续藏经》68册，第211页中下。

州，有鼻孔底辨取。①

又据《法演禅师语录》卷一：

"到者里须是个汉始得。况法演游方十有余年，海上参寻，见数员尊宿，自谓了当。及到浮山圆鉴会下，直是开口不得。后到白云门下，咬破一个铁酸䭔，直得百味具足。且道䭔子一句作么生道？"乃云："花发鸡冠媚早秋，谁人能染紫丝头。有时风动频相倚，似向阶前斗不休。"②

再据《法演禅师语录》卷三：

复拈香云："此一炷香，在舒郡二十七年，三处住院，诸人总知。"遂欲烧次，复云："不得也须说破，某十五年行脚，初参迁和尚得其毛，次于四海参见尊宿得其皮，又到浮山圆鉴老处得其骨，后在白云端和尚处得其髓。方敢承受，与人为师。今日爇向炉中，从教熏天炙地，有耳朵者辨取。"③

这是法演自述早年参学经历，当然最可靠。据此，他在离开大慈寺后，行脚十五年，始参迁禅师，略有所得，后于四海参了很多尊宿，得其皮，再参浮山法远，得其骨，最后于白云守端处最终彻悟，得其髓，才敢与人为师。

如此法演为人师时已经五十岁了，可谓大器晚成。

据《雪堂行拾遗录》卷一：

白云端，一日室中举"云门示众：如许大栗子，吃得几个"，众下

---

① 《大正藏》47 册，第 649 页上。
② 同上书，第 649 页下。
③ 同上书，第 662 页下。

语皆不契,问演,演曰:"悬羊头,卖狗肉。"端骇之。演尝曰:"我参二十年,今方识羞。"后灵源闻,叹曰:"好识羞两字。"因作《正续铭》,遂载铭中。有俗士投演出家,自曰"舍缘",演曰:"何谓舍缘?"士曰:"有妻子舍之,谓之舍缘。"演曰:"我也有个老婆,还信否?"士默然。演乃颂曰:我有个老婆,出世无人见。昼夜共一处,自然有方便。①

雪堂道行(1089—1151)为清远门人,他讲祖师曾说过"我参二十年,今方识羞",确实有据,灵源惟清(?—1117)为晦堂祖心(1025—1100)门人,尊法演为师兄,他后来听到法演此语,大为称叹,将之写入《五祖演和尚正续铭》,云卧晓莹还称其中只有佛鉴、佛眼,没有佛果圆悟,这是因为其于西蜀弘法,道声未及南方。惟清与法演关系密切,道行为法演法孙,其说必然可靠。如此法演参学时间,可能由于算法不同,并不完全一致。十五年之说,可能只是讲在南方参学之时,二十年或许是从出关开始。

据《古尊宿语录》卷二十七:

五祖演和尚迁化,遗书至。上堂:昨朝六月二十六,无角铁牛生四足。哮吼一声人未知,撼动天关并地轴。只履又西归,唱罢胡家曲。可怜末后太分明,无限清声遍溪谷。我先师出世四十余年,于舒、蕲二郡,四坐巨刹,垂慈苦口,接物利生,未尝少暇。于二十五日早,升座告众,至晚净发,归方丈。二十六日早,安然长往。自始及末,从初至终,尽善尽美,真善知识。②

清远强调其师出世四十余年,以后的资料基本全部依照此说,如此法演三十五岁出家,二十年参学,出世四十余年,其寿命当在九十岁以上,不应是八十余岁。

舟峰庆老虽然是大慧门人,然所作并不可靠,晓莹便讥其死心惟新传

---

① 《卍新续藏经》83册,第372页上。
② 《卍新续藏经》68册,第174页下。

"没交涉","疏脱"太过。其法演传,云法演先住白云,后迁太平,则是大误,其言法演年八十余,也不足为据。

据《佛果克勤禅师心要》卷一:

> 五祖老师常说:"我在此五十年,见却千千万万禅和,到禅床角头,只是觅佛做,说佛法,并不曾见个本分衲子。"①

又据《禅林宝训》卷二:

> 佛鉴曰:"先师节俭,一钵囊鞋袋,百缀千补,犹不忍弃置。尝曰:此二物相从出关,仅五十年矣,讵肯中道弃之?"有泉南悟上座送褐布裰,自言得之海外,冬服则温,夏服则凉。先师曰:"老僧寒有柴炭纸衾,热有松风水石,蓄此奚为?"终却之。(《日录》)②

这是圆悟克勤和佛鉴慧勤亲闻其师所说,二人都在法演入灭前离去,慧勤于元符二年(1099)住锡太平,克勤于崇宁元年(1102)归蜀,表明二人此前经常听老师说其经历。法演称"在此五十年",是指到达淮南一带后,从出关到其入灭则有五十五年左右,其出关时年龄最少三十五岁以上,如此算来,其寿命也应在九十岁以上。

据《古尊宿语录》卷三十:

> 忆先师
> 一见先师后,堪悲复堪笑。为问何以然,八十重年少。③

表面看来,清远此诗似乎暗示了法演的年龄,但实则是讲八十翁翁重新回到少年时代,焕发青春,比喻死中得活,是当时惯用的禅机,也可能

---

① 《卍新续藏经》69册,第461页下。
② 《大正藏》48册,第1025页中。
③ 《卍新续藏经》68册,第196页下。

与年龄无关。

据《禅宗颂古联珠通集》卷二十五：

> 舒州投子山大同禅师（嗣翠微），赵州问："大死底人却活时如何？"师曰："不许夜行，投明须到。"州曰："我早猴白，伊更猴黑。"颂曰：……
>
> 大死底人还却活，不许夜行投明到。陈州人出许州门，翁翁八十重年少。（鼓山珪）。①

这是清远门人鼓山土珪对投子大同与赵州和尚一桩公案的解释，其意与前颂一样，未必是暗示年龄。

令人遗憾的是，无论是法演本人还是他的亲传弟子，都没有直接提到他的年龄。

据《法演禅师语录》卷二：

> 师一日持锡绕方丈行，问僧："还有属牛人问命么？"无对。遂云："孙膑今日开铺，并无一人垂顾。可惜三尺龙须，唤作寻常破布。"②

此中属牛人一句，大有文章。法演本人也可能属牛，天圣三年（1025）为牛年，大中祥符六年（1013）也是牛年，法演生年，当为其中之一。若是前者，则其正好八十岁，与庆老等说一致，且与白云守端同年生，然与清远三十五岁出家说矛盾。如果清远之说无误，三十五不是二十五之讹，那么法演就应当是九十二岁。

据《白云守端禅师广录》卷一：

> 上堂。僧问："旧岁已去，新岁复来，如何是不迁义？"师云："眉在眼上。"僧云："恁么则一气不言含有象，万灵何处谢无私。"师云：

---

① 《卍新续藏经》65 册，第 627 页下、628 页上。
② 《大正藏》47 册，第 660 页下。

"未敢相许。"僧云:"大众证明,学人礼谢。"师云:"更须子细。"乃云:"今日普天之下,尽添一岁,且道南泉水牯牛还添也无?添与不添且致,且道水牯牛鼻孔重多少?若知得他斤两,轻重分明,每日一任侵他人苗稼。若也未然,腊月三十日,莫道春来草自青。"①

当时属牛的高僧不少,白云守端、晦堂祖心、宣州兴教坦(琅琊惠觉门人,姓牛且属牛)等皆是,法演与其师同属牛,却又年长一轮,不太多见,但也不是没有先例,如老安就比五祖弘忍年长。

依后说,法演庆历七年(1047)三十五岁时出家,在成都大慈寺习《唯识论》、《百法明门论》等。其出关之时,当在皇祐至和年间(1049—1055)。由于其始至白云海会,当在治平四年(1067),并于同年悟道得髓,自此上溯十五年,则其始在东南游方,当在皇祐五年(1053),自此推算,到入灭,共五十年,与克勤"在此五十年"之说相应。其"参二十年",则始出关,当在皇祐二年(1050),与慧勤出关"仅五十年"说相应。

据《雪堂行拾遗录》卷一:

五祖在受业寺逐字礼《莲经》,一夕,遇屎字,欲唱礼,遽疑。乃白诸老宿曰:"如何屎字亦称为法宝?某礼至此,疑不自解。"老宿曰:"据汝所问,可以南询。汝正是宗门中根器也。"祖遂南游,初抵兴元府,经时逗留,随房僧赴请,稍违初志。受业师闻之,寄信至祖。祖开缄,只见两行字,云"汝既出得醋瓮,又却淹在酱缸里。"祖读罢,即日登涂往浙西,参圆照,次见浮山远。远知其根器异,指见白云端。端示以"世尊有密语,迦叶不覆藏"因缘,久之未契。一日,自廊趋上法堂,疑情顿息。未几令充磨头。白云一日到磨院,云:"有数僧自庐山来,教伊说禅亦说得,下语亦下得,批判古今亦判得。"祖云:"和尚如何?"端云:"我向伊道,直是未在。"祖得此语,数日饮食无味,后七日,方谕厥旨。祖常以此语谓学者曰:"吾因兹出得一身白汗,自是明得下载清风。"雪堂有颂曰:脑后一槌,丧却全机。露裸裸

---

① 《卍新续藏经》69册,第305页中。

兮绝承当，赤洒洒兮离钩锥，下载清风付与谁？①

此说当得之佛眼，并非虚说。如此，法演在大慈寺除学唯识外，还逐字礼《法华经》，遇屎字有疑，业师知其不宜为教门中人，当为宗门法器，故勉之南游。他在大慈寺约三年，于皇祐二年（1050）出关，先到兴元府（今汉中），逗留不前，业师闻之，便致书劝其速速南下，以为在兴元随众赴请，得不到禅门真谛，和在成都没有差别，是才出酱瓮，又入醋缸。他方才醒悟，依命东行。这一故事又见后世《五家正宗赞》卷二，看来他确实走陆路，经兴元府、长安、洛阳到京城，然后南下赴淮浙。

法演初参的迁禅师不明何人，也不知在何地，但可以肯定其为禅宗宗师，法演从游，有所省发。当时名为迁的宗匠，有筠州洞山自宝门人洞山鉴迁禅师，天衣义怀（993—1064）门人栖贤智迁禅师（？—1086），出世龙舒法华，后迁庐山栖贤，还有琅琊惠觉门人琅琊开化智迁禅师。从法演的行进路线来看，很有可能是开化智迁。法演应当自汴京东南至东颍，由此入淮，到滁州，再到金陵，然后入浙，再从两浙回到淮南。

据《法演禅师语录》卷三：

题东颍西湖简太守李秘监
修竹乔松积翠阴，绿杨红蕊遍园林。
到头须让西湖水，淡静还如君子心。

东颍途中
一宿成家步，孤云万里游。吾门随处静，世路几时休。
举首问明月，凭心寄斗牛。归期何太晚，犹尚往他州。②

这是法演在离开东颍时写的两首诗，表明他到过东颍并且与当时太守李秘监有来往。

---

① 《卍新续藏经》83册，第373页上中。
② 《大正藏》47册，第668页中。

颍州太守李秘监，不知何人，当时李姓太守，只有至和元年（1054）至三年（1056）的李端愿①，然而李端愿位高权重，为镇东军节度使观察留后，不知是否兼任秘书监。

法演在两浙参过哪些尊宿不明，但确实去过。在他游浙回来后，又到苏州瑞光寺参天衣义怀门人圆照宗本（1021—1100），时在治平元年（1064）。

又据《普觉宗杲禅师语录》卷一：

> 五祖和尚，初参圆照禅师，会尽古今因缘。唯不会"僧问兴化：'四方八面来时如何？'化云：'打中间底。'僧礼拜。化云：'兴化昨日赴个村斋，半路遇一阵卒风暴雨，却去神庙里避得过。'"遂请教圆照。照云："此是临济下门风，须是问他家儿孙始得。"祖乃参浮山远和尚，请教此公案。远云："我有个譬喻，你恰似三家村里卖柴汉，夯一条冲檐了，却问人中书堂今日商量甚么事。"祖云："怎么地时，大段未在。"远因谓祖曰："汝来晚矣，老僧年迈耳背，汝可去参个小长老，乃白云端和尚。老僧虽不识他，见他颂临济三顿棒因缘，见得净洁。"祖遂参白云。②

道行、宗杲两个法孙都称法演参过圆照宗本，看来确有此事，但法演本人并未强调宗本对他的指教，只是将其列为海上尊宿之一。治平之初，义怀退居吴江圣寿院，时"部使者"即兵部员外郎、两浙转运使并权苏州事李复圭谒之，言瑞光虚席，愿得有道者，义怀荐宗本居之。如此宗本居瑞光在治平元年（1064），法演从游最早在此年，也有可能是次年。

法演在宗本门下时间不长，便往浮渡山师从法远。

据《禅林宝训》卷一：

> 远公谓演首座曰："心为一身之主，万行之本，心不妙悟，妄情自

---

① 李之亮：《北宋京师及东西路大郡守臣考》，巴蜀书社2001年版，第198页。
② 《卍新续藏经》69册，第631页中下。

生，妄情既生，见理不明，见理不明，是非谬乱。所以治心须求妙悟，悟则神和气静，容敬色庄，妄想情虑皆融为真心矣。以此治心，心自灵妙，然后导物指迷，孰不从化！"（《浮山实录》）。①

据《大光明藏》卷三：

（五祖法演）常云："我说禅只学远录公，不学白云先师，先师语拙。②

这表明法远对法演的影响相当大，并非只是一个过渡人物或中介。

据前清远所述，法演到达浮山，当在治平二年（1065）。法远对他相当重视，请其为首座，教其以妙悟治心。清远每谓"先师出世四十余年"，应从治平二年（1065）在浮山任首座算起，因为首座已有领众说法的资格。由于他年纪较长，也有可能在瑞光等处亦担任首座。他在这里"住一年"后，法远又令其参"世尊有密语，迦叶不覆藏"公案，自觉很有收获，"得其骨"，但法远叹其来得太晚，自己年老耳聋，并且不久于世，又令前往白云海会参"小长老"守端。

法远称守端为"小长老"，一是由于他与自己相比在辈份和年龄上都相差很多，二是由于守端比法演也年轻许多，但他觉悟在前，不必以年纪较短长。

法演于治平四年（1067）到白云，疑情顿息，桶底脱落，"得其髓"。他最初担任磨头，虽年过五十，而勤劳不息，与神秀祖师有似。正是在任磨头时，他才得到真正的觉悟，并为守端印可，接替前往四面山担任住持的圆通法秀（1027—1090）担任首座。

熙宁二年（1069）夏秋之际，圆通法秀改任庐山栖贤住持，法演也继之住持四面双泉。

据《白云守端禅师广录》卷二：

---

① 《大正藏》48册，第1018页中。
② 《卍新续藏经》79册，第724页下。

演首座受四面请。上堂云："年年秋暑甚如初，何事清凉特有余。尽是当人心地感，不虚把手在龙舒。且道把手一句作么生道？"良久云："行到水穷处，坐看云起时。"①

这表明他担任住持时在早秋，其年特别清凉。当然这也是心地所感，表明他对法演出世弘法十分重视。

据《白云守端禅师广录》卷三：《送四面演长老》

无摸索处病难除，放下蛇头捋虎须。今日双泉通一脉，好看月上长珊瑚。②

又据《普觉宗杲禅师语录》卷一：

白云尝问五祖："僧问洞山：'如何是善知识眼？'山云：'纸捻无油，意作么生？'"祖云："无摸索处。"后出世住四面，白云以颂送之曰："无摸索处病难除，放下蛇头捋虎须。今日双泉通一线，好看月上长珊瑚。"③

善知识眼，如纸捻无油，一片漆黑，故无摸索处。善知识眼，通天彻地，照见一切，却非俗人所能摸索。

据《禅林宝训》卷四：

水庵曰："动人以言惟要深切，言不深切所感必浅，人谁肯怀。昔白云师祖送师翁住四面，叮咛曰：'祖道凌迟，危如累卵。毋恣荒逸，虚丧光阴，复败至德。当宽容量度，利物存众，提持此事，报佛祖恩。'"当时闻者孰不感恸。④

---

① 《卍新续藏经》69册，第317页下。
② 同上书，第320页中。
③ 同上书，第631页下。
④ 《大正藏》48册，第1035页中。

守端对于法演期望很高,故在他出世之时再三叮嘱,发言深切,希望他提起祖道,使杨岐一脉能够振兴。

四面山比较荒僻,在法秀之前,住持者有可能是蕲州北禅广教怀志的门人四面怀清禅师,他初住蕲口兴化,后住四面。

法演在四面山三年,熙宁四年(1071)冬至"少年天子"神宗南郊祭天,他特地上堂说法,高呼万岁。

大概在熙宁五年(1072)初,他又到太平禅众住持,一直到元祐三年(1088)才离开。

据《罗湖野录》卷一:

> 佛眼禅师,元祐三年,为舒州太平持钵,回自沘川,是时二十一岁,而演和尚将迁海会。佛眼慨然曰:"吾事始济,复参随往一荒院,安能究决己事耶?"遂作偈告辞曰:"西别岷峨路五千,幸携瓶锡礼高禅。不材虽见频挥斧,钝足难谙再举鞭。深感恩光同日月,未能踪迹止林泉。明朝且出山前去,他日重来会有缘。"演以偈送之曰:"晼伯台前送别时,桃花如锦柳如眉。明年此日凭栏看,依旧青青一两枝。"佛眼之蒋山坐夏,邂逅灵源禅师,日益厚善。从容言话间,佛眼曰:"比见都下一尊宿语句似有缘。"灵源曰:"演公天下第一等宗师,何故舍而事远游。所谓有缘者,盖知解之师,与公初心相应耳。"佛眼得所勉,径趋海会。后七年,方领旨。噫!佛眼微灵源,堕死水也必矣,其能复透龙门乎?先德曰成我者朋友,岂欺人哉!①

如此元祐三年(1088)春,法演始离开太平,住持白云海会。虽然他在太平时间较长,但由于编辑者清远来时较迟,故这段语录内容并不多。

法演在白云海会八年,一直到绍圣二年(1095)末。此间他收下了后来最重要的门人圆悟克勤。

绍圣三年(1096)初,他到五祖寺住持,一起到崇宁三年(1104)六月十六日入灭,共九年。

---

① 《卍新续藏经》83册,第384页上。

第二节　五祖法演门下

五祖法演门人众多。

据《建中靖国续灯录目录》卷三：

蕲州五祖法演禅师法嗣三人
(舒州海会慧宗禅师　蜀州大明院明禅师
峨嵋牛心山延福达禅师)
(已上三人未见机缘语句)。[1]

这是法演早期门人，都是在建中靖国元年（1101）以前开法的宗匠，可惜其机缘语句不存于世。

《嘉泰普灯录总目录》卷二：

五祖法演禅师法嗣十八人（十二人见录）
舒州太平佛鉴慧勤禅师
东京天宁佛果圆悟克勤禅师
舒州龙门佛眼清远禅师　潭州开福道宁禅师
嘉州九顶清素禅师
彭州大随南堂元静禅师　蕲州五祖表自禅师
蕲州龙华道初禅师　汉州无为泰禅师
元礼首座　普融知藏
法閟上座
(蜀山大明因禅师　舒州海会慧宗禅师
怀安军云顶崇慧才良禅师
唐州天目齐禅师　舒州太平处清禅师
嘉州峨眉延福远禅师)

---

[1]《卍新续藏经》78册，第636页下。

(已上机语未见)①

据《嘉泰普灯录》卷十一：

彭州大随南堂元静禅师（后名道兴）

闻之玉山人，大儒赵公约仲之子也。十岁病甚，母祷之，感异梦，舍令出家。师成教（都）大慈宝生院宗裔，元祐三年，通经得度，留讲聚有年，而南下首参永安恩禅师，于临济三顿棒话发明。次依诸名宿，无有当意者，闻五祖机峻，欲抑之，遂谒。祖见，乃曰："我此间不比诸方，凡于室中，不要汝进前退后，竖指擎拳，绕禅床作女人拜，提起坐具，千般伎俩。只要尔一言下谛当，便是汝见处。"师茫然退，参三载。一日，入室罢，祖谓曰："子所下语，已得十分，试更与我说看。"师即剖而陈之，祖曰："说亦说得十分，更与我断看。"师随所问而判之，祖曰："奸（好）则好，只是未曾得老僧说话在。斋后可来祖师塔所，与汝一一按过。"及到，见师来，便问即心即佛非心非佛，睦州担板汉，南泉斩猫儿，赵州狗子无佛性有佛性之语编辟之，其所对了无凝滞。至紫胡狗话，祖遽转面曰："不是。"云："不是却如何？"曰："此不是，则和前面皆不是。"云："望和尚慈悲指示。"曰："尔看他道紫胡有一狗，上取人头，中取人腰，下取人脚，入门者好看。才见僧入门，便道看狗。向紫胡道看狗处下一转语，教紫胡结舌无言。老僧钵口有分，便是尔了当处。"次日入室，师默启其说，祖笑曰："不道尔不是千了百当底人，此语只似先师下底语。"师曰："某何人，得似端和尚。"祖曰："不然。老僧虽承嗣他，谓他语拙者，盖只用远录公手段接人故也。如老僧共远录公，便与百丈、黄檗、南泉、赵州辈把手共行，才见语拙即不堪。"师以为不然，乃曳杖渡江，适大水泛涨，因留四祖，侪辈挽其归。又二年，祖方许可。尝商略古今次，执师手曰："得汝说须是吾举，得汝举须是吾说，而今而后，佛祖秘要，诸方关键，无逃子掌握矣。"遂创南堂以

---

① 《卍新续藏经》79 册，第 278 页下。

居之。于是名冠寰海，成都帅席公且（旦）请开法嘉祐。未几，徙昭觉，迁能仁及大随。

上堂曰："夫参禅，至要不出个最初句与末后句，透得过者，参学事毕。傥或未然，更与尔分作十门，各各印证自心，还得稳当也未。一、须信有教外别传。二、须知有教外别传。三、须会有情说法与无情说法无二。四、须见性如观掌中之物，了了分明，一一田地稳密。五、须具择法眼。六、须行鸟道玄路。七、须文武兼济。八、须摧邪显正。九、须大机大用。十、须向异类中行。凡欲绍隆法种，须尽此纲要，方坐得这曲彔床子，受得天下人礼拜，敢与佛祖为师。若不到恁么田地，只一向虚头，他时异日，阎老子未放尔在。有则出来大家证据，若无，不用久立，珍重。"

上堂："君王了了，将师惺惺。一回得胜，六国平宁。"

上堂，举临济参黄檗之语，白云端和尚颂云：一拳拳倒黄鹤楼，一趯趯翻鹦鹉洲。有意气时添意气，不风流处也风流。师曰："大随即不然。行年七十老踉蹡，眼目精明耳不聋。忽地有人欺负我，一拳打倒过关东。"

上堂，问答已，乃曰："有祖已来，时人错会，只将言句以为禅道。殊不知道本无体，因体而得名；道本无名，因名而立号。只如适来上座才恁么出来，便恁么归众，且道具眼不具眼？若道具眼，才恁么出来，眼在甚么处；若道不具眼，争合便恁么去。诸仁者，于此见得偢倸分明，则知二祖礼拜，依位而立，真得其髓。只这些子，是三世诸佛命根，六代祖师命脉，天下老和尚安身立命之处。虽然如是，须是亲到始得。"

上堂："自己田园任运耕，祖宗基业力须争。悟须千圣头边坐，用向三涂底下行。"

上堂。举：雪峰普请，自负一束藤，中路见一僧来，便抛下。僧拟取次，峰便踏倒。归，举似长生，生曰："和尚替这僧入涅槃堂始得。"峰休去。雪窦云："长生大似东家人死西家助哀，也好与一踏。"师曰："雪峰一踏，别传教外；雪窦一踏，千古无对；长生答对，失钱遭罪。若人点捡得出，老僧只呵呵大笑，且道笑与踏是同是别？"良久，曰："参。"僧问："祖师心印，请师直指。"曰："尔闻热么？"云："闻。"曰："且不闻寒？"云："和尚还闻热否？"曰："不闻。"云："为甚么却不闻？"师摇扇曰："为我有这个。"

问："如何是夺人不夺境？"曰："活捉魔王鼻孔穿。"云："如何是夺境不夺人？"曰："中心树子属吾曹。"云："如何是人境两俱夺？"曰："一钓三山连六鳌。"云："如何是人境俱不夺？"曰："白日骑牛穿市过。"

问："莲华未出水时如何？"曰："好。"云："出水后如何？"曰："好。"云："如何是莲华？"曰："好。"僧礼拜，师曰："与他三个好，万事一时休。"

问："藏天下于天下即不问。"乃举拳云："只如这个作么生藏？"曰："有甚么难？"云："且作么生藏？"曰："衫袖里。"云："未审如何是纪纲佛法底人？"曰："不可是鬼。"云："忽遇杀佛杀祖底来，又作么生支遣？"曰："老僧有眼不曾见。"

问："学人乍入丛林，乞师指示。"曰："吃粥吃饭，莫教放在脑后。"云："终日吃时未尝吃。"曰："负心衲子，不识好恶。"

问："劫火洞然，大千俱坏，未审这个坏也无？"曰："阿谁教尔恁么问？"僧进前鞠躬，云："不审。"师曰："是坏不坏？"僧无语。

问："如何是山里禅？"曰："庭前嫩竹先生笋，涧下枯松长老枝。"云："如何是市里禅？"曰："六街钟鼓韵冬冬，即处铺金世界中。"云："如何是村里禅？"曰："贼盗消亡蚕麦熟，讴謌鼓腹乐升平。"问："如何是诸佛出身处？"曰："问得甚当。"云："便恁么去时如何？"曰："答得更奇。"

问："因山见水，见水忘山，山水俱忘，理归何所？"曰："山僧坐却舌头，天地黯黑。"有一老宿垂语云：十字街头起一间茅厕，只是不许人屙。僧举以扣师，师曰："是尔先屙了，更教甚么人屙。"宿闻，焚香遥望大随，再拜谢之。

绍兴乙卯秋七月，大雨雪，山中有异象。师曰："吾期至矣。"十七日，别郡守。以次越三日，示少恙于天彭。二十四夜，谓侍僧曰："天晓无月时如何？"僧无对，师曰："倒教我与汝下火始得。"翌日，还掤口廨院，留遗诫，蜕然示寂。寿七十有一，腊四十有七。门弟子奉全身归，烟雾四合，猿鸟悲鸣。八月一日荼毗，异香偏野，舌本如故，设利获五色者不可计，瘗于定光塔之西。①

南堂元静（1065—1135），玉山人，父为大儒赵约仲，十岁时得重病，母感异梦，舍之出家，师从成都大慈寺宝生院宗裔法师多年，元祐三年（1088）二十四岁通经得度，其后仍留讲寺多年。南下出川，首参永安恩禅师，可能是泐潭洪英门人袁州仰山友恩，也有可能为东林常总门人南康兜率院志恩，后者的可能性更大。他从南康到黄梅五祖，参法演，时在元符之初（1098）。他在五祖前后五载，约于崇宁间得法归乡。

席旦，字晋仲，于大观二年（1108）至三年（1109）以显谟阁直学士知成都，为政平和，治蜀有功，政和二年（1112）、三年（1113）再任。②其请元静开法嘉祐，当在二年（1108），其时元静四十四岁。不久迁昭觉，后来改能仁、大随。

元静深得法演认可，以为他得佛祖秘要。其说法颇有特色，认为若是能够透得最初一句、末后一句，自然参学事毕，若不能透脱，则须以十门印心，尽此纲要，始可传法度人。

有问莲花出水公案，他连答三个好，道是与他三个好，万事一时休。

总之，元静说法得五祖法演骨髓，应机而说，不拘一格，为当时难得的宗师。

元静有许多杰出门人，其著者有廓庵师远、石头自回等。师远曾为《十牛图》作序。石头自回住持钓鱼台，门人彦文为编语录，请蜀之名士冯当可作序。复有门人蓬庵德会，初在广教，后住持云居、荐福，门下二三百众，影响很大，其下出万松坏衲大琎，住持荐福，寿六十三，灭后舌齿不坏，又在江西疏山一带传法，后来石田法薰曾经请教于他。

据《嘉泰普灯录》卷二十三：

---

① 《卍新续藏经》79册，第363页中。
② 李之亮撰：《宋川陕大郡守臣易替考》，巴蜀书社2001年版，第22、23页。

龙图王蕃居士

字观复。留昭觉日,闻开静板声,有省。问南堂元静禅师曰:"某有个见处,才被人问着,却开口不得。未审过在甚处?"静曰:"过在有个见处。"却问公:"朝旆几时到任?"曰:"去年八月四日。"静曰:"自按察几时离衡?"公曰:"前月二十。"静曰:"为甚么道开口不得?"公深领。①

王蕃,实为王复,字观复,宣和五年(1123)因忤宰相王黼,降充龙图阁待制、知成都府,八月到任,宣和六年(1124)末提举西京崇福宫。这表明宣和末期元静住持昭觉。建炎三年(1129),王复知徐州,壮烈殉国,谥庄节。

据《嘉泰普灯录》卷十一:

蕲州五祖表自禅师

怀安人。初依祖,令看德山小参不答话因缘,未有省。时圆悟为座元,师往请教。悟云:"兄有疑处,试语我。"师遂举五祖所示德山小参,不答话。悟掩其口云:"但恁么看。"师出,扬声曰:"屈,屈。岂有公案只教人看一句底道理。"有僧谓师曰:"兄不可如此说,首座须有方便。"因静坐体究及旬,频释所疑,诣悟礼谢。悟云:"兄始知不欺汝。"又诣方丈,祖迎笑。自尔日深玄奥(有本小异)。祖将示寂,遗言郡守,守命嗣其席,衲子四至不可遏。师榜侍者门曰:"东山有三句。若人道得,即挂搭。"衲子皆披靡。一日,有僧携坐具径造丈室,谓师云:"某甲道不得,只是要挂搭。"师大喜。呼维那于明窗下安排。

　　上堂曰:"世尊拈华,迦叶微笑。时人只知拈华微笑,要且不识世尊。"僧问:"如何是祖师西来意?"曰:"荆棘林中舞柘枝。"云:"如何是佛?"曰:"新生孩子掷金盆。"②

---

① 《卍新续藏》79册,第430页下、431页上。
② 《卍新续藏经》79册,第363页上。

表自禅师虽然得法五祖，亦受同门圆悟启发，因半个公案有省。他在法演之后住持五祖，衲子云奔，以三句验人，所向披靡，对于维持杨岐一派在东山的传承贡献很大。

据《嘉泰普灯录》卷十一：

蕲州龙华道初禅师

梓之马氏子。为祖侍者有年，住龙华日，上堂曰："鸡见便鬬，犬见便咬，殿上蚩刎终日相对，为甚么却不嗔。"便下座。师机辩峻捷，门人罔知造诣。一日，谓众曰："昨日离城市，白云空往还。松风清耳目，端的胜人间。"召众曰："此是先师末后句。"有顷，脱然而逝。①

道初禅师初为五祖侍者，后来住持龙华，机辩峻捷，门下莫测，临终示五祖末后句，脱然而逝。

据《嘉泰普灯录》卷十一：

汉州无为宗泰禅师

涪城人。自出关，遍游丛社。后至五祖，告香日，祖举赵州洗钵盂话俾参。祖入室，举此话问师："尔道赵州向伊道甚么？"这僧便悟去。师曰："洗钵盂去罾。"云："尔只知路上事，不知路上滋味。既曰知路上事，路上有甚滋味？"云："尔不知耶？"又问："尔曾游浙否？"曰："未也。"云："尔未悟在。"师自此凡五年不能对。祖一日升堂。顾众曰："八十翁翁辊绣球。"便下座。师欣然出众云："和尚试辊一辊看。"祖以手作打仗鼓势，操蜀音唱绵州巴歌曰："豆子山，打瓦鼓。杨平山，撒白雨。白雨下，取龙女。织绢得，二丈五。一半属罗江，一半属玄武。"师闻大悟。掩祖口曰："只消唱到这里。"祖大笑而归。

祖入寂，师还蜀。四众请开法无为，迁正法。上堂曰："此一大事因缘，自从世尊拈华，迦叶微笑。世尊云：'吾有正法眼藏，分付摩诃大迦叶。'以后灯灯相续，祖祖相传，迄至于今，绵绵不坠。直得遍地

---

① 《卍新续藏经》79 册，第 363 页中。

生华，故号涅槃妙心。亦曰本心，亦曰本性，亦曰本来面目，亦曰第一义谛，亦曰烁迦罗眼，亦曰摩诃大般若。在男曰男，在女曰女。汝等诸人但自悟去，这般尽是闲言语。"遂拈起拂子曰："会了唤作禅，未悟果然难，难难，目前隔个须弥山。悟了易，易易，信口道来无不是。"僧问："如何是佛？"曰："阿谁教尔恁么问？"僧拟议。师曰："了。"①

宗泰禅师在五祖门下五载不能下语，后因五祖唱巴歌而悟道。他在崇宁三年（1104）五祖去世后归乡，始开法汉州无为，后迁正法。他强调，未悟则难，会了则易，不悟对面千里，悟了出口成章。

法演门人还有元礼首座、普融知藏、法闷上座等，虽未正式开法，然在丛林中影响很大。

第三节　九顶清素事迹

嘉州九顶清素（？—1135）禅师为五祖法演门人，两宋著名禅师。据《嘉泰普灯录》卷十一：

　　嘉州九顶清素禅师，本郡人，族郭氏。于乾明寺剃染，遍扣禅扃。晚谒五祖，闻举首山答西来意语，倏然契悟。述偈曰："颠倒颠，颠倒颠，新妇骑驴阿家牵。便怎么，太无端，回头不觉布衫穿。"祖见，乃问："百丈野狐话又作么生？"曰："来说是非者，便是是非人。"祖大悦。久之，辞归，住青溪。太守吕公来瞻大像，问曰："既是大像，因甚么肩负两楹。"曰："船上无散工。"至阁下，睹观音像，又问："弥勒化境，观音何来？"曰："家富小儿娇。"守乃礼敬。勤老宿至，师问："舞剑当咽时如何？"云："伏惟尚亨。"师诟曰："老贼死去！你问我。"勤理前语问之，师叉手挥曰："拽破！"师后迁九顶，道播闽中。绍兴乙卯四月二十四日，得微疾。书偈遗众曰："木人备舟，铁人

---

① 《卍新续藏经》79 册，第 363 页中。

备马。丙丁童子稳稳登，喝散白云归去也。"竟尔趋寂。示众机语未见。①

据此，清素为嘉州人，俗姓郭。出家于乾明寺。遍参禅门，晚谒五祖法演，闻举首山省念答西来意语而契悟。

据《古尊宿语录》卷八首山和尚《住宝应语录》：

安员外问："弟子不会，请师垂示。"师云："水急浪开渔父见，锦鳞透过碧波中。"员外云："承教有言：是法住法位，世间相常住。如何是常住底法？"师竖起拄杖，召员外云："且道这个是住底法，不是住底法？"员外云："未晓之徒，如何赈济？"师云："依稀似曲才堪听，又被风吹别调中。"员外云："一物不将来时如何？"师云："何得对众妄语？"员外拟议，师便喝。问："如何是祖师西来意？"师云："风吹日炙。"问："只如龙牙问德山，山乃引颈。此意如何？"师云："德山引颈，宝应即偃身缩项。"问："只如和尚道'新妇骑驴阿家牵'，意旨如何？"师云："百岁翁翁失却父。"僧云："百岁翁翁岂有父！"师云："汝会也。"②

这是首山省念住宝应寺时所说。达摩不来东土，二祖不往西天，祖师西来，何曾有意！风动能吹，日暖自热，有何奇特！若问此事，西天不多，东土未减，可笑老胡，妄自辛苦。

又据《古尊宿语录》卷八：

师出，僧问："如何是祖师西来意？"答云："风吹日炙。"师又云："多年尘土无人拂，一身常在镇天涯。"③

---

① 《卍新续藏经》79 册，第 93 页上中。
② 《卍新续藏经》68 册，第 49 页上中。
③ 同上书，第 50 页下。

祖师西来，风吹日晒，无人拂拭，一身常在。欲识个中意，死人须活埋。

再据《古尊宿语录》卷八《示众三首》：

> 背阴山子向阳多，南来北往意如何。若人问我西来意，东海东面有新罗。
> 咄哉巧女儿，撺梭不解织。贪看斗鸡儿，水牛也不识。
> 咄哉拙郎君，巧妙无人识。打破凤林关，穿靴水上立。①

背阴之山，偏多向阳，本意南来，却向北往；若人问我，西来意何，不属西印，却在新罗。

有巧女兮，浑不解织，贪看斗鸡，水牛不识。

有拙郎兮，巧妙莫识，打破凤林关，不曾用一卒，穿靴水上立，鞋底也不湿。

阴即是阳，南即是北，西即是东，巧即是拙，首山用一连串的悖论揭示了如何是西来意，发人深省。

清素所理解的西来意和首山所讲的如何是佛相关。

据《古尊宿语录》卷八《住广教语录》：

> 问："如何是佛？"师云："新妇骑驴阿家牵。"僧云："未审此语什么句中收？"师云："三玄收不得，四句岂能该！"僧云："此意如何？"师云："天长地久，日月齐明。"问："如何是佛？"师良久，云："会么？"僧云："不会。"师云："何不高声问？"僧再问，师云："瞎汉！颠言倒语作什么？"问："如何是寂寂惺惺底人？"师云："莫向白云深处坐，切忌寒灰煨煞人。"②

新妇即新媳妇，阿家即婆婆，媳妇骑驴，婆婆前牵，似乎不合常理，

---

① 《卍新续藏经》68 册，第 52 页上。
② 同上书，第 48 页中下。

耐人寻味。此语出格，三玄中收不得，四句中不包括，领之则天长地久，日月齐明，不悟即耳聋眼瞎，落堑入坑。要做一个寂寂惺惺、不受人瞒的大丈夫汉，必须直下承当，切莫颠倒，白云深处有寒灰，海中扬尘迷杀人。

这一公案影响很大，引起了禅门众多宗匠的兴趣，如首山门人神鼎洪諲、石霜楚圆门人黄龙慧南、道悟可真、琅琊慧觉门人海印超信、天宁璉、保宁仁勇、真净克文、佛国惟白、慈受怀深、天童正觉、五祖法演、文殊心道（一作"正导"，卒于建炎己酉1129年贼难）、南华知昺（昺铁面）、鼓山士珪、大慧宗杲、护国景元、湛堂智深、牧庵法忠、简堂行机等纷纷为之作注。

神鼎颂强调新妇与阿家、骑驴与牵驴无先无后，无尊无卑，平等无二，不须分别。黄龙颂指出，非得不得，无传不传，不必执著于归根得旨，求佛作佛。道吾颂比较含蓄，似乎是表现牵驴出行的悠闲自在的生活，手提巴鼻，不可轻放，留意末后，脚踏驴尾，目观青天，耳听流水，天明送出，夜静还归，强调有体有用，能放能收，非中非边，无前无后。海印颂直述其意，有大力量，空中遨游，驾大铁船，井底风紧，趁势扬帆，登须弥顶，白浪滔天，要识此意，新妇骑驴，阿家前牵。天宁颂，婆媳同行，旁人笑颠，归家云合，岭月未圆。保宁颂，不闻七嘴八舌，管他三头两面，劝人归家，多口杜鹃，任是啼血无用处，不如自顾度春残。真净颂，首山不动毫芒，百怪千奇自全，黄龙再行拈出，明眼如何相传。佛国颂，首山之语，休言倒颠，新妇醉归，阿家相牵。慈受颂，阿家牵得新妇归，面如满月目如莲，檀郎罗袖相把挽，赢得风流传大千。天童颂，新妇骑驴阿家牵，窈窕风流得自然，可笑邻家效颦女，出乖露丑不成妍。五祖颂，不必上路折腾，莫论新妇阿家，只是遇饭吃饭，有茶喝茶，虽然同门出入，却是前世冤家。文殊颂，新妇骑驴阿家牵，碧罗伞盖顶上旋，一骑绝尘寻不见，原来未曾离旧山。南华颂，新妇骑驴阿家牵，苍海万里驾铁船，仿佛参差分诸国，实则星河同一天。鼓山颂，阿家新妇，同根同条，家乡咫尺，其路非遥，骑驴觅驴，果然可笑，阿爷下巴，谓马鞍桥。大慧颂，新妇乖巧最可怜，相随阿家不加鞭，归到画堂无人识，从此懒得到人前。护国颂，阿家新妇，最为相怜，新妇骑驴，阿家便牵，明月笙歌醉扶归，多少风流画堂前。湛堂颂，新妇骑驴快行，阿家加鞭疾走，石笋夜里抽条，面南细看北斗。牧庵颂，此事寻常，无后无先，自然而行，不必加鞭。简堂颂，蹇驴非得阿家牵，新妇娇懒不扬鞭，在家只知七十二，出门方见化三千（孔门弟子三千，贤者七十二，七十二指内修，三千指外化大用）。

以上诸家解释，各有千秋。清素之偈，末后一句最有趣味，"回头不觉布衫穿"，是穿衣之穿，还是穿破之穿？新妇布衫穿，无端受羞惭，寸丝也不挂，怎么颠倒颠。

五祖见偈，更以百丈野狐探之，恐其错下名言，清素当仁不让，一句"来说是非者，便是是非人"，使五祖大悦，予以印可。由于资料缺乏，不知清素何时来参，何时离去。

据《法演禅师语录》卷三《送蜀僧》：

相聚淮南四十年，而今归去路三千。
有人若问西来意，水在江湖月在天。①

这位蜀僧不明何人，不知是否就是清素，至少有三个条件与清素相应，一是为蜀僧，二是由西来意得悟，三是重归蜀地。这首诗应当作于元祐七年（1092）左右，因为根据徐文明《五祖法演生平》（未发表），他开始到达淮南应在皇祐五年（1053），至此四十年。"相聚淮南四十年"，或许还可以理解成法演自己在淮南生活的时间，不一定是指二人共同的时间，因为若是后者，二人关系自然十分密切，然而在相关史料中找不到这么一位和法演共同生活在淮南长达四十年的禅僧。

假如此人就是清素，那么他离开五祖的时间当在元祐七年（1092）左右。他从五祖"久之"，时间不会太短，或在元祐之初。

清素辞归后，始住青（清）溪，后住九顶。其时名为青溪者很多，最著名的当属当阳青溪玉泉，由于清素意在归蜀，此青溪当在四川。

据《百丈清规证义记》卷九：

雅州府（名蒙山，领一州，五县）雅安（汉嘉）天全州（徙阳）、

---

① 《大正藏》47册，第667页上中。

名山（百丈）、荣经（严道）、芦山（灵关）、清溪（沈黎）、打箭炉（鱼通）。①

如此四川雅州（今雅安）也有清溪，且与嘉州比邻，清素所住，当为此清溪。

《嘉泰普灯录》所述有小误，由于大像在九顶，吕太守来参当为其居九顶时，《五灯会元》卷十九便置之居九顶时。这位吕太守看来也是作家，出语不凡。由于当时大像外有专门对之保护的大像阁，是故吕太守问既是大像，为何肩负两楹。既是大像，应当自由自在，万缘放下，不必负重；既是大佛，不动不变，不生不灭，又何需两楹外护？这个问题颇具禅机，不好回答，而清素一句"船上无散工"，十分巧妙，船上没有闲散人，佛以法船度众生，承担大事，怎能偷懒；佛具大神通，大力量，担负两楹，何足为累！

据《宗门拈古汇集》卷四十四：

嘉州九顶清素禅师（南十四、五祖演嗣）

因太守吕公来瞻大像，问："既是大像，为什么肩负大楹？"素曰："船上无散工。"守乃作礼。

昭觉勤云："疑杀天下人。"

荐福行云："将谓无人。"又云："本有余力。"

大沩果别云："全身担荷。"②

昭觉克勤云，总天下人尽不知。荐福雪堂道行言将谓无人担荷，赖有大像承当，又道本有余力，不足为劳。大沩善果云全身担荷，一法不舍，度尽众生。

克勤是清素同门，善果为开福道宁门人，道行是龙门清远门人，为下一辈。

---

① 《卍新续藏经》63 册，第 520 页下。
② 《卍新续藏经》66 册，第 254 页下、255 页上。

吕太守至阁下，见观音像，又道弥勒道场，观音何来，清素答曰"家富小儿娇"，是说弥勒当来之佛，一切具足，富超天下，故小儿娇惯，观音现前。太守闻言礼拜。

又据《宗鉴法林》卷三十四：

  九顶因勤老宿至，师问曰："舞剑当咽时如何？"勤曰："伏惟尚飨。"师诟曰："老贼死去也，你问我。"勤理前问，师叉手揖曰："曳破。"

  资福玉云：勤老宿固不足以勘验，九顶老人还可勘验也无？资福也为它道个伏惟尚飨。①

五祖门下有二勤，此老宿既有可能是慧勤，也可能是克勤，然佛鉴慧勤居太平、钟山，未曾住持蜀中寺院，且当时可能已逝，故此老宿当指克勤。

清素面对克勤，当锋不让。舞剑当喉，命在须臾，故克勤言伏惟尚飨。清素对此不满，让克勤问他，他则答道曳破，且道破个什么，敢是清素具大手段，拽破龙泉么！

从清素对克勤说话的口气上，可以看出他有可能是师兄，其从学五祖及生年可能都在克勤之前。由于他是遍礼禅门之后最后归于五祖门下，故初见五祖时当不下于三十岁，其生年或在嘉祐之初（1056）左右，入灭时在八十岁左右。

清素于绍兴五年（1135）六月二十四日入灭，其遗偈也颇为庆快，不惧丙丁，喝散白云，可谓生死自在。

清素虽然气格超绝，可惜法语散失，而且其门人无考，令人叹惋。

据《嘉泰普灯录》卷十九：

  临安府径山别峰宝印禅师，嘉之龙游人，族李氏。自幼通六经而厌俗务，乃从德山院清素得度，具戒，听《华严》、《起信》。既尽其

---

① 《卍新续藏经》66 册，第 484 页下、485 页上。

说，弃依密印于中峰。①

别峰宝印（1109—1190）为密印安民门人，然其早年所参的德山院清素与九顶清素是否为一人呢？别峰为嘉州龙游（乐山）人，与清素为同乡，此德山院当在蜀中，他僧腊六十四，当于建炎元年（1127）十九岁时受具。或许德山院即在青溪，也可能清素还住持过德山院。然而，陆游《渭南文集》卷四十有《别峰禅师塔铭》，其中谓从"德山院清远道人得度"，《蜀中广记》引此亦作"清远"，《补续高僧传》卷十亦然，看来别峰所从学的确实的是清远，《嘉泰普灯录》可能误作"清素"。

万里先生在第二届乐山弥勒文化研讨会上发表《宋代九顶清素禅师生平事迹考证》一文，他根据宋代文人员兴宗撰《嘉州德山和尚塔铭并序》，指出德山和尚"靖素"就是九顶清素。靖素（1094—1165）即德山院"清远"，其法名究竟是"清素"还是"靖素"、"清远"值得讨论。虽然员兴宗《塔铭》是第一手资料，但现存并非原碑，其文集中亦有错字。陆游《别峰塔铭》作"清远"，有《蜀中广记》和《补续高僧传》为证，员兴宗《塔铭》作"靖素"，与《嘉泰普灯录》"清素"一致。即使二人法名一样，但其他情况相去甚远，未必是一人。

据《塔铭》，靖素"最后从大峨长老遵奇游，与九顶照通书。此两人者，有徒众，禅学明备，雅素绝人者也。师依倚既久，乃去，由是语默有本，其自植类此"，这表明他曾从学于九顶照通，时在建炎元年（1127）前。九顶照通为当时的禅学宗师，"照通"不知是法名还是号，为法名的可能性更大，他有可能是在清素之前住持九顶的禅师。因此清素最后住持九顶当在照通之后，为时十余年。靖素自认为于少林别传之旨有所不足，并命弟子宝印从学于安民，表明他不是九顶清素的嫡传门人。

又据《锦江禅灯》卷十九：

> 嘉州凌云寺，元时为战场，至正德间，僧千峰，曾为狱卒，囚徒甚伙。峰曰："世乱刑繁，多不当罪。吾怜汝释之，我亦从此逝矣。"

---

① 《卍新续藏经》79册，第409页中。

遂削发为僧,结茅九峰山。其建竖功绩颇多,兹不繁录。千峰肉身,现存释迦舍利塔、舍利泉前。考碑,乃九顶清素禅师十一世孙也。清守道讳楫傅公,梦感从建塔房,新金衣焉。塔主心通,请圣可禅师,安居于此。尝书赞于壁云:"石可烂兮铁可销,何如色体更坚牢。法身有相还知否,入眼舟从万里桥。"有刮胸验真伪,辄发痈,忏谢愈。因而人无敢侮矣。①

此载凌云寺一带元时为战场,故狼烟四起,僧徒零落。"至正德间"恐当作"至正年间",因正德为明武宗年号,当时非为乱世。千峰所居的九峰山,在四川资中,与乐山相去不远。千峰和尚建竖颇多,惜未之录,只知其肉身不坏,存于释迦舍利塔前。据其碑,知为清素十一世孙。最为可惜的是,从清素到千峰之间的十代究竟为哪些宗师不明,不知此碑是否尚存。无论如何,清素的法系可以肯定传了十几代,而且一直在九顶山凌云寺一带,对于维护乐山大佛功不可没。

---

① 《卍新续藏经》85册,第220页中下。

第四章 开福道宁及其法系

第一节 开福道宁事迹

开福道宁禅师（1053—1113）为五祖法演）门人，临济宗杨岐派一代宗师。他开法时间不长，影响却很大，其下传大沩善果等，门庭鼎盛，法脉绵长，成为杨岐派的重要支派。

有关道宁生平事迹的史料主要有《开福道宁禅师语录》《僧宝正续传》《嘉泰普灯录》《宁道者传》（《新安志补》）等。

据《僧宝正续传》卷二：

开福宁禅师

禅师名道宁，歙州注氏子。笃志于道，以头陀入禅林，故毕世人以宁道者呼之。初参蒋山泉禅师，阅十年。泉知其为法器，俾乞供五羊。遇居士，愿施赀为祝发者，师以乞供畏嫌疑，固辞不可，因归供钟山，再入岭得度具戒。遍参宗师，尝居崇果山，为众辨浴，日诵《金刚般若》为常课。一日将濯足，诵至"应生信心以此为实"，内足汤器中，豁有省，即趋海会见演道者，吐所悟。演颔之，容入其室。他日闻举狗子无佛性话，于是大彻。演喜，以为类己。大观中，潭帅席公震，请出世开福，唱演公之道，湘潭之人敬慕之。师性简约，服用朴素，非丛林弘法之务，未尝以之介怀。颇提笠走街市，躬自乞食以养，众衲子争归之，法席遂为湖湘之冠。

僧问："唯一坚密身，一切尘中现。"提起坐具，云："遮个（是）尘，那个是坚密身？"师云："放下著。"进云："犹是学人疑处。"师云："你疑处作么生？"进云："适来问底。"师云："不堪为种草。"

政和三年十一月四日，沐浴净发。五日小参别众，叙平生参学始末。期以七日示寂，祝依常僧例荼毗，以火余盛之瓦椀，撒湘江水中。乃曰："出家佛子彻骨彻髓，华藏海中游戏自在，死生界内任性浮沈。是以俱尸城畔椁示双趺，熊耳峰前亲遗只履。祖祢不了殃及儿孙，画样起模到于今日。又道吾紫磨全身，今日即有，明日即无。若道吾入涅槃非吾弟子，若道吾不入涅槃亦非吾弟子，尝此之际若相委悉，不唯穿却释迦老子鼻孔，亦乃知得山僧落处；其或未然，报慈怎么来，举世无相识，水月与空花，谁坚复谁实。住院经五年，都卢如顷刻。瑞云散尽春风生，走却文殊遇弥勒。"喝一喝，下座。持麈尾，环视久之，曰："谁堪付此者？"既而曰："无如果藏主。"遂以畀之。至七日，长沙之人无幼艾相与赍持香花侧塞于寺，师应接教诫遣之，而来者无已。及日暮，跏趺湛然而逝，阅岁六十一，坐二十一夏。火余舍利，弟子不忍弃，塔于开福。又二十年，嗣法果禅师，徙塔福严之朱原。师出世才五年而名满天下，丛林仰之，虽不克尽行其道，然宗风宏远云。①

这是有关道宁的比较完整的早期传记，而最为可靠的，当属其本人临终之自述。

据《开福道宁禅师语录》卷二：

某甲所以自作道人，披缁二十四岁，历遍宗师亲近知识。初作道人时，日诵《金刚经》十卷为常则。始于崇果山烧浴诵经，至于此章句"能生信心以此为实"，不觉失脚在热汤桶内，脚皴桶破，当体获解脱道，证本元常，归家稳坐。无奈其处宗师蓦头印证，自著此贴肉汗衫。游明州保社遍参知识，见雪窦老良禅师。此乃亲见慈明尊宿。投机问答将及二季。良禅师退去。遂过台州见涌泉诚禅师，衢州见子湖觉禅师。此二尊宿亲嗣南禅师门下，然竟未契自本所得。遂过南禅参佛慧禅师，随住钟山。钟山游学十载，佛慧迁化。下游浙中，朝晚通

---

① 《卍新续藏经》79册，第563页中。

话，日看两转因缘，亦仅二载至庐山开先听暹和尚小参。罗汉听英和尚说祖师偈颂，复事圆通法镜禅师一年。渡江参三祖宗和尚，深入实际，得游戏三昧。因见太平清和尚举赵州洗钵盂话，师资方顺，抽身便行。至白莲峰前再来庵畔，遇个鬐头老人小参，举忠国师古佛净瓶，赵州狗子无佛性话，当下如去千斤重担，握佛祖威权，建立法门至于今日。①

道宁出家之时，诸说不一。据《僧宝正续传》，二十一夏，则应于元祐七年（1092）四十岁时受具，其自道"自作道人披缁二十四岁"，则应于元祐五年（1090）出家。而《宁道者传》则称"某甲作道人四十年，为僧三十五夏"，则应于熙宁六年（1073）二十一岁出家，元丰元年（1078）二十六岁受具。二说相差甚远，若依《正续传》，则出家受具时间太晚。其自述，或可断为"自作道人披缁，二十四岁，历遍宗师"，即他出家游方时为二十四岁，即熙宁九年（1076），如此更加符合其经历。

道宁初出家游方，在崇果山作道者。此崇果山，当为杭州崇果寺。他于此以诵《金刚经》为业，日诵十部，在寺中作浴头，一日失脚进入热汤，当下契悟，得到当进崇果寺方丈（不知何人）的印可。

他又游明州，遍参知识，师从雪窦蕴良禅师。蕴良号称老良，始住明州香山，后主雪窦，为石霜楚圆门人，辈份很高，资格很老，故有此号。其时当在元丰之初，将近两年，老良退居，他又到台州参涌泉诚禅师，至衢州参子湖觉禅师，此二人皆为黄龙惠南门人。

据《建中靖国续灯录目录》卷二，黄龙惠南法嗣上有"台州涌泉臣禅师"，此人应当就是涌泉诚，而子湖觉则不知何人，惠南门人法名为觉者不少，然无一人在衢州弘法。

在衢州时，他又结识了佛慧法泉（？—1096）。法泉于元丰二年（1079）应赵抃之请自越州灵岩移主衢州南禅，后于元祐二年（1087）应礼部侍郎、龙图阁待制、知江宁府蔡卞之请住持蒋山太平兴国禅寺。道宁或于元丰四年（1081）参法泉，后随之迁钟山，并在钟山十年，直到法泉绍

---

① 《卍新续藏经》69册，第343页下。

圣三年（1096）初迁化。

道宁跟随法泉最久，受其影响也很大。法泉号称"泉万卷"，是当时最有学问、诗文水平最高的禅僧之一，道宁语录也是出口成章，文采过人，颇有其风。道宁法孙祖证重刊其语录时称其"得业建康府蒋山，出世开福"①，甚至不提五祖法演，看来后世也认为他受法泉影响很大。

道宁在钟山时，曾经应命到广州化缘。《僧宝正续传》载其在五羊时，有居士愿施资为其初发，他为避嫌疑，坚辞不可，后入岭得度。若依此说，则他此前一直是以居士的身份习禅，此说似乎不可信，而且又道其此后具戒遍参，居崇果山，将其参学经历弄颠倒了。无论如何，他曾经到过广州是肯定的。

据《开福道宁禅师语录》卷二：

辩禅人五羊作丐写师真求赞

非幻非真，僧由难写。貌不惊人，权衡保社。画虎作猫，指驴为马。月彩分辉，风清大夏。五羊城里旧知音，觌面相呈那辩也。殷勤寄语莫狐疑，便是蒋山宁道者。②

门人辩禅师五羊化缘，写真求赞，道宁称"五羊城里旧知音"，证明他确实到过羊城。此说可能还有一种解释，他虽然早已出家，然而一直没有正式得度，在羊城时化供时，有居士愿意出资为买度牒，被他拒绝了，后来入岭遇缘得度。此事可能发生在元祐五年（1090），他自元丰四年（1081）始参法泉，自此"阅十年"，从他此年正式得到官方度牒为始，至入灭恰好二十四年。

法泉绍圣三年（1096）入灭之后，他游浙中某寺，早晚通话，每日看两转公案，如此二载。元符元年（1098），他到庐山开先，参东林常总（1025—1091）门人广鉴禅师开先行瑛，于此听到前住持善暹禅师小参，又听瑛禅师《祖师偈颂》。据黄庭坚《开先禅院修造记》，行瑛住持开先在十

---

① 《卍新续藏经》69册，第344页中。
② 同上书，第343页中。

二年以上，因此至少到崇宁元年（1102），当时开先住持善暹已经去世很久了，他不可能参开先暹，此处表述可能有点问题，所谓"罗汉听英禅师"，其先行瑛一直住持开先寺，或许一度在罗汉院说法，然不大可能到罗汉院住持。

在庐山时，他又于元符二年（1099）依法镜禅师圆通可仙一年，可仙亦为常总门人，于元丰六年（1083）继慎禅师住持圆通，至此近二十年。

元符三年（1100），道宁度江，依三祖寺法宗禅师，深入实际，得其三昧。法宗为惠南门人，其时已到晚年。

道宁复依佛寿禅师灵源惟清（？—1117）于舒州太平禅院，惟清为宝觉祖心（1025—1100）门人，约于绍圣四年（1097）应提点淮西刑狱朱京（？—1100）之请继圆照宗本门人慧灯禅师住持太平。元符三年（1100），因宝觉年高，江西转运使王桓请移黄龙，惟清不辞便行，照顾乃师。

元符三年（1100）末，至五祖，参法演禅师。

据《丛林盛事》卷一：

> 开福宁道者，歙州人。参五祖演，演见其立作高上，识趣超卓，每当众誉之。复令入堂司，同学妒之。夜引宁山行道话，因殴之，伤其面目，赴众不得。演闻之，躬往省。问曰："闻汝被那一辈无礼，何不至方丈雪屈，听老僧与汝赶逐。"宁竟不忍显，但云："某自吃扑伤损，不干他事。"演泪下曰："吾忍力不如汝，他日岂奈汝何。"后出世开福，容五百众。将示寂，预定日时坐化，以大法授月庵果。果陆沈众底，人莫能识，唯圆悟知之。后成襕其出世，以颂送之曰：歙山老人末后句，的的亲传四绝堂。正令已行风凛凛，斗间剑气烛天光。①

道宁在五祖时，因为见识超卓，常受五祖法演当众称誉，又令其入堂司为执事，不料遭到同门忌恨，乃至殴伤面目，他隐忍不言，五祖知其事，问之，他则道是自己不小心摔伤，与他人无关。五祖知其为法器，日后必有成就。

---

① 《卍新续藏经》86 册，第 688 页上。

崇宁三年（1104），五祖法演入灭之后，道宁离开黄梅，来到湖南，为潭州崇宁禅寺首座。

大观三年（1109），知潭州席震请其住持开福报慈禅寺。道宁之前任，当为真净克文（1025—1102）门人进英禅师（1064—1122），其后任则是大名鼎鼎的云盖守智（1025—1115）。

政和三年（1113）十一月七日，道宁入灭，阇维获五色舍利，归藏于塔。

道宁门人，据《宁道者传》，"得其法者月庵善果，而郡僧觉文尝参之。文，歙县楚氏子，与兄道才皆出家，游方有声，道才参东林总，住威胜军天宁，自号海上横行才道者，而文尝住苏州穹窿山云。"①

觉文禅师，《嘉泰普灯录》将其列为善果法嗣，应当有误。觉文与其兄道才皆出家，游方有声，丛林称誉，而道才参东林常总（1025—1091），住持威胜军天宁寺，如果觉文师事善果（1079—1152），则差距太大。善果宣和五年（1123）始应曾孝序（1049—1128）之请始开法上封，出世较晚。兄弟之间年龄一般不会超过三十岁，假如道才出生于至和二年（1055）前后，则觉文不应晚于元丰三年（1080），他师从年龄相近、开法较迟的善果的可能性不大，应该是道宁门人。

《嘉泰普灯录》列善果法嗣十三人，觉文为最后一位，而元趾称"果克大家声，横出十二支神足"，显然是不包括觉文的。

道宁门人，还有潭州慈云宣禅师，这是他最早开法的弟子。慈云寺，在湖南湘乡县南，始建于唐朝大历年间。

据《开福道宁禅师语录》卷二：

> 报慈道场聚衲子半千，始及五载。会中有头角兄弟三十四人，方欲下毒手烹炼，以报先师深恩。岂期病气侵凌，报缘欲尽。期初七日长往，所以鸣钟集众，少事奏闻。（某甲）扫洒当寺五历岁华，每荷方来义聚勠力赞成，感仰之怀言不能尽，其或舍此壳漏则有行程。奉祝

---

① （宋）罗愿撰，萧建新、杨国宜校著：《〈新安志〉整理与研究》，黄山书社2008年版，第277、278页。

监寺诸知事、首座诸头首，兜率、西湖二禅师，寺门勤旧宿德，云堂胜众、小师行者等，不得举哀恸哭、被麻作孝。①

这是道宁临终所述，其中提及衲子五百，有头角者三十四人，此三十四人就是他所看重的门人，可惜名字不得其详。他还特意提到兜率、西湖二禅师，当为当时已经开法的弟子。潭州兜率寺，在衡山县南弥勒山（宋称净福山），唐韦宙开创。西湖，即邵州西湖，洞山良价有门人邵州西湖和尚，道宁门人住持邵州西湖，在政和之初，其后佛性法泰继之，法泰建炎年间住持谷山，此前住持西湖，当在宣和年间。道宁有门人辩禅师，曾经到五羊化缘，道宁有诗赠之。

据《石门文字禅》卷二十一《潭州开福转轮藏灵验记》：

政和之初，长老道宁开东山法道，食堂日五千指，百须颐指可辨（办），门人法圆实阴相之。圆宜丰人，短小精悍而材能任事。宁使牧众、典金谷，道俗归之。宁克日而化，潭帅以大长老智公黄龙高弟时年九十余可嗣其席，遣令佐即云盖迎之。智以老辞，令佐曰："太守请饭乃不赴，贻法门之咎。"智至，即鸣鼓，问其故，曰请师住持也，心知堕其计中，受之，未几以职事付其嫡子文正（避昊天讳）。正本色饱参，有局量，克肖前懿。圆不以新故二其心，唯集诸功德，成就胜缘。三年化众檀钟瑜等翻修藏殿，五年秋将毕工，九月己卯梦合抱之木半空而止，圆蒲伏，疑将压焉，呼曰："谁为此木危人如此乎？"有答者曰："此藏心也。"黎明凯州男子程俊来谒，愿施木以修藏，如梦中。自是施者日填门，十月癸丑，使木工张询梯其颠施斧，凿得木镂谶文，其略曰："吾成此藏，魔事极多，不踰二百年，有吾宗法子革作转轮，此其基也。住持者荆山宝也，法子者月望也，匠者弓长也。"自伪天福癸丑至宣和改元己亥，盖百九十余年夫，岂偶然也哉！②

---

① 《卍新续藏经》69 册，第 343 页下。
② 《嘉兴藏》23 册，第 676 页中。

潭州开福寺轮藏，始创于五代楚国马希范时，由雪峰门人南岳惟劲主持。政和年间，道宁门庭鼎盛，所费极多，门人法圆实助之。法圆为宜丰人，短小精悍，善于管理，道宁便将寺中财务交付于他。道宁入灭之后，云盖守智继任，后由其门人文正（一作文玉，皆非本名，其名犯御讳，当为"佶"）住持。法圆并不因为换了住持而二心，还是继续化缘营修寺院，政和三年（1113）翻修藏殿，五年（1115）秋毕功，梦见大木自空而下，次日便有人愿意施木而修轮藏，十月施工之时，木匠张询在木楼上还发现惟劲留下的一段预言文字，其中提到将来修藏时，住持为荆山宝（文正）、法子为月望（法圆）、木工为弓长（张氏），几乎完全应验，而且法圆称施工之时，都有神人梦中指点。宣和元年（1119）五月毕功之时，法圆请惠洪为文纪其异事。惠洪称法圆貌不惊人，而能成就如此伟业，必有大过人之处，可惜其他事迹不详。

第二节　月庵善果生平

月庵善果（1079—1152）为道宁最为出色的门人，甚至被列为唯一传人。

有关善果的资料，主要有《僧宝正续传》《联灯会要》《嘉泰普灯录》等。

据《舆地纪胜》，《月庵果禅塔铭》，在善化之道林寺中。[1] 这是有关善果的重要资料，可惜此塔铭今已不见。

据《僧宝正续传》卷五：

大沩果禅师

禅师讳善果，信州铅山余氏子。依七宝院元洓得度具戒，梵相奇古，广颡隆准，少慕祖道。初至鹅湖，宴坐禅堂，闻二童子戏争蒲团。其一举起云："你道不见遮个是什么？"师恍然有省。及游云居，偶禅者自黄龙来，因问死心老："每以何等语接人？"禅者曰："常举云门问

---

[1] 郑福田主编：《永乐大典》第2卷，内蒙古大学出版社1998年版，第1199页。

僧光明寂照遍河沙。""岂不是张拙秀才语?"僧云:"是,门云话堕也,何者是话堕处?"师闻之豁然大悟,即趋黄龙,门可属死心谢事,指见开福宁道者。师至开福,师资契会。宁深奇之,延入藏,于时开福衲子五千指。宁垂入灭,独以麈尾授师。语在宁传,师膺最后付托,隐迹道林。会圆悟禅师来主席,颇闻师名,一夕分半座。俾说法,师举乾峰法身话,剖判绝出意表,圆悟嗟赏久之,自是道价益著。

宣和初,潭师曾孝序命出世上封,开宁公法要。时龙牙才禅师法席颇盛,每答话多称苏噜。一日同诸老会于府帅曾公之席,公曰:"龙牙答话每称苏噜,意旨如何?"诸老相视,莫有对者。师越席而前曰:"某适有语。"公叩之,师曰:"龙牙答话,只苏噜为问,诸人会也无?昨夜虚空开口笑,祝融吞却洞庭湖。"曾公大悦,一座尽倾。

迁道林道吾。福严宗风鼎盛,法席常冠诸方,室中妙于接人,每举云门张拙秀才话勘验学者,临机与夺,莫测端倪,天下共高之。自号月庵,湘中士大夫多从之问道。

绍兴九年,枢密张公德远抚七闽,请住鼓山。未至,改黄蘗,迁东西二禅。阅十年,颇厌闽俗,雅意江外。多衲子会台之万年,婺之双林,潭之大沩,皆虚席,三郡争致请,而长沙尤力。师曰:"潭吾旧游也,吾乐之。"遂赴命大沩。二十二年正月十八日,出衣盂,卑执事者制五百应真像。明日沐浴更衣,集众告别,手书伽陀曰:要行便行,要去便去。撞破天关,掀翻地轴。停笔而化。阅世七十四,坐五十一夏,塔全身于沩源之西峰。师性刚直,处已简约,律众严明。凡迁巨刹,皆当世贤公卿屈礼致请,丛林服其得人之盛。①

善果,信州铅山人,俗姓余氏,其生卒年没有疑问,只是僧夏有异。此谓五十一夏,则于建中靖国元年(1101)二十三岁时受具,而《嘉泰普灯录》则称五十八夏,则应于绍圣四年(1094)具戒,究竟哪一个说法准确呢?此引写作时间早于后者,上距善果入灭不过十余年,且作者亦在江西,故以此为准。

---

① 《卍新续藏经》79册,第573页下。

善果早年依七宝院元浃出家得度，后游方参禅，崇宁初至鹅湖，宴坐于禅堂，闻二童子戏争蒲团有省，其时住持当为佛印了元门人仁寿德延禅师。后游云居，时住持为仲和禅师，亦是了元门人。在云居时，闻黄龙死心悟新禅师（1043—1114）之名，即往黄龙门下，参之大悟。悟新住持黄龙之时，《嘉泰普灯录》称是政和初年（1111），《佛祖纲目》道是大观元年（1106）九月。

据《罗湖野录》卷二：

> 死心禅师，以大观元年丁亥九月从洪帅李景直之命住黄龙山。明年，揭榜于门曰："仰门头行者，宾客到来，划时报覆，即不得容纵浮浪小辈到此赌博，常切扫洒精洁。凡置三门者，何也？即空、无相、无作三解脱门。今欲登菩提场，必由此门而入。然高低普应，退迩同归。其来入斯门者先空自心，自心不空且在门外。戊子九月十八日，死心叟白。"①

这表明死心悟新确实是于大观元年（1107）九月受命住持黄龙，善果往参，当在是年之后。

善果参死心数载，因死心谢事黄龙，始至湖南，参开福道宁。

据《罗湖野录》卷二：

> 潭州云盖智和尚居院之东堂。政和辛卯岁，死心谢事，黄龙由湖南入山奉觐。②

如此，死心谢事黄龙，在政和元年（1111），且死心本人亦离开江西，至云盖山参师叔云盖守智（1025—1115）。有可能善果随行入湘，至开福参道宁。

据《丛林盛事》卷一：

---

① 《卍新续藏经》83 册，第 393 页下。
② 同上书，第 394 页中。

月庵果和尚，信州铅山人。初见宁道者，宁问曰："上座乡里？"曰："信州。""受业甚么处？"曰："铅山七宝。"宁曰："还带得宝来么？"果展两手，宁震声一喝，便下参堂。

后见死心，心举云门话堕话，深彻法源，然不忘开福。后室中举此话以颂示学者，丛林盛诵曰：万仞龙门势倚空，悬崖撒手辨鱼龙。时人只看丝纶上，不见芦华对蓼红。①

此处后见祖心之说，可能有误。然其载初见道宁因缘，不见他书，十分重要。

道宁对善果十分重视，令其分座，临终，独以拂尘授之，以为传人。善果在道宁入灭之后，西行入道林寺，时圆悟住持，独加称赏，道价为增。

宣和四年（1122），曾孝序（1049—1128）请其继佛心本才（？—1150）开法上封，瓣香为道宁嗣。

据《石门文字禅》卷二十一《重修龙王寺记》：

宣和四年夏，潭帅大学曾公尽礼致前住道林云禅师来领院事。云孤硬饱参，精严临众，洞山十世之孙而焦山枯木之嫡嗣也。②

如此宣和四年（1122）夏，曾孝序请枯木法成（1071—1128）门人法云禅师由道林移主龙王寺，佛心本才由上封迁道林，而善果开法上封。法云禅师后来入闽，住持福州妙峰。

据《罗湖野录》卷一：

龙牙才禅师受潭帅曾公孝序之请，既开堂于天宁。有僧致问："德山棒，临济喝，今日请师为拈掇。"答云："苏嚧苏嚧。"进云："苏嚧苏嚧还有西来意也无？"答云："苏嚧苏嚧。"由是丛林呼为才苏嚧。一日，曾延见诸禅，因问曰："龙牙答话只苏嚧如何？"道林月庵乃应声

---

① 《卍新续藏经》86册，第689页下。
② 《嘉兴藏》23册，第678页上。

而顾诸禅曰："借问诸方会也无？"曾笑曰："可联成一颂，以为禅悦之乐。"时座无续者，及传至云盖，有慈观长老曰："昨夜虚空开口笑，祝融吞却洞庭湖。"世偶月庵续后二句，岂不孤慈观耶。今径山法音首座，是时与云盖法席目击其事。然月庵道满天下，亦何藉此！①

时智才开法龙牙，号才苏噜，与师齐名。后迁道林、道吾，住持福严，名闻湘中。

曾孝序知潭州时，月庵已迁道林，而曾氏七年改任，故应在宣和七年（1125），他自上封改主道林。同样是继佛心本才之后，本才归闽，故道林虚席。

据《赣州宁都县庆云尔禅师塔铭》，文尔"绍兴初，至潭州道吾，参月庵果公"，这表明绍兴初年时月庵住持道吾。

据前引，道宁入灭二十年后，门人善果迁塔于福严之朱原，表明大概绍兴四年（1134）至九年间，住持福严。

据《丛林盛事》卷一：

绍兴间，有一仕宦至焦山，题风月亭曰：风来松顶清难立，月到波心淡欲沈。会得松风元物外，始知江月似吾心。前后观者莫不称赏，唯月庵果行脚到此观之曰："诗好则好，只是无眼目。"同坐者曰："那里是无眼目处？"果曰："小僧与伊改两字，即见眼目。"同坐曰："改甚字？"果曰："何不道：会得松风非物外，始知江月即吾心。"坐者大服，信之。做工夫眼开底人，见处自是别。况月庵平昔不曾习诗，而能点化如此，岂非龙王得一滴水，能兴云起雾者耶。兄弟家行脚，当辨衣单下本分事，不在攻外学，久久眼开，自然点出诸佛眼睛，况世间文字乎。②

绍兴九年（1139），张浚知福州，请入闽居鼓山，未至，迁黄蘖，复居

---

① 《卍新续藏经》83册，第381页下。
② 《卍新续藏经》86册，第690页上。

东禅、西禅。在闽十年，不耐其俗，欲行江外，会台州万年、婺州双林、潭州沩山虚席，三地争迎之，乃移主大沩。

佛照德光（1121—1203）于绍兴十三年（1143）二十三岁具戒后随足庵入闽，初参东禅月庵，表明善果于十五年（1145）前后住持东禅。水庵师一（1107—1176）曾参东禅德用、月庵善果，后参佛智端裕（1085—1150）于西禅，看来善果是在双林德用之后住持东禅，双林用由中际迁东禅，而其同门中际善能绍兴十五年（1145）继席，可见是年双林德用迁东禅，而善果住持或在十六年（1146）。佛智端裕绍兴十八年（1148）自西禅住持灵隐，故善果或在此年住持西禅，不久便告退。

善果开法三十年，八居大刹，影响很大。

据《联灯会要》卷十七：

潭州大沩善果禅师（凡三）

信州人也。示众云："大凡参学之士，须参活句，莫参死句。活句下明得，可以权衡佛祖，显正摧邪，覆育群生，赈济孤露。若于死句下明得，依草附木，埋没宗风，自救不可。且如何是活句？莫是路逢死蛇莫打杀，无底篮子盛将归么；莫是陕府铁牛吞却嘉州大像么；莫是怀州牛吃禾，益州马腹胀么；莫是天台普请，南岳上堂么；莫是不露锋骨句，未举先分付么？若如此，总是死句。且如何是活句？"卓拄杖云："有情有理俱三段，一道神光射斗牛。"

示众云："心生法亦生，心灭法亦灭。心法两俱忘，乌龟唤作鳖。诸禅德，道得也未？若道得，道林与尔拄杖子；其或未然，归堂吃茶去。"

僧问："久响月庵，及乎到来，庵又不见，月又不现。"师云："老僧罪过。"僧作礼，师云："作家作家。"①

如此月庵善果强调参禅须参活句，活句下得悟，可以破邪显正，权衡佛祖，死句下有得，埋没宗风。然而对于活句也要有灵活的理解，并非只

---

① 《卍新续藏经》79册，第149页中。

是一味寻取丛林中流行的著名公案，理解灵活，才是活句。

心生法生，看山是山；心灭法灭，看山不是山，心法俱忘，二境不生，始可得个休歇处，依前看山只是山。

不是月庵不现，只是来者无眼，虽然如是，也是月庵有过，不能使来者顿悟。此僧还算稍知痛痒，当下作礼，月庵称其为作家，真师子儿，一拨就转。

第三节　月庵善果门下

月庵善果善于培养人才，门下杰出弟子很多。

据《嘉泰普灯录总目录》卷三：

大沩月庵善果禅师法嗣十三人（八人见录）
荆门军玉泉穷谷宗琏禅师
潭州大沩行禅师　潭州道林渊禅师
随州大洪老衲祖证禅师
隆兴府石亭野庵璇禅师
隆兴泐潭山堂德淳禅师
常州保安复庵可封禅师　潭州石霜宗鉴禅师
（潭州法轮铁庵孜禅师　太平州吉祥粲禅师
襄阳府石门立禅师　婺州双林远禅师
平江府穹窿觉文禅师）
（已上机语未见）①

据前文，觉文应当为其同门，不属弟子。是故其门人十二，有机语者八人。

据《嘉泰普灯录》卷二十一：

---

① 《卍新续藏经》79 册，第 284 页下。

荆门军玉泉穷谷宗琏禅师

合郡云门人，族董氏，儿时有异言。幼师广化了达，试《法华》，凡两奏名，恩乃及，剃染登戒。之成都大慈讲习，往参信相昌禅师。值上堂，僧问："法法不隐藏，古今常显露，如何是显露底法？"曰："山河大地。"师闻微有得，出关谒鹿苑业、文殊道、佛性泰，皆未释所滞。往扣月庵于道吾，随居福严，每举云门放洞山三顿棒话诘之，语不契。一日，普请担采至弥陀岭，倦甚，去檐，嘘之，忽大悟，抃掌笑曰："快活。快活。"亟归，拟白月庵，庵见来，乃曰："信吾不赚汝。"师礼谢，于是命首众说法，衲子踵踵，竟晦迹南岳二十年。居思大三生藏亦久，因号琏三生，会上封虚席，潭帅龙图刘公昉力挽开法，未几引退，复住报恩、福严及龙王玉泉。……绍兴庚辰十二月二十三日，集众出衣盂。令于寺南建二窣堵，一以存吾报身劫灰之余，一以奉四众灵骨，书偈而逝。七日闍维，获设利五色，众咸得之。以正月二十四归骨奉藏焉，寿六十四，腊四十一。①

宗琏禅师（1097—1160），号穷谷，合州人，俗姓董氏。幼时师从广化了达，试《法华经》得度，宣和元年（1019）二十三岁受具，到成都大慈寺习讲，参成都信相昌禅师，有所得，南游湖湘，谒鹿苑业、文殊心道（1058—1129）、佛性法泰。鹿苑业，有可能为心道门人常德府文殊思业禅师，时居鹿苑。后参月庵善果于道吾山，并随迁福严，其时已到绍兴年间。

大约绍兴六年（1136）左右，宗琏随善果移南岳福严，并任首座，分座说法，后于此晦迹十余年，绍兴十九年（1149）前后，直龙图阁、知潭州刘昉（？—1150）请住上封寺。刘昉，字方明，三知潭州，既称龙图，当是他最后于绍兴十八年（1148）至二十年（1150）间以直龙图阁学士知潭州时。

住持上封不久，宗琏便告退，或许与刘昉去世有关。后来又住持报恩、福严、龙王、玉泉，绍兴三十年（1160）入灭。

据惠洪《重修龙王寺记》，龙王寺，原名龙山，又名隐山，马祖门人曾

---

① 《卍新续藏经》79册，第415页中、416页中。

居之，洞山良价与密师伯曾访之，光化中，比丘师信化龙王，祈雨辄应，名龙王山，号西禅寺，太平兴国中改额龙王寺。宣和四年（1122）春，曾孝序请枯木法成门人法云禅师自道林迁此寺。

据《续传灯录》卷二十八《瞎堂慧远》：

> 安定郡王赵表之与师为世外交，侍郎曾开从师参叩，曾虽士大夫而饱参诸老，从妙喜游甚久，而未甚颖脱，至见师始尽余疑。后过南岳遂住南台，时龙王琏禅师、方广行禅师者，皆月庵高第，道著湖湘间。私相语云："此间壁立万仞，远何所措足乎？"因请升座，设三十余问，皆佛祖諸讹险节关棙。学者罕到之处，师随机开答，辞旨深奥议论超诣，始大叹服，琏即率其属环拜云："此膝不屈于人久矣。"①

这里强调瞎堂慧远曾经到南岳南台，当时月庵门人龙王宗琏、方广行著声湖湘，以为慧远无可立足，谁知言问之下，慧远随机应答，议论高明，二人不觉率众礼拜。这一记载有抬高慧远而贬低二人之嫌。

据《续传灯录》卷三十三：

玉泉宗琏禅师法嗣一人

玉泉希瀎禅师（一人无录）②

玉泉希瀎继任住持，可惜机语不存。

据《无准和尚奏对语录》卷一：

> 六年秋，次荆南玉泉寺。有言老宿者尝参大慧，觉老宿见琏穷谷。师周旋二老间，多获其言论风旨，明年辞去。③

---

① 《大正藏》51册，第660页下。
② 同上书，第700页下。
③ 《卍新续藏经》70册，第277页下。

如此绍熙六年即庆元元年（1195）秋，无准师范曾于玉泉寺参觉禅师，次年（1196）离去。觉禅师曾参见穷谷宗琏，亦为其门人，其时上距宗琏入灭迨四十年，可见觉禅师为其晚子。

据《嘉泰普灯录》卷二十一：

潭州大沩行禅师

上堂曰："不是心，不是佛，不是物，且道是个甚么。不在内，不在外，不在中间，毕竟在甚么处。苦，苦，有口说不得，无家何处归。"上堂，横拄杖曰："你等诸人若向这里会去，如纪信登九龙之辇；不向这里会去，似项羽失千里乌骓。饶你总不恁么，落在无事阁里，若向这里拨得一路，转得身，吐得气，山僧与你拄杖子。"遂靠拄杖，下座。

上堂，举僧问赵州：路逢达道人，不将语默对，未审将甚么对？州云：人从陈州来，不得许州信。师曰："满满弯弓射不著，长长挥剑斫无痕。堪笑日月不到处，个中别是一乾坤。"①

这里未载其生平事迹，行禅师住持大沩，不知何时。

据《破庵祖先禅师语录》卷一《行状》：

依澧州德山涓禅师，识其为法器，与落发受具，令遍参诸方。首谒沩山行和尚，常请教狗子无佛性话，行云："非有无之无如何？"师云："即今亦不少。"行云："又道不会。"久之，舍去，至平江万寿旦过，值天大雪。夜坐，乃自念言：行脚十年矣，此回若不彻去，又是虚生浪死。正闷闷间，不觉钟动，趁后架，举头见"照堂"二字，疑情顿释。②

破庵祖先（1136—1211），绍兴三十二年（1162）二十七岁时从沩山行

---

① 《卍新续藏经》79 册，第 416 页中。
② 《卍新续藏经》70 册，第 219 页中。

门人德山子涓禅师落发受具，首参沩山行，请益狗子无佛性话，久之，舍去，至平江万寿寺时，行脚已然十年，这表明他在沩山时间较长，可能有八九年，则行禅师住持大沩大概长达十余年，终于乾道五年（1169）前后。

二十七年（1157），黄龙派効常禅师受直龙图阁、知潭州霍蠡（？—1159）之请，住持大沩，行禅师当在其后住持。

据《嘉泰普灯录》卷二十一：

大沩行禅师法嗣
常德府德山涓禅师

潼川人也。上堂，横拄杖曰："一二三四五六七，七六五四三二一。循环逆顺数将来，数到未来无尽日。因七见一，见一亡七，踏破大虚空，铁牛也汗出。绝气息，无踪迹。"掷拄杖曰："更须放下这个，始是参学事毕。"

上堂："见见之时，见非是见，见犹离见，见不能及。"遂喝曰："鲸吞海水尽，露出珊瑚枝。众中忽有衲僧出来，道：长老休寐语！却许伊具一双眼。"

上堂，拈拄杖曰："有时夺人不夺境，拄杖子七纵八横；有时夺境不夺人，山僧七颠八倒；有时人境两俱夺，拄杖子与山僧削迹吞声；有时人境俱不夺。"卓拄杖曰："伴我行千里，携君过万山。忽若撞著临济大师时如何？"师喝曰："未明心地印，难透祖师关。"①

德山涓，法名子涓，潼川人，得法于沩山行，绍兴之末住持德山。其上堂说法，引《楞严经》而说明何为真见。又对临济禅法之四料拣提出独特的解释。

据《嘉泰普灯录》卷二十八：

德山涓禅师二首

狗子无佛性，狗子佛性无。

---

① 《卍新续藏经》79册，第420页中。

门上钉桃符，邪魔并百怪。
一见便消除，三圣逢人即出。
乍雨乍晴山里寺，或来或去洞中云。
满天星月明如昼，此境此时谁欲分。①

这是德山子涓颂古二则，前则强调赵州无字公案如同桃符，悟之则妖怪尽消，后则颂三圣逢人即出、出则不为人与兴化逢人即不出、出则为人之公案，强调两位大老如星月齐明、无有高下之分。

据《增集续传灯录》卷一：

大沩行禅师法嗣（嗣大沩果）

德山子涓禅师（旧传）　德山师本禅师（此后无传）
无为悟禅师　永福衡禅师

除子涓外，其他三人无有机语，事迹亦不明。
据《嘉泰普灯录》卷二十一：

潭州道林渊禅师

上堂曰："节近端午，乍晴乍雨。带累达磨眼睛，特地和泥合土。二祖不会承当，雪庭枉受辛苦。引得后代儿孙各自开张门户，或放南山毒蛇，或作玄沙猛虎。雪峰连辊三球，禾山一味打鼓。山僧检点将来，尽是葛藤露布。争如吃饭著衣，此外更无佛祖。毕竟如何，阿嫂便是大哥妻，师姑元是女人做。"

僧问："钟未鸣，鼓未响，托钵向甚么处去？德山便低头归方丈。意旨如何？"曰："奔雷迸火。"云："岩头道：这老汉未会末后句在，又作么生？"曰："相随来也。"云："岩头密启其意，未审那里是他密启处？"曰："万年松在祝融峰。"云："然虽如是，只得三年，三年后果迁化，还端的也无？"曰："嚩呢哒唎吽嚩咤。"

---

① 《卍新续藏经》79 册，第 471 页下。

绍兴二十三年五月七日,上堂,拈拄杖,示众曰:"离却声色言语,道将一句来。"众无对,师曰:"动静声色外,时人不肯对。世间出世间,毕竟使谁会。"言讫,倚杖而逝。①

渊禅师善于以偈颂化人,他强调平实禅风,穿衣吃饭,便是修行,不必卖弄机巧,故作高深。他对雪峰、岩头与德山公案的解释也很独特,德山低头无语,其声如雷;不会末后句,父子相随;岩头密启,松峰相得;何谓端的,密语难知。他临终上堂,指示学人不可只在声色言语中打转转,若不出离,万劫不会。

又据《南宋元明禅林僧宝传》卷五:

道林渊禅师

渊禅师者,失其里氏。木讷寡文,为人无竞,尝点胸自警曰:"参方须具择法眼,不然,踏碎铁鞋,何益哉!"是时吴楚法席以物色相胜,独大沩月庵果公峭甚。室中惟置一方木榻,兀坐如铁橛,霜雪不释,每诫知事不可以软语诱人,学流见辄引去,惟渊坚依决择。每受诃责,株立弗避,月庵每切齿熟视而休。有檀家入山求法,月庵因起谓众曰:"奚仲造车一百幅,拈却两头除却轴。"蓦打圆相曰:"切莫错认定盘星。"渊于此尽脱廉纤。后出世潭州道林,法嗣月庵,月庵嗣开福宁,宁入五祖演禅师之炉鞴,故渊为演克肖之孙也。同出月庵之门有八人,各化一方,独渊瞿然,以卑自牧,群贤竞起,成襏之故。道林声价甚迈,穷谷琏尝曰:"道林颔下有逆鳞,不可撄他。"有僧挺身曰:"便撄时如何?"琏曰:"横尸万里。"僧传语道林,渊曰:"穷谷瞎秃错下名言。"僧请别置一答,渊曰:"只恐不是玉,是玉也大奇。"于是禅流往来,馨炙其语,……

渊令不易出,出则风行草偃,而便懒之獒靡然易向,然复不驰刺檀家,日以锄镈为佛事。普请归,忽拈拄杖,告众曰:"离却色声言语,道将一句来。"众无对,渊曰:"动静色声外,时人不肯对。世间

---

① 《卍新续藏经》79册,第416页下。

出世间，毕竟是谁会。"言讫倚杖，当轩庄立而逝。①

这里补充了月庵与渊禅师的一些资料，值得重视。师徒禅风孤硬，不以软语诱人，在当时禅林中独树一帜。当时月庵门人杰出者八人，可能是指前述有机语者，渊禅师虽然得师真传，却无人承后，亦是憾事。

据《嘉泰普灯录》卷二十一：

隆兴府石亭野庵璇禅师

上堂曰："吃粥了也未？赵州无忌讳，更令洗钵盂。太煞没巴鼻，悟去由来不丈夫，这僧那免受涂糊。有指示，无指示，韶石四楞浑搨地，入地狱如箭射。云岫清风生大厦，相逢携手上高峰，作者应须辨真假。真假分，若为论，午夜寒蟾出海门。"②

祖璇禅师（据《续传灯录》补上字），号野庵，住持江西隆兴府石亭，即仰山慧寂曾经住持之禅寺。他也喜欢以偈颂化人，虽然文采未彰，其中大有妙意。

据《丛林盛事》卷一：

佛照光，初在仰山璇野庵会中，受台州鸿福之命，道游三衢。抵乌巨，密庵以偈送之，以谓必承应庵也，偈曰：瞎驴生得瞎驴儿，齷齪声名彻四维。更把少林无孔笛，逢人应是逆风吹。及抵婺之宝林，时月庵弟子远和尚住，复举云门话墮语令判之，意谓其承嗣月庵也。及来丹丘开堂，恰嗣妙喜，丛林皆短之，以谓妙喜门户高大而然，初不知冤有头债有主也。（知亭祖璇，嗣月庵果，历住沩、仰二山，佛照光尝为其首座，璇与超万卷为昆仲。超，曜庵也，博通经史，与竹庵珪、云卧莹为友，天童宏智目为超万卷，了堂十世祖也。堂，陵虚谷

---

① 《卍新续藏经》79 册，第 607 页中。
② 同上书，第 148 页上。

弟子也，慧朗之孙也。淡居集)①

佛照德光在野庵祖璇住持仰山时为首座，在那里受命住持台州鸿福。道经乌巨，密庵咸杰以偈赠之，希望他承嗣应庵昙华。经过婺州宝林，月庵门人双林远希望他承嗣月庵，结果他开堂时却为大慧宗杲拈香，当时丛林皆短之，以为他攀高枝，其实他确实是在大慧那里开悟。

祖璇先后在沩山、仰山住持，为当时名僧。拙庵德光虽然没有以其为师，却时常称颂他，认为他住持有方。

据《禅林宝训》卷四：

> 拙庵曰："野庵住持，通人情之始终，明丛林之大体。尝谓予言：为一方主者，须择有志行衲子相与毘赞，犹发之有梳面之有鉴，则利病好丑不可得而隐矣，如慈明得杨岐，马祖得百丈，以水投水莫之逆也（幻庵集）。"②

尽管德光后来并未成为月庵一派传人，但他承认自己从月庵一门所得甚多，也算知恩报恩。

这一资料还提到曤庵超禅师，宏智正觉称之"超万卷"，博通经史，学问出众，且与竹庵士珪、云卧晓莹为友。他与祖璇为法门昆仲，应当亦属月庵门人，当时影响肯定很大，可惜后世不得其传。

据《增集续传灯录》卷六：

袁州仰山了堂圆照禅师

南昌徐氏，礼大云寺朣庵越公九世孙海公出家。凡内外典籍无不该习，至元庚辰试经得度。初参翠岩讷公，岩累策发之然未有证入。谒佛鉴于仰山，鉴举："僧问赵州狗子还有佛性也无，赵州云无，古人意旨作么生？"师云："某甲近离翠岩。"鉴云："毕竟古人意作么生？"

---

① 《卍新续藏经》86册，第693页下。
② 《大正藏》48册，第1037页上。

师云："夜来宿山前接待。"鉴喜，以藏钥留之，未几去游两浙。天童东岩命分座说法，及佛鉴迁径山，师再参，又命分座。出世旌忠，还仰山，法化大振。示寂日策学者务勤修，即怡然而逝。龛奉七日颜貌如生时，阇维烟成五色，俄火光粲若白莲花，既烬舍利如菽者无算，顶骨牙齿亦不坏，建塔梅洲藏之。①

了堂圆照礼大云寺臞（曜）庵越（超）公九世海公出家，故为曜庵超十世孙，他后来从仰山希陵得旨，故兼两系传承。

据《蒲室集》卷一：

了堂住旌忠山门疏

除道以迎，喜有神物护舟航而至；下车而揖，宁无邦君负弩失前驱。岂惟闾里之荣，实系丛林之重。其显誉藉甚，高风凛然，疑超万卷重来。道契隰州古佛，得马簸箕用处，机挫一国之师，若孤鹤鸣于九皋，而老骥志在千里，将为大云以雨六合，可使德原而高五峰。鸟有凤，兽有麟，共瞻仪表；山为砺，何（河）为带，益固宗盟。②

了堂圆照从径山出世龙兴旌忠禅寺，被视为超万卷再来，看来他确实为曜庵超十世孙。曜庵一系能够传到元代，绵延十世之久，也是非常难得。

据《嘉泰普灯录》卷二十一：

隆兴府泐潭山堂德淳禅师

信之上饶人。上堂曰："俱胝一指头，一毛拔九牛。华岳连天碧，黄河彻底流。截却指，急回眸。青箬笠前无限事，绿蓑衣底一时休。"③

---

① 《卍新续藏经》83册，第343页上。
② 《大藏经补编》24册，第202页上。
③ 《卍新续藏经》79册，第417页上。

山堂德淳为信州上饶人，住持泐潭。此处只载其法语一则，未明史事。据《吴都法乘》卷五：

退谷云禅师塔铭
陆游

佛照禅师有嗣子，曰净慈报恩光孝退谷禅师，名义云，生于福州闽清黄氏，世为士。禅师却入家塾成童入乡校，颖异有声。既冠游国学，因读《论语》《中庸》有所悟入，后闻龟峰山堂淳禅师，遂自断出家泾（从）山堂祝发，遍游江湖。①

退谷义云（1149—1206）从山堂德淳出家，约在乾道七年（1171）二十三岁时，当时德淳住持龟峰，可能后来住持泐潭。

据《人天眼目》卷二：

山堂淳辨三玄门：临济曰：一句语须具三玄门，一玄门须具三要。大机大用，其容以句义名数劈析之邪！诸方问答玄要，亦只言如何是第一第二第三。汾阳偈曰：三玄三要事难分，得意忘言道易亲。一句明明该万象，重阳九日菊花新。至古塔主，始裂为体中玄、句中玄、玄中玄。而三要，则说之不行，付诸瞒盰而已。此篇说临济门头户底则且从，至三玄三要，则又堕古塔主之覆辙矣。不可不辨。②

山堂德淳对于临济三玄三要有独到的见解，他认为大机大用，不可以数量句义来辨析，因此对于古塔主将其分为体中玄、句中玄、玄中玄不满，以为这是歪曲临济原意，而且三要之说废而不行。德淳还有五宗要诀，颇受后世重视。

据《嘉泰普灯录》卷二十一：

---

① 《大藏经补编》34 册，第 116 页中。
② 《大正藏》48 册，第 311 页中。

常州宜兴保安复庵可封禅师

三山玉融林氏子,上堂曰:"天宽地大,风清月白。此是海宇清平底时节,衲僧家等闲问著,十个有五双知有,只如夜半华严池吞却杨子江,开明桥撞倒平山塔,是汝诸人还知么。若也知去,试向非非想天道将一句来;其或未知,"掷下拂子曰:"须是山僧拂子始得。"上堂,举云门问僧:"光明寂照遍河沙,岂不是张拙秀才语?"僧云:"是。"门云:"话堕也。"师曰:"向道莫行山下路,果闻猿叫断肠声。"①

据《丛林盛事》卷二:

> 保安封,七闽人,嗣月庵。幼年入众,赫赫有声,自首众紫金,出世杨之建隆,迁常之保安山,乃赴大参周公之命。封与大参有夙缘,虽一时小刹,宾主相得,一居逾十五年,诸方大刹屡招不往。然封气盖诸方,开口即贬剥,间不容私。淳熙末,乃坐脱,颂曰:五十七年幸自好,无端破戒作长老。如今掘地且活埋,既向人前和乱扫。又有滑稽语,讥后世后生不求淡素,惟务衣装,今并记于此曰:纺丝直裰毛段袄,打扮出来真个(好)。蓦然问著祖师关,却似东村王太嫂。呵呵。②

复庵可封,福建三山人,俗姓林氏。他于淳熙末年(1189)入灭,寿五十七,当生于绍兴三年(1133)。他自月庵得法后,始首众于紫金,后出世扬州建隆,最后周大参之请,住持常州保安,于此住持十五年,诸方大刹招之不往。他喜欢评论诸方,坦率直言,无所忌讳。

据《丛林盛事》卷二:

> 始保安封亦见月庵,见地尤别。亦尝颂曰:岁暮抱琴何处去,洛

---

① 《卍新续藏经》79册,第417页上。
② 《卍新续藏经》86册,第703页上。

阳三十六峰西。生平未识先生面，不得一听乌夜啼。可谓善学柳下惠，终不师其迹，顶门具烁迦罗眼者，分明辨取。①

他得月庵真传，善学于师而不泥其迹，可谓具眼禅德。
又据《丛林盛事》卷二：

> 保安封公曰：纺丝直裰毛段袄，打扮出来真个好。蓦然问著祖师关，却似东村王太嫂。此颂例为今日结末焉。②

他对于当时禅林喜欢打扮、重视衣装之风甚为不满，以为这类人只是绣花枕头，对于宗门祖意了不用心。
据《鼓山志》：

> 第三十九代芥庵禅师，讳慧意，长乐人，姓元氏。依润之金山别峰印禅师得度，咨决心要，遍参名宿，末游密庵杰、复庵封之门。出世福之东禅，嗣复庵。开禧乙丑，移主当山。阅四载，退居南庵。嘉定己巳七月二十九日示寂，葬本山历代塔。

芥庵慧意（？—1209），福州长乐人，俗姓元氏，始依金山别峰宝印得度，后遍游诸方，游密庵咸杰之门，最后得于复庵可封。初于福州东禅开法，承嗣复庵，开禧元年（1205）住持鼓山，四年后退成南庵，嘉定二年（1209）入灭。他是复庵唯一知名的门人。
据《嘉泰普灯录》卷二十一：

潭州石霜宗鉴禅师

> 上堂曰："送旧年，迎新岁。动用不离光影内，澄辉湛湛夜堂寒，借问诸人会不会。若也会，增瑕颣；若不会。依前昧。与君指个截流

---

① 《卍新续藏经》86册，第698页中。
② 同上书，第707页中。

机，白云更在青山外。"①

宗鉴禅师住持潭州石霜，生平事迹，其偈颂颇有韵味，可谓得诸祖骨髓。

据《续传灯录目录》卷三《大沩果禅师法嗣十五人》：

  吉祥灿禅师 石门立禅师
  双林远禅师 穹窿觉文禅师
  禾山暹禅师 法轮孜禅师
  雪峰一禅师（已上七人无录）②

其中增加了禾山暹、雪峰一二人。
据《丛林盛事》卷二：

  铁庵一禅师，建昌人，与佛照、昙道者俱同行。初见月庵果，次见应庵华。住归宗时，尝为侍者，华颇喜之。其孤耿不与世接，尝题其顶相曰："挂拂竖拂，全机出没，一喝耳聋，三日屈屈，且道是马祖屈、百丈屈，宗一侍者但怎么拈出？"乾道间，出世住台之庆善，迁衢之祥符，竟嗣月庵，盖不忘所得也。有赞其像曰：揭翻四大五蕴，彻证向上一窍。倾心吐胆为人，暗里返遭怪笑。眼里瞳人吹铁叫，持蠡酌海漫劳神，熨斗煎茶不同铫。其后，自嘉禾迁疏山、仰山，两住雪峰而终。③

又据《雪峰志》：

  第二十六代宗一禅师，江右南丰卜氏子。淳熙十年当山，绍熙四

---

① 《卍新续藏经》79 册，第 471 页上。
② 《卍新续藏经》83 册，第 30 页上。
③ 《卍新续藏经》86 册，第 697 页上。

年示寂。①

铁庵宗一（？—1193），江西建昌南丰人，俗姓卜氏。早年与佛照德光、昙道者一起游方，初参月庵，后见应庵，应庵昙华住归宗时，曾为侍者，应庵对之颇为喜爱，有偈题其顶相。乾道间，出世台州庆善，承嗣月庵，后迁衢州祥符、苏州嘉禾及江西疏山、仰山等，淳熙十年（1183）住持雪峰，十六年（1189）退居，惠深（1104—1190）继任，十七年（1190）惠深入灭，再住，绍熙四年（1193）入灭，故两住雪峰。

据《补续高僧传》卷十一：

文尔传

文尔，福州长溪人，姓李氏。十一辞亲出家，十六为僧，十七受戒，十八裹足游禅会。参月庵果公，无所入。忘寝与食，疮痏遍体，抱膝危坐，每闻五更钟声，辄骇汗曰："又过一日矣。"后因触物有省，入为侍者数年。游庐陵，为众迫请，住吉水清凉院，徙兴国之梵山，宁都之桃林。绍兴二十一年，郡守李子扬初至，严峭寡与，独有契于师，迎住报恩。报恩望刹，栋宇久隳，法席不振，赣民赀少耆施。师接以诚恳，咸竭其力，堂构像设次第一新。丛林成矣，会齐述婴城叛，缁素宵溃，师曰："我去寺必墟，止不动。"阅百二十日，贼欲屡纵火加害，师随机解免，舍匿士庶千计，皆赖以全。居十年，引疾求去，遂移庆云，地僻而用足，异时主者，自殖而已。师至，改造三门，规创殿宇，理事兼举，老而弥笃。一日与门人行西圃，指寻丈曰："此存以待我。"未几坐亡，实乾道二年冬也，报龄四十六，坐三十一夏，门人葬师所示之地。丞相周必大为石上之文，谓："师住报恩时，妙喜杲公与无垢张公同时北归，士大夫日往参请，师初无言说，妙喜独谓无垢是人所得端实，不可忽也。予闻斯语，然后知师，故以钝为利者，自是益思与之游，而宦牒推移，会合之日殊少。去冬，师有过予意，

---

① 《大藏经补编》24 册，第 610 页上。

方报有书而师没矣。"其为时贤歆慕如此。①

文尔禅师（1103—1166），福州长溪人，俗姓李氏，生于崇宁二年（1103），十一岁出家，十六为僧，十七受具，十八游方，绍兴初（1131）参月庵善果，命为侍者，得旨。后游庐陵，住持吉水龙济清凉院。迁兴国之梵山、宁都之桃林。绍兴二十一年（1141），郡守李子扬请住赣州报恩，居十年，辞去，迁庆云。乾道二年（1166）入灭，寿龄六十四，僧夏四十七。剃度门人祖机、祖贤、祖信、祖元、祖光等，嗣法门人五人，有宁都平申彦深、福圣道凝、东山虚静、龙南东山法偷、零都罗卖等。

第四节　大洪祖证、月林师观法系

大洪祖证为月庵善果最为重要的门人，其法系也传承最久。
据《嘉泰普灯录》卷二十一：

随州大洪老衲祖证禅师
　　潭之浏阳潘氏子。上堂曰："万象之中独露身，如何说个独露底道理，"竖起拂子曰："到江吴地尽，隔岸越山多。"
　　僧问："云门问僧：光明寂照遍河沙，岂不是张拙秀才语，僧云：是。门云：话堕也，未审那里是这僧话堕处？"曰："鲇鱼上竹竿。"
　　问："离却言句，请师直指。"师竖起拂子。僧云："还有向上事也无？"曰："有。"云："如何是向上事？"曰："速礼三拜。"②

这里只言其为潭州浏阳人，俗姓潘氏，对其事迹一无所载。
据《丛林盛事》卷二：

　　证西林，号老衲，长沙人，月庵之嗣。月庵居道林，证为寮元，

---

① 《卍新续藏经》77 册，第 445 页下。
② 《卍新续藏经》79 册，第 416 页下。

已为兄弟挂牌入室。其为人至诚郑重，虽处暗室，如临大宾，兄弟见之，其容必庄。后居西林道行，有颂话随公案曰：石火光中立问端，不能透脱几多难。顶门若具金刚眼，肯被傍人把钓竿。盖其亲得月庵说话，又且甚脱窠臼耳。①

祖证在月庵住持道林时（1125—1131）已经是首座，有资格为人说法，他为人诚实郑重，严于律己，不欺暗室，是故同门兄弟见之必然庄重。他后来住持西林寺，其道大行。

据《月林师观禅师语录》卷一：

> 二十四，祝发受戒，具礼住山戒准为师。时证老衲住澧州光孝，道法盛行，师径造其室。衲云："若能转物即同如来，面前香台作么生转？"师云："筑著磕著。"衲叱云："去。"会衲退席，师往来云盖沩仰者四季，复归雪峰鼓山。时可庵然、尤溪印俱在闽中，师历扣与之争锋。然自以为未足，闻老衲移住饶之荐福，即徒步从之，看云门话堕话者又十年。一日绕莲池而行，自举云："那里是有僧话堕处？"豁然大悟。遂造方丈自通，衲问："諵讹在什么处？"师云："岂不是张拙秀才语。"衲云："礼拜。"即以法衣付之，自此尽得向上机用，前无坚垒矣。衲迁四祖，移大洪，师皆与俱。②

门人月林师观（1143—1217）乾道二年（1166）二十四受具后来参，时祖证住持澧州光孝。祖证生年不详，作为善果重要门人之一，大概不会迟于大观四年（1100）。祖证于乾道间退席，后来约于淳熙初迁居饶州荐福。

据《开福道宁禅师语录》卷二：

> 师祖宁禅师生于徽州婺源县汪氏家，得业建康府蒋山，出世开福。

---

① 《卍新续藏经》86册，第698页上。
② 《卍新续藏经》69册，第352页下。

唱道语录昔尝镂版闽中，然江湖丛林禅衲故艰得之，谨令新安毗丘怀璋募众缘，依旧本重刊以广流通。

淳熙六季己亥结制日，住南康军云居山真如禅院嗣法师孙祖证谨题。（同干毗丘绍先）①

这表明淳熙六年（1179）祖证已经住持云居山真如禅院了，他将祖师道宁的语录重新刊刻，以广流通，新安比丘怀璋募缘，比丘绍先亦参与其事。

淳熙末期，祖证迁四祖寺，复到大洪山住持。嘉泰元年（1201）时，他已经从大洪山退居，故月林师观为其拈香时称"前住随州大洪山老衲大和尚"，其时他已经步入晚年。

据《月林师观禅师语录》卷一：

老衲和尚忌辰拈香云："咄这尊慈，口甜心苦。带累我侬，破家荡户。者僧话堕处，直下明明举。一炷旃檀充宇宙，谁道黄金如粪土。"②

此事发生在月林师观嘉泰四年（1204）后住持平江府承天能仁禅寺时期，大约在开禧元年（1205）秋冬季节，这表明祖证已经入灭了。

据《枯崖漫录》卷一：

复随侍证老衲于番阳，闻旁僧商量云门话堕话云"那里是这僧话堕处"，豁然洞见佛照从前机用。③

浙翁如琰（1151—1225）曾参祖证，听到月林师观商量云门话堕话，忽然明白佛照德光从前的大机大用。

据《续传灯录》卷三十三：

---

① 《卍新续藏经》69册，第344页上。
② 同上书，第347页上。
③ 《卍新续藏经》87册，第25页上。

大洪证禅师法嗣四人

玉泉恩禅师

万寿师观禅师

丞相益国周公

监丞成乘周公（已上四人无录）①

由于史料不载，恩禅师不知何时住持玉泉，大概是在宁宗时期。
月林师观为为其最重要的门人，有语录存世。
据《月林师观禅师语录》卷一《月林观禅师塔铭》：

师名师观，道号月林，福州侯官黄氏子。八岁牧牛，鞭叱间忽若有省，遂屏荤血不茹。十四岁，入雪峰山投忠道者出家。寻至荆南二圣寺，朝夕研究赵州狗子话，因洗盏次，口自成颂，从此慧解横发。师心知其非，不作圣证，闭门苦参。二十四，祝□受戒，具礼住山戒准为师。时证老衲住澧州光孝，道法盛行，师径造其室。衲云："若能转物即同如来，面前香台作么生转？"师云："筑著磕著。"衲叱云："去。"会衲退席，师往来云盖沩仰者四季，复归雪峰鼓山。时可庵然、尤溪印俱在闽中，师历扣与之争锋。然自以为未足，闻老衲移住饶之荐福，即徒步从之，看云门话堕话者又十年。一日绕莲池而行，自举云"那里是有僧话堕处"，豁然大悟。遂造方丈自通，衲问："諸讹在什么处？"师云："岂不是张拙秀才语！"衲云："礼拜。"即以法衣付之。自此尽得向上机用，前无坚垒矣。衲迁四祖，移大洪，师皆与俱。又尝至庐陵，见常不轻，举不是心不是佛话。师叉手，常率众留师居第一座。久之东游雪窦山，足庵鉴举以立僧。游育王山，佛照光问师："悟底人还有自己也无？"师云："适来举似禅师了。"照云："漆桶。"师即喝。照知师为老衲法子，问："那里是者僧话堕处？"师云："文不加点。"照益奇之，一时禅林法窟，争欲得师为上首。常不轻住瑞岩，涂毒策住双径，皆以偈延师分座，师皆诺之。涂毒又赠偈云：丧尽平

---

① 《大正藏》51 册，第 701 页上。

生家珍，偶到径山峰顶。涂毒微笑一声，唯渠点头自领。继又为遁庵演，无证修分座说法，于苏常间缁素归重，不容晦藏。嘉泰初，年踰五十矣，吴门圣因寺虚席，诸山合辞请师出世。宴坐凡四年，迁住承天，再迁万寿。吴人久服师道行，施者倾囷，学者问法，户外之屦常满，如是者又几十年。老勌应酬，退处西湖，为终焉计。李开府教创寺于上柏曰报因，具衣冠造师，固请为之开山。其后复住平江灵岩，又其后也武康乌回寺僧，偕乡人数百环拜而请师，复勉从之。所住即为大丛林，垂慈接物，随其根器示以方便，至室中则机锋峻峭，不可凑泊。昼夜危坐，念虑□彻，六坐道场，仅以巾钵自随，微有不合，倏然去之，未尝回顾，人多不知其所往，芒鞋徒步，至老不变。始或疑其出于矫拂，随起深信，因自调伏者，良不少也。后住乌回，时已示疾，日犹再鼓入室，且曰："桂花开时吾行矣。"俾其徒预结夏制，已而桂果盛开，晨兴集众普说，趺坐深定，至夜一鼓，顾左右曰："释迦老子如是，吾亦如是。"侍僧请留偈，书已掷笔而行。嘉定丁丑四月十有三日也，阅世七十五，坐五十一夏，阇维烟雾结如台盖，舍利无数，皆成五色。其徒即寺之西垄，塔以藏其骨。弟子妙湛继踵住山，实崇奉之，造余门而请曰：先师托交游甚久，且尝遗之以诗，又题其语录矣，今愿得铭。铭曰：

  杨岐七世，泠然家风。现水中月，似空非空。
  六坐道场，单提祖令。如大火聚，镕凡煅圣。
  惟乌回山，是为师塔。青山流泉，常说妙法。
  毋曰是塔，足以见师。夜半有衣，尚克嗣之。
  嗣法小师（德秀）　重刊①

月林师观，福州候官人，俗姓黄氏，生于绍兴十三年（1143），八岁时牧牛，忽然有省，屏弃荤血。绍兴二十六年（1156）十四岁，入雪峰，投惠忠禅师（1090—1164）出家。后至荆南二圣寺，朝夕参究赵州狗子无佛性话，洗碗之际，慧解顿发，脱口成颂。乾道二年（1166）二十四岁，礼

---

① 《卍新续藏经》69册，第352页下。

二圣住持戒准祝发受具。时祖证住持澧州光孝，道法盛行，故前往参礼，机锋问答，当仁不让。祖证退席，他便往来于云盖、沩山、仰山等地四年，还曾参大慧宗杲门人鹿苑无言信。约在乾道六年（1170），他回到福州，参雪峰可庵惠然（1101—1174）和鼓山尤溪印等。尤溪印不知何人，不知否为大慧宗杲门人最庵道印。他似乎没有当过鼓山住持，因为当时住持为石庵师玿（？—1170）和木庵安永（？—1173）。

约在淳熙之初（1174），师观闻知祖证住持饶州荐福，便再往参礼，依之十年，看云门话堕公案，一日绕莲池行，顿然大悟，尽得向上机用，祖证以法衣付之。后来祖证迁云居、四祖、大洪等，他都一直追随。

师观又到庐陵，见常不轻，常不轻留居第一座。

据《天台山方外志》卷八：

国清蕴常禅师

　　字不轻，通内外典，作诗清丽，字法坚劲。淳熙间住国清，号荷屋老人，有集行于世。①

蕴常，苏州人，号荷屋，字不轻，故号常不轻，通内外学，工书法，曾书瞎堂慧远《诃罗神碑记》，诗清丽，有《咏石菖蒲诗》，与法贝、法平并称吴中三诗僧，也是一代才僧。他始住庐陵，后于淳熙间住国清。

久之，师观又到雪窦山，足庵智鉴（1105—1192）举为立僧，智鉴于绍熙二年（1191）退居，明年入灭，因此他到雪窦，当在绍熙二年前。至育王，佛照德光奇之。佛照以绍熙四年（1193）迁径山，因此他来参礼，亦在此前。常不轻再住瑞岩，请为首座。后涂毒智策（1117—1192）住持径山，亦请为首座，有偈赠之。这表明他到雪窦，应当是在淳熙末年。

绍熙庆元间，他在苏州、常州一带，在华藏遁庵宗演（？—1207）或庵师体门人万寿无证了修会下分座说法。

嘉泰元年（1201）七月，受请住持平江蠡口圣因禅院，承天住持同庵礼禅师（？—1204）为其度衣。同庵礼禅师生平事迹不详，或为普庵印肃

---

① 《中国佛教史汇刊》89 册，第 342 页上。

(1115—1169)门人铁牛礼。鼓山第四十五代广慧禅师德融（？—1247）得法于平江万寿礼禅师，出世苏州承天能仁。此万寿礼当为承天同庵礼，他或于两处住持。

据《增集续传灯录》卷一：

天童息庵观禅师法嗣
　　虎丘訇堂善济禅师（续传）　　华藏纯庵善净禅师
　　天衣啸岩文蔚禅师　柏岩凝和尚
　　断崖躬禅师（此后无传）　万寿独山礼禅师①

如此息庵达观（1138—1212）门人万寿独山礼，更有可能即是同庵礼，因为他亦住持万寿。

居圣因四载，嘉泰四年（1204）迁承天，继同庵礼法席。

师观在承天数载，复迁万寿。无证了修于嘉泰开禧间再住万寿，门人昙秀助之营建。②大概在开禧二年（1206），了修入灭，师观继之住持。

在平江住持近十年，门庭鼎盛，户履常满，他倦于应酬，退居杭州西湖，住持崇孝显亲禅寺。李开府为其于湖州上柏创建报因寺，礼请开山。后复住持平江灵岩。晚岁退居西湖澄翠庵，约在嘉定八年（1215）。

据《月林师观禅师语录》卷一：

> 为人师友，人天眼目，与一切人不同，凡事更宜子细，不可草草，一言半句落在人耳，作万古骂门。寺门大小事务，尽付司局，不可屑屑地。放教肚皮如海阔，世间无物不包容，专一行方丈职事，昼夜不舍，与兄弟朝参暮请，单明此事，凡百省缘，谛审先宗，是何标格。老僧四十年前在潭州龙牙山见信无言和尚，逐日入室，与兄弟说话。入室罢，不下田使牛，便入园种菜，放作随人工，瓦椀竹筋，生平一纸衣布袴而已。岂非文章之士张安国，乃天下状元，尊敬之为师。今

---

① 《卍新续藏经》83册，第260页上。
② 淮海《上方寺置田畴记》，《大藏经补编》第34册，第756页上。

之长老，此风扫地，令人塞心，子宜自勉。虽然又要左右辨事得人，道心广大，凡事听徒（从）主法人区处，始得内方外圆，不可杜撰取笑傍观。须知此语无穷极，只恐沧溟有尽年。嘉定丙子十月中澣，澄翠庵月林老僧师观，书付天平方丈孤峰长老。①

这是嘉定九年（1216）十月师观书付门人天平住持孤峰德秀，苦口婆心，告诫他住持不易，应当以身作则，率先垂范，热爱劳动，生活简朴。他以大慧宗杲门人龙牙无言信禅师为例，说明只有如此，才能赢得他人、特别是上层文人士大夫的尊敬。

嘉定九年（1216）末，他受请住持湖州乌回，十年（1217）四月十三日，示偈入灭，世寿七十五，僧腊五十一。提刑陈贵谦为其主丧，令门人慧开为其挂真。

据《续传灯录》卷三十四：

万寿崇观禅师法嗣四人
黄龙慧开禅师
石霜妙印禅师（已上二人见录）
孤峰德秀禅师
鸿福师洗禅师（已上二人无录）②

师观门人还有妙湛，继席乌回。其门人数量不多，但都十分杰出，在后世影响很大。

第五节　黄龙慧开法系与杨岐派东传日本

黄龙慧开（1183—1260）为月林师观在后世影响最大的门人，不仅著作很多，并且门庭鼎盛，其法派远传日本。

---

① 《卍新续藏经》69册，第352页上。
② 《大正藏》51册，第706页上。

据《增集续传灯录》卷二：

隆兴黄龙无门慧开禅师

杭州良渚人，俗姓梁，母宋氏。礼天龙肱和尚为受业师，参月林于苏之万寿，林令看无字话，经于六年，迥无入处，乃奋志克责，誓云：若去睡眠，烂却我身。每至困时，廊下行道以头向露柱磕。一日在法座边立，忽闻斋鼓声有省。成偈曰：青天白日一声雷，大地群生眼豁开。万象森罗齐稽首，须弥踌跳舞三台。次日入室，欲通所得。林遽曰："何处见神见鬼了也。"师便喝，林亦喝。师又喝，自此机语脗合。嘉定十一年，出世安吉报国，继迁隆兴天宁、黄龙翠岩、苏之开原、灵岩、镇江焦山、金陵、保宁。淳祐六年，奉旨开山护国仁王寺。上堂。若人识得心，大地无寸土。古人怎么道，黄龙即不然。若人识得心，大地尽是土。上堂。是非长短耳边风，切莫于中觅异同。要得八风吹不动，放教心地等虚空。慈受老人只解顺水张帆，不能逆风把柂。黄龙又且不然，是非都去了，是非里荐取。何故䯨？几度黑风翻大浪，未曾闻道钓舟倾。上堂。三分光阴二早过，怀州牛吃禾。灵台一点不揩磨，益州马腹胀。贪生逐日区区去，天下觅医人。唤不回头争奈何，灸猪左膊上。于斯荐道，参学事毕。其或未然，拈拄杖云："请木上座与诸人说破。"卓拄杖一下。上堂。赵州和尚云："南来者与他下载，北来者与他上载。大似世情看冷暖，人义逐高低。"慈受和尚云："南来者与他一面笑，北来者与他一面笑，大似欢喜厮散，笑里有刀。"若是焦山，又且不然。南来者以平常待之，北来者以平常待之，也不嗔，也不笑，也无下，也无高。何故？清平世界，不用干戈。作朝阳偈曰：寒时急用底物，趁暖著些针线。忽然腊月到来，免到脚忙手乱。对月偈曰：始见些儿光影，要了末后一段。若是无门拳头，不打这般钝汉。师晚年倦于搥拂，庵居西湖之上，参学者犹众。理宗召入选德殿说法祈雨，随即感应，敕赐金襕法衣，佛眼之号。以示褒宠。[①]

[①] 《卍新续藏经》第83册，第284页中、下。

慧开，字无门，杭州良渚人，俗姓梁，母宋氏。生于淳熙十年（1183），礼天龙肱和尚出家，后到苏州万寿参月林师观，时在开禧二年（1206）之后。师观令其参赵州无字话，六年不得入处，痛自无责，昼夜行道，困时以头撞柱。一日闻斋鼓，忽然有省，顿成一偈，欲入室告有所得，师观早已知道，道其见神见鬼了也。从此机语吻合，出言不凡。

嘉定十一年（1218），出世湖州报国。后迁隆兴天宁、黄龙崇恩、平江灵岩显亲崇报、隆兴翠岩广化、隆兴黄龙（再住）、镇江焦山普济、平江开元、淳祐六年（1246）初迁建康保宁，冬开山护国仁王禅寺，淳祐七年（1247）五月，入对选德殿，祈雨有应，得佛眼师号。

景定元年（1260）三月末，辞诸故旧，预告归期，四月初七日入灭，寿七十八。后世传说其后身为中峰明本，更是命世宗师。

慧开有语录两卷存世，另有《无门关》四卷，收颂古四十八则，简明扼要，影响很大。

据《增集续传灯录》卷一：

黄龙无门开禅师法嗣

护国臭庵宗禅师　慧云无传祖禅师
华藏瞎驴见禅师　无疑定禅师（此下无传）
赵信庵居士[①]

此外慧开门人，还有普敬、普通、了心、普礼、法孜、普岩、普觉、光祖、一见，都是其侍者、为其编辑语录者。又有普显、普山请其真像。护国嗣源、嗣本，至元十六年（1279）为其募缘重刊语录，还有比丘慧广，俗门弟子程普、觉丁、坚顾、觉通、女弟子朱妙慧等参与其事。嗣源、嗣本后来都继席杭州护国。

据《无门慧开禅师语录》卷二：

---

① 《卍新续藏经》第83册，第261页上。

法孙天龙长老思贤请

咄这村僧,百拙千丑。用处颟顸,举止碌斗。秉恶毒钳锤,碎情尘窠臼。佛祖饮气吞声,魔外望风拱手。有时汉语胡言,总当谈玄说妙。有时把拍板门槌,唱云门曲,合胡笳调。有时指圆觉场作牛栏,有时唤普光殿为马廐。如斯孟浪为人,钝置月林之后。①

这是慧开应法孙杭州天龙长老思贤之请为作真赞,可惜不知思贤为何人门人,这也表明他在世之时,法孙已经作住持了,可见门庭鼎盛。

据《增集续传灯录》卷三:

杭州护国臭庵宗禅师

上堂。举丰干谓寒山拾得云:"你与我去游五台便是我同流。"寒山云:"你去游五台作么?"干云:"礼拜文殊。"山云:"你不是我同流。"师云:"丰干开口不在舌头上,寒山同坑无异土。检点将来,两个驼子厮撞著,世上应无直底人。"上堂,举岳林振禅师示众云:"布袋口开还有买底么?"僧云:"有。"林云:"不作贱不作贵,作么生买?"僧无语。林云:"老僧失利。"师云:"岳林设个问端也甚奇特,及至被人道个有字,直得东遮西掩囊藏不迭。护国今日布袋口开,还有买底么。"良久云:"栏干虽共倚,山色不同观。"②

臭庵宗禅师,继师住持杭州护国,为二世。上堂举丰干与寒山拾得公案,道是丰干开口不在舌头上,语中有毒;寒山同坑无异土,若礼文殊,当时错过。二人相见,也是虎咬大虫。又举岳林振禅师公案,布袋口开,百货俱足,只是无价可售,了者直上取之,迷者茫然无措,虽然共倚栏杆,所观山色不同。

据《石溪心月禅师杂录》卷一:

---

① 《卍新续藏经》69册,第367页中。
② 《卍新续藏经》83册,第294页中。

臭庵

自家汗气不曾觉，口未曾开人已知。
熏出苏州二石佛，一人掩鼻一攒眉。①

可见臭庵与石溪心月亦有交往，或许他曾在苏州传法，故心月有此偈。据《佛祖纲目》卷三十九：

余居士，古杭人，号放牛居士。宋淳祐间，参无门开道者，豁然大悟，尝曰："大聪明人，才闻此事，便以心意识领解，所以认影为真。到腊月三十日眼光欲落时，向阎老子道：待我澄心摄念，却与你去。断不可也，须是急参急悟。"又曰"佛法如海，皆从细流而入，如人破竹，才透一节，其余皆迎刃而解，不劳余力。予自小便有此志，参访江湖名人，与诸方禅者打一世口鼓，自谓佛法止如此，便都放倒了。后参见无门开公佛眼禅师，凡开口，便被他劈面门截住，连道不是不是，退而思之。许多年下功夫岂无欢喜处也，曾零零碎碎悟来，终不服无门道不是不是。及见臭庵，遂扣之：'吾师得无门甚么见解，敢对人天颠倒是非？'曰：'我在无门座下无法可得，无道可传，只得两个字。'予问：'两字如何说？'曰：'不是不是。'予因此而知无门老人为人处，一点恶水不曾轻洒著人。予虽不敏，被臭庵连状领过，抱屈不少。因述是非关曰：直指人心，见性成佛。回光返照，迥绝遮拦。才拟思量，白云万里。逢人品藻，遇物雌黄。重古轻今，贵耳贱目。任伊卜度沉吟，未梦见是非关在，作么生透，且看。"

又曰："安吉州沈道婆问：'有因果否？'予曰：'有。'问：'参学人实有悟处，师家故言不是，有因果否？'曰：'佛法不顺人情，岂无因果！百丈错答一转语，五百生堕野狐身。佛说一切法，为度一切心，我无一切心，何用一切法。'曰：'是非关有几句？'曰：'有四句。'曰：'四句样（作）么生举？'曰：'第一句，有是有非则不可。第二句，无是无非又不可。第三句，是是非非也不可。第四句，非是是非

---

① 《卍新续藏经》71册，第72页下。

亦不可。若得离此四句，始见本地风光。'曰：'我离得否？'予曰：'你离不得。'曰：'人人有分，我何离不得？'曰：'嫁鸡逐鸡飞，嫁狗随狗走。'曰：'如何是本地风光？'曰：'月子湾湾照几州，几人欢乐几人愁。'曰：'不问这个风光。'曰：'问那个本地风光？'曰：'无男女相底。'曰：'既无男女相底，问甚是非关？'曰：'别有向上事也无？'曰：'有。'曰：'如何是向上事？'曰：'马螂丁住鹭鸶脚，你上天时我上天。'"①

放牛居士余某，始参慧开，后参臭庵，不是不是，下语不异，经此两杓恶水，果然臭气熏天，后来与安吉沈道婆相遇，说尽是非语，果是是非人。余居士虽自慧开启发，得旨实由臭庵，故应以其为臭庵门人。

据《增集续传灯录》卷三：

杭州慧云无传祖禅师

上堂："佛佛广说，大智莫能知；祖祖相传，凡情讵能测。先天后地，成坏长存；入死出生，去来不变。于斯荐得，已涉支离。其或未然，山僧更为下个注脚。"以拂子击禅床云："啼得血流无用处，不如缄口过残春。"②

祖禅师，号无传，住持杭州慧云。事迹不详，只存一段法语，强调大道绝言绝虑，出离凡圣，亘古长存，死生不变，如此言说，已是支离，不如潜思默体。

据《增集续传灯录》卷三：

华藏瞎驴见和尚

颂兴化打克宾话曰："兴化打克宾，言亲语不亲。棒头如雨点，敲

---

① 《卍新续藏经》85 册，第 779 页上。
② 《卍新续藏经》83 册，第 294 页中。

出玉麒麟。"①

瞎驴见，后世作"无见"，曾住常州华藏，后住温州永嘉。打是亲，骂是恩，若非棒头如雨点，如何打出玉麒麟。

据《增集续传灯录》卷六：

> 师忻然偕行见峰，峰授以万法归一话，令参究。三年无所入，辞参诸方。峰曰："温有瞎驴，淮有及庵。宜参谒不可后。"②

又据《补续高僧传》卷十九：

> 师法嗣为永嘉见和尚。高峰语石屋云"温有瞎驴"是也。亦为大宗匠，不坠家声者。③

石屋清珙始参高峰原妙，三年无所入，后辞行游方，高峰告之温州有瞎驴无见，淮南有及庵宗信，宜往参见，后来清珙于及庵门下得旨。无见得到高峰认可，与及庵齐名，可见确实是一代宗师。

据《增集续传灯录》卷四：

华藏瞎驴见禅师法嗣
苏州阳山金芝岭铁嘴念庵主

示众："灵山付嘱，天下葛藤桩；少室单传，诸方是非窟。安心忏罪，破漆桶又要重光；付法传衣，滞行货徒劳索价。临济棒头开正眼，拳下示生涯。曹洞锦帐绣鸳鸯，行人难得见。云门三句可辨，一镞辽空。法眼大地山河，俱为妙用。沩仰团团无缝罅，壁立绝中边。看来世界清平，何用琼森节目。金芝今日为诸人断这公案去也。看看。"以

---

① 《卍新续藏经》83册，第294页中。
② 同上书，第343页下。
③ 《卍新续藏经》77册，第500页中。

拄杖画一画云："四海浪平龙睡稳，九天云净鹤飞高。"复举：三圣道："我逢人则出，出则不为人。"兴化道："我逢人则不出，出则便为人。"师颂云："谁谓家风分两边，一条拄杖两人牵。休观千嶂凌云势，好看银河落九天。"颂舍利弗入城月上女出城话曰："出城入郭两相逢，来去谁云路不同。回首涅槃台上望，九州四海一家风。"①

铁嘴念庵主住持苏州阳山金芝岭，事迹不详，他评判五宗宗风，颇得旨趣，又有二颂，道出三圣兴化出语有异，为人无别，舍利弗与月上女一出一入，实则四海同风。

据《无门慧开禅师语录》卷二：

日本觉心长老请

用迷子诀，飞红炉雪。一喝当锋，崖崩石裂。化生蛇作活龙，点黄金为生铁。去缚解粘，抽钉拔楔。更将佛祖不传机，此界他方俱漏泄。②

日本僧人无本觉心（1207—1298）于淳祐九年（1249）入宋，师从无门慧开，宝祐二年（1252）回国后开创"法灯派"，宣扬"兼修禅"，使得无门一宗，在东海大行其道。

第六节 孤峰德秀与皖山正凝法系

孤峰德秀亦为月林师观重要门人，法系传承久远。
据《增集续传灯录》卷二：

兴化囊山孤峰德秀禅师

福之连江陈氏，于吴门枫桥祝发。上堂，举：僧问雪峰："如何是第一句？"峰良久。僧举似长生，生云："此是第二句。"雪峰再令其僧

---

① 《卍新续藏经》83 册，第 310 页上。
② 《卍新续藏经》69 册，第 367 页中。

问如何是第一句,生云:"苍天,苍天!"师云:"二大老与么泪出痛肠,若是第一句,要且未梦见在。忽有人问怡山如何是第一句,只向他道:剑去久矣。"上堂,举:真净和尚云:"头陀石被莓苔裹,掷笔峰遭薜荔缠,罗汉寺里一年度三个行者,归宗寺里参退吃茶。""大众要会么?听取一颂:天晴日头出,雨落地下湿。尽情都说了,只恐信不及。"①

孤峰德秀,福建连江人,俗姓陈氏,生卒年不详。他是师观语录的编撰者之一。他自称"怡山",看来还住持过福州西禅。

第一句不可问答,开口便是第二句。其禅法主张平实,如真净克文,所言皆是俗语,其中自有禅机,不必装神弄鬼,故弄玄虚。

据《枯崖漫录》卷一:

月林观禅师

会中有一杜多行,明得俱胝一指话。且曰"吾老矣,须再来。"归寂后三十余年,月林在湖之报本,夜梦开室举俱胝话。见杜多行造室,竖一指。明旦,室内举前话,孤峰秀公时在旦过中,趋入亦竖一指。月林曰:"杜多行再来矣。"②

如果这一传说为真,那么德秀为再来人,其生年必然不会太早。然而恐怕也只是一个传说而已,不可当真。因为依此传说,德秀当生于嘉泰初(1201),而据前引,他在嘉定九年(1216)就已经是天平住持了,其时只有十六岁,当然没有这种可能。他后来住持兴化囊山。

据《增集续传灯录》卷一:

囊山孤峰秀禅师法嗣

鼓山皖山止凝禅师　双林一衲戒禅师③

---

① 《卍新续藏经》第83册,第285页上。
② 《卍新续藏经》第87册,第27页上。
③ 《卍新续藏经》第83册,第261页中。

据《增集续传灯录》卷三：

婺州双林一衲戒禅师

赞傅大士偈曰：非儒非道亦非禅，杜撰修行忒可怜。担阁一身三不了，至今八百有余年。①

一衲戒禅师住持双林，不知何时，其事迹不详，只有一偈存世。

据《增集续传灯录》卷三：

福州鼓山皖山止凝禅师

龙舒太湖人，乃大唐神尧之后。其号皖山者，因生缘密迩三祖道场故也。年十七，二亲俱丧，投黄州双泉道瑛剃落，鄂渚开原受具。即游方遍参，往三祖见环庵琏、钟山痴绝冲、长芦南山哲，皆不契。参双塔无明性，明问："达磨九年面壁时如何？"师曰："有理难伸。"被明劈胸一拳，师忽然有省。叹曰："我生平用底，遭这老汉一拳，瓦解冰销了也。"入闽之披秀，礼孤峰和尚。峰举狗子无佛性话令参究，及半年，得臻闻奥。乃颂曰："赵州道无，箭不虚发，筑著磕著，全杀全活。"峰曰："你也得，只是未在。"一日，峰举德山见龙潭话，问："那里是德山亲到处？"师以手掩峰口，即说颂曰："潭不见，龙不现，全身已在空王殿。梦回忽听晓莺啼，春风落尽桃花片。"峰曰："汝今日方知泗州大圣不在扬州出现，善自护持。"遂俾侍香。峰迁西禅、囊山，师亦随侍。峰归寂，师登石鼓，典藏教上，雪峰霜林果请归板首。宝祐丁巳，出世福州钓台，升万岁。久之，太傅贾平章魏国公札迁鼓山，槌拂之下，众盈四千指，七闽丛席，斯为第一。贤士大夫抠衣问道，恨识师之晚，黄童白叟见以郎罢呼之。至于家绘其像，饮食必祝。非于全闽宿昔有缘，畴克臻此哉？上堂。入院方三日，追陪人事忙。灯笼与露柱，密密细商量。且道商量个什么？拍禅床云。"昨夜碧天风浪静，一轮明月映螺江。"上堂。六月旦，夏已中，荷花开水面，荔子

---

① 《卍新续藏经》第83册，第295页上。

映山红。无位真人，处处相逢，拟议云山千万重。鼓山入院上堂。拈拄杖云："扬下补山鈯斧，拈起国师圣箭。"卓拄杖："一镞破三关，机锋如掣电。左右逢原，全机杀活。直得大顶峰小顶峰望空斫额，白云亭涌泉亭笑里点头。正与么时，且道功归何所？"靠拄杖云："雕弓已挂狼烟息，万国来朝贺太平。"示众："万机不到，千圣攒眉，正令当行，阿谁敢拟？便怎么会，已落第二义谛。大似望默林止渴，有甚快活处？衲僧家将黑豆子换人眼睛，把断贯索，穿人鼻孔，未为分外。且道衲僧见个甚么道理？"卓拄杖一下云："选佛若无如是眼，宗风那得到于今。"将终，集两序示遗诫，索笔书偈云："八十四年，一梦相似。梦破还空，也无些事。"端坐而逝。①

止凝，当作正凝，据《继灯录》，他于咸淳十年（1274）腊月八日入灭，寿八十四，腊四十五，如此当生于绍熙二年（1191）。他为舒州太湖人，俗姓李氏，其家在三祖道场附近，故号皖山。开禧三年（1207）十七岁，二亲俱丧，投黄州双泉道瑛出家，后于鄂州开原受具，游方遍参，参三祖环庵琎、钟山痴绝道冲、长芦南山哲，皆不契，后于双塔无明慧性（1160—1237）之处有省，时在端平年间（1234—1236）。嘉熙元年（1237），慧性入灭，他入闽之披秀，参德秀，闻举德山见龙潭话大悟。孤峰迁西禅、莆田囊山，皆随行。《继灯录》称其执事五载，那么德秀有可能入灭于淳祐初年，如果是从囊山算起，那么德秀当入灭于淳祐中后期。

其后正凝到鼓山，为典藏。淳祐十一年（1151），霜林果禅师（1192—1275）住持雪峰，请为首座。宝祐五年（1257），受请住持福州钓台，后升万寿。咸淳五年（1265），住持鼓山，十年（1274）入灭。

正凝住持鼓山之时，门人将近四千，为七闽丛林第一，士大夫竟相问道，在民间也很有影响，乃至家绘其像，饮食必祝，道俗敬慕，视为生佛。他入灭之后，荼毗数珠不坏，牙齿间舍利无数，乃为其舍利单独建塔。

据《补续高僧传》卷二十四：

---

① 《卍新续藏经》第83册，第294页中。

鼓山坚、凝二师传

弥坚，号石室，闽清陈氏子。根性敏利，历诸蘩席，最后见孤峰秀公，函盖相合，遂传东山之衣。

正凝，舒州太湖李氏，与坚同门，并得秀公之道，法林倚以为重。凝仪相丰腴，所至人聚观之，檀委山积。嘉熙初入闽，闽帅请住鼓峤。风猷弘振，四众钦慕，若现在如来。信施以巨万计，悉充尝住。三十余年，布衣纸衾，终其身不一染，捐于世好，则其所存，槩可知矣。咸淳中示寂，阇维，数珠不坏，齿牙中舍利如砌。坚则继凝住持，而清气逼人，虽福缘少逊于凝，而慧门开受则过之。日衣东山之衣说法，法音遐被。置衣处尝有光，夜白如昼，有二偷儿入室盗之，为神所缚，卧地，视不得起，坚为忏谢，始苏而去。德祐中。朝廷欲南迁，被旨增广城堞，请坚为东门提督。乃忻然奔命曰："何往而非佛事耶！"手版筑六十丈，次年告成，遂示寂焉。嘱留衣镇山门。未几，二王奔广，军次山麓，人情汹汹，咸思劫夺，衣时现异，寺赖以全。噫！傅持法人，如来所遣，行如来事，愿力弘固。寓之而然，即一色一香皆能通灵显妙，况金襕乎！入元，衣尚无恙，至正间，忽失所在。①

正凝同门石室弥坚（？—1276），继之住持鼓山。德祐元年（1275）腊月，国家危难，他竟然受命为东门提督，率众筑城，次年城池告成，他则入灭。其所传东山五祖法演法衣，留镇寺中，战乱之际，时时显异，寺院得以保全。

据《增集续传灯录》卷一：

鼓山皖山凝禅师法嗣

淀山蒙山德异禅师　冶父金牛真禅师（无传）②

正凝门人有德异和真禅师，在后世均有影响。

---

① 《卍新续藏经》第77册，第523页下、第524页上。
② 《卍新续藏经》第83册，第262页下。

第七节　蒙山德异与杨岐派传入高丽

蒙山德异为皖山正凝最重要的门人，当时后世影响都很大。据《增集续传灯录》卷四：

鼓山皖山凝禅师法嗣
松江淀山蒙山德异禅师

示阳高安卢氏，参苏之承天孤蟾莹。蟾问："亡僧迁化向甚处去？"师罔措，悱发参究，因首座入堂坠香合作声，豁然有省，乃成颂曰："没兴路头穷，踏翻波是水。超群老赵州，面目乃如此。"武忠吕公闻之，寄颂旌美。登径山谒虚堂，语契，然师未以此自足，往参皖山于鼓山。室中举狗子话，反复征诘，箭拄盉合。山又掺以张拙寂照之语，师拟议，山震威一喝，师当下意消心废。一日山举："卧云深处不朝天，因甚到这里？"师云："邦有道则现。"山深肯之。已而复如吴，万寿石楼明命典藏。至元间，丞相伯颜破吴，武暇询决禅要机契，确请出世于淀山。既退，承天觉庵遂处以第一座。素轩蔡公施莲湖桥庵请居之，曰"休休"。

僧问："保寿开堂，三圣推出一僧，其意如何？"师云："两彩一赛。"僧云："保寿便打又作么生？"师云："为人须为彻。"僧云："三圣道：怎么为人，非但瞎却这僧眼，瞎却镇州一城人眼去在。是何的意？"师云："兜率陀天一日，人间四百年。"僧云："保寿归方丈，有利害也无？"师云："疑杀憨痴佛祖，庆快灵利男儿。"

师以虚中十妙示学者曰：位中、功中、动中、静中、体中、用中、意中、句中、要中、妙中，各演以偈。上堂："昨日十四今日十五，灵利衲僧吞却佛祖。从教谢三郎，月下自摇舻。阿呵呵，莫莽卤，甜瓜彻蒂甜，苦瓠连根苦。上堂：夺人不夺境，九月菊花新。夺境不夺人，当阳扑破镜。人境两俱夺，古井浸乾坤。人境俱不夺，撼树摘来香。便怎么去，在人背后叉手。不行此道，八十四种圆相如何收拾。灵利汉更进一步，拂却行踪，警转一机，平常无偶，自然境智干净，自然父慈子孝，虽然两口无一舌。是何宗旨？"良久："暗机犹未动，义海已全彰。"①

蒙山德异是《坛经》的刊行者之一，其师皖山正凝为鼓山第五十世住持。德异先参曹洞宗长翁如净门人孤蟾如莹禅师，因闻香盒落地有省，遂有一颂。武忠吕公闻之，寄颂称美，此吕公就是吕文德。

据清同治《上高县志》：

蒙山异主休休庵

异禅师，上高蒙山儒家子，后家于宜丰之天宝乡。弱冠弃俗，首参百丈漆桶开禅师。次之荆湘，见公祐禅师。师为白衣居士，求挂搭度夏。阅藏经，见霞条绀轴腐于蠹鱼，白主僧，尽启其函，于烈日中暴之。未几，骤雨暴至，寺众怒诟，师默祝天龙守护。移时雨歇，沟浍皆盈，独暴经处雨未尝湿，众异之。吕保相闻其事，给以度牒，易名德易，仍依祐禅师祝发为僧，受具足戒。后参镜山虚堂禅师，问达摩西归遇宋云奉使公案，遂指入闽，见鼓山长老皖山凝禅师，数年深造阃域，凝遂付衣钵。②

又据《禅关策进》卷一：

蒙山异禅师示众

某年二十，知有此事。至三十二，请益十七八员长老，问他做工夫，都无端的。后参皖山长老，教看"无"字，十二时中要惺惺，如猫捕鼠，如鸡抱卵，无令间断。未透彻时，如鼠咬棺材，不可移易，如此做去，定有发明时节。于是昼夜孜孜体究，经十八日，吃茶次，忽会得"世尊拈花迦叶微笑"，不胜欢喜。求决三四员长老，俱无一

---

① 《大正藏》第83册，第310页下。
② 引自杨宪萍主编：《宜春禅宗志》，中国文史出版社2007年版，第402页。原文错字很多，或因电子版有误。

语，或教只以海印三昧一印印定，余俱莫管，便信此说。

过了二载，景定五年六月，在四川重庆府患痢，昼夜百次，危剧濒死，全不得力，海印三昧也用不得，从前解会的也用不得，有口说不得，有身动不得，有死而已，业缘境界俱时现前，怕怖悼惶，众苦交逼，遂强作主宰，分付后事。高著蒲团，装一炉香，徐起坐定，默祷三宝龙天，悔过从前诸不善业，若大限当尽，愿承般若力，正念托生，早早出家。若得病愈，便弃俗为僧，早得悟明，广度后学。作此愿已，提个"无"字，回光自看。未久之间，脏腑三四回动，只不管他。良久，眼皮不动。又良久，不见有身，只话头不绝。至晚方起，病退一半。复坐至三更四点，诸病尽退，身心轻安。

八月至江陵，落发。一年，起单行脚，途中炊饭，悟得工夫须是一气做成，不可断续。到黄龙归堂，第一次睡魔来时，就座抖擞精神，轻轻敌退，第二次亦如是退。第三次睡魔重时，下地礼拜消遣，再上蒲团。规式已定，便趁此时打并睡魔。初用枕短睡，后用臂，后不放倒身。过二三夜，日夜皆倦，脚下浮逼逼地，忽然眼前如黑云开，自身如新浴出，一般清快，心下疑团愈盛。不著用力，绵绵现前，一切声色五欲八风，皆入不得，清净如银盆盛雪相似，如秋空气肃相似。却思工夫虽好，无可决择，起单入浙，在路辛苦，工夫退失。至承天孤蟾和尚处归堂，自誓未得悟明，断不起单。月余工夫复旧，其时遍身生疮亦不顾，舍命趁逐工夫，自然得力。又做得病中工夫，因赴斋出门，提话头而行，不觉行过斋家，又做得动中工夫。到此却似透水月华，急滩之上乱波之中，触不散，荡不失，活鱍鱍地。三月初六日坐中，正举"无"字，首座入堂烧香，打香盒作声，忽然团地一声，识得自己，捉败赵州。遂颂云：没兴路头穷，踏翻波是水。超群老赵州，面目只如此。

秋间临安见雪岩、退耕、石坑（帆）、虚舟诸大老，舟劝往皖山。山问："光明寂照遍河沙，岂不是张拙秀才语？"某开口，山便喝出，自此行坐饮食皆无意思。经六个月，次年春，因出城回，上石梯子，忽然胸次疑碍冰释。不知有身在路上行。乃见山，山又问前语，某便掀倒禅床，却将从前数则极諸讹公案一一晓了。

诸仁者，参禅大须仔细。山僧若不得重庆一病，几乎虚度，要紧在遇正知见人。所以古人朝参暮请，决择身心。孜孜切切，究明此事。①

结合三则材料，可知德异为江西上高蒙山人，故称蒙山德异，后家于宜丰之天宝乡，因此地属于筠州，故他又自称"古筠比丘"。他弱冠求道，然出家较晚，而是以白衣身份游方。他先参家乡附近的百丈开禅师，号"漆桶"，事迹不详，后来参多人未悟，大约在景定三年（1262）入闽，参正凝，教看赵州无字，有省，其时大约三十二岁，故应生于绍定四年（1231）左右。景定五年（1254）六月，在重庆患痢疾，发愿病愈后出家，八月在江陵，从公安二圣寺住持福岩祐禅师（？—1267）祝发受戒，吕文德给其度牒，并为其赐名。后到江西黄龙，又到苏州承天，参如莹。

德异参孤蟾时间不详，孤蟾住持苏州承天，当在短蓬远（？—1251）和石帆惟衍之后，惟衍于景定五年（1264）新住承天，因此可以断定德异参如莹在咸淳之初（1265—1267），最有可能在咸淳二年（1266）。此时吕文德任京湖制置使，他闻知德异之颂，并作颂称美，一则体现了他对禅宗的熟悉与喜爱，一则表明黄震《古今纪要异编》所谓其为"不识字"的"愚鄙小民"之说未必可靠，三则说明德异与吕文德一直有联系。

在咸淳五年（1269）正凝住持鼓山之后，德异再度来参，以张拙秀才"光明寂照遍河沙"句得意。咸淳十年（1274）正凝入灭之后，德异复至吴地，石楼明禅师于九年（1273）末住持万寿，请其为知藏。

至元十三年（1276）元军统帅伯颜（1236—1294）取临安，灭南宋。伯颜军务之暇，扣请禅机，得旨契机，因坚请出世于松江淀山禅寺。当时德异并非一方长老，伯颜何以知之，应当是出于吕文焕的推荐。

后来退居承天，觉庵梦真（？—1287）长老请为第一座。素轩蔡公当为名儒蔡格（1183—1246），字伯至，号素轩，然而他早于南宋淳祐六年（1246）去世，因此施莲湖桥庵者当为其后人。

德异为当时著名禅僧，其最大的贡献还在于刊印《坛经》，并将其传到

---

① 《大正藏》第48册，第1099页上。

高丽。德异本《坛经》还是后来山翁宗宝校勘《坛经》的主要依据。至元二十七年（1290），他于休休禅庵刻印《六祖坛经》。大德二年（1298）春，将《六祖坛经》寄与高丽古潭万恒（1249—1319），四年（1300）住花山禅源万恒在本国刊行。

德异很重视与高丽的交流，他还与高丽宝鉴国师混丘（1250—1322）书信往来，专门为作《无极说》，混丘因此自号"无极老人"。万恒与混丘虽然不是他的正式门人，但都对他非常尊敬。

据危素《扬州普门禅庵记》[1]，德异门人志如于于至大三年（1310）买地若干，至顺间创建佛寺，元统三年（1335）筑三塔。志如学于蒙山德异，依照乃师所授"志行愿清，普贤妙道。智慧圆明，真宗可绍"十六字宗派传承法派，门人皆依此法派起法名，所度弟子有常、贵、正、顺、和、成、坚、用、应、寿、仙、真、因、定、惠、戒、观、实、正（止？）、林、信、妙、善、满、行、住、了、心、恭、清、福、贤等，皆以行字为首，还有行玺。至正十二年（1352），行戒继领庵事，因京师安静寺行玺求记。志如寿七十五，舍利无数。这表明德异为临济宗最早的法派创立者，在禅宗发展史上意义重大。

据《增集续传灯录》卷一：

淀山蒙山异禅师法嗣　袁州孤舟济禅师（无传）[2]

此处只载孤舟济一人，显然缺漏很多。

据《续灯正统目录》卷一：

淀山异禅师法嗣
慈化琼禅师　孤舟济禅师
柘浦大同和禅师（不列章次）[3]

---

[1] 李修生主编：《全元文》48，南京：凤凰出版社2004年12月版，第333页。
[2] 《卍新续藏经》83册，第264页中。
[3] 《卍新续藏经》84册，第384页中。

又据《五灯全书目录》卷十一：

蒙山异禅师法嗣

孤舟济禅师　　慈化铁山琼禅师①

在德异门人中，最为重要的为铁山绍琼。铁山绍琼将杨岐派禅法传到高丽，详见末章。

绍琼门人，有汝州香山无闻思聪、常州宜兴玉峰寂照无极导（1268—1332）等。

据《续灯存稿》卷七：

汝州香严无闻思聪禅师

香山人。初参独峰，令看不是心不是佛不是物话。同云峰、月山等六人立盟互相究竟。次见淮西无能教，示无字话。一日晤同参敬上座，敬问："你六七年来，有甚见处？"师曰："每日只是目前无一物。"敬曰："你者一络索从甚处来？"师罔然，问曰："毕竟明此大事应作么生？"敬曰："不见道，要知端的意，北斗面南看。"说了便去。师被一拶，直得行不知行，坐不知坐。五七日间不提无字，倒只看"要知端的意，北斗面南看"。偶到净头寮与众同坐，疑情不解，有饭食顷，顿觉胸次轻清，情想破裂，目前人物，一切不见。省来通身汗流。遂见敬，敬举扇曰："速道速道。"师遽曰："举起分明也妙哉，清风匝匝透人怀。个中消息无多子，直得通身欢喜来。"自此下语作颂都无滞碍，及至向上一路，又不得洒落。乃入香严山过夏，单提无字。一日不觉身心如一座屋倒却四壁一般，无一法可当情。

复谒无方普。普问："万法归一，一归何处？"师曰："鼻竖眼横。"普曰："者是学得底。"师曰："鸡寒上树，鸭寒下水。"普曰："不问者个，如何是你父母未生前面目？"师竖起拳曰："看。"普曰："好与三十拄杖。"师拂袖便出。

---

① 《卍新续藏经》81册，第379页下。

适值铁山和尚从高丽回至石霜,师往见。山问:"仙府何处?"师曰:"汝州。"山曰:"风穴祖师面目如何?"师将二十年工夫通说一遍。山把定咽喉,问:"如何是无字?"师曰:"近从潭州来,不得湖北信。"山曰:"未在,更道。"师曰:"和尚几时离高丽?"山曰:"未在,更道。"师喝一喝,拂袖便出。山曰:"者兄弟都好。只一件大病,道我发明了。"师闻而感激,因求决择。复入光州山中,前后十七季方得颖脱。

尝示众曰:"法无定相,遇缘即宗;秉金刚剑,吞栗棘蓬。截断衲僧舌头,坐却毗卢顶颡。竖一茎草作丈六金身,将丈六金身作一茎草。直教寸丝不挂,月冷秋空,寒灰发焰,到者里唤作佛法,入地狱如箭射;不唤作佛法,亦入地狱如箭射。诸仁者,毕竟怎么生会?不见船子和尚道:藏身处没踪迹,没踪迹处莫藏身。虽然怎么,正眼观来,尽是闲家具。衲僧分上,料掉没交涉。"①

无闻思聪,汝州香山人,生卒年不详。他初参独峰,令看马祖不是心、不是佛、不是物话,后与同参云峰、月山六人为友,结盟参究。次到淮西,参无能教,令看无字。得同参敬上座启发,有所省悟。后入香严山,单提无字,身心脱落,如屋无四壁。

复到南方,参报恩无方智普,智普在长沙传法,为一山了万门人,白云智度曾经来参。

再到石霜,绍琼长老从高丽回,其时在大德末期(1307),得绍琼指点,痛觉未悟称悟之病。复入光州山中,前后十七年,始得彻悟。大约在泰定年间,始于汝州香严传法,卒时不详。

据《补续高僧传》卷十三:

无极导师传

无极导禅师者,吴兴赵氏子,宋宗室也。母计氏,素慕佛乘。咸淳四年十月,将诞,梦白光盈室者三夕。师之生,未尝啼哭。元兵下

---

① 《卍新续藏经》84 册,第 729 页下—730 页上。

江南，居民逃散。母携之匿苦中，游兵俘母去，父求之遇害。某氏怜其孤儿育于家，稍长。常语人曰："谁无父母！吾父死将奈何，母被俘而北，吾愿毕此生以求见。不然何以生于天地间耶！"啼泣，誓于观音大士，日暮必二千拜，期以见母。凡艺事苟可款曲近人者，虽至污贱甘为之。遂隐于刀镊，以行走十寒暑。至河间之乐寿县，有老翁示其处。盖贵宦家，见母而不能辩。师乃称己乳名，与内外族姻。抱持恸哭，哀动路人。母曰："吾不幸至此，朝夕祷天乞归。此虽富贵，从汝归，死足矣。然居此久，容徐图之。"踰年言于官，而后奉母以南。因请曰："母子相离二十有三年，幸而见母，皆佛菩萨力。"乃制竹舆，坐母其上，负戴以行，十步则辍而拜，至普陀洛伽山而返。犹以未足以报亲，报亲莫如入道，遂从铁山琼禅师落发，咨叩玄要。深坐崖庵，昼则以菅，夜则霜露凝寒，豺虎交前弗顾也。及庵信公，说法道场山，侍母进谒。益夺烈坚忍，胁不傅席。过杭之净慈，值无有元公与语，器之。偶泛湖闻渔歌，脱然有省，走证元公。公隔窗语师曰："此间无尔栖迹处。"师拂衣去，寻筑慈照庵于弁山之阳。母以念佛三昧终于庵，既葬，一夕空中有白衣人语曰："缘在宜兴。"乃得玉峰于万山之中，建寂照禅院。又于邑东北，作中隐院，接云水往来者。宜兴之人，翕然宗之。以至顺三年正月六日，无疾趺坐而化。世寿六十五，僧腊三十。阇维，舍利无算。分塔于寂照、中隐二处。左丞危素，为之铭曰："建炎渡江乘六龙，维城布护多其宗。吴兴近辅友徐隆，熊黑奄至迅如风。孤儿父母迍苦中，父死母俘儿莫从。天地远，河山重，呱呱夜哭天蒙蒙。归依大士极严恭，隐身刀镊冀母逢。十年瀛州睹音容，迎归苕霅欢声同。一朝剪发辞樊笼，禅林叩击师琼公。欻聆渔歌万念空，前后际断无初终。西游荆溪隐玉峰，寂而能照真圆通。岩岩两塔树柏松，史氏著铭示无穷。①

无极导禅师的故事反映了元兵占领江南时的悲惨史实，他本为宗室之子，可是国家灭亡之时，无力自保，其母被元兵掠走，父追之被害。作为

---

① 《卍新续藏经》77册，第466页上。

一个孤儿,他受尽痛苦,长大之后,不忘其母,但无所依靠,只能一心念观音。为了能够找到母亲,他历尽艰辛,什么卑贱之业都甘心从事,终于在河间乐寿找到了生母,并设法带其南归。类似的悲惨故事非常多,但是能够找到亲人的寥寥无几,这使他相信观音菩萨的佛力加持十分灵验,为此一心事佛,将孝亲与敬佛结合起来。他从铁山绍琼剃度,又参及庵宗信。

延祐二年(1315),道场及庵宗信蒙冤逮治杭州,无极导同行,是年宗信入灭,无极导参净慈晦机元熙,泛湖闻渔歌有省。他始在湖文稿上弁山建慈照庵,安置老母,其母去世之后于宜兴玉峰建寂照禅院,复置中隐院接待云水往来。至顺三年(1332)入灭,寿六十五,腊三十。左丞危素为作《塔铭》。

孤舟志济曾在蒋山为首座,竺源永盛曾参之,后在袁州传法,其他事迹不详。

第八节 石霜妙印法系

石霜竹岩妙印为月林师观重要门人之一,下出金牛真、直翁圆两大弟子,在后世影响很大。

据《增集续传灯录》卷二:

潭州石霜竹岩妙印禅师

豫章进贤万氏,受僧业于邑之龙塘绍昙。江浙名老宿历扣其庐,留龙门光、痴钝颖最久。用心良苦,不遂其大欲。乃见月林于苏之万寿。于入室次,林问:"如何是祖师西来意?"师云:"老鼠咬破灯盏。"林颔之。历住名刹,及居石霜,道大振,长松片石皆长颜色。作对月偈曰:"未动舌头文采露,五千余卷一时周。若言待月重开卷,敢保驴年未彻头。"晚筑庵曰"紫霞"。丞相赵公葵燕居里第,招师论道无虚日。宝祐三年八月示疾,二十三日手书偈云:"六十九年,一场大梦。归去来兮,珍重珍重。"泊然示寂,塔于紫霞。[①]

---

① 《卍新续藏经》83册,第284页下。

据道璨《石霜竹崖印禅师塔铭》，竹岩妙印（1187—1255），江西豫章进贤人，俗姓万氏，初受业于本乡龙塘绍昙，嘉泰二年（1202）十六岁出家，后在龙门光、痴钝智颖、浙翁如琰会中最久，不契，最后见月林于平江灵谷。月林问其祖师西来意，他答值甚破灯盏，月林以为法器，得旨而归。

无二月住持南台，请为首座，分座说法，后又首众于岳麓。

宝庆二年（1226），右史张嗣古为计使，权知潭州，绍定元年（1228）春，资政殿学士曾从龙、知潭州到任。绍定元年（1228）初张嗣古在任时，请其出世长沙谷山，他苦节为务，有古住山人之风。六年之后，至端平元年（1234），余嵘以敷文阁学士知潭州，请住石霜。①

湖南自无二月禅师于绍定末年（1233）入灭之后，衲子无所归宿，至此云集，如水赴壑。未几，建州开元、瑞州黄檗、南岳福严、洪州翠崖、宝峰皆来迎请，不赴。徙高安洞山，行道如同石霜。

淳祐五年（1245）贾似道以宝章阁直学士、沿江制置副使、江西安抚使知九江，特意虚东林之席，师入院不两月即退去，归于旧业。

陈铧（1180—1261），福建侯官人，字子华，号抑斋，叶适门人，官至参知政事，淳祐元年（1241）六月除徽猷阁学士、知潭州、湖南安抚使，二年（1242）依旧职提举隆兴府玉隆万寿宫，五月赵葵继任。淳祐七年（1247）陈铧为知枢密院、湖南安抚大使兼知潭州，八月到潭州，九年（1249）闰二月，除观文殿学士、福建安抚大使、知福州。陈铧两度任职湖南，对于妙印传法十分支持。

陈铧再知潭州时，始以龙牙、福严招致，妙印皆不行，后以石霜请，不得已应命，故他再度住持石霜，应当在淳祐七年（1247）。最后住持石霜时，法道大振，筑庵曰紫霞，侍郎杨公为记。宝祐二年（1254）秋退居紫霞。丞相赵葵（1186—1266），湖南衡山人，曾于淳祐二年（1242）知潭州、十年（1250）十一月至宝祐二年（1254）判潭州、湖南安抚大使，里居之时，朝夕与之论道。宝祐三年（1255）入灭，寿六十九。度小师四十

---

① 李之亮撰：《宋两湖大郡守臣易替考》，巴蜀书社2001年版，第266、267页。此书仅说张右史，未明言即张嗣古。

余人。门人惠隆编辑语录，并请道璨为作塔铭。他有《兔园集》及《语录》，今已不存。

据《五灯会元续略》卷一：

石霜印禅师法嗣

金牛真禅师（不列章次）　　真翁圆禅师（不列章次）[①]

金牛真禅师下出无用贤宽，贤宽下出一源永宁（1292—1369）和如海真，如海真下出壁峰宝金（1308—1372），都是一代高僧。

据《五灯会元续略》卷二：

舒州太湖无用宽禅师

一源参，师问："何处来？"源曰："通州。"师曰："淮海近日盈虚若何？"源曰："沃日滔天不存涓滴。"师曰："不著漕道。"源曰："请和尚道。"师便喝。又一日，举证道偈问曰："掣电飞来全身不顾，拟议之间圣凡无路。速道速道。"源曰："火迸星飞，有何拟议。觌面当机，不是不是。"师振威一喝。源曰："喝作么。"师曰："东瓜山前吞扁担，捉住清风剥了皮。"源不觉通身汗下，亟五体投地曰："今日方知和尚用处。"师曰："闭著口。"[②]

据《护法录》卷二《佛心了悟本觉妙明真净大禅师宁公碑铭》，永宁，字一源，自号虚幻子，俗姓朱，母李氏，淮东通州人，生于至元二十九年（1292），幼时聪明，舅氏吉安郡守李某命为己嗣，六岁入乡校，通经籍儒学，大德四年（1300）九岁求出家，父母不许，绝食明志，乃使依同族模上人于利和广慧寺，此寺本是淮海原肇禅师说法之地，当其入寺，寺众同梦原肇禅师至，知其为淮海再来。大德七年（1303）十二岁游扬州雍熙寺，主僧来峰道泰编《禅林类聚》成，他却道是古人之糟粕，点检无益。来峰

[①]《卍新续藏经》80册，第447页上。
[②] 同上书，第487页下。

道泰应当是佛智禅师晦机元熙门人，曾主苏州寒山寺，集《宗门纪载》四十卷。

童童，蒙古兀良合氏，河南王阿术之孙，卜连吉歹之子，皇庆元年（1312）为集贤侍读学士、中奉大夫，后任河南行省平章政史、江浙行省平章政事，他善于度曲，也是当时文人。[①] 童童对永宁很是器重，盼咐僧录司给他度牒，度为沙门。

他出家后参方，约在至大二年（1309）十八岁时，石溪心月法孙、万寿南州珍禅师门人中峰宗海始住持苏州万寿，留之经年，复入穹窿山参希叟绍昙门人承天克翁绍，克翁察其志气非凡，命为知藏，时年十九，即至大三年（1310）。

后归乡，至毗陵参明极昶于焦子山，精修禅定，五载不衰。明极命其到太湖参无用贤宽，时约在延祐二年（1315）。无用门庭高峻，他努力参究，一日闻举云门一念不起有省，无用痛下杀手，使其桶底脱落，通身汗下，五体投地。如是侍左右三年，无用命其遍参，并告其缘在浙江，当住龙池。

永宁受命还浙，时虚谷希陵、元叟行端、濑翁庆（千濑庆）、幻住明本、天如惟则各为一方宗师，他历参诸家，皆得印可，幻住明本对他尤为重视，赞不绝口。

延祐七年（1320），出世广德大洞，兴复洞左之实相寺，即马祖门人澄公道场。同时雪岩祖钦门人无一全遁迹石溪，与师并称二甘露门。

至治三年（1323），宜兴龙池延请建立禅居，以其名号符合无用预言，随居之。泰定二年（1325），又于州建立九里寺。至顺元年（1330），正式出世，住持李山禅寺，为无用贤宽拈香。元统元年（1333），退归龙池。时元叟行端住持径山、月江正印住持育王，皆请为第一座，不赴。

元统二年（1334），请主常州天宁万寿，极力兴复，殿宇为之一新。至正二年（1342），顺帝赐号本觉妙明真净禅师，江南宣政院命主大华藏寺，师举龙门膺代之，三年（1343）天童虚席，命补之，坚辞，归居龙池。至

[①] 白·特木尔巴根著：《古代蒙古作家汉文创作考》，内蒙古教育出版社2002年版，第89至91页。

正八年（1348），奉旨入京，说法龙光殿，加号佛心了悟大禅师，奉旨函香五台山，文殊为现祥光五道。至正九年（1349）南归，道经维扬，镇南王波罗普化延请入宫，禀受大戒，还龙池。至正二十年（1360），出领善权，二十二年（1362）退归龙池。二十三年（1363），住持慈慧禅庵，洪武元年（1368）退归龙池。洪武二年（1369）六月属疾，门人宗珦为裁制内外衣，十七日入灭，俗寿七十八，僧腊六十五。

永宁入灭之后，舍利无数，门人志舜、志思等于龙池、太平、齐山、紫云山、麻蕻山五处建塔供养。嗣法弟子有季山仁奉、报本诏洪、芙蓉志恭、显德绍善，所度弟子有祥符绍密、天宁仁性、竹山祖瑛、南禅祖勤，还有未出世者祖玫、维祖、宗会、绍仁、祖瑜、祖林等。仁性为撰行状，与祖玫至京请宋濂为师撰写塔铭。

据《护法录》卷一《寂照圆明大禅师壁峰金公设利塔碑铭》，宝金（1308—1372），俗姓石，号壁峰，乾州永寿县人。父通甫，宅心仁厚，号为长者，母张氏，好善不倦。有沙门乞食至门，以观音像授张氏，告以当生智慧之男。降诞之辰，白光满室。至大元年（1308）出生，六岁依云寂温法师为弟子。其后遍游讲肆，穷性相之学。后来参禅，入西蜀缙云山，参如海真公。如海示以禅要，宝金大起疑情，努力参究，二三年间，至废寝食。一日入园摘蔬，忽然入定，三时方醒，言之于师，如海不肯。后游峨嵋，胁不沾席者三载，一念不生，前后际断。一日闻伐木声，通身汗下，顿悟异常，再参如海，得师印可。如海告其缘在北方，乃往五台山，就山建灵鹫庵，四方学徒，无远弗届。

至正八年（1348），顺帝请至京城，天竺指空尊为真有道者，冬夜大雪，有红光自其室中生起，上冲霄汉，皇帝惊叹，尊为天人，赐衣遣归。九年（1349）召见延春阁，建坛祈雨，所赐金缯，转与灾民。至正十年（1350），特赐寂照圆明大禅师，诏主海印禅寺。洪武二年（1369），燕京平定，三年（1370）召至南京，皇帝于奉天殿召见，留大天界寺，时问佛法及鬼神情状，奉对称旨。洪武四年（1371），设普济佛会于钟山，命高行僧十人主持，宝金参与其事，赐斋崇禧寺。五年（1372）正月，诸方沙门毕集，太祖亲自参与佛事，赐宝金诗十二章，中有"玄关尽悟，已成正觉"之语。六月四日入灭，寿六十五，腊五十九，获五色舍利。门人祖全、智信等为其建塔。

宝金神通过人，当时被尊为活佛，后世相关的传说也非常多。可惜其法系未到延续到后世，门人知名者不多。

第九节　竺源永盛一系

竹岩妙印传直翁圆藏主，直翁圆下出无能教，无能教则出竺源永盛，这一法派在元末明初影响很大。

据《增集续传灯录》卷四：

无为州天宁无能教禅师

于门首悬一牌，云：谨防恶犬。竺源盛初往参，及跨门，源便云："老和尚为我赶狗。"师便入去。有长芦智首座出接，同坐须臾，师从面前过，智起禀云："此上人得得来见和尚。"师云："已相见了也。"已而源每闻师诃蒙山，不合引兄弟礼佛拜忏施食之类。源云："清净地上不受一尘，佛事门中不舍一法。"师云："不然。我宗门中合提何事：如何是佛，麻三斤；如何是佛，干屎橛。当提此事始得。"源就问云："蒙山和尚平昔问学者云：栽松道者不具三缘而生，达磨大师葬熊耳三年，后只履西归。谓是神通妙用，谓是法尔如然？"师云："为是他不会我道，莫作禅会，得么？"源当下如梦忽醒。①

无能教禅师住持无为天宁，事迹不详。他对于蒙山德异一派好做佛事、追荐鬼神经常批评，永盛道是佛事门中不舍一法，也是方便施舍，不可尽弃。无能教谓不然，禅门应以参究公案为本，不可舍本逐末。永盛举蒙山德异栽松道者之语请教，无能教称能说蒙山本不通禅道么，永盛当下大悟。

据《护法录》卷三《妙果禅师塔铭》，竺源永盛（1275—1347），法名永盛，字竺源，自号无住翁，饶州乐平人，俗姓范氏，母徐氏。德祐元年（1275）生，早年好佛，至元二十八年（1291）十七岁，师罗山院常公，常

---

① 《卍新续藏经》83册，第310页中。

公以其年幼，令其习儒，他以为儒术不敌生死，每习禅定，刺血书经。至元三十一年（1294）二十岁得度，至蒋山，谒退耕德宁门人月庭忠禅师，时蒙山德异门人孤舟济为首座，以皖山正凝诲蒙山德异之语教之，他不久便道已经得见二老，乃端坐一室，以悟为期，誓言不能成佛，当入无间，闻者吐舌。

后过庐山，止东林，时悦堂祖䜣（1234—1308）为住持，闻其见解不异云门，乃往求教。祖䜣以无诚心责之，乃发愿死于蒲团，果有所证。归罗山，全体顿现，坦然明白，自以为开悟。再至东林，祖䜣命为知藏。

元贞初（1295），祖䜣奉诏入京。永盛过袁州，见希叟绍昙门人㚢牛和于治平。

大德三年（1299）前后，再参孤舟济于蒋山。济告以蒙山之言，栽松道者不具二缘而生，达摩葬熊耳山后只履西归，是显示神通还是法本如是，他答以形神俱妙，济不认可。

至无为，参无能教禅师，质以济之言，无能谓"为汝弗解故也"，他言下大悟。无能抚其背，记之当大弘吾宗。

辞去，东游四明天童，参东岩净日（1221—1308）。

据《昙芳守忠禅师语录》卷二：

> 又往育王，见东岩日公。公留典藏教，不就。遇竺源盛公，偕行过雪窦，见野翁同公，度夏。秋还灵隐，省师玉山。①

昙芳守忠（1275—1348）初游方时，与竺源永盛偕行，二人在天童相遇，其时当在大德五年（1301）左右。大德六年（1303）二人又同过雪窦度夏，参大川普济门人野翁炳同（？—1302），其年中秋，炳同入灭。

归居浮梁之凤游山。至大二年己酉（1309），海印昭如（1246—1312）住持饶州荐福，请为首座，分座说法。皇庆元年壬子（1312）春，昭如还临江慧力院，永盛亦解任。

延祐元年甲寅（1314）元旦竺源永盛为优昙普度《莲宗宝鉴》作序，

---

① 《卍新续藏经》71 册，第 177 页中。

自称"庐山无住道人竺源永盛",这表明他此时已经号称"竺源"了,有可能是他在庐山所居之庵名,也表明他在皇庆年间(1312—1313)到过庐山。

延祐初,居南巢,延祐四年(1317),居民柳氏舍山成庵,名竺源兰若,请师居之,或是延用庐山所居庵之旧称。

南巢,《明一统志》以为巢湖城有二,一在江北庐州,一在江南九江。那么,永盛所居究竟是在哪里呢?

《了庵清欲禅师语录》卷七载《次龟峰道元韵悼荐福竺源禅师》,乃了庵清欲悼念永盛之作,其中多处提及巢湖,看来他之所居为安徽巢湖,不是九江南巢。南巢与无为相接,可能永盛离开庐山之后,前往无为省师,然后在南巢隐居。他到南巢之时,五峰之下有五所龙潭,闻至,龙皆乘风遁去。

天历二年己巳(1329),住持饶州西湖妙果寺,四方学徒,无远弗界。饶州路总管刘迪、守将齐□对之十分崇敬。据《至顺镇江志》卷十五,刘迪字吉甫,安庆人,淮西等处行枢密院令史,行中书省檄充安抚司经历。至元十二年四月一日至,十四年四月二日代。[①] 这个刘迪与至元十二年(1275)任镇江经历,与天历二年(1329)相隔五十余年,可能不是同一人。

他在西湖住持时间不是很长,出于对元朝役僧政策的不满,他坚决要求退居,刘迪特意为其免除科由。未几,他返回南巢。至顺三年(1332)宣让王帖木尔不花镇庐州,累遣使请致,他以老病为由辞行。淮西廉访使韩玉伦徒、监察御史常道夫经常致书请教。

韩玉伦徒,《书史会要》:韩玉伦都,字克庄,西夏人,官至山南廉访使,以文章事业著,书迹亦佳。[按]《蒙兀儿史记》卷154《色目氏族上》记载:"斡玉伦徒,字克庄,工部侍郎,预修《宋史》。"[②] 他有《游山谷寺》诗,称"千树长杉万树松,上方犹在最高峰"[③],又于至正元年

---

① (元)俞希鲁编纂:《至顺镇江志》,江苏古籍出版社1990年版,第626页。
② 佟建荣著:《西夏文献文物研究丛书西夏姓名研究》,社会科学文献出版社2015年版,第246页。
③ 高文学主编:《中国自然灾害史总论》,地震出版社1997年版,第220页。

（1341）在福建建宁县建立屏山书院，时为副使。①

据《元人传记资料》等，常泰，字道夫，奉元人，后至元三年（1337）任南台御史，至正元年辛巳（1341）春任云南廉访副使②，或谓至元六年升副使，然据《监察御史不许连衔并署》，至正元年正月七日奏称监察御史常泰等文书③，可见是年正月常泰仍为监察御史。辞归，至正三年（1343）为宣政院断事官。未几移病来金陵，复出游武夷。

据《元人传记资料》：

至正金陵新志 6/63 下
赠常廉使道夫（句曲外史诗集 3/10 下）
送常道夫游武夷诗序（蒲室集 8/8 下）④

常泰还与笑隐大䜣交往，大䜣还有《与常道夫御史书》，以杨亿、张商英、杨杰为喻。常泰与永盛来往，当在至元三年（1337）至至正元年（1341）间。

集贤学士傅立、月湾先生吴存与师结为世外交，月湾有"晚始闻道"之叹。

据《德兴县志》等，傅立（1282年前后在世），元训诂学家、哲学家，字权甫，今贩大乡傅家湾人。傅立自幼聪悟，读书日记千余言，年长刻苦研究儒家经典著作，为诸经作训诂。至元十六年（1279），受其舅父祝泌教遣，献《皇极元元集》于元世祖，历官至集贤院大学士，捐俸奏请建初庵书院，学者称其为初庵先生；逝世后赠封为荣禄大夫、上柱国，赐谥"文懿"。⑤ 有谓傅立（1223—?），江西德兴人，受学于彭复、吴复大，撰《易

---

① 李国钧主编：《中国书院史》，湖南教育出版社 1994 年版，第 1029 页。
② （明）陈文修；李春龙，刘景毛校注：《景泰云南图经志书校注》，云南民族出版社 2002 年版，第 388 页。
③ （元）赵承禧等编撰；王晓欣点校：《宪台通纪》，浙江古籍出版社 2002 年版，第 205、206 页。
④ 王德毅编：《元人传记资料索引》第 2 册，中华书局 1987 年版，第 1039 页。
⑤ 何逵东主编；德兴市地方志编纂委员会编：《德兴县志》，光明日报出版社 1993 年版，第 933 页。

学纂言》。① 无论如何，傅立是宋末元初人物，他与永盛来往，当在其晚年，或许他寿命很长，得见永盛出世之时。

吴存（1257—1339），字仲退，号乐庵，称月湾先生，江西鄱阳县凰岗吴家边人。与黎廷瑞、徐瑞、叶兰、刘埙并称"鄱阳五先生"。延祐元年（1314）领乡荐，后授饶州路学正，调宁国路教授，以鄱阳县主簿致仕。曾主江西乡试。著有《程朱易传》、《本义折衷》、《鄱阳续志》、《新志》、《月湾诗稿》、《巴歈杂咏》。孙吴用臧、吴用晦并有文名。诗词收入《鄱阳五家集》。

吴存亦年长于永盛，故程立、吴存皆以乡党之谊与其为忘年交，亦有崇敬三宝之故。

据《证道歌注》卷一：

> 永盛昔居学地，获益甚多。所谓"雪山肥腻更无杂，纯出醍醐我常纳。诸佛法身入我性，我性同共如来合"，与师同一契券也。至元二年秋，弃饶之妙果寺事，复归南巢旧隐。越明年春，来六安齐头山水晶兰若，礼先祖直翁圆禅师塔。孤峰顶上，诸缘不到。可堂然庵主将《证道歌》，俾著语注述，复为之颂，以施来学。倘于言前领旨，格外明宗，则真觉大师肉犹暖在。其或未然，请看注脚。时至元三年岁次丁丑佛生日，前住饶州西湖妙果禅寺嗣祖比丘（永盛）述。②

笑隐大䜣至元六年（1140）《竺原禅师注证道歌序》称其"两住鄱之妙果寺，倦于涉世，谢归南巢。"③ 表明他或于至顺二年（1331）退归南巢，后因饶州力请，后再主荐福，至元二年（1336）秋再次退归南巢。

至元三年（1337）春，到六安齐头山水晶兰若，礼祖师直翁圆之塔，可堂然庵主请永盛作《证道歌注》。此注题为"南巢竺源兰若法慧宏德禅师注颂"，表明他有"法慧宏德禅师"之号。

---

① 《洛书》，韩鹏杰主编：《周易全书》，团结出版社1998年版，第1159页。
② 《卍新续藏经》65册，第467页下。
③ 同上书，第456页上。

永盛门人德弘、慧月、慧观。德弘为其编辑《证道歌注》，当为其首徒。

法孙似杞（慧月门人），字楚材，工诗。

据《江西佛教史》：

> 杞楚材，名似杞。从释教，博览儒书，好吟咏，洪武间，常赴召游金陵。回居鄱阳永福寺，后不疾而化。所著有《瞻云集》若干卷。宋濂为之序。刘彦昺（1331—1399）称其寄迹缁流，不缚禅律，涉猎书史，诗思尤工。（清《江西通志》，《饶州府志》）。[1]

似杞，号楚材，江西人，生卒年不详，元末明初著名诗僧。他博览群书，精于儒书，又擅长吟咏，故与当时许多文人交往很多。

张翥（1287—1368）皇庆二年（1313）客居江西临川，延祐二年（1315）离开，前往浙江，有诗赠似杞。

据《临川留别宜黄乐杞楚材》：

> 当年携酒杏花春，同是江西榜上人。
> 岁晚异乡为客久，夜来归梦到家频。
> 雁声孤馆迢迢雨，马影斜阳漠漠尘。
> 怅望与君江海别，几时高谊复相亲。

此时楚材似乎尚未出家，他为宜黄人，时名为乐杞，故俗姓乐氏，号楚材。张翥客居临川数年，二人结下了深厚的友谊。如此似杞的生年应当与张翥相近，至少不会低于二十岁，因此其生年或在至元末期（1290—1294）。

诗人叶兰为江西鄱阳人，字楚庭，号醉鱼，他有《同钱朝阳王友成燕杞楚材文阁分韵》、《话昔简钱朝阳方有若杞楚材》等诗，从第二首的内容来看，应当作于入明之后，其时似杞已到晚年。钱朝阳，名旭，沔阳人。

---

[1] 参见韩溥《江西佛教史》，光明日报出版社1995年版，第530页。

才学通畅，雅怀自高，官知府。王鳌，字有成，早年科举不利，诗宗初唐，不尚浮靡，官修撰。① 方有若，鄱阳隐士，博士王有成称其博学师古而不谐于俗，有省私堂，丰城人、洪武五年壬子（1372）状元、文渊阁大学士朱善（1314—1385）有《省私堂说》②。

据刘炳（字彦昺）《春雨轩集》卷四《百哀诗》：

杞楚材（讳似杞，鄱阳人）

寄迹缁流，不缚禅律，涉猎书史、诗思尤工。

杞老缁衣流，肤硕眼双碧。云翾鹰绊韝，霜蹄骥縻枥。学欲排词林，身不缚禅寂。悽其一龛灯，袈裟挂尘壁。③

刘炳之《百哀诗》作于晚年，从中不易判断似杞入灭的具体时间，他应当入灭于洪武中期，其时已经八十多岁了。

据《增集续传灯录》卷五：

五年春，诏三宗名僧十人及其徒二千建广荐法金（会）于钟山，命师总持斋事，师能灵承上旨，凡仪制规式，皆堪传永久。④

洪武五年，诏天下高僧十人及其徒两千于钟山建立普度法会，以大天界寺住持白庵万金主其事。白庵同门象原仁淑、天渊清濬、全室宗泐等参与此会。似杞可能与会，故与宋濂交往。

据《明僧弘秀集》卷八：

楚材二首
寄题刘氏双翠轩

---

① 陶福履、胡思敬原编：《豫章丛书集部》11，江西教育出版社2007年版，第740页。
② （清）白潢等修，查慎行等纂：《江西省西江志》8，成文出版社有限公司1989年版，第3236、3237页。
③ 陶福履、胡思敬原编：《豫章丛书集部》11，江西教育出版社2007年版，第739页。
④ 《卍新续藏经》83册，第327页中。

两株拥秀立阶除,绝胜兰苕画不如。
昼影并移当几席,岚光相与落画图。
羽衣霓袖临风舞,鸦髻云鬟带晓梳。
珍重二难孤未得,更栽连理伴幽居。

题米元晖山水小景赠陈原贞别
江头雨足春水生,江上青山烟树暮。
扁舟明发去如飞,目断征帆入苍雾。①

这两首诗不知作于何时,从中看不到禅意,与世间诗人没有太多的差异,其交往经历中也看不到与同时代著名禅僧的过往,只有江西本地或相关的诗人,这表明他虽然号称禅僧,却只是寄迹佛门。

---

① (明)毛晋辑:《明僧弘秀集》,安徽师范大学出版社2015年版,第363页。

第五章　佛鉴惠勤法系

第一节　佛鉴惠勤

惠勤（1059—1117）是五祖法演（1013—1104）门人，北宋著名禅师，与圆悟克勤、佛眼清远号称东山"二勤一远"，年且居长，是五祖门下较早开法的门人之一，又曾应召入京，在当时影响很大。

有关惠勤的史料，主要有《僧宝正续传》、《联灯会要》、《嘉泰普灯录》及《古尊宿语录》、《大慧普觉禅师语录》等，其中互有参差，各有得失，需要斟酌。

惠勤入灭于政和七年（1117）十月八日，并无异说，其生年史无明载，陈垣《释氏疑年录》根据《嘉泰普灯录》佛灯守珣"先师只年五十九"之说，确定其年五十九，则其应生于嘉祐四年（1059）。此说可信。

据《僧宝正续传》卷二：

> **智海勤禅师**
> 禅师讳惠勤，舒州铜城人。出家试所习，得度具戒。参太平演禅师，发明大事。时太平法窟，龙象最盛。师与圆悟、佛眼，崭然露其头角，众望翕然推重。及演迁五祖，灵源禅师继主太平，登师第一座，以法施学者。灵源退席，舒守雅闻誉望，命出世太平，开五祖法要。①

这段文字充满错误，其参太平法演无误，但云太平法窟中有圆悟克勤则是妄说。首次弄错了法演住持诸寺的顺序，法演是初住四面、继迁太平、

---

① 《卍新续藏经》79 册，第 563 页下。

再迁白云海会，最后住持五祖，此处则将太平与白云颠倒了，因而产生了一连串错误。圆悟克勤参法演于白云海会，不是太平。灵源惟清（？—1117）并非继法演住持太平，法演离开太平在元祐三年（1088），惟清担任住持在绍圣四年（1097），相去甚远。

惠勤虽然是舒州人，但并非一开始就参法演。

据《普觉宗杲禅师语录》卷一：

> 圆悟和尚尝参北乌崖方禅师，佛鉴和尚尝参东林宣秘度禅师，皆得照觉平实之旨。同到五祖室中，平生所得，一句用不著。久之无契会之缘，皆谓五祖强移换他，出不逊语，忿然而去。祖曰："你去游浙，著一顿热病打时，你方思量我在。"圆悟到金山，忽染伤寒，困极入重病合。遂以平日参得底禅试之，无一句得力，追绎五祖之语，乃自誓曰："我病稍间，径归五祖去。"佛鉴在定慧，亦患伤寒，极危殆。圆悟病既愈，经由定慧，拉之同归淮西。佛鉴尚固执，且令先行。圆悟亟归祖山。①

宗杲称克勤与惠勤最初所参皆非法演，克勤参的是北乌崖方禅师，惠勤参的是东林宣秘度禅师，故皆得照觉平实之旨。蕲州北乌崖方禅师和宣秘度禅师究竟为何人，史无明载。

据《普觉宗杲禅师语录》卷一：

> 五祖演和尚会中，有僧名法闪。入室次，祖问："不与万法为侣者是甚么人？"闪云："法闪即不然。"祖以手指云："住，住！法闪即不然，作么生？"闪于言下有省。后至东林宣秘度和尚室中，尽得平实之旨。一日持一枝花，绕禅床一匝，背手插于香炉上曰："和尚且道，意作么生？"宣秘累下语，闪不诺，经两三月，遂问闪曰："你试说看。"闪曰："法闪只将花插香炉上，是和尚自疑，有甚么事？"②

---

① 《卍新续藏经》69 册，第 628 页上。
② 同上书，第 627 页下、628 页上。

看来五祖会下参度禅师者不少，而度禅师既得照觉平实之旨，实为照觉大师东林常总（1025—1091）门人，即宣秘大师庐山东林思度。

据《建中靖国续灯录》卷十九：

庐山东林思度禅师

上堂云："东西不辨，南北不分。琼楼玉殿，照耀乾坤。普贤作伴，文殊作宾。不徒打草，只要蛇惊。古圣尚乃如此，岂况今时衲僧。诸禅，诸禅，休要拟议，著眼听。听什么？雨来山色暗，云出洞中明。若向这里会得，便是一切现成。参！"①

由于资料过少，难以详论思度禅法，但其与乃师常总一样，以平实而著称，强调平常心是道，但求稳当，不思妙悟，故不辨方所，无所用心，此主张也受到同门的批评。

又据《嘉泰普灯录》卷十一：

舒州太平佛鉴惠勤禅师

郡之怀宁人，族汪氏。丱岁，师广教圆深，试所习得度。每以"唯此一事实，余二则非真"味之，有省。乃遍参名宿。往来五祖之门有年，患祖不为印据，与圆悟相继而往。及悟在金山染疾，因悔过，归白云，方大彻证。师忽至，意欲他迈，悟勉令挂锡。且曰："某与兄相别始月余，比旧相见时如何？"师曰："我所疑者，此也。"遂参堂。一日，闻祖举"僧问赵州：'如何是和尚家风？'曰：'老僧耳聋，高声问将来！'僧高声再问。州曰：'你问我家风，我却识你家风了也'"，即大豁所疑，曰："乞和尚指示极则。"祖曰："森罗及万象，一法之所印。"师展拜，令主翰墨。与圆悟语次，悟举东寺问仰山索珠话，至"无言可对，无理可伸"处，曰："既云收得，逮索此珠，却云无言可对，无理可伸，是如何？"师曰："东寺当时索一颗，仰山当下倾出一栲栳。"悟曰："兄向时安有此语耶？"相笑不已。明年，谒太平清禅

---

① 《卍新续藏经》78 册，第 763 页中。

师，命为第一座。会清之黄龙，以师继之，法道大播。政和初，诏住东都智海。五年，乞归，得旨居蒋山。枢密邓公子常奏赐徽号、椹服。①

这里提出一个新的说法，则惠勤早年总角之岁便参广教圆深。此广教圆深史传失载，不明何人。广教当是所住寺院，圆深可能是所赐师号，当时名为广教禅院者甚多，既是幼年便至，当离家乡不远，故有可能是蕲州广教或宣州广教。达观昙颖（989—1060）有门人宣州广教院继真文鉴禅师，可是不名圆深。圆照宗本（1020—1099）有门人宣州广教法海，可惜无机缘语句传世。

宋杲所提及的圆悟所参的北乌牙方禅师值得关注。此方禅师事实上就是蕲州白云山广教德方禅师。

据《建中靖国续灯录》卷十九：

蕲州白云山广教德方禅师

问："和风乍扇，选佛场开。架起红炉，要分玉石。"

师云："且饶广教。"

僧曰："早是瑕生。"

师云："雪峰道底。"②

德方也是觉照常总门人。很可能后人在整理大慧语录时弄颠倒了，当为圆悟参思度，佛鉴参乌牙方，因为克勤到过庐山，参东林思度很正常，而惠勤则自幼参广教德方，德方很可能号圆深。惠勤当在熙宁中（1068—1077）至广教，德方教其参《法华经》方便品"唯此一事实，余二则非真"一句，这是自黄檗希运以下很多禅师常参的一句，圆悟克勤、大慧宗杲也曾言之，或许是受惠勤影响。惠勤于此有省，乃遍参名宿，后到法演门下。

---

① 《卍新续藏经》79 册，第 357 页下、358 页上。
② 《卍新续藏经》78 册，第 763 页中。

按照宗杲之说，似乎二人是差不多同时到法演门下的，那就只能是元祐末年了，而且是在白云海会，不是太平禅众。

据《长灵守卓禅师语录》卷一：

赞太平勤禅师
  铁石咽喉，吞栗棘蓬于白云山下；风霜号令，示金刚圈于皖伯台前。十年据坐道场，四海喧腾声价。无佛法可说，有公桉须行。望风何多，一进一退。稽首赞扬，得罪得罪。①

这是灵源惟清门人长灵守卓为惠勤所作赞，他也曾从学于太平门下，其中道"吞栗棘蓬于白云山下"，可见他是在白云海会参法演的，肯定是在元祐三年（1088）之后。既然他是先到庐山东林参思度而未及常总，表明当时常总已经入灭，故当在元祐六年（1091）之后，如此他参法演，最有可能在元祐八年（1093）。

由于照觉一派的平实禅与杨歧门风确有差别，因此惠勤与克勤开始都不适应，总是无缘契入，二人当时都很自负，以为自己已经悟了，只是老师故意不肯印可，因此便都离开白云，法演也不阻拦，只是说你们得一场热病时，自然会回来。果然，惠勤在焦山定慧寺、克勤在金山都得了伤寒，而且病得很重。克勤这时记起法演之语，便回来了，并到定慧拉惠勤同行，惠勤还不肯，让克勤先回来。克勤果然不久悟道，便劝惠勤也回到白云。

惠勤终于彻底觉悟，成为法演门下的大弟子。

据《罗湖野录》卷二：

  佛鉴禅师，元符二年首众僧于五祖。于时太平灵源赴黄龙，其席既虚，灵源荐佛鉴于舒守孙鼎臣，遂命之出世。演和尚付法衣，佛鉴受而捧以示众曰："昔释迦文佛以丈六金襕袈裟披千尺弥勒佛身，佛身不长，袈裟不短，会么？即此样，无他样。"自是一众悚服。及礼辞次，演曰："大凡应世，略为子陈其四端。虽世俗常谈，在力行何如

---

① 《卍新续藏经》69 册，第 269 页上。

耳。一、福不可受尽，福尽则必致祸殃。二、势不可使尽，势尽则定遭欺侮。三、语言不可说尽，说尽则机不密。四、规矩不可行尽，行尽则众难住。"其词质而理优，足以救过远恶。亦犹药不在精粗，愈病者为良耳。①

元符二年（1099），惠勤在五祖寺任首座，当时灵源惟清由太平禅众回黄龙，法席既虚，便向舒州太守孙鼎臣推荐惠勤继席，法演付以法衣，并告之住持四要，其根本则是留有余地，不可用尽，语虽平实，却是意义深远，合乎中道。

自元符二年（1099）至政和二年（1112），惠勤在太平住持十四年，影响很大。政和二年（1112）应诏到东京智海。五年（1115）到蒋山，七年（1117）入灭。

第二节　惠勤门下

惠勤门人数量很多，影响也相当大。
据《嘉泰普灯录总目录》卷二：

太平佛鉴慧勤禅师法嗣十七人（十人见录）
　　常德府文殊心道禅师　韶州南华知昺禅师
　　潭州龙牙苏噜智才禅师　庆元府蓬莱卿禅师
　　湖州何山佛灯守珣禅师　隆兴府宝峰明禅师
　　台州宝藏本禅师
　　吉州大中祥符清海禅师　漳州净众佛真璨禅师
　　隆兴府谷山海禅师
　　（平江府灵岩圆明昺禅师　常德府福圣深禅师
　　潭州天宁道禅师　明州启霞楚谦禅师
　　建宁府千山智嵩禅师　发书记

---

① 《卍新续藏经》83册，第391页下、392页上。

融知藏)

(已上机语未见)①

《续传灯录》与此一致,《五灯会元》只录前十人。
据《僧宝正续传》卷三：

文殊道禅师

禅师讳心道，眉州丹棱徐氏子。出家，三十得度。游成都，从师受《唯识论》，研覃者十年，自以为至。一日同门者诘之曰："三界唯心，万法唯识。今目前森然，心识安布？"师茫然不知所对。尽弃所学，去而之襄阳。依谷隐显禅师参扣者又十年，亦自以为至。周流江淮间，抵舒州太平，夜听佛鉴勤禅师小参，举赵州庭栢话，至觉铁嘴云"先师无此语，莫谤先师好"，大疑之。又尽弃其所学，专以禅寂为事。一夕料理前语，豁如梦觉。亟趋丈室，勤望而可之。即分半座，命以法施来者。

政和二年，襄阳守游定夫以礼致师，开法天宁万寿。迁大别山。宣和初，徙鼎州文殊。会有诏，更释氏名。上堂曰："祖意西来事，今朝特地新。昔时比丘相，今作老君形。鹤氅披银褐，头包蕉叶巾。林泉无事客，两度受君恩。所以欲识佛性义，当观时节因缘。且道即今是什么时节？毗卢遮那顶戴花冠，为显真中有俗；文殊老叟身披鹤氅，且要俯循时仪。一人既尔，众人亦然。大家成立丛林，喜得群仙聚会，共酌迷仙酎，同唱步虚词。或看灵宝度人经，或说长生不死乐（药）。琴弹月下，指端发太古之音；碁布轩前，妙著出神机之外。进一步便到大罗天上，退一步却入九幽城中。且道不进不退，又作么生？直饶羽化三清路，终是轮回一幻身。"越明年，有旨复僧。上堂曰："不挂田衣著羽衣，老君形相颇相宜。一年半内闲思想，大抵兴衰各有时。我佛预谶，法当有难，较量年代，适在此时。僧改俗形，佛更名字。妄生邪解，删削教乘。铙钹停音，钵盂添足。赖我皇帝陛下圣德钦明，

---

① 《卍新续藏经》79册，第281页下。

不忘佛嘱。迩乃特颁明诏，赐僧尼重新削发。实谓寒灰再焰，枯木重荣。不离俗形而作僧形，不出魔界而入佛界。重鸣法鼓，再整颓纲。迷仙酎化为甘露琼浆，步虚词翻作还乡曲子。放下银木简，拈起尼师坛。昨朝稽首擎拳，今日和南问讯。只改旧时相，不改旧时人。且道旧时人与今时人，是一是二？"良久云："春风也解嫌狼籍，吹尽当年道教灰。"

师于偈颂，尤为精粹，衲子雅传之。其赵州勘婆因缘颂曰："三月春光上国游，祥云瑞气琐龙楼。亲从宣德门前过，更问行人觅汴州。"疎山咸通已前法身因缘颂曰："咸通已后咸通前，法身向上法身边。一对枯桩门外立，千古万古摩青天。法身该一切，莫向净瓶边。若不同床睡，焉知被底穿。"

建炎三年春，颂临济入灭嘱三圣正法眼因缘，示其徒，曰："正法眼藏瞎驴灭，临济何曾有是说。今古时人皆忘传，不信但看后三月。"时逆贼钟相作难，其徒欲奉师南奔者，师曰："学道所以了生死也，何死之避！"以是春三月三日，遇害。寿七十有二，腊四十二。塔于文殊之五髻峰。

师之接物机用，得大自在。虽老且病，退处东堂。有问道者，卧而与之言，曾无勌色。三坐道场皆小刹，老屋数楹，仅芘风雨，土炉纸帐，四壁萧然，处之裕如也。其徒不过数十辈，然皆一时祖室栋干者。以故师之名称焯焯，为佛鉴克家子云。①

心道禅师（1058—1129），四川眉州人，俗姓徐，嘉祐三年（1058）生，元祐二年（1087）三十岁得度，至成都习《唯识论》，自以为已得究竟，一日为同寮所诘，茫然无对，故弃讲，出关参禅，依谷隐静显禅师。谷隐静显为仰山行伟门人、黄龙惠南法孙，也是当时名德。心道依之十年，后游江淮，抵舒州，依太平惠勤，大概在惠勤住持太平之初（1099），因为多数资料都将其列为惠勤首徒，可见为其早期门人。他因参法眼问赵州柏树子话，至赵州门人慧觉道"先师实无此语"句发起疑情，因求挂锡，终

---

① 《卍新续藏经》79册，第567页中—568页上。

日宴坐，一夕顿悟，得到惠勤印可，后命为首座。

据《云卧纪谭》卷二：

> 提撕既久，一夕豁然。以颂发挥之曰："赵州有个栢树话，禅客相传遍天下。多是摘叶与寻枝，不能直自根源会。觉公说道无此语，正是恶言当面骂。禅人若具通方眼，好向斯中辨真假。"①

又据《大明高僧传》卷五：

> 提撕既久，一夕豁然，即趋丈室拟叙所悟。鉴见，便闭却门。道曰："和尚莫瞒某甲。"鉴曰："十方无壁落，何不入门来？"道即拳破窗纸。佛鉴即开门，搊住云："道，道。"道即以两手捧鉴头，作口哑而出。呈偈曰："赵州有个柏树话，禅客相传遍天下。多是摘叶与寻枝，不能直下根源会。觉公说道无此语，正是恶言当面骂。禅人若具通方眼，好向此中辨真假。"鉴然之。②

这是后世补充的心道悟道的一则资料，《大明高僧传》显然有所增饰，然也不无道理。

政和二年（1112），知汉阳军游酢（1053—1123）请开法天宁。游酢，字定夫，为程门四大弟子之一，著名理学家，他曾于崇宁三年（1104）知太平州，在任七年，与惠勤、心道师徒关系，相知很深，故他在政和元年（1111）知汉阳军后请心道开法天宁寺。他在天宁住持不久，便迁汉阳大别。

据《云卧纪谭》卷二：

> 及佛鉴示寂于钟山，为举哀拈香曰："悲想今年十月八，钟阜先师示寂灭。石女号咷恨离别，木人眼里泪流血。师资之道情何切，一度

---

① 《卍新续藏经》86册，第673页下。
② 《大正藏》50册，第918页中。

追思一哽咽。唯凭一炷紫檀香，珍重当年说不说。"①

政和七年（1117）末，惠勤入灭之后，心道在大别，为惠勤拈香举哀。

宣和元年（1119）初，迁鼎州文殊。不久，徽宗下诏改和尚为德士，心道升座说法，对此做了辛辣的讽刺。

宣和二年（1120）九月，有旨复僧，心道说法致贺。

建炎三年（1129）春，心道示偈，预示祸乱，及三月三日，果然为贼人钟相所害，寿七十二，腊四十二。

心道生活简朴，长于偈颂，衲子传颂，名重丛林。

据《嘉泰普灯录总目录》卷二：

文殊心道禅师法嗣三人（二人见录）
潭州楚安慧方禅师　常德府文殊思业禅师
（常德府文殊琼禅师）
（机语未见）②

据《嘉泰普灯录》卷十九：

文殊心道禅师法嗣
潭州楚安慧方禅师

郡之醴陵人，族许氏。年二十，事等觉法思，越七稔得度。崇宁五年，具戒。谒开福宁道者，次依佛鉴，鉴指往大别。既至，职藏司。未几，改大别为神霄，因归长沙。附舟至江口，闻呼渡船者有省。作偈曰："沔水江头叫一声，此时方得契平生。多年不识重相见，千圣同归一路行。"及宁（当作"道"）移居文殊，复侍之。举前偈，乃蒙印可，命为第一座。久而开法楚安，擢澧之钦山。

上堂曰："临老方称住持，全无些子玄机。开口十字九乖，问东便

---

① 《卍新续藏经》86册，第673页下。
② 《卍新续藏经》79册，第283页下。

乃答西。如斯出世，讨甚玄微？有时拈三放两，有时就令而施。虽然如是，同道方知。且道知底事作么生？直须打翻鼻孔始得。"

上堂："达磨祖师在脚底，踏不著兮提不起。子细当头放下看，病在当时谁手里。张公会看脉，李公会使药。两个竞头医，一时用不著。药不相投，错，错。吃茶去。"①

又据《云卧纪谭》卷一：

> 楚安方禅师，参道和尚于大别。……后道住文殊，方为首众。尝作三颂。曰："太彻犹如铁壁山，有谁曾透文殊关。金圈栗棘都拈出，公验分明道者难。"二曰："太彻犹如铁壁山，他家曾踏上头关。通身手眼全锋刃，满口知音吐露难。"三曰："太彻犹如铁壁山，离言离相显重关。当年断臂规模在，三拜才终开口难。"
>
> 既出世楚安，有颂送僧作丐曰："自住楚安穷彻骨，搜罗净尽都无物。令僧未免登檀门，直须深入苍龙窟。挐取骊龙颔下珠，任运卷舒频出没。归来呈似住山翁，令我安居坐兀兀。"觉华严以其具正眼而居荒僻小刹，由是疾世无公议，为作小传赞之。略曰："其悟处谛当，如人善射，所发皆中的。其应机如鸣珂佩玉，徐行于坦途，举止皆可法。其偈颂如驱市人以战，不问怯勇，举无遗策。"世以觉为知言也。②

慧方，潭州醴陵人，俗姓许，生卒年不详，二十岁时，师事长芦应夫门人潭州等觉法思，七年后得度，崇宁五年（1106）受具，因此他大约生于元丰三年（1080）。他又参开福道宁、佛鉴惠勤，惠勤指点他到大别参心道，心道命为知藏。未久，大别改为神霄宫，他辞去，时在政和七年（1117）。他在归乡路上，于舟中闻岸上人以乡音大叫一声，顿然有省，因作一偈。

---

① 《卍新续藏经》79册，第406页上。
② 《卍新续藏经》86册，第669页下。

宣和元年（1119），心道住持文殊，他再至，为首座，作三颂。久之，出世南岳楚安。

据《南岳总胜集》卷二：

[楚安寺]

在庙之西二十里，在双峰之上，古禅僧宴坐处。记云：山北有石室，有逸人隐居，但闻诵经声。广明中值乱，北入大酉山。①

楚安寺只是荒僻穷刹，然而亦为古禅宴坐之地，他安然居之，不以为苦。他住持之时可能在绍兴之初（1131），已过五十，故自称"临老方称住持"。后迁钦山，时亦不详。圆悟克勤门人中岩祖觉（1187—1150），号称觉华严，他曾受张浚之请，住持潭州智度，绍兴十三年（1143）八月辞任入浙。祖觉为其作传，为鸣不平，这也表明他有可能于绍兴十三年（1143）前入灭，年过六十。然而还有另外一种可能，祖觉是在他住持楚安小刹时为其作传，言世无公道，这一说法或许对当政者有刺激，后来他得以迁升，住持钦山。其前钦山住持应当是灵源惟清门人元德禅师。

诚如祖觉所言，慧方得正眼而未受重用，难以完全展示其才能，确实遗憾。其传世偈颂很多，颇有乃师之风。

据《续传灯录》卷三十三：

楚庵方禅师法嗣二人
和庵若禅师
讷庵俊禅师（已上二人无录）②

此二人皆无机语存世，不见传记。
据《嘉泰普灯录》卷十九：

---

① 《大正藏》51 册，第 1078 页下。
② 同上书，第 701 页上。

常德府文殊思业禅师

世为屠宰，一日戮猪次，忽洞彻心源，即弃业为比丘。述偈曰："昨日夜叉心，今朝菩萨面。菩萨与夜叉，不隔一条线。"往见文殊，殊曰："你正杀猪时，见个甚么，便乃剃头行脚？"师遂作鼓刀势。殊喝曰："这屠儿，参堂去。"师便下参堂。住文殊日，上堂，举赵州勘婆话，乃曰："勘破婆子，面青眼黑。赵州老汉，瞒我不得。"①

思业禅师，本为世为屠户，却忽然在屠杀之时悟道，也是放下屠刀、立地成佛的典范。他后来继师住持文殊，其他事迹不详。

据《嘉泰普灯录》卷十六：

潭州龙牙苏噜智才禅师

龙舒人，族施氏。年十八，师事灵隐院道诠，以试经下发。初谒三祖宗禅师，次依佛鉴。鉴一见，曰："异日大弘杨歧之道，当在尔躬。"后见死心、灵源、圆悟，皆冥符前记，由是道声四播。潭帅服师之名，以岳麓延请开法。踰三月，迁龙牙。

钦宗皇帝登位，众官请上堂。祝圣已，就座。拈拄杖，卓一下。曰："朝奉疏中，道本来奥境，诸佛妙场，适来拄杖子已为诸人说了也。于斯悟去，理无不显，事无不周。如或未然，不免别通个消息：舜日重明四海清，满天和气乐升平。延祥拄杖生欢嘉，掷地山呼万岁声。"掷拄杖，下座。

上堂，弹指一下，曰："弹指圆成八万门，刹那灭却三祇劫。若也见得行得，健即经行困即歇。若也不会，两个鹞鹑扛个鳖。"示众，举：死心和尚小参曰："若论此事，如人家有三子。第一子聪明智慧，孝养父母，接待往来，主掌家业。第二子凶顽狡猾，贪淫嗜酒，倒街卧巷，破坏家业。第三子盲聋喑哑，菽麦不分，是事无能，只会吃饭。三人中黄龙要选一人用。更有四句：死中有活，活中有死，死中常死，活中常活。将此四句验天下衲僧。"师曰："唤甚么作四句，三人姓甚

---

① 《卍新续藏经》79 册，第 406 页中。

名谁？若也识得，与黄龙把手并行，更无纤毫间隔。如或未然，不免借水献华去也。三人共体用非用，四句同音空不空。欲识三人并四句，金乌初出一团红。"

师每登座，凡有所问，皆答曰苏嚧，故丛林称之。居龙牙十三载，以清苦莅众，衲子敬畏。大帅席公震迁住云溪，经四稔，绍兴戊午八月望，俄集众，付寺事。仍书偈曰："戊午中秋之日，出家住持事毕。临行自己尚无，有甚虚空可觅。"其垂训如常。二十三日再集众，示问曰："涅槃生死，尽是空花；佛及众生，并为增语。汝等诸人合作么生？"众皆下语不契。师喝曰："苦，苦。"复曰："白云涌地，明月当天。"言讫，辗然而逝。火浴日，缁白会送者数千人，恸震林壑。获设利五色者伙，并灵骨塔于寺之西北隅。世寿七十有二，腊戒四十有二。①

龙牙智才（1067—1138），安徽龙舒人，俗姓施，治平四年（1067）出生，元丰七年（1084）十八岁师事灵隐院道诠，试经得度。初参黄龙惠南门人三祖法宗，后见佛鉴惠勤，惠勤对之十分器重，以为他日当兴杨岐宗派。

据《禅林宝训》卷二：

佛鉴谓龙牙才和尚曰："欲革前人之弊，不可亟去。须因事而革之，使小人不疑则庶无怨恨。予尝言：住持有三诀，见事、能行、果断。三者缺一，则见事不明，终为小人忽慢，住持不振矣。"②

惠勤告诉智才，改革不能性急，不能产生民怨，否则就会失败，这确实是政治家的眼光。他还强调住持有三个要诀，见事须明，决策能行，遇阻果断，要有智慧，有决断，才能最终成就。

后来他又参死心悟新、灵源惟清、圆悟克勤等，皆予以印可。

据《云卧纪谭》卷一：

---

① 《卍新续藏经》79 册，第 388 页上。
② 《大正藏》48 册，第 1025 页下。

龙牙才禅师，早服勤于佛鉴法席，而局务不辞难，名已闻于丛林。及游方，迫暮至黄龙。适死心在三门，问其所从来，既称名，则知为舒州太平才庄主矣。翌日入室，死心问曰："会得最初句，便会末后句。会得末后句，便会最初句。最初末后拈放一边，百丈野狐话作么生会？"才曰："入户已知来见解，何须更举栎中泥？"死心曰："新长老死在上座手里也。"才曰："语言虽有异，至理且无差。"死心曰："如何是无差底事？"才曰："不扣黄龙角，焉知颔下珠！"死心便打。是时，死心自题其像曰："齿缺面黑，广南正贼。空腹高心，不识文墨。"才疏为四偈以献，曰："齿缺面黑，达磨重来。人心直指，大施门开。广南正贼，曾经海阵。夺得骊珠，受用无尽。空腹高心，骂佛骂人。名传天下，越古超今。不识文墨，六祖同参。虽不踏碓，见解一般。"死心见而喜。才既住龙牙，开堂于潭府。有问，多答苏嚧，由是丛林雅呼为"才苏嚧。"[①]

这是智才参死心的一则资料，表明死心对他也十分器重，也说明他在惠勤会下为庄主时已经名声在外了。

宣和四年（1122），潭州太守曾孝序请其住持岳麓，三个月之后，大概在五年（1123），迁龙牙。他住持龙牙十三载，至绍兴五年（1135），席益为潭州太守，请其住持云溪。席益于绍兴四年（1134）六月知潭州，五年十月知成都，与大观年间知潭州的席震并非一人。

智才在云溪住持四年，绍兴八年（1138）八月二十三日入灭，寿七十二，腊四十二。

龙牙智才当时影响很大，可惜其法嗣不详。

据《嘉泰普灯录》卷十六：

庆元府蓬莱乡禅师

上坐（堂），曰："有句无句，如藤倚树，且任诸方点头。及乎树倒藤枯，上无冲天之计，下无入地之谋。灵利汉这里著得一双眼，便

---

① 《卍新续藏经》86册，第669页上。

见七纵八横。"举拂子曰："看，看。一曲两曲无人会，雨过夜堂（塘）秋水深。"

上堂："杜鹃声里春光暮，满地落花留不住。瑠璃殿上绝行踪，谁人解插无根树？"举拄杖曰："这个是无根底，且道解开华也无？"良久，曰："只应连夜雨，又过一年春。"

上堂："蓬莱突兀无遮护，铁壁银山无入处。有时关棙一时开，放出毒蛇当大路。参禅人，早回顾，莫待临时生怕怖。荆棘林中暗坐时，百尺竿头须进步。三十三人老古锥，象转龙蟠曾指注。休指注，成露布。蚊子上铁牛，无你下嘴处。"

上堂，举：法眼道："识得凳子，周匝有余。"云门道："识得凳子，天地悬殊。"师曰："此二老人，一人向高高山顶立，一人向深深水底行。然虽如是，一不是，二不成，落花流水里啼莺。闲亭雨歇夜将半，片月还从海底生。"①

乡禅师，当据《目录》作卿禅师，其住持明州蓬莱，当在天童普交门人圆禅师之后、瞎堂慧远门人开禅师之前。观其上堂法语，文字优美，意境深远，确有过人之处，可惜事迹不详。

《嘉泰普灯录总目录》卷二：

蓬莱卿禅师法嗣一人
（庆元府延福广禅师）
（机语未见）②

据《嘉泰普灯录》卷十六：

湖州何山佛灯守珣禅师

郡之安吉人，族施氏。甫冠，师宝梵院道才剃染，即谒径山常悟

---

① 《卍新续藏经》79 册，第 388 页中。
② 同上书，第 284 页上。

禅师。久之，随往隐静。悟问曰："登天不假梯，遍地无行路时如何？"云："清光何处无。"悟称善。师退，谓仝衣曰："一语偶投，非解脱法。"弃参广鉴行瑛禅师，不契。遂造太平，随众咨请。①

据《嘉泰普灯录》卷十六：

湖州何山佛灯守珣禅师

郡之安吉人，族施氏。甫冠，师宝梵院道才，剃染即谒径山常悟禅师。久之，随往隐静。悟问曰："登天不假梯，遍地无行路时如何？"云："清光何处无。"悟称善。师退，谓仝衣曰："一语偶投，非解脱法。"弃参广鉴行瑛禅师，不契。遂造太平，随众咨请，弥扣弥深，始知所见未出常情。乃封其衾曰："此生若不彻去，誓不展此。"于是昼坐宵立，逾七七日。鉴忽上堂谓众曰："森罗及万象，一法之所印。"师闻顿悟。寻语鉴，鉴诘曰："灵云道：自从一见桃华后，直至如今更不疑。如何是他不疑处？"云："莫道灵云不疑，只今觅个疑处，了不可得。"曰："贤沙道：谛当甚谛当，敢保老兄未彻在。那里是他未彻处？"云："深知和尚老婆心切。"鉴然之。师拜起，呈偈曰："终日看天不举头，桃华烂熳始抬眸。饶君更有遮天网，透得牢关即便休。"鉴嘱令护持。是夕，厉声谓众曰："这回珣上座稳睡去也。"

鉴移蒋山，命分座说法。出住庐陵之禾山，退藏故里，道俗迎居天圣。后徙何山及天宁。

上堂曰："铄镤钻，住出（山）斧，佛祖出头未轻与。纵使醍醐满世间，你无宝器如何取？阿呵呵，神山打锣，道吾作舞。甜瓜彻蒂甜，苦瓠连根苦。"

上堂，举婆子烧庵话。师曰："大凡扶宗立教，须是其人。你看他婆子虽是个女人，宛有丈夫作略。二十年葃油费酱，固是可知。一日向百尺竿头做个失落，直得用尽平生腕头气力。自非个俗汉知机，泊乎巧尽拙出。然虽如是，诸人要会么？雪后始知松栢操，事难方见丈

---

① 《卍新续藏经》79 册，第 388 页下。

夫心。"

上堂："如来禅，祖师道，切忌将心外边讨。从门所得即非珍，特地埋藏衣里宝。禅家流，须及早。拨动祖师关棙，抖擞多年布袄。是非毁誉付之空，竖阔横长浑恰好。君不见寒山老，终日嬉嬉，长年把扫。人问其中事若何，入荒田不拣，信手拈来草。参。"

僧问："如何是宾中宾？"曰："客路如天远，侯门似海深。"云："如何是宾中主？"曰："长因送客处，忆得别家时。"云："如何是主中宾？"曰："相逢不必问前程。"云："如何是主中主？"曰："一朝权祖令，谁是出头人？"云："宾主已蒙师指示，上宗乘事若何？"曰："向上问将来。"云："如何是向上事？"曰："大海若知足，百川应倒流。"僧礼拜。师曰："珣上座三十年学得底。"

师入院日，谓众曰："兄弟如有省悟处，不拘时节，请来露个消息。"雪夜，有僧扣方丈门，师起秉烛，震威喝曰："雪深夜半，求决疑情，因甚么威仪不具？"僧顾视衣裓，师逐出院。每曰："先师只年五十九，吾年五十六矣，来日无多。"绍兴甲寅，解制退天宁之席，谓双槐居士郑绩曰："十月八日是佛鉴忌，则吾时至矣，丐还鄞南。"十月四日，郑公遣弟僧道如讯之。师曰："汝来正其时也。先一日不著便，后一日蹉过了。吾虽与佛鉴同条生，终不同条死。明早可为我寻一双小船子来。"如云："要长者，要高者。"曰："高五尺许。"越三日，鸡鸣，端坐如平时。侍者请辞世偈，师曰："不曾作得。"言讫而逝。十一月四日阇维，舌根不坏，郡人陈师颜以宝函藏其家。门弟子奉灵骨塔于普应院之侧。①

佛灯守珣（1079—1134），湖州安吉人，俗姓施，元丰二年（1079）出生，元符元年（1098）冠岁学道，始师宝梵院道才，后谒径山常悟，久之，随常悟迁太平州隐静山普慧寺。是故常悟住持的第三个寺院为太平隐静。常悟问守珣登天无路、入地无门时如何，珣答今夜一轮满，清光何处无，日月经天、星辰遍空，不动步便行天下，有何难处。常悟予以肯定，守珣

---

① 《卍新续藏》79 册，第 388 页下、389 页中。

自认为只是一语投机、未必真悟，后来又参广鉴行瑛，不契，最后参太平兴国禅院佛鉴惠勤得悟。

守珣参惠勤之后，钻之弥深，始知前悟不足，于是发心以悟为期，昼夜行道，一日闻举"森罗及万象，一法之所印"顿悟，惠勤复以灵云、玄沙之公案勘之，下语无滞，惠勤予以印可。

据《禅林宝训》卷二：

>   佛鉴谓询佛灯曰："高上之士不以名位为荣，达理之人不为抑挫所困。其有承恩而效力，见利而输诚，皆中人以下之所为（《日录》）。"①

惠勤强调节操高尚者不以名声地位为荣，明道达理之人不因一时挫折失志，受恩方肯效力、见利乃欲尽心，皆是中下之人之所为。

据《丛林盛事》卷二：

>   询骂天，见地明白。尝侍佛鉴，鉴以其形容丑黑而谈天者，又曰其福寡。一日，偶谓询云："可惜一颗明珠，被你者乞儿拾得。"询云："和尚且牢收取。"又一日，谓曰："一切众生何尝悟来？"询曰："一切众生何尝迷来？"忽有一行者面前过，鉴曰："如何是祖师西来意？"行者罔措。鉴曰："何尝悟来？"询亟呼行者曰："放参也未？"者曰："放参了也。"询曰："何尝迷来？"鉴叱曰："业种，出去！"询曰："和尚且低声，恐外人闻得我父子二人在此说送（迷）说悟。"鉴大笑。②

守珣悟道之后，当仁不让，经常与惠勤切磋佛理，可见父子之间，关系十分密切。

据《人天宝鉴》卷一：

---

① 《大正藏》48册，第1025页中。
② 《卍新续藏经》86册，第698页中。

佛灯珣禅师，雪川人。久依佛鉴和尚，随众咨请邈无所入。俄叹曰："此生若不彻证，誓不展被。"于是四十九日只靠露柱立地，如丧考妣相似。偶佛鉴上堂曰："森罗及万象，一法之所印。"珣即顿悟，往见佛鉴。鉴曰："可惜一颗明珠被者风颠汉拾得。"圆悟闻得，疑其未然。乃曰："我须勘过始得。"悟令人召至。因游山偶到一水潭，悟推入水。遽问曰："牛头未见四祖时如何？"珣狼忙，应曰："潭深鱼聚。"又问："见后如何？""树高招风。"又问："见与未见时如何？"曰："伸脚在缩脚里。"悟大称之。(《舟峰语录》等)[1]

守珣觉悟之后，圆悟克勤恐其不实，再次勘问，仓皇之际，守珣应答如流，克勤大为赞赏，知其真悟。

政和五年（1115）惠勤住持蒋山，守珣分座说法，不久住持庐陵禾山。据《丛林盛事》卷一：

佛灯珣，号骂天，湖之安吉人。嗣佛鉴。住禾山日，尝上堂。僧问："如何是宾中宾？"答曰："客路如天远，侯门似海深。"[2]

这段法语，前文已引，此处道是住持禾山时所述。他被称为珣骂天，一说是因为喜欢呵佛骂祖，批评诸方。

据《补续高僧传》卷十：

因岁旱，郡守请祷于师。师勉从为升座，怒目瞪天骂曰："阿谁教尔强为天？"雨应声而至。人呼为"珣骂天"。[3]

此是后世所述另外一说，道是因旱而骂天，一骂而雨至，可备一说。

退归故里湖州，先后住持天圣、何山、天宁。

---

[1] 《卍新续藏经》87 册，第 17 页下。
[2] 《卍新续藏经》86 册，第 688 页上。
[3] 《卍新续藏经》77 册，第 434 页下。

据《云卧纪谭》卷一：

> 汪翰林彦章，牧苕溪时，于道有闻晚之叹。遇休沐日，必会诸山长老道话。因思溪慈受、道场普明、何山佛灯，坐于书斋。其壁间有布袋和尚像，盖名画也。公遂指而问诸山曰："画得如何？"慈受曰："此可谓出新意于法度之中，寄妙理于豪放之外者。"公曰："他还会禅否？"佛灯曰："不会。"公曰："为甚么不会？"佛灯曰："会则不问也。"公于是大笑。苕溪郑禹功参道于佛灯，亦尝言之。①

汪藻（1079—1154），字彦章，绍兴元年（1131）九月出知湖州，四年（1134）九月移知抚州。会则不问，问则不会，悟乃自得，问他何益！虽是只言片语，也表明守珣境界之高。

绍兴四年（1134）十月八日入灭，与其惠勤恰好同日。

据《大慧普觉禅师语录》卷四：

> 双槐居士郑禹功，为佛灯禅师入塔请升座："沿流不止问如何，真照无边说似他。离相离名人不禀，吹毛用了急须磨。佛灯法兄禅师，二十年持此吹毛，活人天眼，离相离名，摧邪显正，横拈倒用，不犯锋铓。一周佛事已圆，直是光前绝后。"乃顾视大众云："今日一会，正是佛灯禅师再秉吹毛，为诸人入泥入水全提时节。还有知恩者么？若有，功不浪施。其或未然，径山不免葛藤。更举一个古话。……"师云："诸人还知二老落处么？其或未然，径山今日将古人今人，搅成一块去也。疏山一文两文三文，双槐居士凑成二百千，已为佛灯陈谢匠人了也。免致溢监院走来走去，问他别人。腊月莲华一朵，甚是希奇。佛灯禅师收归窣堵波中，要作丛林标格。龟毛数丈，分付天并禅师，随时受用。敢问大众，且道径山还在里许也无？"良久云："数声清磬是非外，一个闲人天地间。"②

---

① 《卍新续藏经》86 册，第 666 页上。
② 《大正藏》47 册，第 825 页中。

守珣入灭之前，请双槐居士郑绩为其办理后事，郑绩复请大慧宗杲前来主持入塔仪式。大慧升座说法，对守珣评价甚高，称其二十年说法，开人天眼目。其中也透露当时天并禅师为住持，溢禅师为监院，都是守珣门人。

据《大慧普觉禅师语录》卷十二：

佛灯珣和尚
天姿出格萧洒，胸次过人惺惺。
临济顶中髓，杨岐眼里睛。
棒头明杀活，喝下显疎亲。
孤鸾无伴侣，师子不同群。
钟山佛鉴之嫡子，双径山僧之法兄。①

又据《普觉宗杲禅师语录》卷二：

佛灯珣和尚
空却阎浮世，难求此个僧。若将言语会，直是得人憎。骂佛又骂祖，谁知元不曾。请君抖擞精神看，莫认渠侬作佛灯。②

大慧宗杲眼界甚高，语不轻出，从他对守珣的推崇来看，守珣确实迥出同侪。

据《嘉泰普灯录总目录》卷二：

何山佛灯守珣禅师法嗣四人（二人见录）
婺州义乌稠岩了赟禅师　待制潘良贵居士（语见贤臣）
(临安府天井普应佛慧道如禅师
叅州郑绩居士)

---

① 《大正藏》47册，第860页上。
② 《卍新续藏经》69册，第647页中。

(已上机语未见)①

据《嘉泰普灯录》卷二十：

何山佛灯守珣禅师法嗣
婺州义乌稠岩了赟禅师

上堂，举赵州狗子无佛性话。乃曰："赵州狗子无佛性，万迭青州藏古镜。赤脚波斯入大唐，八臂那咤行正令。咄。"②

又据《瞎堂慧远禅师广录》卷二：

绍兴戊辰间，有婺州义乌县稠岩长老了赟，法嗣湖州可珣长老。珣好訾詈，时号珣骂天，以故与诸方多不合。赟一日谓其徒曰："我正月十三日丑时行矣。此间无人敢烧我，惟我普济师叔能了是事。汝等当以吾意恳求，必能俯从。"是时乃（臣）住普济也。赟果至期日五更，鸣鼓集众升座。时有东林道爽长老在座下，赟谓爽曰："你寻常劝人，莫吃葱韭，我而今与你同行。"遂下座捉住爽。爽云："和尚先行，我向你道未在。"赟遂再登座，示众说偈云："今日天寒，地冻百裂。欲识真归，无可得说。诸人要识赟长老去处么，听取无声三昧。珍重。"便行。③

了赟禅师（？—1148），住持婺州义乌稠岩，绍兴十八年（1148）预告时日，至期入灭，并请时住持普济的师叔瞎堂慧远主持后事。这是慧远自述亲历之事，肯定可靠。

守珣门人佛慧道如禅师，曾为其料理后事，住持临安天井普应，其他事迹不详。

---

① 《卍新续藏经》79册，第284页上。
② 同上书，第413页上。
③ 《卍新续藏经》69册，第574页下。

大慧还提到溢监院与天并禅师，应当也是守珣门人。

据《嘉泰普灯录》卷二十三：

待制潘良贵居士

字义荣，年四十，回心祖闱，所至挂钵，随众参扣。后依佛灯守珣禅师，久之不契。因诉曰："某只欲死去时如何？"珣曰："好个封皮，且留著使用。而今不了，不当后去。忽被他换却封皮，卒无整理处。"又以南泉斩猫儿话问曰："某看此甚久，终未透彻，告和尚慈悲。"珣曰："你只管理会别人家猫儿，不知走却自家狗子。"公于言下如醉醒。珣复曰："不易，公进此一步，更须知有向上事始得。如今士夫说禅说道，只依著义理便快活。大率似将钱买油餈，吃了便不饥。其余便道是瞒他，亦可笑也。"公唯唯。①

潘良贵（1094—1150），字义荣，一字子贱，号默成居士，浙江金华人，政和五年（1115）榜眼，官至待制。刚介清苦，至老不渝。四十岁归心祖道，一意参究，师事守珣得法。守珣勉励他不要只是依著文字义理，须知有向上事，真修实证。

守珣还有门人郑绩，字禹功，号双槐居士，生平事迹不详。亦曾师事大慧宗杲，大慧曾作《双槐居士郑参议画像赞》。大慧示寂后，曾作五偈以表追慕之情。

据《嘉泰普灯录》卷十六：

隆兴府泐潭明禅师

上堂，举赵州访茱萸探水因缘。师曰："赵老云收山岳露，茱萸雨过竹风清。谁家别馆池塘里，一对鸳鸯画不成。"又举德山托钵话曰："从来家富小儿嫡（娇），偏向江头弄画桡。引得老爷把不住，又来船上助歌谣。"②

---

① 《卍新续藏经》79册，第431页上。
② 同上书，第389页中。

泐潭择明，生卒事迹不详，其颂赵州、德山公案，意境深远，文辞遒丽，有宗师之风。

据《明州阿育王山续志》卷十一《佛照光禅师塔铭》：

闻江西百丈道震严冷、宝峰择明峭拔，具入其室。①

佛照德光（1121—1203）于绍兴二十八年（1148）二十八岁左右到江西，参百丈道震和宝峰择明，择明宗风峭拔，名动禅林。

据《嘉泰普灯录》卷二十：

宝峰择明禅师法嗣
汉州无为随庵守缘禅师

本郡人，族史氏。年十三病目，因去家，依栖禅慧目能禅师圆具。出峡至宝峰。一日，峰上堂。举：永嘉曰："一月普现一切水，一切水月一月摄。"遂举拂子曰："看，看。千江竞注，万派争流。若也素善行舟，便谙水脉，遂可优游性海，笑傲烟波。其或未然，且归岩下坐，更待月明时。"师闻，释然领悟。翌日诣方丈，陈所得。峰首肯。

留五年，西归，寓中岩。郡守邵公溥挽师开法栖禅，迁无为中岩。上堂曰："以一统万，一月普现一切水；会万归一，一切水月一月摄。展则弥纶法界，收来毫发不存。虽然收展殊途，此事本无异致。但能于根本上著得一双眼去，方见三世诸佛、历代祖师尽从此中示现，三藏十二部、一切修多罗尽从此中流出，天地日月、万象森罗尽从此中建立，三界九地、七趣四生尽从此中出没，百千法门、无量妙义乃至世间工巧诸伎艺，尽现行此事。所以世尊拈华，迦叶便乃微笑；达磨面壁，二祖于是安心。桃华盛开，灵云疑情尽净；击竹作响，香严顿忘所知。以至盘山于肉案头悟道，弥勒向鱼市里接人。诚谓造次颠沛必于是，经行坐卧在其中。既有如是奇特，更有如是光辉；既有如是广大，又有如是周遍。你辈诸人因甚么却有迷有悟？要知么，幸无偏

---

① 《中国佛教史汇刊》第12册，第654页上。

照处，刚有不明时。"

上堂："绿暗红稀日，蜂忙蝶困时。本来真面目，一点不曾移。"

上堂，举：赵州示众云："至道无难，唯嫌拣择。才有语言，是拣择，是明白？老僧不在明白里，是汝还护惜也无？"时有僧问："既不在明白里，护惜个甚么？"曰："我亦不知。"云："和尚既不知，为甚么道不在明白里？"曰："问事即得，礼拜了退。"师曰："世间无物可罗笼，独立嵯峨万仞峰。忽若有人猛推落，腾身云外不留踪。"①

随庵守缘，汉州人，俗姓史，生卒不详。十三岁，因目疾出家，依栖禅慧目能禅师受具。出川，至江西宝峰，闻择明禅师举《永嘉证道歌》语句有省，得师首肯，参究五年。

邵溥（？—1148）绍兴四年（1134）充泸南沿边安抚使、知泸州，参议都督府军事，五年（1135），兼权川陕宣抚副使，同提举措置以茶博马事。大概在绍兴五年（1135），邵溥请其开法栖禅，后迁中岩。

守缘于永嘉法语悟得以一统万、会万归一之理，收放自如，出入无碍。其偈颂亦意味深长，有百尺竿头、更进一步之旨。

据《嘉泰普灯录》卷十六：

台州宝藏本禅师

上堂曰："清明已过十余日，华雨阑珊方寸深。春色恼人眠不得，黄鹂飞过绿杨阴。"遂大笑，下座。住乌镇寿圣日，大慧禅师行化至。师上堂叙谢毕，乃曰："鲍老当年笑郭郎，郭郎舞袖太郎当。及乎鲍老当场舞，鲍老郎当胜郭郎。"下座。大慧炷香拜之。②

宝藏本禅师在安吉州乌镇寿圣寺住持时，大慧宗杲行化至。此事肯定是在大慧早年持钵宣城、为宝峰化主之时，即在大观四年（1110）至政和元年（1111）间，当在本禅师住持湖州寿圣，后来移主台州宝藏。这表明

---

① 《卍新续藏经》79 册，第 414 页上。
② 同上书，第 389 页中。

本禅师开法较早,其偈颂亦诙谐有趣,富有禅机,故大慧炷香礼拜。

据《吴都法乘》卷五:

大慧普觉禅师年谱中一则

绍兴二十九年己卯,师七十一岁,正月泛太湖,按示徐诚颂曰:"绍兴己卯正月旦,我因持钵入太湖。徐诚权摄婆施罗,助我敷演此三昧。"①

大慧绍兴二十九年(1159)七十一岁时亦曾到太湖,不过其时德高望重,礼拜宝藏本的可能性不大。

据《嘉泰普灯录》卷十六:

吉州大中祥符清海禅师

初见佛鉴,鉴问:"三世诸佛一口吞尽,何处更有众生可教化。此理如何?"师拟进语,鉴喝之,师忽领旨。述偈曰:"实际从来不受尘,个中无旧亦无新。青山况是吾家物,不用寻家别问津。"鉴曰:"放下著。"师礼拜而出。②

清海禅师初见惠勤,惠勤以思大公案示之,顿时领旨。三世诸佛,大千世界,不离此心,尽吾家物,虽然如是,不可执著,也要放下。清海后来住持吉州大中祥符,其他事迹不详。

据《嘉泰普灯录》卷十六:

漳州净众佛真了璨禅师

泉南罗氏子。上堂,顾四众曰:"昨夜安排得两段禅,末后一句也用不著。今朝打鼓升堂,一句也未尝安排。但见诸人蔟蔟上来,山僧不免胡说乱说。胡张三,黑李四,个个解唱啰啰哩。虽然如是,入著

---

① 《大藏经补编》34册,第88页上。
② 《卍新续藏经》79册,第389页中。

光孝门,未免穿过髑髅,换了眼睛。参。"上堂:"重阳九日菊华新,一句明明亘古今。杨广橐驼无觅处,夜来足迹在松阴。"①

佛真了璨,泉南人,俗姓罗。此处但述其机语若干,未明事迹。
据《补续高僧传》卷十:

了璨传

了璨,泉南罗氏子。入蒋山勤公之室,得大知见,发无碍辩。住漳州净众,迁太平兴国,学士宗之。师持身律己,人无间然。说法蹊径,劲捷朗达,直跻上乘。作字吟诗,皆得游戏三昧,而师未尝措意也。重九日,为众上堂云:"重阳九日菊花新,一句明明亘古今。杨广橐驼无觅处,夜来足迹在松阴。"大丞相李公,尝访师于栖云,问道惬心,与结看经社。门人集师语成书,栟榈居士邓肃,叙之曰:"大平堂头璨公,从蒋山何尝得兔角。住太平,本自亡立锥。据师子座,作师子吼,未尝为人世说毫厘法。四方学者,皆脑门点地,拾其残膏而袭藏之。嘻!此特其土苴耳,岂其真哉!虽然,土苴之外,何者为真。一视而空,头头皆是,有语亦可,无语亦可。雷声渊嘿,本自同时。门人弟子,若因此以有悟,则謦欬动息,皆西来意;若守此以求师,则拈花微笑,已是剩法。悟之者,天地一指;守之者,毫厘千里。反以问师,了无语焉。呜呼,师岂止具眼看经而已耶!"②

了璨初住漳州净众,后迁太平兴国。李纲访之栖云,与其结看经社,门人续集其师成书,栟榈居士邓肃为之作序。了璨精于诗文,不以为意,持身律己,行为世范,得到大丞相李纲和著名文人邓肃的崇敬。
据《嘉泰普灯录》卷十六:

---

① 《卍新续藏经》79册,第389页中。
② 《卍新续藏经》77册,第438页上。

隆兴府谷山海禅师

上堂："一举不再说，已落二三；相见不扬眉，翻成造作。设使动弦别曲，告往知来，见鞭影便行，望刹竿回去，脚跟下好与三十棒。那湛（堪）更向这里撮摩石火，收捉电光。工夫枉用浑闲事，笑倒西来碧眼胡。"卓拄杖，下座。①

海禅师住持隆兴谷山，其他事迹不详。他强调外求不如内求，求人不如求己，反观自性，方可自得。

第三节 南华智昺

惠勤在后世影响最大、法脉延续最为长远的门人为南华知昺。
据《嘉泰普灯录》卷十六：

韶州南华知昺禅师

蜀之永康人也。久从佛鉴，始蒙印可。继住太平，法席鼎盛。后奉旨居南华。上堂曰："此事最希奇，不碍当头说。东邻田舍翁，随例得一概。非唯贯声色，亦乃应时节。若问是何宗，八字不著人。"击禅床，下座。上堂："日日说，时时举，似地擎山争几许。陇西鹦鹉得人邻，大都只为能言语。休思惟，带伴侣，智者聊闻猛提取。更有一般也大奇，猫儿偏解捉老鼠。"上堂，以拄杖向空中搅曰："搅长河为酥酪，虾蟹犹自眼搭眵。"卓一下，曰："变大地作黄金，穷汉依前赤肐骱。为复自家无分，为复不肯承当？可中有个汉，荷负得行，多少人失钱遭罪。"再卓一下，曰："还会么？宝山到也须开眼，勿使忙忙空手回。"上堂："春光烂熳华争发，子规啼落西山月。憍梵钵提长吐舌，底事分明向谁说？哑！"②

---

① 《卍新续藏经》79册，第389页下。
② 同上书，第387页下。

知昺，四川永康人，生卒不详。他应当是惠勤门下早期弟子之一，曾在太平为首座。

据《禅林宝训》卷二：

> 佛鉴勤和尚自太平迁智海，郡守曾公元礼问孰可继住持，佛鉴举昺首座。公欲得一见，佛鉴曰："昺为人刚正，于世邈然无所嗜好。请之犹恐弗从，讵肯自来耶？"公固邀之。昺曰："此所谓呈身长老也。"竟逃于司空山。公顾谓佛鉴曰："知子莫若父。"即命诸山坚请。抑不得已而应命（蟾侍者《日录》）。①

惠勤于政和二年（1112）由太平迁东京智海，临行之际，太守曾元礼问谁可继席，惠勤推荐首座知昺。太守想先见一见，当面了解，惠勤道是知昺为人刚正，无所嗜好，请之未必能从，怎肯自己前来。太守不信，派人邀请，知昺果然逃到司空山中。太守对惠勤道，知子莫若其父，便使诸山长老坚请，知昺才出山住持太平。

据《禅林宝训》卷二：

> 佛鉴谓昺首座曰：凡称长老，要须一物无所好。一有所好，则被外物贼矣。好嗜欲则贪爱之心生，好利养则奔竞之念起，好顺从则阿谀小人合，好胜负则人我之山高，好掊克则嗟怨之声作。总而穷之，不离一心，心若不生，万法自泯。平生所得，莫越于斯。汝宜勉旃，规正来学。(《南华石刻》)②。

佛鉴对昺首座言作为长老住持，必须一无所好，否则就会为外物所贼，看来昺首座一无所好也是老师经常教育的结果。诚哉斯言，所谓"一心不生，万法无咎"，一有所好，则为物所役，心不自在。

据《禅林宝训》卷三：

---

① 《大正藏》48 册，第 1025 页中。
② 同上。

雪堂曰："予在龙门时，昺铁面住太平。有言：昺行脚离乡未久，闻受业一夕遗火，悉为煨烬。昺得书，掷之于地，乃曰：'徒乱人意耳！'（《东湖集》）"①

知昺面目严冷，号称昺铁面。他离乡行脚未久，便接到受业寺院的来信，道是遭遇火灾，化为灰烬，他掷书于地，道是徒乱人意。

知昺后来奉旨住持南华，不知何时，应当是在曹洞宗枯木法成之后，大概在宣和三年（1121）。

绍兴二十年（1150），大慧南迁，路过南华，此时住持已经是知昺门人明禅师，大慧为作真赞。

据《普觉宗杲禅师语录》卷二：

南华昺和尚
平生顶门眼，照彻无纤翳。太平与南华，逢场便作戏。七月十六朝，雷声震天地。我观法王法，法王法如是。②

由此可知知昺可能于七月十六日入灭，具体何年不详，可能距大慧南迁时间不是很久。

据《嘉泰普灯录》卷二十七：

南华昺禅师二首
僧问清平有漏无漏
筊篱木杓钱贯，井索打瓦钻龟。徒劳卜度休卜度，麒麟只有一只角。

僧问雪窦明觉："如何是佛？"曰："四山围绕。"
狂狗逐块，瞎驴趁队。只许我知，不许你会。③

---

① 《大正藏》48 册，第 1028 页下。
② 《卍新续藏经》69 册，第 647 页下。
③ 《卍新续藏经》79 册，第 465 页上。

分别则有漏，无念则无漏。问佛则四山围绕，不问则四壁脱落。
据《玄沙师备禅师语录》卷二：

  南华昺云："捩转鼻孔，换却眼睛。若无这个手段，如何扶竖宗乘？虽然如是，直是好笑，笑须三十年。且道笑个什么，情知汝在驴胎马腹里作活解。"①

南华知昺还对玄沙指示鼓山圆相公案评点，道是玄沙有扭转学人鼻孔、换却衲僧眼睛手段，怎奈鼓山不能领会，反在驴胎马腹中作活计、意气情识里打转转。何以我可你不可，只因我得你未得。
据《嘉泰普灯录总目录》卷二：

南华知昺禅师法嗣四人

（蕲州四祖肇禅师　韶州南华明禅师
邵州天宁法清禅师　成都府正法月禅师）
（已上机语未见）②

知昺门人四人，可惜皆无机缘语句。
据《普觉宗杲禅师语录》卷二：

南华明和尚

凛凛威风，有规有矩。起东山云，施曹溪雨。一句当阳，截断露布。我今赞之，超今越古。③

宗杲为南华明作真赞，看来他对这位晚辈还是相当欣赏的。
据《利州精严寺盖公和尚行状铭》：

---

① 《卍新续藏经》73册，第35页下。
② 《卍新续藏经》79册，第284页上。
③ 《卍新续藏经》69册，第678页上。

承直郎、北京路转运支度判官赵秉文撰并书

临济自佛果沿而下之，至于佛日；自四明溯而上之，至于佛鉴，俱出于五祖演。而佛鉴传南华昺，昺传四明逵。逵为今北京松林北迁第一祖。师四明之孙，微公之子也。张其姓，讳圆盖，永昌阜俗人。十九弃俗而僧，廿弃律而禅，参玉泉名公、清安宝公。以机缘不契，退而叹曰："大丈夫肩荷佛祖未生前大事，直须全身放下始得。"遂退居灵岩佛髻山，结茅栖隐者数载。山空无人，以水流云飞为受用。久之，梅子将熟，诣北京谒微公求印证。公初不之许，既而不参而参，无得而得。一日举黄龙心正不妄动话，师以颂举似，有铁树开花之语。公曰："可矣，汝其行乎！"大定六年，始开堂于精严，继席松林灵感。明昌六年五月，预告终期，跏趺而逝。荼毗之日，瑞彰舍利，戒定力也。俗寿六十有四，僧腊三十。师行峻而方，故学者遵其道而惮其律。所居不过一二载，寻返旧隐，晚得琼嗣。铭曰：

黄龙一句，诸方胆丧。极尽玄微，全无伎俩。伶俐衲僧，剔起眉棱。铁树开花，炎天造冰。三上洞山，九到投子。一言相契，草鞋挂起。临济法将，松林道场。转身就父，撒手还乡。没眼禅和，觅不可见。鱼㕙夜塘，鹿趁阳焰。松漠之北，利州之东。无缝塔样，八面玲珑。一时推倒，河清海晏。花落春鹦，月明秋雁。

承安五年八月望，北京灵感禅寺住持传法嗣祖沙门小师崇显立碑。①

据此，可知南华知昺还有一个门人四明逵，逵后来到北方，为北京（原中京大定府，贞元元年称北京）松林寺第一祖，四明逵传微禅师，微禅师传精严圆盖（1132—1195）。

圆盖为永昌人，生于天会十年（1132），天德二年（1150）十九岁出家，三年（1151）二十岁习禅，初参玉泉名公、清安宝公，机缘不契，乃

---

① 王新英辑校：《全金石刻文辑校》，吉林文史出版社2012年版，第417、418页；喀喇沁左翼蒙古族自治县志编纂委员会编：《喀喇沁左翼蒙古族自治县志》，辽宁人民出版社1998年版，第576、577页。二书文字互有得失，合而正之。

退居灵岩佛髻山栖隐参究。后诣北京参松林微公，一日闻举黄龙心正不妄动之话，师有一颂，中有铁树开花之语，得到微公印可。大定六年（1166）开法于利州精严，后来继席北京松林灵感寺。他在松林不过一二载，便返旧隐，晚得哲嗣崇显。明昌六年（1195），预告时日，跏趺而逝。俗寿六十四，僧腊三十。

圆盖门人崇显，时为北京灵感禅寺住持，为其请铭立石。

据《第九代了公禅师塔铭》，相了（1134—1203），辽宁义州人，俗姓宋，生于天会十二年（1134），早年投本郡大嘉福寺祚公出家，法名行录，皇统二年（1142）九岁得度，习《华严》《圆觉》，八年（1148）十五岁便能代师开演。后闻辽阳禅刹有大导师，传佛心宗，乃往大清安寺访月公，机缘不契，又到咸平禅寺见定公，命为维那，复到锦州大明参诱公，命为记室，久无所得，诱公告其缘不在此，当往懿州参崇福超公，超公为明州的嗣，即四明逵门人，与松林微公为同门。超公一见便器之，未久请为首座，以为必光大本宗，后于俱胝一指公案得彻证，以颂呈师，得其印可，谓其大事了毕，并为更名"相了"。

相了后来住持懿州崇福，大概在大定十三年（1173）前，故其开法三十余年。复迁北京松林，当是在微公之后继席。曹王完颜永功（1154—1221）大定二十三年（1183）为东京留守，不久改北京留守，七月之后再为东京留守，他在北京时与相了有来往，故后来请居大惠安寺，约在大定二十五年（1185），于此住持六载，倦于应酬，退居医巫闾山宁国寺。后潭柘寺虚席，岐国大长公主请为住持，于此四年，宗风大振，复告老退居天王小刹。约在泰和初（1201），竹林安入灭，竹林虚席，冀国公主复请住持竹林寺，未及一年，便告退，归老城隅，不久故寺龙泉（潭柘）请归养老。泰和三年（1203）十月示寂，俗寿七十，僧腊六十二。

相了嗣法门人有道积、相崇、善惠三人，各为一方住持，为其建塔立碑者为门人善琼。

第六章 佛眼清远法系

第一节 佛眼清远

佛眼清远（1067—1120）为五祖法演门人，临济宗杨岐派著名禅师。其生平事迹论者不多，今略加探究。

有关清远的相关史料最重要的是李弥远《宋故和州褒山佛眼禅师塔铭》、《雪堂行拾遗录》等。

据《古尊宿语录》卷三十四《塔铭》：

> 师姓李氏，名清远，蜀之临邛人。舍家十四受具，尝依毗尼师究其说。因读《法华经》，至"是法非思量分别之所能解"，持以问讲师，莫能对。乃曰："义学名相，非所以了生死大事。"遂捐旧习，南游江淮间，遍历禅席。闻舒州太平演道者，为世第一流宗师，径造其室，恭事勤请，既久益坚。演深奇之，谓可以弘持法忍，壁立不少假，冀其深造。
>
> 师七年未尝妄发一语，一日有所契，洞彻超诣，机辩峻捷，莫当其锋。自是释子争归之，而师益静默自晦，不自为得，隐居四面山大中庵。属天下新崇宁万寿寺，方择人以处。舒守王公涣之迎师住持，师辄引去。会龙门虚席，遂补处焉。居十有二年，迁住褒禅。师三领名刹，所至莫不兴起。其在龙门，道望尤振。四方学者皆曰："吾必师龙门。"由是云集，至居无所容。师不起于座，而化湫隘为巨刹。壮者効筋力，智者授轨度，富者施赀财，初不靳也。
>
> 师严正静重，澹泊寡言笑，动有矩则，至出语，和怿中节，人服膺之。其为教，则简易深密，绝蹊径，离文字，不滞于空无汗漫之说，

不以见闻、言语、辩博为事。使人洞真源，履实际。非大有所契证，不妄许可。

平居以道自任，不从事于务。尝曰："长老但端居方丈，传道而已。"与士大夫游，不为势利屈。苟道合则欣然造之，不尔虽过门或不得见，公卿大人高之。枢密邓公洵武闻其风，奏锡紫衣、师名。司谏陈公瓘见所传法语，叹曰："诸佛心宗，众生性海，远公涵泳深矣。"皆未识师也。况其亲炙者乎！与佛果、佛鉴同门莫逆，道价相尚，世称"东山二勤一远云"。尝宗《百门义》，著《圆融礼文》，又摭《楞严》《法华》，著《普门礼字》，并行于世。其参学得法者，无虑数十人，士珪、善悟为之首，而宿松无著道人李法慧颇臻其奥。师寿五十有四，僧腊四十。①

如此《塔铭》将其一生经历讲得相当清楚了，但还需要补充一些细节。清远俗姓李，四川临邛人，元丰三年（1080）十四岁时出家受具，皆无异说。最初参学毗尼师、后参太平法演一段，《联灯会要》卷十六《僧宝正续传》卷三与之全同。

据《嘉泰普灯录》卷十一：

舒州龙门佛眼清远禅师

蜀之临邛人，族李氏，为人严正寡言。年十四圆具，常依毗尼师，因读《法华》，至"是法非思量分别之所能解"，持问讲者，莫能对。遂南游江淮，首参真觉胜禅师，无契，弃依太平。事祖数载，因丐于庐州，偶两足跌仆地。烦懑间，闻二人交相恶骂，谏者曰："你犹自烦恼在？"师于言下有省。及归侍祖，祖见师，凡有所问，即曰："我不如你，你自会得好。"或曰："我不会，我不如你。"师愈疑，每咨决于元礼首座。礼一日见师欲诉意，遽引师耳绕围炉，旋行旋告之曰："你自会得好。"师曰："凭公开发，乃尔相戏耶！"礼曰："你他后悟去，方知今日曲折耳。"

---

① 《卍新续藏》68册，第228页上中。

后典宾海会，雨夜读《传灯录》，至破灶堕因缘，忽拨火大悟。作偈曰："刀刀林鸟啼，披衣终夜坐。拨火悟平生，穷神归破堕。事皎人自迷，曲淡谁能和。念之永不忘，门开少人过。"圆悟闻之，问曰："青林般土话，古今无人出得，你如何会？"云："也有甚难？"曰："只如他道，'铁轮天子寰中旨'，意作么生？"云："我道'帝释宫中放赦书'。"悟喜曰："远兄便有活人句。"祖亦然之。自是隐居四面大中庵。①

这段记载指出清远南游江淮时首参真觉胜禅师，此说当考。

据《建中靖国续灯录》卷十二：

筠州黄檗真觉禅师

讳惟胜，俗姓罗氏，梓州中江人也。十五岁落发，即趋讲席，推为翘楚。一日，因将扇子戏历牕榥，恚然作声，遂即省悟。顿舍旧习，即慕参寻。到南禅师法席，呈昔所见，即为印之，推为上首。后继住黄檗，道行大播。因游辇下，驸马都尉王诜咨问法要，敬以师礼。遂还蜀中，坐灭于云顶山。②

如此真觉胜即惟胜，为黄龙慧南（1002—1069）法嗣，当时推为上首，并继之住持黄龙，道行大振。惟胜于元丰六年（1083）应南康郡王之请至都，受到驸马王诜的礼敬，然不久便因太学生上书告某博士，牵连到惟胜，有旨放其归蜀，门人星散，只有纯白从之，时在元丰六年（1083）末。

据《古尊宿语录》卷三十二：

山僧初参胜和尚，教看"如何是佛法大意"，"楚王城畔，汝水东流"，又令看风幡话。及至下来参老和尚，乃请问"古人声色纯真"，

---

① 《卍新续藏》79 册，第 360 页中下。
② 《卍新续藏》78 册，第 715 页上，有关惟胜事迹参见段玉明等《圆悟克勤传》16 至 20 页。

老和尚千说万说，祗是理会不得。后来又令看"如何是奇特事"，云"你道什么"，遂却喜欢，盖为有个撮摸处。遂常看"云如何是奇特事"，"云你道什么"。独自思量云："我道什么来？我道奇特事，又不见有奇特处。"看三年不会，遂去游浙。中途回来，却令看"杀父杀母，佛前忏悔；杀佛杀祖，向什么处忏悔"，"云门道露者公案"，一似热铁一团在心中，七年吃尽辛苦，众中久参方知。①

这是清远自述参学悟道机缘，应当最为可靠。看来他确实从真觉惟胜参学，其时间在元丰三年（1080）至六年（1083）间，六年，因惟胜至京师，他才到舒州太平从法演参禅。

据《雪堂行拾遗录》卷一：

元礼首座，受业焦山。初参演和尚于舒之太平，凡入室，演语之曰："衲僧家明取缁素好。"经二年，顿明己见，诣方丈，演领之。演迁五祖，以礼俱往。时佛眼年方十七，亦投师席。凡有所问，演曰："我不如你。你自会得好。"或曰："我不会。我不如你。"佛眼于是疑之，不能决，乃问曰："座下谁得和尚说话？"演曰："我曾向礼上座道'参学须是具缁素眼始得'。礼却会得。"眼求教于礼。阅数载，方谕厥旨。后眼出世，礼尚无恙。有僧自龙门来，礼问："龙门有何言句？"僧曰："有问：透网金鳞以何为食？"答曰："罗笼不肯住，呼唤不回头。"礼曰："远兄名不虚得！"雪堂尝有颂曰：我不会兮不如你，达磨当门缺两齿。满堂无限白苹风，明明不自秋江起。又曰：我不会兮不如你，堪笑千花生碓嘴。善财谩到百城游，何曾踏著自家底？礼崇宁间再到三祖，僧问："向什么处去？"礼云："有眼无耳朵，六月火边坐。"僧问："未审意旨如何？"礼曰："家贫犹自可，路贫愁杀人。"复有问："《金刚经》云一切善法，如何是善法？"礼起行曰："上是天，下是地，中间坐底坐，立底立，唤什么作善法？"礼后老于四明

---

① 《卍新续藏》68册，第211页中。

瑞岩。①

又据《罗湖野录》卷二：

> 佛眼远禅师，初至海会，依演和尚，以己事咨决者屡矣。演只语之曰："我不如你。你自会得好。"或曰："我不会。我不如你。"远莫涯其意，久而复扣曰："今会中谁可亲近？"演曰："有元礼首座，来时只向伊道'衲僧须具缁素眼始得'，及闻我上堂道'同门出入，宿世冤家'之语，遂有省。子若乞教于礼，必须获益。"及请问，礼乃以手引远之耳绕围炉数币，且行且语'你自会得好'。远曰："有冀开发，却尔相戏，岂法施之式哉！"礼曰："汝他日悟去，方知今日曲折。"已而寒夜孤坐，拨炉见火一豆许，恍然自喜曰："深深拨，有些子。平生事，只如此。"遽起，阅机上《传灯录》，适当破灶堕因缘，洞符所证。圆悟因诣其寮，举青林搬土话验之，且谓："古今无人出得？"远曰："有甚么难出？"圆悟曰："只如他道'铁轮天子寰中旨'，又作么生出？"远曰："我道帝释宫中放赦书。"圆悟退而语朋旧曰："喜远兄便有活人句也。"②

元礼首座为法演门下尊宿，他受业焦山定慧寺，当为枯木法成门人，后来约于元丰四年（1081）参太平法演，两年内，每入室，法演就会说"衲僧家明取缁素好"一句，他专心参究，终于悟道。后来法演到五祖寺，元礼随行。清远十七岁，即元丰六年（1083）时来到太平，每次发问，法演总是说"我不如你"之类的话，清远不能透彻，便转事礼首座。

如今先不说清远如何悟道，他始到法演门下的时间可以肯定是在元丰六年（1083），而且是在舒州太平禅众。

清远在太平三年多时间，虽有省发，不能彻悟，心中相当迷闷。

据《古尊宿语录》卷三十二：

---

① 《卍新续藏》83册，第371页中。
② 同上书，第393页上。

山僧旧日在先师会里,受庐州化士,行至熨斗寺前,值泥雨,忽然滑倒。心中烦恼,自言:"我行脚,禅又参不得。自早至今,饭又未吃。更怎么受辛苦?"闻有两人相骂道:"你犹自烦恼在!"山僧闻得,忽然欢喜,却寻不烦恼处不得,盖为打疑情不破。后来四五年方知得。①

看来悟道是一个漫长的过程,其间每有进步,但并非一蹴而就,但每起疑情,并非坏事,因为不疑不悟,初虽打之不破,但已经是进步了。

据《罗湖野录》卷一:

佛眼禅师,元祐三年,为舒州太平持钵回自淝川,是时二十一岁,而演和尚将迁海会。佛眼慨然曰:"吾事始济,复参随往一荒院,安能究决己事耶?"遂作偈告辞曰:"西别岷峨路五千,幸携瓶锡礼高禅。不材虽见频挥斧,钝足难谙再举鞭。深感恩光同日月,未能踪迹止林泉。明朝且出山前去,他日重来会有缘。"演以偈送之曰:"畹伯台前送别时,桃花如锦柳如眉。明年此日凭栏看,依旧青青一两枝。"佛眼之蒋山坐夏,邂逅灵源禅师,日益厚善。从容言话间,佛眼曰:"比见都下一尊宿语句,似有缘。"灵源曰:"演公天下第一等宗师,何故舍而事远游?所谓有缘者,盖知解之师,与公初心相应耳。"佛眼得所勉,径趋海会。后七年,方领旨。噫!佛眼微灵源,堕死水也必矣,其能复透龙门乎?先德曰'成我者朋友',岂欺人哉!②

元祐三年(1088),清远二十一岁,在太平已经四年了,他这段时间经常作为化士四处化缘,太平禅众刚刚修饰一新,而法演又将迁居白云海会。清远担心又得出去化缘,不得参禅,便决心别处游方。他"遂去游浙",其年在蒋山坐夏,与灵源惟清(?—1117)日益交好。一日从容谈话时,清远自道见都下一尊宿语句,觉得和自己有缘,惟清道法演是天下第一等宗

---

① 《卍新续藏》68册,第210页中。
② 《卍新续藏》83册,第384页上。

师，何必舍近求远，所谓有缘，是因为其人只是知解之师，与你的初心相应而已。清远得到惟清的勉励，便回到白云海会。

清远到底是否是由于灵源惟清的启发而下决心回到法演门下，按说云卧晓莹为大慧门人，其说应当比较可靠，但也有存疑之处。

据《古尊宿语录》卷二十九：

> 黄龙灵源和尚遗书至，上堂："昔开《正续铭》，今示真归告。一路涅槃门，行说皆亲到。明然临济灯，妙唱黄龙道。空海久澄虚，云涛方浩浩。横吞巨海，高驾铁船，隐显同源，卷舒无际者，其唯灵源乎！禅师居究竟地，住本觉场，虽曰示生，实无生而可示；虽曰示灭，实无灭而可示。明明密密，密密明明，真化不移，何方出没！所以遗言作训，真告普闻，能事始终，一期云毕。而某曩岁游方之始，邂逅龙舒，许以半面之交。气投分感，虽则荆山隐玉，已遇良知。尔后蚌腹剖珠，登舟获剑，欧峰再会，素愿尤谐，欢洽妙期，有同符节。自初及此三十年间，理契同风，至音无间，夫何遽别？特示遗书，感存念亡，此情弥切。①

这是政和七年（1117）清远接到灵源惟清的遗书后上堂法语，其中虽谓"自初及此三十年"，正好相识于元祐三年（1088），但又明言"游方之始，邂逅龙舒"，当是始见于舒州，并非蒋山，清远也没说过其游浙半途即回是由于受到惟清的启发，看来晓莹所述也是后世传说，不一定可靠。

据《古尊宿语录》卷三十《海会辞老和尚》：

> 来时无有语，去亦不知闻。此曲谁能和，轰轰出白云。②

又据《法演禅师语录》卷三《送化士四首》：

---

① 《卍新续藏》68册，第188页上中。
② 同上书，第197页中。

何事秋风入夜凉，稻花时复送余香。
要知此个真消息，末后殷勤味最长。

皖伯台前送别时，桃花似锦柳如眉。
明年此日凭栏望，依旧青青一两枝。

透出龙门未是难，几人得过赵州关。
白云片片青山外，为雨为霖去复还。

出自白云山，携筇步烟渚。心中几万端，唯我能相许。①

此中第二首与晓莹所引完全一样，看来这四首都是写给清远的，而清远在白云海会又确实充当化士，或许是因为他在这方面很有经验和能力。

清远在白云海会终于彻底悟道，其时大概是在绍圣元年（1094）或二年。清远自道在他游浙中途回来之后，法演令参"杀父杀母"等公案，"七年受尽辛苦，众中久参方知"，《罗湖野录》亦然，看来是于此后七年，但具体游浙返回时间不详，若是当年即回，即绍圣元年（1094），若是次年，即在二年（1095）时悟道。

据《古尊宿语录》卷三十《感兴二首》：

空里形骸梦里身，梦中身世莫追寻。
可怜一脉岩前水，流入人间古到今。

梦幻空花只自知，潜思二十九年非。
夕阳芳草曾行处，谁料红莲步步随。②

此二首作于其二十九岁，即绍圣二年（1095），"潜思二十九年非"，不

---

① 《大正藏》47册，第667页下。
② 《卍新续藏》68册，第197页中。

仅道出了写作的时间，更有可能说明他在此年彻底悟道，故方知前非，步步生红莲，也是悟者境界，因此，他很有可能是在绍圣二年（1095）悟道。

清远悟道机缘，都道是寒夜独坐，拨火有省，又读《传灯录》破灶堕机缘，大悟有偈。当时清远任"典宾"，即知客，而圆悟克勤已至，故至寮以青林机缘验之，谓其得活人句，法演也对他予以印可。

绍圣三年（1096）年初，法演迁五祖，惠勤、克勤、清远等随行，但他不久又到庐山归宗，参真净克文（1025—1102）。

据《普觉宗杲禅师语录》卷一：

> 佛眼和尚在五祖时，圆悟举"临济云：第一句荐得，堪与佛祖为师；第二句荐得，堪与人天为师；第三句荐得，自救不了"。佛眼一日忽谓圆悟曰："我举三句向你。"以手指曰："此是第二句，第三句已说了。"便去。圆悟举似五祖，祖曰："也好吒。"乃辞五祖，参归宗真净和尚。去后，祖谓圆悟曰："归宗波澜阔，远到彼，未必相契。"未数月，有书抵圆悟，曰"比到归宗，偶然漏网。闻云居清首座，作晦堂真赞曰'闻时富贵，见后贫穷'，颇疑着他。及相见，果契合"云云。踰年复还祖山，众请秉拂，却说心性禅。祖曰："远却如此说禅，也莫管他。"①

据《石门文字禅》卷三十《云庵真净和尚行状》：

> 绍圣之初，御史黄公庆基出守南康，虚归宗之席以迎师。师曰："今老病如此，岂宜复刺首迎送！为我谢黄公，乞死于此。"其徒哀告曰："山穷食寡，学者益众，师德腊虽高，而精神康强康。山自总、祐二大士之后，丛林如死灰，愿不忘祖宗，赴舆情之望。"不得已乃行。先是黄公尝望见师于丞相广坐中，师既去，丞相语公曰："吾阅僧多矣，未有如此老者！"故公尽礼力致之。庐山诸刹，素以奢侈相矜，居者安软暖，师率以枯淡；学者困于语言，醉于平实，师纵以无碍辩才，

---

① 《卍新续藏》69 册，第 628 页中。

呵其偏见。未期年，翕然成风。三年，今丞相张公商英出镇洪府，道由归宗，见师于净名庵，明年迎居石门。①

如此真净克文于绍圣年间（1094—1097）住持庐山归宗。清远于三年（1096）到达庐山，次年，张商英请居宝峰，清远便回到五祖，众请担任首座，秉拂立僧，分座说法。大慧言清远说"心性禅"，似有不大肯定之意，是对师叔不够恭敬。因为当时清远虽然年龄不及克勤，在法演门下地位却更高，一是因为他入门很早，二是深受法演肯定，是故宗杲可能对此有所不满。

绍圣四年（1097）清远回五祖寺后时间不久，便又隐居四面山大中庵。据《古尊宿语录》卷三十一：

师还东山省觐，众请小参，云："暂下莲峰轻屈指，光阴倏尔又三年。虽然不隔丝毫许，争似躬亲到座前。某伏自数日前陪从太平禅师象驭再登莲峤，归侍老师大和尚。瞻礼慈容之间，须知有相见底事。"②

这是清远重回五祖寺时众请小参时法语。既云陪从太平禅师，当时指灵源惟清或佛鉴惠勤，从时间上看，当为后者，惠勤于元符二年（1099）接替惟清担任太平住持，二人重回礼师，当在此后。

据《禅林宝训》卷一：

演祖自海会迁东山，太平佛鉴、龙门佛眼二人诣山头省觐。祖集耆旧主事，备汤果夜话。祖问佛鉴："舒州熟否？"对曰："熟。"祖曰："太平熟否？"对曰："熟。"祖曰："诸庄共收稻多少？"佛鉴筹虑间，祖正色厉声曰："汝滥为一寺之主，事无巨细，悉要究心。常住岁计，一众所系，汝犹罔知，其他细务，不言可见。山门执事，知因识果，若师翁辅慈明师祖乎？汝不思常住物重如山乎？"盖演祖寻常机辩峻

---

① 《嘉兴藏》23 册，第 726 页下。
② 《卍新续藏》68 册，第 202 页中。

捷，佛鉴既执弟子礼，应对含缓乃至如是。古人云，师严然后所学之道尊，故东山门下子孙多贤德而超迈者，诚源远而流长也（耿龙学《与高庵书》）。①

二者似乎记载的是同一事件，清远这次似是陪同师兄太平惠勤省亲，他自己有可能尚未出任住持，故法演只问惠勤太平诸庄收成，没有细问清远，只是说舒州收成。此说出自耿龙学与高庵善悟（1074—1132）之书，应当比较可靠。

崇宁二年（1103），舒州太守王涣之（1060—1124）请清远住持新立崇宁寺。王涣之，字彦舟，元丰二年（1079）进士甲科，崇宁元年（1102）官至吏部侍郎，崇宁二年（1103）以宝文阁待制知广州，言者论其与元祐党人关系密切，八月途中降知舒州，三年（1104）入党籍，罢职，提举南京鸿庆宫，秋知福州，道中改知广州。王涣之请清远住持崇宁本无疑问，然而语录记载与此有异。

据《古尊宿语录》卷二十七：

佛眼清远禅师，临卭李氏子。师初住舒州天宁，开堂日，提刑学士、权郡承议烧香度疏与师，接得，示大众云："天不能盖，地不能载，漏泄天机，言言堪爱。且道如何是堪爱之言？"良久。云："分明记取，举似作家。"遂度与表白，宣罢，师指法座云："古圣道：为法来耶？为床座来耶？我为法来，非为床座。"师咄云："是何言欤！"便升座，拈香云："此一瓣香，祝延今上皇帝陛下，伏愿龙图永固，凤历长新，八表称臣，四维歌化。"次拈香云："此一瓣香，奉为提刑学士、权郡承议泊阖郡尊官，伏愿嘉声蔼著，善政日新。频承雨露之恩，坐听盐梅之诏。"②

清远正式开堂之时，王涣之并未到场，相关官员为淮南提刑某学士、

---

① 《大正藏》48册，第1019页上。
② 《卍新续藏》68册，第173页中、下。

权郡（代理知州）某承议郎，这与《塔铭》不符。有可能是清远于崇宁二年（1103）八月开堂，当时王涣之尚未到任，故由淮南提刑和承议郎某代理政事。九月，改崇宁万寿，其时王涣之已经到任，后来未曾细察，就将此事算到了王涣之头上。据《塔铭》，清远在崇宁住持时间不是很久，大概两三年，他可能回到四面山大中庵居止。

大观元年（1107），晦堂祖心门人龙门纯禅师入灭，龙门虚席，清远乃于是年住持龙门。历十二年，政和八年（1118）九月，奉旨迁和州褒禅山，时知州为曾公舍人，或许为曾慥，然而李之亮认为当时知州为直秘阁、中散大夫唐慥[①]，"曾"与"唐"字形有些类似，不知到底谁错了。于此住持岁余，宣和元年（1119），以疾辞行，时知州已改为钱景先，上表求其再任，他不得已于是年再任褒禅住持。宣和二年（1120）初，告别钱公，再退褒禅，至蒋山依圆悟克勤，住东堂。宣和二年（1120）冬入灭，寿五十四，僧腊四十。

第二节　佛眼门下

佛眼门下杰出人才很多，并且很多分支传承久远。

佛眼清远究竟有多少法嗣，不同记载记录并不一致。《嘉泰普灯录》记载有十八人，《续传灯录》卷二十八记载有二十一人，比《嘉泰普灯录》多出云居圆、三圣真常、三圣道方三位禅师。其中数人有语录存世，且传承久远。

据《嘉泰普灯录总目录》卷二：

龙门佛眼清远禅师法嗣十八人（十三人见录）
温州龙翔竹庵士珪禅师
南康军云居高庵善悟禅师
遂宁府西禅文琏禅师
潭州大沩牧庵法忠禅师

[①] 李之亮撰：《宋两淮大郡守臣易替考》，成都：巴蜀书社2001年06月版，第409页。

衢州乌巨雪堂道行禅师　抚州白杨法顺禅师
南康军云居法如禅师
南康军归宗真牧正贤禅师
湖州道场正堂明辩禅师　潭州方广深禅师
成都府世奇首座　温州净居尼慧温
给事冯檝居士（语见贤臣）
（绍兴府石佛奇禅师　蕲州三角劼禅师
南康军云居祖禅师　寂庵主
辩侍者）
（已上机语未见）①

据《罗湖野录》卷一：

> 成都府世奇首座，初于舒州龙门燕坐，瞌睡间，群蛙忽鸣，误听为净发版响，亟趋往。有晓之者曰："蛙鸣非版也。"奇恍然，诣方丈剖露。佛眼禅师曰："岂不见罗睺罗。"奇遽止曰："和尚不必举，待去自看。"未几有省，乃占偈曰："梦中闻版响，觉后虾蟆啼。虾蟆与版响，山岳一时齐。"由是益加参究，洞臻玄奥。佛眼屡举分座，且力辞曰："世奇浅陋，岂敢妄作模范。况为人解粘去缚，如金篦刮膜，脱有差，则破睛矣。"佛眼美似偈曰："有道只因频退步，谦和元自惯回光。不知已在青云上，犹更将身入众藏。"其谦抑自守，见于佛眼之偈。而浮躁衒露好为人师者，闻奇之高风，得不羞哉！②

世奇首座，误以蛙声为净发板声，由此有省。后佛眼命为首座，力辞不领，佛眼以偈美之。世奇事迹，足以为好为人师者榜样。

据《古尊宿语录》卷三十四《佛眼禅师塔铭》：

---

① 《卍新续藏》第79册，第281页下、282页上。
② 《卍新续藏》第83册，第382页上、中。

其参学得法者，无虑数十人。士珪、善悟为之首，而宿松无著道人李法慧颇臻其奥。①

李弥逊称佛眼门人得法者数十人，以士珪、善悟为上首，此说是当时公认的。然而他又特别提及无著道人李法慧，称其颇臻佛眼之奥。法慧，号无著道人，俗姓李，大概在宿松一带传法。《嘉泰普灯录》没有提到他的名字，大概后世并不知名。

据《古尊宿语录》卷三十：

蒋山送无著道人归舒州

已礼云中塔，更瞻堂上师。方思江水北，共集定林西。
一句无多子，千差永不疑。到家勤爱护，此道少人知。②

这是佛眼晚年宣和初在蒋山闲居时所作，看来他确实有门人号无著道人，无著到蒋山礼师，师徒二人一起游定林寺。佛眼叮咛他爱护此道，归乡之后努力用功，看来他确实属于佛眼喜爱的门人之一。

据《古尊宿语录》卷三十：

无著道人求赞

植杖望云何处，空山独立凝情。愧我萧然无物，谢伊装点相成。③

这是佛眼为无著所题真赞，佛眼鼓励无著积极有为，光大宗门。

据《语录》，佛眼还有门人悟首座（善悟）、珪首座（士珪）顺知藏（法顺）、渊禅人、如大师（法如）、贤监院（正贤）、肱维那、勤禅人、昕侍者、元侍者、小师崇戒、无著道人等求赞。另有光道人、常侍者、小师崇坚、小师崇木（俗姓葛）等。

---

① 《卍新续藏》第68册，第228页中。
② 同上书，第200页上。
③ 同上书，第201页中。

元侍者，即天竺觉元，据《北磵集》卷七，他曾经血书《华严经》八十一卷为八卷，外看经人名氏一卷，大资薛昂作记并跋，圆悟克勤、冯济川皆随喜赞叹。

据《嘉泰普灯录》卷十六：

遂宁府西禅文琏禅师

郡之长江人，族张氏，天姿颖迈，幼从乡先生赵嗣业，颇通儒，赵以远大期之，师飘然有出尘志，径依崇福院希澄，年二十三薙发，诣成都表言讲席，听《圆觉》、《起信》，深得其旨。会圆悟归昭觉，往依之，久无所入。遂东下谒谷隐显、洞山渊，复无所证。晚抵龙门，宴坐忘寝食。佛眼怜其为道之笃，一夕，携师纵步至普现坡下，顾师曰："望州亭与汝相见了也，乌石岭与汝相见了也。"师于言下证无生忍，佛眼翌日登堂对众印之，道誉籍甚。阅三年，以母老丐还，眼赠以偈曰："乌石岭，望州亭。意未举，道先成。十年辛苦游江海，此日言归不问程。桑梓无别路，行藏在守护。果熟自然香，记取来时步。"复书曰："禅者琏上人，操心珠，入龙岫，得之还故丘，不忘本也。"仍率罢参宿衲数十饯之。于是泝流归肆业，筑堂高隐。

靖康元，郡守更西禅律居，迎师开法。上堂曰："一向怎么去，直得凡圣路绝，水泄不通，铁蛇钻不入，铁锤打不破，至于千里万里，鸟飞不度。一向怎么来，未免灰头土面，带水拖泥，唱九作十，指鹿为马。非唯辜负先师，亦乃埋没己灵。敢问大众，且道怎么去底是？怎么来底是？芍药华开菩萨面，? 桐叶散夜叉头。"上堂："诸方浩浩谈玄，每日撞钟打鼓。西禅无法可说，勘破灯笼露柱。门前不置下马台，免被傍人来借路。若借路，须照顾，脚下若参差，邯郸学唐步。"上堂："心生种种法生，森罗万象纵横。信手拈来便用，日轮午后三更。心灭种种法灭，四句百非路绝。直饶达磨出头，也是眼中著屑。心生心灭是谁，木人携手同归。归到故乡田地，犹遭顶上一锤。"上堂："正月孟春犹寒，直下言端语端。拈起衲僧鼻孔，穿开祖佛心肝。知有者，达磨不来东土，二祖不往西天；不知有者，谁知当面蹉过，迢迢十万八千。山僧为你重说偈言，大众，莫教辜负，孟春犹寒。"上堂。

举：外道问佛："今日说甚么法？"曰："说定法。"明日又问："今日说甚么法？"曰："不定法。"云："昨日为甚么定？今日为甚么不定？"曰："昨日定，今日不定。"师曰："作日与今日，说定说不定。寰中天子敕，塞外将军令。外道当年入梦乡，直至如今犹未省。"僧问："师子未出窟时如何？"曰："爪牙已露。"云："出窟后如何？"曰："龙头蛇尾。"云："出与未出时如何？"曰："正好吃棒。"问："以一重去一重即不问，不以一重去一重时如何？"曰："阇梨有许多工夫。"

绍兴十四年十一月，忽示疾，二十八日，端坐训徒。手书命本院书记希秀嗣法住持，捐囊资益田。瞻众嘱累讫，有请以颂者，师曰："先师龙门最后垂范，尝曰：'无世可辞，无法可说，无颂可留。'吾岂负先师意耶？"语卒而化。寿七十二，腊五十一。[①]

文琏禅师（1073—1144），遂宁长江人，俗姓张，生于熙宁六年（1073），天资聪颖，幼从乡先生起嗣业习儒，有出尘之志，依崇福院希澄，绍圣二年（1095）年二十三剃度，至成都，依表言法师，听《圆觉》《起信》，深得其旨。圆悟归蜀，住持昭觉，依之无所入，出关谒谷隐显、洞山渊，亦无所证。晚抵龙门，终日宴坐，佛眼一日举雪峰之语，言下证悟，得无生忍，佛眼为其升堂告众，予以印可。三年之后，因母老求归，佛眼赠之以偈。

靖康元年（1126），郡守革西禅律居为禅寺，迎师开法。绍兴十四年（1144）十一月示疾，命本院书记希秀嗣法住持。入灭，寿七十二，腊五十一。

据《嘉泰普灯录》卷二十：

西禅文琏禅师法嗣
遂宁府西禅第二代希秀禅师

上堂，曰："秋光将半，暑气渐消。鸿雁横空，点破碧天似水；猿猱挂树，撼翻玉露如珠。直饶对此明机，未免认龟作鳖。且道应时应

[①]《卍新续藏》第 79 册，第 390 页下、391 页上。

节一句作么生道？野色并来三岛月，溪光分破五湖秋。"①

希秀禅师，绍兴十四年（1144）继师住持遂宁西禅。其说法，文辞优美，意境深远，可惜在世机语不多。

据《嘉泰普灯录》卷十六：

南康军归宗真牧正贤禅师

潼川郪县人，族陈氏，世为名儒。幼从三圣海澄为苾刍，具满分戒。游成都，依大慈秀公习经论，凡典籍过目成诵，义亦顿晓，秀称为经藏子。正觉显禅师见之，令著鞭荷负大法。会圆悟禅师来居昭觉，悟勉之南询，乃谒死心、灵源、湛堂，皆蒙委寄，遂扣佛眼。一日入空（室），眼举：殷勤抱得旃檀树。语声未绝，师即顿悟。眼曰："经藏子漏逗了也。"自是与师商确渊奥，亹亹无尽。眼称善，因手书真牧二字授之。

绍兴己巳，归宗虚席，郡侯以礼请，坚卧不应。宝文李公懋尝问道于师，同属宫强之，乃就。上堂曰："且第一句如何道？汝等若向世界未成时、父母未生时、佛未出世时、祖师未西来时道得，已是第二句，且第一句如何道？直饶你十成道得，未免左之右之。"卓拄杖。下座。上堂。良久，召大众曰："作么生？若也拟议，贤上座瞒你诸人去也，打地和尚嗔他，秘魔岩主擎个叉儿，胡说乱道，遂将一捆成虀粉，散在十方世界。还知么？"举拂子曰："而今却在拂子头上说一切智智清净，无二无二分，无别无断故。还闻么？阎老子知得。"乃云："贤上座，你若相当去，不妨奇特，或不相当，总在我手里。只向他道：阎老子，你也退步摸索鼻孔看。"击禅床，下座。僧问："久点斯要，已泄真机。学人上来，请师开示。"曰："耳朵在甚么处？"云："一句分明该万象。"曰："分明底事作么生？"云："台星临照，枯木回春。"曰："换却你眼睛。"②

---

① 《卍新续藏》第79册，第413页上、中。
② 同上书，第392页下、393页上。

正贤禅师（1084—1159），号真牧，潼川郪县人，俗姓陈，世为名儒。幼时从三圣海澄出家受具，后游成都，从大慈重透法师习经论，过目成诵，号经藏子。正觉宗显见之，令参悟大法。崇宁初（1102），会圆悟克勤来住昭觉，勉励他南下参方。出关至黄龙，谒死心祖心，时灵源惟清居昭默堂，往来咨扣。又到宝峰参湛堂文准等黄龙派高僧，皆蒙印可。后参佛眼，一日入室，佛眼举"殷勤抱得旃檀树"，语声未绝，他便顿悟，得师认可。自此机锋敏捷，佛眼称善，手书"真牧"与之。其后再参圆悟，嘉其大成。

据《僧宝正续传》卷二：

> 云居真牧和尚谓人曰："出关走江淮，阅三十年，参一十八人善知识。于中无出佛果、佛眼、死心、灵源、湛堂五大士而已。"①

这表明他参学之广，历时之久，所推崇者，佛眼之外，惟佛果克勤、死心祖心、灵源惟清、湛堂文准四人。

高庵善悟宣和二年（1120）住持云居之时，他为维那，扶持同门。

据《禅林宝训》卷三：

> 山堂同韩尚书子苍、万庵颜首座、贤真牧避难于云门庵。韩公因问万庵："近闻被李成兵吏所执，何计得脱？"万庵曰："昨被执缚，饥冻连日，自度必死矣。偶大雪埋屋，其所系屋壁无故崩倒，是夜幸脱者百余人。"公曰："正被所执时如何排遣？"万庵不对。公再诘之，万庵曰："此何足道！吾辈学道以义为质，有死而已，何所惧乎？"公颔之。因知前辈涉世，祸害死生皆有处断矣（《真牧集》）。②

建炎四年（1130），李成进占江淮，绍兴元年（1131）占领江州，张浚率岳飞等前来讨伐，收复江南失地。山堂道震与韩子苍、万庵道颜、真牧正贤避难于云门庵，万庵讲了他脱险故事。这表明真牧正贤此时与万庵同

---

① 《卍新续藏》第 79 册，第 562 页上。
② 《大正藏》48 册，第 1031 页上、中。

在云门庵避难。

绍兴四年（1134），大慧宗杲入闽，将所居云门庵委之，韩驹赠之以诗，竹庵士珪亦称其为"龙门一麟"。

绍兴十九年（1149），庐山归宗虚席，宝文阁待制李公懋曾问道于他，强之住持，乃就。李公懋，南康军建昌人，字子勉。高宗建炎二年进士。历江西提举，召对陈五事，擢监察御史。高宗驻跸建康，公懋力排秦桧请还临安之议，以为不可，疏三上不报，出为湖北提点刑狱，徙福建、潼川，官终湖南转运使。张九成称其心如铁石，使临大节，必有可观。

其升堂说法，直指第一句，传向上一路，透佛祖真机，发人深省。

绍兴二十三年（1153），迁云居，法席之盛，冠于诸方。二十九年（1159）入灭，寿七十六，腊五十七。

真牧正贤貌古气刚，志大心慈，孤节苦行，平时似讷于言，说法则辩才无碍，以身作则，精严奉法，礼敬下人。著有《华严指南》、《宝藏论发隐》、《补僧史》八书、《笔论》一编，《语录偈颂》一卷，行于世。

据《嘉泰普灯录总目录》卷三：

归宗真牧正贤禅师法嗣二人

（汉州无为了悟禅师　江州永福嗣衡禅师）

（已上机语未见）[①]

据《嘉泰普灯录》卷十六：

湖州道场正堂明辩禅师

本郡人，族俞氏，年十九，事报本蕴禅师。圆颅受具，辞谒径山妙湛慧禅师。慧移补净慈，因与月堂昌、翠岩宗往扣保宁玑禅师及诸名宿。晚依佛眼。眼问："从上祖师方册因缘许你会得？"忽举拳曰："这个因何唤作拳？"师拟对，眼筑其口曰："不得作道理。"于是顿去知见，遂作礼。眼曰："这钝汉。"师笑而趋出。后造道林，参圆悟禅

[①] 《卍新续藏》第79册，第284页下。

师，深蒙印可，既而旋里，父母亡，乃庐其墓。待制葛公胜仲访师议论，警合守郡日檄徐簿敦济，以天圣致请，师遁古墓中，使者往返数四，后为吏所迹，不得辞。久之，左丞叶公梦得以积善命为第一祖，谢事庵居，作颂古百首。继住何山，众数千指。又迁道场，徙卫林，为鼻祖。……绍兴二十七年二月上澣，游寺之西原，指地谓侍僧，令役工治小塔。三月旦，示少恙。翌日，卫侯遣医来，师笑曰："药能愈人，世无死者。"寄语卫公佐国厚自重。初六日，侍僧告塔将就，师遣击鼓集众，师登座，拈拄杖于左边卓一下，曰："三十二相无此相。"于右边卓一下，曰："八十种好无此好。僧瑶一笔，画成志公，露出蒿草。"又卓一下，顾大众曰："莫懊恼，直下承当休更讨。"下座，归方丈。俨然趺坐而逝，寿七十有三，夏五十有四。火后，收灵骨设利藏所建之塔，曰仙人山。①

明辩禅师（1085—1157），号正堂，湖州人，俗姓俞，元丰八年（1085）出生，崇宁二年（1103）十九岁师从报本蕴禅师，落发受具。后到径山，师事妙湛思慧禅师，思慧补净慈，因与月堂道昌（1089—1171）、翠岩闻庵嗣宗（？—1153）一起参保宁圆玑禅师（1036—1118）及长灵守卓等名宿。在守卓会中，他还结识了育王无示介谌（1080—1148）等人，后来育王介谌入绍兴十八年（1148）灭时，还有遗书给他，表明二人关系密切。

后于大观中依龙门佛眼，佛眼举拳示之，始拟对，佛眼忽筑其口，道不得作道理，于是顿去知见，豁然有省。政和初，圆悟迁道林，往参之，深蒙印可。不久归里，父母亡，庐墓守孝。

葛胜仲（1072—1144），字鲁卿，江阴人，绍圣四年（1097）进士，宣和四年（1122）十月自大中大夫、充显谟阁待制知湖州，六年（1124）九月初六移邓州安抚使，建炎四年（1130）至绍兴元年（1131）再知湖州。②

---

① 《卍新续藏》第79册，第393页上、第394页中。
② 沈文泉编著：《湖州古代主官列表》，杭州：浙江古籍出版社2014年09月版，第188、189、196、197页。

两知湖州，政绩显著。

宣和五年（1123），太守葛胜仲与其议论契合，命徐簿淳济，请居湖州天圣，辞之再三，不得已就任。左丞叶梦得建炎三年（1129）归湖州，以积善命为开山第一祖。后谢事庵居，作颂古百首。住持何山，门下数百。绍兴十六年（1146）左右，再迁道场，二十三年（1153）重刊《慈明四家录》。

约在绍兴二十四年（1154），徙卫林，为开山祖。绍兴二十七年（1157）入灭，寿七十三，腊五十四。

据《嘉泰普灯录》卷十六：

> 问："如何是曹洞宗？"曰："鹤宿梧枝。"云："如何是云门宗？"曰："木马上金梯。"云："如何是沩仰宗？"曰："目前无异草。"云："如何是临济宗？"曰："我终不向你说。"问："如是何佛？"师乃鸣指三下。[①]

正堂明辩对于诸家宗旨有独到的解释，认为曹洞如凤栖梧桐，人境俱高，云门是木马登金梯，高古难测，沩仰所见皆是，临济则终不可说。如何是佛，鸣指三下，会则三关俱透，不会则三毒炽盛。此外，他对临济四喝亦有解释。

据《丛林盛事》卷一：

> 辨正堂，嗣佛照（眼）。初，道价不振，盖初机罕识之。渠家风严冷，众皆畏惮之。凡遇供日，但挂牌一次，主事有白之者。辨曰："我已挂牌了也，如何又虚费常住？金刚圈、栗棘蓬且又不会吞透，恰要家常饭。"主事不敢进语。后因赞达磨云："升元殿前忾㦚，洛阳峰畔乖张。皮髓传成话霸，只履无处埋藏。咦！不是一番寒彻底，争得梅华扑鼻香。"雪堂见之，奇之曰："先师犹有此人在。只消此赞，可以

[①] 《卍新续藏》第79册，第394页上。

坐断天下人舌头。"由是衲僧竞奔凑,后居雪之道场山,众盈五百。①

正堂家风严冷,初机难辨,故初时道价不振,后来同门雪堂道行为其鼓吹,衲僧竞至,居道场时,众过五百。

在湖州道场时,他还接待过双槐居士郑禹功参议,郑禹功为佛灯守珣门人,后亦参大慧宗杲。

据《枯崖漫录》卷二:

> 铁牛印禅师曰:"正堂辩和尚与日书记书云:'若要道行黄龙一宗振举,切不可缔章绘句晃耀于人,禅道决不能行。古有规草堂,近有珪竹庵,更有个洪觉范,至今士大夫只唤作文章僧,其如奈何。如公颂三日耳聋与女子出定,非彻见渊源,何为至此。勿以小小而碍大法道。不独明辩一己之私,诸方宿老皆如此议。知我罪我,在于此书,万万察之。'此语切中今时之病,学者不可忽也。"②

正堂还劝告黄龙派的日书记,不要卖弄文字,否则道不可行,若被士大夫称为文章僧,却是禅门悲剧。鼓励他大兴黄龙之道,不要因为文字小事而妨碍大法。这一资料出自佛照德光门人铁牛印,非常可靠。

据《普觉宗杲禅师语录》卷二:

正堂辩和尚

> 传佛眼道,说逸格禅。不立窠臼,不滞语言。作自得之鼻祖,为丛林之美传。夫是之谓正堂老人,乃得鱼而忘筌者也。③

大慧宗杲在绍兴二十七年(1157)住持育王时,为其作语录序,并为之作赞,评价甚高。后来月江正印亦引其"我疑千年苍玉精,化为一片秋

---

① 《卍新续藏》第86册,第692页上、中。
② 《卍新续藏》第87册,第37页下。
③ 《卍新续藏》第69册,第648页中。

水骨。海神欲护护不得，一夜鳌头忽擎出"之偈颂，表明他在当时后世都有相当大的影响。

《嘉泰普灯录总目录》卷三：

道场正堂明辩禅师法嗣五人（二人见录）
平江府觉报清禅师　湖州何山然首座
（湖州道场言禅师　成都府正法济禅师
成都府金绳勤禅师）
（已上机语未见）①

据《嘉泰普灯录》卷二十九：

送及禅人
马面夜叉才稽首，牛头狱卒便擎拳。洞宾唱个陶甄理，脱壳乌龟飞上天。②

及禅人，亦为正堂门人，事迹不详。
据《嘉泰普灯录》卷二十一：

道场正堂明辩禅师法嗣
平江府觉报清禅师
上堂。举：僧问云门："如何是诸佛出身处？"门云："东山水上行。"师曰："诸佛出身处，东山水上行。石压笋斜出，岸悬华倒生。"③

清禅师，住持平江觉报，事迹不详，只有一颂传世。诸佛出身，无人能明，笋压斜长，花可倒生。

---

① 《卍新续藏》第79册，第285页上。
② 同上书，第478页下。
③ 同上书，第417页中。

据《嘉泰普灯录》卷二十一：

湖州何山然首座

姑苏人也，侍正堂之久。入室次，堂问："猫儿为甚么偏爱捉老鼠？"曰："物见主，眼卓竖。"堂欣然，因命分座。淳熙初，终于此山。①

然禅师，苏州人，事正堂日久，一日正常问其猫儿为何偏爱捉老鼠，他道是物见其主。正堂命其分座说法。淳熙初，终于何山。

据《续传灯录目录》卷三：

道场辩禅师法嗣六人

觉报清禅师　何山然首座（已上二人见录）
正法济禅师　能仁朋禅师
金绳勤禅师　道场言禅师（已上四人见录）②

此处增加了能仁朋禅师，不知何据。

第三节　高庵善悟一系

据《僧宝正续传》卷四：

云居悟禅师

禅师名善悟，生李氏，洋州兴道人也。舍家诵经，得度具戒，夙慧警敏。初闻冲禅师举达磨廓然无圣之语，即曰："我既廓然，何圣之有？"冲奇其语，发之南询。周流舒蕲间，参叩宗匠。抵龙门见佛眼禅师，闻举云门语云："直得山河大地无纤毫过患，犹是转句，不见一

---

① 《卍新续藏》第 79 册，第 417 页中。
② 《卍新续藏》第 83 册，第 29 页下。

色，始是半提，更知有全提始得。"师心有契，遂依止焉。一夕，佛眼谓曰："汝闻孤鸾对舞乎？昔有二鸾，每对舞，尝丧其一，止不复舞。智者以鉴向之，孤鸾顾见自影辄舞。"师豁然悟。一日猫执鼠过前，佛眼指以示师。师曰："皖公山倒。"佛眼喜之。因命分座说法。尝举德山夜参因缘曰："悟上座今夜亦不答话，或有僧出，只向道：你许多时向甚处去来？"佛眼动容曰："吾高枕矣。"自是道声四驰。

宣和初，出世吉州天宁，明年徙南康之云居，宗风大振。师性方严，语不妄发，以身循众，虽祁寒酷暑，必伴众，夜卧三椽下，有怠堕起不时者，必扣枕以警之。凡方丈服用之具皆虚设，而未尝御也。自号高庵。时泐潭祥禅师，雅自标置，大抵与师德望相埒，而苦节堪忍得众，则师过之。阅七年，圆悟禅师得旨住云居，有敕移师金山，以疾固辞。明年，圆悟归蜀。南康守复师云居，寻以兵乱谢去，避地天台，寓居韶国师庵。绍兴二年，台州得旨，革浮山鸿福寺为禅居，遴选大有道者畀之。郡守以屈师，师固辞，即请于朝，六月命下，师不获已，诺之。时参徒裹粮而从者，尚以百数。一日，举世尊垂入灭示胸前卍字因缘，乃披襟谓众：瞻仰取足，无令后悔。既而曰："吾衰矣，盖归故山之三塔乎。"僧曰："方领浮山奈何？"师曰："死可以住持而留邪？"僧曰："几时可去？"师曰："俟有人提草鞋即去。"曰："某甲去得否。"师曰："解插嘴即得。"僧曰"诺，诺。"师笑而止。七月一日，侍者趣办行，师不答，明日昼寝起，语如平时，遽挥侍僧曰："去去。"僧退，少选候之，则已趺坐而逝，住世五十有九，安居四十一夏，灵骨舍利一归云居之三塔，一葬浮山，祀为始祖焉。①

善悟（1064—1132），号高庵，洋州兴道人，俗姓李，生于治平元年（1064），元丰四年（1081）十八岁出家受具，闻冲禅师举达摩见梁武帝公案，便道自既廓然无物，何圣之有，冲禅师知为法器，便勉其南行。于淮南一带参扣宗匠，曾经参过佛鉴惠勤。

据《禅林宝训》卷二：

---

① 《卍新续藏》第79册，第572页上、中。

高庵悟和尚曰："予初游祖山，见佛鉴小参，谓'贪欲瞋恚过如冤贼，当以智敌之。智犹水也，不用则滞，滞则不流，不流则智不行矣。其如贪欲瞋恚何？'予是时虽年少，心知其为善知识也，遂求挂搭。"（《云居实录》）。①

祖山，即五祖寺，善悟游五祖，当在五祖法演住持、惠勤为首座之时，当在绍圣四年（1097）前后。惠勤小参，强调智慧如水，用则流通，可敌三毒，给善悟留下了深刻的印象，故求入寺，他后来应当多年追随惠勤，亦由此结识佛眼。

据《禅林宝训》卷四：

拙庵曰："佛鉴住太平，高庵充维那。高庵齿少气豪，下视诸方，少有可其意者。一日，斋时鸣楗，见行者别器置食于佛鉴前，高庵出堂厉声曰：'五百僧善知识作遮般去就，何以范模后学？'佛鉴如不闻见。"逮下堂询之，乃水齑菜。盖佛鉴素有脾疾，不食油。故高庵有愧，诣方丈告退。佛鉴曰："维那所言甚当。缘惠勤病乃尔。尝闻圣人言：以理通诸碍，所食既不优于众，遂不疑也。维那志气明远，他日当柱石宗门，幸勿以此芥蒂。"逮佛鉴迁智海，高庵过龙门，后为佛眼之嗣。②

惠勤元符二年（1099）住持太平时，高庵为维那，年少气盛，睥睨诸方，一日见惠勤别器置食，以为他与众不同，后来才得知不过是水齑菜，并非什么待遇。高庵自觉惭愧，准备告退，惠勤劝他不必介意。后来惠勤政和二年（1112）迁智海，高庵未随行，到龙门，参佛眼禅师。佛眼举孤鸾舞影故事，善悟豁然大悟，佛眼命其分座说法，闻其举德山公案，大为欣赏，道是有此子在，吾可以高枕无忧矣。

宣和元年（1119），出世吉州天宁，二年（1120）迁云居。住持七年，

---

① 《大正藏》第48册，第1026页中。
② 同上书，第1036页下、1037页上。

至靖康元年（1126），师伯圆悟克勤自金山称云居，朝旨命二人对换，使善悟住持金山，他称疾未行，退居东堂。二年（1127），圆悟归蜀，南康太守命其再主云居，未久，胡马南下，他避乱天台，居德韶国师旧庵。绍兴二年（1132），革浮山鸿福为禅寺，台州太守请其为开山，他不愿出山，无奈朝旨已下，不得已六月住持，七月一日便入灭，俗寿五十九，僧腊四十一。舍利归云居三塔及浮山，两处供养。

据《大慧普觉禅师语录》卷九：

> 为高庵悟和尚挂真。拈真？示众云："莲华峰顶真实说，三塔归来重泄机。两处路头俱剔脱，刹尘无不尽光辉。光辉则是人知有，且道高庵老人本来面目何在？还委悉么？生佛未具，世界未形，直是眉目分明，十分显露。有人向这里识得，便与此老把手共行，不向？子上挢量名貌。其或未然，云门不免随例颠倒去也。"遂展开云："还见么？这个若是，则有两个，这个若非，当面蹉过。不蹉过，没两个。祖堂无位次安排，痴兀轩中且闲坐。"①

高庵善悟为佛眼最为杰出的门人之一，与竹庵士珪齐名。其住持有方，深得时人及后世尊敬。

据《禅林宝训》卷二：

> 佛鉴曰："佛眼弟子，唯高庵劲挺，不近人情。为人无嗜好，作事无觊援。清严恭谨，始终以名节自立，有古人之风。近世衲子，罕有伦比。"（与耿龙学书）。②

佛鉴对于高庵十分了解，也最为欣赏，称其有古人之风，非近世衲子所能比，这一评价极高。

据《大慧普觉禅师宗门武库》卷一：

---

① 《大正藏》第47册，第849页中、下。
② 《大正藏》第48册，第1025页下、1026页上。

云居悟和尚在龙门时，有僧被蛇伤。佛眼问曰："既是龙门，为什么被蛇咬？"悟即应曰："果然现大人相。"后传此语到昭觉，圆悟云："龙门有此僧耶，东山法道未寂寥尔。"①

既在龙门，为何反被蛇咬？善悟答道果然现大人之相，慈悲示现，不伤物类。此语传到圆悟克勤那里，对其称赏不已，称其能兴东山法道。

据《人天宝鉴》卷一：

雪堂行和尚云："高庵为人端劲，动静有法。处己虽俭，与人甚丰。闻人有疾如出诸己，至于苍头厮役，躬往候问，听其所须。及死，不问囊箧有无，尽礼津送。其深慈爱物，真末世之良轨。（怡云录）②

高庵律己甚严，生活随众，方丈中物，存而不用，对人则十分慈悲，无论地位高低，都尽心对待，特别是老病之人，生亲自探视，死则尽力发送。其品格之高，在当时得到公认。

据《嘉泰普灯录》卷二十：

云居高庵善悟禅师法嗣
婺州双林用禅师

郡之金华人，族戴氏。年十四，往智者寺出家，试所习得度，乃游江表。初谒长芦信、保宁玑、甘露卓，后至龙门。久之，高庵过庐陵天宁，迁云居，师随至。一日，庵升座，举：僧问投子："如何是十身调御？"投子下禅床，叉手而立。师闻，罔知所诣。归坐纸帐中，因垂手褰帐，忽悟。由是往来三佛会下，皆蒙肯诺。初住闽之中际，次居东西二禅，后补天宁双林。

上堂曰："拈槌竖拂，祖师门下，将黄叶以止啼；说妙谈玄，衲僧面前，望默林而止渴。际山今日去却之乎者也，更不指东画西，向三

---

① 《大正藏》第47册，第950页上。
② 《卍新续藏》87册，第19页上。

世诸佛命脉中、六代祖师骨髓里，尽情倾倒，为诸人说破。"良久，曰："啼得血流无用处，不如缄口过残春。"①

德用（据《五灯会元》），婺州金华人，俗姓戴，十四于智者寺出家，得度之后，游方江表，参长芦崇信、保宁圆玑（1036—1118）、甘露守卓（1065—1123）。政和年间到龙门，后随高庵于宣和元年（1119）住持吉州天宁，次年到云居，一日高庵升座，举僧问投子公案，当时不觉，归坐帐中，垂手褰帐之际，忽然开悟。后为监寺，宽以待人。

据《禅林宝训》卷三：

> 雪堂曰：高庵住云居，普云圆为首座，一材僧为书记，白杨顺为藏主，通乌头为知客，贤真牧为维那，华侄为副寺，用侄为监寺，皆是有德业者。用侄寻常廉约，不点常住油。华侄因戏之曰："异时做长老，须是鼻孔端正始得，岂可以此为得耶？"用侄不对。用侄处己虽俭，与人甚丰。接纳四来，略无倦色。高庵一日见之曰："监寺用心固难得，更须照管常住，勿令疎失。"用侄曰："在某失为小过，在和尚尊贤待士，海纳山容，不问细微，诚为大德。"高庵笑而已。故丛林有"用大碗"之称（《逸事》）。②

高庵住持云居，普云自圆为首座，雪巢法一（1083—1158）为书记，法顺为藏主，法通为知客，正贤为维那，昙华为副寺，都是一时之选。

德用为监寺，律己甚严，不点常住之油，待人宽厚，接待四方，常用大碗，故丛林有"用大碗"之号。

德用悟道之后，往来三佛门下，皆蒙印可。后来出世福州中际，再迁东禅、西禅，最后住持婺州天宁双林。

其上堂说法，是在中际之时，故号际山。他指出，拈槌竖拂，不过黄叶充金，谈玄说妙，也是望梅止渴。今日不惜口业，为大众说破，还闻么？

---

① 《卍新续藏》87册，第413页中。
② 《大正藏》第48册，第1029页上、中。

杜鹃啼血无用处，不如缄口度残春。

据《嘉泰普灯录》卷二十一：

> **双林用禅师法嗣**
> **婺州三峰卯禅师**
> 上堂。举野狐话曰："不落不昧，诬人之罪。不昧不落，无绳自缚。可怜柳絮随春风，有时自西还自东。"①

卯禅师，《目录》作"建宁府三峰印"，故当作印禅师，他住持婺州三峰，事迹不详。

举百丈野狐话，道不落因果、不昧因果，只是陷人以罪，实无差别，不昧不落，也是无绳自缚，本无因果，自取系缚。自不得力，有如柳絮随风西东，看似潇洒，实不自在。

据《罗湖野录》卷二：

> 温州江心龙翔肱禅师，天资严重，能踪迹其师高庵悟公之为人。其偈句亦精妍，丛林颇传诵之，因谢事龙翔，游雁荡，戏题龙鼻水以见意曰：雨足云收得暂闲，谩将头角寄空山。鼻端一滴无多子，引得人人到此间。肱后住筠阳洞山，退寓云居三塔而终。然云居乃受道之地，流行坎止。任之以缘，复与高庵冥会，此非偶然耳。②

肱禅师，《嘉泰普灯录总目录》卷二称"福州灵瑞肱禅师"，无机缘语句，看来他曾经住持福州灵瑞，后住温州江心，迁江西洞山，最后寓居云居三塔而终。他天资过人，偈颂精绝，有乃师之风，可惜资料不足。其门人"潭州福严杰禅师"，亦仅存名字。

据《嘉泰普灯录》卷二十：

---

① 《卍新续藏》79 册，第 420 页中。
② 《卍新续藏》83 册，第 389 页中。

台州万年无著道闲禅师

郡之黄岩人，族洪氏。年二十六，师芭蕉庵主，以中选籍名九峰兴善院得度。未久，历诸老之门。晚至欧峰，机语顿契。绍兴壬戌，以天台太平兴国为万年报恩光孝，敕师居之。

上堂曰："全机敌胜，犹在半途；啐啄同时，白云万里。才生朕兆，已落二三；不露锋铓，成何道理。且道从上来事合作么生？诬人之罪，以罪加之。"

上堂："荡荡无迂曲，明明透古今。晓云笼碧岫，残叶落疏林。脱体全收放，当堂定浅深。饶君亲荐得，未是我智音。"

上堂，举：临济侍德山次，山云："今日困。"济云："这老汉寐语作么。"山便打，济掀倒禅床。雪窦云："二员作者具啐啄同时眼，有啐啄同时用，雪窦拟向饥鹰爪下夺肉，饿虎口里争餐。敢谓德山、临济俱是瞎汉。有人辨得，天下横行。"师曰："然则栴檀、薝卜，气不相饶，鸳鸯、麒麟，瑞无私出。为甚么雪窦道俱是瞎汉？选佛若无如是眼，假饶千载亦奚为。"

上堂，举：乾峰示众云："举一不得举二，放过一著，落在第二。"云门出众云："昨日有人从天台来，却往径山去。"峰曰："典座来日不得普请。"师曰："相见不须瞋，君穷我亦贫。谓言侵早起，更有夜行人。"丁卯九月壬申，书偈而寂。①

道闲，号无著，台州人，俗姓洪，二十六岁出家，师芭蕉庵主，中选得度，隶名九峰兴善院。其后游方，历诸宗师，后到云居，参高庵，悟道。据《云卧纪谭》卷二：

闲禅师者，初参高庵悟公于云居。悟问："乡里甚处？"对曰："天台。"悟曰："天台石桥倒，是否。"闲趋前，以手披。悟笑而已。悟平居喜举玄沙示众，因我得礼你话，闲闻有省，以颂呈悟曰："因我礼你，鱼腮鸟嘴，更问如何？白云万里。"未几，辞归故居，高自标致，

---

① 《卍新续藏》79册，第413页中、下。

继通安问于悟。得其所报曰："此事须是力行，久久自然灵验。向来因我得礼你颂，可谓通古冠今矣。"自尔道价四驰，为时宗仰。郡守革万年律居而为禅席，命闲权舆焉，乌巨雪堂行禅师视闲为犹子，游天台，闲请其升座。行有颂曰："因我得礼你，天台石略彴。今古往来人，几个亲踏著。"闲之为人庄重，能踪迹其高庵。迁数刹，而终老于云居三塔云。①

此处记载师徒相见机语，高庵问天台石桥倒否，道闲当即目前扶持。高庵举玄沙因我得礼尔话，道闲闻之有省，以偈相呈，得师认可。后返天台，道价远传，四方闻名。绍兴十二年（1142），革天台太平兴国律寺为万年报恩光孝禅林，请为住持。师叔乌巨雪堂道行对其十分看重，到天台，说法示偈，称赞有加。他后来数主大刹，最后终老于云居三塔，绍兴十七年（1147）九月入灭。

据《嘉泰普灯录》卷二十：

福州中际能禅师

严陵人也，往来龙门、云居有年，未有所证。一日，普请择菜次，高庵忽以猫儿掷师怀中。师拟议，庵拦胸踏倒，于是大事洞然。所至宗匠倒屣。绍兴甲子春，入闽，抵中际，岁余，遂继席。上塔曰："万古长空，一朝风月，不可以一朝风月昧却万古长空，不可以万古长空不明一朝风月。且如何是一朝风月？人皆畏炎热，我爱夏日长。熏风自南来，殿阁生微凉。会与不会，何忌承当。"僧问："国师三唤侍者，意旨如何？"曰："路侧转身难。"云："万象之中独露身，又作么生？"师举拳示之。②

善能，严陵人，往来龙门、云居多年，未有契语，一日择菜之际，高庵忽以猫儿掷其怀中，他拟议，高庵拦胸踏倒，他顿悟玄机，心中豁然。

---

① 《卍新续藏》86 册，第 680 页上。
② 《卍新续藏》79 册，第 413 页下。

所到之处，宗匠倒屣迎之。

绍兴十四年（1144）入闽，到中际，投同门德用，次年（1145）德用迁东禅，继之住持中际。

万古长空，一朝风月，不可以一朝抹杀万古，亦不可以万古轻视一朝，毕竟如何是一朝风月，薰风自南来，殿阁生微凉，日日是好日，时时好风光，无论会与不会，切忌盲目承当。

据《嘉泰普灯录》卷二十：

南康军云居普云自圆禅师

绵之巴西人，族雍氏，年十九，以试经被僧服，留教苑五祀，出关南下，谒谷隐显、开福宁、百丈古。始诣龙门，一日，于廊庑间睹绘胡人，有省，夜白高庵，庵举法眼偈曰："头戴貂鼠帽，腰悬羊角锥。语不令人会，须得人译之。"复筴火示之曰："我为汝译了也。"于是大法明了。呈偈曰："外国言音不可穷，起云亭下一时通。口门广大无边际，吞尽杨岐栗棘蓬。"庵遣师依佛眼，眼谓曰："吾道东矣。"绍兴丁巳，出住荐福，迁云居。上堂，举：僧问云门："如何是透法身句？"门云："北斗里藏身。"师曰："南北东西万万千，乾坤上下两无边。相逢相见呵呵笑，屈指抬头月半天。"①

自圆，号普云，绵州人，俗姓雍，十九岁试经得度，留讲肆五载，南行游方，参谷隐宗显、开福道宁、百丈维古。后到龙门，见胡人画像有省，夜告高庵，高庵举法眼胡人偈，复夹火示之，道是为汝译了也，自圆言下大悟，以偈相呈。佛眼对其也十分器重，谓其为传道之人。

高庵宣和二年（1120）住持云居时，自圆为首座。

绍兴七年（1137），自圆出世荐福。十六年（1146）云居法如入灭，无著道闲继任，十七年（1147）道闲入灭，自圆迁云居，继任住持。大概于二十三年（1153）入灭，因为是年真牧正贤继任云居住持。

---

① 《卍新续藏》79 册，第 414 页上。

第四节　白杨法顺一系

法顺（1076—1139），佛眼重要门人，相关资料有《僧宝正续传》卷四、《联灯会要》卷七、《嘉泰普灯录》卷十六传记等。

据《僧宝正续传》卷四：

白杨顺禅师

禅师讳法顺，绵州魏城文氏子。七八岁时，于夜暗中，视物如昼。父母知其异，因令出家，依香林院奉和得度。游成都，从大慈寺冲悟法师，受《圆觉》《起信》。至"若离于念，名为得入"，研覃久之，持以问悟。悟虑胡不能决，即勉之游方。参谷隐静觉禅师。大观中，佛眼居龙门，道风籍甚，往依之。竭诚累年，备历遮务，未尝有怠色。一夕闻举"水中盐味，色里胶青，决定是有，不见其形"，忽有省。于是离念得入之旨，脱然玄契。明日入室，龙门问："真佛在什么处？"师曰："在不定处。"曰："既是真佛，为甚不定？"师云："若定即非真佛。"龙门异之，因问何以及此，师告以实。门诘之曰："水中盐味，色里胶青，直下作么会？"师曰："不用更会。"龙门可之。自是酬酢，雷动雨泣，众目骇观。

龙门去世，奉舍利入塔已，即首众僧于云居，分座接衲。拂未授手，而户外之屦满矣。建炎初，有旨应寺院之为神霄者，悉还旧贯。于是漕使张公琮首辟临川之广寿，迎师开法。绍兴改元，太守蒋公宣卿徙住白杨。唯老屋数楹，不芘风雨。前此住僧，侈瘟祠以仰给。师至，首击去之。乃大自激昂，多所树立。未暮年，而四方浩然归重。衲子竭蹶而趋之，来者云涌。师不起于座，化卑陋而为宝坊。平居汲汲于接人，垂示勘辨，虽造次不间也。

性鲠介，不苟循时俗。谈道之际，讥诃无所避。或问："东山门下，佛果孤峭，佛眼慈软，二人所得粗细何如？"师正色曰："法顺于闹市中，亲见爷来。汝以软峭粗细为问，无乃谬乎！"其析疑破妄，类如此。尝示众曰："山僧从旦至暮，手脚不曾停住。东廊走过西廊，佛殿又穿厨库。三个和尚般柴，两个匠人牵锯。佛也理会不得，教我如何来注。露出达磨眼睛，打开白杨门户。大众不须更著赵州衫，其下脱却娘生袴。"

江西帅李伯纪慕其道，欲一奉见，以黄龙致请。将命者再至，师坚卧不赴。九年五月一日，集众告别。侍者持纸求颂，师曰："吾平日语固多矣，兹尚何言！"因诫左右，今夕鸡鸣即报我。已而忽自闻开静钟，遂大喝一声。左右惊视之，则已跏趺而逝。阅世六十四，坐四十六夏。火余，目睛齿舌顶骨及所持数珠不烬，舍利五色。塔于寺之西隅。师退然才中人，而神观爽迈，操守坚正。善为偈句，肆笔立成。既卓有声誉，道方盛行而未艾，遽尔去世。四方衲子识与不识，靡不伤感至泣下，其得人心如此。

赞曰：枢密徐公师川曰："善哉！道师明眼，而安步方号，足目俱到。则高庵之所以为兄，白杨之所以为弟也。"诚哉斯言。详观高庵俨临巨刹，卑躬力道，唯众是亲。白杨荒村废寺，激昂崛起，而名跨一时。然二公弘法，俱不满十载。而风教言言，虽百世尚可想见其眉宇。呜呼！盖循道而亡私之效也。比夫异时怙势肆奸、刻众奉己者，何殊粪壤哉！[①]

综合诸书，法顺，四川绵州魏城人，俗姓文，生于熙宁九年（1076），天赋异秉，幼时夜间见物，如同白昼，父母舍之出家，依盐泉香积奉和禅师，元祐八年（1093）十八岁受具。游成都，从大慈寺冲悟法师，受《圆觉》《起信》，至"若离得于念，名为得入"，久不能解，冲悟亦不能答，勉其游方。崇宁初，开始游方，抵襄阳，参谷隐静觉禅师。静觉禅师，即静显，静觉或为其师号，仰山行伟门人，西禅文琏、文殊心道、九顶慧泉、普云自圆皆参之。法顺在谷隐数载，大观初，到龙门，佛眼举傅大士《心王铭》"水中盐味"示之，忽然有省，悟《起信》"离念得入"之旨。佛眼问其真佛在什么处，他道在不定处，佛眼为其为何，他道若是有定，即非真佛，得到佛眼印可。

宣和二年（1120）佛眼入灭，法顺为师建塔之后到云居，始为藏主，

[①] 《卍新续藏》79 册，第 572 页中、572 页上。

后为首座。

据《南宋元明禅林禅宝传》卷五：

> 初顺在龙门时，云居虚席，闻高庵悟表里端劲，趋龙门聘之。悟固辞，佛眼勉其出住，悟仍不就。顺告悟曰："先知觉后知，先觉觉后觉，盖素分也。况云居为江右名刹之首，安众甚便。沾沾小节，奚足喜焉！君应之，顺虽不敏，愿请为辅。"悟乃欣起。于是顺自为藏主，邀贤真牧任维那，通乌头典知客，应庵华莅副寺，德用为监寺，自圆为首座。故佛眼之风大振焉。①

依此说，高庵答应出任云居住持，法顺功劳不少，表明他谦虚下人，成就同门。此说虽为后出，应当有所依据。当时云居人才济济，普云自圆为首座，真牧正贤为维那，法顺自为藏主，通乌头（一说为长芦清了门人北山法通）为知客，应庵昙华为副寺，德用为监寺，故能兴盛一时。

建炎元年（1127），江西转运使张琮请其开法临川广寿。据《同治德兴县志》卷七，张琮，字玉振，饶州德兴人，绍圣元年（1094）进士。

建炎三年（1129），因胡虏南下，退居。临川太守曾纡请大慧宗杲继席，不允。

绍兴元年（1131），抚州太守蒋璨（1085—1159）请住白杨仙林禅寺。蒋璨，字宣卿，号景坡，蒋之奇从子，书法家，善行书，长于大字，风格遒丽，圆媚缜密，历知抚州、通州、扬州、临安府、平江府，官至敷文阁待制、右大中大夫、户部侍郎。蒋璨于建炎初（1127）以右朝散郎知抚州，建炎末请宝峰草堂善清住持曹山，绍兴二年（1132）知台州。

法顺住持白杨，不数年，老屋数间，化为宝坊。绍兴九年（1139）入灭，寿六十四，腊四十六。

法顺性格耿直，不循时俗，谈道之时，直言批评，无所忌讳。操守严正，善为偈颂，可惜道始盛行，而无常忽至。

据《嘉泰普灯录总目录》卷三：

---

① 《卍新续藏》79册，第608页中。

白杨法顺禅师法嗣二人（一人见录）

吉州青原如禅师

（汀州南安岩如禅师）

（机语未见）①

据《嘉泰普灯录》卷二十一：

吉州青原如禅师

僧问："达磨未来时如何？"曰："生铁铸昆仑。"云："来后如何？"曰："五彩画门神。"②

如禅师，住持吉州青原，当在绍兴年间，其他事迹不详。达摩未来，顽铁一团；到来之后，五彩成就。

据《五灯会元》卷二十：

上堂："风吹茆茨屋脊漏，雨打阇黎眼睛湿。怎么分明却不知，却来这里低头立（时绍灯上座闻之，有省，后住婺之广教）。"③

这一记载又见于《续传灯录》等，风吹屋漏，雨打眼湿，分明说法却不知，兀自低头一边立。法顺说法之后，绍灯上座闻之有省，后来住持婺州广教，亦为法顺门人。

第五节　云居法如一系

云居法如为其重要门人之一，当时影响很大。

据《僧宝正续传》卷五：

---

① 《卍新续藏》79 册，第 285 页上。
② 同上书，第 417 页中。
③ 《卍新续藏》80 册，第 417 页上。

云居如禅师

禅师名法如，台州临海胡氏子。依护国瑞禅师，祝发受具，遍参两浙宗匠。闻佛眼禅师居龙门，道价甚重，不远千里造焉。以力参所得质之，佛眼曰："此皆学解，非究竟事，欲了生死，当求妙悟。"师骇然谛信其语。居一日，命为典座，师固辞，以道业未办，佛眼勉之曰："姑就职，是中大有人，为汝说法。"未几，晨兴开厨门，望见圣僧，豁然有省，入见，佛眼曰："这里还见圣僧么？"师于其前问讯叉手立。佛眼肯首曰："向汝道，大有人，为汝说法。"又尝问曰"天台石桥夜来倒了也。"师遽捉住佛眼，佛眼曰："作么。"师曰："又道石桥倒。"佛眼深可之。后造圆悟禅师室，问："汝只参佛眼，为复别见人来？"师曰："亦曾见一人来。"曰："是什么人。"师以手指胸曰："法如。"圆悟曰："汝所见只一星许。"师曰："已是多也。"高庵悟禅师与圆悟相继主云居，皆推师为第一座分席，接衲学者亲之。建炎初，上蓝虚席，洪帅胡直孺命出世，唱佛眼之道。未几，虏骑传城，隐于白水庵，会云居烬于劫火。绍兴初，四易主者，皆以艰难遁去，漕使曾公纡乃以属师，由是宗风大振。师识量冲廓，机变如神，见者靡不詟伏。至于说法莅众，辞气粹温，旌礼贤者，奄有古尊宿之体。阅十余年，幻出宝坊，靖深壮丽，冠绝江表。师益谦损，不自以为功。识者以此高之，且以为弘觉再来也。十六年三月十五日，示疾，升座别众。又十日，沐浴更衣，手写法偈，端坐而化。世寿六十七，僧腊四十二。火灭得舍利，合灵骨瘗于三塔。①

云居法如（1080—1146），号云中，台州临海人，俗姓胡。生于元丰三年（1080），初依护国瑞禅师，祝发受具，时在崇宁三年（1104）。遍参两浙禅林名宿。后闻龙门佛眼道价甚高，望重一时，不远千里参访。告以参悟所得，佛眼认为皆是义理学解，不是究竟，了脱生死，必须妙悟。法如深信不疑，后被任命为典座。初时推辞，佛眼清远勉励他先任职，此间大有人在，为其讲法。不久某日早晨打开斋堂大门，一眼望圣僧，顿时得悟。

---

① 《卍新续藏》79 册，第 574 页下、575 页上。

入丈室见佛眼清远，得其首肯。后来又参圆悟克勤。高庵善悟和圆悟克勤先后住持云居寺，皆以法如为首座。

建炎元年（1127），上蓝虚席，时洪帅胡直孺请其出世，提倡佛眼之道。建炎三年（1129）十一月，金兵进犯洪州，知洪州王子献弃城，南逃抚州，洪州失陷。为避战乱，法如隐居于白水庵。

时云居寺历经战乱，破败不堪，绍兴初，住持四易，皆以艰难离去。漕使曾纡（1073—1135）命法如接任住持，宗风大振。曾纡，字公衮，晚号空青老人，临川南丰人，丞相曾布之第四子，绍兴二年（1132）知抚州，绍兴三年（1133）除江南西路转运副史、司农少卿，四年（1134）提点福建刑狱。① 由此可知，法如应当是绍兴三年（1133）开始住持云居寺。

法如住持云居寺期间，度量广阔，机变如神，见者皆服。说法时语气温和，礼待贤者，有古尊宿之风。十余年后，寺宇焕然一新，闻名江表，宗风大振，法如不自以为功，闻者贤之，皆以为弘觉再来。

绍兴十六年（1146），端坐入灭，寿六十七，腊四十二。舍利入三塔供养。

据《丛林盛事》卷二：

> 云居如，号云中。受经于台之护国，在云居最久。上堂云："山下热如火，山间凉似秋。得居山上者，知是几生修。"卓拄杖云："急著眼脑。"②

此偈后来了堂惟一亦曾引用。法如认为尘世中人烦恼根深，热恼如火，而山居之士心中清净，无有烦恼，故所居清凉似秋。能在山上居住者，都是多世修行之福报。所以应该珍惜机会，用心观察，多动脑筋，好好用功。

又据《五灯会元》卷二十：

---

① 吴熊和，陶然册：《唐宋词汇评》两宋卷第2册，杭州：浙江教育出版社2004年12月版，第1179页。

② 《卍新续藏》86册，第705页上。

住后。上堂："一法若有，毗卢堕在凡夫；万法若无，普贤失其境界。向这里有无俱遣，得失两亡，直得十方诸佛不见。诸人且道，十二时中向甚么处安身立命？披蓑侧立千峰外，引水浇蔬五老前。"上堂："乾坤之内，宇宙之间，中有一宝，秘在形山。云居又且不然，乾坤之内，宇宙之间，中有一宝。"掷下拄杖，云："大众也须识取。"①

　　法如强调，若执法有，即诸佛堕为凡夫；若执法空，则普贤丧失境界，必须有无俱遣，得失两忘，十方诸佛，亦不可见。且道十二时中如何安身立命，披蓑侧立，引水灌园，时时办道，事事皆然。复引《宝藏论》，中有一宝，大众识取方得。

　　云居法如嗣法弟子有圆极彦岑、鄂州报恩成，此说《嘉泰普灯录》、《五灯会元》记载一致。

　　据《嘉泰普灯录》卷二十一：

鄂州报恩成禅师

　　上堂，曰："秋雨乍寒，汝等诸人青州布衫成就也未？"良久，喝曰："云溪今日冷处著一把火。"便下。②

　　成禅师住持鄂州报恩，他自称云溪，或是报恩之别称。出家修行，冷处加火，寒时添衣，且问诸人赵州青州布衫成就没有，若有，则本自温暖；如无，则待善知识加一把火。

　　据《嘉泰普灯录》卷二十一：

云居法如禅师法嗣
太平州隐静圆极彦岑禅师

　　台城人也。上堂，曰："韩信打关，未免伤锋犯手；张良烧栈，大似曳尾灵龟。既然席卷三秦，要且未能囊弓裹革，烟尘自静，我国晏

---

① 《卍新续藏》80册，第417页上、中。
② 《卍新续藏》79册，第417页中。

然，四海九州，尽归皇化。自然牛闲马放，风以时，雨以时，五谷熟，万民安，大家齐唱村田乐，月落参横夜向阑。"上堂："今朝八月初五，好事分明为举。岭头漠漠秋云，树底鸣鸠唤雨。昨夜东海鲤鱼，吞却南山猛虎。虽然有照有用，毕竟无宾无主。唯有文殊普贤，住！住！我识得你。"上堂。举：正堂辩和尚室中问学者："蚯蚓为甚么化为百合？"师曰："客舍并州已十霜，归心日夜忆咸阳。无端更渡桑干水，却望并州是故乡。①

又据《丛林盛事》卷一：

> 圆极岑和尚，台之仙居人。抱节孤高，近世罕及。久依云居如和尚，在书司十七载。如迁寂，一锡回浙，依正堂辩于道场。未几，令董座元。出世雪之卞山，乃石林先生讲易之地。辩意具此一瓣香为拈出，而岑竟嗣云居如，丛林多高之。后历董大刹，然福缘蹭蹬，涉世多艰，岑终不以介意。平生施利，未尝经眼。后退常之华藏道场而终焉。有语录二十卷行于世，侍郎曾公仲躬为序其首。岑有赞长芦且庵，其赞云："夜半推出日轮，天明把住桂毂。拈将四部洲，放在一粒粟。奏无弦而非履霜之乐，唱胡歌而非白雪之曲。大冶煅绝矿之金，痛锤碎无瑕之玉。东湖赤梢鲤鱼，生出金毛铁㹨。"②

彦岑，号圆极，浙江台州仙居人，节操孤高，守志不移，罕有其匹。他长期依止法如，任书记十七年，故应始于建炎四年（1130），其生年或在大观年间（1107—1110）。法如入灭之后，他回到浙江，依止湖州道场正堂明辩，不久担任首座。后来出世于卞山，明辩认为他应当为自己拈香，他却承嗣法如，丛林高其为人。

据《丛林盛事》卷一：

---

① 《卍新续藏》79册，第417页上、中。
② 《卍新续藏》86册，第690页中、下。

如无明，三衢人。参云盖智，悟汾阳十智同真话。凡说禅，便说十智同真，丛林号为"如十智"。后住道场，水庵、圆极皆依之。故圆极尝赞之曰："生铁面皮难凑泊，等闲举步动乾坤。戏拈十智同真话，不负黄龙嫡骨孙。"后终思溪圆觉，其塔存焉。①

如无明，即云盖守智门人十同法如禅师，与云居法如同名，曾住持湖州道场，水庵师一、圆极彦岑皆依之，后迁思溪圆觉而终。无明法如住持道场，当在正堂明辨自道场迁卫林之后。

彦岑后迁太平州隐静，屡董大刹，虽福缘不足，生平多艰，不以为意。他重法疏财，平生施利，未曾过眼。最后退居常州华藏而终。有语录二十卷行世，侍郎曾仲躬为之作序。

卞山是一座名山，石林居士叶梦得（1077—1148）多次在此隐居，绍兴十五年（1145）归老于此。他出世卞山之时，叶梦得应当在世。

曾逮（？—1185），字仲躬，曾几次子。淳熙五年（1178）五月，以朝请郎、充集英殿修撰知湖州，转朝奉大夫，六年（1179）三月知镇江府，十年（1183），迁户部侍郎，八月转刑部侍郎，终敷文阁待制。② 圆极彦岑曾在湖州住持，有可能二人于此时相识。曾逮淳熙十年为侍郎，为圆极彦岑语录作序，应在此后。另外其语录多达二十卷，当是入灭之后由门人正式编辑而成，是故其入灭之时，当在淳熙十年（1183）至十二年（1185）间，很有可能是在十一年（1184）。

据《禅林宝训》卷四：

吾邑多缁徒，浩浩若云海。大机久已亡，赖有小机在。仍更与一岑，纯全两无悔。堂堂二老禅，海内共期待。③

这是简堂行机淳熙五年（1178）由天台景星岩再赴隐静之时，给事吴

---

① 《卍新续藏》86 册，第 692 页下。
② 沈文泉编著：《湖州古代主官列表》，杭州：浙江古籍出版社 2014 年 09 月版，第 188、189、196、197 页。
③ 《大正藏》第 48 册，第 1039 页中。

带书十三篇诗为其送行之第十首。其中强调台州高僧辈出，前有玄沙门人重机明真（大机），后有简堂行机（小机），另外还有一岑（彦岑），行机与彦岑都是纯全之人，共禅法海内共所期待。此处与彦岑与行机并列，表明他在当时地位之高。

据《丛林盛事》卷一：

> 圆极岑跋云："佛世之远，正宗淡薄。浇漓风行，无所不至。前辈雕谢，后世无闻。丛林典刑，几至扫地。纵有扶救之者，返以为蛮子也。余观疏山本禅师《辨佞》，词远而意广，深切著明，极能箴其病。第为妄庸辈知识暗短，醉心于邪佞之域，必以醍醐为毒药也。淳熙壬寅上巳，圆极彦岑书于江左五峰。"[1]

这是淳熙九年（1182）圆极彦岑为疏山归云如本《辨佞》篇所写跋，他认为去佛日远，正宗淡薄，邪气横行，前辈凋零，丛林之中典型不存，有心扶持者受人讥讽。归云如本所作《辨佞》强调禅师保持气节，不交结官府，切中时弊，然而必然会有庸人对其攻击，以醍醐为毒药。

该跋写于江左五峰，应当是指湖州安吉五峰山，因为他长期在湖州一带传法。

圆极彦岑还为乌巨道行门人长芦且庵守仁写过一首赞，表明他与同辈关系密切。

据《增集续传灯录》卷一：

> 隐静圆极岑禅师法嗣（嗣云居如）
> 福严礼禅师（无传）[2]

礼禅师住持南岳福严，事迹不详。

据《增集续传灯录》卷一：

---

[1] 《卍新续藏》86册，第694页下。
[2] 《卍新续藏》83册，第528页下。

福严礼禅师法嗣

半山嵩山晃禅师（无传）[1]

晃禅师，仅知曾住持半山，事迹不存。

日本东福寺本《禅宗传法宗派图》在杨岐派圆极彦岑的法嗣中，记载有"大同全禅师"[2]。关于"大同全"的史料记载不少。

据《丛林盛事》卷二：

> 金沙滩头菩萨像，有画作梵僧肩拄杖挑髑髅回顾马郎妇势。前后所赞甚多，唯四明道全，号大同者，一赞最佳。其词曰："等观以慈，钩牵以欲。以楔出楔，以毒攻毒。三十二应，普门具足。只此一机，夺千圣目。云鬟雾鬓，轻纱薄縠。大地横陈，虚空摩触。灵骨锁金，寒沙埋玉。惊鸿缥渺银汉斜，缺月东西挂疏木。"时余在丹丘见之。[3]

是故全大同，法名道全，号大同。他为四明人，或在明州住持，也是一个诗僧。道全与古月道融同时，活跃于庆元年间（1195—1200）。

据《济颠道济禅师语录》卷一：

> 时有江心寺全大同长老亦知，特来相送。会斋罢，全大同长老与济公入龛，焚了香，曰："大众听著。
>
> 才过清和昼便长，莲荭芬芳十里香。衲子心空归净土，白莲花下礼慈王。恭惟圆寂书记济公觉灵，原系东浙高门，却来钱塘挂锡。参透远老葛藤，吞尽赵州荆棘。生前憨憨痴痴，没后奇奇特特。临行四句偈云，今日与君解释。从前大戒不持，六十年来狼藉。囊无挑药之金，东壁打到西壁。再睹旧日家风，依旧水连天碧。到此露出机关，末后好个消息。大众且道，如何是末后消息？

---

[1] 《卍新续藏》79册，第260页中。

[2] 朱刚：《〈中兴禅林风月集〉续考》，《国际汉学研究通讯》第4期，北京大学出版社2011年版。

[3] 《卍新续藏》86册，第704页上。

弥勒真弥勒，化身千百亿。
时时识世人，世人俱不识。
咦！玲珑八面起清风，大地山河无遁迹。"
全大同长老念罢，众皆叹赏。①

济颠和尚（1137—1209）嘉定二年（1209）圆寂三日后，江心寺全大同长老为其入龛。由此可知，全大同长老与济颠道谊深厚。这表明嘉定二年（1209）时，大同道全住持温州江心寺。他后来住持瑞岩，金山永聪宝庆元年（1225）入灭之后，他曾经举荐北海悟心继任，未能成功，次年悟心继任道场。这表明当时他仍然在世，不过也已经步入晚年。

第六节　牧庵法忠一系

牧庵法忠为佛眼重要门人，相关史料有《嘉泰普灯录》、《佛祖历代统载》等。

据《嘉泰普灯录》卷十六：

隆兴府黄龙牧庵法忠禅师

四明人，族姚氏。七岁师鄞县国宁道英，十九试经得度，习台教，悟一心三观之旨而未能泯迹。历扣名缁，至龙门，睹水磨旋转，发明心要。述偈曰："转大法轮，目前包里。更问如何，水推石磨。"呈佛眼。眼曰："其中事作么生？"云："涧下水长流。"眼曰："我有末后一句，待分付汝。"师即掩耳而出。乃之庐山，于同安枯树中绝食清坐。宣和间，湘潭大旱，祷不应。师跃入龙渊，呼曰："业畜，当雨一尺。"雨随至。居南岳后洞，木食涧饮，侣虎豹猿狖二十年。著《正心论》十卷。每跨虎出游，儒释望尘而拜。绍兴甲寅秋，枢密折公彦质染疏亲往，以胜业力挽开法。师嘉其勤渠，乃赴。未几移南木、云盖。谢事，复应二圣越壖及大沩之请，晚居黄龙。

---

① 《卍新续藏》69册，第618页下、619页上。

上堂曰："张公吃酒李公醉，子细思量不思议。李公醉醒问张公，恰使张公无好气。无好气，不如归家且打睡。"上堂："今朝正月半，有事为君断。切忌两眼睛，被他灯火换。"上堂："我有一句子，不借诸圣口，不动自己舌，非声气呼吸，非情识分别。假使净名杜口于毗耶，释迦掩室于摩竭，大似掩耳偷铃，未免天机漏泄。直饶德山入门便棒，临济入门便喝，若向牧庵门下，检点将来，只得一概。千种言，万般说，只要教君自家歇。一任大地虚空七凹八凸。"

僧问："如何是佛？"曰："莫向外边觅。"云："如何是心？"曰："莫向外边寻。"云："如何是道？"曰："莫向外边讨。"云："如何是禅？"曰："莫向外边传。"云："毕竟如何？"曰："静处萨婆诃。"问："大众临筵，请师举唱。"师竖起拂子。僧云："乞师再垂方便。"师击禅床一下。

己巳十一月，示少恙。至望，丈室后有白气二道摇曳而出。师遽曰："吾期至矣。"令集众，嘱付殆尽，引笔书偈而寂。塔于香原洞，掩圹罢，大雪独覆兹所。寿六十（六），腊四十七。①

《佛祖历代统载》所载更加详细，据二书，法忠（1084—1149），四明鄞县人，俗姓姚，生于元丰七年（1084），母梦异僧求寓而娠，既诞紫带绕身。自幼好静，依本郡崇教院道英授经，崇宁元年（1102）十九岁得度，究天台教观。后弃讲习禅，至天童参普交禅师，普交命其南下，参雪峰有需（1050—1120），时在政和二年（1112）之后，亦不契。闻佛眼弘法龙门，兼程而至。一日至水磨旁，又见书"法轮常转"，泮然冰释，冲口说偈，得佛眼印可。寻辞龙门，至于庐山，宴坐同安枯木之中。

至泐潭，参湛堂文准，准大奇之。复至黄龙，参死心。再至湘西，参道林圆悟，悟深器之。宣和年间，湘潭大旱，跃入龙潭祈雨，应时滂沱。此后放浪南岳，居于后洞，结庵号"牧庵"，栖止二十余年。发长不剪，衣破不易，号为忠道者。

枢密柳仲古镇长沙，以法轮起之，不应，复以胜业命之，强请住持，

---

① 《卍新续藏》79 册，第 391 页上、中。

冯济川撰开堂疏，后迁南木、云盖、公安、大沩五刹，复应洪州帅李吉甫之请，住持黄龙。太尉邢孝扬为造寿塔于寺东，工毕而白光上腾。绍兴十九年（1149）入灭，示偈曰"六十六年，游梦幻中。浩歌归去，撒手长空"，表明他寿六十六，《嘉泰普灯录》作"六十"，其实是漏了一个六字，其腊四十七，十九得度，不可能寿六十，否则僧腊只有四十一。

据《普觉宗杲禅师语录》卷二：

牧庵忠和尚
内心寂静，外缘屏绝。悟处谛当，用处亲切。一棒一条痕，一掴一掌血。忠道者家风，须是妙喜说。火里乌龟飞上天，六月纷纷飘瑞雪。[1]

大慧宗杲为其作赞，表明他在当时地位很高。

据《嘉泰普灯录总目录》卷二：

大沩牧庵法忠禅师法嗣三人（一人见录）
成都府信相戒修禅师
（剑州崇化道赟禅师　汉州无为道微禅师）
（已上机语未见）[2]

据《嘉泰普灯录》卷二十：

大沩牧庵法忠禅师法嗣
成都府信相戒修禅师
上堂，举马祖不安。师曰："两轮举处烟尘起，电急星驰拟何止。目前不碍往来机，正令全施无表里。丈夫意气自冲天，我是我兮你

---

[1] 《卍新续藏》69册，第647页下。
[2] 《卍新续藏》79册，第284页中。

是你。"①

戒修禅师住持成都信相，唯有一颂传世，事迹不详。

牧庵法忠最为杰出的门人为普庵印肃（1115—1169），在后世影响很大。

据《普庵印肃语录》，印肃，号普庵，袁州宜春人，俗姓余，母黄氏。生于政和五年（1115），未生之时，室有祥光，莲生道旁，祥瑞颇多。宣和二年（1120），梦有异僧点胸，醒后点处红莹如珠。绍兴四年（1134），师寿隆贤法师，授以法华。十一年（1141）四月八日剃度。十二年（1142）于袁州开元寺受具。闻牧庵唱道沩山，入湘访之，问万法归一、一归何处，牧庵竖拂示之，有省。十三年（1143）归隆寿。

绍兴二十三年（1153），出世慈化寺。乾道二年（1166），始营寺宇，四年（1168）落成，门人圆通、圆融、圆成，建寺有功。

苦节行道，十二年胁不沾席，一日诵李通玄《华严论》，至"达本情忘、知心体合"，豁然大悟。

一日举似心斋居士彭资深、圆通二门人，命其呈颂。

绍兴三十一年（1161）蜀僧道存，冒雪而至，相互征诘，心心密契。道存于绍兴十九年（1149）得法于疏山，复于憨道者处印证。

隆兴二年（1164），颂《证道歌》。

乾道五年（1169），示偈入灭。淳熙六年（1179），门人应世为作悟道因缘，并以荆南节度推官欧阳世美所作《行实》，请临江艮斋谢谔铭其塔。

普庵号为神僧，生时灭后异迹不绝，不胜枚举，是故历代都有加封。据《佛祖历代通载》卷二十二：

> 是年封普庵禅师加号，其诏曰：上天眷命皇帝圣旨：朕闻佛氏以空寂为宗，则凡学所遵者，宁欲建名号殊称谓以示天下后世哉！而国家非此，无以昭尊德乐道之意也。朕自即位以来，闻袁州路南泉山慈化禅寺普庵寂感妙济真觉昭贶大德惠庆禅师，绍临济之绪，超华严之

---

① 《卍新续藏》79 册，第 414 页上。

境，德映当代泽被方来。其道甚尊显，心切慕之。既累锡大谥，唯塔号未称，可加定光之塔曰定光灵瑞之塔者，主者施行。①

延祐三年（1316），加封普庵寂感妙济真觉昭贶大德惠庆禅师，塔号定光灵瑞之塔。

永乐二十一年，加封普庵为"普庵至善弘仁圆通智慧寂感妙应慈济真觉昭贶慧庆护国宣教大德菩萨"。

据《禅林象器笺》卷五：

> 清拙澄和尚录普庵赞云：佛眼之孙，牧庵之子。金刚无量镇长存，百万天龙常守护。其灵妙如如也，圆等太虚；其神通赫赫也，震同天鼓。故其不动道场，恩加四海，与一切人成就。华堂绀宇，缁白归依，浩若百川之朝水府。夫是之谓定光古佛再来，普庵肃公和尚，江西袁州慈化禅寺开山之祖者也。②

清拙正澄之《普庵赞》，表明他在元代就具有非常重要的地位，被视为定光古佛再来，影响遍及天下。

据《普庵印肃禅师语录》卷一：

> 普庵印肃
> 　默庵圆信
> 　　雪庵师益
> 　　　寂庵印净
> 　　　　和光应世③

据《语录》，门人还有小师圆契、显首座、行者圆应、行者圆清、圆

---

① 《大正藏》第49册，第731页中。
② 《大藏经补编》第19册，第113页中、114页上。
③ 《卍新续藏》69册，第369页中。

智、圆定、行者妙晓、行者绍椿等。

据《续传灯录》卷三十三：

> **普庵肃禅师法嗣二人**
> 佛惠清禅师
> 铁牛礼禅师（已上二人无录）[1]

佛慧清，当为圆清。

据《增集续传灯录》卷一：

> **慈化普庵肃禅师法嗣**（嗣黄龙忠）
> 佛慧清禅师（此后无传）　铁牛礼禅师
> 盘龙和光世禅师　讷僧俊禅师[2]

盘龙和光世，即应世，普庵重要门人，住持盘龙。

第七节　乌巨道行一系

雪堂道行为佛眼出色门人之一，影响很大。有关资料主要有《续古尊宿语要》、《嘉泰普灯录》等。

据《嘉泰普灯录》卷十六：

> **衢州乌巨雪堂道行禅师**
> 括苍人，族叶氏。父仲谌，仕二千石，搜心祖道，号见独居士。母陶氏，梦苾蒭抵其室而孕。既生，庄重警敏。甫志学，有出尘志，然书考屡前列。间从天宁微禅师游，于言下知归。以出家陈父母，乃听。年十九，礼普照觉印英禅师，授僧伽梨。首谒指源润禅师，无所

---

[1] 《大正藏》第51册，第701页上。
[2] 《卍新续藏》83册，第259页上。

入。径之龙门，质其所得。佛眼谕曰："到真实不疑，方有语话分。"师无对。一日，举贤沙筑著脚指，师契悟，即趋方丈，眼曰："悟即不无，要是千里之起足。若向个里扶持起来，甚生次第事。"令侍右，踰八周，辞省亲。郡守侍御黄公葆光结庵于黄堂后圃，力致之。建炎二年，中散徐公康国来守是郡，坚请开法于寿宁。次迁法海、天宁、乌巨，大播玄风。后名藩贤侯以甲刹迎之者八，师悉辞，诸方益加尊仰。绍兴戊辰，鄱阳守陈公璹命枢蜜何公若、编修赵公廉裔，躬往虔请，师不得已而从之。

上堂曰："会即便会，玉本无瑕。若言不会，碓嘴生花。试问九年面壁，何如大会拈华？南明恁么商确，也是顺风撒沙。参。"上堂："云笼岳顶，百鸟无声。月隐寒潭，龙珠自耀。正当恁么时，直得石梁忽然大悟，石洞顿尔心休，虚空开口作证，溪北石僧点头。诸人总在这里瞌睡，笑杀陕府铁牛。"上堂："佛说三乘十二分，顿渐偏圆，痴人面前，不得说梦；祖师西来，直指人心，见性成佛，痴人面前，不得说梦；临济三玄，云门三句，洞山五位，痴人面前，不得说梦。南明恁么道，还免得遭人检责也无？所以古人道：石人机似汝，也解唱巴歌。汝若似石人，雪曲也应和。还有和雪曲底么？若有，唤来与老僧洗脚。"上堂："通身是口，说得一半。通身是眼，用得一概。用不倒（到）处说有余，说不到处用无尽。所以道，当用无说，当说无用，用说同时，用说不同时。诸人若也拟议，西峰在你脚底。"

到国清，众请上堂："句亦划，意亦划，绝毫绝厘处，如山如岳；句亦到，意亦到，如山如岳处，绝毫绝厘。忽若拶通一线，意句俱到俱不倒，俱划俱不划。直得三句外绝牢笼，六句外无目标，正当恁么时一句作么生道？倾盖同途不同辙，相将携手上高台。"上堂，举：赵州示众云："老僧除却二时斋粥，是杂用心处。"师曰："今朝六月且（旦），行者击鼓，长老升堂。你诸人总来这里杂用心。"上堂，举：僧问云门："如何是惊人句？"门云："响。"师曰："云门答这僧话不得，便休却，鼓粥饭气，以当平生。"

示众："黄梅雨，麦秋寒。恁么会，太无端。时节因缘佛性义，大都须是髑髅干。"

二十一年春，示疾，门弟子教授注（汪）公乔年至省候。师以后事委之，示以偈曰："识则识自木（本）心，见则见自本性。识得本心本性，正是宗门大病。"注曰："烂泥中有刺，莫道不疑好。"乃二月九日也。黎明沐浴易服，加趺而逝。郡守躬营后事，道俗瞻礼，叹未曾有。十七日阇维，胸腋出银液不断，皆五色设利也。烟所至，累然缀之，人得以市。齿舌不坏，建窣堵波于寺之西。寿六十三，夏四十五。①

道行（1089—1151），号雪堂，括苍人，俗姓叶。父叶仲谌，元丰八年（1085）进士，曾任筠州、衢州、信州太守，栖心禅道，号见独居士。母陶氏，梦沙门至室而孕。元祐四年（1089）出生，十五有出尘之志，然读书精进，少登上庠。从天宁微禅师游，言下知归。大观元年（1107）十九岁从泗州普照觉印子英出家。首谒指源润禅师，当为和州褒禅圆智冲会门人临安居润禅师，号指源，当时应在舒州一带住持。

据《罗湖野录》卷二：

三祖会禅师者，天资敬严，临众烦苛。故丛林无善誉色，目之为"会魔子"。因持钵归，示众，举："世尊入舍卫乞食至，须菩提白佛言：'希有世尊。'此者山僧至深村陕路，一婆子亦乘轿来，不免各下轿而过。婆子问曰：'和尚向甚处去？'遂对以'持钵去'。婆子云：'哑！著甚来由？'大众，你且道这婆子言'哑！著甚来由'，与须菩提叹'希有世尊'，是同是别？若道同，甚么处是同？若道别，未具衲僧眼在。"会乃天衣怀公之嗣，缘虽不稔，而机辩逸挌。乌巨行公固尝称其作略似临济下金刚眼睛、狮子爪牙者，盖此老亦服膺矣。②

如此，道行当参三祖冲会，并在三祖会中参指源居润。他对冲会很是佩服，道其作略如同临济宗之金刚眼睛、师子爪牙。

---

① 《卍新续藏》79册，第391页下、392页上。
② 《卍新续藏》83册，第389页下。

参指源不契，乃参龙门佛眼，时在政和初年（1111）。佛眼告其到真实不疑之地，方有说话的资格。一日举玄沙出岭筑著脚指公案，有省，为侍者。八年之后，归省父母。

又据《丛林盛事》卷一：

> 雪堂行，括苍人，少登上庠。因见杀生者，蠡然有感。遂弃家，直抵泗州普照王寺出家，以扫塔为务。既剃发，乃往舒之龙门，依佛眼禅师为侍者。一衲度寒暑，又且养虱，邻肩皆厌之。每于殿堂僻处坐禅。一日，看玄沙筑著脚指头话，大有发明。佛眼乃川人，上堂次，因行侍立，戏曰："川僧蓉苴，浙僧潇洒。诸人若也不信，看取山僧侍者。"一众大笑。
>
> 后见其父从大常博士出守三衢，行时母老来归，阍者见其蓝缕，再三不与进，行乃解衣与之。才通覆，而其母闻之，不觉仆地曰："我儿犹在耶。"遂迎入宅堂，逼令换衣澡浴。及浴，其衣尽换去，只得著其新衣。行泣曰："我几年与他为眷属，岂一旦遽相舍耶！"即抵吉祥寺作宿。次日，父母兄弟俱来报谒，而行以黎明去矣，竟不及见。但见壁间留偈云："莫嫌心似铁，自己尚为冤。扫尽门前雪，方开火里莲。万般休更问，一等是忘缘。个事相应处，金刚种现前。"
>
> 其母因忆师失明，行再归括苍。其父逼令出世南明，迁衢之乌巨，其道大振，终于饶之荐福。妙喜亲为撰语录序，流传于世。①

其父于政和八年（1118）十一月至宣和二年（1120）十月知衢州②，他归省父母，当于宣和元年（1119）。他见父母之后，当晚不住家中，回吉祥寺挂单，次日父母兄弟来看他时，他已经走了，唯留一偈，以示己志。后来其母目盲，不得已再回括苍省亲，其父命其出世处州南明。

宣和四年（1122），黄葆光（1069—1126）任处州太守，结庵于黄堂后圃，力请住持。黄葆光，字元晖，歙州黟县人，力攻蔡京，刚正不阿，在

---

① 《卍新续藏》86册，第687页中、下。
② 张水绿编：《衢州故城史话》，海口：海南出版社2015年01月版，第137页。

处州时，当方腊乱后，尽心养民，六年（1124）除直秘阁，再任。

他最初在南明住持，《嘉泰普灯录》中法语皆自称南明，看来此言不虚。其住南明，当在寿圣之前，或在黄葆光在任之时，即宣和五年（1123）前后。

据《云卧纪谭》卷二：

> 雪堂行禅师，禀性和易，不倦随机开导。住括苍乾明时，有僧问曰："宗门中事，望师直指。"对曰："门前石塔子。"僧不契，久而复请教。因以偈示之曰："门前石塔子，八白仍九紫。方位已分明，莫被巡官使。"寻有优婆塞问曰："一切事临身，处置不下时如何？"行曰："此不能转物，正是我家禅和子用工夫处。岂不见《观音经》云'咒咀诸毒药，所欲害身者。念彼观音力，还著于本人'！只这本人两字，极是难会，若非透向上关楗者，不识。所以法眼和尚颂曰：'咒咀毒药，形身之逆。眼耳若通，本人何适！'"①

此处称是住持括苍乾明，乾明当为旧称，后改天宁。雪堂道行性格温和，诲人不倦，无论是僧是俗，都尽力回答。

建炎二年（1128），中散大夫徐康国知处州，此说《处州志》等未载，但言"徐度，建炎中"任职。② 徐康国请其开法处州双峰寿圣，迁法海、括苍天宁、衢州乌巨，大播玄风。处州寿圣寺，即丽水城三岩寺，有李邕所题"雨崖"，北宋末年建，隆兴元年改广福寺。

绍兴九年（1139），自括苍天宁（乾明）迁衢州乌巨，门人守仁随行。

绍兴十八年（1148），鄱阳太守陈璹请枢密何若、编修赵廉裔。躬往迎请，他不得已由乌巨迁鄱阳荐福。二十一年（1151）春，弟子汪乔年教授来省，委以后事，二月入灭，寿六十三，腊四十五，舍利五色，齿舌不坏。

道行在衢州时，与超然居士安定郡王赵与懃和侍郎冯至道关系密切，为方外友，他们一起推动了衢州人佛教信仰的盛行。道行虽然出身富贵，

---

① 《卍新续藏》86册，第677页下。
② 李之亮撰：《宋两浙路郡守年表》，成都：巴蜀书社2001年03月版，第445、446页。

却以俭立身，住括苍时，有人供养一面铁镜，他道水溪甚多，足以照影，终拒而不纳。他还著有《佛眼正续记》，对本派进行总结，对于佛眼一派的兴盛起到了推动作用。

据《罗湖野录》卷一：

> 乌巨雪堂行禅师，与净无染书曰："比见禅人传录公拈古，于中有僧问赵州如何是佛殿里底。拈云：须知一个髑髅里，内有撑天柱地人。愚窃疑传录之误，此决不是公语也。何故？盖杨岐子孙终不肯认个鉴觉，若认鉴觉，阴界尚出不得，何有宗门奇特事耶？因此亦尝颂之，特恃爱照，谩以浼闻。颂曰：不立孤危机未峻，赵州老子玉无瑕。当头指出殿里底，划尽茫茫眼界花。"
>
> 行之真慈，为不请友。以书规拈古之失，以颂明赵州之意，于宗门有补矣。若吾徒不顾其谬，妄自提掇，岂独为明眼嚎端，亦招谤法之愆，可不戒哉！①

无染净禅师，《增集续传灯录》道是虎岩净休有门人无染净，与此时代相隔很远，应是同名禅师。雪堂所说之无染净，当为淳庵善净。道行反对以鉴觉为真悟，以为如此阴界尚出不得，何以超凡入圣。这体现了他禅学思想的一个根本观点。然而后世恕中无愠认为雪堂之颂亦包含鉴觉，当是见仁见智之说。

据《嘉泰普灯录》卷二十：

乌巨雪堂道行禅师法嗣
饶州荐福退庵休禅师

上堂。曰："恁么也不是，不恁么也不是。针眼里跳出赤梢鲤鱼，变化升腾，神通游戏。直饶雨似盆倾，不是，不是。"上堂："风动耶，幡动耶，风鸣耶，铃鸣耶？非风铃鸣，非风幡动。此土与西天，一队黑漆桶。诳惑世间人，看看灭胡种。山僧不奈何，趁后也打哄。瓠子

---

① 《卍新续藏》83册，第385页下。

曲弯弯，冬瓜长傀俩。"上堂："结夏时左眼半斤，解夏时右眼八两。谩云九十日安居，赢得一肚皮妄想。直饶七穿八穴，未免山僧拄杖。虽然如是，千钧之弩，不为鼷鼠发机。"上堂："先师寻常用脑后一锤，卸却学者胸中许多诘曲，当年克宾维那曾中兴化此毒，往往天下丛林唤作超宗异目，非唯辜负兴化，亦乃克宾受辱。若是临济儿孙，终不依草附木。资福喜见同参，今日倾肠倒腹。"遂卓拄杖，喝一喝，曰："还知先师落处么？猗死禅和，如麻似粟。"上堂："言发非声，是个甚么。色前不物，莫乱针锥。透过禹门，风波更险。咄！"①

休禅师，号退庵，继道行之后住持饶州荐福。他还自称资福，或许后来迁资福。

恁么不得，不恁么不得，二者总不是，赤梢鲤鱼跳出针眼，升腾变化，兴云作雨，依然不是。

六祖风动幡动，西天风鸣铃鸣，号称东西祖师，实是一对漆桶。惑乱世间之人，眼看要灭胡种。山僧亦不奈何，趁机也来打哄。瓠子本来弯弯，冬瓜长长傀俩。

退庵说法，称其先师，表明当时道行已经入灭。他道道行喜欢用脑后一锤，卸掉学人妄想，临济儿孙，决不可依草附木，装神弄鬼。先师落处不易得，杜撰禅和无穷数。

据《嘉泰普灯录》卷二十：

真州长芦且庵守仁禅师

上堂曰："百千三昧，无量妙门。今日日庵不惜穷性命，只做一句子说与诸人。"乃卓拄杖，下座。上堂："云从龙，风从虎，吹散江村寒露雨。丽天杲日绝纤埃，有路明明吞佛祖。物见主，眼卓竖，天边白雁送寒归，篱下黄华香半吐。"上堂，卓拄杖，召大众曰："这般曲调，岂属宫商。不是知音，徒劳侧耳。且庵今日待为诸人吹一曲，舞

---

① 《卍新续藏》79册，第414页中、下。

一拍，还有击节者么？若有，乾闼婆王性命难存；若无，赢得一场懡㦬。"①

百千三昧，不易领会，只此一句，无色无味。

守仁说法，善用偈颂，有乃师之风。这般曲调知音稀，若有，乾闼婆王性命不存；若无，也是一场懡罗。

据《丛林盛事》卷一：

> 且庵仁和尚，越之上虞人，少习天台教。初自括苍随雪堂过衢之乌巨，因见雪堂普说曰："今之兄弟做工夫，正如习射，先安其足，从习其法。后虽无心，以久习故，箭发皆中。"喝一喝，云："即今箭发也，看，看！"仁不觉身倒作避箭势，豁然大悟。夏罢，以母老归乡，辞雪堂。堂以偈送之曰："俨老昔年穷事相，脱履南游扣宗匠。石头路滑不辞勤，脑后一槌曾两当。仁禅劲志许谁俦，访我苍山白练州。万浪千波汹涌处，果然呼唤不回头。西山积老期同住，又说重寻越山路。归时应是岁华深，赵州更有炉头句。"
>
> 仁从是归梅山庵十六年。后天童觉和尚出队至上虞，夜宿其庵，连榻与语，大奇之。既归，夏末不请首座。主事白觉，觉云："我首座早晚来也。"乃遣侍者往越邀仁，仁才至，即请归首座寮。众讶之。未几，令秉拂挂牌。众服膺。
>
> 后二年，宏智入灭。妙喜主后事，两班皆衣布，唯仁不肯成服。喜怪问之，仁乃密启其事。妙喜曰："元来是见雪堂来。"后住长芦，法席大振。尝颂台山婆子话，学者争诵之。曰："开个灯心皁角铺，日求升合度朝昏。只因霖雨连绵久，本利一空愁倚门。"显谟吕公正己尝问道于师，既别，觅偈。师援笔赠曰："君今亲切到长芦，抖擞衣衫一物无。此去逢人如借问，但言风急浪华粗。"②

---

① 《卍新续藏》79册，第415页上。
② 《卍新续藏》86册，第689页上、中。

又据《古今图书集成选辑（下）》卷一百八十六：

守仁
　　按《绍兴府志》，守仁，姓庄氏，受具于等慈寺僧妙晞，初习南山律，未几遍诣禅林，遂悟宗旨。七住名山，道誉甚高。在长芦日，属岁歉，众逾五百，虽折床空甑而不忍去，其为学徒倾慕如此。有《且庵语录》行于世。①

这里记载了守仁事迹。守仁，号且庵，越州上虞人，俗姓庄，少年习南山律与天台教，受具于等慈寺僧妙晞。后于天宁参道行。道行自括苍迁衢州乌巨，守仁随行，时在绍兴九年（1139），当年闻举射箭大悟。夏后，归乡省母，道行以诗送之。

据《禅林宝训》卷三：

　　雪堂谓且庵曰："执事须权重轻，发言要先思虑，务合中道，勿使偏颇。若仓卒暴用，鲜克有济，就使得成，而终不能万全。予在众中备见利病，惟有德者以宽服人。常愿后来有志力者审而行之，方为美利。灵源尝曰：凡人平居内照，多能晓了，及涉事外驰，便乖混融丧其法体。必欲思绍佛祖之任，启迪后昆，不可不常自检责也（《广录》）。"②

雪堂告诉守仁住持之方，强调住持须有德行，并且要以宽服人，务合中道，常自检责，以身作则。这些指教对于守仁后来成为一方宗主意义重大。

守仁居家乡梅山庵，十六年后，即绍兴二十五年（1155），天童正觉出队到上虞，夜宿其庵，与之长谈，大为惊奇。归后夏末不请首座，派人到上虞请守仁至，命为首座，令其挂牌立僧，分座说法，大众皆服。

---

① 《大藏经补编》第 16 册，第 573 页下。
② 《大正藏》第 48 册，第 1029 页上。

两年之后，即绍兴二十七年（1157），正觉入灭，大慧宗杲为主后事，两班皆穿孝衣，唯有守仁不肯成报，大慧觉得奇怪，问之，他暗地告诉大慧，自己在道行那里打发，为雪堂门人、临济子孙，故不是天童弟子。

守仁后来住持长芦，法席大振。出口成颂，文理俱佳。其住持长芦，当在大慧宗杲门人大禅了明之后，了明于隆兴元年（1163）住持径山，故守仁住持应始于此年。

吕正己，字穆叔，隆兴二年（1164）正月任朝奉郎、建康通判，当年六月改差知无为军。乾道五年（1169）两浙（一说淮南）运判，六年（1170）为贺金国正旦使，七年（1171）直秘阁、两浙西路计度转运副使除直敷文阁、知扬州，九年（1173）七月任江东转运副使，淳熙二年（1175）为两浙转运副使，三年（1176）知嘉兴，四年（1177）授朝散大夫、直显谟阁知镇江府，五年（1178）六月除浙西提刑，九月罢任。

吕正己淳熙五年（1178）离任之际，再参守仁，守仁示一偈。这也表明他在淳熙年间住持长芦。

据《陆游全集》：

雍熙请最老疏
　　山阴道中万壑水，依旧潺谖；云门寺里一炉香，久成寂寞。忽于旁邑，得此高人。某人立雪饱参，隔江大悟，通威音以前消息，踏毗卢向上机关。血指汗颜，诸方不供一笑；抟风击水，万里始自今朝。岂惟续且庵家传，更喜得可斋道伴。①

守仁门人不详。此处所述雍熙寺最禅师，续且庵家传，当为其门人，他住持越州云门雍熙寺，可斋（陆游以此名书室，亦以自号）陆游（1125—1209）视其为道伴。陆游将最禅师从邻郡请来，称其饱参宗师，大悟宗旨，当然不是泛泛之辈。

此疏时间不详，应当是在陆游晚年致仕之后，即嘉泰三年（1203）至

---

① 钱忠联，马亚中主编；马亚中校注：《陆游全集校注》10，《渭南文集校注》2，杭州：浙江教育出版社2011年12月版，第84页。

嘉定二年（1209）间。

据《丛林盛事》卷二：

> 雪堂行有法语示行者元友，曰：
>
> 云居高庵老人在龙门作首座时，凡临众，必曰："须知有识者在。"他日侍诲次，尝请闻其说，语曰："广众之中，鄙者常多，而识者常寡。鄙者易习，识者难亲。自奋志于其间，如一人与万人战，庸鄙之习力尽，真挺特没量汉也。"余从是终身诵其言。气胜志，则为小人；志胜气，则为端人正士。惟志与气齐，为得道贤圣。有人于刚狠不受谏晓者，气使之然也。耆婆将死，百草皆泣曰："耆婆在世，我等有用。耆婆死后，世间无有识我者。"此喻世间诸法。未出家时，将冠之年，见独居士尝谓余曰："中无主则不正，外无主则不行。"余从是终身践其言。在家立身，出家学道，以至终年抚众，倚此如衡石之定轻重，规矩之成方圆，舍此则事事失准。元友其勉之。①

如此元友亦应为其门人，并且这段法语非常重要，其中还引了高庵善悟与雪堂之父见独居士之语。高庵之语，大众未必喜欢，却是实话。众人之中，平庸者肯定居多数，有识者必然是少数，若能战胜习气，不为俗染，肯定是英灵奇伟之士。气胜志，欲胜德，则为小人；志胜气，德胜欲，则为君子；志气相齐，内外兼顾，则是得道圣贤。见独居士言，内无主则心不正，外无主则事不行。必须内外兼修，理事俱融，才能真正成功。

据《联灯会要》卷十八：

饶州荐福道行禅师法嗣
泉州法石惠光禅师（凡二）

建宁府陆氏子。师因旧住相访，师问："顷年有一则公案，与你商量不下。如今作么生？"云："未入门时，举似和尚了也。"师云："这里又作么生？"云："不可头上安头。"师以手划一划云："这里且置，

---

① 《卍新续藏》86 册，第 697 页中。

你为甚么踏断天台石桥？"僧无语。师云："脱空妄语汉，出去！"

师问僧："上来曾撞见释迦老子么？"祖（僧曰）："见。"师云："在甚么处？"僧问讯而立。师云："且莫认贼为子。"僧云："将错就错。"师云："救你不得。"①

又据《嘉泰普灯录》卷二十：

信州龟峰晦康慧光禅师

建宁人也。上堂："数日暑气如焚，一个浑身无处安著。思量得也是烦恼人，这个失是烦恼。更有己躬下事不明，便是烦恼。所以达磨大师烦恼，要为诸人吞却，又被咽喉小；要为诸人吐却，又被牙齿碍。取不得，舍不得，烦恼九年。若不得二祖不惜性命，往往转身无路，烦恼教死。所谓祖祢不了，殃及儿孙。后来莲华峰庵主到这里烦恼，不肯住。南岳思大到这里烦恼，不肯下山。更有临济、德山，用尽自己查梨烦恼，钵盂无柄。龟峰今日为他闲事长无明，为你诸人从头点破。"卓拄杖一下，云："一人脑后露腮，一人当门无齿。更有数人鼻孔没半边，不劳再勘。你诸人休向这里立地瞌睡，殊不知家中饭箩锅子一时失却了也。你若不信，但归家点检看。"②

又据《丛林盛事》卷二：

晦庵光和尚，嗣雪堂行。住龟峰，迁泉之法石，盖赴参政周公葵之命。临终，以颂授小师元聪曰："丛林毒种，元聪侍者。时耐吾宗，灭汝边也。吾今高枕百无忧，听汝时挝涂毒鼓。"聪久依密庵，首众于径山。出世洪之报恩，迁云居、隐静、雪峰，晚被旨居径山。时谓晦庵不妄许可也。抑亦雪堂慈悲行门之所遗荫邪？③

---

① 《卍新续藏》79 册，第 159 页下。
② 同上书，第 414 页下、415 页上。
③ 《卍新续藏》86 册，第 700 页下。

慧光，号晦庵，与大慧门人教忠弥光法名相似，同号晦庵，事迹容易混淆。

慧光，建宁人，俗姓陆，初住信州龟峰，后迁泉州法石。周葵（1098—1174），字立义，晚号惟心居士，宣和六年（1124）进士，绍兴六年（1136）五月以直秘阁知信州，七年（1137）三月离任，二十六年（1156）三月，权礼部侍郎、出知信州，十二月乙卯殿中侍御史周方崇论知信州周葵终日谈禅，不亲郡政。诏葵与宫观差遣。[1]隆兴元年（1163）为参知政事，二年（1164）兼权枢密院事，乾道三年（1167）知泉州，四年（1168）十一月离任[2]。

慧光出任信州、泉州法席，可能都与周葵有关。周葵两度出任信州知州，慧光应当是在绍兴二十六年（1156）住持龟峰。乾道三年（1167），住持泉州法石。乾道六年（1170）初，入灭，其年春，晦庵弥光门人中庵慧空继任法石住持。

据《嘉泰普灯录总目录》卷三：

龟峰晦庵慧光禅师法嗣一人
（果州报恩智因禅师）
（机语未见）[3]

又据《增集续传灯录》卷一：

龟峰晦庵光禅师法嗣（嗣乌巨行）
径山蒙庵元聪禅师　雪峰累庵元肇禅师
（此后无传）　报恩智因禅师
樵隐居士陈安节[4]

---

[1] 李之亮撰：《宋两江郡守易替考》，巴蜀书社2001年版，第186、190页。
[2] 李之亮撰：《宋福建路郡守年表》，巴蜀书社2001年版，第103、104页。
[3] 《卍新续藏》79册，第285页下。
[4] 《卍新续藏》83册，第259页上、中。

据《雪峰志》卷五：

第三十一代肇禅师，嘉泰元年当山，嘉定二年示寂，塔于寺之左崦。①

元肇禅师（？—1209），号累庵，嘉泰元年（1201）住持雪峰，嘉定二年（1209）入灭，塔于本山，其他事迹不详。

据《枯崖漫录》卷一：

蒙庵聪禅师

生福州长乐朱氏，少长不侵侮好狎。年十九，依信之龟峰光晦庵。二十七得度，即告以欲随众专一体究己躬大事，免以众务为役。庵笑曰："汝要紧参禅邪？佛法在一切作用处、寻常行履处，何惧事务夺！即今且限一月日，如不了，决罚不恕。"退以"佛法在寻常行履处"写贴于牖上，胁不至席者半月。庵时时默探之，见其作意太猛烈，私念云："此子若不悟，恐狂去。"一日，闻搐鼻有泣声，云："哑！坏了此子。"询问，乃知俗家讣音至。庵举意曰："这里好与一槌。"即唤来问曰："汝有什么事？"且道以父亡。声未绝，庵扭住与一掌云："许多无明烦恼，甚处得来？"又一掌。当下疑滞冰释，即礼谢。冲口呈偈曰："了了了，彻底了，无端赤脚东西走。踏破晴空月一轮，八万四千门洞晓。"庵曰："这钝汉！且放三十棒。"曰："某甲亦放和尚三十棒。"曰："你看瞎汉，便敢乱统。"自此机锋峻捷，无敢当者。

庵临寂时，付以法衣并偈曰："再来毒种，元聪侍者。时耐吾宗，灭汝边也。"且曰："异日不得辜负老僧。"曰："即今亦不少。"曰："怎么则三十年后，此话大行。"曰："苍天中更添冤苦。"瑞世龟峰，为晦庵嗣。后迁六处，被旨住径山，十四夏而寂。乌乎！蒙庵于晦庵之门，烧尾鳞也。如鸟窠得会通。无三登九到之劳。虽曰师资缘合，

---

① 《大藏经补编》第24册，第610页上。

显微一贯，如印印空，了无朕迹，非介而勇、愿而专者之验欤！①

据《后乐集》卷十八《径山蒙庵佛智禅师塔铭》，元聪（1136—1209），字蒙庵，福州长乐人，俗姓朱，母房氏，以庆寿恩封孺人。少时聪慧，习儒有成。绍兴二十四年（1154）年十九，弃儒习佛，初从龟峰寺僧璘，二十六年（1156）璘入灭，复从住持晦庵慧光。绍兴三十二年（1162）年二十七，陈康伯至龟峰，见其未度，乃为买僧牒，落发得度。他发愿觉悟，请免事役，晦庵告之佛法在寻常行履处，何惧事夺，乃给假一月，限期觉悟。元聪发心用功，半月胁不沾席，一日闻父丧，恐怕两下俱失，因而哭泣。晦庵痛下杀手，连掴三掌，元聪为之大悟，顿示一偈。自此机锋连发，事理俱融。

晦庵乾道三年（1167）住持泉州法石，随行为侍者。六年（1170），晦庵临终，以雪堂所付法衣与之，并示一偈，称为"毒种"，从此丛林有"聪毒种"之号。晦庵既终，泉州太守周葵请住清化，师以晦庵戒之未及四十、不得开法，固辞，拎晦庵舍利归藏龟峰，路过乾元，与木庵道元相见，得其首肯。后见密庵咸杰于乌巨、且庵守仁于长芦、瞎堂慧远于灵隐、水庵宗一于净慈、谁庵宗演于高亭、佛照德光于光孝、复庵可宗于保安，证其所得。

淳熙四年（1177），密庵咸杰住持径山，请为第一座，声名益起，四方宗之。

江西转运钱佃请住隆兴光孝，辞之，后张子颜淳熙五年（1178）末知隆兴府，再请住持，应之。淳熙六年（1179），开法隆兴光孝，为晦庵嗣。不久，饶州荐福、抚州曹山、洪州宝峰，竞相邀请，不赴。淳熙九年（1182），江西提刑赵晔使南康太守钱闻诗假称民家请说法，道过庐山，随留云居，住持九年，百废尽举。

赵汝愚（1140—1196）于绍熙元年（1190）知太平州，请其住持太平隐静，他欣然应请，衲子纷至，户外屦满。不久，平江承天、常州华藏、真州长芦同日来请，他预知自己缘法在长芦、雪峰、径山，遂往住持。庆

---

① 《卍新续藏》87册，第29页中、下。

元元年（1195），雪峰虚席，福建帅詹体仁会诸长老探筹，一举而得师名，他亦有意归乡省母，遂应请住持。

庆元三年（1197），奉旨住持径山，他与国一禅师同姓朱，以为后身。五年（1199）遇火灾，一焚而尽，率学徒元诏、可达化缘，命门人南悟广募良木，六年（1200）春始建，嘉泰元年（1201）夏建成，弹指幻出宝坊，殿宇雄壮，有如化城。师欲引去，不允，御书寺额及"蒙庵"二字，赐号佛智禅师。三年（1203）楼钥为记。

嘉定二年（1209）十一月十一日，预知将行，以偈入奏，十五日入灭，寿七十四。度比丘二百余人，嗣法弟子行谦、元诏、可达、南悟、端仁等五十余人。

据《雪峰志》卷五：

> 第三十三代行谦禅师，浙江鄞县寒氏子，嘉定十六年当山，宝庆三年示寂，寿七十九，腊六十一，塔于鼓山。[1]

又据《鼓山志》卷三：

> 第四十代自牧禅师，讳行谦，潼州郭县人。年十九，受业于本县妙音寺。二十三出蜀，遍游丛席，首众于云居山。绍熙辛亥，丞相赵公请住宁德凤山。嘉定己巳，太师文昌倪公移董当山，阅十四载。壬午岁，移主雪峰。丙戌正月示寂，茶毗获舍利奉归，葬本山历代塔。

行谦（1149—1227），蜀地潼州郭县人，《雪峰志》称其为浙江鄞县人，恐误，《鼓山志》与《枯崖漫录》皆称其为蜀人。绍兴十九年（1149）生，乾道三年（1167）十九岁，受业于本县观音寺。七年（1171）二十三岁南下游方，遍历丛席，后首众于云居山，师从蒙庵。绍熙二年（1191），丞相赵公请出世宁德凤山，嘉定二年（1209），太师文昌倪公移住鼓山，对寺院进行扩建，增筑殿前廊庑，寺僧多达千人。历十四载，十六年（1223）住

---

[1]《大藏经补编》第24册，第610页上、中。

持雪峰，宝庆三年（1227）入灭，寿七十九，腊六十一，塔于鼓山。

据《枯崖漫錄》卷一：

自牧谦禅师
西蜀人，温雅博喻，双径蒙庵之嗣。入闽住凤山，迁鼓山。时高州文学刘镇叔安谪居最久，间往咨参。一日问曰："某甲参得禅么？"曰："人人有分。"曰："即心是佛，如何是非心非佛？"曰："不许夜行，投明须到。"刘因此留心佛法。自牧后在雪峰，室中问学者："雪峰有句子？"僧曰："请和尚道。"自牧以拄杖赶出。如此为人，契机者少。①

刘镇，字叔安，号随如，学者称之随如先生、广东南海人。嘉泰二年（1202）进士，以讦误，谪居三山二十年，诗词益工，落笔妙天下，风格近于东坡。性恬淡，兄弟皆以文鸣于时。绍定间，真德秀奏令自便，知州赵以夫为其饯行，坐客二十八人，分韵赋诗，戴复古《送刘镇叔安入京》（自注：谪居三山二十余年，真西山奏令自便），称"横水流传无垢集，海神惊见老坡文"，极力推许。有《随如百咏》，刊于三山，已佚，今有赵万里辑本。②

刘镇在闽谪居二十余年，行谦居鼓山时，前来参究，自此留意佛法。行谦禅风孤硬，不近人情，虽然行拳行棒，怎奈知恩者少，是故门人不详，唯有一居士刘镇。

据《石田法薰禅师语录》卷三：

石泉照维那，遍参年久，曾侍雪峰自牧老子。力材恰似矮阇黎，亦有紫云未过、白云先过底作略。乖则乖矣，然无柴无水，三十年倒屙。如何免得此厄？阿呵呵，老僧庠水泼鸳鸯，前路逢人休错举。③

---

① 《卍新续藏》87 册，第 29 页下。
② 吴熊和主编：《唐宋词汇评》两宋卷第 4 册，浙江教育出版社 2004 年版，第 3008 页。
③ 《卍新续藏》70 册，第 347 页中。

石泉照维那，遍参日久，曾经师事雪峰自牧行谦，后来又见石田法薰，石田认为其作略有似疏山矮师叔，虽有所得，难免三十年倒屙。石泉照也可视为行谦门人。

据《鉴堂记》，括苍松阳寿昌寺，有介堂道禅师，为雪堂道行门人。鉴堂正宗（1165—1243）依之出家，曾参淳庵善净、痴钝智颖等，后住本寺，门人讷堂了诠，住持括苍报恩，法孙不识大全于咸淳二年（1266）请物初大观为作《鉴堂记》。[1]

第八节 鼓山士珪一系

竹庵士珪为佛眼清远最为杰出的门人之一，在当时影响也很大。有关他的早期资料主要有《僧宝正续传》《嘉泰普灯录》《续古尊宿语要》《鼓山志》等，其中《鼓山志》卷三之传记最为详实可靠，值得重视。

据《僧宝正续传》卷六：

鼓山珪禅师

师名士珪，城都史氏子，世业儒。师幼而明敏，年十三，依大慈寺宗雅首座，落发具授。大慈号四川学海，师执经讲筵，志在《楞严》。阅五祀，伯父持一居士勉之南询。即出关，谒玉泉勤、云盖智、百丈肃、灵源清，所至参承，皆蒙咨揖。晚依百丈归正首座，正博贯内外典籍。一日正语以龙门佛眼道德，师闻而悦之，即自百丈历东吴，观光保社。寻抵龙门，以咨参所得扣之。佛眼曰："汝解心已极，只欠著力开眼耳。"令主堂司。一日问曰："绝对待时如何？"佛眼曰："如汝僧堂中白槌相似。"师罔措。至晚，复举前问。佛眼曰："闲言语。"师于言下，顿释疑情。曰："东山铁酸馅，今而后不复疑也。"自是师资缘契，决择日臻玄奥。政和末，佛眼被旨，迁褒禅山，师佐其行。和守钱公请开法天宁，唱佛眼之道。佛眼谢褒禅，钱复请于朝，以师继其席。阅七稔，九江守赵公移师东林。未几胡马南渡，退居分宁之

---

[1] 许红霞辑著：《珍本宋集五种》，北京大学出版社2013年版，第736、727页。

西峰。结茅于寺旁竹间，号竹庵。有偈曰："种竹百余个，结茅三两间。才通溪上路，不碍屋头山。黄叶水去住，白云风往还。平生只如此，道者少机关。"及圆悟禅师归蜀，送别次，圆悟剧称杲妙喜，师恨未之识。俄避地造仰山，适妙喜亦至，遂相与定临济宗旨，偕还南康之云门庵。妙喜曰："昔白云端师公谢事圆通，约保宁勇禅师夏居白莲峰，作颂古一百一十篇。有'提尽古人未到处，从头一一加针锥'之语。吾二人同夏于此，虽劾辇无愧也。"遂取古人公案一百一十则，各为之颂，发明蕴奥。不开知见户牖，不涉言语蹊径。

其颂女子出定话曰："不假文殊神通，不用罔明弹指。尔时灵山会中，女子从定而起。"临济见僧入门便喝颂曰："一喝喝上四禅天，临济元来不会禅。尽道朝阳生户外，不知夜月落阶前。"德山见僧入门便棒颂曰："棒下真鍮不博金，德山彻底老婆心。后人只看波涛涌，不见龙王宫殿深。"芭蕉拄杖子话颂曰："绵州附子汉州姜，最好沉梨出麝香。鲁子师僧才一嗅，鼻头裂破眼睛黄。"若此类皆奇作也。

已而入闽，闽帅参政张公宋以圣泉处师，稍迁乾元。俄给事张公致远移师鼓山，授道元余，创新栋宇。尝示众曰："巧说说不到，心痒痒不及。命断眼豁开，半钱也不直。"又曰："不拥其前，不遮其后。上下四维，七通八透。正当怎么时如何，八十翁翁行不得。"又曰："目击道存，已涉文彩。执鞭回首，未免途程。直向混沌未分时明白，父母未生时现成。倐然不落阴界，自由自在。当怎么时如何，踏著关棙子，处处得逢渠。"又曰："正当明时，如王宝剑。"卓拄杖下座。又曰："玄路绝，如解开口说话；圣量尽，方得不受人瞒。玄路不绝，只是说道理；圣量不尽，依前落路岐。"

丞相张公德远出师七闽。一日谓僚属曰。越山当福城三山之中。院独废绝。非老禅不能办。即以属师。不数月。殿阁崇成。他日丞相游鼓山。目其成绩。遂迎师复归鼓山。是时闽中法道最盛，盖自师与真歇净照数公振发。绍兴甲子，有旨移雁山能仁，为第一代。乙丑蒙恩，住龙翔新寺。

丙寅秋七月十八日，得旨谢院事。明日汤浴更衣，声钟集众。师步至众集处，方趺座，泊然而逝。寿六十有四，腊五十有一。火余舌如红莲色，并二牙不烬，舍利不胜数。门人奉遗命归之鼓山寿塔。

师风姿奇庞朗润，声如钟。学兼内外，谈论衮衮。操持宗柄断断。然久益严严。与贤士大夫游，几半天下，皆一时宗奉祖道外护佛乘者。晚居鼓山，自号老禅。书揩遒媚，尺牍所传，人以为宝。其所为禅家四六，及五字句，皆精绝，自成一体，世多传诵。有语录行于世。

赞曰：大慧禅师尝题师画像曰："赞叹竹庵，也是妙喜；骂詈竹庵，也是妙喜。赞之骂之，各有所以。赞之者，为渠具衲僧正眼；骂之者，为渠浸在醋瓮里。或曰如竹庵之为宗师也，不可赞，不可骂。精金美玉，自有定价。赞之骂之，徒增话欛。妙喜闻之，笑而不答。但拊掌叩齿三下，从渠钻龟打瓦。"世以为确论。予谓近代宗师涉世交公卿大夫，言行相副，全节自高，宏法有体。由灵源、佛鉴而后，竹庵其贤哉。[①]

士珪禅师（1083—1146），成都人，俗姓史，号竹庵，自称老禅。元丰六年（1083）出生，世宗儒术，幼年明敏，绍圣二年（1095）十三岁（《鼓山志》称十八岁）求为僧，父母难之，绝食明志，伯父使其出家，依大慈寺宗雅法师剃度，醉心楞严，五年之后，伯父持一居士勉其南行游方，先后参玉泉勤、云盖守智、百丈元肃、灵源惟清等。玉泉勤，应当是黄龙慧南门人宝盖子勤，当时住持玉泉，九顶慧泉亦曾参之，这些禅师都是属于黄龙派。

据《石门文字禅》卷三：

珪粹中与超然游旧，超然数言其俊雅，除夕见于西兴，喜而赠之

蜀客快剧谈，风味出讥诮。众中闻巴音，必往就一笑。道人西州来，风度又高妙。吾家长头郎，高蹈万物表。平生少推可，说子不知了。吾初意魁梧，一见殊短小。篝灯款夜语，每每犯吾料。貌和华林风，气爽霜天晓。坐令岑寂中，绝尘追腰褭。君看显与讷，出蜀亦同

[①] 《卍新续藏》79册，第576页中至577页中。

调。竟如众星月，声光泼云峤。子亦当加鞭，岁月一过鸟。①

士珪在江西时，还与真净克文门人、诗僧仰山超然希祖游，希祖常称其俊雅，后来惠洪游杭州，建中靖国元年（1101）除夕于西兴渡口见之。②

这表明士珪元符三年（1100）十八岁出川之后，先参玉泉勤，然后继续东行，来到杭州，途中结识超然希祖，后来又从杭州西行，参元肃、惟清等。

士珪在百丈时间最久，先依元肃，后来维古禅师继席。他主要依止百丈归正首座，归正博通内经经籍，精通诗文，对于士珪影响很大。

据《云卧纪谭》卷二：

> 西蜀政书记居百丈山最久，而内外典坟靡不该洽，至于诗词，虽不雅丽，尤多德言。珪禅师早从之游，政以诗赠之曰："少年诗律如春雨，点染万物发佳处。时复一篇出新意，斓锦轻纱脱机杼。自知文意费雕刻，日益巧伪蔽心脐。翻然洗心谋大道，超然不与万法侣。车轮峰下从吾游，杲杲素练濯秋渚。一染灿然得正色，不为朱紫所等伍。妙高无处见德云，梦中楼阁启钥户。了然心脐不可蔽，无烦雕刻得巧语。谪仙人在一尘中，一一尘中有杜甫。根尘界处皆腹藁，八万四千无数句。意句圆美若弹丸，咏歌不足欲起舞。秋风绕树扫苍颜，园林失翠作峋嵝。远追清兴别吾游，泠然不待风为御。招此百年未归客，送行天地一逆旅。要收春雨点新意，他日相逢为君举。"
>
> 珪遂行，诣佛眼而得法。后住和之褒禅，东偏植竹，因为退居，名曰竹庵。有诗："种竹百余个，结茅三两间。才通溪上路，不碍屋头山。黄叶水去住，白云风往还。平生只这是，道者少机关。"竹庵讳士珪，诗选收为道珪作，则误也。③

---

① 《嘉兴藏》第 23 册，第 591 页上。
② 周裕锴撰：《宋僧惠洪行履著述编年总案》，高等教育出版社 2010 年版，第 65、66 页。
③ 《卍新续藏》86 册，第 680 页中、下。

政书记，即归正首座，当是始为书记，后为首座，他博学能诗，对于士珪的诗文亦有影响。

据《石门文字禅》卷三：

> 陈莹中自合浦迁郴州，时余同粹中寓百丈，粹中请迓之，以病不果，粹中独行，作此送之
>
> 我怀希夷老，如哑无处诉。忽闻得生还，失声喜能语。想见如镜中，仙风拂眉宇。欲问华严宗，忽觉隔吴楚。摄衣出从之，久疾恐顿仆。佳哉蜀道人，精爽驰捷武。殷勤愿偕行，得书即径去。我生百无求，青山满门户。公卿一度来，掉头不回顾。斯人独难忘，自不知其故。凤昔当问佛，斯人亦法侣。达书理故事，已办住山斧。太虚吾斧柄，能用以收取。①

崇宁五年（1106），陈瓘遇赦，自广西合浦得归彬州，士珪自百丈往见之，与之同行。

归正对于佛眼十分尊敬，士珪闻听，自百丈东下。

经东吴，抵达龙门，佛眼告其慧解已足、唯欠开眼，令主堂司。一日问绝对时如何，佛眼道如堂中白槌相似，无知无识始得。他再问，佛眼称闲言语，他于言下顿悟，咬得东山铁酸馅，师资契合，日臻玄奥。

宣和二年（1120），知和州钱景述请住和州天宁。九月，请住和州褒禅。

靖康元年（1126）十二月，迁东林。

二年（1127），金兵南下，结茅分宁西峰，避地西峰许支庵，号竹庵。

建炎四年（1130），迁仰山。

士珪在分宁西峰庵居两年，建炎四年（1130）迁仰山，时住持为故友超然希祖。

据《云卧纪谭》卷一：

---

① 《嘉兴藏》第23册，第591页上、中。

真净和尚住宝峰日，洪明、一祖同在侍寮。祖请暂假，真净不许。及上巳日，呼俱侍行，为宝莲庄主具饭。真净题偈于壁曰："元符二年三月三，春饼撮馓桐饭兼。真净来看信道者，洪明一祖相随参。"祖匿笑，谓同列曰："元来老和尚以我名厕于偈，故不给假也。"洪乃觉范，祖即超然。超然为仰山东道主，而与大慧、竹庵、心虚量、珍布衲亦于上巳之晨游獭径桥，话宝莲事。未免以后之视今，犹今之视昔耳。①

又据《大慧普觉禅师年谱》卷一：

绍兴元年辛亥
师四十三岁登仰山，邂逅东林珪禅师。按东林跋颂古云：余靖康元（二）年结茅分宁西峰，建炎四年迁仰山，明年妙喜自湖外来，一见相契，遂定杨岐宗旨。二月复还云门庵，题高庵悟禅师语要，示学徒云门举起竹篦五颂。②

绍兴元年（1131）初，大慧宗杲到仰山，与士珪相见，二人一见如故，相互称赏，一起定杨岐宗旨。

仰山住持超然希祖对于二人十分照顾，相与话旧，提到元符二年（1099）真净老和尚的趣事，还于三月三上巳日一起游仰山獭径桥，同游者还有心虚量、珍布衲等人。心虚量，不知何人。珍布衲，即百丈珍，永觉元贤认为即慈明楚圆门人建阳惟珍，即处州仁寿嗣珍，此说恐怕有误，若是楚圆门人，此时至少百岁。百丈珍应当为他们的同辈甚至晚辈，故列名于后。当时百丈住持，元肃之后为维古，维古之后为灵源惟清门人应端，应端于政和末住持，六载退居，其后为同门以栖，珍禅师或在以栖之后、道震之前住持。

据《大慧普觉禅师年谱》卷一：

---

① 《卍新续藏》86册，第668页下。
② 《嘉兴藏》第1册，第798页中。

三年癸丑

师四十五岁。东林珪禅师自仰山来同居，各作颂古一百一十篇。按东林书颂古后云：绍兴癸丑四月，余过云门庵，同妙喜度夏。山顶高寒，终日无一事，相从甚乐。妙喜曰："昔白云端师翁谢事圆通，约保宁勇禅师夏居白莲峰，作颂古一百一十篇，有'提尽古人未到处，从头一一加针锥'之语。吾二人今亦同夏于此，事迹相类，虽效颦无愧也。"遂取古公案一百一十则，各为之颂，更互酬酢，发明蕴奥，斟酌古人之深浅，讥诃近世之谬妄，不开知见户牖，不涉语言蹊径，各随机缘，直指要津。庶有志参玄之士，可以洗心易虑于兹矣。①

九月同珪禅师之临川，访子苍、居仁，谒草堂和尚于疏山，因馆子苍之西斋。按《普说》云：子苍为此事甚切，与某鼻孔厮拄者半年。②

绍兴三年（1133）四月，士珪到云门庵，与大慧宗杲同居半年，效仿守端、仁勇故事，一起做颂古百篇。

九月，二人又同到临川，访韩驹、吕本中，又谒草堂善清于疏山。他们住在韩驹西斋半载，一起切磋禅理，探讨诗学。

作为诗僧，士珪与吕本中、韩驹都有来往，曾与韩驹论黄庭坚之诗。吕本中《东莱诗集》卷十四有《东林珪、云门杲将如雪峰，因成长韵奉送》，卷十五有《简乾元硅老》、《别后寄珪粹中（一作鼓山）》诗，此"东林硅"、"乾元硅老"、"硅粹中"即属同一人，都是指士珪。③

绍兴四年（1134）二月，与大慧宗杲一起入闽，先到雪峰，受到住持真歇清了的热情接待。知福州张守请住圣泉，后迁乾元。

据《大慧普觉禅师语录》卷二十四：

乙卯上元后，璞来告假，归长溪省母，且乞法语。因信笔书前语以遗之。建善有佛眼和尚得法上首藏六翁，彼上人者，诃佛骂祖，具

---

① 《嘉兴藏》第1册，第798页下。
② 同上书，第799页上。
③ 朱刚、陈珏：《宋代禅僧诗辑考》，复旦大学出版社2012年版，第402页。

择法眼，不减庞老子。试以此呈似此老，必有批判矣。仍请此老相与作证，夏前复归，究竟末后一段大事因缘，切勿秤锤落井。道人分上千里同风，更不果作藏六翁书也。①

绍兴五年（1135）初，遵璞告假归乡省母，大慧告之福州建善有佛眼门人藏六翁，此藏六翁即士珪，看来当时他还在福州建善寺住持过，妙湛思慧门人法藏禅师曾于此住持。

绍兴六年（1136），张致远请住持鼓山，住山七载，百废并举，寺宇一新。

绍兴九年（1139）张浚知福州后，曾经请其复兴越山，数月成就，殿阁一新，后迎其复归鼓山。

据《丛林公论》卷一：

之琰侍者，蒙里闲人也。丁未秋，自育王出访江湄，清谈款密。琰举蒙庵岳禅师始应净众辟命，道过鼓山，竹庵珪禅师请为众说法。竹庵引座云："鼓山三十棒，要打新净众。大众，莫是未入门合吃此棒么，咄！莫是已入门合吃此棒么，咄！莫是鼓山盲枷瞎棒胡打乱打么，咄，咄！若是我临际儿孙，便请单刀直入。"岳遂登座云："鼓山三十棒，要打新净众。大似话驴得驴，话马得马。净众今日到来，要骑便骑，要下便下。而今突出人前，未免弄真像假。"以手取拄杖云："今朝暂借鼓山拄杖，与大众拔本去也。"复放云："休休。将谓胡须赤，更有赤须胡。"遂下座。蒙徐谓琰曰："语录所不载，何从得之？"琰曰："拙庵和尚。"蒙遂横首。琰曰："实柏堂每以此举似。"蒙曰："竹庵合吃者庵棒。"②

这一记载又见于《续古尊宿语要》卷五蒙庵语录，时在绍兴十年（1140），思岳于鼓山会中出世漳州净众，竹庵为其引座说法，见其对法侄

---

① 《大正藏》第47册，第914页中。
② 《卍新续藏》64册，第767页中、下。

之慈悲。后来拙庵德光讲此故事，柏堂实亦常举。

十二年（1142）十一月，奉诏开山温州雁荡山能仁禅寺，到寺不久，失火，一寺化为灰烬，他就树缚屋，说法不止。

据《丛林公论》卷一：

> 初温之龙翔乃两小寺，东西角立，大江中分。绍兴初，真歇了禅师董莅之初，睥睨谈笑，实以土石，合为大刹。竹庵珪公名翼未焘，一日分卫说法城闉，民未晞信。师侍立其旁，欲顶其足。坚逊久之，趋请款密，遂端跌受师展拜。四众错愕，谓天壤间复有斯人。明日郭人如雾突水涌而输金帛焉。①

这一传说又见于《月江正印禅师语录》、《续传灯录》与《新续高僧传》，主要是强调真歇清了气势之大、学术之正，故声名远大，然而亦有疑问，士珪奉旨住持，当时声名不下于真歇，真歇又何必如此。不过宋人已有此传说，也算一段佳话。

十五年（1145），奉诏住持温州龙翔，继真歇清了之后。

十六年（1146）七月十八日退院，召门人宗范付后事，十九日入灭，寿六十四，腊五十一。

据《嘉泰普灯录》卷二十：

南康军云居顽庵得昇禅师

蜀之广汉德阳人，族何氏。年十七，依崇果寺，二十得度。习讲久之，弃谒文殊道禅师，讲问佛法省要。殊示偈曰："契丹打破波斯寨，夺得宝珠村里卖。十字街头穷乞儿，腰间挂个风流袋。"师拟对，殊曰："莫错。"乃退参，三年方得旨趣。往见佛性，机不投。入闽，至鼓山，礼觐次，便问："国师不跨石门句，意旨如何？"竹庵应声喝曰："闲言语！"师即领悟。命师分座说法。绍兴辛酉，丞相魏国张公浚拥旄闽中，请开法石门，迁明教及报恩、开先。

---

① 《卍新续藏》64 册，第 767 页下。

上堂曰："久雨不晴，一箭两垛。鼻孔一时没烂，且道是谁之过？赖得老赵州，出来为你勘破。且道勘破个甚么？日轮天子现扶桑，谁管西来闲达磨。"上堂："万仞崖头打一推，待渠绝后复稣来。活鱍鱍禅须自悟，万重关镳一时开。"僧问："应真不借，三界高超即不问，如何是无位真人？"曰："闻时富贵，见后贫穷。"云："抬头须掩耳，侧掌便翻身。"曰："无位真人在甚么处？"云："老大宗师，话头也不识。"曰："放你三十棒。"乾道己丑九月二十五，集众示偈而化，七日茶毗，获设利，同灵骨藏于三生塔。寿七十四，夏五十四。①

得昇，《五灯会元》等后世史料全作"德昇"，当从之。德昇（1096—1169），号顽庵，蜀广汉德阳人，俗姓何，绍圣三年（1096）出生，政和二年（1112）十七岁于崇果寺出家，五年（1115）二十岁得度受具，习经论。久之，大概于宣和之末（1125）谒文殊心道，问佛法省要，心道以偈示之，三年方得其旨。建炎三年（1129）心道入灭，再参佛性法泰，不契。入闽，至鼓山，参士珪，顿领玄旨，士珪命其分座说法。绍兴十一年（1141），丞相张浚请开法石门，再迁明教、报恩、开先。后于绍兴二十九年（1159）继真牧正贤住持云居，乾道五年（1169）入灭，寿七十四，腊五十四。

据《雪峰空和尚外集》卷一：

过灵石赋顽庵

道人杨岐五世孙，曾持鉏斧开云门。
属时多艰众且去，百折千摧君独存。
住庵了却行脚债，随缘混入众生界。
和泥合水二顷田，接待方来一茎菜。
我初北归先过君，彼此老大言无父。
长年听法庵外石，永日不藏岩上云。
莫嫌家凤四立壁，应用河沙体坚密。
客来有以顽自疑，三问道人三不知。

---

① 《卍新续藏》79 册，第 410 页中。

学顽未到顽之孙，再拜顽庵求入门。
当时此老有何说，火后茎苐今尚存。
人贫信是思旧债，一饭重寻香积界。
堂上未瞻痴绝翁，溪头已见随流菜。
惟顽显顽分不分，以水投水无留文。
地炉火暖坐自睡，金博朝参寒起云。
与君相从君莫逆，向来不疏今不密。
明朝山住云自飞，后会有无俱不知。①

这是雪峰慧空（？—1158）所作诗二首，应当作于绍兴年间、德昇住持福州灵石寺（石门）时，虽然遭遇世乱，徒众逃散，他还坚持留在寺中，接待来客，随缘度众。

据《嘉泰普灯录》卷二十：

通州狼山萝庵慧温禅师

七闽人，族郑氏。甫二十，礼灵凤主僧以巽落发受具，谒栖贤初、百丈栖、水南遂、云居舒、上封才、南昌原。晚依竹庵于东林，未几，庵谢事，复谒高庵悟、南华昺、草堂清，皆蒙赏识。会竹庵徙闽之乾元，师归省次，庵问："情生智隔，想变体殊，不用停囚长智，道将一句来。"师乃释然，述偈曰："捋出通身是口，何妨骂雨呵风。昨夜前村猛虎，咬杀南山大虫。"庵首肯。绍兴辛未冬，出住宣城宝胜，后四居望刹。

上堂，曰："释迦老子四十九年坐筹帏幄，弥勒大士九十一劫带水拖泥，凡情圣量，不能划除；理照觉知，犹存露布。佛意祖意，如将鱼目作明珠；大乘小乘，似认橘皮为猛火。诸人须是豁开胸襟宝藏，运出自己家珍，向十字街头普施贫乏。众中忽有个灵利汉出来道：美食不中饱人吃。出僧却向他道：幽州犹自可，最苦是新罗。"②

---

① 《国家图书馆善本佛典》50册，第21页。
② 《卍新续藏》第79册，第410页中、下。

慧闻禅师，号萝庵，福建人，俗姓郑，二十岁时依灵凤以巽落发受具，游方至江西、湖南，参庐山栖贤初、百丈以栖、水南遂、云居舒、上封本才、南昌原。云居舒，当为荐福道英门人饶州崇宁庆舒，后来住持云居，宣和二年（1120）退居，建炎二年（1128）入灭。建炎元年（1127）至庐山东林，参竹庵士珪，不久士珪谢事，他又参云居高庵善悟、南华智昺、草堂善清，皆蒙赏识。

绍兴五年（1135），竹庵住持福州乾元，他再来省师，言下顿悟，得到首肯。

绍兴二十一年（1151），出世宣城宝胜，后四居望刹。

其上堂说法，指出释迦说法四十九年，弥勒修行九十一劫，情量不除，觉照未尽，佛意祖意，不过鱼目混珠；大乘小乘，都是认橘作火，要想真正悟道，必须打开内里宝藏，运出自己家珍，方可自利利他，普度贫乏。若有伶俐汉子，出道虽是美食，怎耐不遇饥人，大家人人具足，只得向他道，此说也是雪上加霜，离道愈远。

第七章 圆悟克勤

第一节 圆悟克勤生平

圆悟克勤（1063—1135）为宋代著名禅师，临济一代宗匠，对于其生平经历，论者已多，特别是段玉明等《圆悟克勤传》（附《年谱》），为最新研究成果，值得重视，今对之稍加补充。

克勤生于嘉祐八年（1063），俗姓骆，彭州人。

据《僧宝正续传》卷四《圆悟勤禅师》：

> 禅师讳克勤，字无著，彭州崇宁骆氏子，依妙寂院自省落发，受满分戒。游成都，从圆明敏行大师，学经论，窥其奥。以为不足，特谒昭觉胜禅师，问心法。[1]

如此克勤初从妙寂院自省落发，并受具，其寿七十三，腊五十五，故当在十八岁即元丰三年（1080）时受具。他本为儒家子，幼习儒书，日记千言，无人可敌，一日游妙寂院，顾见佛书，读之再三，如获旧物，自言"吾殆过去沙门也"，始弃家祝发，师从自省。受具后，他又到成都，师从义学名僧文照，为其高弟，又从敏行（1044—1100）讲授《楞严经》论。

文照其人不详，既为讲僧，应当是大圣慈寺僧人。敏行则是成都大慈寺僧人，号圆明大师，曾造大悲圆通阁，苏轼为之作记。敏行之师为宝梵大师昭符，门人有法震、法灯（1075—1127）等。

《克勤传》称"以恭州改名在宋徽宗崇宁元年（1102），敏行示寂必在

---

[1] 《卍新续藏经》79 册，第 569 页下。

此之后",有误。敏行闻南方宗师如黄龙祖心(1025—1100)、泐潭克文(1025—1102)(并非文准)、西湖宗本(1020—1099)后下决心出蜀参学,其时在元符三年(1100)三月,四月八日于渝州入灭。

克勤虽从敏行学经论,却"以为不足",且"得病濒死",乃知"涅槃正路不在文句中",又从真觉惟胜习禅。惟胜为黄龙慧南(1002—1069)嫡传,继主黄檗,元丰六年(1083)至京,又因事牵连,有旨归蜀。克勤从惟胜习禅,最早在元丰六年(1083)末。约元丰七年(1084),有旨革律为禅,改昭觉寺为十方丛林,惟胜推荐门人绍觉纯白(1025—1093)为第一任住持。

克勤从惟胜学习的时间不详,很可能是在惟胜入灭后才出关。

克勤首次出川,《年谱》道是元祐五年(1090),这只是一个假设,没有具体的依据。

据《圆悟佛果禅师语录》卷十三:

> 老僧往日,为热病所苦,死却一日,观前路黑漫漫地,都不知何往,获再苏醒,遂惊骇生死事,便乃发心行脚,访寻有道知识,体究此事。初到大沩参真如和尚,终日面壁默坐,将古人公案翻覆看。及一年许,忽有个省处。然只是认得个昭昭灵灵、驴前马后,只向四大身中作个动用,若被人拶著,一似无见处。只为解脱坑埋却,禅道满肚,于佛法上看即有,于世法上看即无。①

这是克勤自述行脚参学经历,他强调促使其发心行脚的始因,是由于得了一场热病,昏死一整天,醒来之后,便觉生死可怖,乃发心参究大善知识。他只提到初到大沩参翠岩可真(?—1064)的门人真如慕哲(?—1095),在这里待了一年以上。

据《大慧普觉禅师宗门武库》卷一:

> 圆悟和尚初在沩山,一日真如和尚问曰:"如何?"悟云:"起灭不

---

① 《大正藏》47册,第775页上。

停。"如曰："可知是博地凡夫。老僧三十年在里许，只得个相似。"次见晦堂，堂曰："我住院十二年不会，如今方会。脚尖头也踢出个佛。"悟后住昭觉，有长老问刘铁磨到沩山问答并雪窦御街行颂，"未审此意如何？"悟曰："老僧更参四十年，也不到雪窦处。"长老叹曰："昭觉和尚犹如此说，况余人耶！"①

又据《大慧普觉禅师宗门武库》卷一：

贤蓬头，江州人，沩山真如和尚会中角立者，见地明白，机锋颖脱，有超师之作。但行业不谨，一众易之。真如结庵于方丈后，令贤独处。唯通小径从方丈前过，不许兄弟往还。后二年，举首众立僧，秉拂说法，有大过人处。一众由是改观。后往郢州兴阳，数载道大行。示寂，肉身不坏。圆悟和尚在沩山，目击其事。妙喜游兴阳，尚及见其肉身。②

真如慕哲于元丰四年（1081）至绍圣元年（1094）居大沩十四年。克勤来参时，正值贤蓬头任首座，与之游。又遇庆藏主，尽得其要。

依《圆悟禅师传》，克勤出蜀，"首见玉泉皓公、金銮信公。又见大沩哲公、黄龙晦堂心公、庐山总公，此五大比丘者，僧中龙也"。这表明他是由水路而行，故先参玉泉承皓（1011—1091）、金銮信。金銮信不明何人，当为福昌知信（1030—1088）。

据笔者《知信禅师与云门福昌系》一文，福昌知信就是金銮信。又据《山谷集》二十六《福昌信禅师塔铭》，知信于元祐三年（1088）闰十二月庚戌入灭，如此克勤到荆南参知信，最晚不迟于元祐三年（1088）。

据《大慧普觉禅师普说》卷二：

未说别人，如真如和尚，他是个古佛。据他拈提古人公案，不在雪窦之下。后来为见真点胸下无人，却爱收拾禅子，因此也不说悟门。

---

① 《大正藏》47册，第949页中。
② 同上书，第944页下。

他自是大彻大悟底人,却到下面几个,早不相似了。何以知之?盖山僧往年亲见嗣其法者。圆悟先师才出川来,便参真如。当时会中有个庆藏主,曾参承大(天)宗和尚来,先师最亲近之,在他处理会雪窦颂古,所以后来有许多击节人,多谓佛果和尚只是聪明记持,由他肆意穿凿,殊不知无师承宗旨,如何只恁么胡乱说得?后来因佛鉴以书责之云,"老兄幸自有直指底一著,不当说雪窦为人",先师遂已。

庆在沩山,虽僻地里与先师入室,其实真如(原文"真实如"有误)不曾举他立僧。一日真如问先师:"你去庆藏主处入室否?"曰:"未曾。"真如云:"因甚不去?他古今好。"先师曰:"某待都去禅头处入室。"其时会中又有个贤蓬头,却是悟底禅。先师自此俱入其室,又入得真如门户,真如剧称道之。一日问曰:"小勤你今年几岁?"答曰:"二十四岁。"真如云:"更过二十四年后,做个没量大人。"便授记他。后来先师果然四十八上出世。你道他不是古佛,得么?只是有爱禅子之癖。先师也画得他顶相,又得禅会子,有"从上诸圣,一人传一人,子今既得,善自护持"之语。先师深秘之。一日庆与秀大师者将欲起离,说与先师,意欲偕往。先师又爱且住沩山。庆以小话讥之曰:"旧有一僧,不奉戒律,以罪到讼庭,于法当杖,危急之际,忽告郡将曰:'念某曾参圆照禅师来。'盖郡将是同参,遂问曰:'以何为验?'其僧遽出圆照真子呈之,乃获免。"庆曰:"而今传得真子者,纵没用处,等闲收取,或可免棒。"先师时耐他口嘴不中,又窃怪真如所谓禅会子者,既言一人传一人,何得在我下者皆有之,实时和真子一时烧了,乃与庆、秀俱出山,同到黄龙见晦堂,又往东林参照觉,俱打不合。自此相分,先师往淮甸,庆入京师,秀随之。庆在惠林挂搭,秀在法云。一日庆有疾,秀不告假,且以钱赂守门者,往省。问之,庆曰:"法云规绳严紧,何缘得出?"秀以实告之,庆用心不臧,密遣人报圆通。圆通不以秀不告为非,是夜小参,痛骂庆曰:"是何用心,枉披法服!彼拚出院而往问疾,是不忘义也。敢尔阴损之,必当招恶报!"不数日,庆果吐红而终。①

---

① 《卍正藏》59册,第858页中。

这段普说十分珍贵，很有史料价值。一是强调真如和尚是古佛，境界很高，但也有"爱禅子之癖"，喜欢招纳门人。二是说真如会中，有庆藏主、贤蓬头，都是一时悟者。特别是自庆藏主（？—1090），曾参承大宗和尚，此大宗和尚不明何人，然肯定属于雪窦重显（980—1052）一系。庆藏主对雪窦颂古很有研究，得到真如和尚的认可。庆藏主对克勤影响很大，后来自庆与秀大师一起离开大沩，欲带克勤同行，克勤对大沩还有些留恋，自庆便勉之，三人一起到黄龙参晦堂祖心，又到庐山参东林常总，皆不契。三人自此分手，克勤到淮南参法演，自庆与秀到京城参圆通法秀（1027—1090），自庆住惠林，秀禅师住法云，自庆有疾，秀禅师偷偷跑出来看他，自庆却暗地里向法云住持法秀举报，法秀大怒，骂其不讲义气，必遭报应，不久自庆便吐血而终。

其中最重要的是提及当时克勤为二十四岁，即在元祐元年（1086）。这表明克勤随侍惟胜时间不长，便出关参学。

克勤大概在荆州时间不长，因此他自己没有特别提及。他在元祐元年（1086）出川，先到荆州参礼玉泉承皓和金銮知信，又于同年南下到湖南大沩，参真如慕喆。他在慕喆门下时间较长，受益也多，有所省悟，故后来专门提及。他在大沩，整天面壁坐禅，研究古人公案，一年以后，有个省处。

可能在元祐五年（1090），他离开大沩到达黄龙，从晦堂祖心习禅。晦堂祖心对他评价最高，道是他日临济一宗，当属于他。大概于元祐五年（1090），他又到庐山参东林常总（1025—1091）。

据《普觉宗杲禅师语录》卷一：

> 圆悟和尚尝参北乌崖方禅师，佛鉴和尚尝参东林宣秘度禅师，皆得照觉平实之旨。①

据徐文明《佛鉴惠勤禅师生平》，北乌崖方即是蕲州白云山广教德方禅师，东林宣秘度即是东林思度禅师，二人都是东林常总的门人，故得其平

---

① 《卍新续藏经》69册，第628页上。

实之旨，而且可能后人在整理《大慧语录》时有颠倒，应当是圆悟克勤参东林度，佛鉴惠勤参广教方。思度，张商英《东林善法堂记》作"恩度"，与以弼同为常总门下上首，"皆于现在老人照觉禅师亲近供养，深得法要；决择邪正，消陨知解；一心精进，扶竖宗教。"① 克勤从思度参学，当在常总入灭之前。假如克勤确实还到蕲州参过德方，其时亦应是在常总入灭之前。

克勤与自庆、秀禅师在庐山分手，自庆与秀禅师到京参圆通法秀，其时肯定在元祐五年（1090）八月法秀入灭之前。如此克勤到淮南参礼法演，也肯定是在元祐五年（1090）前。

宗杲对克勤的记载应当是最为可靠的，然而其中亦有疑问，如云慕喆悬记克勤四十八岁出世，后果然应验，此说便不对，克勤四十八岁即大观四年（1110），事实上早在崇宁年间（1102—1106）他就出世为人了。不知宗杲为何会犯此等错误，难道他认为直到大观四年（1110）其师才算真正"做个没量大人"？

据《普觉宗杲禅师语录》卷一：

> 圆悟和尚尝参北乌崖方禅师，佛鉴和尚尝参东林宣秘度禅师，皆得照觉平实之旨。同到五祖室中，平生所得，一句用不著。久之无契会之缘，皆谓五祖强移换他，出不逊语，忿然而去。祖曰："你去游浙，著一顿热病打时，你方思量我在。"圆悟到金山，忽染伤寒，困极入重病合。遂以平日参得底禅试之，无一句得力，追绎五祖之语，乃自誓曰："我病稍间，径归五祖去。"佛鉴在定慧，亦患伤寒，极危殆。圆悟病既愈，经由定慧，拉之同归淮西。佛鉴尚固执，且令先行。圆悟亟归祖山。②

由于照觉一派的平实禅与杨歧门风确有差别，因此惠勤与克勤开始都不适应，总是无缘契入，二人当时都很自负，以为自己已经悟了，只是老

---

① 《卍新续藏经》79 册，第 487 页中下。
② 《卍新续藏经》69 册，第 628 页上。

师故意不肯印可，因此便都离开白云，法演也不阻拦，只是说你们得一场热病时，自然会回来。果然，惠勤在焦山定慧寺、克勤在金山都得了伤寒，而且病得很重。克勤这时记起法演之语，便回来了，并到定慧拉惠勤同行，惠勤还不肯，让克勤先回来。克勤果然不久悟道，便劝惠勤也回到白云。

据《圆悟佛果禅师语录》卷十二：

> 山僧顷日问五祖和尚："二祖云，觅心了不可得，毕竟如何？"他道："汝须自参，始得这些好处，别人为汝著力不得。"参来参去，忽因举"频呼小玉元无事，只要檀郎认得声"，忽然桶底脱。……山僧十年在众，无一时异缘，只是参禅，参到第十年，方打得彻。①

又据《圆悟佛果禅师语录》卷十三：

> 后到白云老师处，被他云"尔总无见处"，自此全无咬嚼分。遂烦闷辞去，心中疑情终不能安乐。又上白云再参先师，便令作侍者。一日忽有官员问道次，先师云："官人，尔不见小艳诗，道'频呼小玉元无事，只要檀郎认得声？'"官人却未晓。老僧听得，忽然打破漆桶，向脚跟下亲见得了，元不由别人。②

再据《佛果克勤禅师心要》卷一：

> 老汉昔初见老师，吐呈所得，皆眼里耳里机锋，语句上悉是佛法心性玄妙，只被此老子举干曝曝两句，云"有句无句，如藤倚树"，初则摆撼用伎俩，次则立谕说道理，后乃无所不至，拈出悉皆约下。遂不觉泣下，然终莫能入得。再四恳提耳，乃垂示云："你但尽你见解作计较，待一时荡尽，自然省也。"随后云："我早为你说了也。去，去，向衣单下体究，了无缝罅。"因入室信口胡道，乃责云："你胡道作

---

① 《大正藏》47册，第768页上中。
② 同上书，第775页上中。

么?"即心服真明眼人,透见我胸中事,然竟未入得。寻下山,越二载回,始于"频呼小玉元无事"处桶底子脱,才始觑见,前时所示,真药石也。①

这些都是克勤亲述当时学道及得悟机缘,最为可靠。他强调自己参禅,到第十年方打彻。克勤参禅,若是从元祐元年(1086)出川算起,第十年则是绍圣二年(1095),若是从元丰七年(1084)从惟胜参学算起,则到元祐八年(1093)始悟。第二种假说可能性更大,因为据徐文明《佛眼清远生平事迹研究》,清远(1067—1120)于绍圣二年(1095)二十九岁时悟道,而诸说皆谓克勤于"二勤一远"中最先悟道,故克勤得悟当在此前。

克勤于元祐五年(1090)到白云海会,受了很多折磨,至于泣下,始终不会。他不得已于六年(1091)远走吴中,法演也不强留,只是说待汝被一场热病打时,自然回来,此后果然。过了二载,至元祐八年(1093),克勤回到白云,充作侍者,有一官员问道,法演以"频呼小玉元无事,只要檀郎识得声"启发他,官员不明,在旁的克勤则闻之大悟。

据《圆悟禅师传》:

最后见演公于龙舒白云,演诃之,师不顾,趋出。去抵吴中,已而复还。演迎笑曰:"吾望子久矣。"会有部使者诣演作礼,问佛法大意,师从旁窃听,即大悟,立告演曰:"今日去却胸中物,丧尽目前机也。"演曰:"如是,如是。"又从演于五祖,当伐一巨木,演固止之,师不听,演怒奋挺而起,师植立不动,演投所持挺,颔之而去。自是遇物中无疑矣,众推为上首学宗焉。

如此克勤后来又随法演迁五祖寺,法演以机缘发之,使之更发深机,自是遇物无疑。

据《圆悟禅师传》:

---

① 《卍新续藏经》69册,第458页中下。

崇宁中，归觐其亲。诸老相谓曰："川勤传一灯归蜀矣。"成都帅翰林郎公知章闻师名，? 请住六祖院，撰日开堂，摄齐登坐，嗣演公。说法词义卓然，缁素悦服，欣踊抃蹈，如佛出世。

所谓崇宁中，实在崇宁元年（1102）。因为他回到成都后，住昭觉寺，在此受六祖院之请担任住持。不久，又受昭觉之请，担任住持。住持昭觉之后，又受敕黄，改昭觉寺为崇宁万寿禅寺，时在崇宁二年（1103）。

据《罗湖野录》卷二：

先是崇宁二年，诏州郡建禅苑，以万寿配纪元为额。于时有致法门兴衰之庆于妙湛禅师，妙湛谢之曰："乃今而后，安得明眼尊宿三百六十员布于天下耶？第恐法门衰由是矣。"至政和元年，改崇宁为天宁。[1]

如此可知克勤离淮归蜀，肯定在崇宁元年（1102）。他在昭觉改名时升座说法，拈香云"十年淮甸受尽辛苦"，其于元祐五年（1090）来到淮南白云，崇宁元年（1102）离开，共十三年，中间离开二年多，差不多正好是十年。

克勤住昭觉八年，至大观三年（1109）出蜀，至荆南，遇到以散官安置此地的张商英，张商英对之十分敬佩。他于公安天宁寺受请，来住夹山灵泉禅院，其时可能在大观四年（1110），时年四十八岁，正应了真如和尚为"没量大人"的预言。住持夹山时，他著有著名的《碧岩录》，使其名声大振。

住持夹山三年，约于政和二年（1112）迁潭州道林。政和七年（1117），他接替师兄惠勤住持蒋山太平兴国禅寺。圆悟于宣和六年（1124）奉旨入京，住天宁寺。后因靖康之乱，离京南下，住金山龙游。建炎元年（1127）十一月受命赴于行在，十七日高宗召见，奉勒住云居真如禅寺。

据《云卧纪谭》卷一：

---

[1] 《卍新续藏经》83册，第391页中。

建炎三年元日，圆悟禅师在云居，尝曰："隐士王梵志颂：城外土馒头，馅草在城里。每人吃一个，莫嫌没滋味。而黄鲁直谓：己且为土馒头，当使谁食之。由是东坡为易其后两句：预先著酒浇，使教有滋味。然王梵志作前颂殊有意思，但语差背。而东坡革后句，终未尽余兴。今足成四韵，不唯警世，亦以自警：城外土馒头，馅草在城里。著群哭相送，入在土皮里。次第作馅草，相送无穷已。以兹警世人，莫开眼瞌睡。"圆悟遂手写以遗一书记，乃住万年，号村僧者是也。①

建炎三年（1129）初，圆悟还改写了王梵志的一首诗，并手写交付雪巢法一书记，法一后来住持台州万年，号村僧，为黄龙派草堂善清法嗣。

圆悟住云居二年，建炎三年（1129）闰八月退院归蜀。王伯绍请其再住昭觉寺，绍兴五年（1135）八月入灭。

第二节　圆悟克勤门下

圆悟克勤门人数量很多，并且都很杰出，当时后世影响极大。

据《嘉泰普灯录总目录》卷二：

天宁佛果圆悟克勤禅师法嗣三十人（十五人见录）

潭州大沩佛性法泰禅师

邓州丹霞佛智端裕禅师

建康府华藏密印安民禅师

眉州象耳山袁觉禅师

成都府昭觉彻庵道元禅师

平江府虎丘绍隆禅师　眉州中岩华严祖觉禅师

潭州福严文演禅师　平江府明因昙玩禅师

平江府虎丘雪庭元净禅师

怀安军云顶∴庵宗正禅师

---

① 《卍新续藏经》86 册，第 669 页中。

第七章　圆悟克勤　283

衢州天宁讷堂梵思禅师　岳州君山佛照觉禅师
平江府宝华显禅师　绍兴府东山觉禅师
(泗州普照佛心胜禅师　汉州无为铁面胜禅师
遂宁府灵泉希寿禅师
建康府保宁如庵祖禅师　平江府永怀有证禅师
福州幽岩珊禅师　潼川府乾明印禅师
筠州景德旻禅师　临安府中天竺海禅师
黔中师范首座　七闽智頵首座
姑苏道殊首座　自珍首座
璟上座　门司郑谌居士)
(已上机语未见)①

据《嘉泰普灯录总目录》卷二：

天宁佛果圆悟克勤禅师法嗣十六人
临安府径山大慧普觉宗杲禅师
台州护国此庵景元禅师　台州鸿福子文禅师
福州贤沙僧昭禅师　平江府南峰云辩禅师
临安府灵隐佛海慧远禅师
成都府正法建禅师
温州灵峰伽堂中仁禅师　台州天封觉禅师
昭觉道祖首座　云居宗振首座
枢密徐俯居士（语见贤臣）　郡王赵令衿居士（语见贤臣）
觉庵道人祖氏　令人本明
成都府范县君②

据《续传灯录目录》卷三：

---

① 《卍新续藏经》79 册，第 281 页上。
② 同上书，第 281 页中。

昭觉圆悟勤禅师法嗣上十六人

径山宗杲禅师　虎丘绍隆禅师

育王端裕禅师　大沩法泰禅师

护国景元禅师　玄沙僧昭禅师（已上六人见录）

普照奉胜禅师　虎丘宗达禅师

正法化冲禅师　清溪常禅师

普慧因净禅师　天宁道成禅师

宝相道智禅师　长松晓禅师

信相圆禅师　九顶希问禅师（已上十人无录）①

据《续传灯录目录》卷三：

昭觉圆悟勤禅师法嗣五十九人

南峰云辩禅师　正法建禅师

华藏安民禅师　昭觉道元禅师

中竺中仁禅师　象耳袁觉禅师

华严祖觉禅师　福严文演禅师

明因昙玩禅师　虎丘元净禅师

天宁梵思禅师　君山觉禅师

宝华显禅师　东山觉禅师

天封觉禅师　道祖首座

宗振首座　枢密徐俯居士

郡王赵令衿居士　侍郎李弥逊居士

祖氏觉庵道人　令人明室道人

成都范县君　灵隐慧远禅师

洪福子文禅师（已上二十五人见录）

中岩照禅师　广利璲禅师

广利枢禅师　无为胜禅师

---

① 《卍新续藏经》83册，第26页上。

定山昂禅师　开福宜禅师
白水正禅师　显报旸禅师
翠峰弼禅师　云际全禅师
德山静禅师　报恩莹禅师
四明亨禅师　西禅通禅师
金文照禅师　长溪朴禅师
江宁府悟明禅师　宝林勤禅师
九顶宗悟禅师　智頵首座
道殊首座　自珍首座
智度演禅师　璟上座
师范首座　中竺海禅师
永怀有证禅师　幽岩珊禅师
乾明印禅师　保宁祖禅师
景德旻禅师　门司郑谌居士
灵泉希寿禅师　云顶宗正禅师
(已上三十四人无录)①

据《嘉泰普灯录》卷十五：

温州雁山灵峰彴堂中仁禅师

洛阳人也，少依东京奉先院出家。宣和初，赐牒于庆基殿，落发进具。后往来三藏译经所，谛穷经论，特于宗门未之信。时圆悟诏居天宁，凌晨谒之。悟方为众入室，师见敬服，奋然造前。悟曰："依经解义，三世佛冤；离经一字，即同魔说。速道！"师拟对，悟劈口击之，因坠一齿。即大悟，竟留天宁。由是师资契合，请问无间。自南渡，隆兴初，开法大觉，迁中天竺，次徙灵峰。

上堂曰："九十春光已半过，养花天气正融和。海棠枝上莺声好，道与时流见得么？然虽如是，且透声透色一句作么生道？金勒马嘶芳

---

① 《卍新续藏经》83册，第26页上。

草地,玉楼人醉杏花天。"上堂,举狗子无佛性话,乃曰:"二八佳人刺绣迟,紫荆花下啭黄鹂。可怜无限伤春意,尽在停针不语时。"

淳熙甲午四月八日,孝宗皇帝诏入,赐座说法。皇帝遂举不与万法为侣因缘,俾拈提。师拈罢,颂曰:"秤锤搦出油,闲言长语休。腰缠十万贯,骑鹤上扬州。"癸亥中,升堂告众而逝。①

中仁(?—1203),号佛堂,洛阳人。早年于东京奉先院出家。宣和初(1119),赐牒于庆基殿,落发进具。然而他往来于三藏译经道场,研究经论,对于禅宗不太信受。时圆悟住持天宁,他前往参见,一击之下,豁然大悟。

隆兴之初,开法于大觉,迁中天竺,最后住持温州雁荡山能仁禅寺。

淳熙元年(1174),孝宗诏入,赐座说法。孝宗举不与万法为侣公案,中仁为之拈提,并有一颂。

嘉泰三年(1203),诏书复至,集众说法,于座入灭。

据《瞎堂慧远禅师广录》卷四:

寄佛堂仁和尚

一击当机,千圣莫窥。佩无文印,著粪扫衣。踞魔王殿,开邪见扉。说禅说道,恶口臊齿。论心论性,撒屎撒(撒)尿。牵犁上树,拗折称锤。抗戾佛祖,倒行逆施。不是佛堂,更是阿谁。咄!曲罢酒阑人不会,断肠依旧画娥眉。②

瞎堂慧远为圆悟门下之杰出者,对之评价甚高,由此可见他在同门中的地位和影响。

据《石田法薰禅师语录》卷四:

---

① 《卍新续藏经》79册,第386页上。
② 《卍新续藏经》69册,第593页上。

为鉴喝堂秉炬（二月十六日化）

圆悟的骨孙，㑚堂破家儿。住山䦆斧子，六七处提持。岁晚力辞佛日，归扫灵山室。重拈栗棘金圈，拶得衲僧上壁。等闲时节至，撒手卧长空。髑髅山后，信息不通。瞿昙十五日便怎么，喝堂十六日也怎么。游戏死生，无可不可。无可不可，八面玲珑。杨岐驴倒跨，踏杀丙丁童。①

鉴禅师，号喝堂，为中仁门人，七处住持，晚年力辞佛日之请，退归灵隐。石田法薰住持灵隐之时（1235—1244），于某年二月十六日入灭。

据《嘉泰普灯录》卷十四：

潭州大沩佛性法泰禅师

汉州人，族季氏。冠为大僧，习南山教。久而游方，机契五祖。后于圆悟语下，顿明大法。出住鼎之德山、邵之西湖及谷山、道吾。敕居大沩，赐号佛性。

上堂曰："推真真无有相，穷妄妄无有形。真妄两无所有，廓然露出眼睛。眼睛既露，见个甚么？晓日烁开岩畔雪，朔风吹绽蜡梅华。"
上堂："涅槃无异路，方便有多门。"拈起拄杖曰："看看山僧拄杖子，一口吸尽西江水。东海鲤鱼踔跳上三十三天，帝释忿怒把须弥山一掬粉碎。坚牢地神合掌赞欢（叹），曰：谛观法王法，法王法如是。"以拄杖击禅床，下座。

上堂："今朝正月已半，是处灯火撩乱。满城罗绮骈阗，交互往来游玩。文殊走入闹篮中，普贤端坐高楼看，且道观音在甚么处？震天椎画鼓，聒地奏笙歌。"

上堂："渺渺邈邈，十方该括。坦坦荡荡，绝形绝相。目欲视而睛枯，口欲谈而词丧。文殊普贤全无伎俩，临济德山不妨提唱。龟吞陕府铁牛，蛇咬嘉州大像，赫得东海鲤鱼直至如今肚胀。嘻。"

上堂："火云烧田苗，泉源绝流注。娑竭大龙王，不知在何处。"

---

① 《卍新续藏经》70册，第354页中。

以拄杖击禅床曰:"在这里,看看。南山起云,北山下雨。老僧更为震雷声,助发威光令远布。"乃高声曰:"哄弄,哄弄。"

上堂:"得念失念无非解脱,是甚么语话;成法破法皆名涅槃,料掉没交涉。智慧愚痴通为般若,颠顶佛性;菩萨外道所成就法皆是菩提,犹较些子。然虽如是,也是杨广失骆驼。"

上堂:"德山棒下金沙异,临济喝中宾主分。到此若无真正眼,可怜辜负本来人。"喝一喝,拍禅床,下座。

上堂:"欲识佛去处,只这语声是。咄。傅大士不识好恶,以昭昭灵灵教坏人家男女,被志公和尚一喝,曰:'大士莫作是说,别更道看。'大士复说偈曰:'空手把锄头,步行骑水牛。人从桥上过,桥流水不流。'志公呵呵大笑曰:'前头由似可,末后更愁人。'"

上堂:"忆昔游方日,获得二种物。一是金刚锤,一是千圣骨。持行宇宙中,气岸高突兀。如是三十年,用之为准则。而今年老矣,二物知何物。掷下金刚锤,击碎千圣骨。抛向四衢道,不能更惜得。任意过浮生,指南将作北。呼龟以为鳖,唤豆以为粟。从他明眼人,笑我无绳墨。"

僧问:"理随事变,该万有而一片虚凝;事逐理融,等千差而咸归实际。如何是理法界?"曰:"山河大地。"云:"如何是事法界?"曰:"万象森罗。"云:"如何是理事无碍法界?"曰:"东西南北。"云:"如何是事事无碍法界?"曰:"上下四维。"问:"如何是十身调御?""投子下禅床立。""未审意旨如何?"曰:"脚跟下七穿八穴。"①

法泰,师号佛性,汉州人,俗姓李(《五灯会元》等皆作李),生卒年不详。自幼业儒,文章有声,冠岁受具,习南山律,其后游方,参五祖法演契机,复于圆悟语下,顿明大法,故嗣圆悟。圆悟住持道林、蒋山时,皆为首座。其生年,或在熙宁之初(1068—1070))。出世德山,迁西湖、谷山、道吾,敕居沩山。

其住持德山之时,派门人仲安至蒋山通法嗣书,时佛眼清远亦在,故在宣和二年(1120)。建炎四年(1130)住持谷山时,师弟大慧宗杲避难至

---

① 《卍新续藏经》79 册,第 375 页上。

此，始得相见，二人大有相见恨晚之感，朝夕谈论佛法，相互欣赏。

据《大慧普觉禅师年谱》卷一：

> 师四十二岁。是年春，迁海昏云门庵，时开善谦、荐福本、东林颜、雪峰空凡二十余人侍师而往，朝参暮请，声誉蔼著。九月，以盗贼猖獗，避地湖湘。抵长沙，访佛性泰禅师于谷山。师与之虽法门昆季，而未之识，一见果合符契。商今确古，语必终日，坐必达旦。佛性喜杨岐正宗有赖于师，特揭振祖堂以馆之。一日师曰："香严悟道颂，'一击忘所知'五字曲尽其妙，后七句皆注脚耳。"佛性曰："五祖师翁颂狗子无佛性，只消'赵州露刃剑'足矣，余皆剩语。"二人欣慰，各以为然。边境既肃，遂作江西之行。按子苍寄圆悟书云："妙喜庵于云门，方成法席，以贼近境散去。近来丰城相见，云过谷山，见泰老，甚安稳也。"①

如此建炎四年（1130）九月大慧赴长沙避难时，法泰仍在谷山。《大明高僧传》袁觉传称其先依法泰于大沩，后于云居证之圆悟，肯定是错误的。

绍兴九年（1139），大慧有《答佛性泰禅师书》，称"属者访张丞相弟兄，舣舟雪川，为数日之款，已为先师制得塔铭，见刊石，他日寻便奉寄"。② 表明法泰很关心为圆悟作塔铭之事，当时他已在大沩住持。

普庵印肃于绍兴十三年（1143）参沩山牧庵法忠，表明其时沩山住持已经改易，这应当是法泰住持沩山的下限，也表明他入灭于是年之前。

法泰为当时圆悟门徒之首，机语高妙，悟解过人，确实不同凡响。

据《联灯会要》卷一：

前潭州大沩法泰禅师法嗣二人

鼎州灵岩仲安禅师　潭州芙蓉清旦禅师③

---

① 《嘉兴藏》1册，第798页中。
② 同上书，第801页上。
③ 《卍新续藏》79册，第6页上。

又据《嘉泰普灯录总目录》卷二：

大沩佛性法泰禅师法嗣四人
潭州慧通清旦禅师　　澧州灵岩安禅师
成都府正法灏禅师　　成都府昭觉辩禅师[①]

门人灵岩仲安、芙蓉清旦都很出色，仲安还受到圆悟克勤的赏识。据《嘉泰普灯录》卷十四：

邓州丹霞佛智蓬庵端裕禅师

吴越王之裔，六世祖安守会稽，因家焉。师生而挺嶷，眉目渊秀。十四驱乌于大善寺，十八得度受具。往依净慈法真一禅师，未几，偶僧击露柱曰："你何不说禅？"师闻微省。去谒龙门远、甘露卓、泐潭祥，皆以颖迈见推。晚见圆悟于钟阜。一日，悟问："谁知正法眼藏向这瞎驴边灭却，即今是灭不灭。"云："请和尚合取口好。"曰："此犹未出常情。"师拟对，悟击之，师顿去所滞。尝述偈自通，侍悟居天宁，命典记室，寻分座。道声蔼著。京西宪王公请开法丹霞，次迁虎丘、径山。谢事，徇平江道俗之请，庵于西华。阅数稔，敕居建康保宁。后移苏城万寿及闽中贤沙、寿山西禅。复被旨补灵隐，慈宁皇太后幸韦王第，召师演法，赐金襕僧伽梨，乞归西华。绍兴戊辰秋，四明育王遣使固邀，月余始就。

上堂曰："德山入门便棒，多向皮袋里埋踪；临济入门便喝，总在声尘中出没。若是英灵衲子，直须足下风生，超越古今途辙。"拈拄杖卓一下，喝一喝，曰："只这个何似生？若唤作棒喝，瞌睡未省；不唤作棒喝，未识德山临济，毕竟如何？"复卓一下，曰："总不得动著。"

上堂："尽大地是沙门眼，遍十方是自己光。为甚么东弗于逮打鼓，西瞿耶尼不闻，南瞻部洲点灯，北郁单越暗坐。直饶向个里道得十全，犹是光影里活计。"撼拂子曰："百杂碎了也。作么生是出身一

[①] 《卍新续藏》79 册，第 283 页下。

路?"掷下拂子曰:"参。"

上堂:"顶𪗋一著,佛祖不知,若玄机尚戢,影草未彰,通身有透关眼也照不著。若过这边来,正按金刚宝王,放出踞地师子,许你挨拶一步地。虽然,已是头角不全。即今莫有疾焰过风者么?"喝曰:"甚么处去也?"复喝一喝,下座。

上堂:"动则影现,觉则冰生,直饶不动不觉,犹是秦时𨍏轹钻。到这里,便须千差密照,万户俱开,毫端拨转机轮,命脉不沉毒海。有时觉如湛水,有时动若星飞,有时动觉俱忘,有时照用自在。且道正恁么时,是动是觉,是照是用,还有人区分得出么?铁牛横古路,触著骨毛寒。"

上堂:"易填巨壑难满漏卮,若有操持了无难易,拈却大地宽绰有余,放出纤毫碍塞无路,忽若不拈不放,向甚么处履践?同诚共休戚,饮水亦须肥。"

僧问:"如何是宾中宾?"曰:"你是田库奴。"云:"如何是宾中主?"曰:"相逢犹莽卤。"云:"如何是主中宾?"曰:"剑气烁愁云。"云:"如何是主中主?"曰:"敲骨打髓。"

师莅众,色必凛然,寝食不背众,唱道无倦。绍兴庚午十月,初示微疾,至十七夜,书偈付主事曰:"吾小休。"至五鼓起坐。首座法全请遗训,师曰:"尽此心意,以道相资。"语绝而逝。火后,目睛、齿舌不坏,其地发光终夕,得设利者无算,踰月不绝。黄冠罗肇常平日问道于师,适外归,独无所获,道念勤切,方与客食,咀嚼间,若有物,吐哺则设利也,大如菽,色若琥珀,好事者持去。遂再拜于阇维所,闻香奁有声,亟开,所获如前,而差红润。门人奉遗骨分塔于鄞峰西华,寿六十有六,夏四十有八。谥曰大悟,塔名宝胜。[1]

端裕(1085—1150),号蓬庵,会稽人,俗姓钱,吴越王之后。元丰八年(1085)出生,元符元年(1098)十四出家于大善寺,崇宁元年(1102)十八得度受具。至净慈,师从法真守一。后参龙门清远、甘露守

---

[1]《卍新续藏经》79册,第375页下。

卓、渤潭景祥等。政和七年（1117），圆悟克勤住持蒋山，前来参礼得旨。宣和六年（1124）随圆悟到天宁，初为书记，后为首座，得佛智师号。宣和末，京西提刑王公请开法丹霞，建炎三年（1129），圆悟有《示丹霞佛智裕禅师》。后迁虎丘、径山。受平江道俗之请，庵于西华。居数载，敕居建康保宁。后移苏州万寿、闽中玄沙、寿山西禅。复被旨补灵隐。慈宁皇太后幸韦王第，召师说法，赐金襕僧伽梨。后归西华。绍兴十八年（1148）戊辰初，住持灵隐，是年秋，住持育王。绍兴二十年（1150）入灭，寿六十有六，夏四十有八。谥曰大悟，塔名宝胜。

据《嘉泰普灯录总目录》卷二：

丹霞佛智蓬庵端裕禅师法嗣九人（四人见录）

福州清凉坦禅师

临安府净慈水庵师一禅师

湖州道场无庵法全禅师

泉州延福寒岩慧升禅师

（福州大目肇禅师　隆兴府云岩法秀禅师

处州连云行敦禅师　婺州上岩咏禅师

庆元府安岩古禅师）

（已上机语未见）[①]

其中水庵师一与无庵法全影响较大，师一传息庵达观（1138—1212），达观门人得其传者守中、万寿独山从礼，度弟子九十七人，永澄、永隆为其犹子，永澄先逝，大事由永隆承当。达观复传华藏淳庵善净，善净传天童西江广谋，广谋传怪翁绍祥，住持万杉、疏山，传承久远。

据《嘉泰普灯录》卷十四：

建康府华藏密印安民禅师

嘉定人，族朱氏。初讲《楞严》于成都，为义学所归。时圆悟居

[①] 《卍新续藏经》79册，第283页下。

昭觉，师往扣。悟令看国师三唤侍者之语。"赵州云：如人暗中书字，字虽不成，文彩已彰。那里是文彩已彰处？但怎么参取（有本小异）。"后因悟普说，僧出请问《十玄谈》，云："只如古人道，'问君心印作何颜'，意旨如何？"悟曰："文彩已彰。"师于言下有省。悟未之许。一日，造室白悟曰："和尚休举语，待某说看。"悟诺之。师曰："寻常拈槌竖拂，岂不是经中道，一切世界诸所有相，皆即菩提妙明真心？"悟笑曰："你元来在这里作活计。"师又曰："下喝敲床时，岂不是返闻闻自性、性成无上道？"悟曰："你岂不见，经中道：妙性圆明，离诸名相，本来无有世界众生。"师释然。

悟出蜀，居夹山，师罢讲侍行。值悟为众夜参，举古帆未挂因缘，师闻未领，遂求决。悟曰："你问我。"师举前话。悟曰："庭前栢树子。"师即洞明，谓悟曰："古人道如一滴投于巨壑，殊不知大海投于一滴。"悟笑曰："奈这汉何！"未几，令分座。悟说偈曰："懒夸四分与楞严，按下云头子细参。不学亮公亲马祖，还如德峤访龙潭。七年往返来昭觉，三载翱翔上碧岩。今日烦充第一座，百华丛里现优昙。"

后谒佛鉴于蒋山。鉴问："佛果有不曾乱为人说底句，曾与你说么？"师曰："合取狗口。"鉴震声云："不是这个道理。"师曰："无人夺你盐茶袋，乱叫作甚么？"鉴云："佛果若不为你道，我为你说。"师曰："和尚疑时，退院别参去。"鉴呵呵大笑。鉴入灭，圆悟继席。

未几，师开法保宁，迁华藏，旋里，领中峰。上堂曰："众卖华兮独卖松，青青颜色不如红。算来终不与时合，归去来兮翠霭中。可笑古人怎么道，大似逃峰赴壑，避溺投火，争如随分到尺八五分镢头边讨一个半个。虽然如是，保宁半个也不要。何故？富嫌千口少，贫恨一身多。"

上堂："呵佛骂祖，须是德山作家；渡马渡驴，还他赵州手段。瞎驴灭却正法眼藏，利动君子；聋人不用二种语言，惯钩鲸鲵。集云峰下四藤条，双明双暗；大愚肋底筑三下，同死同生。祖佛未兴已前，向上人提撕此事；羚羊挂角之后，仙陀客夺鼓掣旗。露刃藏锋，作师子哮吼。裂破祖师印，扫荡衲僧踪，硬如兜罗绵，软似南宾铁。摩竭陀国水泄不通，少室峰前亲行此令。所以定光招手，智者点头。可谓良马不窥鞭，侧耳知人意。还会么？三面狸奴手捉月，两头白牯脚拏烟。戴冠碧兔立庭栢，脱壳乌龟飞上天。"

冬夜示众，举：玉泉皓和尚云："雪雪，片片不别。下到腊月，再从来年正月、二月、三月、四月、五月、六月、七月、八月、九月、十月，依前不歇。冻杀饿杀，免教胡说乱说。"师曰："不是骂人，亦非赞叹。高出临济、德山，不似云居、罗汉。且道玉泉意旨作么生？"良久，曰："但得雪消去，自然春到来。"

师后示寂于本山。阇维，设利颇剩，细民穴地尺许，皆得之，尤光明莹洁。心舌亦不坏。①

安民，字密印，嘉定人，俗姓朱，生卒年不详。初于成都大慈讲《楞严》，有声讲肆。崇宁二年（1102），与佛心胜（后住泗州普照）参昭觉克勤，令看国师三唤侍者及赵州之语，后来得旨。又随圆悟出蜀，住夹山，前后相从十年，圆悟印可，命为首座。

后谒佛鉴惠勤于蒋山，政和七年（1117）佛鉴入灭，圆悟继席。不久出世保宁，迁华藏，归里，住持中峰。

安民门人之杰出者有别峰宝印（1109—1191）。

据陆游《塔铭》，宝印，字坦叔，龙游人，俗姓李。大观三年（1109）出生，靖康元年（1126）十八岁从德山院清远得度，自幼好学，博通经史百家，复从诸名师研精《华严》《起信》。密印安民开法中峰，往参。密印举僧问岩头起灭不停时如何，岩头叱曰是谁起灭，闻之大悟。自此机锋过人，势不可挡。建炎三年（1129），圆悟归蜀，又往依之，大受圆悟赏识。留昭觉三年，密印仍在中峰，以第一座致之，未行，密印欲弃众，众请其归山，自此道望日隆，学者归之。

后来约于绍兴九年（1139）南游，见沩山佛性法泰、福严月庵善果、疏山草堂善清，皆得其契机，或请为首座，不留，至径山，参大慧宗杲，大慧独以一室待之，礼遇非常。十一年（1141），大慧南迁，西行归蜀。出世临邛凤凰山，为安民拈香。历住广汉崇庆、武信东禅、成都龙华、邵博

---

① 《卍新续藏》79 册，第 376 页中、377 页上。

知嘉州时，请住眉山中岩，复到成都，住持正法。

绍兴三十一年（1161），复出峡，至金陵，时应庵昙华方住蒋山，馆以上方，十月，白资政殿学士、左中大夫、知建康府张焘，举以自代，闻讯辞去。

绍兴三十二年（1162），受左朝散大夫、试中书舍人、宣抚判官、权知建康府事陈俊卿（1113—1186）之请住持保宁。

隆兴元年（1163），住持金山。隆兴二年（1164），陆游任镇江通判，与师结识。

乾道三年（1167），张孝祥知潭州，赴阙陛辞，路过金山，为题苏绅之诗，并取堂名玉鉴。是年沩山虚席，遣使迎请，京口郡守以下力争之，未行。

乾道五年（1169），十一月，楼钥游金山，称主僧宝印、首座心鉴皆嘉州人。

乾道六年（1170）六月，陆游赴任夔州通判，再度与宝印相见，称其住山近十年。

他在金山住持长达十五年，当时金山住持罕有超过三年者，他是这一时期任职时间最久者，对于金山的发展贡献很大。

淳熙四年（1177），应明州太守魏惠宪王之请，住持雪窦，宝昙撰疏。

淳熙七年（1180）五月，住持径山。七月入内说法，孝宗赐食观堂，引对选德殿。又命于灵隐开堂，恩礼备至。

淳熙十年（1183），孝宗御制《圆觉经注》，请别峰宝印作序。

淳熙十五年（1188）冬，退径山，养疾别峰。

绍熙元年（1190），十二月七日入灭，寿八十二，腊六十四。谥曰慈辩，塔曰智光，庵曰别峰，一时尊荣，冠于方外。

得法弟子有梵牟、定性、道奇、智周、慧海、宗璨等，得度弟子智穆、慧密等一百四十七人。其中有名慧绰者，亦为山阴陆氏，辞官祝发，终身不出。

绍熙三年（1192），法孙宗愿至镜湖，请陆游为作塔铭。

退庵道奇为其门人影响最大者，初住东霞，大约在淳熙中期，因为其时引用了净慈混源昙密之偈颂，而昙密于淳熙十一年（1184）至十五年

(1188)间住持净慈。

迁焦山，最后住持金山，大约于嘉泰初年入灭。

门人高原祖泉（？—1229），后来住持灵隐，有一定的影响。祖泉门人婺州宝林无机。

据北磵居简《金山蓬山聪禅师塔铭》，宝印门人永聪（1161—1225），字自闻，号蓬山，杭州于潜人，俗姓徐，生于绍兴三十一年（1161），八岁剃发，为县东资圣寺僧，后还家塾受五经，十五从父游径山，见别峰，别峰器之。十五，当为二十五，因为淳熙二年（1175）十五岁时，宝印尚在金山，或者原文应作"金山"。于金山师从宝印数年，颇受器重。淳熙四年（1177），宝印迁雪窦，随行，七年（1180），宝印迁径山，复师从育王拙庵德光数年。淳熙十一年（1184），密庵咸杰住持天童，再师密庵。

绍熙元年（1190）三十岁时，荐严肯堂彦充命为书记。后游四方，参访名流。

后寓居台州净慧，出世光孝，为别峰拈香。嘉定二年（1209）迁建康保宁、蒋山，嘉定十六年（1223）住金山。宝庆元年（1225）入灭，寿六十五，腊五十九，度弟子四十余人。

瞎堂慧远（1103—1176）为圆悟晚年所收门人，也是门下最有影响的禅师之一。

据周必大《灵隐佛海禅师塔铭》及其语录等，慧远，号瞎堂，眉山金流镇彭氏子。崇宁二年（1103）十二月十六日生，政和五年（1115）年十三，出家于药师院，师从宗辩法师，七年（1117）十五岁受具，至成都大慈寺，居止四年，听习经论。建炎初（1127），依峨嵋灵严绍徽，习禅三年，时铁拂起为首座，得二师启发，有所省悟。

建炎三年（1129），圆悟克勤归蜀，再住昭觉，往依之。一日闻举马祖庞居士一口吸尽西江水公案，豁然大悟，竟然仆倒，后得圆悟印可，以偈赠之，中有"奋铁舌转关楗"之语，故众号为"铁舌远"。

绍兴五年（1135）春，眉州太守请住象耳山，不赴，后同门袁觉住持。是年圆悟示寂，出峡南游。

初至淮南，绍兴六年（1136），出世龙蟠山寿圣禅院。

绍兴七年（1137），住持琅琊山开化禅院，为圆悟拈香，不过他也没有忘记绍徽对他的启发之功。

绍兴十七年（1147），迁婺州普济。

据《瞎堂慧远禅师广录》卷二：

> 又绍兴戊辰间，有婺州义乌县稠岩长老了赟，法嗣湖州可珣长老。珣好訾詈，时号"珣骂天"，以故与诸方多不合。赟一日谓其徒曰："我正月十三日丑时行矣，此间无人敢烧我。惟我普济师叔能了是事。汝等当以吾意恳求，必能俯从。"是时乃（臣）住普济也。

了赟于绍兴十八年（1148）正月十三日如期入灭，自知生死，亦是一件奇事。从琅琊到婺州千里之遥，必非旬日之功，故他起程肯定在十七年（1147）。

住持普济期间，与苏迟（？—1155）为忘年交。苏迟，字伯充，为苏辙长子，曾知婺州，后家于此。

绍兴十八年（1148），受建州大中禅寂之请，退院。知府张舍人留住衢州子湖定业禅院，未赴大中禅寂之请。据《丛林盛事》卷一，这是由于乌巨雪堂道行向超然居士举荐，故使郡守留之，他特意到乌巨看望道行，不久道行移居饶州荐福。

绍兴十九年（1149），住持衢州报恩光孝。二十年（1160），育王佛智端裕遗书至，上堂。

大慧宗杲迁梅州，闻其提唱之语，大惊，派门人念贤送圆悟法衣及书与之，极力为其举扬，使其名声大振。

这表明他的身份得到了当时同门两个最出色的大师兄的认可，这对于他以后的弘法有很大的帮助。

大约二十三年（1153）前后，首座齐己受鹅湖请，上堂。

住持光孝十年，与超然居士、安定郡王赵令衿表之、侍郎曾开天猷（游）为世外交。

绍兴二十八年（1158），住持南岳南台。时月庵善果高足龙王宗琏、方广行本不礼之，闻其说法，不觉屈膝。

绍兴二十九年（1159）东行天台，住持护国（般若），其年高宗生母慈宁皇太后去世。

三十年（1160），住持国清。隆兴元年（1163），大慧遗书至，上堂。

乾道元年（1165），住持台州浮山鸿福。乾道三年（1167），受沈介之请，住持虎丘。乾道五年（1169），奉诏入住崇先寺，退居迎照庵。六年（1170）奉旨住持灵隐。七年（1171），入对选德殿，问答称旨。

日本僧人觉阿，通天台教，习诸国语，精通书法，初来参礼，盛气凌人，徐以禅法晓之，觉阿留三年，作投机颂五首而去。淳熙二年（1175），与日本僧统致书问讯，并以水晶降魔杵、数珠等礼物供奉。九年（1182）夏，住持叡山寺。

慧远有《送日本国觉阿金庆二禅人游天台》，其日本门人，还有金庆。

八年（1172），孝宗至灵隐参礼，又诏入内观堂说法，赐号佛海禅师。九年（1173），诏入内观堂，问道。

淳熙元年（1174），两度入内说法。

淳熙二年（1175），闰九月九日，与孝宗论禅。

九月示众曰："淳熙二年闰，季秋九月旦。闹处莫出头，冷地著眼看。明暗不相干，彼此分一半。一种作贵人，教谁卖柴炭。向你道，不可毁，不可赞，体若虚空没涯岸。相唤相呼归去来，上元定是正月半。"预示归期。招其弟门人国清晓林来，嘱以后事。

淳熙三年（1176），正月十五日入灭，寿七十四，腊五十九。其弟国清晓林为主后事。其传法弟子，还有林泉了宣、鹅湖齐己、上蓝了乘、师玉、元靖、绍鸿、资德如本、尼法真等，皆住持大刹。

为其编辑语录者有齐己（寿圣）、如本（国清、鸿福）、祖淳、法慧（小参普说）等，颜度称其徒道能录其语，请为序，紫箨道能自称俊上人为之刊印，使其校定。然而道能为其会中首座，自称法侄，非其得法门人，而是为大慧宗杲门人，初住紫箨，后住处州连云。或庵师体则称小师法寿刊其语录。

国清晓林为其亲弟，后来从其习禅，为其门人。其住持国清，或在隆兴三年（1165），继慧远法席，钱端礼淳熙四年（1177）去世之际，他与简堂行机及瑞岩住持一起为其送行。大约于淳熙六年（1179）入灭，因为次年（1180）五月简堂行机于国清入灭。

全庵齐己为其首徒,卭州蒲江人,俗姓谢,年二十五于法轮寺祝发,后谒慧远于蟠龙,言下大悟,尽其机用,初住鹅湖,迁广慧,后住庆元东山,淳熙十三年(1186),退居天童而终。

了乘于乾道五年(1169)出世宜春光孝,六年(1170)迁隆兴上蓝。

归云如本,台州人,淳熙二年(1175)出世资德,慧远付以法衣拂子,后来住持抚州疏山。淳熙四年(1177),谢事显恩(资德),寓居平田西山小坞,作《辩佞篇》,讥僧人之妄交士大夫者。后来圆极彦岑于淳熙九年(1182)作跋,称其为疏山本,表明当时他在疏山住持。

相传慧远门人还有道济,当时未见记载。

第三节　此庵景元禅师生平及其法系

此庵景元(1094—1146)为圆悟克勤门人,宋朝著名禅师。此庵景元又号称"元布袋",为圆悟克勤门下最出色的三大弟子之一,曾住持处州南明、连云及真如、台州护国等,法脉传承久远,直至明代以后,与大慧宗杲系和虎丘绍隆系并驾齐驱。

据祖琇《僧宝正续传》卷五:

护国元禅师
　　禅师名景元,永嘉楠溪张氏子。依灵山院希拱,年十八,剃度为大僧,习天台教,通其说。弃之游方,参蒋山圆悟禅师。一日闻傍僧举死心小参语云:"既迷,须得个悟;既悟,须识悟中迷,迷中悟。迷悟两忘,却从无迷悟处,建立一切法。"谛味久之。因起行次,豁然有悟。即以告圆悟,圆悟喜之,由是容为侍者,阅十四年,咨参决择,洞然无间,而机锋卓绝,众以"鳌头"目之。圆悟将归蜀,遽问曰:"向后有人问,你作么生道?"师抚傍僧背曰:"和尚问你,何不祗对?"圆悟大笑,已而袖木绵僧伽黎,授之而别。绍兴初,归隐旧邦。括仓守龙学耿延禧命出世仁寿,迁连云,晚住真如,徙护国。衲子拥随,法席日盛。

　　师说法超格,量绝蹊径。

问:"学人上来,请师相见。"师曰:"札。"问:"如何是相见底事?"师曰:"你眼在左边右边?"进曰:"恁么则万机休罢,正眼顿开。"师曰:"杲日当天,盲人摸地。"问:"相见与未相见时如何?"师云:"一时穿却。"问:"忽遇上上人来,又作么生?"师云:"列向三椽下。"问:"还许学人承当也无?"师云:"兵随印转。"

问:"如何是临济宗?"师云:"杀人活人不眨眼。"曰:"如何是云门宗?"师云:"顶门三眼耀乾坤。"曰:"如何是沩仰宗?"师云:"推不向前,约不向后。"曰:"如何是法眼宗?"师云:"箭锋相拄不相饶。"曰:"如何是曹洞宗?"师云:"手执夜明符,几个知天晓?"曰:"向上还有路也无?"师云:"有。"曰:"如何是向上路?"师云:"黑漫漫地。"

问:"高揖释迦,不拜弥勒时如何?"师云:"三十棒,且待别时。"僧礼拜。师乃云:"释迦弥勒尚是他奴,且道他是阿谁?是则是,护国则不然,坐立俨然,顶天履地。十二时中,堑著磕著,复是阿谁?还知么,著力今生须了却,莫教累劫受沉沦。"

题如是轩颂曰:"拈却瞿昙闲露布,掀翻诸祖葛藤窠。只将如是当轩挂,铁额铜头不奈何。"示禅者颂曰:"棒头取证犹劳力,喝下承当未足奇。拨转顶门宗正眼,须教佛祖浪头低。"

十六年正月九日,被微病而逝,塔于本山。寿五十有三,腊三十有五。师资度丰硕,如世所画布袋和尚者,故人以之为称。深得圆悟机用而力行之。天下方想闻其风彩,不幸早世,议者惜之。[①]

又据正受《嘉泰普灯录》卷十五:

台州护国此庵景元禅师

永嘉楠溪人,族张氏。年十八,依灵山希拱为僧,习台教。历三禩易衣,夏净慈。谒圆悟于钟阜。未几,睹二僧俯死心小参语曰:"既迷,须得个悟;既悟,须识悟中迷、迷中悟。迷悟双忘,却从无迷悟

---

① 《卍新续藏经》79册,第574页上中下。

处建立一切法。"师拂袖行，至殿庑，洞然晓悟。即以所证白悟，悟弗许。师泝流从之，匪劳剪拂。尝侍悟入对维扬，赐椹服。及悟归蜀，以法衣付之。太秀居士龙学耿公廷禧守括苍，尊其道，请开法南明。留二年，退居永嘉护国。宪使明公橐、太守吕公丕问以连云邀之，三请克至，法社大兴，而括苍丛林，实由师振。次迁真如、护国。

上堂，曰："威音王已前，这一队汉错七错八；威音王已后，这一队汉落二落三。而今这一队汉坐立俨然，且道是错七错八、落二落三，还定当得出么？"举拂子曰："吽，吽。"

上堂，拈拄杖横按曰："有时瞋，有时喜，有时观音面，有时夜叉嘴。或现鼠尾龙头，或现鼠头龙尾。偏要检非，不曾检是。何故？是金不博金，是水不洗水。"卓拄杖，曰："梢公自应喏，只你是直符，满船都是鬼。参！"

浴佛上堂："这释迦老子初生下来，便作个笑具。一手指天，一手指地。云'天上天下，唯我独尊。'后来云门大师道：'我当时若见，一棒打杀，与狗子吃却，贵图天下太平。'尚有人不肯放过，却道赞佛赞祖，须是云门始得。且道那里是赞他处，莫是一棒打杀处是么？且喜没交涉。今日南明乍此住持，只得放过。若不放过，尽大地人并皆乞命始得。如今事不获已，且问大众，向佛殿上，每人与他一狗。何故？岂不见，道乍可违，条不可越！"以拂子击禅床，下座。

上堂："野干鸣，师子吼，张得眼，开得口，动南星，蹉北斗。"召曰："大众还知落处么？金刚阶下蹲，神龟火里走。"

师在西山为西堂。耿龙学请就净光升座。灵峰古禅师，举茶陵郁和尚悟道颂曰："我有明珠一颗，久被尘劳关锁。今朝尘尽光生，照破山河万朵。"又举：白云端和尚见杨岐日，令举此颂，岐大笑。云疑之，因问其故。时方岁暮，岐曰："汝见昨日打驱傩者么？"云："见。"曰："汝一筹不及渠。"云益疑之，云："意旨如何？"曰："渠爱人笑，汝怕人笑。"云大悟。请前南明和尚为众判断。师乃曰："诸禅德，杨岐大笑，眼观东南，意在西北；白云悟去，听事不真，唤钟作瓮。检点将来，和杨岐老汉都在架子上，将错就错。若是南明即不然，我有明珠一颗，切忌当头蹉过，虽然觌面相呈，也须一锤打破。"举拂子曰："还会么？蓦逢敌手难藏行，诗到重吟始见功。"

僧问："三圣道：我逢人即出，出则不为人。意旨如何？"曰："八十翁翁嚼生铁。"云："兴化道：我逢人即不出，出则便为人。又作么生？"曰："须弥顶上浪翻空。"问："莲华未出水时如何？"曰："一任摸索。"云："出水后如何？"曰："有眼如盲。"问："天不能盖，地不能载，是甚么物？"曰："无孔铁锤。"云："天人群生类，皆承此恩力也。"曰："莫妄想。"问："三世诸佛说不尽底句，请师速道。"曰："眨上眉毛。"

问："昔年三平道场重兴，是日圆悟高提祖印，始自师传。如何是临济宗？"曰："杀人活人不眨眼。"云："目前抽顾鉴，领略者还稀。如何是云门宗？"曰："顶门三眼耀乾坤。"云："未举先知，未言先见。如何是沩仰宗？"曰："推不向前，约不退后。"云："三界唯心，万法唯识。如何是法眼宗？"曰："箭锋相掷不相饶。"云："建化何妨行鸟道，回途复妙显家风。如何是曹洞宗？"曰："手执夜明符，几个知天晓。"云："向上还有路也无？"曰："有。"云："如何是向上路？"曰："黑漫漫地。"僧便喝。师曰："贪他一粒粟，失却半年粮。"

绍兴乙丑冬，示微疾。丙寅正月九日，请西堂昙华禅师为座元，继集主事，付嘱殆尽，示训如常。俄握拳而逝，学者悲慕。茶毗，得五色设利，齿舌右拳无少损。二月二日，塔于寺东刘阮洞前，寿五十三，腊三十五。[①]

这是宋人为此庵所作传记。如此，此庵景元为永嘉楠溪人，俗姓张，哲宗绍圣元年（1094）生。政和元年（1111）十八岁时依灵山下天竺希拱为僧，习天台宗。历三年，坐夏净慈。后谒圆悟于蒋山。

据应庵昙华（1103—1163）《应庵昙华禅师语录》卷七：

此庵老人始发大志游方，首造蒋山，谒圆悟禅师，契此三昧。深藏众底二十余年，未有明辨得出者。盖其平生彻证超出过量，履践稳

[①]《卍新续藏经》79 册，第 384 页上至 385 页上。

密，未易一言半句急于人知也。绍兴四五年间，此三昧败露，光明烛世，如大日轮升太虚空。有眼者见其光明清净，无坏无杂。山河大地依此光明发生万物，日月星辰依此光明炳曜痴昧，地狱天堂依此光明而住善恶，一切群动依此光明头出头没。衲僧依此光明启大炉鞴，提弈世钳锤，碎圣凡窠窟，断佛祖命根。命根若断，觅其光明来处，了不可得。①

依此，景元于绍兴四年（1134）五年时出世弘法，此前深藏不露二十余年，则其始参圆悟约在政和四年（1114）时。此与前述十八为僧，习台宗三年后参圆悟于蒋山之说相应。《大明高僧传》卷五《景元传》亦称其悟道时"年方二十一"②。

景元悟道，是由于见二僧俯视黄龙死心悟新（1034—1114）小参语而受启发。

据《死心悟新禅师语录（黄龙四家录第三）》卷一：

> 如你诸人有个迷，须得个悟；既得悟了，须识悟中迷，迷中悟。迷悟双忘，却从无悟处，建立一切法，明辨一切法。一是一，二是二，三是三，四是四，是青是黄，是赤是白，唤作具择法眼，方能入世间法，出世间法，世出世间，便能混同众生。众生与佛，本来是一。一为无量，无量为一。一声变一切声，一切声归一声。一声寂处，撒手便行，可谓大丈夫汉。③

先识迷悟，再达到迷悟双忘，从无悟处，建立一切，明辨一切，才是具眼圣贤，这样才样将世间与出世间打成一片，把众生与佛融为一体，撒手便行，独往独来，始得自在，为大丈夫。

又据《罗湖野录》卷一：

---

① 《卍新续藏经》69册，第534页下。
② 《大正藏》50册，第917页下。
③ 《卍新续藏经》69册，第231页中。

台州护国元禅师，丛林雅号为"元布袋"。初参圆悟禅师于蒋山，因僧读死心小参语云："既迷，须得个悟；既悟，须识悟中迷，迷中悟。迷悟两忘，却从无迷悟处，建立一切法。"元闻而疑，即趋佛殿。以手托开门扉，豁然大彻。继而执侍圆悟，机辨逸发。圆悟操蜀语，目为聱头元侍者。遂自题肖像付之曰："生平只说聱头禅，撞著聱头如铁壁。脱却罗笼截脚跟，大地撮来墨漆黑。晚年转复没刀刀，奋金刚椎碎窠窟。他时要识圆悟面，一为渠侬并拈出。"

圆悟归蜀，元还浙东。铲彩埋光，不求闻达。括苍守耿公延禧，盖尝问道于圆悟，且阅其《语录》，至题肖像，得元为人，乃致开法南明山。遣使物色，至台之报恩，获于众寮，迫其受命。方丈古公，乃灵源高弟，闻其提唱，亦深骇异。以是见当时所至，龙象蹴踏。如元高道，尚复群居，既邃所养，逢辰则出，所以轩特于世。今夫珉中玉表，急于求售者，视元之操履，能无恧乎！①

此处也讲到了景元悟道的经历及得到圆悟的特别器重，并赞美其不急于出世当方丈。景元号称"元布袋"，宋人已有此说，到底为何，说法不一。

据《禅苑蒙求拾遗》卷一：

此庵布袋　香林纸袄

此庵景元禅师，圆悟容为侍者。圆悟尝谓人曰："我有些子禅，被元兄一布袋盛将去也。"丛林以"元布袋"称之。②

又据《续传灯录》卷二十一：

（景元）后辞圆悟，圆悟问："向去有人问尔，作么生？"师抚傍僧背曰："和尚问尔，何不只对？"圆悟大笑。尝语人云："我有些子禅，

---

① 《卍新纂续藏经》83册，第380页上。
② 《卍新续藏经》87册，第102页上。

被元兄一布袋盛将去也。"丛林因号"元布袋"。①

这是最为通行的解释，感觉也比较合理，圆悟此说，是强调景元为其得意门徒，尽得其法。

然据前所引《僧宝正续传》，他之所以被称为元布袋，是由于身材丰硕，和布袋和尚类似。

又据《大明高僧传》卷五《景元传》：

> 系曰：大慧既云峰悦之再来，可谓具大根器者，尚受湛堂痛拶不入，至三十余，方触圆悟钳锤，始得大悟。今元公年方二十一，听傍僧读死心语，便乃彻证，其根器之利过于大慧，概可知也。出世初住南明，终居护国。丛林称为元布袋，以其有圣者之风耳。②

《明高僧传》赞景元根器之利胜过大慧，可备一说。又道其之所以被称为"元布袋"，是由于他有布袋和尚之风，与祖琇之说一致。如此二说皆有所据，可能景元有此号，有两个原因，一是形体与布袋有似，二是得圆悟真传。

景元得悟之后，圆悟喜之，更加琢磨，景元洞彻玄旨，机辨逸发，圆悟对其十分欣赏，许其入侍，目之为"聱头元侍者"，并自题肖像赠之。景元不离左右，曾随圆悟入对维扬，受楚服。

据《圆悟佛果禅师语录》卷六：

> 师于建炎丁未岁十一月初六日，在镇江浮玉山，受札子召赴行朝。至十七日，朝见登对。移刻奉勅住云居。次日勅下，时两府并禁从，就雍熙寺请师升座，祗受勅文。③

---

① 《大正藏》51 册，第 655 页中。
② 《大正藏》50 册，第 917 页下。
③ 《大正藏》47 册，第 741 页中。

圆悟于宣和六年（1124）奉旨入京，住天宁寺。后因靖康之乱，离京南下，住金山龙游。建炎元年（1127）十一月受命赴于行在，十七日高宗召见，奉勅住云居真如禅寺。景元随侍入对维扬即指此事。

圆悟住云居二年，建炎三年（1129）八月退院，归蜀，以法衣授景元。景元归浙东，韬光养晦，不求闻达。耿延禧守括苍，读《圆悟语录》，知有元侍者，便欲其开法南明，便令人四处寻访，在台州报恩寺众寮中得之，强其出山。据《圆悟语录》卷一，知处州军州事耿延禧曾于绍兴三年（1133）十二月二十日为其作序，其请景元出山当在此后，应在绍兴四年（1134），与应庵昙华所述相应。

景元在报恩时，灵源惟清（？—1117）门人灵峰惟古禅师为住持，为其引座，闻其提唱，深异之。惟古禅师举郁山主悟道颂及白云端见杨歧公案，请其分判，颇见精彩。

据雪堂道行《雪堂行拾遗录》卷一：

> 元和尚，参圆悟契证。耿龙学命住处州南明山，几二载，厌迎送。示众，举感铁面颂云：院是大宋国里院，州是大宋国里州。州中有院不容住，何妨一钵五湖游。元曰："是则去住自由，忒煞露风骨。吾有颂曰：休，休，休，夕阳西去水东流。惟有仰高云势远，搏风九万过南州。"下座便行。①

如此景元最看重的是自由自在，并不在乎是否当住持，因此在南明时间不长，便退居永嘉护国。耿延禧是著名的居士，与景元一门关系密切，二人发生冲突的可能性不大，或许在其离任之后，下属官吏借机发难，故景元断然离去。"感铁面"，即黄龙慧南（1002—1069）门下慈感，曾任副寺，因面目严冷、生性孤硬得号，他继佛印了元（1032—1098）住江州承天，常悬包于方丈，随时准备离去，某太守新至，对其不恭，他便投偈而去。景元以感铁面为榜样，以去住自由为己志，体现了其为人风骨刚硬的特色。

---

① 《卍新续藏经》83 册，第 372 页中下。

据《会稽志会稽续志》卷二，明槖于绍兴四年四月以左奉议郎任浙东提点刑狱置使，六年正月致仕。又据《建炎以来系年要录》卷九十二、一百五，吕丕问于绍兴五年（1135）八月接替耿延禧知处州，次年因政绩突出晋一官。如此二人请其住持连云当在绍兴五年（1135）末。

景元住连云时，应庵昙华来访。

据道融《丛林盛事》卷一：

> 应庵初依蒋山圆悟会中，与此庵元为友。及元住处之连云，华从虎丘隆会中来。初到，便令作首座，未久，令立僧。元上堂云："西河有师子，连云出虎兕。亲从猛虎窟中来，文彩爪牙悉皆备。虽未及惊群，已有食牛志。痛念杨岐宗，令之如扫地。竖起铁脊梁，与先师出气。诸人还识么？两眼大如环，当头立底是。"①

应庵昙华自虎丘绍隆（1077—1136）会中来，其时虎丘尚未示灭，故当在绍兴五年（1135）景元住连云之初。此后应庵相从十余年，为其首座，并分座说法，成为景元的得力助手。

景元后迁真如，晚至台州护国广恩禅院。四方法徒闻风而至，法席大盛。然而他享寿不永，五十三岁便因微疾入灭，诸方惜之。

景元如同永嘉大师玄觉，虽然寿命不长，却享有盛誉。他的门人有简堂行机（1113—1180）、或庵师体（1108—1179）等，特别是或庵一系，传承久远，至十余世，也是圆悟一门传承较长的一系。

景元是一个非常有个性的禅师，他虽然早年得道，颇受圆悟克勤赏识，却深藏不露，不急于当方丈，对于名闻利养看得很淡，由此也可以看出他是一个真修实证的禅者。他无意名利，但对个人的自由却视之如生命，不容侵犯。耿延禧请其住南明，但不到二年，他就厌于迎来送往，下决心辞院。

景元"说法超格，量绝蹊径"，单刀直入，能杀能活，很有特色。他对禅门五宗的风格有独到的见解，并且深通天台教法，故能融禅教于一炉，

---

① 《卍新续藏经》86册，第688页中。

化一声为无量，能纵能夺，能去能住，实为难得一见的一代宗师。

相对于大慧宗杲（1089—1163）和虎丘绍隆，景元由于语录不存于后世，其实际贡献和影响有被忽视之感。事实上不仅景元本支传承久远，且应庵昙华相从十余年，因此虎丘系也深受景元的影响，景元对禅宗的贡献和历史影响应当得到更多的关注。

据《嘉泰普灯录总目录》卷二：

护国此庵景元禅师法嗣四人
  台州国清简堂行机禅师
  镇江府焦山或庵师体禅师
  常州华藏湛堂智深禅师　参政钱端礼居士（语见贤臣）[1]

另有退庵空禅师，门人泉州法石了璨。

其中焦山或庵师体法脉绵长，在后世影响很大。

---

[1]《卍新续藏经》79册，第284页上。

第八章 大慧宗杲及其法系

第一节 大慧宗杲生平

大慧宗杲（1089—1163）为禅宗一代宗师，今以《大慧普觉禅师年谱》为本，对其生平事迹略加分疏。

宗杲，宣州宁国人，俗姓奚，元祐四年（1089）十一月初十出生。建中靖国元年（1101）十三岁有出尘之志，母不听。崇宁三年（1104）十六岁，九月礼东山慧云院慧齐法师，四年（1105）十七岁剃度，知有宗门之事，于景德寺受具。五年（1106）十八岁，于云门宗奉圣初和尚处发蒙，奉圣初为号称昌担板的宝林果昌（？—1096））门人、大通善本法孙。其后遍参，大观二年（1108）至郢州大阳参曹洞宗洞山微等，三年（1109）参舒州海会守从。

是年复至江西宝峰，参湛堂文准（1061—1115），为侍者。政和五年（1115），湛堂入灭，次年（1116）赴荆南，见无尽居士张商英，请作湛堂塔铭。张商英号之曰妙喜，字之曰昙晦。宣和二年（1120），大慧再度见张商英，二人商量宗风，相见甚欢，张商英还勉励他参圆悟克勤，为其日后发展指明了方向。

湛堂是大慧初期最为重要的老师，张商英是对一生都有影响的政治地位、佛法造诣最高的居士。此二人对其早期的禅学思想都有很大影响，奠定了其佛法根基。

从大观三年（1109）到宣和二年（1120）十余年间，大慧大部分时间都在江西。其间还曾经于政和七年（1117）刊印《大宁宽语录》，并求序于洪觉范，八年（1118）参潜庵源于豫章章江，并作疏请海会守从住持豫章观音。宣和元年（1119）二月，自观音前往龙安，参兜率照，还到黄龙参草堂善清、灵源惟清，复与韩子苍、洪觉范交往。

宣和二年（1120）十月离开荆渚，前往京城，十一月张商英去世。三年（1121）途中路过南阳，至香严，与饶节相见。四年（1122）初，至京城，欲依法云佛照老杲会下，恰逢其退居，遂依咸平普融道平法席。太宰王公以府中花园为庵，居之三年。

六年（1124），圆悟克勤奉诏住持东京天宁，往参之。七年（1125）四月，挂单天宁，五月十三日，因张康国夫人请升座，举云门诸佛出身处公案，圆悟答道"薰风自南来，殿阁生微凉"，大慧一闻此语，忽然前后际断，入室参礼，圆悟命为侍者，令参有句无句，半年之后，终得透脱，圆悟以《临济正宗记》付之，命入记室，并使分座说法。

靖康元年（1126），四月，右丞相吕舜徒上奏，赐紫衣及佛日师号。金兵入寇，取禅师十人，以大慧为首，淳上人侍行，馆于金明池，后于八月放归，出京南下。

建炎元年（1127），同普明道琳省圆悟于金山，复至虎丘，是年十一月，圆悟迁云居。二年（1128）十月至云居参圆悟，命为首座。

三年（1129）八月，圆悟退院归蜀，高庵善悟复为云居住持。年末，淮南盗起，胡马渡江，云居不可安居。

建炎四年（1130）春，迁海昏云门庵，门人开善道谦、荐福悟本、东林道颜、雪峰慧空等二十余人随行。九月避乱至湖南，访佛性法泰于谷山。

绍兴元年（1131），登仰山，时超然希祖为住持，竹庵士珪于去年来此，二人相见，共定杨岐宗旨。后以江南肃清，还云门庵。

三年（1133）四月，东林士珪自仰山来，仿效守端、仁勇白莲故事，各作颂古一百一十篇，商略古今，直指要津。九月访临川，与韩子苍、吕本中相见。

四年（1134）二月，同士珪入闽，三月馆于长乐广因寺，至雪峰，见真歇清了，登座说法，当仁不让。于洋屿说法，破寂照禅，门人五十三人，得法十三辈，其中有懒庵鼎需、晦庵弥光等。

五年（1135），泉南给事江少明建新庵于小溪之上，延师居之，四月入居，初五十三人，后至二百之众。

六年（1136），在泉州云门庵，四月十六日闻祖秀报来圆悟克勤入灭消息。

七年（1137），张浚请住持径山，五月起行，七月二十四日入院。九月归乡，道是别去二十七年（自政和元年始）始归父母之邦。

八年（1138），径山众将一千，往来如市。给事冯济川、无著道人妙总山中打坐，各有省悟。门人道谦至湖南，途中打发大事。冬于吴门行化。

九年（1139），山中龙象支住，坐夏者一千七百众，举悟本为前堂首座、道颜为后堂首座。

十年（1140），侍郎张九成、状元汪应辰登山问道，张九成顿领玄旨。

十一年（1141），张九成因父丧入山，为说偈劝慰，被诬为影射朝政，五月编管衡州，七月至贬所。

大慧因与张九成关系密切，遭到秦桧忌恨，借故将其编管衡阳，即所谓"神臂弓"公案，当时张九成因父卒，四月十六日上径山，请大慧升座说法，十八日下山，而朝廷收三大帅兵权在四月末，二者并不相关，只是罗织罪名而已。是年五月二十五日，宗杲被除去度牒，编管衡州。

十七年（1147），门人冲密、慧然等录师与衲子问答，编成《正法眼藏》。

十八年（1148），师六十岁，作《祭荐福本长老》。

二十年（1150），因作《自赞》，为人诬谤，六月二十五日，命移梅州。

绍兴二十年（1150）六月二十五日，大慧居衡州十年，因书《自赞》，为人巧加罪名，责授梅州。七月路过韶州，留宿南华，作《昺禅师真赞》，遇住持法侄明禅师，举扬宗旨。六月二十六日至南海，馆于光孝方丈西轩，停留三十二日。

大慧十月初三日到梅州，时太守谢朝议以兵马东之闲地，令其居止。梅州非大州，太守谢朝议事迹不详，但知其子名谢纯粹。谢太守虽然未曾为难大慧，但不知其人，亦未加敬，后见其御众有方，故招其门人探问，修仰应命而往。

修仰禅师，南闽人，绍兴年间在泐潭草堂善清门下为书记，后参大慧于衡阳，未几随行至梅州。他受命与太守对话，以其博识辩才折服太守。修仰学富才高，文学过人，可惜身罹瘴毒，后来卒于潮州光孝寺。其所作《净发图》题记，颇显文采。

二十一年（1151），大慧作《法语》八篇，示太守之子谢纯粹，可惜皆不存世。还作《雪堂行语录序》，并有祭安抚刘方明文。雪堂道行（1089—1151）为佛眼清远门人，是年二月九日入灭。

二十二年（1152），以颂代书寄张圣者。张圣者，又称张圣君，法名圆觉，是一个带有浓厚的神话色彩的奇僧，在后世民间信仰中占有重要地位，相传是与妈祖齐名的神灵，号称"海上有妈祖，陆上有张公"。

据《夷坚志》：

福州张圣者

> 福州张圣者，本水西双峰下居民。入山采薪，逢两人对弈于盘石处。与之生笋使食，张不能尽，遂谢去。即日弃家买卜，未尝呵钱布卦，而人祸福死生，随口辄应，自称曰"张铁柄"。
>
> 绍兴中，张魏公镇闽，母莫夫人多以度牒付东禅寺，使择其徒披剃。长老梦黑龙蟠踞寺外，旦而视之，张也。问之曰："欲为僧乎？"曰："固所愿。"于是落发，而立名"圆觉"。尝以双拳纳口中，每笑时，几至于耳。素不识字，而时时赋诗，见交游间过举，必尽言讽劝。郡士林东，有才无行，尝批张头曰："圆觉头生角。"张应声曰："林东不过冬。"及期，果以罪编隶。后行游建安，放言忤转运副使马子约钝，马擒赴狱。桎梏棰掠，而肌肤无所伤。竟用造妖惑众，劾于朝，流梅州。久之，复归乡。己卯之冬，或问新岁状元为谁，曰"在梁十兄家"，皆不能晓。既乃温陵梁丞相魁天下，十兄者，"克"字也。张所遇奕者，一巾一冕，筮者与之笋，盖钟离子云。

类似的记载又见张世南《游宦纪闻》卷四等。张圣者，本为采薪卖锄柄之农民，因入山观奕之奇遇而获神通，能言祸福，其事迹与丹霞宗本颇似。

绍兴九年（1139）至十一年（1141），张浚知福州，其母莫夫人好佛，多以度牒付东禅寺。东禅住持梦黑龙卧门外，及明见张圣者，便度之出家，法名圆觉。圆觉后到建安，以直言得罪福建转运副使马纯（字子约），故将其下狱，虽然用尽酷刑，他却毫发不伤，故以作妖惑众的罪名将其流放到梅州。大慧责居梅州之时，圆觉尚在，故以颂代书致之。圆觉绍兴二十九年己卯（1159）前回到家乡，并预言梁克家中状元，故他有可能与宗杲同时遇赦。

圆觉生卒年不详，有人认为其于绍兴九年己未（1139）出生在永泰嵩口月洲村，淳熙十年（1183）坐化于闽清金沙九龙潭①。然而既然他绍兴十年（1140）前后出家，就不可能生于九年，己未有可能为乙未之误，即可能生于政和五年乙未（1115）。

福圣长老，应当是佛鉴惠勤门人常德府深禅师，《嘉泰普灯录》载其名，无机语。夏珙，字志宏，又作"致宏"，号觉明居士，九江人，夏竦之裔孙，曾任房陵丞，宣和六年（1124）秋为竹山令，绍兴二年（1132）宣教郎、权陕西路都转运司判官公事，八年（1138）为岳飞举荐，任荆湖北路转运副使，十年（1140）新任利州路转运副使放罢，十二年（1142）受岳飞牵连，直秘阁夏珙勒停羁管，二十五年（1155）秦桧死后，前右朝请郎、直秘阁、南剑州编管夏珙得以"逐便"②。陈与义（1090—1138）于建炎二年（1128）避虏奔房州南山，有《与夏致宏、孙信道、张巨山同集涧边以散发岩岫为韵赋四小诗》，其四称"夏子理泉窦"。张嵲（字巨山）亦有《夏致宏方城道中以诗见寄避地穷山秋雨仍作因次其韵》、《与陈去非夏致宏孙信道游南涧同赋四首》。夏珙为岳飞部属，与陈与义、张嵲、孙确（字信道）有交往，与张嵲往来尤多。

夏珙早在绍兴十三年（1143）便向大慧问道，他既为岳飞幕僚，因力主抗金而被羁管福建南剑州，距梅州不远，故与大慧继续交往。

据《大慧普觉禅师年谱》卷一：

二十三年癸酉

师六十五岁。作《送黎文晦归龙川序》《南安岩主画像赞》《跋雪峰空禅师语录》《书古寄婺女使君李公献臣》。

---

① 朱谷忠著：《人与山水的约会》，海峡文艺出版社2015年版，第133页。
② （宋）陈兴义撰；白敦仁校笺：《陈兴义集校笺》，上海古籍出版社1990年版，第523页；龚延明、岳朝军编：《岳飞研究论文集汇编》，浙江大学出版社2013年版，第72页。

《书古送立禅人归双林》曰："空手把锄头，油瓮捉泥鳅。步行骑水牛，纸人火上游。人从桥上过，猛虎当路坐。桥流水不流，高峰驾铁舟。立禅归到双林寺，说与渠侬且罢休。妙喜为君重说破，咄！且莫瞌睡。"

按《云卧》书云：师是年坐间凡有所说，则法宏首座录之，自大吕申公执政至保宁永禅师四明人，得五十五段而罢兴。宏遂以老师洋屿众寮榜，其间有"兄弟参禅不得，多是杂毒入心"之语，取禀而立为《杂毒海》。今刊本名《武库》者，乃绍兴十年春，信无言等闻师语古道今，聚而成编，福清真兄戏以《杜预传》中"武库"二字为名，及庚午，师偶见是集，曰："其间亦有是我说话，何得名为武库？"以是知武库之名，实非师意也。①

据《大慧普觉禅师语录》卷十二：

南安岩主
赠以之中语，咸云秘密言。
谁知此老子，非妙亦非玄。
直截不藏覆，当机火里莲。
谁人明此意，端坐自擎拳。②

南安岩主，即云门宗自严大师（970—1051），为定光古佛化身，灵迹常显，住持汀州南安岩，在福建、广东、江西一带影响极大，曾在梅阳弘法。他书偈以人，最后都要加一句"赠之以中"，其像多作端坐擎拳之状。

雪峰空禅师，即草堂善清门人雪峰慧空（1096—1158），曾于云居、云门参大慧。是年冬至大慧为《雪峰慧空禅师语录》作题跋。

立禅人，即衡州光孝立禅师，大慧门人，无机语。是年大慧其归婺州双林寺，即傅大士之旧宅所建，故引其法语。

---

① 《嘉兴藏》1册，第803页下。
② 《大正藏》47册，第859页中。

是年，门人首座法宏集其说法，自吕申公至保宁勇禅师，凡五十五段，为《杂毒海》一编。门人信无言等绍兴十年（1140）录师之说，编为一轴，福清真名之《武库》，非大慧本意。

据《大慧普觉禅师年谱》卷一：

二十四年甲戌

师六十六岁。太守杨公王休建华严会，请为众普说，说偈略曰："绍兴甲戌上元节，自在居士兴善利。梅民服化咸欢喜，仁风惠泽家家至。善哉奇特大因缘，不可思议绝伦比。上祝吾皇万万春，当与天地相终始。"示唐彦举觉轩法语。以颂代书答归宗华倅长老。题圆悟和尚所付《楞伽经》授鼓山宗逮长老。题临济正宗法语。跋《古塔主语录》。韦参军以花圃建庵，迁师居之。①

梅州太守杨王休，号自在居士，建华严会，请师普说。

据此，则唐彦举，号觉空居士，时为梅州通判，儒释俱通。大慧名其居为"觉轩"，望其自觉觉他。

是年法侄应庵昙华（1103—1163）住持庐山归宗，大慧见其垂示语句，极口赞叹，以偈示之。

宗逮开法鼓山，致书大慧，他虽然后参大慧，然不忘所本，为大慧门人东禅思岳拈香，大慧是之。

是年跋《荐福承古禅师语录》，荐福承古，号古塔主，云门宗尊宿。前引称为《前序》，题名为"云门村叟妙喜宗"。大慧批评了当时禅门弊端，特别是不信有妙悟、专以文字教乘为本的作风，其中似乎涉及曹洞宗。

是年韦参军，为大慧建新庵，迁居之。

大慧居梅州六年，远近蒙化，家绘其像，敬之如泗州大圣、南岩定光。不过由于此地瘴气深重，医药不足，门人零落者达六十三人，付出了很大的代价。

奸相秦桧去世。是年冬，有旨自便，得以放还。

---

① 《嘉兴藏》第1册，第803页下。

方滋（1102—1172），字务德，桐庐人，天性仁厚，虽然号称秦党，实与秦氏不同，绍兴二十一年（1151）至二十四年（1154）知广州时，对于南迁谪居之人如胡铨澹庵（1102—1180）、郑刚中亨仲（1088—1154）、胡寅明仲（1098—1156）、朱翌新仲（1097—1167）等皆待之尽礼，大慧亦蒙其照顾，故与之有交。

二十六年（1156）正月离开梅州，邓太守为之饯行，并派官兵护送。梅人扶老携幼，相送于道。路经汀州，二月至赣，与老友张九成相会。至庐陵，说法于祥符寺，游青原山，至新淦，为张文焕县尉普说。

师在梅州时，还与王之奇等人交往。

王之奇（？—约1174），字能甫，庆阳人，抗金名将徽猷阁学士、枢密副使王庶（？—1142）之子，诗人，画家，孝宗时为端明殿学士、签书枢密院事。二十二年（1152）春，坐谤朝廷，编管梅州，故与大慧相交四年。这是王之奇隆兴元年（1163）冬所作祭文，其中细述与大慧交往之由，盛赞大慧之僧格，并为其性格狷急辩护。

据《普觉宗杲禅师语录》卷二：

杨太保像赞

人言此是杨太保，我道梅阳护法神。天资忠义不谄曲，一片精诚正直心。①

杨太保，即杨存中（1102—1166），本名沂中，字正甫，代州崞县人，抗金名将，屡立战功，典兵最久，贵宠独隆，后追封和王。他曾为张浚部属，故与大慧交好。

大慧北还之后，于绍兴二十七年丁丑（1157）初冬，方宋辅前来育王看望，大慧书以赠之。据此，大慧居梅州时，方宋辅始终亲近之，善待之，在诸官员中最为可敬，故大慧与之定交。他虽然为观察推官，官职不高，但清廉忍穷，谨守法度，品格高尚，故为大慧所敬。

据《云卧纪谭》卷二：

---

① 《卍续藏》第69册，第646页上。

饶州教授严公朝康，问道于荐福雪堂、报恩应庵。尝有颂曰："赵州狗子无佛性，我道狗子佛性有。蓦然言下自知归，从兹不信赵州口。著精神，自抖擞，随人背后无好手。骑牛觅牛笑杀人，如今始觉从前谬。"时大慧老师在梅阳，严以其颂寄呈，而大慧答以书，略曰："随人背后无好手，此八万四千皆公活路。"严乃湖州长兴人也。①

饶州教授严朝康，湖州长兴人，问道于荐福雪堂道行、报恩应庵昙华，为应庵法嗣，同参侍郎李浩（1116—1176）有偈寄之。他以颂寄大慧，得其首肯。

大慧在梅州，还结识龙川李总辖（？—1156）及李子由宣教父子。李为军将，却知一心向善，虽与大慧一面之交，却经常致书问道。李子由亦是少年奇才，十四岁便得解，后为宣教郎。

无相居士邓靖，字子立，曾为"直殿"，有谓乃"直睿思殿"之简称，为宦官之职名，其子为直密阁使太虚居士邓伯寿，先亦为直殿，既称父子，看来为其养子。

邓氏父子皆为大宦官，邓子立与之交往二十载，感情深厚，是大慧一派有力的外护。大慧自道"自得谴衡阳梅阳，首尾十七年来，相暖热，所以不忍饥受冻，皆居士辍己以相济"，表明邓子立父子确实对其僧团贡献很大。

大慧在梅州，门人数百，不可尽数，其著者有教忠晦庵弥光（？—1155）、仰山圆、青原信庵唯裎（？—1192）、云卧晓莹、念贤、法宏等，又有法孙净慈混源昙密（1120—1188）、鼓山宗逮等。

二十六年北归之后，育王迎请住持，十一月十五日入院。腊月访天童正觉。

二十七年（1157），住育王。正觉入灭，为其主丧。

二十八年（1158）初，住持径山。坐夏千人，盛如往时。冬行化嘉禾，应长老灵沼之请作《佛智裕禅师真赞》，之无锡，说法南禅寺，应德最之请题名前径山住持智讷塔铭之后。

---

① 《卍续藏》第86册，第673页下。

二十九年（1159），正月泛太湖，二月却福州西禅之命。七月为孝宗（时为普安郡王）说偈。作道场明辩禅师、护国远禅师真赞。

三十年（1160），孝宗为书"妙喜庵"三字。门人大禅了明还长芦。冬行化宛陵，抵建邺，说法保宁，钟山长老应庵昙华请为众普说。门人了明迎归长芦，作《达摩渡芦赞》。

三十一年（1161），正月，舟过仪真，说法天宁。游浮玉，次海门，作《梦庵信禅师真赞》。四月谢事径山。重建明月堂，为归老之所。张孝祥自宣城来，请法要。

三十二年（1162），居明月堂，求道者日至。九月孝宗即位，诏问佛法大意，而师卧疾，特赐大慧禅师之号。

隆兴元年（1163），三月闻王师凯旋，作偈志庆。八月示疾，亲书遗表。门人了贤等请偈，书以付之。十日入灭，寿七十五。孝宗赐谥普觉，塔名宝光。

大慧宗杲应世于两宋之际，得圆悟真传，树杨岐宗旨，门庭高峻，龙象如云，为命世之大宗师。虽然置身方外，义笃君亲，当国家危亡之际，以忠孝为佛事，不畏权贵，万死不改其节，数贬不易其志，真丛林之典范、世间之楷模。

第二节　大慧宗杲门下

大慧宗杲门人数量很多，知名者多达百人。

据《大慧普觉禅师年谱》卷一：

> 度门弟子净初等八十四人，嗣法自教忠弥光、西禅鼎需、东禅思岳、荐福悟本、能仁祖元、东林道颜、西禅守净、育王遵璞、开善道谦、伊山冲密、沩山法宝、雪峰慧日禅师蕴闻、净居妙道、资寿妙总、明因慧照而次，数过百十，星分棋布，列刹相望。皆其子亲孙，潜通密证，匿耀韬光，唯恐有闻于世者，殆不可胜数。[①]

[①] 《嘉兴藏》第1册，第806页下。

据《嘉泰普灯录总目录》卷二：

径山大慧普觉宗杲禅师法嗣七十五人（二十七人见录）
福州西禅懒庵鼎需禅师
福州东禅蒙庵思岳禅师
泉州教忠晦庵弥光禅师　福州玉泉昙懿禅师
饶州荐福悟本禅师
福州西禅此庵守净禅师
建宁府开善密庵道谦禅师
庆元府育王大圆遵璞禅师
温州雁山能仁枯木祖元禅师
江州东林卍庵道颜禅师　潭州大沩宝禅师
真州灵岩东庵了性禅师
建康府蒋山一庵善直禅师
剑州万寿自护禅师
潭州大沩了庵晨晕禅师
临安府灵隐谁庵了演禅师
泰州光孝草庵智远禅师　建宁府竹原宗元庵主
近礼侍者
温州净居尼定光大师妙道
平江府资寿尼无著妙总　侍郎张九成居士（语见贤臣）
参政李邴居士（语见贤臣）　宝文刘彦修居士（语见贤臣）
提刑吴伟明居士（语见贤臣）　门司黄彦节居士（语见贤臣）
秦国太夫人计氏妙真
（成都府正法秀禅师　衡州伊山冲密禅师
泉州舟峰庆老禅师　泉州清凉殊禅师
嘉州九顶法生禅师　嘉州华严觉印禅师
眉州黑水昙振禅师　潭州岳麓梵禅师
潭州龙王自隐禅师　吉州祥符如本禅师
福州大云峰颖禅师　福州庆成冲禅师

韶州南华因禅师　　婺州明招微禅师
福州秀峰南禅师　　广州报恩崇海禅师
温州灵峰诠禅师　　福州太平言禅师
岩州乌龙弼禅师　　漳州法济僧鹗禅师
池州石门仁禅师　　福州太明广容禅师
衡州华药继明禅师　澧州洛浦相禅师
信州博山能禅师　　兴化军石泉咏禅师
饶州荐福普仁禅师　汉州崇庆崇庆禅师
广州光孝林禅师　　潭州大沩慧仰禅师
荆门军玉泉如晦禅师　梅州光孝图禅师
隆兴府黄龙妙熙禅师　衡州光孝立禅师
福州兴王如沼禅师　福州雪峰可庵然禅师
建康府蒋山恩禅师　泰州光孝祖彦禅师
绍兴府象田信禅师　婺州明招观禅师
潭州龙牙信禅师　　绍兴府象田德禅师
成都府昭觉祖明禅师
成都府昭觉品庵子文禅师
岳山能仁政换首座　法宏首座
岳侍者　编修黄文昌居士）
（已上机语未见）①

据《续传灯录》卷三十一：

径山大慧杲禅师法嗣九十四人

教忠弥光禅师
东林道颜禅师
西禅鼎需禅师
东禅思岳禅师

---

① 《卍新续藏经》79册，第283页上。

西禅守净禅师
开善道谦禅师
育王德光禅师
华藏宗演禅师
天童净全禅师
大沩法宝禅师
玉泉昙懿禅师
荐福悟本禅师
育王遵璞禅师
能仁祖元禅师
灵岩了性禅师
蒋山善直禅师
万寿自护禅师
大沩景晕禅师
灵隐了演禅师
光孝致远禅师
雪峰蕴闻禅师
连云道能禅师
灵隐道印禅师
竺原宗元庵主
近礼侍者
净居尼妙道禅师
资寿尼妙总禅师
侍郎张九成居士
参政李邴居士
宝学刘彦修居士
提刑吴伟明居士
门司黄彦节居士
秦国夫人计氏
径山了明禅师（已上三十四人见录）

祖麟道者
清凉珠禅师
花药继明禅师
大云颖禅师
昭觉子文禅师
龙王自隐禅师
岳麓梵禅师
南华因禅师
超宗道人
大沩惠仰禅师
洛浦相禅师
径山祖庆禅师
伊山冲密禅师
祥符如本禅师
象田德禅师
象田信禅师
龙牙信禅师
岳侍者
光孝林禅师
云卧晓莹禅师
九鼎法生禅师
黄文昌编修
郑昂居士
径山有才禅师
大悲闲禅师
雪峰慧然禅师
华严觉印禅师
福严了贤禅师
庆成冲禅师
报恩崇海禅师

光孝祖彦禅师
荐福妙熙禅师
博山能禅师
石门仁禅师
龙翔宗常禅师
蒋山恩禅师
蒋山等诠禅师
光孝圆禅师
黑水昙振禅师
秀峰南禅师
法济僧鹗禅师
报恩行禅师
舟峰庆老禅师
荐福普仁禅师
水陆野庵和尚
大沩如晦禅师
玉泉道成禅师
明招观禅师
兴王如沼禅师
从庆庆禅师
法宏首座
石泉咏禅师
光孝立禅师
明昭微禅师
大明广容禅师
昭觉祖明禅师
正法秀禅师
仰山圆禅师
正焕首座

关西尼真如（已上六十人无录）①

对于大慧宗杲门人进行完整的统计几乎是不可能的，因为其出色门人实在太多，其先后排序也相当困难。

据《嘉泰普灯录》卷十八：

径山大慧普觉宗杲禅师法嗣
福州西禅懒庵鼎需禅师

长乐人，族林氏。幼举进士，有声。年二十五，因读《遗教经》，忽曰几为儒冠误。欲去家，母难之，以亲迎在期。师乃绝之曰："夭桃红杏，一时分付春风；翠竹黄华，此去永为道伴。"竟依保寿乐禅师为比丘，探赜方外。逾十年归里，庵于穷谷之麓。佛心挽师出山，首众于鹿溪。绍兴初，大惠来洋屿，师谒之。一日入室，惠问："内不放出，外不放入，正怎么时如何？"师即大彻。慧曰："此正是汝放身命处。"未几，慧移小溪，令分座，由是得声。泉守请开法延福，后退处洋屿。八年，挽居东、西禅。

上堂曰："太虚挂剑，用显吾宗。按坐神威，如何近傍。纵具回天转地，电卷星驰底手段，要且不堪勍敌。而今还有别休咎么，便请从东过西，不妨水云自若。如其稍涉迟回，直是一槌粉碎。"喝一喝。下座。

上堂："懒翁懒中懒，最懒懒说禅。亦不重自己，亦不重先贤。又谁管你地，又谁管你天。物外翛然无个事，日上三竿犹更眠。"

上堂，众方集定。师曰："灵利人不劳再举。"便下座。

元宵上堂："心如皎月连天照，性似寒潭彻底清。无价夜光人不识，梦中虚度几千春。"竖拂子曰："阿呵呵，灯光王如来向这拂子头上放大光明照大千界，未审诸人还见么？若也见得，青春无虚度。若也未见，有眼如盲。见与不见抛放一边，忽若毗岚风起，骤雨倾盆，正怎么时，且道灯光王如来在甚么处？"喝一喝，"曰：莫瞌睡好。"

---

① 《大正藏》51册，第685页中。

上堂：举僧问赵州：如何是古人言。州云：谛听谛听。师曰：谛听即不无，切忌唤钟作瓮。

僧问："释迦弥勒犹是他奴，未审他是阿谁。"曰："明破即不堪。"开堂日，僧才出。师曰："住，住，今日不答话。"僧拟进语，师喝曰："退后，退后，不堪为种草。"

问："幽鸟语喃喃，辞云入乱峰时如何？"曰："暗写愁肠寄与谁。"云："恁么则不离当处常湛然，觅即知君不可见。"曰："莫屎沸。"

室中问僧："万法归一，一归何处？"云："新罗国里。"曰："我在青州作一领布衫重七斤潭？"云："今日亲见赵州。"曰："前头见，后头见？"僧乃作斫额势。师曰："上座其处人。"云："江西。"曰："因甚么却来这里纳败阙。"僧拟议，师便打。

绍兴癸酉七月望，升堂，勉众激砺凡数百言。翌日，语门弟子：吾世缘尽矣。遂书曰：十四十五，明明已露。更问如何，西天此土。嘱首座安永曰：汝善保任，努力为人。言毕而逝，世寿六十有二，僧腊三十有七。①

鼎需（1092—1153），号懒庵，福州长乐人，俗姓林，元祐七年（1092）生，早年举进士，有声场屋，政和六年（1116）二十五岁，读《遗教经》有省，决心出家，依保寿乐禅师剃度，十年后归里，庵于穷谷羌峰绝顶三年，佛心本才挽其出山，首众于鹿溪大乘。绍兴四年（1134），大慧来洋屿，友人晦庵弥光以书邀之来谒，大慧问内不放出、外不放入时如何，忽然大彻。五年（1135），大慧移泉州小溪云门庵，令其分座，由是声名雀起。六年（1136）泉州太守刘彦修请开法延福，七年（1137）五月大慧离开泉州，前往径山，鼎需继住云门庵。绍兴十四年（1144），迁福州东禅。大约在绍兴二十一年（1151）迁西禅。绍兴二十三年（1153）入灭，寿六十二，腊三十七。

据《联灯会要》卷一：

---

① 《卍新续藏经》79册，第399页中。

前福州西禅鼎需禅师法嗣三人

温州龙翔南雅禅师　　福州天王志清禅师
南剑州剑门安分庵主①

除此三人之外，木庵安永（？—1173）为其最为重要的门人。

据《鼓山志》卷三及《嘉泰普灯录》等，安永，号木庵，福州人，俗姓吴，幼与同门安分同事安国寺觉和尚（一说章圣者），后依懒庵于云门庵，闻举世尊良久而悟。绍兴二十一年（1151），懒庵迁西禅，举为第一座。二十三年（1153）懒庵入灭，尚书安抚张澄请其继任西禅住持，数月之后，归云门庵。乾道二年（1166），王之望大参请出世乾元，不久移黄檗。七年（1171）陈俊卿丞相请移居鼓山。九年（1173）春，谢院事，往潮阳，八月回至泉州清果院，入灭，塔于鼓山。别峰祖珍为其下火，道是木庵入灭前，天台国清方来迎请。

据《增集续传灯录》卷一：

鼓山木庵永禅师法嗣

净慈晦翁悟明禅师（续传）　　承天一庵法坚禅师（无传）②

木庵门人很多，晦翁悟明淳熙十年（1183）著《联灯会要》，后来住持净慈，在当时影响很大。

据《续指月录》卷三：

> 蜀中佛道无价刊载，明之嗣为苦口益，益嗣筏渡慈，慈嗣一言显，显嗣小庵密，密嗣二仰钦，钦嗣无念有，有嗣荆山宝，宝嗣铁牛远，远嗣朝阳，以迄聚云诸法嗣。为大慧杲继绝，大盛锦江，俟求机语补入。因《嘉兴续藏》止有中兴诸师语录，并无苦口诸师事实耳，继灯

---

① 《卍新续藏经》79册，第6页中。
② 《卍新续藏经》83册，第259页下。

功德最大，诸方幸勿吝教。①

后来聚云吹万一系认为己宗上承大慧，由悟明下传苦口益，然而苦口益等事迹当时不见记载，故破山海明等对此不予承认。

据《枯崖漫录》卷三：

潭州大沩泉山初禅师

  字子愚，泉州陈氏子。始业儒，称乡先生。后因看赵州语有省，剃发受具。遍参知识，为永木庵高弟。尝记里之承天寺僧堂云："承天大僧堂再造百余岁，外严中蠹，人莫知者。住持了空揣其坏而新之，施者乐，役者悦，不半年而成。拥以照堂，明楼在前。任其劳者道本、从贲。经始于秋，迄事于冬。了空于是涓辰率徒入而居焉。实嘉定六年十二月十九日也。比丘太初记。"仅九十二字。西山真公典是郡，见而喜。后在湖南，专书招之。住沩山二十年而寂。②

太初（？—1241），字子愚，泉州人，俗姓陈。自幼业儒，文学功深，为文言简意赅。真德秀（1178—1235）嘉定六年（1213）知泉州，知太初之名，十五年（1222），以宝谟阁待制、湖南安抚使知潭州，理宗即位，召为中书舍人。十五年（1222）任潭州之初，请太初住持沩山，住山二十年而终，故至淳祐元年（1241）入灭。

木庵门人，还有圆通圆照庵主、吴门圣因芥堂璁（号璁白头）等。此外，松源崇岳、秀岩师瑞、蒙庵元聪、息庵达观等亦曾参之。

思岳，号蒙庵，福州人，绍兴五年（1135）参大慧于泉南云门庵，发明大事，淳熙十年（1183）应漳州净众之请出世。竹庵士珪为其引座。后于绍兴二十一年（1151）继懒庵住福州东禅，不久去世。

据《续古尊宿语要》卷五：

---

① 《卍新续藏经》84册，第47页下。
② 《卍新续藏经》87册，第40页上。

> 为蒙庵岳和尚举哀。云："兄弟添十字，同心著一仪。中眉垂两点，出世少人知。蒙庵法弟禅师，汝已先知，我即不知，我既后知，汝亦不知。知不知兮，即与我同条生，汝何生兮不我先；不知知兮，即与我同条死，汝何死兮不我后？其生也怎么来，其死也怎么去。去去何处，摧法幢，灭法炬，昨夜泥牛斗入海，无端搽倒珊瑚树。"①

懒庵为其举哀，表明他去世在其之前。
据《嘉泰普灯录总目录》卷三：

> **东禅蒙庵思岳禅师法嗣二人（一人见录）**
> 福州鼓山宗逮禅师
> （福州鼓山石庵知禅师）
> （机语未见）②

又据《续传灯录目录》卷三：

> **东禅岳禅师法嗣四人**
> 鼓山宗逮禅师（一人见录）　径山德潜禅师
> 白云师沼禅师　鼓山知玿禅师（已上三人无录）③

这里增加了径山德潜，白云师沼与鼓山知玿实为一人，应作师玿。
据《大慧普觉禅师语录》卷一：

> 福州东禅报恩光孝禅寺，本寺承知府安抚大观文公文备准御批，降《大慧禅师语录》十册，令寘之名山大藏中，以永其传。住持（臣）僧（德潜）谨刊为经板，计三十卷，入于毘卢大藏，用广流

---

① 《卍新续藏经》68 册，第 471 页中。
② 《卍新续藏经》79 册，第 285 页上。
③ 同上。

通。以此功德，恭为今上皇帝祝延圣寿无疆，仰愿皇图巩固，凤历长新，佛日增辉，法轮常转。乾道八年正月　日。住持（臣）僧（德潜）谨题。①

这表明乾道八年（1171）时，德潜为福州东禅住持，九年（1173）继普慈蕴闻住持径山。

德潜，号寓庵，兴化人，东禅思岳门人，淳熙四年（1177）六月四日入灭，密庵咸杰继任径山住持。

据《续古尊宿语要》卷四：

> 寓庵遗书至。云："忆昔保福迁化，僧问鼓山国师：'保福抛却壳漏子，向甚处去？'国师云：'你且道，保福在那个壳漏里？'"
> 师召大众云："保福迁化，国师助哀。要识去处，南岳天台。然虽如是，今日忽有人问：'寓庵抛却壳漏子，向什么处去？'只向他道：鸟啼无下泪，花笑不闻声。"②

寓庵入灭时，有遗书给佛心本才门人别峰祖珍，表明二人关系密切，或许德潜曾参过佛心本才。

据《增集续传灯录》卷一：

杭州径山寓庵德潜禅师

> 兴化人，机缘语句皆失录，独有入径山山门佛事，弹指一下便入，话行丛林。③

又据《径山志》卷三：

---

① 《大正藏》47册，第811页上。
② 《卍新续藏经》68册，第437页上。
③ 《卍新续藏经》83册，第273页上。

第二十四代寓庵清禅师

兴化人。中秋，上堂云："去年人看中秋月，今年人看中秋月。今年人是去年人，去年月是今年月。还有人向这里著得一只眼么？若也著得，径山分半院与伊住。其或未然，归堂吃茶。"师一日举云门道："既知来处，且道甚么劫中无祖师？"自代云："某甲今日不著便。"师云："云门也是作贼的心虚，径山即不然，既知来处，且道甚么劫中无祖师，不图打草，且要蛇惊。"

季秋菊旦，上堂："今朝初九，天色半晴半雨。衲僧鼻孔眼睛，切忌和泥合土。"乃顾视大众云："惺惺直是惺惺，灵利不妨灵利。等闲问著十人，五双不知落处。不见道，事因叮嘱起。"①

寓庵清，当作寓庵潜，这些都是后世增补的机缘，都是他在径山住持时所为。

据《鼓山志》卷三：

第二十八代蓬庵禅师，讳宗逮，姓林，宁德人。依龟山圆明师披削，后参东禅岳禅师，契旨，举充座元。绍兴甲戌，权府提刑赵公请住当山。上堂云："世尊道，应如是知，如是见，如是信解，不生法相。"遂喝云："玉本无瑕却有瑕。"己卯秋，暴雨，小顶发洪，上下二院居舍俱坏，师修复之。丁亥腊月二十二日，无病书偈告寂，全身塔于本山罗汉台之右。

宗逮（？—1167），号蓬庵，宁德人，俗姓林，初依龟山圆明剃度，后参东禅思邱契旨，举为首座。绍兴二十四年（1154）初，权府提刑赵公请住鼓山。二十九年（1159），山洪暴发，院舍俱坏，修复之。乾道三年（1167）入灭，塔于鼓山。

据《联灯会要》卷十八：

---

① 《中国佛教史汇刊》第 31 册，第 288 页上。

初参东禅，密契微旨。复谒妙喜，臻极阃奥。①

又据《大慧普觉禅师年谱》卷一：

一（二）十四年甲戌

师六十六岁……

题圆悟和尚所付楞伽经授鼓山宗逮长老。②

宗逮在思岳入灭之后再参祖师大慧，蒙其印可，大慧还将圆悟克勤所付《楞伽经》题赠宗逮，表明对他十分重视。

据《鼓山志》卷三：

第三十代石庵禅师，讳师珏，永福人。年十三，依福清地藏然禅师剃度。十九，依西禅海印隆禅师，后于东禅思岳禅师言下契旨。绍兴辛巳，出世白云。乾道庚寅，陈丞相请住当山。尝颂百丈野狐话曰："大雄山下老狐精，千古丛林恼杀人。若遇金毛狮子子，看伊无处著浑身。"颂鲁祖面壁曰："家财丧尽没丝毫，只个浑身犹恨多。却向池阳最深处，杀人空手不持刀。"颂柏树子曰："庭前柏树子，一二三四五。窦八布衫穿，禾山解打鼓。"丛林竞传之。其年十二月初六日示寂。坐七日，颜貌如生。荼毗，葬本山历代祖塔。

师珏（？—1170），号石庵，永福人，十三岁依福清地藏然禅师剃度，十九依西禅海印德隆，后于东禅思岳言下顿悟。绍兴三十一年（1161），出世白云。乾道六年（1170）陈俊卿请住鼓山，当年十二月入灭。

据《丛林盛事》卷一：

西禅净此庵，参妙喜有大发明，宗眼明白。尝示众云："善斗者

---

① 《卍新续藏经》79 册，第 161 页上。
② 《嘉兴藏》第 1 册，第 804 页上。

不顾其首，善战者必获其功。其功既获，坐致太平。太平既致，高枕无忧。罢拈三尺剑，休弄一张弓。归马于华山之阳，放牛于桃林之野。风以时，雨以时。渔人歌，樵人舞。然虽与么，尧舜之君犹有化在。争似乾坤收不得，尧舜不知名。浑家不管兴亡事，偏解和云占洞庭。"又曰："闭却口，时时说。截断舌，无间歇。最奇绝，眼中屑。既是奇绝，为什么却成眼中屑？了了了时无可了，玄玄玄处亦须呵。"①

西禅守净（？—1159），号此庵，大慧重要门人。他有语录一编，门人妙臾编辑，载《续古尊宿语要》卷五，绍兴二十九年（1159）四月张九成作序，称"今其死矣"，表明他于是年入灭。

守净行迹，多与懒庵鼎需相关。绍兴十四年（1144），鼎需迁福州东禅，云门虚席，他继鼎需住持泉州云门庵。十四年末，大慧派人送付法衣，以表付嘱。绍兴十五年（1145）初，状元黄公度（1109—1156）入朝，授秘书省正字，临行之前，特来相访。绍兴二十一年（1151），鼎需迁西禅，守净继任东禅。二十三年（1153）鼎需入灭，守净继任西禅。二十七年（1157），天童正觉入灭，他还升堂说法，为其举哀。二十九年（1159）初入灭。

据《嘉泰普灯录总目录》卷三：

西禅此庵守净禅师法嗣二人（一人见录）

福州乾元宗颖禅师

（福州中际才禅师）

（机语未见）②

据《联灯会要》卷十八：

---

① 《卍新续藏经》86册，第692页下。
② 《卍新续藏经》79册，第285页中。

福州西禅守净禅师法嗣

福州乾元宗颖禅师（凡六）

本州岛闽清人也。示众，拈拄杖，卓一下云："性燥汉，只消一锤。"遂靠却拄杖云："刭利人，不劳再举。而今莫有刭利底么？"良久云："比拟张麟，兔亦不遇。"

示众云："谁人无心。谁心无佛。佛常在人。人常逐物。竖起拂子云。茗唤这个作拂子。未免为物所转。若不唤这个。作拂子。亦未免为物所转。毕竟如何辨明？"良久云："鸳鸯绣出从君看。莫把金针度与人。"

示众云："摩腾入汉，已涉繁词。达磨西来，自彰瑕颣。山僧与么道，已是罪过弥天。"

示众云："若论此事，是著即差。非著即错，不是不非。如蚁循环，如蚕作茧。到个里直须挥剑，设或不然，清风月下守株人，凉兔渐遥芳草绿。"

僧问："最初说法，不知有末后句。末后说法，不知有最初句。最初句即不问，如何是末后句？"师云："痛领此问。"云："与么则谩他一点不得也。"师云："早被谩了。"

僧问："如何是正知正见？"师云："猫儿狗子，云也只具一只眼。"师云："半只也无。"①

又据《雪峰空和尚外集》卷一：

和钝庵雪颂
试看而今是甚时，夂殊无地得游嬉。
衲僧眼目难瞒处，把定乾坤未许伊。

和钝庵见留
我来临汝问黄龙，君已空中定鸟踪。

---

① 《卍新续藏经》79册，第161页中。

从此和君不唧嚼，至今同饭五华峰。

虽是同居元自住，若言自住又交参。
十成有转移身句，倒跨须弥一二三。

作伴才消木上座，同流初未许寒山。
而今却向天台去，击动寒岩莫与闲。①

宗颖，号钝庵，福州闽清人，与雪峰慧空关系密切。希叟绍昙称，钝庵与云卧，歃血论盟，誓不应世。晚年念法门衰替，始出说法。其住持乾元，当在乾道二年（1166）木庵安永之后，很有可能是在三年（1167）。

据《增集续传灯录》卷一：

福州中济无禅立才禅师

上堂，举雪窦和尚颂云：三分光阴二早过，灵台一点不揩磨。贪生逐日区区去，唤不回头争奈何。师云："雪窦老汉颠颠预预、傀傀侗侗，更参三十年也未会禅在。然虽如是，土旷人稀，试听下个注脚：瞎却摩醯三只眼，南北东西路不分。千秋叶落无人扫，独自松门展脚眠。"上堂，举赵州和尚吃茶去话，颂云："赵州逢人吃茶，谁知事出急家。反手作云作雨，顺风撒土撒沙。引得洞山无意智，问佛也道三斤麻。"读《此庵语录》，偈曰："南海波斯持密咒，千言万语少人知。春风一阵来何处，吹落桃花三四枝。"②

立才禅师，号无庵，其住持福州中际，或在高庵善悟门人善能之后，其他事迹不详。

据《续传灯录》卷三十三：

---

① 《国家图书馆善本佛典》50 册，第 33 页上。
② 《卍新续藏经》83 册，第 273 页中。

西禅净禅师法嗣三人
乾元宗颖禅师（一人见录）
华岩云和尚
中际立才禅师（已上二人无录）①

别峰云为此庵景元门人，住宁德支提华严。
据《增集续传灯录》卷一：

乾元钝庵颖禅师法嗣
鼓山宗鉴禅师（此后无传）　白云讷庵仁禅师②

据《鼓山志》卷三：

第三十八代桧堂禅师，讳祖鉴，怀安徐氏子。礼建康钟山真禅师剃度，而服勤瞎堂远禅师。及归闽，参乾元宗颖禅师，始得大事了毕。出世滁之琅琊，无何徙真之北山，复主资福。泉守程公延致承天，迁光孝。庆元己未，帅府叶公请住当山，凡七载。开禧乙丑谢事，明年五月示寂，塔本山西畲。

又据《继灯录》卷二：

乾元颖禅师法嗣
鼓山桧堂祖鉴禅师
怀安徐氏子。礼建康钟山真禅师薙度，往依瞎堂远禅师，服勤五载。及归闽，参乾元颖禅师，始得大事了毕。出世滁之琅琊。无何，徙真之北山，复主资福。泉守程公延致承天，迁光孝。庆元己未，帅府叶公请住鼓山，凡七载。开禧乙丑谢事，明年五月示疾。革侍者请

---

① 《大正藏》51册，第700页中。
② 《卍新续藏经》83册，第260页上。

偈，师说偈曰："平生患语多，临终更何说。尽力举似人，红炉一片雪。"遂寂，塔于山之西畲。(师讳祖鉴，《续传灯》误作宗鉴)①

祖鉴禅师，怀安人，俗姓徐，礼建康钟山真禅师剃度，后依瞎堂慧远五载。归闽，迁乾元宗颖，了毕大事，出世滁州琅琊，不久迁真州北山，复主资福。泉州太守程大昌淳熙七年（1180）至九年（1182）在任，或于八年（1181）请其住持承天，迁光孝。资政殿学士、政奉大夫、知福州叶翥于庆元五年（1199）请其住持鼓山，开禧元年（1205）谢事。二年（1206）五月示疾，革侍者请偈，示偈入灭。

据《枯崖漫录》卷二：

绝照鉴禅师

初住里之乾元，佛生日上堂云："老鼠虽无三寸光，遍天遍地起灾殃。命根落在乾元手，消得当头一杓汤。"由是名播丛林。后迁鼓山，学者澜趋云萃。晚年玉几论荐，惜乎命将下而寂矣。绝照，福州人，嗣讷庵。②

鉴禅师，号绝照，福州人，闽清白云讷庵仁禅师之门人。初住乡里乾元，后于绍定二年（1229）继枯禅自镜住持鼓山，为鼓山第四十二代祖师。嘉熙二年（1238）育王大梦德因住持雪峰，育王虚席，知福州袁甫请绝照鉴继席，未受命而入灭。

荐福悟本为大慧最重要的门人之一，江西江州人，又在博山、饶州荐福传法。相关资料主要有《联灯会要》、《嘉泰普灯录》《罗湖野录》等。

据《嘉泰普灯录》卷十八：

饶州荐福悟本禅师

江之湖口人，初住博山。上堂曰："高揖释迦、不拜弥勒者，与三

---

① 《卍新续藏经》86册，第512页上。
② 《卍新续藏经》87册，第33页下。

十挂杖，何故？为他只会步步登高，不会从空放下；东家牵犁、西家拽杷者，与三十挂杖，何故？为他只会从空放下，不会步步登高。山僧怎么道，还有过也无？众中莫有点检得出者么？若点检得出，须弥南畔，把手共行。若点检不出，布袋里老鸦，虽活如死。"

上堂："释迦掩室于摩竭，净名杜口于毗耶。须菩提喝（唱）无说以显道，释梵绝视听而雨华。大众，这一队不唧嘟汉，无端将祖父田园私地结契，一时华擘了也。致令后代儿孙，千载之下，上无片瓦遮头，下无卓锥之地。博山当时若见，十字路头掘个无庭坑，唤来一时埋却，免见递相钝置。何谓如此？不见道，家肥生孝子，国霸有谋臣。"①

又据《罗湖野录》卷一：

饶州荐福本禅师，自江西云门参侍妙喜和尚，至泉南小溪，于时英俊毕集，受印可者多矣。本私谓其弃己且欲发去，妙喜知而语之曰："汝但专意参究，如有所得，不待开口，吾已识也。"既而有闻本入室，故谓之曰："本侍者参禅许多年，逐日只道得个不会。"本诟之曰："这小鬼，你未生时，我已三度霍山庙里退牙了，好教你知。"由兹益锐志以狗子无佛性话，举无字而提撕。一夕，将三鼓，倚殿柱昏寐间，不觉无字出口吻间，忽尔顿悟。后三日，妙喜归自郡城，本趋丈室，足才越阈，未及吐词，妙喜曰："本胡子，这回方是彻头。"寻于径山首众，逮散席，访友谦公于建阳庵中。谦适举保宁颂五通仙人因缘曰："无量劫来曾未悟，如何不动到其中。莫言佛法无多子，最苦瞿昙那一通。"谦复曰："我爱它道，如何不动到其中，既是不动如何到，看他古人得了，等闲拈出来，自然抓著人痒处。"本曰："因甚么却道最苦瞿昙那一通？"谦曰："你未生时，我已三度霍山庙里退牙了也。"于是相顾大笑，其朋友琢磨之益，盖如印圈契约之无差，至于会心飘然，可使后世想望其风采。②

---

① 《卍新续藏经》79册，第401页中。
② 《卍新续藏经》83册，第382页中。

悟本禅师，湖口人，建炎四年（1130）大慧在江西云门庵时便来参学，属于早期门人，并且一直随行，后来大慧绍兴四年（1134）入闽，得法者十三人，但并没有悟本，这使他倍感压力。五年（1135）大慧居江少明泉南小溪新庵，悟本究赵州佛性话，终于无字出口时顿悟，得到大慧认可。大慧绍兴七年（1137）迁径山，随行，九年（1139）举悟本、道颜二人为首座，分座说法。

绍兴十一年（1141），大慧被贬衡州，径山散席，悟本入闽，访同门友道谦于建阳庵（建宁崇安开善寺）。

后来出世江西博山，不知何时，后迁饶州荐福。大慧绍兴二十六年（1156）六月北归之后，曾却饶州荐福之命，表明此时荐福虚席，悟本或于是年代师住持荐福。淳熙初（1174），大洪祖证住持荐福，悟本可能已经入灭。

据《嘉泰普灯录总目录》卷三：

荐福悟本禅师法嗣一人

（法灯首座）

（机语未见）[①]

悟本门人不多，只有法灯首座一人，并未正式开法。

据《嘉泰普灯录》卷十八：

江州东林卍庵道颜禅师

潼川飞乌人，族鲜于氏，世为名儒。少依净安谦律师，试经得度，与正聋头结友南游，凡名缁宿衲无不扣见，唯疑圆悟门庭不类诸方（悟时住金山），师亲之，无所投。一日，浣衣次，忽有得，乃曰：天知地知，你知我知，更莫漏泄天机。往悟傍，将述所证，悟不顾。异日见之，诟曰："汝以学解自负，意气凌人，腊月三十日能自负否？"师惭汗俯首，悟复谓曰："侪辈中如杲者（即大慧），汝当就其磨砻。"

[①] 《卍新续藏经》79册，第285页上。

师益不悦，悟还蜀，师愿侍行，悟曰："不可，我尝嘱汝依杲，汝欲决择大事，讵宜以闲气介胸中耶。"仍以书致慧曰："颜川彩绘已毕，但欠点眼耳，他日嗣其后，未可量也。"久之，慧奉旨住径山，师趋谒，质疑朝夕，方大契悟，分座接纳。会正归住云顶，邀师西还，正迁无为，命继席次。徙下山，荐福及报恩、白杨，晚居东林。

上堂曰："一叶落，天下秋，一尘起，大地收，鸟窠吹布毛，便有人悟去，今时学者为甚么却大识自己。"良久，曰："莫错怪人好。"

上堂："欲识诸佛心，但向众生心行中识取；欲识常住不凋性，但向万物迁变处会取，还识得么？欲得不招无间业，莫谤如来正法轮。"

上堂："诸人知处，良遂总知；良遂知处，诸人不知，怎么生是良遂知处？"乃曰："鸬鹚语鹤。"

上堂："仲冬严寒，三界无安。富者快乐，贫者饥寒。不识玄旨，错定盘，也？牛安尾上北斗面看。"上堂"一滴水，一滴冻，寒人寒风动幡，云门子踔跳三十三筑著帝鼻孔，东海鲤鱼打一棒雨似盆倾，不出诸人十二时中寻常受用。"

上堂："元霄已过，化主出门，六群比丘，各从其类，此众无复枝叶，纯有贞实，如是增上慢人，退亦佳矣，麒麟不为瑞，鸳鸯不为荣。麦秀两岐，禾登九穗，总不消得，但愿官中无事，林下栖禅，水牯牛饱卧斜阳，担板汉清贫长乐，粥足饭足，俯仰随时，筋笼不乱揸匙，老鼠不咬甑箪，山家活计，淡薄长情，不敬功德天，谁嫌黑暗女，有智主人，二俱不受。"良久，曰："君子爱财，取之以道。"

上堂："去年寒食后，今年寒食前。日日是好日，不是正中偏。"

上堂："客舍久留连，家乡夕照边。檐悬三月雨，水没两湖莲。镬漏烧灯盏，柴生满灶烟。已忘南北念，入望尽平川。"

上堂："向上一窍，八面玲珑，觌面一机，全身担荷，是则金鍮难掩，非则玉石俱焚，拟议不来，银山粉碎，总不恁么又且如何？是非不挂娘生口，自有旁人话短长。"

上堂："一尘起，大地收，一叶落，天下秋，甲己之年丙作首，乙庚之岁戊为头。"

上堂："栴檀林，无杂树，郁密深沉师子住，所以栴檀丛林栴檀围绕，荆棘丛林荆棘围绕，一人为主，两人为伴，成就万亿国土，士农工商，若夜叉，若罗刹，见行魔业，优哉游哉，聊以卒岁。"

僧问："香严上树话，意旨如何？"曰："描不成，画不就。"云："李陵虽好手，争奈陷番何。"曰："甚么处去来？"问："如何是佛？"曰："汝是元固。"僧近前云："喏，喏。"师曰："裩无裆，袴无口。"问："如何是佛？"曰："志公和尚。"云："学人问佛，何故答志公和尚。"曰："志公不是闲和尚。"云："如何是法？"曰："黄绢幼妇，外孙齑臼。"云："是何章句？"曰："绝妙好辞。"云："如何是僧？"曰："钓鱼船上谢三郎。"云："何不直说。"曰："贤沙和尚。"云："三宝已蒙师指示，向上宗乘事若何？"曰："王乔诈仙得仙。"僧呵呵大笑，师乃叩齿。

隆兴甲申五月二十三日，遍辞道俗，示寂于昭觉，火浴后，设利甚富，归葬云顶，寿七十一，腊五十四。①

道颜（1193—1163），号万庵，潼川人，俗姓鲜于，世为名儒。元祐八年（1093）出生，少从净安谏律师试经得度。与云顶宗正同行出川，访诸宗匠，后于建炎元年（1127）依金山圆悟克勤。一日浣衣，似有所得，呈似圆悟，不与认可，认为这是学解所得，不是证悟。建炎三年（1129）圆悟从云居归蜀，他欲侍行，圆悟不允，令其从师兄大慧，并告大慧其彩绘已成、唯欠点眼，他日成就不可限量。

据《禅林宝训》卷三：

山堂同韩尚书子苍、万庵颜首座、贤真牧避难于云门庵。韩公因问万庵："近闻被李成兵吏所执，何计得脱？"万庵曰："昨被执缚，饥冻连日，自度必死矣。偶大雪埋屋，其所系屋壁无故崩倒，是夜幸脱者百余人。"公曰："正被所执时如何排遣？"万庵不对。公再诘之，万庵曰："此何足道！吾辈学道以义为质，有死而已，何所惧乎？"公颔

---

① 《卍新续藏经》79册，第403页上。

之。因知前辈涉世，祸害死生皆有处断矣（《真牧集》）。①

万庵在李成绍兴元年（1131）入寇江州时曾经被执，因雪压屋倒而脱难，虽然蒙难，他却不惧生死，表现了过人的气度。

据《禅林宝训》卷三：

> 雪堂曰："万庵送高庵过天台回，谓予言：有德贯首座，隐景星岩三十载，影不出山，龙学耿公为郡，特以瑞岩迎之，贯辞以偈曰：三十年来独掩关，使符那得到青山。休将琐末人间事，换我一生林下闲。使命再至，终不就。耿公叹曰：今日隐山之流也。"万庵曰："彼有老宿能记其语者，乃曰：不体道本没溺死生，触境生心随情动念。狼心狐意谄行诳人，附势阿容狗名苟利，乖真逐妄背觉合尘，林下道人终不为也。"予曰："贯亦僧中间气也（逸事）。"②

万庵于绍兴元年（1131）脱难后，复送高庵善悟到天台，然而后回到括苍天宁见雪堂道行，并讲述了德贯首座不肯出山的故事。

后来他回到江西，跟从大慧并随行入闽，果于绍兴七年（1137）大慧住持径山后悟道。绍兴九年（1139），命其与荐福悟本为座元，分座说法。

在径山时，同大慧、张九成一起探问前堂首座悟本之疾，大慧称林下之下先安身后可学道，万庵则称学道应当奋不顾身。张九成又问大慧住持以何为先，答须有钱谷、始可安僧，万庵则言必须有有道衲僧，否则有钱谷也没有用。其发言多不与师同，大慧虽斥之，实则喜之。

据《云卧纪谭》卷一：

> 绍兴间，卍庵颜公自径山首众归蜀。经钓鱼山，值回为众入室。颜直前酬酢而出。少顷，回询于众曰："适来黧面僧子安在？"有识颜者曰："其僧乃径山颜首座，已登舟矣。"回使侍者邀颜上山，讲丛林

---

① 《大正藏》48 册，第 1031 页上中。
② 同上书，第 1029 页下。

之礼，颜尝为剧寇虏而黥面也。①

绍兴十一年（1141），大慧被贬，径山散席。旧时同参云顶宗正邀请他归蜀，路过重庆钓鱼台，访南堂道兴门人石头自回，自回与之叙丛林之礼，相谈甚欢。他曾被李成所虏，故黥面也。

宗正自云顶迁无为，道颜继任云顶住持。后来东归，住持湖州卞山。

大约在绍兴十五年（1145）前后，住持卞山，后来圆极彦岑继之。迁荐福、报恩、白杨，晚年住持东林。

绍兴二十六年（1156）九月，住持江州圆通。

晚年再次归蜀，隆兴元年（1163）示寂于昭觉，寿七十一，腊五十四。

据《嘉泰普灯录总目录》卷三：

东林卍庵道颜禅师法嗣六人（二人见录）

荆南府公安遁庵祖珠禅师
汀州报恩法演禅师
（湖州积善道昌禅师
潼州府护圣麟庵开禅师　南康军栖贤辩禅师
成都府保福芥庵清皎禅师）
（已上机语未见）②

据《续传灯录目录》卷三：

东林颜禅师法嗣一十一人

公安祖珠禅师　报恩法演禅师
净慈彦充禅师　智者真慈禅师
昭觉绍渊禅师（已上五人有录）　万年荷屋常禅师
积善道昌禅师　保福清皎禅师

---

① 《卍新续藏经》86 册，第 663 页中。
② 《卍新续藏经》79 册，第 285 页中。

护圣麟庵开禅师　　徽州简上座

栖贤辩禅师（已上六人无录）①

据《天台山方外志》卷八：

国清蕴常禅师

字不轻，通内外典，作诗清丽，字法坚劲。淳熙间住国清，号荷屋老人，有集行于世。②

蕴常，苏州人，号荷屋，字不轻，故号常不轻，道颜门人。通内外学，工书法，曾书瞎堂慧远《诃罗神碑记》，诗清丽，有《咏石菖蒲诗》，与法贝、法平并称吴中三诗僧，也是一代才僧。他始住庐陵，再住瑞岩、万年，后于淳熙间住持国清。

大慧门人大圆遵璞（？—1160），继之住持育王，三年而没。据楼鑰《育王山妙智禅师塔铭》等，其门人妙智禅师普门从廓（1119—1180）亦住持育王，祖孙三代，相继住持，亦为育王一段佳话。

大慧门人择微，号"微高僧"，率同志建立"般若会"，复于绍兴二十八年（1158）至乾道三年（1167），得无相大师靖公等诸人之助，围海造田，建立般若庄。此后择微退处广利上塔，坚坐一纪，读藏经七遍。又令门人祖印化缘修路，建立善知识祠堂，塑大慧、大圆、普门三善知识像，并配以造塔大师真戒大师昙振之像。淳熙二年（1175）李泳为记。

第三节　无用净全一系

无用净全（1137—1207）为大慧重要门人，门下有育王笑翁妙堪、雪峰了宗、承天允韶等。妙堪下出无文道燦，在南宋末期影响很大。

据钱象祖《天童无用净全禅师塔铭》，净全，号无用，越州诸暨人，俗

---

① 《卍新续藏经》83 册，第 30 页下。
② 《中国佛教史汇刊》第 89 册，第 342 页上。

姓翁，绍兴七年（1137）出生，农家子弟，生性质朴，绍兴二十六年（1156）从大悲山神辨禅师出家，复入径山师从大慧，知为法器。绍兴三十二年（1162），一王族施度牒一度僧，大慧命侍者十人探筹，首探得师，其人九人意不平，三探而三得之，遂与剃度具戒。他日夜参究，一夕闻巡逻者传呼照管为烛有省，又因大慧举灵云见桃花公案，问哪里是不疑处，始拟开口，大慧忽然批脸一击，豁然顿悟，示一偈，得到印可。时瞎堂慧远、无庵全、水庵师一鼎立一方，皆往参扣。

入闽，参水庵师一，举沩山公案，问答契机，水庵以大法炬许之，二人相见投机，故留居数载。后随到吴中，乾道七年（1171）水庵住持净慈，故止杭州，淳熙三年（1177）拙庵德光住持灵隐，延为知客，十一年（1184），混源昙密住持净慈，请为首座，为众入室。

净全目不识丁，而发言出偈，过于宿学，颇有六祖之风。尚书尤袤（1127—1194）、宝文王厚之（1131—1204）、丞相钱象祖，皆与师为方外交。虽然志在晦藏，终为龙天推出，于淳熙十六年（1189）出世狼山，为大慧嗣，后迁苏州承天、宣城广教、建业保宁。其始住保宁，或在庆元二年（1196），时王厚之为江东提刑。

钱象祖（1145—1211）于庆元四年（1198）至六年（1200）以华文阁学士、中大夫、江东安抚使知建康府，时净全住持保宁。钱象祖退归天台，净全退院相从，足见二人交谊之深。

六年（1200）七月二十三日，雪庵从瑾入灭，天童虚席，净全应请住持。开禧三年（1207）示寂，寿七十一，腊四十五。门人思卓请钱象祖为塔铭。

据物初大观《笑翁禅师行状》等，笑翁妙堪（1177—1248），四明慈溪人，俗姓毛。生于淳熙四年（1177），庆元二年（1196）二十岁，从本郡芦山院野庵道钦受具足戒。其后遍参，历金山息庵达观、净慈肯堂彦充、灵隐寺松源崇岳诸大老之门，皆不投机。继往天童寺参无用净全，时在庆元六年（1200）之后。初见既有契入，后以"狗子无佛性"语悟道，呈偈一首，得师印可，自此嗣无用禅师。

嘉定七年（1214），笑翁受太守程覃之请，开法于明州妙胜寺。十年（1217）至金文寺，十三年（1220）移明州报恩光孝寺。十五年（1222），住持台州报恩光孝。宝庆元年（1225）移平江虎丘寺。二年（1226）住持福州雪峰寺。绍定二年（1229）奉诏住持灵隐寺。五年（1232）迁大慈开山，六年（1233）史卫王弥远去世，迁上柏。复见友人张即之（1186—1267），为翠岩西堂。端平三年（1236）知台州陈振孙请主台州瑞岩，继无量宗寿之后，逾月复行。嘉熙元年（1237）温州太守史弥忞请住能仁，辞不赴，又请住温州江心，乃应，或许是继松源崇岳门人石岩希璇之后。

据《枯崖漫录》卷二：

> 先是朝省因总领岳珂奏，乞降紫衣、师号二等，赐金环象简并四字禅师法号，以住太寺观。每赐服、师号、绫纸，出卖三百缗。仍附品官条制，非有官不得差注，非有赐服不得住持。此书上，事果寝。岂非秘护大法者之用情乎。①

住持江心之明年，即嘉熙二年（1238），湖广总领岳珂上奉朝廷，令僧买紫衣师号，以充用度，笑翁与双杉中元都上书表示反对，后来此事未能推行。

淳祐二年（1242），奉诏住持净慈，复诏移天童，表辞。以母老失明，欲归养，栖止翠岩，苏州承天、常州华藏、明州瑞岩皆来迎请，不赴。三年（1243）奉诏住持育王。八年（1248）入灭，寿七十二，腊五十二。

据《明州阿育王山续志》卷十一《行状》，笑翁"度弟子二百余人，嗣法黄龙道详、翠岩宗古、明因寿岳、连云惟枋（一作楞）、报恩德云、荐福道粲等"。

据《增集续传灯录》卷一：

育王笑翁堪禅师法嗣
黄龙东湖祥禅师（无传）②

道详住持黄龙，应该有一定的影响，可惜事迹不存。

---

① 《卍新续藏经》87册，第43页下。
② 《卍新续藏经》83册，第260页上。

无文道粲（1213—1271）为笑翁妙堪（1177—1248）最重要的门人，亦曾从痴绝道冲（1169—1250）和无准师范（1177—1249）参学，南宋著名禅师，亦为重要诗僧，有《语录》、《无文印》、《柳塘外集》等传世。

道粲，字无文，号柳塘，吉安泰和柳塘村人，俗姓陶氏。早年业儒，弱冠之时曾于白鹿书院师事名儒汤巾。因科场不利，出家学佛。

端平元年（1234），至四明，参笑翁，其后相从十年。

端平嘉熙间，与橘林（？—1244）、太虚德云同游闽浙。

端平三年丙申（1236），游南闽，或到雪峰，参灭堂了宗禅师（1164—1238）。

据《送清溪翁序》，是年与清溪结交，明年会永嘉，又六年会临川，又三年会钱塘，游四方十七年。

嘉熙三年（1239），同云太虚游谢家东山，与杰笑云（或为云门宗人，负一字宗之左券。后十年，散席称心，来京师，留众菩提寺。）相见（见山楼并序）。是年五月，在京城。

四年（1240），在天童，与东冈省为友，与南岳松麓然、庐陵钝翁智颖相见。参学书法家张即之（1186—1266）。

淳祐元年（1241），自越归乡，掩关茅屋。

淳祐三年（1243），与东叟仲颖（？—1276）结交于永嘉雁荡山中川，在中川坐夏。在他入灭之后，东叟于咸淳九年（1273）为其语录作序。八月，笑翁示疾，前往探视，不久笑翁示灭，有《祭笑翁和尚》。

是年归自浙右，税驾白云，书《华严经》（《双竹记》）。

淳祐四年甲辰（1244），客居临川，佛照德光门人祖标、祖机之弟子师可、师璨请记，明年作《重修宝华寺记》。据《宝林土地堂钟》，是年住持宝林寺。

淳祐七年（1247），客居径山，师从无准师范（1177—1249）。

淳祐八年（1248），二月，瘦岩永隆自灵隐来访，为作《瘦岩序》。是年曾于建业访痴绝道冲（1169—1250），友人雪窦越台庸入灭。

淳祐九年（1249）无准师范入灭。友人灵隐书记南翁康亦入灭。

十年（1250），径山痴绝道冲入灭，遗书至。

宝祐二年（1254）六月，住持饶州荐福禅寺。

宝祐三年（1255），应妙印门人惠隆请作《石霜竹崖印禅师塔铭》，妙印（1187—1255）为月林师观门人，属于开福道宁法系。

宝祐四年（1256），到明州，见张即之。

宝祐五年（1257）六月旦，是年闰四月，故长夏，登座说法。

开庆元年（1259）春，受知南康军陈淳祖（字唯道，号卓山）之请住持庐山开先华藏禅寺（《慈观寺记》）。六月一日，谢日首座。

景定元年（1260），训山主上堂。景定二年（1261）元宵之后，退开先，南下归乡。

景定三年（1262）至咸淳元年（1265）间，主要在家乡，曾到临安西湖。

与其友无闻知书，有住院十年之语，当作于景定五年（1264）。

景定五年甲子（1264）冬，访樗寮张即之于桃花源上，明年西还，翁手书梅花庄三大字见遗，又明年翁仙去（《无文印》卷十，《送赵梅石》）。

咸淳元年（1265）春再住荐福。冬到明州，见张即之，相从七十余日。是年冬十月戊申，其母吴氏去世。咸淳二年丙寅（1266）正月庚子安葬。①

咸淳二年（1266）张即之卒，年八十一。咸淳三年（1267），作《祭张樗寮寺丞二首》。

咸淳四年（1268）物初大观（1201—1268）去世前，作《跋无准、痴绝、北磵送演上人法語（後有太虚、物初跋）》，演上人为西蜀人，曾参三老，太虚即太虚德云。

四年（1268）腊月二十九，除夕说法，是年腊月只有二十九日。

五年（1269），笑翁和尚忌并供养无准、痴绝和尚，表示不忘师恩。

六年（1270），谢新天宁并秉拂上堂，此新天宁有可能是月磵文明。

咸淳七年（1271）八月入灭，寿五十八。入灭之后，希叟绍昙为之举哀。门人惟康为编语录，九年（1273）虚舟普度为之作跋。

据《增集续传灯录》卷一：

荐福无文璨禅师法嗣

---

① 张如安著：《南宁宁波文化史上》，杭州：浙江大学出版社2013年02月版，第463页。

圆通玉崖振禅师（此下无传）
荐禅（福）定山一禅师　别翁总禅师①

据其语录，门人还有崇福颜长老、仙知客、总侍者、覃侍者、持首座、日首座等。

据《建州弘释录》卷二：

元建安白云崇梵寺愚叟澄鉴禅师

宁德县漱石张氏子，早慕佛乘，绝不茹荤。年十四出家，依政和县龙山寺栖云座主，云与剃落说戒。既而遍历江湖，参饶州荐福寺无文灿和尚，遂入其室。时丞相古心江公、青山郑公、中书平斋洪公、迭山谢公皆响师玄化。后以郡檄，请住建州白云。及元至元二十年支提寺毁于寇，明年世祖勅师住持。复创寺宇。大德二年，赐号通悟明印大师。至大四年六月望日，有神人告曰："应迹西乾。"师乃书偈曰："八十二年，落赚世缘。跃翻筋斗，应迹西乾。"至十九日，沐浴更衣，趺坐而逝。师生平廉介，不妄取与。威而不猛，明而不察。囊无长物，室无异玩。每过丛林，非本色衲子，未尝一顾。度弟子八十余人。②

又据《支提山华严寺志》等，澄鉴（1230—1311），号愚叟，福建宁德县漱石村人。生于宋理宗绍定三年（1230），幼慕释教，口不茹荤，淳祐三年（1243）十四岁依政和县龙山寺栖云法师落发，后参江西饶州荐福寺无文道燦得旨。先后住持江西弋阳桃花寺、饶州崇福寺、漳州净慈寺、建宁白云寺等。至元二十年（1283），支提山政和万寿寺毁于兵乱，二十一年（1284）元世祖请澄鉴重建。大德三年（1299）进京，赐号通悟明印大师。至大四年（1311），梦有神人相告归期，示偈入灭，寿八十二，塔于本山。度弟子八十余人，嗣法七人，如江州圆通普平等。

---

① 《卍新续藏经》83 册，第 261 页上。
② 《卍新续藏经》86 册，第 566 页上。

第九章　佛照德光

第一节　佛照德光生平

佛照德光（1121—1203）为大慧宗杲最为重要的门人之一，当时影响很大，并且法脉绵延，传承久远。

据周必大《佛照光禅师塔铭》等，德光，号拙庵，俗姓彭，临江新喻县人，家世信佛，乐善好施。宣和三年（1121），母袁氏梦异僧入室，有孕生师。建炎三年（1129）九岁避难于袁州木平山，妙应大师伯华善相，谓之将来空门栋梁，不可限量。四年（1130）十岁，贼寇作乱，父母罹难，伯父袁循、伯母万氏育之。初入小学，读书一目十行。绍兴十一年（1141）年二十一，大慧编管衡阳，路过临江，望见生敬，道此古佛也，安得事之，有出家意。复闻人诵《金刚经》，力求出家。

绍兴十三年（1143）二十三岁，受业于光化院足庵普吉，研究宗旨，日以精进。随足庵入闽，初参东禅月庵，依之三年，表明善果其时住持东禅。当时福州名僧相望，妙湛思慧（1071—1145）开法于雪峰，佛心本才传禅于鼓山，圆觉宗演化导于鼓山、雪峰、乾元、越山等寺亦是高僧辈出，德光一一参究。

佛德光绍兴十八年（1148）二十八岁左右到江西，参百丈道震和宝峰择明，择明宗风峭拔，名动禅林。

据《禅林宝训》卷四：

> 拙庵佛照光和尚，初参雪堂于荐福。有相者，一见而器之，谓雪堂曰："众中光上座，头颅方正，广颡丰颐，七处平满，他日必为帝王师。"孝宗皇帝淳熙初，召对称旨。留内观堂七宿，待遇优异，度越前

来。赐佛照之名，闻于天下（《记闻》）。①

雪堂道行十八年（1148）迁饶州荐福，德光或于次年（1149）来参，当时便有善相者预言其将来必为帝王师。

二十一年（1151），道行入灭，复到饶州天宁，参应庵昙华，机缘不契，再参月庵善果于大沩。二十二年（1152）善果入灭，还江西，参典牛天游于云居。二十六年（1156），见万庵道颜于圆通。二十七年（1157），再参昙华于东林。闻大慧住持育王，前往师事，不久大彻大悟，大慧以赞示之。自此直到大慧入灭，一直相从，遇其说法，一闻不忘。隆兴元年（1163）大慧入灭之后，到仰山，野庵命为首座。

乾道三年（1167），台州太守李浩延请出世鸿福，七年（1171）迁光孝，遇大火，郡城寺院皆毁，航海到泉州行化，施者众多，满载而归，殿宇一新。

淳熙三年（1176），诏住灵隐，冬，入内说法，孝宗大悦，赐佛照禅师之号，帝问释迦修道六年、所为何事，答将谓陛下忘却。四年（1177），再次应诏说法，进《宗门直指》。七年（1180），以大觉故事，养老育王。绍熙元年（1190），光宗御重华宫召见，奏对逾时。绍熙四年（1193），移主径山，再辞不允，光宗道是为了时得相见，方便请益。庆元元年（1195），许还育王，归老东庵。

据《无准和尚奏对语录》卷一：

> 久之，游四明，依育王瑞秀岩。时佛照禅师居东庵，印空叟分座，法席人物之盛，为东南第一。如觉无象、康太平、渊清叟、琰浙翁、权孤云、嵩少林辈皆在焉。有老深首座者，蜀人，久病，师为执侍汤药。深平生惟一喝用事。②

佛照居育王东庵之时，门人秀岩师瑞为住持，无准师范庆元二年

---

① 《大正藏》第48册，第1036页下。
② 《卍续藏经》第70册，第277页下、278页上。

（1196）二十岁时来参。时空叟宗印为首座，法席之盛，东南第一，觉无象（天童息庵达观有门人无芳觉）、康太平、渊清叟、浙翁如琰、孤云权、少林妙嵩皆在会中。这些应当都是佛照门人，可惜当时大名鼎鼎的觉无象、康太平、渊清叟都不知何人。无象觉活跃于嘉定、宝庆间，永平道元来华时曾参之。据门人居简《行状》，当时觉圆用、无象觉、性空智观、铁牛心印、空叟宗印年高于彼，西山洪、清叟渊、朴翁义铦、空圣予与之年相若，他们都是佛照门人。

嘉泰三年（1203），三月入灭，特赐普慧宗觉大禅师，塔名圆鉴，寿八十三，腊六十。亲度门人一百二十余人，嗣法遍布四方。

侍者正玿持师遗书并兵部侍郎章颖所作《行实》见周必大，请作塔铭。

第二节　佛照德光门下

佛照德光门人众多，法嗣遍布禅林。

据《续传灯录目录》卷三：

育王光禅师法嗣一十四人

灵隐之善禅师　净慈居简禅师

径山如琰禅师　天童派禅师

东禅观禅师　上方铦禅师（已上六人见录）

育王宗印禅师　净慈义云禅师

径山妙嵩禅师　育王师瑞禅师

育王权禅师　天童齐禅师

云居梵琮和尚　铁牛印禅师（已上八人无录）[①]

又据《增集续传灯录》卷一：

[①]《卍续藏经》第83册，第31页下。

育王佛照光禅师法嗣（嗣大慧）

灵隐妙峰之善禅师（续传）　　净慈北硐居简禅师（增备）
径山浙翁如琰禅师（增备）　　天童无际了派禅师（增正）
东禅性空智观禅师（续传）　　上方朴翁义铦禅师（增备）
育王退谷义云禅师　　育王秀岩师瑞禅师
育王孤云权禅师　　云居率庵梵琮禅师
育王空叟宗印禅师　　灵隐铁牛印禅师
石庵正玘禅师　　天童海门师齐禅师
径山少林妙崧禅师（此后无传）
虎丘镜中大禅师[①]

虎丘镜中大禅师，《续灯正统》作镜中大仁禅师，误。《护法录》卷一称灵隐朴隐元镜（1312—1378）入灭后一年（1379），"请虎丘大师仁公疏为事状"，并请宋濂作塔铭，经此虎丘大师仁公，有可能为虎丘大仁。因此，大仁禅师应当属于元末明初之人，不应为佛照弟子。

镜中大禅师，事迹不详。大慈慧洪曾于嘉定十年（1217），师从天台巾子峰报恩住持镜中大一年，可见此时他住持天台报恩，笑翁妙堪为其后任，后来他于嘉定十五年（1222）迁虎丘，宝庆元年（1225）入灭，笑翁妙堪仍继其住持虎丘。

据《续传灯录》卷三十五：

育王光禅师法嗣

杭州灵隐妙峰善禅师，吴兴刘氏子。其先居彭城，后徙吴兴。高曾大父、父皆登膴仕。师生纨绮中，姿性高洁。年十三即辞家祝发，受业德清齐政院。其师教以经论，一见辄了大意。乃遍参诸大老，时佛照光禅师唱道鄮山，师往参礼，以风幡语直箭锋机蒙印可。赠以偈曰："今日与君通一线，斩钉截铁起吾宗。"自是辨慧融释，然不以此自足，游衡湘还，入康庐，卓锡妙高峰下，面壁坐十年。一时学者尊

[①] 《卍续藏经》第83册，第258页上。

称之曰"妙峰禅师"。分座于雁山能仁，出世于慧因、洪福、万年诸刹。退居皋亭刘寺者又十余年，大略如在妙峰时。其徒推迫不已，后领明之瑞岩、苏之万寿、常之华藏。晚至灵隐，亦非所乐。灵隐密迩行阙，轮蹄凑集，师掩户若不闻，一无所将迎。公卿贵人，或见之寒温而已。会天童虚席，时郑清之秉钧轴，独念非师莫宜居，因勉师行。师答曰："老僧年踰耄矣，尚夜行不休乎。"辞弗就，郑公益高之。

师上堂云："应物现形，如水中月。信手拈来，一时漏泄。"以拂子击禅床左边云："者里是镬汤炉炭。"击右边云："者里是剑树刀山。前面是观音势至，后面是文殊普贤。中间一著，还知落处么？"又击云："毘婆尸佛早留心，直至如今不得妙。"又示众云："久参高士，眼空四海，鼻孔辽天。见也见得亲，说也说得亲，行也行得亲，用也用得亲。只是未识老僧拄杖子在。何故？将成九仞之山，不进一篑之土。"

生平善诱其徒，未尝厉声色。然一经指授，辄神融意悟，心悦诚服，皆充然有得。将示寂，澡身趺坐，书偈云："来也如是，去也如是。来去一如，清风万里。"遂逝。实端平二年九月二十八日，寿八十四，腊七十一。火浴，获舍利不可数计，塔于灵隐之西冈。郑公铭其塔。①

之善（1152—1235），号妙峰，吴兴人，俗姓刘氏，世为豪门，四代为官，生长富贵，秉性高洁。生于绍兴二十二年（1152），隆兴二年（1164）十三岁出家祝发，受业德清齐政院，教以经论，一览便了。遍参诸方，后至育王，参佛照德光，以风幡话悟旨，得到印可，谓能起吾宗。此后游方，历湖湘，至匡庐，于妙高峰下面壁十年，学者尊之，称为妙峰禅师。

分座于雁荡能仁，出世慧因，迁鸿福、万年。复退居皋亭刘寺十余年，宴坐如妙峰时。后领明州瑞岩、苏州万寿、常州华藏。大约在绍定二年（1229）时住持万寿，五年（1232）住持灵隐，端平二年（1235）入灭，寿八十四，腊七十一。

---

① 《大正藏》第51册，第706页中、下。

据《续传灯录目录》卷三：

灵隐之善禅师法嗣四人
径山善珍禅师（一人见录）　净慈仲颖禅师
无方安禅师　霜林果禅师（已上三人无录）①

据《续灯正统目录》卷一：

灵隐善禅师法嗣
径山善珍禅师　净慈仲颖禅师
龙济宗鳌禅师　无方安禅师（不列章次）
雪峰霜林果禅师（此后无传）　雪翁立禅师
无等融禅师②

据《续传灯录》卷三十五：

灵隐之善禅师法嗣
杭州径山藏叟禅师名善珍，泉南安县吕氏子。年十十三，依郡之崇福寺南和尚出家落髮。十六游方至杭，受具足戒。谒妙峰善公于灵隐，入室悟旨。后出世住里之光孝，升承天。继迁安吉之思溪圆觉、福之雪峰。复以朝命移四明之育王，临安之径山。

师示众云："古者道，知之一字众妙之门。又有道知之一字众祸之门。只者二门，入得更须出得。三世诸佛出不得，六代祖师出不得，天下老和尚出不得。何故？变铁成金易，变金成铁难。"又据室云："这里是问讯烧香了、来老僧身边立地底所在么？呆子，尔自钝置犹可，莫来钝置来僧。"尝自题其像云："参禅无悟；识字有数。眼三角似燕山愁胡，面百折如赵婆呷醋。一著高出诸方，敢道饭是米做。"师

---

① 《卍续藏经》第83册，第32页上。
② 《卍续藏经》第84册，第386页中。

生于宋绍兴甲寅十月十二日,示寂于丁丑五月二十一日,寿八十三。塔全身于径山南塔院云。①

依此,善珍(1134—1217),生于绍兴四年(1134),灭于嘉定十年(1217),这一说法有明显的错误,因为如此比其师之善还要长十八岁,可惜后世治史者不察,几乎全都因袭这一错误说法,只有《续灯正统》、《宗统编年》改为景炎二年丁丑(1277)②。他应生于绍熙五年甲寅(1194),灭于景炎二年丁丑(1277),寿八十四,腊六十(据《径山志》卷三)。

据《雪峰志》卷五:

> 第四十三代善珍禅师,泉州南安吕氏子,景定四年当山,凡六载。后奉旨住径山,示寂,寿八十五。③

这里又提出另外一种说法,即善珍寿八十五,此说后出,不足为据,不过其载善珍住持雪峰之时间是正确的。

善珍,泉州南安人,俗姓吕,开禧二年(1206)十三岁依本郡崇福寺南和尚落发,嘉定二年(1209)十六岁游方,至杭州,受具。后参灵隐妙峰之善,得悟宗旨。

出世泉州光孝,升承天,继迁安吉思溪圆觉。景定四年(1263)住持福州雪峰,当山六载,咸淳四年(1268)住持育王,五年(1269)住持径山,景炎二年(1277)入灭。

据《续灯正统》卷十一:

杭州府净慈东叟仲颖禅师

上堂:"切忌随他觅,无劳向己求。纵横活鱍鱍,有放还有收。是甚么,一叶落天下秋。"

---

① 《大正藏》第51册,第708页下。
② 《卍新续藏》86册,第257页下。
③ 《大藏经补编》第24册,第611页上。

上堂:"迷生寂乱,悟无好恶。奉化县里契此翁,凸个肚,矮双足。拖个布袋,十字街头。憨憨痴痴,落落魄魄。何似老龙牙手里,把柄破木杓?"

上堂,拈拂子画一画,曰:"伏羲发天地之秘,未明者消息。"又点三点曰:"瞿昙示圆伊之形,未明者消息。者消息如何辨的,不见道,冬至乃书云。"节击拂子。

上堂:"上不在天,下不在地,中不在人。"喝一喝曰:"且道者一喝,落在甚么处?若也知得,也有宾,也有主,也有照,也有用。若也不知,参退巡堂吃茶。"

上堂:"挝动鼓,众斯聚。耳同闻,目同睹。超乾坤,越今古。夫何故?五月五,是端午。"

上堂:"行者行,坐者坐。左之右之,无可不可。甘露园中蒺藜,黄檗树头蜜果。才与么不与么,不与么却与么。善贾之家,不停滞货。"①

仲颖(?—1276),号东叟。此处唯有机语若干,未言事迹。雪岩祖钦自言"十九去灵隐挂搭,见善妙峰,妙峰死,石田继席。颖东叟在客司,我在知客寮。"②表明仲颖于灵隐参妙峰之善,端平二年(1235)妙峰入灭后石田法薰继席,仲颖任知客,祖钦亦在知客寮。据宋濂《题江南八景图后》,嘉熙二年(1238),痴绝道冲将《江南八景图》传付仲颖,仲颖传给门人仰庵云屋自闲(1231—1312)③,表明他曾到雪峰参痴绝。

又据《龙源和尚塔铭》,龙源介清(1239—1301)咸淳初参净慈石帆衍、灵隐退耕宁、径山虚堂愚,后游湖州,参道场东叟仲颖,以为知客,表明其时仲颖住持湖州道场。后迁净慈,景炎元年(1276)入灭。

据《续传灯录》卷三十五:

---

① 《卍续藏经》第84册,第472页上。
② 《卍续藏经》第70册,第606页中。
③ 《嘉兴藏》21册,第686页下。

净慈仲颖禅师法嗣三人
江心了万禅师
岳林益禅师（已上二人见录）
双林云屋闲禅师（一人无录）①

仲颖门人有江心一山了万（1241—1312）、奉化岳林栯堂益、双林云屋自闲（间）等，皆为一时名僧。一山了万门人克恒，始终相随，并请笑隐大䜣为作塔铭，另有报恩无方智普、南康云居小隐师大等。

据《增集续传灯录》卷二：

吉水龙济友云宗鍪禅师

族出庐陵王氏，自幼喜学禅坐。十二从宝寿院海室淙公出家，寻薙发受具，参妙峰于灵隐。佛涅槃日，峰上堂拈拄杖云："释迦老子来也，诸人还见么？微妙净法身，具相三十二。"放下杖云："见汝诸人不会，入涅槃去也。"师于言下豁然契悟。一日辞归，峰嘱曰："深山里结个茅庵去。"师登吉水东山佛顶峰，扪萝披棒（榛），得修山主古寺基，遂居焉。木食涧饭（饮），夙夜危坐。或雪寒缺粮，啖昌歜（但感切，乃菖蒲葅也）数寸以度日。尝口点云："山僧有分住烟萝，无米无钱莫管他。水似瑠璃山似玉，眼前总有许来多。"久之缁白踵至，遂成丛席，因旧名榜曰"龙济清凉禅寺"。书门以示来参曰："除却眼耳鼻舌身意，那个是你自己？若也道得，许你亲见龙济来。其或未然，且居门外。"雪岩和尚见而问曰："曾接得几人？"师曰："老僧从来不会按牛头吃草。"僧问："腊月三十日到来时如何？"师曰："门前无索债人。"至元丁亥七月二十七日入灭，住世八十，僧夏六十一。塔全身于峰之颠。②

宗鍪（1208—1287），江西庐陵人，俗姓王，嘉定元年（1208）出生，嘉定十二年（1219）十二岁从宝寿院海室淙公出家，寻剃度，宝庆二年

---

① 《大正藏》第51册，第710页中。
② 《卍续藏经》第83册，第281页上、中。

(1226）十九岁受具。绍定五年（1232）后参灵隐妙峰之善，佛涅槃日，妙峰说法，言下契悟。一日辞归，妙峰嘱其深山结茅。他回到家乡，于吉水东山佛顶峰发现修山主古寺基，遂居之。木食涧饮，终日宴坐，后来归依者众，遂成丛林，名为龙济清凉禅寺。雪岩祖钦曾经来访。至元二十四年（1287）入灭，世寿八十，僧腊六十一，塔全身于峰顶。

据《雪峰志》卷五：

> 第四十一代果禅师，怀安陈氏子，淳祐十一年当山，德祐元年示寂，寿八十四，塔于圆伊庵。①

果禅师（1192—1275），号霜林，怀安人，俗姓陈，淳祐十一年（1151）住持雪峰，德祐元年（1275）入灭，寿八十四。

据《虚堂和尚语录》卷十：

雪峰霜林果禅师语录跋

> 大慧下尊宿，尚多足陌，虎丘下子孙，尚多省数。足陌使之有限，省数用之无穷。骂天翁三传而之霜林，万木正当凋落，蔚然兴起，此盖擅省数而得之。善观是录者，可以升其堂，而未可入其室。②

骂天翁，一般指佛鉴惠勤门人佛灯守珣，他好呵佛骂祖，号称珣骂天，然而古林清茂《大惠禅师赞》称其"握竹篦不分背触，肆一舌惟要骂天"③，如此大慧宗杲也可以称为骂天翁，果禅师恰为其三传法孙。依照虚堂智愚的说法，霜林果虽然属于大慧系，却有虎丘系"省数"之风，故能影响一时，看来他被视为一代宗匠。

无等慧融（？—1270），初住持浮山鸿福寺，一山一宁曾于景定二年（1262）十六岁时来参，师事三年，后于咸淳六年（1270）继东叟仲颖住持

---

① 《大藏经补编》第24册，第611页上。
② 《大藏经》第47册，第1061页中。
③ 《卍续藏经》第71册，第256页下。

湖州道场，请龙源介清为内记，当年入灭，其他事迹不详。

据《雪岩祖钦禅师语录》卷四：

德胜上人

德胜上人，东林上足，老雪翁之孙也。①

如此雪翁立有门人住持东林，下出德胜，为其法孙，后参雪岩祖钦。

据《增集续传灯录》卷三：

无方安禅师法嗣
枯木荣禅师

赞三祖偈曰："风恙缠身世莫医，家贫遭劫更堪悲。谁知觅罪了无处，正是贼归空屋时。"②

安禅师，号无方，事迹不详，门人枯木荣有一偈传世。

据《枯崖漫录》卷一：

庆元府天童无际派禅师

嗣佛照，生于建安张氏。庆元四年，开法常之保安。上堂云："说即无功有过，不说又是罪过。自今各省己过，无以责人之过。拄杖不应放过，也要从头按过。"卓拄杖，云："内卦已成，再求外象。"又卓三下："占得风山小蓄，变成泽风大过。"卓一下，下座。

初预密庵法席，有剪纸塔戏俳颂。颂云："当阳拈起剪刀裁，七级浮图应手回。堪笑耽源多口老，湘南潭北露尸骸。"一众服膺。赞船子云："三寸离钩搣一桡，百千毛窍冷飕飕。虽然两手亲分付，要在渠侬自点头。"赞灵照女云："老爷丧尽生涯后，累汝沿街卖笊篱。不是家贫儿子苦，此心能有几人知。"丛林称之。

---

① 《卍续藏经》第 70 册，第 631 页中。
② 《卍续藏经》第 83 册，第 292 页上。

嘉定间，在天童示疾，辞众上堂云："十方无壁落，四面亦无门。净裸裸，赤洒洒，没可把。"喝一喝，云："几度卖来还自买，为怜松竹引清风。"下座，入丈室端坐，泊然而化。寿七十六，腊五十二。佛果下，大慧接人多如马祖，今独东庵下为盛。①

了派（1149—1224），号无际，建安人，俗姓张，生于绍兴十九年（1149），曾参密庵咸杰，后依佛照得法。庆元四年（1198），出世常州保安。嘉定间住持天童，十七年（1224）入灭，寿七十六，腊五十二。

据《增集续传灯录》卷一：

天童无际派禅师法嗣

天宁无境彻禅师　鳌峰定禅师
雪窦日禅师（无传）②

据《增集续传灯录》卷二：

天童无际派禅师法嗣
天宁无境彻禅师

上堂。举：岩头和尚因僧问浩浩尘中如何辨主，头云："铜沙锣里满盛油。"颂曰："百万雄兵入汉关，威如猛虎阵如山。单刀直取颜良首，不是关公也大难。"③

据《增集续传灯录》卷一：

天宁无境彻禅师法嗣

灌溪昌禅师　南浦遵禅师（无传）④

---

① 《卍续藏经》第87册，第29页上。
② 《卍续藏经》第83册，第259页下。
③ 同上书，第283页中。
④ 同上书，第261页上。

《增集续传灯录》卷三：

天宁无境彻禅师法嗣
○灌溪昌禅师
山居偈曰：闲来石上玩长松，百衲禅衣破又缝。今日不忧明日事，生涯只在钵盂中。①

据《增集续传灯录》卷二

鳌峰定禅师
赞玄沙和尚偈曰：蓑衣不肯换金章，千古风流属谢郎。钓得锦鳞人不荐，夜寒沙上听鸣榔。②

据《西原庵记》③，德麟（1199—1271），字足翁，剡源人，俗姓许，生于庆元五年（1199），嘉定五年（1212）十四岁，投本乡西峰圆觉寺住持一公，后遍参，得法于天童了派。初于淳祐二年（1242）住持慈溪龙山三年，次于五年（1245）住持芦山六年，又于十一年（1251）住持昌国普慈八年，使之焕然一新。于开庆元年（1259）住持奉化岳林三年，次于景定三年（1262）住持昌国吉祥四年。咸淳二年（1266）余尚书开奉化岳林，住持一年，即退居育王关主。住持育王一年，咸淳四年（1268）退主镇江焦山四年。咸淳七年（1271），十一月二十八日，示偈入灭，寿七十三。他有语录传世，特别是《焦山辞众偈》，尤为峭洁，禅林传颂。

门人清萃居长，又有介文、介逸、介石三人，皆不幸早亡。清萃晚年传门人如绍，继任西原住持。

据《续传灯录》卷三十五：

---

① 《卍续藏经》第83册，第293页下。
② 同上书，第283页中。
③ （元）戴表元著；陈晓冬、黄天美点校：《戴表元集上》，浙江古籍出版社2014年版，第121、122页。

东禅观禅师，字性空。上堂，举：盐官国师因僧问，如何是本身卢舍那？师云："与老僧过净瓶来。"僧将净瓶至。师云："却安旧处著。"僧复来问，师云："古佛过去久矣。"师云："盲者难以与乎文彩，聩者难以与乎音声，者僧既不荐来机，国师只成虚设。云门道无朕迹，扶国师不起。"雪窦云："一手指天一手指地争得无，也扶国师不起。以拂子画一画云：前来葛藤一时画断，且道毕竟如何是本身卢舍那。"掷拂子，下座。又举：保寿和尚开堂日，三圣推出一僧公案。师云："众中商量道，三圣有奔流度刃之作，向平地上涌波澜。保寿用疾焰过风之机，向虚空里轰霹雳。二大老各出一只手，扶竖临济正法眼藏。与么说话要作临济儿孙，且缓缓。东禅道：蚊子如何擎大柱，藕丝焉可挂须弥。若是临济正法眼藏，端的向二人边灭却。"①

智观禅师，字性空，住持福州东禅，事迹不详。他举盐官国师公案，道是此僧如聋似哑，辜负国师一片苦心。云门、雪窦之说，亦扶国师不起，毕竟如何是本身卢舍那，自倒还得自扶。临济正法眼，扶持实不易，三圣与宝寿，端的是瞎驴。

据《增集续传灯录》卷一：

湖州上方朴翁义铦禅师

天资奇逸，辩博通宗。上堂：举：赵州和尚因僧问狗子还有佛性也无，州云："无。"师颂云："狗子佛性无，还他大丈夫。是非虽入耳，东壁挂葫芦。"赞达磨像云："一言已出驷难追，赖得君王放过伊。扬子江心航折苇，浪头何似问头危。"②

义铦禅师，号朴翁，住持湖州上方，天资奇特，博学多识，是一位出色的诗僧，有众多偈颂传世。

据《元叟行端禅师语录》卷八：

---

① 《大正藏》第51册，第707页中。
② 《卍续藏经》第83册，第269页中。

朴翁学诗蓬居，而青于蓝。由鄞峰悟旨之后，开口动舌，无非歌咏本地风光。①

元叟行端称其学诗蓬居，然青出于蓝而胜于蓝，悟道之后，出语皆是本地风光，还道蓬居以孝母闻于世，可惜不知蓬居为何人。了庵清欲道朴翁与西丘天目文礼为德光门下之杰出者，皆擅长诗文。②

据《增集续传灯录》卷一：

四明育王秀岩师瑞禅师

上堂，举：道吾和尚云："高不在绝顶，富不在福严，乐不在天堂，苦不在地狱。相识满天下，知心能几人。"大慧和尚云："高在绝顶，富在福严，乐在天堂，苦在地狱。谁知席帽下，元是旧时人？""大众，二大老随机应用即不无，若是衲僧门下，未梦见在。且道衲僧门下作么生？"良久："不是知音者，徒劳话岁寒。"上堂，举：灌溪参临济，济搊住灌溪。溪云："领领。"济乃托开。师颂曰："雨散云收后，崔嵬数十峰。倚阑频顾望，回首与谁同。"③

又据《枯崖漫录》卷二：

秀岩瑞禅师

与无用、松源入闽，见乾元木庵。问："近离甚处？"曰："鼓山。"曰："恰欲得鼓山信，将得来么？"岩展两手。庵曰："参堂去。"俾其执库务，亦不惮劳。庵阴奇之。洗衣次，庵曰："作什么？"岩提起衣。庵曰："答话也不会。"岩拟议，庵便掌，忽省发。后住明之育王，为佛照嗣。庵闻之，寄以偈曰："妈妈年来齿发疏，心心只是念奴奴。一从嫁与潘郎后，记得从前梳洗无。"余昔预石门会和尚法席于九峰，闻

---

① 《卍续藏经》第71册，第545页中。
② 《卍新续藏》71册，第393页中下。
③ 《卍续藏经》第83册，第269页中、下。

其言如此。①

师瑞禅师，号秀岩，生卒不详。早年曾与松源崇岳等入闽参木庵安永，木庵于乾道二年（1166）住持乾元时，秀岩与松源崇岳、无用净全前来参礼，后于七年（1171）移鼓山，九年（1173）春谢事。因木庵机锋险峻，不敢凑泊，故大多不久散去，唯师瑞稍留。依照前说，师瑞于木庵处省发，后来承嗣德光，故言辜负木庵。不过所谓后来师瑞开法承嗣德光，木庵以偈相寄，有责其忘本之意，则纯属传说，因为师瑞出世之时，木庵早已入灭多年。

嘉定末年，虚堂智愚至育王，亲见秀岩于西塔，闻其自言辜负木庵，然而又道被拙庵转了话头，表明他内心确实有矛盾和纠结。

师瑞在育王德光处打发之后，继之住持育王，时在绍熙四年（1193）德光迁径山之后。嘉泰初谢事，由同门退谷义云继席。此后，他一直在育王西塔，入灭之时不详，或在嘉定之末某年六月二十三日。

据《无准和尚奏对语录》卷一：

真借庵时寓育王，以师开堂语举似秀岩。秀岩惊异曰："始终作家。"且曰："之人也。清凉不可久留矣。"②

无准师范于嘉定十三年（1220）出世清凉，十四年（1221）结夏后，借庵真（？—1232）至。是故借庵告之无准开堂法语，当在十四年（1221）夏后，此时秀岩仍然在世。

据《枯崖漫录》卷二：

秀岩瑞禅师

上堂，举马祖日面月面，后来水庵颂云："日面月面，胡来汉现。胡汉不来，清光一片。"拈云："见马大师未可。秀岩也有颂：日面月

---

① 《卍续藏经》第87册，第33页上。
② 《卍续藏经》第70册，第278页中。

面，砖头瓦片。踢倒净瓶，撼动门扇。"举老宿一夏不与僧说话语，拈云："者僧正是饭萝里饿死汉，老宿著甚死急。怎么见解，唤来痛打一顿，趁出三门。为甚如此？为人须为彻，杀人须见血。"乌乎！为拙庵拈出底，木庵处得来。语在丛林，话在人口。虽然，要见秀岩，犹隔海在。①

秀岩也承认他从木庵处有得，不过他在拙庵处亦有转变，为德光拈香也不能算是忘本。德光对其极为重视，命其继为育王住持，这种恩德也是不能忘记，假如他为木庵拈香，恐怕拙庵门下也会有很多人指责他忘恩负义。

据《增集续传灯录》卷二：

育王秀岩瑞禅师法嗣
四明瑞岩无量寿禅师

上堂，举：鸟窠和尚因白侍郎问："如何是佛法大意？"鸟窠曰："诸恶莫作，众善奉行。"侍郎曰："三岁孩儿也解怎么道。"鸟窠曰："三岁孩儿虽道得，八十老人行不得。"颂曰："恶无想貌善无形，皆自心田长养成。不动锋铓轻剔破，菩提烦恼等空平。"因僧问："世尊睹明星悟道，此意如何？"师答以偈曰："明星现处眼皮穿，汉语胡言万万千。暴富乞儿休说梦，谁家灶里火无烟。"②

寿禅师，法名宗寿，号无量，住持瑞岩。善恶皆由自心，自心觉悟，无二无别，非但无善无恶，菩提烦恼亦是平等。然而未了之前，尚未自净其意时，还是要为善去恶，若不如此，意不得净，佛不可成。世尊睹明星而悟道，虽然乞儿暴富，也是本有显露，自家宝藏得以开发。此处但载其二颂，未明事迹。

据《枯崖漫录》卷二：

---

① 《卍续藏经》第87册，第32页中。
② 《卍续藏经》第83册，第283页中、下。

无量寿禅师

抚州人。答太师史卫王云:"佛法在一切处,奏事书判处、著衣吃饭处、致君泽民处、纳士用贤处。第一不可拟心寻觅才是,如斯又不得也。"尝首众鄱阳刁峰。太师以京口金山招之,不出,即遁于隆兴感山,晚年始赴台之瑞岩请。是亦不失为比丘之大体者矣。①

宗寿为江西抚州人,得到史弥远赏识,为其说法,然而并不趋炎附势,史弥远以京口金山招之,不出,隐于隆兴感山。晚年始赴台州瑞岩之请。

据《入众日用》卷一:

己巳嘉定二年佛生日集,千龟峰首座寮比丘宗寿谨识。②

宗寿有《入众日用》一卷,可补清规,作于嘉定二年(1209),时为信州龟峰首座。

嘉定十五年(1222),瑞岩住持云巢道岩入灭,宗寿应请继为住持。

据《无门关》卷一:

瑞岩近日有无门,掇向绳床判古今。
凡圣路头俱截断,几多蟠蛰起雷音。
请
无门首座立僧,山偈奉谢。绍定庚寅季春无量(宗寿)书。③

绍定三年(1230),宗寿住持瑞岩,请无门慧开为首座立僧,并为其《无门关》书偈。

宗寿在瑞岩住持十余年,大概在端平二年(1235)入灭,因为是年笑

---

① 《卍续藏经》第87册,第38页上。
② 《卍续藏经》第63册,第558页下。
③ 《大正藏》第48册,第299页中。

翁妙堪继为瑞岩住持。

据《北涧居简禅师语录》卷一：

资上人入塔（育王秀岩会中，时佛照居东庵）
　　贫无长物，凤有灵骨。大炉鞴中，烹炼出来。死灰堆里，藏他不得。高揖释迦，不拜弥勒。了无位次可安排，翻身直下苍龙窟。①

此资上人，庆元、嘉泰之初参秀岩，应当为其门人，后来于北磵居简会中入灭。

据陆游《退谷云禅师塔铭》，义云（1149—1206），号退谷，福州闽清人，俗姓黄，世为儒士。生于绍兴十九年（1149），入乡校，聪明有声，乾道四年（1168）二十岁游国学，读《论语》、《中庸》有悟。后闻大沩善果门人龟峰山堂德淳禅师之名，遂依山堂初发，时在七年（1171）。后来遍参，至吴，见铁庵宗一，为侍者，器之。淳熙三年（1176），佛照德光住持灵隐，往依之。七年（1180）德光迁育王，随行，历十年，十二年（1185）为首座，德光闻其说法，赞叹不已，道其提唱，恰似雪堂道行，堪付衣法。十五年（1188），出世明州香山。绍熙三年（1192），迁台州光孝。再迁镇江甘露。庆元三年（1197）松源崇岳自虎丘迁灵隐，万寿亦虚席，平江虎丘、万寿皆欲迎请，闻万寿荒废，便至住持。

虞俦（生卒年不详）字寿老，宁国（今属安徽）人。为人孤介不苟，隆兴元年，入太学，举进士。初为广德、吴兴二郡教官，历绩溪令，饮食服用，悉取于家，诸司上其治状。历知湖州、婺州。淳熙十六年，为太学博士，迁监察御史，排击权贵，朝廷肃然。绍熙元年，为国子监丞。二年，出为湖南提刑，改浙东提刑，兼知庆元府。三年，移知江州，丁太夫人忧。五年，起知湖州。庆元二年，改知婺州（《嘉泰吴兴志》卷一四），除淮南东路转运副使。三年，转江南西路转运副使兼知平江府，改两浙西路提点刑狱。四年，改知庐州。六年，为太常少卿。嘉泰元年，除中书舍人，二

---

① 《卍续藏经》第69册，第681页上。

年，迁兵部侍郎。有《尊白堂集》二十四卷。①虞俦自知庐州为淮南转运使，在庆元四年（1198）冬②，六年（1200）出使金国，故请义云住持长芦，当在五年（1199）。他在知平江府时，对于义云兴复万寿十分支持，故称与之有雅。

嘉泰之初，同门师兄秀岩师瑞退席育王，朝命义云继任住持。当时乃师德光居于东庵，父子相从，兄弟再会，衲子云集，一起发明临济正宗。无奈为时不久，遇有魔事，退居香山。

嘉泰四年（1204），住持净慈，遇火灾，焚之殆尽，不以为意，不期年，梵宇化出，皇帝亲书"慧日阁"与之。开禧二年（1206）入灭，寿五十八，腊三十五。门人处约、处纳等四十余人，有七会语录。

据《介石智朋禅师语录》卷一：

育王无住和尚起龛

最初一步绝安排，问著机锋劈面来。业债从兹遮不得，向人平白起风雷。佛慧得处，佛照不知，佛慧用处，退谷不会。出没卷舒，长行三昧。六住名山，无住而住。大行此道，不行而行。捱到年穷岁尽，蓦然弩发千钧。凡圣不知踪，疑杀天下衲子；虚空曝地脱，全彰玉几主人。只今要见佛慧禅师移身则易，要见佛慧禅师换步则难。也不难，也不易，灵踪不在猿啼处（辞世颂云：凡圣不知踪，虚空曝地脱）。③

无住，师号佛慧，应当为退谷门人，六住名山，最后终于育王，嘉熙二年（1238）住持本山，位于大梦德因之后、断崖躬之前，时在淳祐二年（1242）左右介石智朋住持明州香山时。

据《补续高僧传》卷十一：

石桥宣禅师，蜀嘉定许氏子，参佛照得法。住径山，创化城于双

---

① 曾枣庄主编；李文泽，吴洪泽副主编：《中国文学家大辞典》，中华书局2004年版，第945页。
② 李之亮撰：《宋两淮大郡守臣易替考》，巴蜀书社2001年版，第363页。
③ 《卍续藏经》第69册，第807页上。

溪之上，接待云锡。师获知丞相鲁国，一时名士大夫，翕然宗仰。几与退谷并驱争先，但福缘小逊耳。示寂，塔于化城之后。①

可宣，号石桥，赐号佛日禅师，蜀嘉定人，俗姓许。参佛照得法，曾在同门退谷义云会中为首座，开禧二年（1206）继之住持净慈。嘉定二年（1209）住持径山，十年（1217）入灭。

又据《增集续传灯录》卷六：

华藏民禅师法嗣
杭州径山石桥可宣禅师

蜀嘉定许氏子，别峰印公、橘洲昙公之师弟，昙又其同气，时人谓师禅与印诗与昙相颉颃。嘉定丁亥，获知丞相鲁国，俾居径山。上堂："三九二十七，篱头吹觱篥。可怜明眼人，对面不相识。俱胝竖起指头，鲁祖见人面壁。会么？今朝腊月一。"师念四方云衲重趼而来，穷其日力食息无所，于双溪之上筑室，济其所不及。宁宗锡"化城"二大字以宠之。因创重阁以揭于上，又赐师佛日之号。眉山杨汝明撰《化城寺记》颇详。及师终，塔于寺之后。②

此说又认为可宣为华藏安民门人，为别峰宝印、橘洲少昙之师弟，时谓宣禅、印诗与宝昙相抗衡。他为了接待云游僧人，于嘉定八年（1215）创建双溪化城接待寺，宁宗亲书"化城"二字，并赐佛日禅师之号。眉山杨汝明作《化城寺记》。可宣入灭之后，塔于化城寺后。

此说看似有根有据，实则不然。可宣虽然生年不详，然而很难师从高一辈的安民。

据《径山志》卷七《双溪化城接待寺记》：

师名可宣，吾蜀嘉定许氏子，别峰印公、橘洲昙公之弟，昙又其

---

① 《卍续藏经》第77册，第446页下。
② 《卍续藏经》第83册，第350页上。

同气也。禅印师昙,有之似之。上雅闻其名,用赐佛日之号,奎画焜耀,草木生荣。年余七十,尝手书《华严》等经,庋藏兹山。又筑萃堵波于后,当相与为不朽云。①

此文作于嘉定九年(1216),可宣是年七十,当生于绍兴十七年(1147)。原其本意,是说可宣与宝印、宝昙皆为嘉定许氏,为同族兄弟,特别是宝昙,为其家兄。

据《西岩了慧禅师语录》卷二:

石桥写圆悟心要

语曰心要,字曰心画。见其画须求其心,求其心须得其要。倘得其要,则便见圆悟与石桥,同一舌根,共腕头力,信口而说,信笔而书,无古今毫发之间。设或泥其迹执其言,则二大老,相去何止隔四世矣。②

石桥曾书《圆悟心要》,二人相隔四世,若是他为安民门人,则为圆悟法孙,不可能有四世之隔。

此外,居简《北磵集》卷九载《铁牛住持灵隐疏三首》,其中有注云"石桥住净慈,同法嗣",表明他与铁牛心印二人同为佛照法嗣。

据《增集续传灯录》卷一:

径山石桥宣禅师法嗣(嗣华藏民)

古樵侃禅师(无传)③

心印禅师,号铁牛,西蜀人,曾住持钟山,开禧三年(1207)由本寺西堂住持灵隐,嘉定九年(1216)入灭。后人多将其事迹与天台宗北峰宗

---

① 《中国佛寺史志汇刊》第032册,第649页。
② 《卍新续藏》第70册,第496页下。
③ 《卍新续藏》第83册,第259页中。

印（1148—1213）混淆，称其嘉定六年（1213）入灭，寿六十六。据《西溪志》卷四黄汝亨《永兴寺碑记》，他还曾重建西溪永兴寺。

据《枯崖漫录》卷一：

临安府径山少林佛行崧禅师

生于建之浦城徐氏，受业于梦笔峰等觉，瑞世于安吉报本，嗣东庵，道声四驰。未几，起住杭之净慈。上堂，举：僧问盐官："如何是本身卢舍那？"官云："与我过净瓶来。"僧提净瓶至。官云："复安旧处著。"拈云："盐官八万四千毛窍，窍窍俱开；三百六十骨节，节节欲断。可惜这僧如梦相似。"上堂，举：洞山云："初秋夏末，兄弟东去西去，直向万里无寸草处去。"后来浏阳庵主道："出门便是草。"大阳云："不出门亦漫漫地。"拈云："同声相应，同气相求，则不无三大老，子细检点将来，总是藤蛇绕足。且利害在什么处？谁知云外千峰顶，别有灵松带雨寒。"上堂云："是法不可示，言辞相寂灭。春葩千万丛，春山千万迭。正与么时，释迦老子打失鼻孔。是汝诸人还知么？"喝一喝，下座。上堂云："欲得大用见前，直须顿忘诸见。诸见若尽，昏雾不生。大智洞明，更非他物。"遂举拂子云："看，看！若道见，头上安头；若道不见，斩头觅活。毕竟如何？"良久，云："泊合错下注脚。"喝一喝，下座。

既退席，过武康宴山接待寺。宁庙尤重佛法，嘉定间，再得旨董南山。即诏延和殿登对，赐号佛行禅师、金襕袈裟，宠荣至矣。①

妙崧，号少林，建州浦城人，俗姓徐，受业于本乡梦笔峰等觉，后师从佛照德光。出世安吉州报本，后于嘉定三年（1210）迁净慈。退院，住武康接待寺。嘉定十四年（1221），再主净慈，诏登对延和殿，赐号佛行禅师。复继环峰元枢之后住持北山灵隐。宝庆元年（1225）住持径山，绍定二年（1232）二月二十二日入灭。有语录十卷，板厄于火。妙崧与文忠公真德秀同里，相与论道。

---

① 《卍新续藏》第87册，第26页上、中。

妙崧两主净慈，又住灵隐、径山，是难得的大宗师，寿命也较长，可惜语录焚毁，事迹不详。

据《增集续传灯录》卷一：

径山少林崧禅师法嗣
无尘净禅师（无传）[1]

据《增集续传灯录》卷一：

四明天童海门师齐禅师
由台州瑞岩奉旨升天童。有童行日捧香合随师各殿堂行香，及毕回方丈佛前，师白佛云：晨朝诵《大方广佛华严经》一部，回向真如云云。盖师出方丈门时，诵《世主妙严品》起，及回方丈已诵毕。其童行对众僧说如上事，众皆不信。师云："汝等八十一人，各执经一卷，老僧于法座上诵。"众僧依命，师诵一卷毕，其八十一人各闻自手执经诵毕，众疑方释，知师是华严大菩萨再世者也。[2]

师齐，号海门，初住台州瑞岩，后于嘉定六年（1213）住持天童，九年（1216）迁灵隐。他每日诵《华严经》一部，速度很快，号称华严大菩萨再世。

据《增集续传灯录》卷一：

四明育王孤云权禅师
上堂，举：僧问雪峰："古涧寒泉时如何？"峰云："瞪目不见底。"僧云："饮者如何？"峰云："不从口入。"又问赵州："古涧寒泉时如何？"州云："苦。"僧云："饮者如何？"州云："死。"师云："一人随波逐浪，一人截断众流。检点将来，总欠会在。今日有问育王古涧寒

---

[1] 《卍新续藏》第83册，第259页下。
[2] 同上书，第270页上、中。

泉时如何，只对他道须是亲见雪峰。饮者如何，问取赵州。"送僧归凤山偈云："凤凰山下凤凰儿，文采才彰羽翼齐。铁网漫天拦不得，归心已在碧梧枝。"①

又据《禅林备用清规》卷八：

佛照和尚自育王赴径山，权孤云为入院侍者，照尊爱之。以谢挂搭礼繁，并在夏前报谢也。②

道权禅师，陕西人，号孤云。佛照赴径山时，为入院侍者，对其非常喜爱。后来住持育王，十一月十七日入灭。

据《增集续传灯录》卷一：

石庵正玿禅师

归湖上偈曰："鸟不惊飞水不流，碧润空阔冷淡秋。一丝头上无香饵，风辊芦花落钓舟。"③

正玿禅师，号石庵，佛照侍者，即请周必大为佛照作塔铭者。唯留一偈，见其文采境界。居简有《题玿顽石语录》，称其于淳熙、绍熙间求法于佛照，后来五处住持，有五会语录。他应先于居简入灭，其他事迹不详。

据《枯崖漫录》卷一：

宝峰端庵主

久侍佛照，见其颂女子出定因缘，有悟入处。一日造丈室，于座左侧叉手而立，少顷便出。照呼来前曰："有什么辨白？"端又于右侧叉手而立。照喝，端趋出，照颔之。端恂恂如鄙人，居小庵无宿给。

---

① 《卍新续藏》第83册，第269页下。
② 《卍新续藏》第63册，第652页上。
③ 《卍新续藏》第83册，第270页上。

户外之屦常满。同门如权孤云、印铁牛,致书招之不出。①

端庵主庵居宝峰,不曾正式出世,然他久侍佛照,机锋过人,故户外屦满,学者云集。

梵琮禅师,号率庵,有语录。曾参密庵咸杰,后于佛照会下觉悟。嘉定十二年(1219),住持庆元府仗锡山延胜禅院。绍定元年(1228),住持云居山真如禅院。

据《率庵梵琮禅师语录》卷一:

为佛照和尚拈香

根从江西来,还向江西爇。一笑掀天只自知,天上拈来成漏泄(佛照禅师,有《卒(率)庵颂》曰:个中消息凭谁委,一笑掀天只自知)。②

这是绍定元年(1228)住持云居时为佛照拈香法语,强调禅法根源,在于江西。

后来退居东湖,庵居率庵。门人了见、文郁、本空为其编辑语录。另有《外集》二卷,不存。

据《枯崖漫录》卷一:

空叟印禅师

诣育王,时佛照法席鼎盛,颂善才者累纸。空叟有云:"童子才生,河沙福聚,凛然气宇如王。觉城东际,智愿已全彰。展转参寻知识,不移寸步,历遍南方无穷事。风高月冷,烟水渺茫茫。一声弹指处,毗卢楼阁门户尽开张。尘尘顿现,法法圆常。都是梦中境界,惺惺后满面惭惶。归来也重遭摩顶,□□雪上更加霜。"众推之。后空叟

---

① 《卍新续藏》第87册,第26页中。
② 《卍新续藏》第69册,第655页中。

道益闻著，亦住育王。①

又据《增集续传灯录》卷一：

四明育王空叟宗印禅师

西蜀人，初住湖山崇光保寿。僧问："如何是本来身？"师云："风吹日炙。"僧云："意旨如何？"师云："钉钉胶粘。"僧问："如何是佛向上事？"师云："非佛。"僧云："意旨如何？"师云："慢二急三。"僧云："名状不得，所以云非，又作么生？"师云："切忌错承当。"僧问："如何是育王为人底句？"师云："棒下绝商量。"僧云："豁开户牖，划断玄微去也。"师云："莫谤他好。"

上堂："据虎头，收虎尾，第一句下明宗旨。直饶句下宗旨明，拈来犹较十万里。何故？大慧师祖于此悬羊头卖狗肉，佛照老人于此冒姓名佃官田。小比丘来继芳尘，毕竟如何施设？"拈拄杖云："平生无所有，只此一枝藤。"

上堂："大道坦然，离名离相。划除则失旨，建立则乖宗。从上佛祖，古往今来善知识，显大机，彰大用，尽是关空锁梦，过犯弥天。印上座打破面皮，还免得么？"良久，拍禅床云："不入惊人浪，难逢称意鱼。"上堂："二由一有，一亦莫守，平地上死人无数；一心不生，万法无咎，屎窖里头出头没。孤迥迥峭巍巍，花须连夜发，莫待晓风吹。"上堂："铁昆仑儿吃一撅，南海波斯舞不彻。夜半失却拦腰帛，笑倒东村王大伯。"拍禅床一下，下座。②

宗印禅师，号空叟，德光门人，秀岩师瑞住持育王时，为首座，后来出世湖山崇光保寿。同门退谷义云嘉泰二年（1202）左右退居之后，继之住持育王，后来退居东堂。其作偈颂，文采过人，境界高超，确实不同凡响。

---

① 《卍新续藏》第87册，第30页上、中。
② 《卍新续藏》第83册，第269页下、270页上。

据《增集续传灯录》卷一：

育王空叟印禅师法嗣
道场别浦法舟禅师　无极观禅师①

据《枯崖漫录》卷二：

安吉州道场别浦舟禅师
师事老佛心，后为空叟嗣。佛成道，上堂云："释迦老子二千年摩竭陀国自云：'明星见时，豁然悟道。'胡人多诈，知他是实是虚？后来真净道：'今有克文比丘，于东震旦中赫日见时，又悟个什么？'关西人，没头脑，争知是有是无？川僧开口见胆，一句是一句。"拍床云："是那一句？曾经巴峡猿啼苦，不待三声也断肠。"又云："百丈三日耳聋，马祖有过无功。临济三遭痛棒，黄檗有始无终。虎岩不行棒，不行喝，成蛇底成蛇，成龙底成龙。"拍床云："不见道，莺迁杨柳岸，蝶舞海棠风。"见处稳密，拈出示人，如春行花，月在水，了无朕迹。空叟之门，崭然而绝出者也。老藏云："别浦嘉定间与痴绝并驱争先，惟寿不及痴绝。"乌乎，惜哉！②

法舟，号别浦，始师佛心浙翁如琰，后为空叟宗印法嗣，嘉定间与痴绝道冲并驾齐驱，只是寿命不及之。始住安吉州道场，后于宝庆元年（1225）继痴绝道冲住持嘉兴报恩光孝。

前载法语是他于嘉定年间住持道场之时所述，虽然机语不多，亦可见其见地稳密，风行无迹，文采飞扬，机锋过人，确实为空叟门人中之杰出者。

绍定二年（1229）虚堂智愚出世嘉兴兴圣时，他作《诸山劝请疏》。
据《虚堂和尚语录》卷一：

---

① 《卍新续藏》第83册，第259页下。
② 《卍新续藏》第87册，第34页中、下。

诸山劝请疏
在城住持报恩光孝禅寺嗣祖比丘别浦法舟撰

祖临际,师运庵,声名透彻;辞广觉,住兴圣,去取分明。足张吾军,无愧衲子。恭惟新命虚堂和尚,得真实谛,现清净身。与其南北两山闲为雾隐,孰若东西二浙高作雷鸣。况此龙宫,实当虹渚,大丞相亲曾问我,贤邦君不妄予人。速来速来,希有希有。间丘向前作礼,在丰干岂饶舌之人;黄梅勉为下山,代马祖说非心之偈。①

这篇疏文确实高妙,辞简意深,颇有分寸。同时表明他与史弥远关系密切,虚堂出世也是出于他的大力推荐。其寿不及道冲,可能入灭于嘉熙年间。

据《明州阿育王山续志》卷十一:

育王祭无极和尚
无文灿

嘉泰开禧间,先空叟唱江西之学于玉几,师是时年盛气锐,振励其间,如文远之在赵州、躭源之在南阳也。嗟夫!空叟墓田,桂松参天矣。国中大刹,布武而升,方行吴越,发挥家学,属意于师者,极不浅也。烂遗墨之鲜明,羞众香之芳烈,塔中有灵,几何不怆然动色也哉?伤今怀古,忧心如焚,谁其似之,经东暮云。②

观禅师,号无极,淳祐八年(1248)二三月,空叟宗印门人净慈无极观(1185—1248)入灭。他入灭之后,无准师范、虚堂智愚皆说法举哀,北磵居简为其挂真,大川普济为入祖堂。

空叟还有门人明首座,号寂照,福州长乐人,久依空叟,空叟知其福薄,告其不可出世为人。寂照归乡,在鼓山绝照鉴会中为首座。知福州李俊以大云峰招之,不赴。后寓居闽清白云,学者竞至。后福州太守赵希瀞

---

① 《大正藏》第47册,第984页上、中。
② 《中国佛寺史志汇刊》第012册,第660页。

以雪峰招之,亦不至。中枢相郑性之(1172—1255)、尚书陈韡里居之时,皆从问道。

据《枯崖漫录》卷一:

南岳方广照禅师

淳素鄙朴,以骂詈为佛事,学者惮之。有二僧至,照问曰:"天寒岁暮,上座何来?"僧曰:"一家有事百家忙。"照曰:"相见底是阿谁?"僧曰:"某甲与和尚。"照指香台曰:"面前是什么?"僧曰:"香台。"照曰:"将谓收番猛将,元来是行间小卒。"僧喝,照便打。问第二僧曰:"天寒岁暮,上座何来?"僧曰:"不得气力祇对。"照曰:"闻你搅众出㤥(院),是否?"僧曰:"和尚几时得者消息?"照曰:"近前来,与你道。"僧吐舌,照便打。且含糊诟骂曰:"我这里无米无菜,也来乱统。"以拄杖趁之。照,西蜀人,佛照会中号"照白眉"者,垂示机语不在空叟、铁牛之下。①

照禅师,西蜀人,佛照会中老宿,号"照白眉",机锋不在空叟、铁牛之下。住持南岳方广,以骂詈为佛事,学者畏之。

据《枯崖漫录》卷一:

兴化军瑞香烈庵主

本郡人,号幻住叟。妙年奇逸,饱丛林。久参等庵,后得东庵发明心要。归乡,居虎丘岩余十年。有《山居小咏》,其一曰:"客来询秘密,幽鸟语声喧。此意分明甚,何消我再言。"嘉定间,郡守以东塔招之,不出。及移锡瑞香,得东庵讣,举哀拈香云:"向来信采游江外,业风吹到明州界。堑著聱头老拙庵,蓦遭毒手相殃害。猛虎出林不足威,蚖蛇当路未为怪。虚空激捞火星飞,流布丛林恶声在。死中得活复归来,冷地思量真叵耐。近闻筋斗已倒翻,且喜升平吾道泰。炷香聊以表殷勤,偿却拳头竹篦债。大众,只如佛照和尚既然与么,且

---

① 《卍新续藏》第87册,第28页下。

道只今是雪屈耶、是酬恩耶？说著虽非直半文，谁知却有通人爱。"瑞香得处分明，确守其志，不肯应世。伽梨勃窣于水光林影中，想见其高风逸韵，令人意消。①

烈禅师，泉州兴化人，号幻住叟，久参白云等庵，后依佛照发明心要。归乡，庵居虎丘岩十余载。嘉定间，郡守以东塔招之，不赴。后于嘉泰三年（1203）移居瑞香，闻佛照讣，为之举哀。终身不肯出世，也是山林高节。

第三节 北磵居简、物初大观法系

北磵居简（1164—1246）为佛照著名门人，也是一代诗僧，在当时影响很大。

据物初大观《居简禅师行状》等，居简，字敬叟，潼川通泉人，家世业儒，俗姓龙，母杨氏。隆兴二年（1164）九月十四日生，淳熙十年（1183）冠岁得疾，几死，依广福院圆澄习佛。圆澄度二弟子，另一为病庵居正，有声丛林，同时还有坏庵居照，与之同辈，亦为名僧。

淳熙十一年（1184），剃度受具，圆澄命其南下遍参，见别峰宝印、塗毒智策于径山，一日阅万庵道颜之语有省，大概在淳熙十五年（1188），东游参育王佛照，一见即可，从此往来门下十五余年。佛照会下饱参宿望如用觉圆、觉无象、性空智观、铁牛心印、空叟宗印与其为忘年交，而洪西山、渊清叟、朴翁义铦、空圣予这些年龄资历与其相近者则对之敬畏。

十六年（1189），他到江西访诸祖遗迹，见到大慧门人云卧晓莹，仲温晓莹时庵居罗湖，著述不辍。与之议论，晓莹大奇之，将大慧居洋屿时一夏打发十三人的道具竹篦交付于他。绍熙元年（1190），铁庵宗一再度住持雪峰，他听说之后，便入闽依之。绍熙四年（1193），铁庵宗一入灭，他到杭州再事径山佛照。庆元元年（1195），佛照回育王，退老东庵。

二年（1196），在灵隐，居小岭。时介堂伦为住持。

三年（1197），回到四明，时同门秀岩师瑞住持育王，命为书记，育王

---

① 《卍新续藏》第 87 册，第 25 页上、中。

两序,都是拙庵所命的龙象尊宿。

六年(1200),到杭州灵隐,松源崇岳请为书记,复到金山,息庵达观亦请为书记。

嘉泰三年(1203),出世台州般若,于此住持三年,刀耕火种,不以为苦。

开禧元年(1205)退席,于会稽、天台、雁荡游历,再回到四明鄮山。

开禧二年(1206)春,为灵隐首座,时息庵达观为住持。

嘉定二年(1209)春,故人蓬山永聪禅师以台州报恩光孝让之,迫而后从,乃住持报恩,衲子云集。

嘉定八年(1215)秋,退席报恩,隐居飞来峰北涧。是年曾与常熟钱德载到苏州,见承天寺可文。盱江太守以唐僧绍隆开山之寺请之,不赴。真德秀为江东部使者,虚东林、云居招之,以疾辞。

嘉定十年(1217),故人盱江张自明为其文集作序。

嘉定十七年(1224),隐居北涧十年。是年作《九龙山重修普泽寺记》。

宝庆二年1226),再度出山,住持湖州铁佛寺、西余大觉寺、圆觉寺、宁国彰教寺、常州显庆寺、碧云寺、平江慧日寺等。

嘉熙二年(1238)初,受吴兴太守刘震孙(1197—1268)之请住持湖州道场。刘震孙嘉熙元年(1237)八月九日知安吉州,二年三月二十四日迁兵部郎官,其请居简住持道场,不可能晚于是年。

嘉熙三年(1239),住持净慈。平章军国重事乔行简(1156—1241)对之十分器重,请其住持。

淳祐二年(1242),退净慈。三年(1243),再次住持净慈。

淳祐四年(1244),灵隐虚席,京尹赵与筹节斋(1170—1260)欲请之,举天童痴绝道冲自代。

淳祐六年(1246)四月初一入灭,寿八十三,腊六十二。度弟子一百五十人,嗣法不计其数。有《语录》、《外集》一卷、《诗文集》四十卷刊行,还有《续集》一卷。①

---

① 本节参考了冯国栋《灵隐居简及其北涧文集》,载光泉主编,《灵隐寺与南宋佛教第三届灵隐文化研讨会论文集上》,宗教文化出版社2015年版。

居简机用如万庵道庵，法材如觉范慧洪，虽游戏文翰，亦为佛事之需，不以为功。平居慈祥易与，敬老爱幼，急人患难，全力拯救。他不附官府，不求升进，乃末世老成典型，丛林样板。

居简下传物初大观（1201—1268），物初大观影响很大，为南宋著名禅师。大观，号物初，浙江鄞县人，俗姓陆，生于嘉泰元年（1201）。

宝庆元年（1225）至端平二年（1235）间，师从石田法薰（1170—1244）于净慈。后于嘉熙三年（1239）至淳祐元年（1241），师从北磵居简。

淳祐元年（1241）七月出世临安法相禅院。

淳祐元年（1241）末，住持安吉州显慈。北磵居简为其上堂，举木蛇邦靖每见会下有人出世，则沾沾自喜，道诸圣推出，大慧会有人出世，亦道诸圣推出，禅师慧端对此很有意见，言若是诸圣无事，何不来推出慧端。北磵门下，出世不多，唯付一个无孔铁锤，交与新显慈长老。

淳祐十年（1250），客居北山灵隐，应其门人可述与法孙不昧之请，为石田法薰（1170—1244）作《行状》。

十二年（1252）冬，住持绍兴象田禅院。

宝祐元年（1253）春，住持庆元府智门禅寺。

宝祐二年（1254）退智门，住持大慈名山教忠报国禅寺（慈云）。

宝祐三年（1255），约五六月，金文唯翁和尚至。唯翁，其人不详，希叟绍昙有《为惟翁题非画图》，他可能为北磵门人，故大观称"兄弟添十字"。

冬，大川普济门人用楫来访，言师始末，请作行状。净居和尚至，上堂。净居，不明何人。

宝祐四年（1256），正月为大川普济作《行状》。五六月，育王虚堂智愚（1185—1269）到大慈。

六月初九石溪心月（1176—1256）去世，遗书至，上堂说法。

宝祐五年（1257），解夏说法，道长期百二十日，日日是好日。是年闰四月，故有长夏。九月初八，示门人懋禅人，在大慈三年，将行遍参。

宝祐六年（1258）七月，作《重修人天眼目集后序》。

景定元年（1260），谢龙首座、浔藏主上堂。

景定三年（1262）天童西岩了慧三月二十二日入灭，讣音至。八月，应了慧门人智潮、智涣之请，为作《行状》。

仗锡枯山法兄艮传至。枯山艮传（？—1265），一说为秀岩师瑞门人，或又参北磵居简，居简有《枯山》诗一首。宝祐二年（1254）为痴绝道冲语录作跋。希叟绍昙曾跋枯山语录，暗示他为秀岩门人，称其六处住持，有六会语录，最后住持枫桥寒山寺。

景定四年（1263）六月十四日，偃溪广闻（1189—1263）入灭，遗书至。十一月辞院，赴育王。景定四年（1263）十一月十日，住持育王。景定五年（1264），等慈西堂至。

咸淳元年（1265）六月，淮海原肇讣音至。咸淳二年（1266），四月初八寿崇节、四月初九，千会节上堂，为太后、皇帝说法祝寿。

三年（1267）清明，作《重刊古尊宿语序》。年末，应真宗师（律师）至，上堂。

四年（1268），门人法喜（泾）长老至，上堂。四月一日，北磵忌日，说法。

垂寂前六日，上堂说法，告众牧牛之法，人牛俱不见，正是月明时。是年入灭，寿六十八，塔于寺之西庵。

他曾有法语示懒牧勤禅人，勤禅师曾于大慈会中参师，华藏纯庵善净有门人天宁勤，不知与其是否为同一人。告之不见人牛，不牧而牧，方可归家稳坐，真成懒牧。此与其临终之说一致，都是修禅要领，值得重视。

据《增集续传灯录》卷一：

育王物初观禅师法嗣

径山晦机原熙禅师（增备）　　用潜明禅师（无传）[①]

大观门人，德溥等为其编辑语录，小师清正、清默、清泰、清瑞等，可见其度弟子，皆为"清"字辈。向他请赞的保福溥长老，即德溥，还有法喜泾长老、集福鉴长老、明化惟长老、西山泳长老、栖真身长老、梨洲

---

① 《卍新续藏》第83册，第260页下。

戒长老都是已经开法的门人，另有溢首座。还有林侍者、湛侍者、日本仙侍者。前述懋禅人、勤禅人亦为门人。资福大渊迁白云，他有诗贺之，应当也是其门人。

第四节　天泉祖渊与临济法派

北磵居简依次传物初大观、晦机元熙、笑隐大䜣、觉缘慧昙、幻居净戒五世，净戒传天泉祖渊，已到明代中期，其知名度、影响力更大。

据《补续高僧传》卷十八：

天泉渊公传

祖渊，字天泉，雨庵其号也，庐陵杨氏之子，生有异质。永乐癸未，具戒于青原山。上金陵谒幻居戒公，多所启发，号入室弟子。尝对众称之，师不以小得自满。然臂香，笃志求道，至废寝食者五年，始得微悟，若开云雾行虚空，无所留阂。遂振锡观方，遍礼祖塔，所至丛林畏敬之，声称隐然起同辈间。壬寅，还天界，刺血书《杂华经》。宣德改元，住山阐教月山公嘉其行，延置座端，为龙象表率。寻为僧录司，举住雪峰。未几，天童虚席，移师居之，百废具兴，化道大行。甲寅，被召入京，命为左觉义。时敕建大功德寺成，住持难其人，命师兼之。僧众闻之皆乐从，展钵如云。上悦，赐田四百余顷以赡焉。师念禅、讲、教三宗，名不可不正，奏以大功德、大慈恩、大隆善三寺为之。由是三宗弟子，各有依归，传道受业而纲绪始无紊乱矣。又以天下寺多废，由学徒未广，于尝度正额外增其数五之一，一时受度者如川汇云委，其徒之繁昌，废刹多由是而兴。升右善世，发上所赐物，建大刹于江宁之凤翔山，赐额曰普宁禅寺。万善戒坛成，命师为传戒宗师，天下学者闻师戒，皆知所守而行不离道。寺左道北山阻，沟水泥淖，往来者苦之。师同太监兴安拓地三百亩，甃石作安和桥，筑庵桥侧，命僧守之以济众。于是寒不病涉，暑则供茗饮，人归德焉。师气宇弘深，制行洁白，盖湛然渊澄，浩然海蓄。凡诸世缘，无一可以动其意。其为国家祝厘，则洞洞然尽其诚；为诸弟子说法，则恳恳然发其趣。盖忠于事上，勤以接下，一时尊而仰之如泰山北斗云。所度弟子以万计，嗣兴教事及主名山、住大刹者又若干人。生于洪武己巳二月四日，化于正统己巳三月七日，寿六十一，僧腊四十七。卒之时，沐浴更衣而坐。索笔书偈曰："观世间，六十一，一即是三，三即一。团团烁破去来踪，白日虚空轰霹雳。"书毕瞑目而逝，异香满室者数日。太上皇闻之，遣太监吴弼赐以白金香币钞万缗，又遣礼部主事林璧赐祭，朝之公卿大夫莫不致祭。茶毗于都城之西山，贵贱毫耋送者万余人，得舍利盈掬，藏于功德院。灵骨奏还南京普宁，建大窣堵波藏焉。[1]

祖渊（1389—1449），字天泉，号雨庵，江西庐陵人，俗姓杨氏，生于洪武二十二年己巳（1389），灭于正统十三年己巳（1449）。永乐元年（1403），受具于青原山，后到南京天界寺，师从幻居净戒禅师（曾经重刊宗宝本《坛经》），为其入室弟子，苦修五年，废寝忘食，始得开悟。后辞师游方，遍礼祖塔，所至丛林敬畏。永乐二十年（1422），回到天界寺，刺血书写《华严经》。宣德元年（1426），天界住持月山延为首座，为人表率。不久，僧录司请其住持福建雪峰，寻移天童。宣德九年（1434），召入京城，任左善世，兼任大功德寺住持，他认为寺多废弃，是由于僧徒不足，上奏于正额之外，增加度僧五分之一，由此废刹多兴，升右善世。又于南京凤翔山建普宁禅寺。万善戒坛建成之后，受命为传戒宗师，度弟子万人。示灭之时，寿六十一，腊四十七。

祖渊一派法子法孙甚多，并且多在京城历任高级僧官，影响很大，这对于属于其法系的光孝寺也有很大的帮助，定俊能够顺利入京，为光孝寺请到御赐寺额，与其法派在京城的势力和影响有关。

祖渊门人玉碉道清为左善世，古仪戒缙为其高足，任右讲经，精通内典，门人东白定皓从学，复与兵部员外郎张弼游，授以儒书，攻古律诗，学习书法，成为学养深厚的一代高僧。成化初，选入内庭，书写佛经，觉赉独优，十五年（1479）授左觉义，住持香山永安寺，仍在经馆，十九年

---

[1]《卍新续藏》77册，第496页下。

（1483），进左善世。

祖渊门人圆宁为大功德寺首座，的续宗风，后为普陀禅寺开山祖师。

祖渊门人南山福寿，曾依之于雪峰，守道精进，正统初来京，主持重建京西玉河乡水峪龙泉寺，景泰元年（1450）为右觉义，三年（1452）升左觉义，仍兼任大功德寺住持。成化六年（1470），举门人慧义住持，屏居大兴隆寺，七年（1471）入灭。慧义后为左善世，住持大功德寺，精通内典，大振宗风。

戒玟生平事迹不详，然而其师古心道坚为祖渊门人，是赫赫有名的大人物。

据《万历野获编补遗》卷一《天顺初元盛德》：

> 独僧道坚者，故西域僧也，景帝爱之，至召入禁中缉熙殿亲受法，后以复辟时谪戍矣，至是召还为右阐教。[①]

古心道坚，此处称为西域僧，或认为是藏地僧人，然而也未必然，从他经历来看，应当是汉人，只是由于当时藏传佛教兴盛，他博学多闻，对于藏传佛教、印度佛教都有研究而已。他也可能到过广州，故与光孝寺或有因缘，广州门人甚多。他师从祖渊，传临济宗，又精通藏传佛教，擢右阐教。大隆福寺成，为住持。道坚为代宗崇信，召入禁中缉熙殿，亲受其法。后来英宗复辟，宥其死，发配铁岭充军。天顺元年（1457）九月召还，为右阐教。

成化年间，道坚门人大章戒璇任隆福寺住持，历官左阐教，成化十九年（1483）升左善世。门人济川戒航精究内典，多习儒书，号称能诗，曾为大隆福寺书记，寻住持维摩寺，后擢升讲经，住持大功德寺。[②]

道坚早年事迹不详，但他在广州有不少门人，除定俊之师戒玟和戒钦之外，可能还有东山寺住持戒玉，据成化二十一年（1485）东山寺碑记，

---

① （明）沈德符撰：《万历野获编》，北京：中华书局1959年02月版，第791页。
② 何孝荣著：《明代北京佛教寺院修建研究下》，天津：南开大学出版社2007年12月版，第五章。

其门人有定选、定通、定逾、定延、定镛等，显然也是属于祖渊法派。又据正德十五年（1520）《重修宝陀寺碑》，其为当代住持云山定禅、徒弟宗辉立石，显然亦属此派。

从时间上看，光孝住持道遂也可能为祖渊门人。

自从戒玫、戒钦、定俊之后，祖渊法派成为光孝寺的主流法派，很多住持及寺僧属于这一派系。宗字辈有宗源大江，曾经于嘉靖二十六年至七年（1548）重修六祖殿拜亭，但他可能只是分房住持，六祖殿"主殿香火事住持"，并非全寺住持，因为当时住持为圆赒。另外还有宗裔、宗皓、宗皎，应当都是定俊门人。

第十章　浙翁如琰及其法系

第一节　浙翁如琰

浙翁如琰（1151—1225），佛照德光门人，南宋著名禅师。据《佛心禅师塔铭》，如琰，宁海人，俗姓国，母梦神人遗珠而娠，生于绍兴二十一年（1151），乾道元年（1165）十五岁，出家净土院，四年（1168）十八岁祝发，六年（1170）二十岁游方，淳熙八年（1181）三十一岁得法于佛照德光。

初游径山，见大慧门人普慈蕴闻禅师，示以狗子无佛性话，江湖遍参，疑惑不去，乃于九年（1173）求决于台州报恩佛照，闻举世尊良马见鞭影而行之语有省，后随从于淳熙三年（1176）迁灵隐。又见老衲祖证于饶州荐福，闻旁僧举云门话堕，豁然洞见从前佛照机用，八年（1181）还参佛照于育王，一见便知其大事已办。佛照每语人惟有如琰契其机，遂命为首座。

出世南剑州含清，迁越州能仁、明州光孝、建康蒋山，最后住持天童、径山。嘉定初年（1209）住持蒋山，九年（1216）住持天童，十一年（1218）迁径山。

嘉定十七年（1224），宁宗赐号佛心禅师，命就山为众说法，赏赐优厚。

宝庆元年（1225）入灭，春秋七十五。门人了阡以其六会语录，命法戒请洪咨夔为作塔铭。

据《续传灯录目录》卷三：

径山如琰禅师法嗣七人
灵隐普济禅师　净慈闻禅师
径山肇禅师　双林朋禅师（已上四人见录）

枯桩昙禅师　弁山阡禅师
东山源禅师（已上三人无录）①

据《增集续传灯录》卷一：

径山浙翁琰禅师法嗣

径山偃溪广闻禅师（增备）　虎丘枯桩昙禅师
径山淮海元肇禅师（增备）　灵隐大川普济禅师（增备）
净慈介石朋禅师（增备）　天童辨山仟禅师
虎丘东山道源禅师　大慈芝岩慧洪禅师
寿国梦窗嗣清禅师　龙溪文禅师
孤岩启禅师（此后无传）　困叟源禅师
法藏闻禅师　草堂隆禅师
承天琏禅师②

其门人很多，且都相当杰出。

据《芝岩禅师塔铭》，慧洪（1192—1254），号芝岩，越州新昌人，俗姓朱。生于绍熙三年（1192），生时母梦有僧入内，如前石佛高禅师，故为其后身。开禧三年（1207）年十六，从石佛净因出家。嘉定五、六（1213）年间，依净慈中庵皎习曹洞宗旨，后上蒋山，参浙翁，问如何是行脚事，应答不及，命其参堂，一单深入，勤于参请。复见秀岩师瑞于华藏。嘉定九年（1216），浙翁迁天童，随至参请。至净慈，参长翁如净。又到天台巾子峰报恩，参佛照德光门人镜中大一年。嘉定十一年（1218）浙翁迁径山，命为知客。因得疾，回石佛安养，痊愈之后，再回径山。应丞相史弥远之请，出世崇报。端平二年（1235）受越州太守黄壮猷之请，归受业石佛住持。黄壮猷其年刻《诸儒鸣道集》，为政清明，很有威望。淳祐四年（1244）至六年，史弥远之子恭惠公史宅之（？—1249）以华文阁学士、通

---

① 《卍新续藏》83册，第32页上。
② 同上书，第259页下。

奉大夫知越州，请住持越州能仁寺，未行。受史氏之请，淳祐八年（1248）住持大慈名山教忠报国禅寺，继同门大川普济之后。

住持大慈七年，其间还于湖东高论山置三塔庵，宝祐二年（1254）入灭，寿六十三，腊四十七。宝祐四年（1256），门人昙应请物初大观为作塔铭。

虎丘东山道源（1183—1241）、天童弁山了阡（？—1249）、平江万寿困叟源（？—1270）等在当时都有一定的影响。孤岩启活到元初至元二十七年（1290），实为其法孙，乃介石智朋门人。

据《枯崖漫录》卷三：

枯桩昙禅师

清介寡言，瘦坐竟日。开法越之大禹寺，亦出涧东。僧问："和尚未见佛心时如何？"答曰："人贫归道。"问："见后如何？"答曰："色穷归皂。"尝举：现成公案，道得也三十棒，道不得也三十棒。侍僧曰："望师慈悲，开个方便。"答曰："将谓你是个出廐良驹。"僧有省。枯桩，阆人，后住姑苏虎丘，缁素翕然宗之。[①]

昙禅师，号枯桩，阆州人，从浙翁悟道。开法于越州大禹寺，后于淳祐元年（1241）继道源住持虎丘，二年（1242）入灭。西岩了慧有诗二首悼之，称其"五处住山"，"骨撒金山江中"，石溪心月继住虎丘，为其入祖堂。

第二节　大川普济事迹

大川普济（1179—1253）为浙翁如琰（1151—1225）门人，南宋著名禅师。

淳熙六年（1179）己亥生，四明奉化人，俗姓张，父友崇。母俞氏有善操，平居布施僧人，愿得佳子，护持内外，果生三子，师为季子。少时

[①]《卍新续藏》87册，第44页上。

不苟言笑，性情沉厚。

庆元三年（1197）丁巳，十九岁出家，依香林院文（《行状》作"灵"）宪师薙染，受具戒。宪俾由律而入教，乃于本郡湖心，研讨戒律；既又负笈赤城，染指天台教理。文宪虽为律师，实属天台宗门，故有意使他先习戒律，后入教门。

后幡然省悟，舍教入禅，初于庆元六年（1200）左右参宗杲门人东林道颜弟子天台瑞岩荷屋蕴常，不久便到天童参无用净全。一单深稳，赴众之外，不出僧堂，日常宴坐。无用室中举有句无句如藤倚树，师云："斩丁截铁。"用云："沩山呵呵大笑聻？"师云："寸钉入木。"无用器之，命为侍者，推逊不就。

约于嘉泰元年（1201）至天童，见东庵佛照德光，佛照目为法器，教往能仁参浙翁，问答之际，当下脱然。浙翁问："上座甚处人？"师云奉化。翁云："还识憨布袋么？"师提起坐具。翁夺坐具，便打。师当下脱然。乃应声云："今日触忤和尚。"

其后遍参，历灵隐松源崇岳、净慈肯堂彦充、痴钝智颖、灵隐息庵达观、空叟宗印、万寿无证等法席。又绝淮渡湘，巡礼祖塔。

嘉定初，如琰移蒋山，从行，九年（1216）移天童，任知藏。

嘉定十年（1217）三月，出世庆元府妙胜禅院，为浙翁嗣。十二年（1219），住持庆元府宝陀观音禅寺。

解夏上堂："释迦老子，在法华会上，开佛知见。示佛知见。悟佛知见。入佛知见。宝陀今夏一百二十日内，也有四件事：饥则吃饭，困则打眠，健则经行，热则摇扇。荐不荐，西风一阵来，落叶两三片。"[1] 是年闰三月，故有长夏。

宝庆元年（1225），受丞相史弥远之请，住持岳林大中禅寺。是年浙翁示寂时，遗命普济校其语录，道是岳林济长老，知我舌头落处。

绍定元年（1228）七月二十四日，同门偃溪广闻（1189—1263）出世庆元小净慈，为其付衣。

绍定三年（1230）二月，偃溪广闻至。上堂，道同条不同条、心眼自

---

[1] 《卍新纂续藏》69册，第757页上。

相照，表达了同门相亲之谊。是年闰二月，故清明节在闰二月十五，上堂说法，告众勿落第二月。

端平三年（1236），住持嘉兴报恩光孝禅寺（天宁）。

净慈天目文礼至，上堂，举黄龙访法昌故事，称赞天目为南山猛虎，非同一般。

至平江府双塔寿宁万岁禅寺访同门淮海原肇，原肇上堂，举阿难问迦叶公案，尊其为大师兄，称其为国瑞。

嘉熙元年（1237）初，无用净全门人净慈笑翁妙堪（1177—1248）至天宁。普济尊其为法王大宝，不请自至。这一则记载有疑问，因为笑翁妙堪住持净慈在淳祐二年（1242）。此时净慈住持，仍为文礼。

腊月，径山无准师范（1177—1249）至，或在二十五日，故举云门腊月二十五公案。

嘉熙二年（1238），门人元恺长老（元恺，后住蒋山，为其编语录者）出世秀州精严，为其引座。

七月十五，解夏上堂，称今夏一日二十日，是年闰四月，故长夏。

嘉熙三年（1239）冬，应史弥远之子枢密同知恭惠公史宅之（？—1249）之请，住持大慈名山教忠报国禅寺。

嘉熙四年（1240）春，门人权长老出世明惠。普济上堂说法，对其期许很深，告之放行把住，任意纵横，合水合泥，随处出身，前途远大，东南西北，无非出身之路。

同门越州显庆寺长老至，普济举阿难问迦叶公案，表明二人关系。

淳祐元年（1241）辛丑元旦说法。

据《大川普济禅师语录》卷一：

> 岁旦上堂："一新一旧，嘉熙淳祐。皇天大历，岁在辛丑。莫是东湖为人处么？平芜尽处是青山，行人更在青山外。①

这一说法明确了当时的时间，也为前后事件的时间定位创造了条件，

---

① 《卍新续藏》69 册，第 761 页中。

十分重要。秋，门人七塔坚庵主造石佛，请师奉安。

淳祐二年（1242），住持绍兴府兰亭天章十方禅寺。

淳祐三年（1243）元旦，说法。同门虎丘枯桩昙（？—1242）去年腊八示寂，是年初遗书始至。淳祐六年（1246），送清凉淮海元肇，住万年。

淳祐八年（1248）中夏六月后，到雪窦拜访偃溪广闻。是年住持净慈。淳祐十年（1250）六月，住持灵隐。

淳祐十一年（1251）春，天使捧觉皇宝殿御书殿额至，说法谢恩。七月，跋《北磵居简禅师语录》，称其"甘露灭、舟峰庵、秀紫芝之流亚"，为一代文学僧。

宝祐元年（1253），初八日，说偈示寂，寿七十五，腊五十六，弟子七十余人，嗣法者出相先后。遗命水葬，前京尹赵公不忍，捐资建塔于寺西童禅师塔左。入灭之后，介石智朋、西岩了慧为其说法致哀。

宝祐三年（1255），门人用楫请物初大观为作行状。

普济虽勤于著述，有《五灯会元》传世，然而不以文字为意，其八会语录，临终竟然投之于火，后来所行，唯是门人重聚，故不完整。

据《续传灯录》卷三十五：

> 灵隐普济禅师法嗣三人
> 蒋山东叟恺禅师
> 雪窦野翁同禅师
> 天童石门来禅师（已上三人无录）[①]

除用楫外，普济门人还有东叟元恺、野翁炳同、石门来等，可惜事迹不详。

第三节　偃溪广闻

偃溪广闻（1189—1263）为浙翁重要门人之一，宋代著名禅师。

淳熙十六年（1189）己酉生，候官林氏子，世业儒。母陈氏，梦僧伽

[①] 《大正藏》第51册，第710页下。

入室而娠，师貌与像肖，人称僧伽再来。

嘉泰三年（1203），十五岁，从叔父智隆出家于宛陵光孝禅寺。

开禧二年（1206）丙寅，十八岁，受具。初参佛照德光门人铁牛心印，心印号称具眼，以之为法栋。后参少室光睦、无际了派等。

嘉定九年（1216）参浙翁于天童，虽然针芥相投，自知心地未稳，故再参于径山。一夕将入云堂，曳履而倒，忽然如梦初醒，次日入室，浙翁举赵州洗钵话，将答，浙翁止之，平生疑情，涣然冰释，自是机锋迅捷，势不可挡。

绍定元年（1228）戊子七月，四明太守胡公请出世小净慈，即庆元府显应山净慈禅寺。

郡有豪贵欲谋占寺田为坟地，师上书郑安晚止之。

绍定三年（1230）庚寅元旦，上堂。二月，到岳林拜访师兄大川普济。

绍定六年（1233）癸巳，十月，史弥远卒，郑清之（号安晚）任右丞相兼枢密使，郑安晚请其住持其功德寺香山智度禅寺。同门保福介石智朋（1191—1262）至。

端平元年（1234）甲午正月五日理宗诞辰上堂。端平三年（1236）九月，郑相还里，日与过从，后为作语录序。

嘉熙元年（1237）丁酉，住持庆元府万寿禅寺。嘉熙二年（1238），谢夏斋上堂，称有人"放箸忘恩"，知世法即是佛法，佛法即是世法。砌僧堂入堂上堂，道身净则佛土净，心平则世界平。

嘉熙四年（1240）庚子，蒋山石溪心月（1176—1256）辞院，后游浙东。石溪心月住持蒋山，当在嘉熙二年（1238）九月十九日至嘉熙四年（1240）庚子年间。此事发生在石溪退院之后，至淳祐四年（1244）甲辰住持虎丘之间，故有云散钟阜、潮打空城之说。

住持万寿前后十年。

淳祐五年（1245）乙巳，奉敕住持雪窦资圣禅寺。是年雪窦虚席，太守颜公以师名闻于上，敕下住持，此山给敕，以师为始。

淳祐六年（1246）末，御书"应梦名山"至。

八年（1248）戊申，谢牛太尉上堂说法，强调参禅如打仗，两刃交锋，战必胜，攻必取，具杀活之机，全卷舒之用。然不如中军帐内，坐致太平，不战而屈人之兵。二三月,空叟宗印门人净慈无极观(1185—1248)入灭,遗书至。中夏六月后,大慈大川普济至。

淳祐八年(1248),住持育王。九年(1249)己酉五月前,双林无外远任前堂首座。十年(1250)庚戌,谢后堂秀首座。谢等慈上堂。

淳祐十一年(1251)辛亥,住持净慈。时有天台教家有挟势坐禅宗上,师奏数百言,条析明备,诏仍旧时。

淳祐十二年(1252)壬子四月,挂御书"华严法界"。

谢无准师范门人灵叟源(?—1263)、石溪心月(1176—1256)门人云谷庆二首座。何山云山和尚(?—1252)遗书至。八月,谢无准师范门人东山日、方庵(一作方岩)垠。

宝祐元年(1253)癸丑,大川普济遗书至。西堂大拙元出世严州天宁寺。《偃溪广闻禅师语录》卷二有《示元藏主住定林》。十二月五日曹洞宗华藏明极慧祚门人灵隐东谷妙光(?—1253)和尚去世,遗书至。

宝祐二年(1254)甲寅,住持灵隐。谢云门此轩、新承天中际和尚,上堂。

九月旦,卢石屏(后住中竺入灭)赴天台护国,上堂:"东去西去,脚头脚尾没回互;南来北来,铁壁银山尽豁开。拟即失,动即乖。试看杨岐跨驴,何似玄沙斫牌。"①

据《希叟绍昙禅师广录》卷六:

题卢石屏住护国送行轴后

群贤妙唱,字字句句,有活人眼,非石屏卒难承当。虽然碧桃洞口,春色烘人,大有人迷路在。遇指津时,寒拾风颠,堤防冷笑。②

卢禅师,号石屏,可能为偃溪门人,其出世护国时,有很多宗师为其题辞送行,可见为当时才俊。

据《月涧禅师语录》卷二:

---

① 《卍新续藏》69册,第739页上。
② 《卍新续藏》70册,第460页下。

石屏塔（中竺）

曾分定石竺峰前，回首秋风三十年。
漠漠吴天自空阔，老猿和雨哭苍烟。①

这表明他后来住持中天竺，于此入灭建塔。

宝祐三年（1255）乙卯，元宵谢新首座，兼开平西堂赴东山上堂。

宝祐四年（1256）丙辰，约八月，径山石溪佛海禅师遗书至，上堂。

宝祐四年（1256）十月后，住持径山。

宝祐五年（1257）丁巳三月，中殿降钱。供水陆升座。谢新旧两班，兼东山和尚，上堂。宝祐六年（1258）戊午夏五月，跋《心月语录》。

景定二年（1261），十一月初六日，赐号佛智禅师。景定三年（1262）壬戌，断桥妙伦（1201—1261）遗书至。

景定四年（1263）癸亥，六月十四日。径山佛智禅师广闻示寂，住世七十五年，坐五十八夏。

皇帝悼惜，赐钱助葬，塔在大明山下，以大明名庵，御书其扁，给田以食守者。

后五载，门人普晖来竹溪，请林希逸作塔铭。

偃溪襟量宽宏，待人和易，无疾声厉色。遇事虽剧，处之如如。所至之处，缁徒云集敬慕。

据《增集续传灯录》卷一：

径山偃溪闻禅师法嗣

径山云峰妙高禅师（增备）　何山铁镜至明禅师
天童止泓鉴禅师　雪峰平楚耸禅师（此下无传）
北禅毒果因禅师　南山寿禅师②

门人有径山云峰妙高（1219—1293）、天童止泓道鉴、雪峰平楚光耸、

---

① 《卍新续藏》70 册，第 528 页下。
② 《卍新续藏》83 册，第 260 页下。

枯崖圆悟等，人才众多。

第四节 淮海原肇

淮海原肇（1189—1265）为浙翁如琰（1151—1225）门人，亦是南宋末期著名禅师。

据《淮海禅师行状》及其《语录》，元肇，通州静海人，潘氏子，母朱氏。淳熙十六年（1189）出生，年十三，从本乡利和寺诸父妙观法师出家，开禧二年（1207）十九岁受具，妙观使其习天台教观，后舍教入禅，嘉定十一年（1218）后参浙翁如琰于径山。浙翁以其警敏，欲大激发，初不容其参堂，他进一偈，称"免教回首入长安"，翁问这里是什么所在，答云谢和尚挂搭，始容入室。不久遍参，至天台雁荡，过能仁，此山琏（或为石岩希琏）以为法器，留之，不就。回到杭州，从北磵居简、天目文礼二老久之，二人皆浙翁同门，从中得识浙翁用心，故再登双径，得诸眉睫间，浙翁谓其与以前大段不同，命为书记。宝庆元年（1225）终职归乡，浙翁派人催归，意有所嘱，未至而翁已寂。

访别浦法舟于湖州道场，开东轩延之，请为首座。

绍定六年（1233）十月初三，受通州太守杜霆之请，于安吉州道场山护圣万岁禅院受请入院，出世通州报恩光孝禅寺。杜霆，嘉定四年（1211）武举登进士第，《通州直隶州志》卷八称其端平二年任[1]，应是再任。他守通州长达十年，淳祐二年（1242）以弃城窜南雄州。

端平元年（1234）甲午，至受业通州利和寺，升座说法。

端平二年（1235）乙未，清明后，住持三年（《行状》称四年），受平江双塔请，辞众上堂。

瑞平二年（1235），受浙西仓使（提举常平茶盐司）赵崇晖之请，住持平江府双塔寿宁万岁禅寺。赵崇晖，温州乐清人，嘉定元年（1208）登进士第，仕至大理少卿。

端平三年（1236）丙申，五月前，同门嘉禾天宁大川普济至。

---

[1] 李之亮：《宋两淮大郡守臣易替考》，巴蜀书社2001年版，第270、271页。

西岩了慧（1198—1262）自径山赴定慧，路过寿宁，上堂。

嘉熙元年（1237）初，同门虎丘东山道源（1191—1249））自开元赴虎丘，路过寿宁，上堂。

淳祐三年（1243）退院，住持九年。虎丘枯椿昙以浙翁所收五祖法衣授之。

淳祐四年（1244），朝请大夫、集英殿修撰、沿江制置使、兼江东安抚使、知建康府董槐请其住持半山，不至，又请住持清凉，上官右史知平江府魏峻勉其行，乃受请住持建康府清凉广惠禅寺。

董槐（？—1262），字庭植，号榘堂，濠州定远县人，嘉定六年（1213）进士，初授靖安县主簿，淳祐四年（1244）四月十三知建康，五年（1245）五月二十一罢①，淳祐十一年（1251）迁同知枢密院事、参知政事，宝祐三年（1255）八月为右丞相兼枢密使，四年（1256）六月为丁大全所逐，以观文殿大学士提举临安府洞霄宫，景定三年（1262）卒，谥文清。

五年（1245）权管保宁。

淳祐五年（1245）末，受两浙转运判官吴子良之请，住持台州万年报恩光孝禅寺，大川普济为其送座。

吴子良（1197—1256），台州临海人，字明辅，号荆溪。宝庆二年（1226）进士，淳祐五年（1245）为两浙转运判官，八年（1248），以江南西路转运判官兼权隆兴府。官至两浙转运使、湖南运使，终司农少卿。

淳祐七年（1247）丁未，广润度领和尚至，上堂。

淳祐八年（1248）戊申，天使入山，奉圣旨，修供罗汉，披度僧人。

天童无际了派（1149—1224）门人天宁无境彻（1189—1248）遗书至，上堂，称其"六十光阴，东涌西沈"，表明他俗寿寿六十。后月涧禅师有《跋无境法语》。

九年（1249）天基节，州府请就兜率寺升座。雁荡山能仁西岩了慧至，上堂。甘露长老蒺藜昙禅师至，上堂。四月，天台宗鉴堂思义（1151—1216）门人大慈石庭道生法师至。

---

① 《二十五史补编》6，中华书局1956年版，第7942页。

十年（1250）庚戌初，退归吴门，御辇院高容以庵居之。

十一年（1251），万寿虚席，发运使、知平江府余晦（？—1256）请住持平江府万寿报恩光孝禅寺。余晦于淳佑十一年（1251）六月十一日到任，十二年（1252）正月十二日除右司郎官。

天童弁山了阡禅师（？—1251）遗书至，了阡为其同门，先后住持双林、金山、天童，淳佑十一年（1251）末腊月去世。

十二年（1252），婺州华藏闻老开《欧阳外传》送至，上堂。西余别山祖智赴蒋山，上堂。

宝祐四年（1256）退院，住持六年。

宝祐六年（1258），受太守印应雷之请，住持温州江心龙翔兴庆禅寺。印应雷，（？—1273），字德豫，号习隐，通州（今南通市）人，寓居常熟，嘉熙二年（1238）进士，官至兵部侍郎，为抗元名将。又号恕斋，是年正月（1258）上任，以计平兵乱。

开庆元年（1259）末，受太守洪焘之请，再住平江万寿，自称"三年去后又重来"。

景定二年（1261）春，住持育王。

三年（1262），净慈介石智朋（1191—1262）遗书至。

启首座出世东林，孤岩启禅师，一说为其同门，当为其门人，在江心为首座，是年始出世东林，后住天台国清孤岩，再住苏州灵岩，古林清茂曾参之。

四年（1263）癸亥春，跋《西岩了慧禅师语录》，称二人相知最深。秋，住持净慈。冬，请无准师范门人东林指南直禅师为首座。年末，住持灵隐，兼领净慈。

景定五年（1264）甲子正月初一，住持径山。

咸淳元年（1265）乙丑元旦，上堂。六月初十入灭，寿七十七，腊五十八。

咸淳二年（1266），门人法思请物初大观为作行状。

门人为其编辑语录者有宝仁、宗文、法奇、守愿、行祐、了元、善之、净澄、法从、绍熏、普璋、文焕、净伏、慧开、文谦、正因、法思、德纪、可能、持志、觉孙、惟康、宗和、如止、有智、惠云、若舟等。

据《增集续传灯录》卷一：

径山淮海肇禅师法嗣

虎丘孤岩启禅师（无传）①

据《古林清茂禅师拾遗偈颂》卷二《行实》：

又明年，回天台依国清孤岩启禅师，又明年得度。一日启禅师升堂，举：高庵悟和尚，凡为僧入室，稍不契，即诊其臂云："父母生汝身，友成汝志，无饥寒之迫，无征役之劳，于此不坚确精进，成办道业，它日何面目见父母师友乎？"师闻之，泫然泪下。

……依育王六载，再往姑苏省启禅师。道由钱塘，径山云峰高禅师延之度夏。所有名衲悉泥之游，且求师判云门室中垂示及诸因缘，随扣随应，座客愕然。秋至平江灵岩，启禅师留掌藏钥。续于承天归蒙堂，尤为虎严伏和尚推重畏敬，力挽分座。②

古林清茂（1262—1329）咸淳九年（1273）十二岁时从杭州回天台，依国清孤岩启禅师，十年（1274）得度，启禅师举高庵善悟之语，勉励学人精进办道，古林闻之泪下，未几元兵压境。这表明孤岩启禅师于宋末咸淳末期住持国清。

至元二十六年（1289），古林再往苏州省启禅师，秋至平江灵岩，启禅师命为知藏。

孤岩启禅师，《增集续传灯录》一书有二说，一说为淮海同门，一说为其弟子，他活到元初，上距浙翁灭度已经六十多年了，相差实在太大，是故为其门人的可能性更大。他于景定三年（1262）出世庐山东林，迁国清，再迁平江灵岩，复住虎丘。

---

① 《卍新续藏》83 册，第 260 页下。
② 《卍新续藏》71 册，第 290 页中、下。

第五节　介石智朋

介石智朋（1191—1262）禅师为南宋著名大德，浙翁如琰（1151—1225）门人，七参浙翁，终得其法。

介石智朋卒于景定三年（1262）壬戌。

据《淮海原肇禅师语录》卷一：

> 净慈介石和尚遗书至，上堂："凌霄同参句，未举先分付；不解卷舌冥怀，到处为人解注。介然立论，如磐石之坚；脱尔忘言，如南山之固。忽有旁不甘底出来问：毕竟正文，说个什么？拍膝云：苍天中更添冤苦。"①

事在景定三年（1262）清明之后。

又据《云谷和尚语录》卷一：

> 净慈介石和尚遗书至，上堂："无常生死法，'突兀南山倚天末'，于我不相干，'潋滟西湖浸月寒'，更说珍重偈，'八九分明七十二'，虚空成两边，'少处咸兮多处添'。个是介石老人，错供死款；寿山今日，尽底活翻。会么？若教频下泪，沧海也须干。"②

值得重视的是，云谷庆（？—1268）记录了介石的遗偈，其中"八九分明七十二"句是自道年龄，由此可以得知，他生于绍熙二年（1191）辛亥，世寿七十二。

绍定二年（1229）己丑二月初三日，出世温州雁荡罗汉禅寺。

绍定三年（1230）庚寅，五月五日，天中节，上堂。绍定四年（1231）辛卯，正月五日天基节，说法。绍定六年（1233）癸巳，住持佛日净慧

---

① 《卍新续藏》69 册，第 780 页上。
② 《卍新续藏》73 册，第 435 页下。

禅寺。

端平元年（1234）甲午元旦，云"端平元年正月一"，明确说法时间。端平三年（1236）丙申，住持庆元府大梅山保福禅寺。

嘉熙元年（1237）谢定慧老叔祖，上堂。二年（1238）正月，天基节，上堂。

淳祐元年（1241），住持庆元府香山孝慈真应禅寺。淳祐三年（1243），住持婺州云黄山宝林禅寺。四年（1244），胡相公于峰顶起殿。五年（1245）二月十五，佛涅槃并妙光菩萨生日，上堂。六年（1246）五月八日，善慧大士生日，上堂。

七年（1247），辞宝林赴平江府承天，上堂。淳祐八年（1248）住持平江府承天能仁禅寺。自称嘉定初行脚，太白峰前，被浙翁老和尚一拳打破乞儿窠窟。

淳祐十年（1250），天童卜山和尚（？—1249）遗书至，上堂。春，灵隐茇藏主至，上堂。谢山藏主达维那，上堂。谢同门慧日师兄，上堂。

宝祐元年（1253），二月，灵隐大川和尚遗书至，上堂。三月，妙峰会中道旧至，并铸锅，上堂。谢秉拂，夏斋，慧感夫人生日，上堂。六七月，浙翁和尚忌，拈香。无准师范门人圆通中洲至，上堂。

净慈道旧至，上堂。

宝祐二年（1254）灵隐东谷妙光（？—1253）遗书至，上堂。退院，上堂。夏后，住持柏山崇恩资寿禅寺。

宝祐三年（1255）七月，浙翁和尚忌，拈香。重阳，谢大明楷率翁，上堂。

四年（1256），谢净慈印首座（蜀彭汉人），上堂。八月，云谷庆（？—1268）出世圣寿，上堂。

五年（1257）谢径山琰藏主，上堂。夏，法嗣南剑州兴化贤禅师出世，通法嗣书，上堂。

开庆元年（1259），闰月旦，上堂。景定元年（1260），慧老出世竹林（东岳行宫），上堂。

景定二年（1261），住持净慈。

景定三年（1262），立春日，上堂。示寂，遗偈云："突兀南山倚天末，潋滟西湖浸月寒。八九分明七十二，少处咸（减）兮多处添。"寿七十二。

介石门人，《续传灯录》唯列祖闇一人。淮海元肇有《送虎丘彻维那之灵隐（介石子也)》，表明虎丘彻维那也是介石门人。门人为其编辑语录者有正贤、宗坦、延辉、净球、智瑾、志湛、祖闇等。侍者晨恢、景彻请林希逸于咸淳四年（1268）为其语录作序。

法嗣南剑州兴化贤、竹林慧，还有会中渡首座出世雪窦，应当为其门人。

据黄溍《灵隐悦堂禅师塔铭》①，祖闇（1234—1308），号悦堂，江西南康人，俗姓周，端平元年（1234）生，淳祐六年（1246）十三岁依同郡嘉瑞寺偃禅师出家。宝祐四年（1256）二十三岁受具，一日阅《华严经》有省，往参蒋山别山祖智，祖智命其侍香，未留，参灵叟源于焦山，参断桥妙伦于净慈，景定二年（1261）断桥妙伦入灭之后，介石智朋继任，一日举柏树子话，智朋大声道何不黄鹤楼前鹦鹉洲，闻声大悟，即令侍香。介石临终，嘱以宗门大事，并令驰书于径山偃溪广闻，偃溪见之惊叹，以为介石虽往，禅法已有传人。

后到庐山圆通，东岩净日命其分座。咸淳九年（1273），九江太守钱真孙请住持西林，至元二十五年（1288）迁开先，三十年（1293）住持东林。元贞五年（1295）奉诏入京，奏对称旨，赐号通慧禅师并金襕法衣。大德九年（1305），住持灵隐，至大元年（1308）入灭，寿七十五，后归骨东林，至大四年（1311）入塔。门人无外宗廓（？—1308）先后住持西林、云居、东林。门人古智庆喆（？—1339）延祐五年（1318）住持东林，为四十九代住持，修复本寺，至元三年（1337）毕工，五年（1339）入灭。门人希清、希白在塔成三十七年后请黄溍为师作塔铭，其他事迹不详。

---

① 李修生主编：《全元文》30，南京：凤凰出版社2004年12月版，第252至254页。

第十一章　虎丘绍隆及其法系

第一节　虎丘绍隆

虎丘绍隆（1077—1036）为圆悟克勤最为重要的门人之一，其法系传承久远，绵延至今。

有关绍隆的资料有其《语录》与《塔铭》等，依据这些资料，可知其生平大略。

绍隆，和州含山县人，生于熙宁十年（1077），元丰八年（1085）九岁出家于本县佛慧院，元祐六年（1091）十五岁受具。绍圣二年（1096）二十岁游方。始至长芦，参净照禅师崇信（？—1112），颇有所得，后因阅圆悟语录，有访之意。崇信住持长芦，在崇宁五年（1106）宗赜入灭之后，若是于长芦参崇信，当在此年，其时他已经年满三十，此前在何地游方，参过哪些尊宿，不得而知。圆悟始于崇宁元年（1102）开法于六祖院，不久迁昭觉，住持八年，其语录之编辑，不会太早，自蜀传到江淮，也需要时间，因此他读到圆悟语录，或在大观之初。

大观四年（1110）至宝峰，谒湛堂文准（1061—1115）。湛堂问如何是行脚事，他露胸示之，湛堂便打，他约住云切莫盲拳瞎棒，湛堂大笑。当时大慧宗杲也在宝峰会中，因此二人相见于此时。

在宝峰年余，政和元年（1111）到黄龙参死心悟新（1044—1115）。死心以其为再来人，对其称赞有加。

政和元年末，西行湖湘。

据《罗湖野录》卷二：

潭州云盖智和尚，居院之东堂。政和辛卯岁，死心谢事黄龙，由湖南入山奉觐。①

死心悟新于政和元年（1111）谢事黄龙，到湖南，入云盖山参访师叔守智，二人言笑戏谑，相见甚欢。绍隆很有可能随行入湘。

到龙牙山，遇泐潭应乾门人宗密禅师，相与甚厚，一起讨论古今，不顾形骸，议者以沩仰、寒拾拟之。久之辞去，至夹山，恰逢圆悟移道林，便随行南下。

据《宗统编年》卷二十三：

> 壬辰二年。
> 祖住夹山，禅师安民为第一座。
> 禅师绍隆来参，领悟。②

此处认为绍隆参圆悟，是在政和二年（1112），这应该最早的可能时间。《佛祖纲目》卷三十七则称"（癸巳）克勤禅师传法绍隆"③，置之政和三年（1113），此说应当更为准确。

据《圆悟佛果禅师语录》卷十四《示隆知藏》：

> 隆公知藏，湖湘投机，还往北山十余年。真探赜精通，本色衲子，遂举分席训徒已三载。予被睿旨，移都下天宁。欲得法语以表道契，因为出此数段。宣和六年十二月中，佛果老僧书。④

圆悟称其"湖湘投机"，可见其得法是在道林之时，相从十余年，则在政和三、四年（1114）间。

据《罗湖野录》卷二：

---

① 《卍新续藏经》83 册，第 394 页中。
② 《卍新续藏经》86 册，第 231 页上。
③ 《卍新续藏经》85 册，第 745 页上。
④ 《大正藏》47 册，第 777 页中。

> 虎丘隆禅师，道貌如甚惧者。与圆悟禅师潭之道林法席，一日，圆悟开曰："见见之时，见非是见。见犹离见，见不能及。"遂竖起拳云："见么？"隆曰："见。"圆悟曰："头上安头。"隆于言下领旨。寻俾掌藏教，有问圆悟曰："隆藏主柔易如此，何能为哉？"圆悟曰："瞌睡虎耳。"及住虎丘，道大显著。①

《塔铭》之说也不算错，他是于政和三年（1113）到夹山，不久圆悟便有道林之命，因而随行，故在夹山时间很短，参究开悟是在道林法会之中。

圆悟引《楞严经》问之，引其于见离见，他则直捷问答，心无二见，圆悟谓其头上安头，是说既然已见，何必再见，示其"依前见山还是山、见水还是水"之境界，他于此有省，答道竹密不妨流水过，圆悟肯之，寻命为藏主，有人以为绍隆性格太软，过于温和，不堪大用，圆悟称其为"瞌睡虎"，外貌和易，内里勇猛。

政和七年（1117），圆悟迁蒋山，随行。宣和三年（1121）命为首座，分座训徒，然而圆悟还是习惯称其为隆知藏。宣和六年（1124）十二月，圆悟被旨住持东京天宁，绍隆以父母年老，无法随行，圆悟便书数则，以表法契。

绍隆归乡，寓居褒禅山，便于养亲。建炎元年（1127），开法于和州开圣禅院，为圆悟拈香。依《塔铭》之说，似乎他开法在建炎之前，然而《语录》则称"奉为见住润州金山佛果圆悟禅师大和尚，用报法乳之恩"，而圆悟住持金山，是在建炎元年，因此其于开圣开法，不可能更早。

当时天下扰攘，淮南盗起，他南渡宣城，结庐铜峰之下，不久彰教虚席，郡守李光（1078—1159）延师居之。李光建炎三年1129）五月知宣州，四年（1130）九月初五除徽猷阁待制、知临安府，其间金人入寇，淮盗侵扰，四年五月十三日，戚方攻宣州不克，退去，宣州解围，一众保全②，其请绍隆住持彰教，是在建炎三年（1129）五月到任之后。

住持彰教四年，绍兴三年（1133）移虎丘。在虎丘时，曾到滕康

---

① 《卍新续藏经》83册，第390页中。
② 方星移著：《宋四家词人年谱》，黑龙江人民出版社2008年版，第119、120页。

(1085—1132）宅中说法。滕康于绍兴二年（1132）九月去世。

居三年，有疾，命同门第一座宗达继院事，郡守从之。绍兴六年（1136）五月入灭，寿六十，腊四十五。度弟子复如等六十人。嗣端等编辑语录。

绍隆开法不过十年，然而在当时影响很大，号称瞌睡虎，为虎丘系始祖。

第二节　应庵昙华

应庵昙华（1103—1163）为绍隆最为重要的门人，其相关资料主要有《塔铭》和《联灯会要》、《嘉泰普灯录》等。

据《塔铭》等，昙华生于崇宁二年（1103），蕲州黄梅人，俗姓江氏，宣和元年（1119）十七出家于本乡东禅，二年（1120）十八岁受具。三年（1121）游方，首谒随州水南守遂（1072—1147）。守遂于靖康二年（1127）自水南退居德安，太守李济请住持延福禅院。后来金兵大至，领众入城，居化城庵，说法鼓励军心，为保全一城做出了贡献。[①] 应庵来参，当在宣和之末，建炎元年（1127）离去。

据《松源崇岳禅师语录》卷二：

  山僧顷年在蒋山随侍应庵师祖。常闻道："今时兄弟不济事，做工夫二十年，也不抵我在众时一日。"如何见得他怎么说话。师祖初行脚时，在一尊宿会下住，多教学者过公案。时师祖同一僧在佛殿里过一则公案，怎么过也过不得，又怎么过也过不得。二人商确，不觉鸡唱，遂拊掌散去。后来一一过得了，只是依前肚里黑漫漫地。遂冷地思量道：若怎么参禅，如何敌得生死。
  闻随州水南遂和尚道行，乃洞下尊宿，法嗣恩官人，径往参礼，便得归堂。有一连单兄弟，长时坐禅，不与人交。师祖一日问他："还少睡么？"其僧厉声道："老兄，而今是什么时节，更有工夫打睡！"师

[①] 徐文明：《青原法派研究》，中国社会科学出版社2016年版，第367、368页。

祖直得面热汗下，遂发志不舍昼夜，以悟为则。不过一月，连单先有发明，师祖亦有发明。自此每每入室，得路便撑将去，遂和尚并不奈他何。

一日入室次，唤："华兄，你也好，只是公案未明。"师祖抗声道："尽大地是一个公案，和尚作么生明？"遂和尚便低头。师祖道："这老汉了我不得。"束包望方丈，礼三拜便行。①

应庵始参某尊宿，教学者一一过公案，只是重视话头文字，虽然一一过得，肚里依旧黑漫漫地，他自省这样无益，便到少林报恩门人水南守遂会中。曹洞门下善于坐禅，有同参终日打坐，昼夜不休，应庵也学他，不舍昼夜，以悟为则，日久自觉有所得，甚至出言不逊。守遂知其未悟，告其公案未明，心地莫开，他抗声大言，尽大地是一个公案，如何去明，守遂和尚低头不言，他以为守遂没有开眼，无力教他，于是礼拜告辞。

据《松源崇岳禅师语录》卷二：

闻得圆悟住云居，直造会下。凡遇入室，机机相副。得数时，圆悟提起向上巴鼻，竟不能开口。圆悟每向人说："这个蕲州子，得即得，只是脑后少一锥在。"圆悟归蜀，师祖也要随他去。圆悟道："你不须随我去。有杲首座、元侍者、彰教隆藏主，见处共老僧一般。但去见他，必为汝了却大事。"②

他听说圆悟和尚住持云居，便直造会下，虽然表面上机机相副，终不得向上一路。圆悟和尚每向人道，应庵虽有所得，但终欠火候。建炎三年（1230）圆悟退院归蜀，他也想跟去，圆悟不许，道是我有三个门人，宗杲首座、景元侍者、住持彰教隆藏主见处和我一样，去参他们，便能为你了却大事。

据《松源崇岳禅师语录》卷二：

---

① 《卍新续藏经》70册，第101页上。
② 同上书，第101页中。

遂依教，特去宣州彰教参隆和尚，门庭孤峻，直是不容凑泊。未经数时，迁虎丘，亦参随去，续请充维那。

一日，室中举五祖牵牛过窗话，拟祗对次，被他劈胸一拳。自此打断命根。是时隆和尚欲命首众，会中有圆悟者旧云："华维那嫩在。"师祖闻得，遂书偈于壁间，云："江上青山殊未老，屋头春色放教迟。人言洞里桃花嫩，未必人间有此枝。"不辞便行。①

应庵依教到宣州，参绍隆，经时未久，迁虎丘，他为先驰，命为维那，未经半载，便得悟道。一日闻举五祖法演牵牛过窗、尾巴未过话头，刚要祗对，被绍隆当胸一拳，自此打断命根。绍隆欲命为首座，会中有个圆悟门人称昙华还嫩、资格不够，应庵也是血气方刚，示偈告辞。

据《松源崇岳禅师语录》卷二：

此庵元和尚时住处州连云，师祖道："我旧在云居时，每吃这汉无滋味。如今看来，未必他到我田地。且去验他看如何？"才到，便上方丈。侍者通报，此庵闻得，郎忙出来。一见便云："华兄，此番且喜大事了毕。"师祖道："我未曾开口，他已知。了得底人相见，不在形言，便知落处。"②

此庵景元绍兴五年（1135）住持处州连云，可知这一事件发生时，正在此年。在云居时，由于应庵尚未觉悟，经常受到景元的点拨与戏耍，如今自己已经觉悟，以为景元未必有此功夫，便有前去挑战之心，没有想到一到连云，未曾开口，此庵便道恭喜华兄大事了毕。可见真正觉悟之人，道眼明白，具一切知，不在形言，便知落处。他后来追随景元十余年，为其首座。绍兴十六年（1146）正月，景元入灭。

绍兴十六年（1146），于处州报恩光孝寺受请，出世处州妙严。时太守为苏简（？—1166），字伯业，苏迟之子，绍兴十六年为直秘阁、知处州。

---

① 《卍新续藏经》70册，第101页中。
② 同上。

绍兴十七年（1147），住持衢州桐山明果禅院，乌巨山雪堂道行为其送座。时太守可能是直龙图阁韩璆，地位较高。应庵住持明果时，师叔道行经常来看望他。

绍兴十八年（1148），住持蕲州德章安国禅院。

绍兴二十年（1150），住持饶州报恩光孝。六月虎丘忌日烧香，自建炎三年（1130）参绍隆起，已满二十年。左宣教郎、饶州州学教授严康朝请，上堂。

二十一年（1151），师伯佛智端裕、师叔雪堂道行入灭，为其举哀。是年继道行之后，住持饶州东湖荐福禅院。二十二年（1152）六月，严康朝为其《东湖语录》作序。

二十三年（1153），住持饶州荐山宝应禅院。二十四年（1154）住持庐山归宗禅寺。二十六年（1156），住持婺州宝林禅寺。二十七年（1157），住持婺州报恩光孝禅寺。二十八年（1158），再住归宗，迁东林太平兴龙寺。二十九年（1159），住持蒋山太平兴国禅寺。

三十年（1160），大慧宗杲至，说法，称"在今天下，具大眼目真善知识，唯法叔老师一人而已。"① 隆报觉长老受请出世，上堂。

三十一年（1161），十一月，住持平江报恩光孝禅寺。

三十二年（1162），九月退光孝，受天童之请。

据《应庵昙华禅师语录》卷五：

> 授天童请，上堂："去年十一月，笑别下钟阜。今年九月中，行见朝天路。去住既无心，动静非取与。平生安乐法，此意同谁语。四明昔尝到，诸刹皆可数。山川气象雄，麟凤栖迟处。今思昔日游，岁月二纪许。"②

他自述经历，言道曾经到过四明天童，至今已经二十四年了，即在绍兴八年（1138）左右。天童为大寺，虽临晚景，他对这次天童之行还是非

---

① 《卍新续经》69册，第525页上。
② 《卍新续藏经》69册，第528页上。

常期待的。

隆兴元年（1163），四月，请咸杰首座立僧，上堂。六月十三日入灭，寿六十一，腊四十三。侍者与会请李浩（1116—1176）为作塔铭。

据《嘉泰普灯录总目录》卷三：

天童应庵昙华禅师法嗣六人（三人见录）

庆元府天童密庵咸杰禅师

南书记　侍郎李浩居士（语见贤臣）

(吉州禾山心鉴禅师　婺州智者满禅师

教授严康朝居士)

(已上机语未见)①

据《续传灯录目录》卷三：

天童应庵华禅师法嗣八人

天童咸杰禅师　南书记

侍郎李浩居士（已上三人见录）　凤山诠禅师

祥符善登禅师　禾山心鉴禅师

智者满禅师　严朝康教授（已上五人无录）②

应庵禅风孤硬，门庭高峻，学者不得其门而入，故门人很少，知名者唯天童咸杰一人。门人守诠，住持湖州凤山显忠资福禅寺，为其编辑语录，又请钱端礼为之作序，为其门人之杰出者。

据《应庵昙华禅师语录》卷九：

答翔凤山显忠资福诠长老法嗣书

老僧自幼出家，正因也；方袍圆顶，正因也；念死生未明，拨草

---

① 《卍新续藏经》79册，第285页中。
② 《卍新续藏经》83册，第31页上。

瞻风，亲近真善知识，正因也。至于出世领众，今三十余年，未尝毫发厚己也。方丈之务，未尝少怠也；昼夜精勤，未尝敢懈也；念众之心，未尝斯须忘也；护惜常住之念，未尝敢私也。行解虽未及古人，随自力量行之，亦不负愧也。痛心佛祖慧命悬危，甚于割身肉也；念报佛祖深恩，寝食不遑安处也；念方来为道衲子心地未明，不啻倒悬也。虽未能尽古人之万一，然此心不欺也。

长老随时吾三四载，凛然卓卓可喜。去年夏末命悦众，是吾知长老也。吾谢钟山，寓宣城昭亭，未几赴姑苏光孝。方两月，长老受凤山之请，道由姑苏，首来相见，道义不忘如此也。别后杳不闻耗，正思念间，怀净上人来，承书并信物。方知入院之初，开堂为吾烧香，乃知不负之心昭廓也。今既为人天眼目，与前来事体不同也。果能如吾自幼出家，为僧行脚，亲近真善知识，以至出世住持，其正因行藏，如此行之，则吾不妄付授也，又何患宗门寂寥哉！至祝，无以表信，拂子一枝，法衣一顶，幸收之。绍兴壬午七月初七日。住平江光孝应庵老僧某书复。①

守诠追随应庵三四载，三十一年（1161）在蒋山时命为维那，表明对其十分赏识。三十二年（1162）初，守诠受凤山之请，先到苏州拜见应庵，是知礼也。七月，派门人怀净上人前来致礼，告知开堂时为应庵拈香。应庵以拂子、法衣付之，并告之一切当以正因行之。守诠不忘师恩，编语录，请塔铭，于宗门有大贡献，可惜其他事迹不详。

据《应庵昙华禅师语录》卷十：

乌巨山逵长老，命立首座持师顶相请赞
烟林风姿，山岳气宇。坐看春回，行无伴侣。不图成佛，岂欲作祖。一句掀翻，万机罔措。更提柱杖，击涂毒鼓。立禅持归，分付乌巨。②

---

① 《卍新续藏经》69册，第547页下。
② 《卍新续藏经》69册，第549页上。

逵禅师，号直庵，出世乌巨，命立首座持应庵顶相，前来求赞。后于乾道三年（1167）住持国清，并荐举同门密庵咸杰继任乌巨住持。

据《天台山方外志》卷二十刘潮《国清寺乾门涂田记》：

> 乾道四年，长老道逵创请宁海县千田涂，欲裨其用度。经画间，而逵有祥符之命。幸妙诠继之，倾衣资为倡，请僧中讷、可延、法规、义师、若师、圆清雅师、揆师、默居士、王公度，募缘以董其役。至七年秋，始捍上下岸，七百余丈，建十门凡三。未几，诠又有别峰之行。淳熙戊戌夏，住持晓林复往宁海叩檀施。合港方就，遽为风涛所荡。前功俱废，执事靡矣。①

如此逵禅师法名道逵，乾道四年（1168）在宁海围海造田千余亩，以备用度，正在经画时，迁祥符。后任妙诠继之经营，至七年（1171）秋有所成就，未几妙诠又迁别峰。淳熙五年（1178）住持妙林继续其事，无奈风涛大作，前功尽弃，后有神人示梦，最终得以完成，故以"神运"名其田庄。

据《月江正印禅师语录》卷三：

应庵和尚与乌巨书

> 应庵老祖示众云："三十三州七十僧，驴腮马颔得人憎。诸方若具罗笼手，今日无因到净明。"当时会中龙象，如资福诠、乌巨逵辈亦不少。一书与资福，见于录中。一书与乌巨，即此书也。老婆心切，直是说得血滴滴地。使今时称长老者读之，宁无尸素之愧！

> 愚自云间来主斯席，遍礼山中诸祖塔庙。至直庵祖师塔下，瞻礼老应庵遗像于影堂，乃是为乌巨所赞者。有云："一句掀翻，万机罔措。更提拄杖，击涂毒鼓。立禅持归，分付乌巨。"即直庵出世之地。

> 直庵迁国清，密庵师祖继席。后直庵再至，祖为上堂，举芙蓉访实性因缘，激扬此事。力行应庵之道，谓二难也。直庵终于何麓，窆

---

① 《中国佛教史汇刊》第9册，第747页上。

堵波峃然，松竹森郁，父子面目如生。惜乎应世机缘，无所记载。岂非当时门庭高峻，不许记录，抑弟子不为流通，有此失耶？

四明年藏主，出此书命题。不肖忝中峰五世，辞不获，三复感慨，焚香九拜，而为之书。①

资福诠、乌巨迳皆为应庵会中龙象，应庵亦有书与乌巨，传到元代，可惜语录未收。道迳后来终于何山，有塔，影堂有应庵遗像，上有题赞。

据《应庵昙华禅师语录》卷九：

示延寿云长老

从上宗师是第一等放下底人，才出头来，掀天括地至竟。缘何如此？祇是末上一念正，当其邪师魔外笼罩不住，便有超宗越格气宇。不乱亲近，至世间起灭，了然无寄，唯以生死作头底。正作头底时，不见有死及不死底。此是古人做工夫处，向这里，断要彻底明白，扩而充之，然后禁得辣手段。到千变万化处，尚恐讨头脑不见。何况半阴半阳、半晴半雨，而欲独步大方，无复得也。个一著子，自古自今一个半个透得底，如鹰挈燕雀，似鹘捉鸠，有甚费气力处。回视从前参得底、悟得底、学得底、淹浸得底，直是惭惶杀人。始知从上宗师是第一等放下底人，方得这个柄榺，入手便有掀天括地分。所谓间世英特之士，无出此也。

近世道流，不务本，但贵肚皮里记持多，口里有可说。祇对士大夫，资谈柄，快神思，谓之禅道。此大妄语，所招重报，千佛出世，不通忏悔。是他古人初无道理，一味古朴，百丑千拙。要是肚里非常惺惺，盖渠专于道故也。一旦蓦地咬断五色索子，跳出解脱深坑，透过悟迷两字，不妨庆快乎。昔忠国师示学者云："身心一如，身外无余。"云门云："山河大地，何处有耶？"看他下个注脚，迥然超绝，一锤下便要平步青霄。虽然直饶恁么，也是依草附木。②

---

① 《卍新续藏经》71 册，第 157 页中。
② 《卍新续藏经》69 册，第 546 页中。

云长老住持延寿，事迹不详，观其谆谆教诲，苦口婆心，可见亦为其门人。

隆报觉于绍兴三十年（1160）受请出世，亦为其门人。

第三节 密庵咸杰

据《密庵和尚语录》卷一：

> 师讳咸杰，俗姓郑，福州福清人，密庵其自号也。母尝梦灵山老僧入其舍，已而生师。自幼颖悟不凡，每厌尘染，欲求出世间法。及受戒为僧，不惮游行，遍参知识。初谒应庵，孤硬难入，属遭呵咄，心不退转。久而相契，遂蒙印可。
>
> 自此道价益喧，人天推出。其分坐而说法，则见于吴门之万寿、四明之天童，其正坐而说法，则见于三衢之乌巨、之祥符、金陵之蒋山、无锡之华藏。所至之处，举扬宗旨，露裸裸活鱍鱍，七纵八横，无少罣碍。然十二时中，步步皆踏实地。虽不待修证，而修证未尝忘；虽不假精进，而精进未尝息。滴水滴冻，照莹明彻。遂使天下衲子，响合云臻，相遇诸途，则曰何不礼师去。
>
> 文彩既彰，声名上达。淳熙四年，有旨住径山，召对选德殿，问佛法大要。开堂灵隐，又遣中使降香，道俗观者如堵。七年自径山迁灵隐，上亲洒宸翰，询以法要。又遣侍臣，以《圆觉经》中四病为问。师皆以实语对，恩遇甚宠。十一年归老于天童，十三年六月忽示微疾，十二日趺坐而逝。年六十有九，腊五十有二。葬于寺之东。
>
> 师应机接物，威仪峻整。昼则危坐正襟，以表众视；夜则巡堂剔炬，以警众昏。纯白之行，终老不移；坚固之身，至死不坏。所遗齿发多生舍利，人以为异云。约斋居士张镃，常参学于师，师亡，复经纪其后事。其他嗣法者数十辈，而了悟、崇岳尤杰然者也。郊劢官中都，与师相见，或道话终日，亹亹忘倦。别去数以书相闻，临寂又以

书为别。既葬，参学弟子慧光，以塔铭为请。辞之，请教坚，乃为之铭。①

据《塔铭》等，咸杰（1118—1186），号密庵，福州福清人，俗姓郑，母梦老僧入室而娠。生于重和元年（1118），自幼聪明，绍兴六年（1136）十七岁，出家受具。其后参方，先到江西，归途欲往明州，在婺州智者寺，有人指示参访应庵，遂得其旨。

据《丛林盛事》卷一：

> 密庵杰禅师，闽人。初出岭，至婺州智者。偶负暄次，有老宿问曰："上座此行何处去？"曰："四明育王见佛智和尚去。"老宿云："世衰道丧，后生家行脚，例带耳不带眼。"杰曰："何谓也？"老宿云："今育王一千来众，长老日逐接陪不暇，岂有工夫著实与汝辈发机？"杰下泪曰："若如此，某今往何处？"宿云："此去衢州明果，有华區头。虽后生，见识超卓，汝宜见之。"
>
> 杰依教往明果依华，华家风难入，杰不惮辛苦。一日室中问："如何是正法眼？"杰云："直甚破沙盆。"华再追云："虚空消殒时如何？"杰云："著著颖脱。"华云："罪不重科。"华即升堂告众云，有"大彻堂前、崩裂石裂"之句。杰依华四年，穷尽千圣命脉。
>
> 母老归乡，华以偈送曰："大彻投机句，当阳廓顶门。相从经四载，征诘洞无痕。虽未付钵袋，气宇吞乾坤。却把正法眼，唤作破沙盆。此行将省觐，切忌便蹉跟。吾有末后句，待归要汝遵。"
>
> 后出世衢之乌巨，学者云拥。上堂："从来不唱脱空歌，把火烧山拾田螺。白骼树头鱼产子，急水滩头鸟作窠。"皆谓在明果夜闻樵者歌，因打破漆桶，盖师之密机莫测。前后七住大刹，终于太白。应庵之道，藉若大行②

---

① 《大正藏》47册，第982页下。
② 《卍新续藏经》86册，第689页上。

这里详细讲述了他参学的历程，当时育王佛智端裕名气很大，本来想去投奔，为一老宿所止，道是育王人众，长老根本照顾不过来，不如去投没有名气有实力的应庵。他依教往参，果有收获。此处述其悟道过程，也更加详细，应庵禅风孤硬，屡被呵斥。一日问其如何是正法眼，答曰破砂盆，应庵再问虚空消殒时如何，他答著著颖脱，得到应庵认可，并专门上堂说法示众。

绍兴二十年（1150）归乡省亲，应庵以偈送之。后来他又长期追随应庵，绍兴三十一年（1161）于平江万寿为首座，应庵迁天童，亦命为首座。乾道三年（1167），住持衢州乌巨山乾明禅院。

据《密庵和尚语录》卷一：

> 昔年行脚自江西回，拟往四明，方抵婺州智者，却被傍观兄弟，错指路头，撞入衢州明果山中，见个老和尚，列列契契，太杀不近人情。既已将错就错，礼了三拜。直至于今，悔之不及。虽然如是，冤有头债有主，蓦向炉中，供养末后住天童山第十八代应庵大和尚，用酬法乳之恩。①

是年八月二十日入院，上堂说法，自述当年参学过程，与前引一致。

四年（1168），同门李浩侍郎入山，上堂说法，称之为文星，于儒于佛，无不精通；法门墙堑，王室股肱。李浩知台州，以鸿福请拙庵德光，万年请伊庵善权，荐善请铁庵宗一。后来又以国清请密庵，未行。

据《密庵和尚语录》卷一：

> 国清直庵和尚到，上堂："云开千嶂出，木落一枝分。相见又无事，不来还忆君。"叙谢毕，复举：芙蓉和尚一日访实性大师，大师升座，以右手拈拄杖，倚左边云："此事若不是芙蓉师兄，大难委悉。"师召大众云："实性大师，弄巧成拙，钝置他芙蓉师兄。今日国清师兄到来，乌巨也不拈拄杖，亦不与么道。且道与古人，是同是别？"良久

---

① 《大正藏》47册，第958页上。

云："相逢自有知音知，何必清风动天地！"①

直庵，即道逵，时住国清，为其同门师兄。

七年（1171），住持衢州大中祥符禅寺。八年（1172），住持蒋山太平兴国禅寺。九年（1173），木庵安永遗书至。

淳熙元年（1174），在和州褒禅受请，住持常州华藏禅寺。一夏三处，自称蒋山结夏、褒禅破夏、华藏终夏。三年（1176），灵隐佛海瞎堂慧远入灭，遗书至。

淳熙四年（1177）正月，奉旨住持径山。五月一日，就灵隐开堂。

五年（1178），请前堂首座鹤林印和尚立僧，上堂。举后堂演首座立僧，上堂。

淳熙七年（1180），六月二十四日，在径山受请，住持灵隐。八年（1181），径山别峰宝印师叔到，上堂。十年（1183）八月，退灵隐。

淳熙十一年（1184）正月，在平江元知府庵受请，住持天童。

据《密庵和尚语录》卷一：

> 上堂，举先应庵受天童请日偈毕，乃云："山僧亦有一偈，举似大众：去年八月间，得旨与安闲。摆动水云性，纵步到阳山。元宅诸子第，忻然力追攀。庵居三个月，开怀宇宙宽。忽接四明信，来书意盘桓。天童虚法席，使君语犹端。迢迢遣专使，不问路行难。山僧临晚景，不敢自相瞒。挝鼓乐与行，四众亦欣欢。先师未了底，应是起波澜。敢问大众，如何是先师未了底？一回饮水一回噎，临济德山俱汗颜。"②

十年八月他自灵隐退居之后，平江元知府请至阳山安居三月，接到四明太守请住天童之书。天童乃应庵归老之地，他亦有意前往弘法，了先师未了公案。

---

① 《大正藏》47 册，第 960 页上。
② 同上书，第 972 页中。

十三年（1186）六月忽示微疾，十二日趺坐而逝，年六十有九，腊五十有二。

据《续传灯录目录》卷三：

天童杰禅师法嗣九人

灵隐崇岳禅师　　卧龙祖先禅师

荐福道生禅师　　天童自镜禅师

净慈光禅师　　隐静致柔禅师（已上六人见录）

蒋山庆如禅师　　灵隐了悟禅师

侍郎张镃居士（已上三人无录）①

又据《增集续传灯录》卷一：

天童密庵杰禅师法嗣

灵隐松源崇岳禅师（续传）　　卧龙破庵祖先禅师（增备）

龟峰曹源道生禅师（增备）　　天童枯禅自镜禅师（同）

净慈潜庵慧光禅师（增正）　　隐静万庵致柔禅师（同）

灵隐笑庵了悟禅师　　蒋山一翁庆如禅师

承天铁鞭允韶禅师　　约斋居士侍郎张公镃

业海茂禅师（此后无传）　　栢庭文禅师②

据《续传灯录》卷三十五：

净慈慧光禅师，字潜庵，作化盐偈曰："合水和泥一处烹，水干泥尽雪花生。乘时索起辽天价，公验分明孰敢争？"③

---

① 《卍新续藏经》83册，第31页下。
② 同上书，第259页中。
③ 《大正藏》51册，第708页上。

又据《增集续传灯录》卷二：

杭州净慈潜庵慧光禅师

上堂，举赵州和尚因僧问狗子还有佛性也无，赵州云无。颂曰："狗子无佛性，全提摩竭令。才拟犯锋铓，丧却穷性命。"①

慧光，号潜庵，曾经住持净慈，生平事迹不详。其后辈有福州际山德心，与绝岸可湘为友。

据《绝岸可湘禅师语录》卷一《示际山心长老》：

密庵出焉，四翁钟秀于三山，吾道盛行于千古。直下一派，惟岑山、正续二师，迭奏埙箎，声犹在耳。记得古人有语，莫住城隍寺舍，须向深山里镢头边，寻取一个半个以为种草。奈何魔强法弱，事与愿违。偶福州际山德心长老，千里投诚，未及关防，只脚已跨门里。锅儿大小，杓柄短长，一一被它觑破。心，乃前净慈潜庵老子嫡裔。②

据《增集续传灯录》卷二：

太平府隐静万庵致柔禅师

湖州陈氏子，妙喜南迁，道经干潮，祖父暹延供无虚日。其母黄氏梦一僧曰："可供我。"遂怀妊。及诞日，父母誓不以世尘累。年十岁，投受和尚出家，越九载得度。谒鼓山木庵永，会庵升堂，云国师再来也，师微笑有省。又谒密庵于蒋山，庵室中举释迦弥勒是他奴、他是阿谁。师曰："无地头汉。"庵曰："千闻不如一见。"师拳一打。庵擒住，励声云："小鬼头见个什么，胡打乱打。"师云："更要一拳在。"庵打两拳，云："打这无地头汉。"师豁然契悟。以母老归，宁郡将吏部朱公江请住城南广法。上堂："起道树，诣鹿苑，不是向上机；

---

① 《卍新续藏经》83册，第279页中。
② 《卍新续藏经》70册，第292页中。

传少室,续曹溪,未为性燥汉。直得无依无欲,无一法当情,犹落第二见。放过一著,卷舒在我,纵夺临时。于把住处放行,露柱灯笼活鱍鱍;于放行处把住,释迦弥勒是他奴。"卓拄杖:"是放行,是把住,一气不言含有象,万灵何处谢无私。"上堂:"毗卢师,法身主。若要动地放光,且来般柴运土。嗄!将谓忘却。"上堂:"百丈不再参马祖,岂得三日耳聋;临济不到大愚,安知老婆心切。仰山将得镇海明珠,为甚向东寺面前叉手当胸,却道无理可伸无言可说?咄!直饶倾下一栲栳,敢保老兄犹未彻。"上堂:"饥荒老鼠咬葫芦,多计猢孙倒上树。要透报恩向上关,须是一步低一步。既是向上关,因甚一步低一步?待你踏著,却向你道。"上堂,举东山示众云:"空门有路人皆到,到者方知旨趣长。心地不生间草木,自然道放白毫光。"师云:"东山只解无中觅有,不解有中觅无。隐静则不然,空门有路人皆到,到者方知碍处通。石上栽花并结果,到头元不假春风。"将终,集众嘱曰:"予平生不畜长物,只如常僧,安寝堂二日,足矣。"书偈端坐而化。越三日寺毁,众悟遗言,若有旨也。寿七十,腊五十二。①

致柔,潮州人,俗姓陈,大慧南迁之时,路过其家,祖父陈遐供养无虚日,其母黄氏梦一僧求供而娠。大慧南迁时,并没有路过潮州,可能其祖父陈遐是在大慧南迁路上某地为官,有机会供养。这也暗示了他出生的时间,是在大慧南迁梅州之时,即绍兴二十年(1150)至十六年(1156)间。年十岁,投受(一说为寿)和尚出家,九年后剃度受具。初见木庵安永于鼓山,在乾道七年(1171)至九年(1173)间,此时他已经过了十九岁,即生年不晚于绍兴二十三年(1153)。后来他参密庵于蒋山,时在乾道八年(1172)至淳熙元年(1174)间。如此他应当在乾道九年(1173)木庵入灭后到蒋山,甚至有可能他就是给密庵送遗书的人。

一日入室,他于拳下豁然觉悟,明得他是阿谁。后来南归省母。朱江(1117—1198)于淳熙四年(1177)至六年(1179)八月间知潮州②,故其

---

① 《卍新续藏经》83册,第279页中。
② 李之亮撰:《宋两广大郡守臣易替考》,巴蜀书社2001年版,第91页。

请致柔住持潮州城南广法，当在淳熙五年（1178）左右。当时他年龄似乎未满三十，也是少年长老，如此他有可能在绍兴二十年（1150）出生，淳熙六年（1179）出世，如此年龄满足三十。

后来他受请住持太平隐静，大概在嘉定十二年（1219）入灭，寿七十，腊五十二。

致柔门人双杉中元，福州福清人，俗姓郑，陈贵谦、陈贵谊兄弟为其武康龙山建庵，号双杉，于端平年间住持虎丘，嘉熙元年（1237）迁嘉禾天宁，二年（1238）退院，为灵隐石田会中首座。他在当时知名度相当高，曾经于嘉熙三年（1239）正月为灵隐首座时上书反对朝廷出卖紫衣师号。

相关资料还有《枯崖漫录》《鼓山志》等，据诸传记，自镜，号枯禅，福州长溪人，俗姓高。受业于泉州法石，其后遍参，谒木庵安永、水庵师一、或庵师体等，最后见密庵于灵隐。其开法住持诸寺诸书记载不同，《鼓山志》称开法宁德凤山，嘉定十五年（1223）住持鼓山，绍定二年（1229）移真州北山，此说不可靠，一则时间不对，二则他不大可能由灵隐迁往真州北山这样的小寺院。宝庆二年（1226）住持灵隐，三年（1227）迁天童，继长翁如净（1162—1227）之后，始到便入灭。

枯禅自镜门人育王寂窗有照（？—1273）、净慈清溪了沇，有照传龙源介清（1239—1301），号梅屋，下传崇恩士洵、士芝、希渭、德高、怀珠等，其法系在元代还很兴盛。士洵，明州象山人，俗姓朱，号晋翁，初住湖州崇恩，后来于延祐二年（1315）住持道场，族孙楚石梵琦（1296—1371）早年师从于他，后于至治二年（1322）参径山元叟行端，他也有可能于是年入灭，其卒年之下限为天历二年（1329），因为是年月江正印住持道场，由于其间未闻他人住持，他于是年入灭的可能性最大，他还保存《中峰老祖语录》，其门人某人持往净慈，后来不得其传，保宁祺藏主（或即昙石德祺，竹泉法林门人，后住苏州常熟慧日）得于南屏故纸堆中，了庵清欲为作题记[①]。

了沇，号清溪，咸淳四年（1268）住持虎丘，九年（1273）迁育王，至元十八年（1281）迁净慈。

[①] 《卍新续藏》71册，第393页上。

庆如，号一翁，先后住持云居、黄龙、蒋山，晚年退隐南昌西山，示寂后，塔于定林。寿六十八，腊四十九。

他与松源为友，松源入灭之后，门人惠足以其语录为一巨编，庆如嫌其文繁，撮其玄要集为一编，并为之序，自署"嘉泰三季癸亥重九日住黄龙山法弟比丘庆如谨书"，① 这表明嘉泰三年（1203）时他住持黄龙。

其后不久，他移蒋山。痴绝道冲曾到蒋山参之，并有所悟，后来宝庆元年（1225）住持蒋山，自称二十年前在此，得一段奇特因缘，承认他在庆如处有所得。这表明开禧元年（1205）时他已经在蒋山住持了，很有可能是嘉泰四年（1204）迁蒋山。他在蒋山住持数载，嘉定之初（1208），浙翁如琰住持蒋山，此时他退居西山，可能不久就入灭了。如此，其生年可能在绍兴十三年（1243）前后，入灭于嘉定三年（1210）左右。

了悟，号笑庵，苏州常熟人，俗姓周。生年不详，或与同门松源相近，在绍兴之初。早年师事无等有才于径山，后见密庵于乌巨。通其所见，告之未在，后于僧堂中见剔灯省悟，机锋敏捷，密庵闻之而喜。淳熙七年（1180）至十一年（1184）间，密庵住持灵隐，为首座，以供养为心，时遇大饥，密庵出外化缘，知事戒之约束外来挂单僧人，了悟则一律放行。密庵回来后，知事告状，密庵有不悦之意，他则马上告辞，称是"但得院子如撲大，尽情供养五湖僧"。不久受请住持衢州祥符，历迁数刹，皆以供养为务，见其大心。

密庵入灭之后，他与松源一起为师编辑语录。他在密庵门下地位很高，《塔铭》称"嗣法者数十辈，而了悟、崇岳尤杰然者也。"绝岸可湘称"密庵而有笑庵，犹世尊而有迦叶。"② 这表明他实际上是大师兄的地位，甚至在松源之上。

松源崇岳有《送悟藏主还姑苏》，表明他在密庵会中初为藏主，后来还在西乌巨山住持过。淳熙十五年（1188），他住持苏州灵岩，请同门张镃为密庵语录作序。嘉泰二年（1202）松源退灵隐，举荐了悟继任住持，四年（1204），了悟入灭。

---

① 《卍新续藏经》70册，第79页上。
② 同上书，第296页中。

允韶，号铁鞭，福州人。密庵开堂时三度问话，不答，又道捉得贼人，请旨，密庵方示一拳，便道领旨，翻筋斗而同，密庵呼其为铁鞭，便有此号，从此为不厘务侍者六年，可见密庵对其相当重视。

始出世光孝，后住承天，先后八处住持，有八会语录行世。他生性刚正孤硬，以大法为重任，有乃祖之风。双杉中元曾在其承天会中，以偈投之，得到印可。

第四节　痴绝道冲

痴绝道冲（1169—1250）禅师是南宋著名大德，曹源道生门人。

据《行状》，道冲，自号痴绝，武信长江人，俗姓荀，乾道五年（1169）生。母郭氏，梦经行木瓜树下，其实累累，取而食之。占者谓当生奇士。已而师生，上长下短，资禀过人。

初应进士举，不利。乃于梓州妙音院，礼修政法师落发。后游成都，习经论于大圣慈寺。未几厌名相，有志心法。淳熙十六年（1189），受具。

绍熙三年（1192）壬子，出峡。于公安二圣坐夏。往见松源崇岳于饶州荐福，恰逢天旱歉收。

绍熙四年（1193），见曹源道生。适西湖妙果虚席，松源举同门云居首座曹源应选。听其入门提唱，有省。遂住，未几为侍者。

绍熙五年（1194）甲寅，夏，侍曹源迁信州龟峰，留三年。

庆元二年（1196），在龟峰，辞别曹源，有诗偈三首。

据《痴绝道冲禅师语录》卷一：

丙辰年别龟峰曹源和尚
葛溪深处定宗纲，一任乾坤大地荒。
但得棒头明似日，可无临济解承当。
拚命来经蛊毒家，不尝滴水丧生涯。
尚余穷相一双手，要向诸方痒处爬。
破袄从东挟过西，何时再上恶钳锤。

怒雷一吼聋三日，自有怨憎会苦时。①

这三首诗非常有名，特别是其中第二首之后两句，江湖传诵。

庆元三年（1197），至浙，先到苏州，从松源于虎丘、遁庵于华藏，不久松源迁灵隐，随行，复参肯堂于净慈。

松源在灵隐，门庭孤峻，虽然是同门师伯，却历经八月，而后得归堂。每求挂搭，必然呵斥，不得亲近。一日松源忽曰："我八字打开挂搭他，自是他蹉过了。"当下始知，昔在龟峰三年，曹源怒骂嬉笑。皆为人之方便也。自此大悟不疑，天下老宿，到与不到，皆瞒不得。已而随缘放旷，心得自在。

庆元四年（1198），冬（初九二九），曹源示寂。

据《痴绝道冲禅师语录》卷一：

戊午在灵隐，闻曹源和尚讣音，兼小师举老为开语录
杖藜随处是乾坤，迦叶峰前便垛根。
贪看烟峦三十二，到头不识老曹源。

悔不当初放拍盲，烂椎一顿快平生。
近闻活陷阿鼻狱，抚掌呵呵乐太平。

三处移场定纪纲，曾无一字落诸方。
破家种草痴狂甚，丑恶无端向外扬。②

时在灵隐，曹源侍者举禅师告之消息，并为编语录示之，现存版本题为道冲编辑，不太准确，因为道冲在曹源门下时间不是很长。

嘉定十二年（1219）己卯，出世嘉兴光孝，为曹源拈香。

据《月江正印禅师语录》卷三：

---

① 《卍新续藏经》70册，第57页中。
② 同上。

又龛阴墨迹

予早年入众时,闻之老宿。痴绝禅师见曹源和尚,有所契悟。后曹源令小师礼藏主:"持法衣一顶,密而随之,不使其知。待他出世,若拈我香。将衣对众付之。"礼一依所嘱。二十年后,老痴出世嘉禾天宁,一香为曹源拈出。礼捧衣具陈遗言,痴翁下座接衣,哭为之恸。见者闻者,莫不感叹流涕。不惟弟子求师之难,而师求弟子,尤难也。

今观墨妙,叙平生,出峡见人,至于入寂。从上所供,并皆诣实。师示寂于宋淳祐庚戌,时年八十有二,终于径山。此段因缘,《行状》中不收。予姑以所闻,书于卷后。异时僧中秉董狐笔者,有所取焉。①

如此道冲开法时,还有一段故事。曹源早就知道道冲有所觉悟,也预知其不忘来处,故命门人礼藏主持法衣一顶随之,若是开堂为我拈香,便当众付之。二十余年后,道冲开堂拈香,果嗣曹源,礼藏主便依命以法衣付之,道冲下座拈衣,为之痛哭,见闻此事者,莫不感动。这一故事虽然不见《行状》,却是后世月江正印得之痴绝灵龛之阴手书墨迹,十分可靠,可补禅史之不足。由此可见,师徒相遇,有大因缘,弟子求师固难,师求弟子尤不易。

曹源开法时间不长,又未住持过名山巨刹,门人很少,能够得到道冲这样的一代宗匠继其门庭,确实不易,而道冲虽然屡参名师,其中不乏松源、肯堂这样的大家,但他拈香不忘所自,选择曹源这样不知名的人物,确实难得。

宝庆元年(1225)乙酉,移蒋山。蒋山虽然田多,却是依山濒水,旱潦不常,岁租不足以供众。他受苦食淡,安于寂寞。住持十四年,始终如一日。

嘉熙二年(1238),迁雪峰,又居天童。时参政抑斋陈铧知建康,敬师操行孤高,举于闽帅东畎曹幽。会鼓山虚席,即命师主之。未到任,改迁雪峰。嘉熙二年入院。始半载,有旨住太白名山天童。时育王住持未得人,强之兼领。往来两山间,四方学者,从之如市。兼领育王时间不长,三年

---

① 《卍新续藏经》71册,第157页上。

(1239）佛慧无住住持育王。

淳祐二年（1242），在天童。为西山亮（1153—1242）语录作序。

淳祐四年（1244），住持灵隐，以其乃密庵松源旧地，方欲振兴祖风，未几以魔事退去。此魔事，即阎贵妃强占灵隐菜园，他争之不得，毅然退席以表抗议。虽然京兆尹节斋赵公，致书力挽，亦不可回。

淳祐六年（1246），游金陵。时堂帖有虎丘之命，建康虚斋赵公以蒋山起之，俱不应。

淳祐八年（1248）春，育王笑翁妙堪入灭，众请之，不出。

淳祐九年（1249），先住法华，再往径山。初访丞相弘毅游似、侍郎沧洲程许于苕溪私第。归途京兆节斋赵与筹，命驾遣书，请留郡治两旬，挽之为法华开山。再三恳求，不得已应请。不久径山之命下，师谓先答应法华，固不可违，君命亦不可避。乃以九月至法华，踰月登径山。

淳祐十年（1250），三月十五日入灭。三月六日，忽手书龛记，叙得法之由。遣遗书十数，以谢亲故。又道无准忌在十八，吾以十五即行，不得瓣香修供矣。侍僧以遗偈请。师笑曰："末后一句，无可商量。只要个人，直下承当。"即命笔而书。

茶毗，舍利五色粲然。弟子遵遗教，奉灵骨，以庚戌五月十九日，归葬金陵之玉山庵。中分其半，建塔于径山菖蒲田玉芝庵。寿八十二，腊六十一。

据《增集续传灯录》卷一：

径山痴绝冲禅师法嗣
  神光北山隆禅师　　高台此山应禅师
  石霜西溪心禅师（此后无传）　　育王顽极弥禅师
  蒋山正叟心禅师　　净慈无文传禅师
  开先别翁甄禅师　　良山沂禅师①

又据《续灯正统目录》卷一：

---

① 《卍新续藏经》83 册，第 262 页上。

径山冲禅师法嗣

神光隆禅师　高台应禅师

天童敬禅师

育王顽极弥禅师（此后不列章次）　蒋山正叟心禅师

净慈无文传禅师　石霜西溪心禅师（此后无传）

开先别翁甄禅师　艮山沂禅师

东山东冈省禅师①

道冲门人虽多，机语事迹存世者寡。

天童敬，即天童简翁居敬，一般认为是无准师范门人，可能也参过道冲。

据《痴绝道冲禅师语录》卷二：

> 事师，不难于生，难于死。了源庵主，送痴绝翁死，奋不顾身，于艰棘中当大事。结集流通，自不为难而成其难，岂不韪欤！
>
> 秀野、孏翁，皆翁方外友也。赠源祇夜，勉终其难，多叙于翁所得，恰如无垢对妙喜葛藤。孏翁又为塔状，以盛其死，嘱源归刻两庵间，不玉山则玉芝。岂特蒋、径知此翁不死，天下老和尚，亦皆知此翁不死。宝祐二年四月八日，枯山比丘（艮传）敬跋。②

了源庵主亦为其门人，为其流通语录，并请孏翁为作塔铭。

育王顽极行弥为第五十代住持，下传东生德明（1243—1326），为育王五十六代住持，德明传弥高，传承较久，复传一山一宁，弘法日本。

据《北涧居简禅师语录》卷一：

顽极（天童弥藏主）

计较思量未发机，风尘草动百般疑。

---

① 《卍新续藏经》70册，第76页下。

② 同上。

四棱塌地羞前事，烂了虚空也听伊。①

如此顽极弥在道冲住持天童时为藏主，后来曾参北磵居简。
据《希叟绍昙禅师语录》卷一：

贺顽极和尚住越州光孝
越王城北唐朝寺，千间老屋摧风雨。
塔影凌空落鉴湖，劫初铃子丁东语。
久无本色住山人，愁杀檀门许元度。
剥否穷时复泰来，选差铁面顽翁住。
倒携无柄苔蒂桩，积世狐踪尽扫去。
就翻鳗井逗曹源，浩浩汤汤流溢江湖无著处。
岂不胜越人歌来何暮，平生无襦今五袴。②

这表明他曾住持越州光孝，具体时间不详，或在景定年间。

咸淳六年（1270），住持湖州道场。

咸淳八年（1272），住持育王，在寂窗有照之后。咸淳九年（1273）入灭，清溪了沅继其法席。

据《护法录》卷四《四明阿育王山广利禅寺碑铭》：

笑翁十二传至顽极弥公，适际良会，遂以诏书从事，未曾几何，甍栋雄丽，如天成地涌，上薄云汉，宝塔还干（于）故处。③

如此他在住持育王之时，还有所兴复，殿宇一新，舍利宝塔还于故处，这在国力衰微之际相当难得。

据《增集续传灯录》卷一：

---

① 《卍新续藏经》69 册，第 678 页上。
② 《卍新续藏经》70 册，第 407 页中。
③ 《嘉兴藏》21 册，第 643 页下。

蒋山正叟心禅师法嗣

石霜玉硼□禅师（此后无传）　云叟庆禅师①

心禅师，号正叟，住持蒋山，事迹不详，其门人二人，也不见记载。据《增集续传灯录》卷一：

净慈无文传禅师法嗣

净慈石湖美禅师（无传）②

无文义传住持净慈，在清溪了沇之后、古田德垕之前，大概在至元二十二年（1285）前后。门人石湖至美，金陵人，俗姓毕，咸淳间得度，参玉涧莹、云峰妙高、月坡明等，后于净慈参无文，得其心法，至元二十四年（1287）出世吴之双塔，未几迁嘉兴三塔寺，后住平江灵岩、鄱阳永福，复迁育王，为五十七代，至顺二年（1331）亦住持净慈，代次不详，八月二十八日忌。陈垣《释氏疑年录》卷九作年七十四（1258—1331），然而《补续高僧传》卷十三只说至顺二年以杭之净慈起，并没有当年入灭的明确记载。当然，也不是没有当年入灭的可能，因为他于咸淳间（1265—1274）得度登戒，至咸淳十年（1274）才十七岁。

据《枯崖漫录》卷三：

平江府开元别翁甄禅师

西蜀人也，初入闽见枯禅，悟其机用。后从游痴绝，得其至要。淳祐间，开法衢之南禅。腊八上堂，举：世尊正觉山前，夜睹明星，忽然悟道，乃云："奇哉！一切众生具有如来智慧德相，但以妄想执著而不能证。"拈云："释迦老子未睹明星以前，不妨令人疑著。既睹明星之后，说出许多不才净，心肝五脏，总被别人觑破。还有为释迦老子作主底么？"别翁徒有此语，只知释迦老子心肝五脏被别人觑破，殊

---

① 《卍新续藏经》83册，第263页下。
② 同上。

不知别翁心肝五脏又被别人觑破了也。①

甄禅师，西蜀人，初参枯禅自镜，得其机用，后从痴绝道冲，得其心法。淳祐初，开法衢州南禅，后住平江开元。与别山祖智等为友。其他事迹不详。

宗定为痴绝道冲门人。

据《痴绝道冲禅师语录》卷二：

示宗定书记（前住明州兴善）

若论此事，非是智惠辩博、多闻强记而可仿佛，又非泯默忘言、澄心静虑而可造诣。设使击石火里挨拶得出，电光影里鞭逼将来，正是弄精魂汉。至于机境上作活计，理性中求妙解，皆为依草附木之妖讹。总不恁么，自有转身一路，也是痴狂外边走。所以道，丝毫系念；三涂业因，瞥尔情生，万劫羁锁。将知此事，才恁么，便不恁么。是句亦刬，非句亦刬。若有毫芒及不尽，总是天魔外道眷属。是他得底人，出得一切险难，离得一切窠臼，终日只闲闲地，如痴似兀，亦不为此事所缚。等闲用将出来，自然裂破古今，摇乾撼坤。悉使尽大地人，各各洞明此事，独脱无依。不随许多涂辙，亦未是此事根抵在。

岂不见，三角示众云："若论此事，眨上眉毛，早是蹉过。"时麻谷出众云："蹉过即不问，如何是此事？"三角云："蹉过了也。"谷便掀倒禅床，三角便打。个条活路，踏著便知。二大老虽则把手共行，未免各自奔前程。若是此事，梦也未梦见在。

宗定书记久历丛林，深谙此事。我且问书记：那里是二大老未梦见处？穿天下人鼻孔，无出这些子。稍或踌躇，待山僧换却舌头，款款为书记道破。②

如此宗定先在明州兴善，后到道冲门下为书记。道冲谆谆告诫，循循

---

① 《卍新续藏》87册，第45页下。
② 《卍新续藏经》70册，第68页上。

善诱，示以最上一路，足见老婆心切。

宗定门人自寿，为其门下老宿。

据《蒲室集》卷十二《临川资寿寺妙行慈惠大师聪公塔铭》，宗定门人愚极继聪（1241—1317），淳祐元年（1241）五月生，十二年（1242）十二岁，从资寿寺本（木）椿宗定为沙弥，宝祐五年（1257）十七岁，给文思院敕牒书名，嗣宗定之徒自寿。景定初年（1261？）宗定入灭，江西常平使者籍没寺田，僧众以饥而散。继聪起大府诉之。经七年，至咸淳四年（1268），江西转运副使方逢辰（1221—1291）得其情，夺田还寺，并增益田产。年七十七入灭，腊六十。

又据《蒲室集》卷十二《临川资寿明公和上塔铭》，继聪门人绍明（1245—1319），绍明门人三人，长嗣德—宗善—法观—惠辨；次为嗣径，径—守约—法舟；季为嗣彻，彻传守悦。守悦博学通宗，住持项山寺。守约、法观、守悦，皆以文辞著称。

萝屋志道为诗僧，亦为道冲门人，有《送别》诗，见《中兴禅林风月》卷上。

第十二章 松源崇岳及其法系

第一节 松源崇岳

松源崇岳（1132—1202）为密庵咸杰门人，南宋禅门宗匠，今蒐集诸说，对其事迹略作介绍。

据《塔铭》，崇岳，号松源，俗姓吴，生于处州龙泉之松源，故以自号。自幼卓荦不凡，处群儿中，未尝嬉戏。绍兴二十四年（1154）二十三离俗，受五戒于大明寺。

其后游方，首造灵石妙禅师，继见大慧杲禅师于径山。大慧升堂，称蒋山华公为人径捷。师闻之而行，至蒋山，初入室未契，愈加精进终夜举狗子无佛性话，豁然有得。即以扣请应庵。应庵举世尊有密语、迦叶不覆藏。师云："钝置和尚。"应庵厉声一喝。自是朝夕咨请，应庵以为法器，说偈劝使祝发。

隆兴二年（1164），得度于临安西湖白莲精舍。自是遍历江浙诸大老之门，罕当其意。乃于乾道二年（1166）浮海入闽，见乾元木庵安永禅师。

其时机锋过人，下语不凡。木庵却云：虽然吾兄下语，老僧不能过，然而并未真悟，即使出来开法，也是既不能为人，又无力验人。松源云：为人固难，为何验人不得。木庵举手云："明明向汝道，开口不在舌头上。复当自知。"木庵的指点对他日后觉悟开法有很大的帮助。

乾道三年（1167），见密庵于衢之西山。随问即答，密庵微笑，称之不过是黄杨木禅尔。

他以明道为务，至忘寝食。密庵移蒋山、华藏，淳熙四年（1177）迁径山，皆从之。会密庵入室次，问傍僧不是佛、不是物。他恰好侍侧，豁然大悟。乃云，今日方会木庵道开口不在舌头上之意。自是机辩纵横，无可当锋。

据《松源崇岳禅师语录》卷一：

> 一日，留道场全公席下，蓦有所得，疑网尽除。时全公缘化出外，数日而后反。亟欲求证，先众入室。于时全公机锋不辏，松源詈言而出。即挑包过凤口，谒密庵。未及语，密庵云："且喜大事明了，吐露即不堪。"松源于是归堂憩息。
>
> 其去道场，也有偈云：
> 当头一著没诸讹，去住还如水上波。
> 有意气时添意气，从教平地起干戈。①

此说出自孟猷所作《语录序》，与《塔铭》有所不同。孟猷自谓闻自松源自述，想来不会是编造。或许后来门人作《行状》，有意隐去他在道场会中开悟的经历。

然而这里也有疑问，道场全公究竟为何人呢？最合适的当然是佛智端裕门人湖州道场无庵法全（1114—1169），然而他在乾道五年（1169）就已经入灭了，松源来参，肯定在此之前。当时密庵还在衢州乌巨，不可能在灵隐。难道在淳熙十一年前还有一位住持湖州道场的全公？

淳熙七年（1180），密庵迁灵隐，举为第一座。

前述凤口，即灵隐凤口山，故他应在密庵住持灵隐之后，一度到湖州道场参无庵法全，但他开悟之时，净全不在，并非由于净全的指示，并且他在求验证时觉得净全语不当机，示偈辞行。他回到灵隐，谒密庵，未及开口，密庵便道且喜大事明了，不必吐露。看来密庵确实是明眼宗师，善于验人，与大慧宗杲、此庵景元一样。

淳熙十一年（1184），出世平江阳山澄照禅院，为密庵嗣。十三年（1186），徙江阴君山光孝禅寺。十四年（1187），住持无为军冶父山实际禅院。冶父最是荒野寂寞，又以火废。师一临之，四方衲僧接踵而至，不久栋宇大兴。

---

① 《卍续藏经》第70册，第79页上、中。

绍熙元年（1190），九月十五日，云居、荐福专使同日到达，当众拈阄，得云居。不料次日官府来牒劝请前往住持饶州荐福，他便应命到达荐福。

三年（1192），龟峰栢庭永和尚遗书至，上堂。

据《松源崇岳禅师语录》卷二：

栢庭永和尚出世天禧以颂寄之
林下相从知几年，好因缘是恶因缘。
虽然不受灵山记，鼻孔依前著那边。①

据《丛林盛事》卷二：

圆通永，建上人，号栢庭。久依密庵，一翁、松源辈为伍。后以乡人老居蒋山，永充座元，举以出世，住长干天禧。与密庵在众有隙，不令其承嗣。竟为其薙发师光晦庵拈香。未几，迁信溪，遂卒。平日与无一居士侍郎王溉厚善，有唱酬语誉行于世。但来处不分晓，兄弟亦少有信之者。亦可为后辈几间破屋、不原所得者为深诫。故松源尝有颂曰：林下相逢知几年，好因缘是恶因缘。虽然不受灵山记，鼻孔依然著那边。②

永禅师，号栢庭，建宁人，久依密庵，与松源崇岳、一翁庆如为友。同乡某禅师住持蒋山，引为首座，荐其出世天禧。由于他与密庵会中某同门有隙，不令其承嗣，他不得已为其剃度师晦庵慧光拈香。松源对此不以为意，还是与他保持友好关系。

王溉（？—1197），字巽泽，号无一居士，池州石埭（今石台）人。绍兴初年进士，累官朝请大夫、直秘阁。乾道中知咸宁县，淳熙末年为潼川路转运判官。绍熙五年（1194）召为户部郎中，寻以朝散大夫、直秘阁出

---

① 《卍续藏经》第70册，第106页中。
② 《卍续藏经》第86册，第703页中。

知平江府。庆元元年（1195 转朝请大夫；不久授两浙运判。二年（1196），升太府少卿兼知临安府。三年（1197）初，兼权工部侍郎。七月，权兵部侍郎，卒。

王溉与栢庭永为友，应当在其早年，因为后来他主要在蜀地任职，只能书信往来。

绍熙五年（1194），报恩珍长老受请，为其引座。六月，住持明州香山智度禅院。

庆元元年（1195），住持平江虎丘山云岩禅院。二年（1196）四月，门人少室光睦出世能仁，通法嗣书，上堂。

庆元三年（1197），五月，灵隐虚席。六月五日，应请而至，众皆鼓舞，欢声如潮。

四年（1198），凤山杨寺义和尚至，上堂。义禅师，不明何人，有可能为其同门，故有"同气连枝"之说。

五年（1199），谯寺丞请升座。六年（1200），天童无用净全至，上堂。

嘉泰元年（1201）善开首座受云居请，上堂。举首座凤山义和尚立僧，上堂。居六年，禅道盛行，得法者众，法席为一时之冠。时有栖遁之志，嘉泰二年（1202）初，上章乞罢灵隐住持，退居东庵。

退灵隐后，他还曾应韩侂胄之请，开山显亲报慈禅寺，于此住持半年左右。

李辉依《大明高僧传》，认为松源在灵隐只住持了三年，于庆元五年（1199）开山临安报慈。[①] 然而这一说法与早期史料不符，亦与语录不合。

是年七月，俄属微疾，犹不废唱道。亲作遗书，别诸相交公卿。垂二则语，以验学者，曰：有力量人，因甚么抬脚不起。开口不在舌头上。又贻书嗣法香山光睦、云居善开，嘱以大法。因书偈曰：

> 来无所来，去无所去。
> 瞥转玄关，佛祖罔措。

---

① 光泉主编：《灵隐寺与中国佛教纪念松源崇岳禅师诞辰 880 周年上》，宗教文化出版社 2013 年版，第 152 页。

跏趺而寂，时嘉定二年八月四日。年七十有一，夏四十。奉全身塔于北高峰之原。

塔成四年，香山光睦遣其侍者道敷，以师八会语录至镜湖，请陆游为作塔铭。

第二节 松源崇岳门下

松源门下人才很多，分化一方，影响很大。

据《续传灯录目录》卷三：

灵隐崇岳禅师法嗣一十二人

金山善开禅师　道场普岩禅师
华藏觉通禅师　龙翔希琏禅师
瑞岩光睦禅师　天目文礼禅师（已上六人见录）
雪窦大歇谦禅师　净慈谷原道禅师
瑞岩云巢岩禅师　虎丘蒺藜昙禅师
北海心禅师　诺庵肇禅师①

又据《增集续传灯录》卷一：

灵隐松源岳禅师法嗣

天童天目文礼禅师（增备）　道场运庵普岩禅师（增备）
江心石岩希琏禅师（同）　金山掩室善开禅师（续传）
华藏无得觉通禅师（续传）　瑞岩少室光睦禅师（同）
道场北海悟心禅师　雪窦无相范禅师
瑞岩云巢岩禅师　雪窦大歇谦禅师
净慈谷源道禅师　虎丘蒺藜昙禅师

---

① 《卍续藏经》第83册，第33页上。

诺庵肇和尚①

门人大纯惠足受松源赏识，并以其语录请孟猷作序。为其编辑语录者有善开、光睦（澄照、君山）、普岩（冶父）、光睦（荐福）、善开（香山）、师肇（虎丘）、道岩（灵隐）、了能（显亲）等。

语录之中提及者还有师警维那、大成藏主、文蔚侍者等。

据《枯崖漫录》卷三：

西蜀保福晦岩晖禅师

通泉白氏子。尝与肇诺庵、道谷源、开掩室同参松源，密契真要。归里三主道场，远近敬乡（向），道化益盛。散夏小参云："大智洞明，十方融会。骑声盖色，迈古超今。不可以寂默通，不可以语言造。是以大觉世尊于摩竭提国三七日中无启口处，及至四棱踏地，尽力提持，只道得个是法非思量分别之所能解，又道是法不可示，言辞相寂灭。怎么揭示，譬若断崖落石相似，看者不容眨眼。除是一念知非，前后际断，全体担荷得去，是真精进，是名真法供养。如来一会，灵山俨然未散。如是时时禁足，念念护生，又何必九十日中无绳自缚？然虽如是，衲被蒙头万事休，此时山僧都不会。"语悉类此。

痴绝在蒋山题其录云："大随和尚道：我参七十余员善知识，具大眼目者，只得一二，其他皆具正知见。予三十年前在丛林中与晦岩游，当时具大眼目者，惟老松源一人而已。岁次庚寅仲秋，其徒宝日携主东林提唱之语，乞予编次。由是开帙纵观，一字一句，造次颠沛，皆有从上大眼目体裁，非徒从事于语言之末。是知松源之道尽在是矣。乌乎！去古既远，师法益坏，正知见者艰其人，大眼目者可知矣。晦岩虽话行于吾蜀，此录流播江湖，是可为斯道之歃盟。若善观者，始信吾言之不妄。"痴绝亦有所激而云。②

---

① 《卍续藏经》第83册，第260页中。
② 《卍续藏经》第87册，第39页下、第40页上。

晖禅师，号晦岩，西蜀通泉人，俗姓白，曾与诺庵元肇、谷源至道、掩室善开同参松源，得其真传，后来归乡，住持保福、东林等三处道场，影响很大。绍定三年（1230），蒋山痴绝道冲应其门人宝日之请，题其东林语录，称其得松源正传。

文礼（1167—1250)），号灭翁，因家于天目山麓，又号天目，年十六从真相寺智月剃度，参净慈混源昙密、育王佛照德光，命为书记，后见松源于饶州荐福，得其心印，嘉定初于蒋山浙翁如琰会中充立僧首座。嘉定五年（1212）受约斋张镃之请出世临安慧云，后迁温州能仁，未几退归西丘。端平二年（1235）住持净慈。淳祐四年（1244）住持天童，淳祐十年（1250）入灭，寿八十四，腊六十八。

文礼下出横川如珙、石林行巩两大弟子，如珙传竺元妙道、古林清茂、断江觉恩，行巩传灵隐东屿德海、东洲寿永、竺云景昙等，形成元明禅宗的主流派系之一，影响很大。

光睦，号少室，为其门下大弟子，曾为其编辑语录。庆元二年（1196）住持能仁，松源嘉泰二年（1202）入灭是时住持明州香山，后迁台州瑞岩。

据《松源崇岳禅师语录》卷二：

师肇首座请赞

这个汉，太愚痴。一句子，佛不知。临济老，客作儿。四天下，更有谁。拟开口，劈胸椎。肇首座，莫学伊，学伊彼此落便宜。①

师肇曾为其编辑虎丘语录，后来为其门下首座。
又据《枯崖漫录》卷三：

诺庵元肇禅师

师范有规，精一于道。因雪上堂云："普贤昨夜呈丑，一片寒光如昼。可怜妙用些儿，引得石人失笑。且道笑个什么？金乌飞上栏干，看你一场漏逗。"颂仲冬严寒年年事云："野老年来解放怀，儿孙更以

---

① 《卍新续藏》70册，第105页下。

酒相陪。只知好景长时在，不觉老从头上来。"无愧于师矣。昔诺庵与开掩室结伴参松源，源亦不倦针札，故尽得其妙。是不可无贤师友也，足为后学法。①

元肇，依语录，当作师肇，号诺庵，早年与掩室善开、谷源至道、晦岩晖等一起参松源，尽得其妙。运庵普岩开禧二年（1207）出世镇江大圣时，他住持甘露，为其引座。后来运庵嘉定十四年（1221）住持湖州道场时，他住持湖州显慈，前来看望师弟。

据《运庵普岩禅师语录》卷一：

> 显慈诺庵和尚至，上堂："显慈鼻祖，诺庵法兄。机如电掣，辩似河倾。无心相撞著，分外得人憎。彼此不堪为种艸，先师之道转跉跰。"②

这表明他为显慈之开山鼻祖，具体时间不详。后来物初大观于淳祐初住持显慈，这是其卒年的下限，他可能没有活这么久。

第三节　云巢道岩

云巢道岩禅师为松源崇岳门人，亦南宋禅门宗匠，其事迹论者无多，今蒐集诸说，略作介绍。

据《松源崇岳禅师语录》卷二：

道岩首座请赞
> 人我如山，狠气如云。炊无米饭，接不来人。电光影里宾主分，不是冤家不与邻。③

---

① 《卍新续藏》87册，第41页中。
② 《卍新续藏》70册，第119页中。
③ 同上书，第105页中。

道岩曾经为师编辑灵隐语录,为其门下首座。

《破庵祖先禅师语录》卷一:

> **后跋**
>
> 天下衲僧尽道,破庵师伯击碎破砂盆,所以五处全提佛祖命脉,开凿人天眼目,正是谤他。殊不知此老未出关时,不开口,不动舌,已是布缦天网,打凤罗龙;炟爀光明,照耀千古,岂待道岩为蛇画足,倒捋虎须!其徒持此录来,因获谛观,敬书于后。具顶门眼者,必不于言句中寻讨。嘉定壬申元日住平江福臻法侄道岩跋。①

这是道岩为师伯破庵祖先(1137—1211)的《语录》所作《后跋》,时在嘉定五年(1212)壬申元旦,是为道岩留下的最早的文字,虽然十分简短,却也非常珍贵。

道岩继破庵住持平江府穹窿山福臻禅院,时在嘉定三年(1211)。

据《无准和尚奏对语录》卷一:

> 破庵迁寂,付密庵法衣、顶相。师不受,惟领圆悟墨迹及密庵法语。既举丧,遂访旧友岩云巢于穹窿,与首众。云窠迁瑞光,复居板首。
>
> 无何,泉高原有四明梨洲命,高原谓人曰:"范首座肯往,吾当一行,不然,虽兜率内院,不往也。"师遂与俱。四明诸山以伏锡为高绝,而梨洲距伏锡又二十里,寺在绝顶,高寒荒落,非人所居。师婆娑其上,三年如一日。麻麦粟豆,仅给日食,而未尝有饥色。
>
> 既而以台雁未到,拉月石溪同游至瑞岩。时云巢领住持事,留分座。②

破庵门人无准师范(1177—1249)在其师入灭投奔旧友道岩,道岩令

---

① 《卍新续藏》70册,第220页上。
② 同上书,第278页上中。

其分座，后来迁瑞光，亦令首众。道岩嘉定五年（1212）尚在穹窿，其迁瑞光，当在六年或七年。

据《石田法薰禅师语录》卷一：

> 高峰小寺，石田最初说法所也，有单丁昼乞村落之风。开炉日，欲聚泥人听法，泥人亦不可得。时高源、无准、即庵、中岩照与余偕至。石田上堂，笑视云："些子死柴头上火，大家著力试吹看！"其孤寂中，词气若此。未久迁枫林。拈古，有"黄龙易看头面，难见心肝"等语。云巢称之，痴绝笔之。浙翁亦曰："老僧只得避路。"及入圆悟关，则曰："虽是旧时车子，山僧也要横推。"后二十年，南北两山，凡提唱，或平实崄绝处，左转右转，皆生机活路，未易殚举。姑以亲所闻见者书之。若谓余乡情未忘，请看是录。淳祐丁未结制日，心月敬书。①

石田法薰（1170—1244）最初出世高峰，时在嘉定七年（1214）闰九月二十二日，寺小人稀，故蜀僧高源祖泉、无准师范、即庵慈觉、中岩照和心月等一起前来相助。因此师范随道岩迁瑞光当在此前。

嘉定十二年（1219），师范与石溪心月一起游台州，其时道岩已住瑞岩，留师范为首座。

据《枯崖漫录》卷三：

云巢岩禅师

训学无倦，且能折节下士，慰藉良厚，隽彦归之。开炉日，示众云："是句亦划，非句亦划。雪峰辊球，睦州檐板。惟有赵州老汉向火炉头拈起香匙火筯，东拨西拨，忽拨得一块，恰是饶州景德人家壁角头多年破磁碗，三世如来只管看。"运庵曰："此语酷似父翁松源。"②

---

① 《卍新续藏》70 册，第 317 页上中。
② 《卍新续藏》87 册，第 21 页上。

道岩善于教化，诲人不倦，曲己从人，故来归者众。其说法诙谐有趣，运庵普岩称有松源之风。

据《无准师范生平考》，嘉定十五年（1222）秋，云窠道岩（？—1222）示灭，弟子持其《语录》至。《无准师范禅师语录》卷一言是年"月首座、琼首座持云窠语至"①，请无准题词。

据《增集续传灯录》卷四：

瑞岩云巢岩禅师法嗣
苏州万寿讷堂辩禅师

上堂："释迦老子降诞王宫，好个初生孩子，不妨令人疑著；及乎道天上天下唯吾独尊，败阙了也；后来冷地羞惭四十九年三百余会，救搭也救搭不来，收拾也收拾不上。诸仁者，要见释迦老子败阙处么？是非只为多开口，烦恼皆因强出头。"上堂："你在这里，我在这里。人天交接，两得相见。时清休唱太平歌，一贯文籴三斗半米。二贯五百文，买一个大绢好。诸禅德，虽然如此，厨中有剩饭，路上有饥人。"上堂，举：僧问古德："万境来侵时如何？"德云："垂却著。""古德有障断狂澜底手段，未免劳心费力。或有人问金山：万境来侵时如何？只向他道：我既无心于万物，何妨万物常围绕。"上堂："我若与你说破，将后必须骂我。我若不与你说破，又恐你因循蹉过。忽有个汉出来道：长老话堕了也。只向他道：老僧罪过。"

悼云巢和尚偈云："人传师死已多时，我独踌躇未决疑。既是巢空云又散，春深犹有子规啼。"寄铁鞭和尚偈云："思量四句寄承天，卷得完全缺半边。颂又不成诗不是，如何拈出向人前。"寄无准和尚偈云："猿与鼋交割不开，兄呼弟应似忘怀。及乎说到諙讹处，又却心肝不带来。"②

辩禅师，号讷堂，自云巢得旨，又曾参承天铁鞭允韶，与无准师范交

---

① 《卍新续藏》70 册，第 223 页下。
② 《卍新续藏》83 册，第 298 页下、299 页上。

好。《枯崖漫录》卷三称其"后八坐道场,提倡如阪走丸,真不忝为岩呆之子、岳聋之孙也。"[1]

其八处住持,有苏州万寿、镇江金山、秀州天宁等。《无准师范禅师语录》卷五有《送讷堂和尚住秀之天宁》。环溪惟一嘉定末年曾参成都六祖讷堂辩,表明当时他在六祖住持,后来东下。

道岩门人还有虎丘清溪义(谊)禅师,谊禅师,号清溪,淳祐六年(1246)时住持建宁开元,举环溪惟一住持瑞岩,是年末住持虎丘,于宝祐五年(1257)入灭,其他事迹不详。

第四节 虚舟普度

虚舟普度(1199—1280)为宋末著名禅师,今述其事迹如下。

庆元五年(1199)己未出生,维杨江都人,姓史氏。嘉定三年(1210)庚午十二岁,于本郡天宁寺出家。

嘉定五年(1212),毕再遇将军饭僧,奇之,携至杭州,于时思兰若圆顶日,大集禅讲硕德,为之证明。净慈少林妙崧为之落鬓,灵隐铁牛心印为之付衣,本郡东堂院龙溪祖信为之受业师。纳戒已。归东堂,服勤祖信左右五年。

嘉定九年(1216),参铁牛心印,心印以法语壮其行,由是遍历江湖。

无得觉通(?—约1228)唱松源之道于鄱阳荐福,因决意扣请。其迁福严、华藏,皆与之俱行。

居数年,辞别觉通,以所得求证当世诸大老,天童晦岩大光、大慈石岩希璉、虎丘石室迪,一见器异,为不可及,因留典法务于三师之间。

无准师范(1177—1249)绍定五年(1232)八月奉诏住径山,是年初冬后天童晦岩和尚至,上堂。是故其时晦岩大光住持天童。

淳祐三年(1243)初,制府赵信庵,以建康半山敦请出世,拈香嗣无得觉通。

淳祐四年(1244),住持金山。淳祐五年(1245)乙巳,居金山。时痴

---

[1] 《卍新续藏》87册,第44页中。

绝道冲居玉山，有传其雪中示众"一夜江风搅玉尘，孤峰不白转精神"之句。痴绝大惊，亲挈舟访之，曰："老夫当退三舍。"其胜德，使人归重如此。

由润州金山迁潭州鹿苑、抚州疎山、苏州承天，依次晋升。

居疎山时，当晚小参，有"四十年前错访寻"之句。表明其时约在宝祐四年（1256）丙辰。

居平江能仁，只十七日，时约在景定年间。退居灵隐西堂。

景定五年（1264）太傅贾似道以其名闻于上，出补中天竺六年。

咸淳元年（1265），御书至，说法。三年（1267），门人德岩祐长老瑞世明州天王，上堂。四年（1268），门人石霜虎岩伏长老法嗣书至，上堂。

五年（1269），母亲去世，讣音至，上堂。九月，灵隐退耕德宁（？—1269）入灭。据《行状》，会灵隐退耕宁公物故，魏公复奏师继所统，是故他在继退耕之后住持灵隐。辞众赴灵隐，上堂。

咸淳五年（1269），住持灵隐。何山觉庵梦真和尚至，谢何山长老并典座，上堂。

咸淳五年（1269），虚堂智愚（1185—1269）十月七日入灭，遗书至，上堂。这一则记载语录原文位置有误，误置于七年（1271）。

六年（1270），湖州道场无等慧融（？—1270）遗书至，上堂。

七年（1271）初，百丈和尚送猿至，上堂。五月，云峰和尚赴蒋山，上堂。云峰妙高（1219—1293）端午后住蒋山。八月，本觉虚室满长老至，上堂。重九，兼谢支提和尚，上堂。此支提和尚，有可能是月庭至华，石田法薰门人，《增集续传灯录》以为是天目文礼门人。冬，焦山足翁和尚遗书至，上堂。天童无际了派（1149—1224）门人焦山足翁德麟禅师（1199—1271）入灭。

八年（1272），谢雪峰绝岸和尚上堂。绝岸可湘（1206—1290）为无准师范门人，时初住雪峰。

庆元府万寿庸叟时中长老、广福梅岩默长老、岳林南坡岳长老瑞世，上堂。庸叟时中早参无准师范，后参虚舟普度，初住四明万寿，后住苏州承天。门人有万寿荆石琦、圣寿敬叟諲，敬叟门人景德云海。

了庵清欲有《圣寿敬叟諲和尚真赞》，其门人景德云海所请。古林清茂

（1262—1329）有《悼承天庸叟和尚》四首。

九年（1273）冬，跋《无文道灿禅师语录》。

十年（1274）秋，平江万寿囷叟和尚遗书至，上堂。万寿囷叟源禅师（？—1274）为浙翁如琰（1151—1225）门人。婺州双林松关至，上堂。松关禅师，时住婺州双林，事迹不详。谢南台、高台、上封三刹长老，上堂。是年末，北磵居简门人石楼明和尚赴平江万寿，上堂。

蒙山德异（1231—？）南宋末至吴，万寿石楼明，命典藏。

德祐元年（1275）春，何山觉庵和尚至，上堂。觉庵梦真（？—1287）为松源门人雪窦大歇仲谦弟子，时住何山。退耕德宁入祖堂，上堂，称其六据名蓝。

淳祐四年（1244）阎贵妃集庆寺所占地段，至此始还。是年退院。《行状》称有人挟私愤，在当局搬弄是非，于是退院。

景炎二年（1277）丁丑七月十五日解制前，住径山。此前径山藏叟善珍（1194—1277）入灭。二年，蔡讲书、熙书记（元熙）至。

二年十月，无得和尚忌辰，上堂，道"寥寥五十载，昨是今何非"，表明无得可能入灭于绍定元年（1228）。

祥兴二年（1279），藏叟善珍（1194—1277）入祖堂。

元至元十七（1280）庚辰，入灭。俄示微恙，索笔大书曰："八十二年，驾无底船。踏翻归去，明月一天。"趺坐而化。寿八十二，夏六十八。度弟子二百。门人禀法训徒者遍布江浙。

至元二十年（1283），其小师淳朋，请行端作行状。

据《增集续传灯录》卷一：

径山虚舟度禅师法嗣

径山虎岩净伏禅师　承天庸叟时中禅师

天童竺西妙坦禅师　灵隐玉山德珍禅师（无传）

疎山楚山端禅师（无传）　德岩佑禅师（无传）

一岩唯禅师（无传）[1]

---

[1] 《卍续藏经》第83册，第263页上。

还有广福梅岩默、岳林南坡岳、本觉虚室满三位嗣法长老，小师淳朋请元叟行端作《行状》，侍者淳真请雪岩祖钦跋其语录。其所度弟子都是淳字辈，还有淳志、淳缜、淳元、淳密等。

玉山德珍后来住持灵隐，门人有昙芳守忠（1275—1348）、志贤、良弼等。还有嘉兴三塔景德禅寺古禅性（？—1323）。

第五节　虚堂智愚

松源下传运庵普岩（1156—1226），运庵再传虚堂，成为这一派最重要的法系。

据《运庵普岩禅师语录》，普岩，字少瞻，号运庵。绍兴廿六年丙子（1156）生，四明人，俗姓杜。早年剃落，初与石鼓希夷谒无用净全等诸老。淳熙十一年（1185）甲辰春正月，松源崇岳禅师出世平江澄照，唱密庵之道，他便来参，时年三十。未几松源迁江阴光孝、无为冶父，皆从行。室中问答，水乳相合，命为侍者。绍熙改元（1190）庚戌秋九月，松源住持饶州荐福，命为悦众。解职还乡，松源以偈一章赠之："冶父门庭索索，东湖风波甚恶。知心能有几人，万里秋天一鹗。"

松源领明州香山、苏州虎丘、杭州灵隐、报慈等八处，十八年间，形影相从，尽其玄微。尝在灵隐分座接纳，以母丧回乡，北磵居简作长句唁之，丛林至今传诵。

嘉泰二年（1202）壬戌秋八月，松源临示寂，以所传白云守端禅师法衣与顶相授与，师却衣不受，只受其像，请破庵祖先师叔作赞，江湖伏其识量。

俗兄乔仲创庵于四明，即"运庵"，请师居之。台州般若虚席，北磵居简制劝请疏，未行。开禧二年（1206）丙寅春三月，在苏台宝华，受镇江大圣请，出世为松源拈香。后移真州天宁、湖州道场。道场开山讷禅师行道之时，猛兽驯服，以故举世称伏虎祖师。师自领寺事，宿弊尽革，号称伏虎再来。宝庆二年（1226）丙戌秋八月初四日坐化于此山，享年七十有一。灵隐石鼓希夷为主后事。

虚堂智愚（1185—1269）为运庵普岩门人，南宋末期著名禅师。

淳熙十二年（1185）出生，四明象山人，陈氏子，母郑氏，祖父卜墓穴欲得高僧，母后梦异僧而生。

庆元六年（1200）十六岁，依普明寺僧师蕴出家。后辞亲离乡，首依曹洞宗天童正觉门下自得慧晖（1090—1159）门人雪窦焕和尚，后依瑞岩石窗法恭门人净慈中庵重皎和尚，公务之外，惟是坐禅，二老对之抚爱，经常携之左右。

约在嘉定九年（1216）左右，过金山，见松源门人掩室善开和尚，对之颇为器重，与语通宵。

其时运庵，谢事真州天宁，暂居金山，与之邂逅语话，见其气宇不凡，器之。未几赴道场，携之同行，为其薙染，为不厘务侍者。凡入室，常举古帆未挂因缘，不许下语。一日造方丈，通见解，语声未绝，运庵云："何不合取狗口，静地里密密体取去！"归寮不觉烦躁，忽然会得古帆未挂话、清净行者不入涅槃话。次日入室，却问："南泉斩猫儿如何？"师云："大地载不起。"庵低头微笑。

与石帆惟衍一起参访诸方，遍历诸大老之门。游江淮湘汉，巡礼祖塔。坐夏荆门玉泉时，因思虞察院于疏山寿塔因缘发明，孜孜参究，冬过庐山，大雪弥月，在东林旦过堂夜坐，无心中会得大岭古佛放光时节，自此凝滞泮然。

在南岳二年，从无二月和尚于福严，任藏主，有脩首座饱参硕学，归隐南岳。与之商略古今，深相契合。时约在嘉定十一年（1218）至十二年（1219）间。时有西蜀言道士，同夏岳山。三十年后，著僧衣，二人复会于双林。

至临川，参北禅礼禅师。

嘉定十六年（1223），自江西回浙，到育王，参秀岩师瑞。他自称嘉定间，在育王西塔，见秀岩说鼓山时事，以手点木庵真云："我孤负者老和尚。"又点佛照真云："我被者老汉转了话头。"又泣又笑，悲喜交集。而平日提唱，多是讴歌。

嘉定十七年（1224），至净慈，见天童如净（1162—1227），如净于十六年（1223）末自明州瑞岩再住净慈。

宝庆元年（1225），到虎丘，参笑翁妙堪，命为藏主。

绍定二年（1229），笑翁妙湛（1177—1248）住灵隐，以虎丘旧职，再命为藏主。后来又为首座。举住杭州广觉，力辞。

绍定二年（1229）五月，出世嘉兴兴圣禅寺。朝请郎知嘉兴军府主管学事兼管内劝农公事借紫杨璘撰府疏，知府陆盘隐撰县疏，嘉兴报恩光孝禅寺住持别浦法舟撰《诸山劝请疏》，尽是一时之选，十分隆重。岁末，知府吴状元蠲芦租，公据立石，上堂。

四年（1231），清明，为妙源侍者赞禅会图。径山藏主断桥妙伦（1201—1261）至，上堂。

端平二年（1235），退院，共住持七年。受报恩，辞众，上堂。称"流虹七载夤缘尽，又向天宁理债窠。"住持报恩时，又道"山僧住个小院七年"，可见在兴圣住持七年。

端平二年（1235）秋，住持天宁。上堂："报恩有三件，不如诸方：第一说到行不到，第二行到说不到。第三聻？"卓主丈："人贫智短，马瘦毛长。"

端平三年（1236），请甘露和尚为首座，上堂。谢南禅云壑和尚并维那，上堂。师叔径山无准师范和尚至，上堂。

嘉熙元年（1237），退院，上堂。开山庆元府显孝禅寺。开府存畊赵公，以明之显孝，革律为禅，力请开山。是年曾与石帆惟衍相见。

嘉熙二年（1238）除夕，小参。嘉熙三年（1239）重九，上堂。

嘉熙四年（1240），住持庆元府瑞岩开善禅寺。

淳祐元年（1241）元旦，上堂，称"嘉熙纪运，淳祐开图。……辛丑岁首，乌飞兔走。"

辛丑夏，谢事芝峰。寓居霞谷，作颂古百则。自称"淳祐二禩壬寅月正初吉，智愚谨书。"①

在启霞三年（三历寒暑），淳祐元年末至淳祐四年初。在启霞时，赵开府来访，次韵谢之。

淳祐四年（1244）住持延福禅寺。在启霞受请，辞众上堂。称"自退芝峰，托迹于兹，三历寒暑。"

---

① 《大正藏》第47册，第1024页。

五年（1245）正月，元宵上堂。以偈上四明守黄侍郎，辞延福，自称"六十银丝两鬓侵"。赴双林辞众，上堂。称"弃万松入双栳。"

五年（1245）三月，住持宝林禅寺。五月八日，大士生日，上堂。施主舍田建达磨忌，上堂。达磨初忌，拈香。

六年（1246），智者寺和尚相访，上堂。结夏（闰四月），小参。称今夏恰恰一百二十日。达磨第二忌，拈香。

七年（1247），初，华藏和尚至，上堂。慈云和尚至，上堂。

西白和尚至，上堂，云："风穴破屋数间，单丁者七年。后为临际正续。西白道人即斯人也，深云古木，双眼清寒；大音希声，岂同常调！"①

五六月，承天短蓬和尚（？—1247）遗书至，上堂。达磨第三忌，拈香。腊八上堂，举婆子烧庵公案。

八年（1248）初，使府升座回，上堂。僧问如何是不动尊，师答东走西走。二月，妙胜和尚至，上堂。三月，上堂，称二十年做长老，自绍定二年（1229）至淳祐八年（1248），恰二十年。达磨第四忌，拈香。

九年（1249）元宵，上堂。此后遭遇大难，从双林退席。在双林五年期间，灵竺权衡之访婺守，会双林。

西蜀言道士，昔同夏南岳。三十年后，著僧衣，复会于双林。

汤正言请为前双林云峰德和尚入塔，表明其前任为云峰德禅师。德禅师两处住山。

淳祐九年（1249）初，遇强寇之难，到杭州，归隐灵隐松源塔下。二月二十八日，有《答蓬莱宣长老书》。书中称二月初十到杭州，"灵隐已脱选，相伴而已，光老恐三月初进院。移单归松源塔所去。"意思是他本来列名灵隐住持候选人，然而并未中选，东谷妙光将于三月初入院，他准备到松源塔所居住。宣长老，号无示，为其门人。

东谷妙光（？—1253）主灵隐，请为立僧。

据《虚堂和尚语录》卷八：

> 师在灵隐鹫峰塔，杜绝世谛，衲子请教，遂立三问示之，各令

---

① 《大正藏》第47册，第999页。

著语。

一已眼未明底，因甚将虚空作布袴著。

二划地为牢低，因甚透者个不过。

三入海算沙底，因甚针锋头上翘足。①

淳祐十一年（1251），运庵忌拈香，称"老和尚死去，二十五年"，运庵宝庆二年（1226）入灭，故当在淳祐十一年。

宝祐二年（1254），七十岁，住灵鹫庵。

宝祐四年（1256）四月，住持育王。朝散郎、集英殿修撰、知庆元军府事兼管内劝农使兼沿海制置使陈昉撰府疏，四月初七日在灵隐鹫峰庵受请，十九日入寺。

虚堂自淳祐九年至宝祐四年退隐七载，故有"十载深云独掩扃"之说。到大慈，与北磵居简门人堂头物初大观（1201—1268）相聚。

明州仗锡山延胜禅院棘林和尚至，启霞旧识。曾受棘林请为二沙弥付衣。棘林应是枯山艮传之别称，枯山为秀岩师瑞门人。夏后，径山石溪心月（1176—1256）遗书至，上堂。

五年（1257）二月，雪窦大歇仲谦和尚至，上堂。三月，摘茶次，清凉和尚至，上堂。清凉当为其门人，故举沩山仰山摘茶公案。

春，棘林和尚艮传（？—1257）遗书至。四月（闰四月），结夏小参。同门好友石帆惟衍至，上堂。称"我与石帆老子，十余年走遍天涯海角，尚自不知。今日再会，又是二十年。"②约五月，松源门人雪窦大歇仲谦（？—1257）遗书至。中秋无月，上堂。冬，新天童别山祖智自蒋山来，上堂。

宝祐六年（1258）元旦，上堂。六月十四日罹难，知府吴制相信谗怀隙，辱师，欲损其德。师怡然自若，始终拒抗，颜色不改。七月十三日奉圣旨，与免无辜，谢事上堂："都省罗太尉缴上谨奏以谢。去时晓露消祥

---

① 《大正藏》第47册，第1044页。
② 同上书，第1006页。

暑，归日秋声满夕阳。恩渥重重何以报，望无云处祝天长。"①

台州余尚书请主金文，不应，退居明觉塔下。

景定元年（1260）八月，住持柏岩慧照禅寺。景定二年（1261）五月，上堂，时七十七岁。是年退院，归老雪窦西庵。

景定三年（1262）至五年（1264）住雪窦西庵。

景定三年（1262），登雪窦，有诗五首。景定四年（1263），在雪窦西庵。八月，为门人高丽国淑法师印藏经，说法语。淑法师航海而至，遍参知识，闻所未闻，发愿印藏经。至节，有诗赠禅客智仁。

景定五年（1264）正月，住持净慈，十六日入寺。八十住山，世时稀有。三月，同门新住承天石帆惟衍至，谢新承天和尚，上堂。十月，开炉上堂，谢降赐钱翻盖僧堂。谢赐田，上堂。八家为井。

据《行状》，景定甲子，有旨诏住净慈。衲子奔集，堂无以容，半居堂外。上赐绢百疋造帐，米伍伯硕，楮券十万贯。是年秋，又赐田三千余亩，即天锡庄。十月，帝崩。召师入内，对灵普说。两宫宣赉优渥。冬至（书云日），小参。去年十一月十二日，是书云之日；今年寒十一月二十四日，是至节之朝。

咸淳元年（1265），三月十一日，宣入大内普说。先于几筵殿迁理宗皇帝灵舆，入正殿拈香。语录，师不许刊行。满散太后生日寿崇节，上堂。太后亦为四月八日生。解夏（闰五月），故有百二十日长期。辞众赴径山，上堂。住持净慈两夏一冬。

咸淳元年（1265）八月住持径山。八月二十五日辰初，进寺。上堂，强调佛法在正，不在乎盛。正则鬼神莫测其源，盛则鬼神能妬其福。冬，门人宝叶妙源出世荐严，谢新荐严宝叶长老，上堂。后来宝叶源为造径山寿塔。谢南岩镜空首座，上堂。

咸淳二年（1266）元旦，上堂。七月，解夏小参。自称大觉世尊直下五十三世嫡孙。运庵普岩入灭，正四十年。运庵和尚忌日，拈香。称"义断情忘四十年。"

三年（1267）元旦，上堂。是岁天子南郊。

---

① 《大正藏》第47册，第1007页。

秋，送日本南浦绍明（1235—1308）归国。

据《虚堂和尚语录》卷十：

送日本南浦知客
敲磕门庭细揣磨，路头尽处再经过。
明明说与虚堂叟，东海儿孙日转多。
明知客自发明后，欲告归日本，寻照知客、通首座、源长老，聚头说龙峰会里家私。袖纸求法语。老僧今年八十三，无力思索。作一偈以预行色。万里水程，以道珍卫。咸淳丁卯秋，住大唐径山（智愚）书于不动轩。①

他后来在日本知名度极高，墨迹流传很广，确实是东海儿孙日渐多。

中秋，西堂南岩镜空出世三塔。冬夜，自绍定二年（1229）出世兴圣，至是三十九年，其前曾辞广觉，至此当四十年，故称四十年间，住持十处。

四年（1268）元旦，上堂。是年闰正月，故两个岁端。闰正月望，俊长老出世杭州庆远寺，为新庆远长老上堂，称其潜行密用、不舍昼夜三十年，始得应世。后来庆远俊还请师为作真赞。

结夏前，海西堂至，上堂。谢福州光首座秉拂，上堂。

端午日，天目文礼（1167—1250）门人嘉禾天宁冰谷衍（？—1268）遗书至。

秋九月，雪蓬明长老瑞世嘉兴光孝，继冰谷之后。雪蓬明，相从有日，自育王过东山，为知客。在南屏居第一座，出世淀湖。二年复归径山，仍为第一座。

冬十月日，化城鸣钟。祈雪有应，朝廷降赐度牒二十道，入常住修造。门人精严寺紫岩长老至，月旦上堂，兼谢紫岩长老。

门人无则珍都寺曾于育王写真，后十二年，至径山请赞。《无见先睹禅师语录》卷二有《古田和尚答无则和尚语》。无则珍与石田法薰门人愚极至慧为友。

---

① 《大正藏》第47册，第1063页下。

五年（1269）元旦，上堂。谢马安人舍僧堂禅床四十座及尼师，上堂，举郑十三娘上沩山公案。自四年秋动工建千僧堂，至五年六月十日落成。朝廷明禋大礼祈晴，上堂。十月一日开炉并翻盖佛殿，上堂。自称山僧今年八十五。

己巳十月五日，祖忌拈香罢，忽感微疾。越二日，书偈沐浴，端坐而逝。春秋八十五，夏腊五十三。嗣法十数人。

咸淳十年十月十一日，新札差住持庆元府清凉禅寺嗣法小师法云作《行状》。

第六节　石溪心月生平事迹

石溪心月禅师为运庵普岩门人，是南宋末期的一位重要人物，有《语录》存世，然对其事迹禅法论者无多。

据刘震孙《石溪心月禅师语录》序，石溪心月为四川眉州人，俗姓王，业世业儒，其卒年当在宝祐三年（1255），因为景定元年（1260）时其门人正彬持其《语录》请刘震孙为序，且言"吾师石溪佛海禅师之没，且六年矣"。

石溪早年经历不详，据《石溪心月禅师语录》卷三杨栋《御书传衣庵记》：

> 径山兴圣万寿禅寺住持石溪师心月，来见其里人，前史臣杨栋于余杭普救寺，出书袖中请曰："心月蒙恩，宣赐御书，勒之翠珉，乞文为记。"臣栋读其书，曰：心月师掩室，掩室师松源。嘉泰壬戌，松源将亦寂于灵隐。时掩室住云居，千里而遥。群弟子纷然，拈所传衣，莫知所付。乃问四众曰："没量大汉，为什么抬脚不起？"又曰："开口不在舌头上，有语即授衣。"南北山禅衲千数，无一契者。乃嘱徒弟宗礼曰："留寘吾塔所。三十年后，当有的孙，来住此山，可以付之。"
>
> 迨淳祐丙午，心月自虎丘被旨继其席。开堂之日，宗礼、慧渊，从众中出。捧衣宣言曰：师翁密有悬记，付嘱如是。心月叹曰：昔二十四祖师子尊者，四世而传二十有二人，然必以传衣定正嗣，余皆傍

出。大阳延禅师，老无的传，一日谓浮山、琅琊二师曰："吾道非远即觉。"对曰："吾二人皆有父母矣。"大阳垂涕，乃以皮履布裰，遗浮山曰："汝为我择人付之。"后得青华严，大振曹洞一宗。彼颜面不觌，尚尔。吾尝依师于此，闻举："铁酸馅，作么生咬？"吾拟对，师云："不是，不是。"心疑之，辞归乡，再来而师已矣。今得此，岂偶然哉！受衣之翌日，宗礼忽书偈，别众曰："吾事毕矣。"端坐而化。事由是播传，往往闻天上。心月自迁径山，即挈衣与俱，结茆藏之，以俟来者。壬子七月，庵成。内臣宣上旨，以御书"传衣石溪"四大字，赐臣僧心月。臣僧欢抃，得未曾有。兹欲纪述之，以诒无穷。①

此故事虽出自杨栋笔下，实为心月自述。心月曾经在北山灵隐从学松源崇岳（1132—1202）门下，松源于庆元三年（1197）六月五日入院，居灵隐六年，示灭于嘉泰二年（1202）八月四日。心月称在此闻举"铁酸馅，作么生咬"，拟有所对，师曰不是不是，机缘不契，疑而归乡。心月又于淳祐十一年（1251）称与师一别五十年（下详），然又未遇师临终所举末后公案，则他应在嘉泰二年（1202）初离去归蜀。

据《偃溪广闻禅师语录》卷二《跋海佛禅师语录》：

石溪未离云顶，行脚未到处要须到；既见云居，开口不得处要须道。执侍半年，如矢在弦上，知而不自发；至龙袖拂开之机，而箭在的中，发而不自知。虽然，早年见松源于北山下，是此话已行。若谓开得口后，方有此录，脑后犹欠石溪一锥在。②

又据《枯崖漫录》卷二：

松源岳禅师，由虎丘迁灵隐。老而聩，丛林呼为老聩翁。以所传白云端和尚法衣亟欲付人，垂三转语，云"开口不在舌头上"、"大力

---

① 《卍新续藏》71 册，第 71 页上中。
② 《卍新续藏》69 册，第 753 页上。

量人，为什么抬脚不起"、"大力量人，为什么脚根下红线不断"，而无契者。留衣塔下曰："三十年后，有我家子孙来住此山，以此付之。"遂告寂。石溪后亦由虎丘奉旨而至，径拈衣云："大庾岭头，黄梅夜半。争之不足，让之有余。而今公案现成，不免将错就错。"捧起衣云："敢问此衣，白云传来，松源留下，明什么边事？恼乱春风卒未休。"今佛海留于双径传衣庵，其复有所待耶？①

如此心月早年曾见松源之事非虚，传衣之事为当时实录，且有松源门人宗礼、慧渊二人出示，宗礼献衣之后便示偈入灭，有如饮光之待慈氏，确实十分神奇。《枯崖漫录》为当时实录，此事应当是真实的，并且风闻一时，就连皇帝也听说了，并御书"传衣石溪"赠之。

据《运庵普岩禅师语录》卷一：

> 宁宗嘉泰二年壬申秋八月，松源临示寂，以所传白云端禅师法衣再顶相授与。师却衣受像，倩破庵师叔请赞，江湖伏其识矣。②

这是运庵普岩一系的记载，他们认为松源示寂之前本欲将法衣和顶相传给运庵普岩，运庵谦让，却衣留像，并请师叔破庵祖先题赞，江湖服其识见。此说真假备考，可能是运庵系为抬高本支而做的宣传。

虽然有此神奇的传衣故事，并且心月确实从学于松源，但他始终不以松源直传门人自居，而是强调自己始从云盖山紫云演和尚，后事云居山掩室善开。心月未言他是先从紫云，还是先事松源，其初次游方是单独出来，还是随同紫云一起前来拜见松源。心月虽然自认为掩室法嗣，但也不忘紫云的开启之恩。

据《石溪心月禅师语录》卷一：

> 僧问："暂辍钟山板首，来登报恩道场。四众咸臻，愿闻法要？"

---

① 《卍新续藏》87册，第33页中下。
② 《卍新续藏》70册，第122页上。

师云："石城东畔冶城西。"进云："大众欣然去也。"师云："今日不著便。"进云："如何是最初句？"师云："大地载不起。"进云："如何是末后句？"师云："倒腹倾肠说向谁？"进云："此句在云居得，云顶得？"师云："浮生穿凿不相关。"僧礼拜。①

这是后来心月在报恩禅寺最初开法时的法语，虽然以一瓣香酬掩室法乳之恩，但门下皆知他普从云顶问道的经历。

演师宗系事迹不明，然应当与善开同门，皆为松源崇岳门人。

据《石溪心月禅师语录》卷三《云顶演和尚送石溪出关见云居掩室和尚法语》：

道人行处，寸草不生。眼观东南，意在西北，也是家常茶饭。有般汉，恰似杀人了，及乎推勘，硬不肯招认，忽然业镜一照，冤家见前，当时口似匾担。若也未能如此，不免挑囊负钵，拨草瞻风，闭目藏睛，三二十年，向鬼窟里作梦。不然被无知阿师教坏，唤钟作瓮，鼻孔辽天，弟子与师，俱陷王难。

月侍者相从既久，一日谓予曰："近闻衲子辐凑云居，亦愿効瞎驴趁队，可否？"予谓之曰："仆虽在先师会中，与渠友善，但见其吃饭屙屎，鼻直眼横，而不知其为何人也。汝若具眼，行自辨之。"嘉定戊辰季秋。紫云演老书。②

演和尚号紫云，他曾在松源会中与掩室友善，故支持弟子前去问法。此书写于嘉定元年（1208）秋，这也是心月出蜀之时。

据《兀庵普宁禅师语录》卷三：

欧峰有亭曰见山，乃昔人启关悟心之所。戊辰嘉定，余适会吾灿祖演《心铭》于其上，至"兀尔忘缘，归复自然"处，余不觉掩耳而

---

① 《卍新续藏》71册，第23页中。
② 同上书，第72页上。

退。三十年来每每兀坐，即知其然，亦知其所以然，终未能见其所以然而然也。及观径山无准大长老书"兀庵"二字，付宁侍者，因问命名之意，曰"无他焉，唯痴兀自守也。"若果如此，曷若从径山所书兀为庵，兀兀然而从灿祖游为愈也。心月书。①

又据《石溪心月禅师语录》卷二《示秀上人》：

> 余年三十，方再南，闻空叟有言："三十行脚，此事休也。"初得此语，心甚不平。过二圣座元，几案间，见穷谷语，举云门话堕，于光明寂照中，便有歇泊地头。及登瓯峰，旬日间，趁队入室，先师举："达磨葬在熊耳，因甚只履西归？"余对以"一点水墨，两处成龙。"复一日龙袖拂开，面目全露，遂垛根四载。然后江之南北，浙之东西。亲师友，味甘苦，动转施为，未尝向背。今又三十年，尚未能依稀彷佛，信知此事，大不容易。休也二字，真吾之一知识也。秀上人天资纯粹，西城两年，寂寥道伴。喜闻南山老石田迁北山。予谓之曰："青山易得，知识难逢，正抠衣之时也。"故书许多丑拙。无他，幸紧著手脚，以悟为期。不然坐在无事甲中，后三十年，不一弹指，可不惜哉！②

这是心月自述经历，十分重要。据此，他出蜀游方之时，当为三十岁，若此为实数，则其生年应在淳熙六年（1179）。然而他称自行脚至今又三十年，还道"喜闻南山老石田迁北山"，而石田法薰据《石田法薰禅师语录》卷四《行状》，"端平二，复有旨，迁北山灵隐。"③ 自嘉定元年（1208）至端平二年（1235）只有二十八年，不足三十之数。当然也可以理解为此书写于石田迁灵隐之后，秀上人与之"西城两年，寂寥道伴"，可能是指他在能仁寺住持两年，因此此书也可能写于嘉熙元年（1237）。

---

① 《卍新续藏》71 册，第 22 页上。
② 同上书，第 61 页下、62 页上。
③ 《卍新续藏》70 册，第 355 页中。

据《石溪心月禅师语录》卷一：

> 师乃举拂子，示众云："我此法印，为欲利益世间故说。山僧行脚五十年，住持三十载，未尝动著。"①

这是心月淳祐十年（1250）在径山升座时所述法语，其行脚若自庆元三年（1197）算起，不止五十年，其住持则只有二十四年，看来五十、三十都是约数，并非实数。

又据《石溪心月禅师语录》卷一：

> "佛海禅师"号至，谢恩，上堂。祝圣罢，乃云："道出常情，禅超数量。禅超数量，作么生参；道出常情，作么生学？语默不及处，文彩未彰时，便领略得去。如天普盖，似地普擎；如雨露之滋沾，如日月之照烛；九州四海，悉禀威灵；草木虫鱼，咸承恩力。臣僧生缘西蜀，学慕南宗，八十年渴饮饥飡，一万里瞻风拨草。滥叨巨刹，皆荷国恩。自惟林间枯槁之余，获被天上徽猷之号。如斯际遇，实谓希逢。只如知恩报恩一句，又作么生道。天高群象正，海阔百川朝。"②

这是宝祐三年（1255）御赐"佛海禅师"之号后他上堂谢恩法语，其中自言"八十年渴饮饥飡"，表明其时已八十岁，如此则应生于淳熙三年（1276）。因此三十岁游方和八十年说必有一个是不准确的。

他听说佛照德光（1121—1202）门人空叟宗印有言，三十岁才开始行脚就太迟了，难有大作为，心中颇为不平。他沿流东下，路过湖北公安县二圣寺，在首座几案上见到大沩月庵善果（1079—1152）门人玉泉穷谷宗璉（1097—1160）之语有省，方知行脚须有真实行履，识得云门伎俩，才得啐啄同时，"横身宇宙，独步大方"。及登瓯峰云居，拜见善开，闻举达摩葬在熊耳山，为何只履西归，便对以"一点水墨，两处成龙"。后来拂开

---

① 《卍新续藏》71 册，第 41 页下、42 页上。
② 同上书，第 44 页中。

疑云，面目全露，遂在此停留四载，然后又再次游方，大江南北，浙水东西，无不遍造，然只是保任，虽动静施为，未曾向背。

据《嘉泰普灯录》卷二十六：

玉泉穷谷琏禅师二则

举云门话堕，师曰："权衡祖道，号令宗乘，须是云门老人。诸方扶强不扶弱，琏上座扶弱不扶强。当时若作这僧，待他云门大师道'光明寂照遍河沙，岂不是张拙秀才语'，只对道：'和尚也不谬为大善知识。'教他云门进也无门，退也无门。非但截断云门脚跟，亦与天下衲僧出气。虽然如是，只如云门道'话堕也'，意作么生？"良久，曰："谛观万法交罗处，一一尘中更有谁？"①

据宋圆悟《枯崖漫录》卷三：

镇江府金山掩室开禅师，成都人也。遍历讲肆，忽然不乐，欲出岭了大事。枢使安公亦勉以偈曰：吾有大患为有身，是身假合亦非真。维摩示病元非病，好向南方更问津。室抵番阳东湖，值松源开室，闻举"明眼衲僧，因什么失却鼻孔"，言下领解。一日连案僧见其看经，问曰："向后得座披衣，如何为人？"室将经度与僧，僧将经掷于案。室复取，朗声诵。僧休去。嘉泰辛酉，始赴庐山云居请。未几，敕补金山，如蓝田。法语皆参禅快捷方式。平生所接人，独得佛海，大昌松源之道。②

如此掩室善开是于嘉泰元年（1201）出世云居，但他云居实际住持十二年，后迁金山，并非"未几"便行。据《石溪心月禅师语录》卷一，"掩室和尚忌，烧香：'这老子，虎据瓯峰，十有二年。'"③ 心月于嘉定元

---

① 《卍新续藏》79册，第458页中。
② 《卍新续藏》87册，第42页中。
③ 《卍新续藏》71册，第34页中。

年（1208）末到云居，此后又逗留四载，龙袖拂开，嘉定五年（1212）善开移居金山，他也随之离去。

据《石田法薰禅师语录》卷一：

> 高峰小寺，石田最初说法所也，有单丁昼乞村落之风。开炉日，欲聚泥人听法，泥人亦不可得。时高源、无准、即庵、中岩照与余偕至。石田上堂，笑视云："些子死柴头上火，大家著力试吹看！"其孤寂中，词气若此。未久迁枫林。拈古，有"黄龙易看头面，难见心肝"等语。云巢称之，痴绝笔之。浙翁亦曰："老僧只得避路。"及入圆悟关，则曰："虽是旧时车子，山僧也要横推。"后二十年，南北两山，凡提唱，或平实岭绝处，左转右转，皆生机活路，未易弹举。姑以亲所闻见者书之。若谓余乡情未忘，请看是录。淳祐丁未结制日，心月敬书。①

石田法薰最初出世高峰，时在嘉定七年（1214）闰九月二十二日，寺小人稀，故蜀僧高源祖泉、无准师范、即庵慈觉、中岩照和心月等一起前来捧场。不久石田即迁枫林，时在嘉定八年（1215）正月二十一日，心月等随行。石田在枫林出语非凡，名声大振，获诸大老赞赏，云巢岩称之，痴绝冲书之，就连径山佛心老人浙翁如琰也称"只得避路"，这些都与心月等朋辈的帮助有关。

心月在行脚时，曾在嘉定十二年（1219）参痴绝道冲（1169—1250）。

据《续传灯录》卷三十六道冲传：

> 嘉定己卯，由径山第一座应嘉禾光孝请，嗣曹源。是时庵元、觉庵即、逢庵原、无相范、石溪月，皆在会中。②

这表明心月和即庵慈觉、逢庵高原祖泉等交好，尝同进止，皆为一时之秀。庵元不明何人，无相范（？—1231）恐误，据《枯崖漫录》，无相范

---

① 《卍新续藏》70 册，第 317 页上中。
② 《大正藏》51 册，第 711 页上。

得法于松源崇岳，与无准范同时，故号称"大范"，始开法焦山，后迁雪窦，其年资早于道冲，此处实当为无准范。

据《无准和尚奏对语录》卷一无文道粲《径山无准禅师行状》：

> 既而以台雁未到，拉月石溪同游至瑞岩。时云窠领住持事，留分座。①

如此心月和无准范关系尤其密切，曾和其一起游台雁，时云窠岩住瑞岩，时在嘉定十三年（1220）三月以前，因为是年三月二十八日，师范应邀出世庆元府清凉。

心月于宝庆二年（1226）出世建康府报恩禅寺，在此住持十有二年。后迁能仁禅寺，嘉熙二年（1238）离院，往径山。嘉熙二年（1238）九月十九日，在径山受请住蒋山太平兴国禅寺，无准师范为其引座。

据《痴绝道冲禅师语录》卷二：

> 嘉定己卯，由径山应嘉兴光孝请，一芗为曹源，修末后供。宝庆乙酉，被堂帖，移蒋山。蒋山田多依山濒水，旱潦不常，岁租不足以供众。师攻苦食淡，相安于寂寞，十四年始终如一日。②

痴绝道冲先出世光孝，其时心月曾往请益，后于宝庆元年（1225）移居蒋山，蒋山寺田都是依山傍水的薄地，或旱或涝，收入不足以供众，但道冲甘于贫乏、安于寂寞，在此十四年，始终如一。如此他离开蒋山当在嘉熙二年（1238），这恰是心月接任之时，因此很可能是出于道冲的推荐。

然而心月在蒋山住持时间不长，这并非是他不能安贫守道，而是另有因缘。

《石溪心月禅师语录》序：

---

① 《卍新续藏》70册，第278页中。
② 同上书，第75页中。

石溪之在蒋山也，有王氏子，实介甫苗裔，挟权贵势，规取山中地为墓田。石溪争之不得，则鸣鼓说偈而去之。以为是其先世以学术误天下者，而吾徇其请，独不为山灵笑乎。乃往趋东浙，遍游佳山水，将终老焉。①

刘震孙借为心月语录作序之机，大赞了一番大慧宋杲的敢抗秦桧，这是可以理解的，然而却又大骂了一番王安石，将心月不满于王氏和宋杲抗秦桧相提并论，实是借题发挥。蒋山本是王安石舍宅为寺，实为王家功德，王氏后人欲取山中地为墓田，其间是非难言，但王家早已失势，何以与秦桧相比？

据《石溪心月禅师语录》卷一：

退院上堂：白发垂垂一叶身，今年贫似去年贫。住山不与山为主，水石烟云也笑人。②

王氏后人欲以山地为墓地，而当路主之，不以为非，心月作为一寺住持，当然不愿常住受损，何况据前所言，寺田本来就不足用，非有多余。心月争之不得，做不得主，只能选择引退。

嘉熙四年（1240）庚子，蒋山石溪心月（1176—1255）辞院，后游浙东。

据《偃溪广闻禅师语录》卷一：

蒋山石溪和尚至，上堂："破圆悟一关，开衲僧活路。云离钟阜，潮打空城。尽大地人，知是石溪和尚出没卷舒之用。只如擘破面门，现大人相，又且如何凑泊？杖头曲尺并翦刀，须知不是闲和尚。"③

---

① 《卍新续藏》71册，第22页中。
② 同上书，第34页下。
③ 《卍新续藏》69册，第731页上。

石溪心月住持蒋山，当在嘉熙二年（1238）九月十九日至嘉熙四年（1240）庚子年间。此事发生在石溪退院之后，至淳祐三年（1243）住持虎丘之间，故有云散钟阜、潮打空城之说。

据《石溪心月禅师语录》卷一：

> 乃往趋东浙，遍游佳山水，将终老焉。①

心月离开蒋山之后，前往浙东，遍游山水。直到淳祐三年（1243），才应邀住持虎丘云岩禅寺。他在虎丘四年，淳祐六年（1246）八月初一日，在寺奉诏受灵隐之请。

心月到灵隐，是继道冲之后。

据《痴绝道冲禅师语录》卷二《行状》：

> 淳祐甲辰，诏移灵隐，说法飞来峰下。追念密庵、松源旧游，方思所以振起祖风，而魔事出于意料所不及，难以口舌争。遽动终老故山之志，伐鼓亟去。虽京兆尹节斋赵公致书力挽，堂帖有虎丘之命，升师虚斋赵公以蒋山起之，俱莫能回其意。②

道冲于淳祐四年（1244）诏移灵隐，本来念及此乃密庵、松源诸大老说法之法，欲振起祖风，有所作为，结果不久魔事便起，不得已辞院而去。

据《痴绝道冲禅师语录》卷二：

> 《随隐漫录》第五，宋临川陈随隐撰，云：阎妃以特旨，夺灵隐寺菜园，建功德寺。住持冲痴绝退隐，示众云：欲去不去被去碍，欲住不住被住碍。浑不碍，十洲三岛鹤乾坤，四海五湖龙世界。③

---

① 《卍新续藏》71册，第22页上。
② 《卍新续藏》70册，第75页中下。
③ 同上书，第78页上。

这场魔事当时无法明言，实是理宗宠妃阎氏强夺灵隐寺菜园修建功德寺，阎氏艳绝一时，宠冠六宫，实是无法与其抗争。此功德寺后名集庆寺，一说淳祐十年（1250）始建，十二年建成，由天台宗南峰思诚（？—1253）开山。看来集庆寺的征地是始于淳祐六年（1246），道冲不肯屈服，辞院而去，决心归老。虽然京兆尹赵节斋致书挽留，后来平江府以堂帖命住虎丘，赵以夫请再住蒋山，都被他一一谢绝。

心月继住灵隐数年，宗风大振，灵隐列禅宗五山之次，地位十分重要，住持者皆为当时宗匠。在痴绝道冲去世后，心月又继住径山，终于成为禅门五山之首的第一丛林的住持，这也标帜着他成为当时首屈一指的大宗师。

心月继主径山的时间还需要探讨。据《语录》卷一，他是"淳祐十年六月廿一日，在寺受径山请"，然而在辞众上堂时又曰：

> 缘会此山，前后七载。荷诸道旧，相共扶持，粗成保社。会聚巾钵，实倍于前；如幻机缘，幸成于后。云楼峭峙，月殿岩巍；二塔鼎新，五亭复旧。藏典缺而再备，像设坏而重新。是皆有所自来，山怀岂忘知感！自愧老不知止，复有双径之行，不容回互者，天子之命也。今则庚暑正炽，专使促行。不免与合山尊众，湖海禅流，暂尔相别，各宜护持。初无离合之殊，岂有去来之相！①

这是他在灵隐的离职报告，住山数年，成绩斐然，海众倍增，塔殿伦奂，经藏重置，佛像光灿，看来他对灵隐还是非常留恋的，然天子之命，不容拒绝，只得迁居径山。他是淳祐六年（1246）丙午到任的，既云前后七载，就应在十二年离任，不应言在十年，因此应当是误五为七。

据《石溪心月禅师语录》卷一：

> 松源和尚忌，拈香："未见此老人已前，上是天，下是地；既见此老人之后，山是山，水是水。一别五十年，恩怨通身是。恩则且置，

---

① 《卍新续藏》71册，第41页下。

怨个什么？没量大人，抬脚不起，累了儿兮累了孙，恼乱春风何日已？"①

又据《偃溪广闻禅师语录》卷二《跋海佛禅师语录》：

石溪未离云顶，行脚未到处要须到；既见云居，开口不得处要须道。执侍半年，如矢在弦上，知而不自发；至龙袖拂开之机，而箭在的中，发而不自知。虽然，早年见松源于北山下，是此话已行。若谓开得口后，方有此录，脑后犹欠石溪一锥在。②

心月早年曾经来到灵隐拜见祖师松源崇岳（1132—1202），其时应当在庆元三年（1197），在此二年，故一别五十年，当在淳祐七年（1247）。心月所说的前后七载，包括他早年在灵隐的二年，实际住持五年，因此他还是于淳祐十年（1250）离开灵隐，到径山任住持。

据《石溪心月禅师语录》卷一：

承天和尚遗书至，上堂：设有一法过于此者，我亦见之如梦如幻。是故短蓬和尚，觉斯梦境，因之为出没之场；知彼空花，因之为修习玩具。末后一句，坐断千差。还知落处么？尊贵位中留不住，肯为林下守株人！③

又据《虚堂和尚语录》卷二：

承天短蓬远和尚遗书至，上堂。僧问："昔本不离此，今朝亦不来。且道承天老子向甚么处去？"师云："赶人不得赶上。"僧云："莫是向不生不灭处去么？"师云："尔莫要撩拨者气鼓老僧。"僧云："他触著便三毒起。"师云："多少人仰望不及。"僧云："洞山迁化，设愚

---

① 《卍新续藏》71册，第39页中。
② 《卍新续藏》69册，第753页上。
③ 同上书，第39页中。

痴斋；承天迁化，有何分付？"师云："有分付。"僧云："有甚分付？"师云："教尔近前退后，牢记话头。"僧云："也是不惜口业汉。"

师乃云："远之莫及故曰短，踪之不即故曰蓬。波波浪浪，西西东东。直钩已挂双峨碧，一炷香散芦花风。"①

运庵普岩（1156—1226）的门人虚堂智愚（1185—1269）也接到了承天短蓬远的遗书，看来他亦与短蓬远有旧或从其参学过，而据《虚堂语录》，此事发生在淳祐十一年（1251），在运庵"老和尚死去二十五年"的次年。

虚堂和心月同为松源法孙，二人同时收到了短蓬远（？—1251）的遗书，看来曾住持承天的短蓬远是他们的先辈，或许也是松源门人，其事迹不详。无准师范门人断桥妙伦（1201—1261）于嘉熙四年（1240）庚子岁出世台州祇园，有僧正因（？—1240）自称短蓬门人，且举其"如何是尘尘三昧，钵里饭，桶里水"语，断桥以火柴头示之，其僧顿悟，便归鸿福延寿堂坐化。

心月到径山后，建传衣庵，淳祐十二年（1252）七月得御书"传衣石溪"，宝祐三年（1255）又封为"佛海禅师"，和其叔祖瞎堂慧远的封号一样。就在此年，日本国丞相模平将军命僧持书前来问道。

据《石溪心月禅师语录》卷三：

送日本合上人

夜来归梦绕乡关，沧海何曾碍往还。有问大唐天子国，为言睹史在人间。

……

寄日本国相模平将军

径山收得江西信，藏在山中五百年。转送相模贤太守，不烦点破

---

① 《大正藏》47册，第999页下。

任天然。①

如此心月的影响力不限于国内，在海外也有很大的影响。他在日本的法嗣除合上人外，还有大休正念和日本无象静照②。心月在住持径山的最后数年达到了荣誉和地位的顶峰。

---

① 《卍新续藏》71 册，第 64 页中下。
② 参见杨曾文《日本佛教史》第三章，浙江人民出版社 1995 年版。

第十三章　破庵祖先及其法系

第一节　破庵祖先

破庵祖先（1136—1211），为密庵咸杰（1118—1186）门人。有关其生平资料，主要有《行状》等。

破庵祖先，蜀广安人，俗姓王氏。幼时警悟，父母接连去世，乃依罗汉院德祥禅师出家，略知教外别传之旨。后至昭觉寺，参缘禅师。有汉州无为随庵守缘，乃泐潭择明门人，佛鉴惠勤法孙，不知是否与昭觉缘为同一人。

在成都时，还曾参法云法琮门人某庵主。

法琮为晦堂祖心（1025—1100）门人，二十五岁游方，后至黄龙参晦堂，从学十七载，故晦堂入灭时大约四十五岁，应生于至和二年（1055）左右，寿命在八十二岁以上，故入灭于绍兴六年（1136）后，与圆悟克勤相近，虽在圆悟会下为西堂，其资历则更早，故称圆悟为包齿汉。

据《枯崖漫录》卷二石田法薰述破庵之语，他在缘禅师入灭后，出峡南参。在蜀地时，曾到合州钓鱼台，所参尊宿，可能是大随元静（1065—1135）门人石头自回禅师或者铨禅师，亦是有眼明师。

至鼎州德山，参子淳禅师，为之受具，时在绍兴三十二年（1162），年二十七。子淳命其继续游方，乃到沩山，参子淳之师大沩行禅师，行禅师常举狗子无佛性话。

据《石田法薰禅师语录》卷二：

　　曾闻破庵老和尚言："今时兄弟，做工夫不索性，所以不见效验。我行脚时，密庵住衢州乌巨山，我在彼中充知客。解职了，往见水庵双林两廊长,我每夜不睡,从东廊行到西廊,提起话头做工夫。行两三匝了,归堂中打一。看上下间兄弟,一似烂冬瓜相似。我觑了,自思量道,我若不著便,也似这一堂烂冬瓜,讨什么椀子。我在那时做得些工夫,室中也开得口。只是命根未断,心下毕竟不稳。遂起单,至平江万寿僧堂前歇。那时是灯止庵住万寿,是无鼻孔长老。粥罢打鼓入室,我心里欺他,不去入室。有同行去入室了,却来问我道:'你去入室也未?'我谩同行云:'我去入室了。'又却自思量道:'他是我同行,我谩他,心下未稳当,渐要归川去,却是如何?'如此思量,心中躁闷,遂行入僧堂后去,忽然举头,见'照堂'二字,从前疑情顿释。迤逦上蒋山,再见密庵,室中无不投合。遂辞归川,密庵亲送至半山。我不曾问他讨颂,老和尚自袖中出一颂相送,云:'万里南来川𧎾苴,奔流度刃扣玄关。顶门歘瞎摩醯眼,去住还同珠走盘。'接得颂了,便相别归川。后住两三个院了,住夔府卧龙。因有一道士南游,遂作书与老和尚通嗣法。是时密庵住太白,老和尚欢喜,谓育王佛照云:'元来川僧有道义。'佛照云:'待你知得迟了。'盖密庵平生怕川僧闹,不肯多挂川僧。而佛照喜川僧,堂中多是川僧故也。"①

有关其在江浙的参学经历,此说与《行状》差别很大,而《行状》在时间顺序上确实有问题,故应当以此为主。

他在离开湖南大沩之后,经江西东下,进入江浙,可能在隆兴二年(1164)时到过常州华藏,又到苏州一带参学,乾道三年(1167),三十二岁,先在虎丘参瞎堂慧远(1102—1175),因为是年慧远始住持虎丘,然而到杭州参净慈月堂道昌(1089—1171),再至衢州乌巨参密庵,受请为知客,期满之后,于乾道五年(1169),从衢州到婺州双林,参水庵师一(1107—1176)。乾道七年(1171),水庵自双林迁净慈,他可能随行到杭州,然后到苏州万寿。

大约在乾道八年(1172)三十七岁时至平江万寿,自其受具之后算起,已经游方十余年了。时止庵灯禅师住持,被认为是一个无眼长老,虽然挂

---

① 《卍新续藏经》70册,第331页下。

单，不算入室参他。同行相问，他不好意思直说，就随口道去过了，说完之后又觉后悔，自觉不该对同行说谎，心中不免烦躁，便入后堂，忽见"照堂"二字，豁然大悟，疑情顿释。

乾道八年（1172）密庵住持蒋山，于是重参密庵，针器相投。九年（1173）归蜀，密庵以偈送之于半山。《行状》强调他师事密庵五载，大概是首次在乌巨三年，第二次要蒋山二年，是按年头，并非实数。

入蜀之后，始居果州清居山，时间不详。复居梓州望川山，大概在淳熙十一年（1184），不久便到夔州。淳熙十二年（1185），五十岁，受夔州安抚使杨辅（？—1209）之请，住持卧龙咸平禅院，因道人南行，通法嗣书于天童咸杰，咸杰为之感动，以为川人有道义。

淳熙十三年（1186），六月咸杰入灭，闻讯上堂说法。

淳熙十四年（1187），五十二岁，离开卧龙，到常州华藏。遁庵宗演请为首座。

据《破庵祖先禅师语录》卷一：

　　山僧十九上，经过太湖水。今年五十二，此水尚宛尔。清清两岸流，金沙布其底。为物所转人，通身便迷己。①

这是在华藏首座寮普说，所谓"十九"上，实为廿九，他十九岁时尚在川中，不可能到常州。他自道年五十二重来，即在本年。

然而，此说貌似可靠，实则有误。因为宗演住持华藏，最早在绍熙元年（1190），此年破庵五十五岁，不是五十二。五十二可能是他初到华藏的时间，当时住持为宝印。

居华藏数年，复往苏州灵岩，同门笑庵了悟为住持，请为首座。

庆元初，至镇江金山，退庵道奇禅师请为首座。住持常州荐福，不知何时，《宗统编年》系之庆元四年（1198）。

住持真州灵岩，不知何时，应当是继大慧门人东庵了性禅师之后。《宗统编年》系之嘉泰元年（1201）。

---

① 《卍新续藏》70 册，第 216 页中。

嘉泰二年（1202）末，住持平江秀峰。三年（1203）六月，密庵忌日烧香。四年（1204），中秋上堂说法。

开禧元年（1205），在灵隐。嘉泰二年（1202），同门松源崇岳辞任，笑庵了悟继住灵隐，后请破庵为首座。是年受张镃请，住持所创广寿慧云禅寺，为开山。

据《武林梵志》卷八：

张镃

号约斋，官直秘阁学士。尝闻钟声悟道，偈曰："钟一击，耳根塞，赤肉团边去个贼。有人问我解何宗，瞬若多神面门黑。"后舍宅建寺，曰慧云，请破庵先禅师开山，疏云："舍林居为阿兰若，夫岂小缘；请宗师据曲彔床，只因大事。几度遍参，遭密庵打失鼻孔；一朝拶出，向冷泉将下面皮。不谓馨香，奚烦郑重。辞青松于北涧，穿几重出岫之云；封绿水于南湖，祝万岁如山之寿。"今有专祠于慧云寺。①

开禧二年（1206）在广慧。开禧三年（1207），自广慧退居，归径山。蒙庵元聪禅师，庆元三年1197）至嘉定三年（1210）间住持径山，请破庵为首座。

嘉定元年（1208），在径山，时闰四月，故有长夏。《破庵祖先禅师语录》卷一：

径山西堂寮入室罢，众请就座普说，乃云："百二十日夏，过了半月日，参禅学道人，紧急要著实。果能两脚踏实，便是一生事毕。所以道，参须实参，悟须实悟。"②

嘉定二年（1209），到天童扫密庵咸杰塔，后往吴门住持穹窿。嘉定三

---

① 《大藏经补编》29册，第640页中。
② 《卍新续藏》70册，第216页下。

年（1210）自穹窿退居，迁湖州凤山资福禅寺。

据《破庵祖先禅师语录》卷一：

> 受密印师号，上堂："不坐空王殿，不挂本来衣。何须更怎么，切忌未生时。"又道："圣名凡号，尽是虚声；殊相劣形，皆为幻色。一向怎么，土旷人稀；顺俗和光，聊通一线。某丘壑之姿，与草木俱腐，岂谓尧天霈泽，沾溉衰残。此乃观使御带，不忘付嘱，遂致林下野人有兹意外之遇。祗受之情，不胜感佩。"复说偈云：
>
> 只个垂垂白发僧，一生两度受皇恩。
> 只凭少室无私句，地久天长祝圣君。①

在凤山时，受密印禅师之号，这是第二次受皇恩，第一次可能是受紫衣，不知何年。

嘉定四年（1211）归径山，再为首座。师范往省候。径山元聪上年（1210）入灭，石桥可宣继任。虎丘虚席，请之不应。六月入灭，寿七十六，夏四十九。

据《续传灯录目录》卷三：

> **卧龙祖先禅师法嗣四人**
> 　径山师范禅师　灵隐法薰禅师（已上二人见录)
> 　云居慈觉禅师　大慈道侔禅师（已上二人无录)②

又据《增集续传灯录》卷一：

> **卧龙破庵先禅师法嗣**
> 　径山无准师范禅师（增备）　灵隐石田法薰禅师（同）

---

① 《卍新续藏》70 册，第 214 页中。
② 《卍新续藏经》83 册，第 32 页中。

云居即庵慈觉禅师　大慈独庵道俦禅师①

破庵门人，还有为其编辑语录的圆照。

据《破庵祖先禅师语录》卷一：

性长老写师真请赞

顽无所知，说无照对。弄假像真，遭人笑怪。花擘临济黄檗，佛法未梦见在。在在在是处，清风动天籁。②

此性长老，即为其作《行状》的住持镇江府昭庆禅寺嗣法宗性，他是破庵门人中最早开法者。语录中还提到江西辨禅人，从游很久，器识超卓，被视为本色道流。

据《枯崖漫录》卷三：

汉阳军凤栖古月祖照禅师

生缘东川广安赵氏，礼祥甫山主为落发师，敏而疾见，遍游讲肆，所至夺席。忽弃所习，历闽而浙。依肯堂，明得狗子无佛性话。后入破庵室，见其作直视势，乃咄云："野狐精！"破庵劈耳一掌云："毕历不是者个道理。"又应声曰："野狐精！"破庵又与一掌，示以偈云："一掌几曾知痛痒，回头转脑口喃喃。直饶舌似风雷疾，也落机前第二三。"照嘉定间出世唐兴圣果，后在凤栖室中，垂三句验学者。一、和烟钓月句，颂云："烟水茫茫钓艇横，日盈月昃未容分。谢郎不是丝纶客，争免时人错见闻。"二、截水停轮句，颂云："正眼豁开天地窄，机轮停处海涛干。等闲捻出骊珠现，无限邪魔心胆寒。"三、不入驴耳句，颂云："侬家一句分三句，见马逢牛举似伊。只此更无亲切处，眼中闻得始应知。"顺世时，以后事嘱侍郎杨公恢，曰："微子，孰有知

---

① 《卍新续藏经》83册，第260页中。
② 《卍新续藏》70册，第218页下。

予之心者？"杨公为之嗟唔辍食，特叙其语，谓脊骨之硬，不减破庵。[①]

祖照，号古月，东川广安人，俗姓赵，礼祥甫山主落发，后游讲肆，精通经论，所至夺席。弃教入禅，游方闽浙，依肯堂彦冲明狗子无佛性话，后入破庵室，掌下知归，得其宗旨。嘉定间，出世唐兴圣果，后住持汉阳凤栖。其三句颇有特色，文辞优美。临终时请侍郎杨恢办理后事，杨恢还为其语录作序。

杨恢，字伯洪，亦为广安军人，历任知襄州、兵部郎官兼淮西安抚制置副使兼知黄州，嘉熙元年（1237 授四川安抚制置使。二人为同乡至交，关系密切。

第二节 石田法薰

石田法薰（1171—1245）是破庵祖先最重要的门人之一，有语录行世。今根据其语录和《行状》等，述其事迹。

法薰，号石田，眉山人，俗姓彭。灵隐瞎堂慧远为其族祖。生而聪敏，三四岁时即知礼敬佛僧。淳熙十三年（1186）十六出家，往从丹棱石龙山法宝院智明。绍熙三年（1192）二十二薙发受具。南下游方，道经湖湘，访诸祖师遗迹。礼石霜雷迁塔，作偈曰：一念慈容元不隔，何须特地肆乖张。平高就下婆心切，恼得雷公一夜忙。由此名著江湖。次到江西疏山，栢庭文、万松坏衲大璇，皆延留之。

大约在庆元之初（1195），至江浙，先到常州，参华藏遁庵宗演，又到苏州，参虎丘松源崇岳，后于庆元三年（1197）随松源迁灵隐，复参净慈肯堂彦充等。咸谓其从作家炉鞴中出，气象自然与众不同。

嘉泰之初（1201）到四明，见无用净全于天童，无用住持天童，始于庆元六年（1200）。又见秀岩师瑞、空叟宗印于育王，当时秀岩师瑞、退谷义云、空叟宗印三人相继住持育王，退谷住持时间不长。宗印命为悦众，时在开禧、嘉定间。他在育王时间较长，还参过佛照德光及其门下诸大师。

[①]《卍新续藏》83 册，第 41 页中下。

嘉定二年（1209），破庵禅师住持吴门穹窿，闻其道望，遂往依焉。一见视为法器。室中举世尊拈花迦叶微笑，师云："焦砖打著连底冻，赤眼撞著火柴头。"破庵奇之。时与无准师范，相互激励。三年（1210）破庵迁吴兴凤山资福，命为知藏。一日偶闻举锯解秤锤，跃然开发，疑滞冰释。破庵尝谓其与师范二人堪为种草。不久，资福散席，破庵到径山，他随行到杭州，遍游诸老门庭。

嘉定六年（1213）到湖州道场，住持无传宗知之，即请其分座，一众悦服。宗禅师，字无传，时住持道场，不知是不是无用净全门人雪峰了宗（1164—1238）。

嘉定七年（1214）闰九月二十二日，出世苏州高峰，为破庵拈香。高峰蕞尔小刹，生活艰苦，他以身作则，很快为之改观。《行状》称于此三年，而语录则载只有半年。

据《石田法薰禅师语录》卷一：

> 高峰小寺，石田最初说法所也，有单丁昼乞村落之风。开炉日，欲聚泥人听法，泥人亦不可得。时高源、无准、即庵、中岩照与余偕至。石田上堂，笑视云："些子死柴头上火，大家著力试吹看！"其孤寂中，词气若此。未久迁枫林。拈古，有"黄龙易看头面，难见心肝"等语。云巢称之，痴绝笔之。浙翁亦曰："老僧只得避路。"及入圆悟关，则曰："虽是旧时车子，山僧也要横推。"后二十年，南北两山，凡提唱，或平实崄绝处，左转右转，皆生机活路，未易殚举。姑以亲所闻见者书之。若谓余乡情未忘，请看是录。淳祐丁未结制日，心月敬书。[1]

石田法薰最初出世高峰，寺小人稀，故蜀僧高源祖泉、无准师范、即庵慈觉、中岩照和石溪心月等友人一起前来相助。石溪亦道其未久迁枫林，看来确实于此住持未久。

嘉定八年（1215）正月二十一日迁枫桥，同辈高德高原祖泉等五六人

---

[1] 《卍新续藏》70 册，第 317 页上中。

继续相伴而住，提持帮助，影响日增。

大约十一年（1218），灵隐住持海门师齐到访，上堂。他在育王多年，曾经见过德光门人海门师齐，与其一门关系都很好。

嘉定十六年（1223），钟山虚席，庙堂精选，乃以补处，四月二日入院。请清真和尚为首座挂牌，上堂。

宝庆元年（1225），有旨迁南山净慈。浙翁如琰遗书至，上堂。蒋山住持痴绝道冲至，上堂。宝庆三年（1227），谢梅山西堂，上堂。

绍定元年（1228），别浦法舟至，上堂。

端平二年（1235）初，新大乘受请，上堂。九月二十八日，灵隐妙峰之善入灭，遗书至，上堂。有旨，迁北山灵隐。

嘉熙元年（1237）初，谢虎丘双杉中元，上堂。嘉熙二年（1238），请天宁双杉中元为首座。

嘉熙四年（1240），岁饥，命门人可仍于西溪创建接待寺，移宝寿院额。

淳祐二年（1242），请石溪心月和尚挂牌，上堂。淳祐四年（1244），嗣法门人师俊绘师像请赞，有"末后一句，分付厨山"之语。以疾退院，归宝寿院。

淳祐五年（1245），孟春二月十一日，入灭，寿七十五，腊五十三。嗣法三十余人，度弟子二百五十三人。有五会录二卷，五堂程沧洲为序。痴绝道冲、径山无准师范、净慈北磵居简，为主丧事，以师全身，窆于院之后山。

淳祐十年（1250），门人可述、法孙不昧请物初大观为作《行状》。

石田门人数量很多，度弟子二百五十三人，有可仍、可述等，可述传不昧，为其法孙。嗣法门人三十余人，为其编辑语录之亲传门人有住持隆兴府龙泉资福禅寺师坦、了觉、妙因、至慧等，其中师坦贡献最大，然而后世只知有愚极至慧。

语录中提及之门人，数量已经很多。开法为人者如宁国福长老、潮阳礼长老、灵峰（了）觉长老、碧潭志清庵主、云居寿长老、（都寺）炬长老、昭长老、（监寺）秀长老、桐江琮长老、师俊长老等。

据《石田法薰禅师语录》卷三《坦首座住南昌龙泉求法语》：

坦首座，南山北山，相从十有余年。全无近代学者气习。出来人前，一言半句，目前包裹，却不同模子里脱出。江西西山龙泉虚席，诸山公举，隆兴使君点请。此亦时节因缘，不属造化，遂勉之。今著草鞋便行，临时出此轴求语，以为警策。①

师坦师事石田十余年，有上古宗师风范，无近代学者习气。江西隆兴龙泉虚席，诸山公举，太守迎请，故出世龙泉。临行之际，石田殷切嘱托。师坦在当时属于石田大弟子，可惜后世不得其传。

据《石田法薰禅师语录》卷三：

总书记，在众年深，孜孜念道，不堕此数。偶临江厨山虚席，使君移书，远来相招，美意有在。古人不择院之大小，众之多寡，顾在我如何耳。先德云：万般存此道，一味信前缘。可见前辈履真践实，若果然行得这十个字，一生能事云毕。更有不涉纸墨一句子，已是狼藉，切宜勉之。②

总禅师，在石田门下为书记，追随亦久，出世临江厨山。此寺并非名山巨刹，故石田勉励他效法古人，不计较院之大小，众之多寡，只要一心行道即可。后来石田在嗣法师俊请赞时大书"末后一句，吩咐厨山"，一则预示将要入灭，二则体现了他对总禅师的重视。可惜其事迹不存于后世。

据《增集续传灯录》卷一：

灵隐石田熏禅师法嗣

净慈愚极慧禅师　中竺雪屋珂禅师
国清清虚心禅师（此后无传）　灵隐一如因禅师③

---

① 《卍新续藏》70册，第347页下。
② 同上书，第348页下。
③ 《卍新续藏经》83册，第261页下。

据《绝岸可湘禅师语录》卷一：

为国清清虚和尚起龛

下泥犁种，发床弩机。钉一箭于太湖，鱼龙乞命，展？趺于更好，寒拾攒眉。倒骑白额，佛眼难窥，昨夜三更过铁围。①

心禅师，号清虚，始住太湖，后住国清。绝岸可湘咸淳三年（1267）末至四年（1268）末住持天台护国时为之起龛，可见他入灭于此时。

又据《希叟绍昙禅师广录》卷六：

清虚和尚语录序

石田去后，其道方行。盖其平日以气自负，纵霹雳火，镕烹金炉，妙密钳锤，非绕指柔，不入煅炼。灰飞烟灭，痴绝校其书，拊几长叹曰："噫！世无碧眼胡，虽天衣不能施其巧。"清虚善学柳下惠，剔锢疏泥，钝铁脱胎换骨。火明文武，橐鼓风雷，清彻虚凝，色含百炼，顽铜钝铁，悉为改容。湖海咸知，不待录，其术方鸣也。惜乎毕工太速，不克终其志。遗灶犹存，当有寒灰发焰，跃冶不祥者，以观。其续止啼黄叶，予无取焉。②

这是希叟绍昙咸淳五年（1269）住持台州瑞岩时所作，其中道其"遗灶犹存"，入灭未久也，故其示寂，当在咸淳四年（1268）。

据《绝岸可湘禅师语录》卷一：

新承天一如和尚至，上堂，拈主丈云："灌顶云收，峨眉月昼。父翁一片肝肠，宛如生铁铸就。弟应兄呼，全机漏逗。旦道漏逗个什么？苏州菱，邵伯藕。"卓主丈。③

---

① 《卍新续藏》70册，第295页下。
② 同上书，第285页上。
③ 同上。

咸淳六年（1270），绝岸可湘住持演福期间，一如妙因前来看望，当时他新任苏州承天住持。他并未担任过灵隐住持，因为后来于十年（1274）秋在承天入灭，在灵隐住持中也没有他的名字。

据《雪峰志》卷五：

> 第四十六代至慧禅师，怀安陈氏子，咸淳十年当山，凡七载。后示寂于净慈，寿八十六。①

至慧，号愚极，怀安人，俗姓陈。参石田悟旨。初住嘉兴北禅，故友来访，剑南儒藏主事迹不明，云谷庆藏主即苏州虎丘云谷祖庆，无则珍藏主即苏州万寿南州珍，二人皆为石溪心月门人，祖庆还参过道冲。或许至慧亦参过石溪心月，三人也在石田门下挂单，是故他们关系密切。由于祖庆宝祐四年（1256）出世平江圣寿，此处仍称其为藏主，可见他是此前出世北禅。

据《月涧禅师语录》卷二：

> 岁己未，自智者移仰山。月硐撰榜疏，出恶语詈余一上。岁丁酉，哲侍者持月硐五会录至，因自首至尾，一一阅过，而若佛若祖，咸被呵骂。老气不平，以德报德，亦出秽言，骂伊一上云。大德元年结夏后五日，净慈佛心老叔题。②

如此，他是在开庆元年（1259）从智者寺移主仰山，当时月硐文明为其作疏。后来大德元年（1297）月硐门人哲侍者持其五会语录至，愚极为其作跋，这也表明他在大德元年（1297）仍然在世。

据《绝岸可湘禅师语录》卷一：

> 谢法眷前仰山愚极和尚至，上堂。举仰山问双峰云"师弟近日见

---

① 《大藏经补编》24册，第611页上。
② 《卍新续藏》70册，第535页中。

处如何"公案，拈云："参师莫若参友，输他仰山双峰，只不合立知见、分能所。今日仰山师兄，若问演福见处，直得无言可对，无理可伸。虽然，亦未免疑杀天下人。①

此事在咸淳六年（1270）绝岸可湘住持演福时，称其为前仰山，似乎至慧其时已经从仰山退居。然而到了咸淳十年（1274）三月可湘住持雪峰时，至慧再度前来看望，却又称"谢仰山愚极和尚，上堂"，似乎他其时又住仰山。总之，他住持仰山，或在无禅信禅师之后，始于开庆元年（1259），直到咸淳年间，时间较长。

咸淳十年（1274）末，住持雪峰，继绝岸可湘之后。在雪峰住持七载，至元十七年（1280）退院。此后十二年，不知在何处。

至元二十九年（1192），净慈古田德垔入灭，继为净慈住持。至元三十年（1193），为净慈首座惟勉《丛林校定清规总要》作跋。

大德元年（1297），为月硾文明语录作跋。大德年间入灭，具体时间不详，有可能是在大德二年（1298）。

门人樵隐称其说法一十三会，住世八十六年。今所知者，只有苏州北禅、婺州智者、袁州仰山、福州雪峰、杭州净慈五处。

据《增集续传灯录》卷一：

净慈愚极慧禅师法嗣

雪峰樵隐悟逸禅师　灵隐竺田悟心禅师

灵隐千濑庆禅师　舜田满禅师

日休一禅师（此后无传）　清拙澄禅师②

据《增集续传灯录》卷五：

---

① 《卍新续藏》70册，第285页下。
② 《卍新续藏经》83册，第263页下。

杭州灵隐竺田悟心禅师

初住南康天宁，迁庐山罗汉，转栖贤，至圆通，后升灵隐。僧问："诸佛出世接物利生，和尚出世有何方便？"师云："一举四十九。"僧云："还许学人领会也无？"师云："三十年后。"僧云："和尚眼空佛祖，为什么不识某甲问头？"师云："放汝三十棒。"上堂："若约祖师门下，直尔无你开口处，无你措足处。你若问佛，佛是名句。你若问法，法无相状。二六时中，但回光返照，不用别求。穷劫至今，一道神光，初无间歇。诸禅德，祇如是见不用疑惑，便是报佛祖之恩。报国王之恩，古者道歇即菩提，各自努力。"上堂，举：夹山示众云："百草头上荐取老僧，闹市门头识取天子。"师云："草鞋跟底，认取达磨大师。"上堂："不著佛求，不著法求，不著僧求。蒲团上端坐，针眼里穿线。西风一阵来，落叶两三片。"①

悟心（？—1332），号竺田，从佛心惠照禅师愚极至慧得法。出世南康天宁，后迁庐山罗汉、栖贤、圆通，至顺二年（1331）迁灵隐，三年（1332）入灭。

据《古林清茂禅师拾遗偈颂》卷二：

跋圆通竺田和尚语录

老东山谓南堂曰："吾虽承嗣白云端和尚，寻常只用远录公手段接人。"盖白云语拙不可法。予谓白云拙处，在老东山尚不可及，况南堂乎！圆通竺田和尚，得法于先南山佛心惠照禅师。尝观佛心机缘妙用，肆口而说，肆心而通。至严峻缜密处，有古宗匠之风。岂亦拙于竺田者耶！四会语录如通途快马，奔逸绝尘，蹑日追风，瞬息千里。虽老东山复生，亦当敛衽。所谓佛祖无上妙道，智过于师，方堪传授旨哉。②

---

① 《卍新续藏》83册，第322页中。
② 《卍新续藏》71册，第289页下、290页上。

古林清茂对于其语录评价甚高，以为有古宗匠之风，实非虚誉。

据《新续高僧传》卷四：

元古杭净慈寺沙门释善庆传

释善庆，字千濑，姓彭氏，严陵人也。卝岁而孤，萍踪无寄，就舅氏习儒。初见怀楚，知为法器，问"能出家否"，庆应之曰"固本愿耳"，遂度之。受具戒品，身律甚严，遍历诸宿庭户，咸无所证。后闻佛心珏主净慈，遂往依焉。闻举洞山麻三称语领悟。后出世宜兴之保安，凡三徙名刹，每主讲筵，贯激禅教，乃至净慈，开堂示众无虚日。尝著《扶宗显正论》以进，仁宗览而嘉之，赐以慧光普照文明通辨之号并金襕袈裟。久之谢归，作室曰"归休"，宴息其间，怡神空寂，泊如也。元至元戊寅八月三日化去，春秋七十有九。①

善庆（1260—1338），字千濑，俗姓彭，严陵人。景定元年（1260）出生，早岁而孤，依舅氏习儒。初见怀楚法师，从之出家受具。后来游方，遍历诸老门户，不得其旨。闻佛心禅师主净慈，往参。此处称是"佛心珏"，显然是误会。因为如珏住持净慈，是在景定三年（1262）至四年（1263）间，四年他便迁径山并且入灭了。善庆根本没有可能参之，大概是由于二人皆号佛心禅师、先后住持净慈而产生的误会，其实时间差别较大。这一错误影响到了明清时期的大部分灯录，都是不细察时间差别所致。

愚极至慧至元二十九年（1292）住持净慈，其时善庆三十三岁，正是游方之时。他闻举洞山如何是佛、麻三斤之公案而悟道。

其出世开法，首先是在宜兴之保安，迁嘉兴天宁，最后住持灵隐而非净慈。

据《山庵杂录》卷一：

灵隐千濑和尚者，浙右人也，嗣愚极。读书缀文，眼空当世。尝著《扶宗显正论》，其剖拆邪正，订定是非，极有可观。但其中以宗师

---

① 《大藏经补编》第27册，第53页中。

拈椎竖拂为谭柄，引晋王衍握玉麈尾，与手同色事为证。夫宗师拈椎竖拂，乃激扬向上一著，岂细事耶！而千濑以为谈柄，非惟昧失自家正眼，抑亦疑误后人矣。①

又据《山庵杂录》卷一：

大凡住持人，须要钳辖仆隶，亦宜时时以善训之，庶不为恶而无累焉。千濑住嘉兴天宁，仆隶盗街坊人狗，羹而食之，千濑得羹狗名。②

不知何故，这里都在挑善庆的小毛病，不过其中也透露出两个重要信息，他所住的第二个寺院是嘉兴天宁，最后一个是灵隐。

他住持灵隐，很有可能是在同门竺田悟心之后，即始于至顺三年（1332），终至至元二年（1338）。

据《雪峰志》卷五：

第五十三代悟逸樵隐禅师，怀安聂氏子，大德十年当山，凡七载，架造祖殿、法堂僧堂，退居西庵。皇庆三年特旨复命当山，造大殿佛像，延祐四年造如归堂，六年复退居西庵。泰定二年再承旨当山，又七载，元统二年示寂塔于海会塔之西。③

悟逸（？—1334），号樵隐，师号佛智，怀安人，俗姓聂。生年不详。早岁从绝岸可湘得度，后参愚极得旨，大德十年（1306）住持雪峰，营造祖师殿，建设法堂、僧堂，住持七年，于皇庆元年（1312）退居西庵。延祐元年（1314）闰三月再次住持，重建大雄宝殿，一新佛像，延祐四年（1317）造如归堂，六年（1319）再次退居。至治元年（1321）参与重刊

---

① 《卍新续藏》87册，第115页中。
② 同上书，第118页上。
③ 《大藏经补编》24册，第611页中。

《雪峰语录》并为之作跋。泰定二年（1325）第三次住持，再度住持多年，元统元年（1333）退居，二年（1334）入灭。

樵隐悟逸是愚极重要门人，有语录存世，只是其语录不全，只有再住雪峰部分等。

据《樵隐悟逸禅师语录》卷一：

> 台州宝藏岩成山和尚至。上堂："（时就东禅寺印补藏经）毕钵岩公案重圆，三乘绝唱；宝藏岩新功盖代，九仞成山。"①

又据《月江正印禅师语录》卷三：

> 忠维那归雁山，兼简成山和尚
> 卧薪尝胆恨填胸，法战当年不树功。
> 今日思归重拔本，与他推倒展旗峰。
> 问讯岩西退牧翁，戒光如月照禅丛。
> 一堆粪火煨黄独，只恐清香透九重。②

延祐元年（1314）五月，成山和尚到访，他住持台州宝藏，时到东禅印补藏经。成山与月江正印关系也很密切，后来退居雁荡山西岩。

九月旦，谢新前堂首座兼西禅蓝田首座，上堂。

据《雪峰志》卷二：

> 荣禄大夫、福建行中书省平章政事、集贤院使、领会同馆事、吴国公亦黑迷失舍梯己宝钞赍擎，时延祐元年住山樵隐悟逸题。③

吴国公对雪峰寺各项事业都非常支持，这对于雪峰寺的建设十分重要。

---

① 《卍新续藏》70册，第298页中。
② 《卍新续藏》71册，第148页中下。
③ 《大藏经补编》24册，第585页中。

延祐二年（1315）初，门人云门彬长老、潮州广法会堂长老通法嗣书，上堂。月朔，架佛殿，上堂。是年重修佛殿。

四月，白云平麓和尚至，上堂。平麓和尚住持福州白云，事迹不详，也有可能为其门人。十月，归新僧堂，上堂。是年新建僧堂。

岁末，上堂，为吴国公舍藏经立碑，兼铸钟。是年吴国公又舍藏经一部，并铸钟一口。上堂，谢平山首座秉拂。

四年（1317），闰正月，上堂，时大赦，一年两度庆元宵。

门人潮阳广法会堂长老至，上堂："春霭鳌山，潮平鳄渚。啐啄同时，正偏回互。烟水南来，合明何事？"（卓主丈，云：）"百丈再参马祖。"①

据《樵隐悟逸禅师语录》卷一：

> 佛心和尚忌拈香："说法一十三会，道不侯时；住世八十六年，愚不及古。下泥犁种家丘壑，何曾谙晓农桑；提破沙盆振家声，绝响雷鸣瓦釜。无罗龙打凤之机筹，有积雪严霜之面具（目）。是致冷落门庭，说著热人肠肚。柳影湖光，消磨几许，烟梢湿，梨花雨。"②

五年（1318），其年可能是佛心圆寂二十周年。为佛心禅师忌日烧香，道其说法十三会，住世八十六，透露了其关键信息。

悟逸嗣法门人，有泉州云门彬、潮州广法会堂文、崇福光、视（观）音明、小阿应天贵、兴福煜、香城昇等。所度小师，有正定、正心、正韶等。正定为其编辑语录。

据《石田法薰禅师语录》卷三《示珂书记法语》：

> 珂书记，从游南北山，多历季所，非独于道介念，又尝读古今书。山僧前项许多葛藤，且道五经十七史中，还曾有怎么消息么？若道有，那里一句是；若道无，天下终无二道。但恁么看，忽然咬著舌头。省

---

① 《卍新续藏》70册，第301页上。
② 同上书，第302页下。

亲事毕，急急归来吐露，山僧别有分付。①

珂禅师，号雪屋，在石田会中为书记，相从有年，博览群书，有道有学。后来住持中天竺，南宋告终，便退院。金山默庵贤为伯颜所迫，前来迎请雪屋住持灵隐，被他拒绝。雪屋珂体现了强烈的爱国主义精神，值得敬佩。

据《即休契了禅师拾遗集》卷一《大鉴禅师舍利塔铭并序》，正澄（1274—1339），字清拙。福唐连江人，刘氏子。家世业儒，母孙氏梦僧伽授以神珠，因而有娠。咸淳甲戌（1274）正月十三日生，有白光满室之祥。幼时聪敏，卓尔不群。至元丙戌（1286）年十三，依城南之报恩月溪圆师下发。既受具，即参方。造净慈愚极师之室，言下契机，命为侍者。

据《禅林象器笺》卷二：

清拙澄禅师日本录晚参云：二十三上，出闽入浙。至净慈，先佛心愚极和尚，门庭高峻。旦过中八十余人，不得相看。②

如此，他是在元贞二年（1296）二十三岁时到净慈，参礼佛心。

大德二年（1298）愚极入寂，瑞岩方山文宝补处，改为典藏。职满巡礼，至袁州仰山，虚谷希陵嘉其造诣，延为第一座。延祐三年（1316）虚谷迁径山，径山晦机元熙继主仰山，举以鸡足出世，倡愚极之道。

既谢事鸡足，复吴淞。省其同母兄月江正印于真净，因留真净院。

至治三年（1323），为月江正印语录作序。

泰定丙寅（1326）三月。日本慕其道，聘以法礼。舟由高丽，遭风涛变。师镇静自若，以安众心。天为开霁。是年十一月，达相州，馆于建长。

正中丁卯（1327）正月，使请开法。百辟交会，群衲并参。众故更新，百废并举。帅府为施贺积庄田，以广食钵，又给山前官地，建立禅居。庚午（1330）移金山之净智。明年（1331）补瑞鹿之圆觉。建武癸酉

---

① 《卍新续藏》70册，第349页上。
② 《大藏经补编》19册，第52页中。

(1333)，文保复位，敕关东道起师住都城之建仁，法化尤盛。建长丁丑（1337），复敕主瑞龙之南禅，召对称旨。前羽林征夷武卫大将军与其弟左典厩源公，及诸僚属，咸敬以师礼而共事之，又建开善寺以报师德。

己卯（1339）正月，引退。十七日，书偈示众，泊然而逝。俗寿六十有六，僧腊五十有三。

前典厩藤公闻讯，亟驰至前泣拜，仍张目视之，为授戒法衣号已，即闭目如初。舍利五色，大如菽者，甚多。塔于建长，谥曰大鉴。

弟子坚瑶，出师事状，请即休契了为铭，即休与师生同里，传同宗，故所作非常可靠。

据《禅林象器笺》卷十：

> 清拙澄禅师录，示寂前一日，预代小师作祭文，云："谨以汤茗果蔬之仪，九拜致祭于真慈。"又附录瑶首座（字玉渊，大元国人）悼清拙偈后云：小师坚瑶九拜。又祖柏和瑶首座悼偈序云：梓末比丘祖柏九礼。[1]

又据《即休契了禅师拾遗集》卷一：

题瑶首座瓢苗集

秦城筑土杵无欛，汉祖斩蛇剑有锋。
抛向扶桑日头里，唐人谁解辨来踪。[2]

此瑶首座，即坚瑶，字玉渊，著作有《瓢苗集》。

第三节　即庵慈觉

即庵慈觉为破庵祖先门人，南宋著名禅师。他在早年主要是辅助两位师兄，嘉定七年（1214）石田出世高峰时，他也前去帮助料理。他在嘉定、

---

[1]《大藏经补编》19册，第369页上中。
[2]《卍新续藏》71册，第97页上。

宝庆间住持保宁，绍定元年（1228）到育王去看望师兄无准师范，不久就任育王西堂。后来无准迁径山，他同样为径山西堂。

据《元亨释书》卷七：

> 保宁觉即庵挂牌开室，日东山、慧西岩为两板首。尔周旋三老而请益。伦断桥、智别山、一环溪、敬简翁、源灵叟、垠方庵、宁兀庵、昙希叟之俦，预办众事。尔咸莫逆，颇受磋磨之功。①

日本僧人圆尔辩圆嘉熙元年（1237）到无准师范径山会中参学，当时会中皆大龙象，即庵慈觉为西堂挂牌，东山净日、西岩了慧为两板首，他在三老之间周旋请益，执事之中，还有断桥妙伦、别山祖智、环溪惟一、简翁居敬、灵叟一源、方庵垠、兀庵普宁、希叟绍昙等人。这表明即庵慈觉当时还在径山。

据《枯崖漫录》卷二：

建康府保宁禅师

> 尝与无准同参破庵，后因无准山居，寄以偈云："吸松风，饱山色，浩养未妨清彻骨。梦觉千岩杳霭分，兴来一笑乾坤窄。霁霞凝雪翠滴滴，泉泻断崖声沥沥。故人斯乐我何知，退跂白云抱幽石。"送高源住梨洲云："小玉声中认得些，至今两眼尚眯麻。阿师不雪乡人耻，鼎鼎教谁辨正邪？"蜀诸老，如高源（原）、即庵、石田、无准，道价皆为一时之重。猗欤盛哉！②

即庵慈觉所作偈颂文辞优美，意味深长，颇有才华。他属于当时有名的蜀地僧人，与石田、无准等同乡同门，交谊很深。

据《元叟行端禅师语录》卷七：

---

① 《大藏经补编》32册，第205页下。
② 《卍新续藏》87册，第35页上中。

题云居即庵和尚入院佛事遗藁

即庵始登云居时,先一夕,宿瑶田庄。梦伽蓝神安乐公谓曰:"汝与此山,祇有一粥缘。"明日午后至寺,晚参罢,会同袍二僧鬭狠,闻于寺司,凡新到例遭斥逐。师深切疑讶。后数年,蜀士有官达于朝者,与师亲故,以云居虚席,请师补处。师欣然承命,将复征往梦,竟至瑶田庄而寂。

佛能空一切相,成万法智,而不能即灭定业。能知诸有性,穷亿劫事,而不能化导无缘。于斯二者,即庵可无憾矣。痴绝以福不逮慧为虑。重加粉饰,何言之小哉。

番易克贯藏主,出其入院佛事真墨为示。余谓此纸有关教门重轻,豁达空、拨因果、妄谋进取者,观此得不稍戢芒锐云![1]

这一传说是讲住持之缘皆有定数,不可强为。慈觉早年游方,曾经到过云居,梦神相示,与此山只有一粥之缘,果然不久受到牵连,新到僧人全被驱离。后来有一蜀士为官,与之有故,以云居虚席,请其住持,他欣然应命,没想到走到瑶田庄就入灭了。

---

[1] 《卍新续藏》71册,第540页中。

第十四章　无准师范及其法系

第一节　无准师范

无准师范（1177—1249）为南宋著名禅僧，一代宗匠，其生平事迹虽有《行状》，却还不够细致，今略加补充。

淳熙四年（1177）丁酉，生于蜀之梓潼，俗姓雍氏，母何氏。《无准和尚奏对语录》卷一《行状》："师讳师范，号无准，生于蜀之梓潼雍氏。①梓潼属隆庆府，本剑州，据《宋史》卷八十九，隆兴二年（1164）以孝宗潜邸升普安军节度，绍熙元年（1190）升府。

据《行状》：（佛照德光）谓师曰："何处人？"

师曰："剑州人。"

佛照曰："带得剑来么？"师随声便喝。②

十二年（1185），九岁，依阴平山（在剑州阴平县）道钦出家，与师兄道印澄同参。《行状》：九岁依阴平山僧道钦出家，经书过目成诵，而又喜阅宗门语要。师兄澄道印有声讲席，每以机缘诘之，师应答如响。尝因诵经次，遽问曰："看什么经？"

师举卷曰："如是经。"印憪然。

师一日以女子定话问印，印以义训解释，师笑而已。③

绍熙五年（1194）十月，十八岁，受具戒，欲南下问道，以母何氏有病延留。《行状》：绍熙五年十月，登具戒。即欲南询，母何氏病笃，师封

---

① 《卍新续藏》70册，第277页下。
② 同上书，第278页上。
③ 同上书，第277页下。

股救疗。①

庆元元年（1195），十九岁，南下，在成都正法寺坐夏。时瞎堂慧远（1102—1175）高足老尧为正法寺首座，师请益之，示以"禅是何物，坐底是谁"，苦参有省。《行状》：明年次成都，坐夏正法。首座老尧，瞎堂高弟，道行四川。师请益坐禅之法，尧曰："禅是何物，坐底是谁？"师受其语，昼夜体究。一日如厕，提前话，有省。②

同年夏后南下，秋至荆南玉泉寺，遇大慧宗杲门下言老宿、穷谷宗琏（1097—1160）门下觉老宿，获其风旨。言老宿，《嘉泰普灯录》卷十八载大慧门下有"福州太平言禅师"，或晚年住玉泉乎。《行状》：（绍熙）六年秋，次荆南玉泉寺，有言老宿者，尝参大慧，觉老宿，见琏穷谷。师周旋二老间，多获其言论风旨。③

二年（1196），二十岁，东游，到金陵，见保宁无用净全（1137—1207），又至金山，见退庵道奇。再游四明，依秀岩师瑞，参佛照德光（1121—1203）、空叟宗印、老深首座等。当时育王人才极盛，有无象觉、太平康、清叟渊、浙翁如琰（1151—1225）、孤云道权、少林妙崧（？—1232）等，大多为德光法嗣。

据《行状》：

辞去，见保宁全无用、金山奇退庵。退庵问曰："远来何为？"
师曰："究明己事。"
退庵曰："生死到来时如何？"
师曰："渠无生死。"
退庵曰："参堂去！"

久之，游四明，依育王瑞秀岩。时佛照禅师居东庵，印空叟分座，法席人物之盛，为东南第一，如觉无象、康太平、渊清叟、琰浙翁、权孤云、崧少林辈皆在焉。有老深首座者，蜀人，久病。师为执侍汤

---

① 《卍新续藏》70册，第277页下。
② 同上。
③ 同上。

药。深平生惟一喝用事，佛照问疾次，谓深曰："深首座何不下一喝？"深却喝。

佛照曰："犹作主宰在。"

顾谓师曰："何处人？"

师曰："剑州人。"

佛照曰："带得剑来么？"师随声便喝。

佛照笑曰："者乌头子也乱做。"师年方二十，而临机不屈类如此。

贫甚，无资薙发，故佛照室中常以"乌头子"目之。空叟尝指师谓众曰："范年方二十，更二十年未可量也。"①

三年（1197），二十一岁，见松源崇岳（1132—1202）于北山灵隐、肯堂彦冲于南山净慈。《行状》：已而绝钱塘，见岳松源于灵隐。往来南山，屡入充肯堂室，栖迟此山六年。②

嘉泰二年（1202），二十六岁，松源示寂，游吴门，至万寿，即平江府报恩光孝禅寺，见或庵师体（1108—1179）门人无证了修。到西华秀峰禅院，依破庵祖先（1136—1211）。不久，又到常州华藏，即毘陵禅寺，依大慧门人遁庵宗演（？—1207）。

《行状》：游吴门，谒万寿修无证。时先破庵住西华秀峰，遂往依焉。堂僧十余辈，皆饱参宿学。有纯颠者，于入室次，横机不让。破庵打至法堂，且欲逐出。师解之曰："禅和家争禅亦常事，何至如此？"破庵曰："岂不闻道，我肚饥，闻板声要吃饭去譻？"师闻其语，不觉白汗浃背。无何，辞往华藏，依演遁庵三年。③

开禧元年（1205），二十九岁，还住灵隐，随破庵，时破庵为第一座，一日同游石笋庵，闻破庵示"如风吹水，自然成文"，大悟。破庵开山广惠，随行，执侍三年。

又据《枯崖漫录》卷二：

---

① 《卍新续藏》70册，第277页下、278页上。
② 同上书，第278页上。
③ 同上书，第278上。

无准佛鉴圆照范禅师

少"颖"悟，以机辩自将，谒蒙庵于双径。庵问："何处人事？"曰："剑州人。"问："还将得剑来么？"佛鉴下一喝。庵曰："乌头子也括噪人。"佛鉴发黑，时呼为"乌头"。后随侍破庵，因谦道者入方丈请益，蹑踪而往。破庵见谦至，便问："近日胡孙子如何？"谦曰："胡孙捉不住。"破庵曰："用捉作么？"佛鉴闻之，胸次豁然。①

枯崖圆悟与师范为同时人，其说与《行状》不同。道是师范谒蒙庵元聪（？—1210）于径山，有与见德光时相似的机语。元聪于庆元三年（1197）于雪峰迁径山，住持十四年。师范初参元聪，或在庆元三年（1197）至嘉泰二年（1202）六年间。其后再侍破庵于径山，在开禧三年（1207）至嘉定三年（1210）间。谦道者，或为蒙庵门人自牧谦。

同年，随破庵到广惠开山。《行状》：约斋张公镃以广惠新创，请破庵开山，师偕往，执侍三年。②

开禧三年（1207），破庵广惠"散席，同登径山。"③ 破庵受径山方丈蒙庵之请为立僧，师范为侍者。

据《禅林备用清规》卷六：

> 此职请受两难，皆当任重。昔径山蒙庵之请破庵，灵隐松源之请掩室，递相激扬，令法久住。破庵室中举话，宝上座无启口处，遂即坐脱立亡，遗嘱顶骨舍利呈首座，可谓了事丈夫。殊不知破庵机路圆活，卒难凑泊，人所宗仰。④

又据《禅林备用清规》卷六：

---

① 《卍新续藏》87 册，第 35 页上。
② 《卍新续藏》70 册，第 278 页上。
③ 同上。
④ 《卍新续藏》63 册，第 641 页上。

昔破庵和尚在径山为立僧，无准和尚为侍者，后世其家，盖有由也。①

嘉定元年（1208），三十二岁，在径山，时闰四月，故有长夏。
据《破庵祖先禅师语录》卷一：

径山西堂寮入室罢，众请就座普说，乃云："百二十日夏，过了半月日，参禅学道人，紧急要著实。果能两脚踏实，便是一生事毕。所以道，参须实参，悟须实悟。"②

嘉定二年（1209），三十三岁，随破庵到天童扫密庵咸杰塔。破庵往吴门住持穹窿，师范留天童，依水庵师一门人息庵达观，使任知藏，不就。《行状》："又三年，破庵过天童，扫密庵塔，偕师绝红（江）。逮其赴穹窿，师留天童，依观息庵，俾归藏司，不就。"③

嘉定三年（1210）三十四岁，破庵自穹窿退居，归径山，师范往省候，径山元聪入灭，石桥可宣继任。《行状》："破庵退穹窿，归径山，师往省候。"

嘉定四年（1211），三十五岁，破庵入灭，付法于师范。石桥可宣为破庵建塔于径山。举丧之后，访旧友松源崇岳门人云窠道岩于穹窿，云窠举师为首座。《行状》："破庵迁寂，付密庵法衣、顶相，师不受，惟领圆悟墨迹及密庵法语。既举丧，遂访旧友岩云窠于穹窿，与首众。"

云窠迁瑞光，复居板首。

嘉定七年（1214），九月二十九日，石田法薰出世高峰，寺小人稀，和高源祖泉、即庵慈觉、中岩圆照、石溪心月等一起前去捧场。

嘉定八年（1215），正月二十一日，石田迁枫林，与心月等随行。

嘉定十年（1217），随高原祖泉住梨洲，"无何，泉高原有四明梨洲命。

---

① 《卍新续藏》63 册，第 640 页下。
② 《卍新续藏》70 册，第 216 页下。
③ 同上书，第 278 页上。

高原谓人曰：'范首座肯往，吾当一行。不然，虽兜率内院，不往也。'师遂与俱。四明诸山以仗锡为高绝，而梨洲距仗锡又二十里。寺在绝顶，高寒荒落，非人所居。师婆娑其上，三年如一日。麻麦粟豆，仅给日食，而未尝有饥色。"

据《无准师范禅师语录》卷五：

跋能、凝、范三人赞十二散圣

这一队贼，非常败迹，有赃者五，无赃者七。已经三司，明断于中，一人受屈，屈者重加一等。唵部临唵齿临急急！其余并在不赦。嘉定十年腊月二十五日结。①

十一年（1218），四十二岁，在四明梨洲。十二年（1219），四十三岁，和石溪心月同游台州、雁荡，至瑞岩，云窠道岩请为首座。"既而以台雁未到，拉月石溪同游，至瑞岩，时云窠领住持事，留分座。"②

住持清凉：

嘉定十三年（1220）三月十二八日，四十四岁，出世庆元府清凉，十月十九日瑞庆节（宁宗生日）后，老范（大范，无相范）首座至。

十四年（1221），四十五岁，结夏后，借庵真（？—1232）至。

十五年（1222）秋，四十六岁，云窠岩示灭，心月首座持其《语录》至。"月首座、琼首座持云巢语至。"③

《无准师范禅师语录》卷五《跋云窠语录》：

云窠入灭未久，有不肖子摘其平生败迹之款，成一巨轴，将欲流布诸方，以肆无穷之谤。且携质于予，曲求知证。因为原其语，彷佛横巾右祖之作，然又节节譸讹，不通翻译。于中有一句子稍似唐言，若人辨得，直饶刎颈，未足谢诸。倪涉迟回，清凉赢得鼻孔出气。④

---

① 《卍新续藏》70册，第273页上。
② 同上书，第278页上中。
③ 同上书，第223页下。
④ 同上书，第273页中。

退院，往梅溪，年末再住。十六年正月，退院。

十六年（1223）初二月，四十七岁，住焦山寺，瑞庆节后，年末离院。

住持雪窦：

十六年（1223），四十七岁，年末，住雪窦。

十七年（1224），四十八岁，年初，"护圣小净慈至"。

九月"上堂，举瑞岩和尚近日示众举古云：'秋江清浅时，白露和烟岛。良哉观世音，全身入荒草。古德与么道，玉本无瑕却有瑕。瑞岩即不然，秋江清浅时，白露和烟岛。十年归不得，忘却来时道。'

师云：'瑞岩与么道，可谓无瑕矣。乳峰今日更资一路，也要诸方捡责。秋江清浅时，白露和烟岛。揸筇寂寞中，望断无人到。'拍禅床，下座。"①

宝庆元年（1225），四十九岁，正月五日天基节理宗生日上堂。

二年（1226），五十岁，年初，《无准师范禅师语录》卷一：谢天童垠首座，上堂。②五月太后生日寿庆节上堂。秋，《无准师范禅师语录》卷一：石岩和尚至。③

石岩希琏为松源崇岳门人，曾住大梅、江心、大慈等，时住大慈。

据《无准师范禅师语录》卷五《跋石岩语录》：

瑞岩缘侄以石岩兄语一编见示，且乞余序语。余与石岩兄固善，然迦叶三昧阿难不知，则吾石岩兄三昧，余岂知之耶！后人欲知其三昧，不可无此录，然不得于此录中讨。若人知得，潮阳有鳄鱼。④

宝庆三年（1227）五十一岁，年初，《无准师范禅师语录》卷一：故旧至，上堂（善演胎禽）。⑤二月十五日佛涅槃日上堂，后离院。

住持育王：

---

① 《卍新续藏》70册，第226页中。
② 同上书，第228页上。
③ 同上书，第228页中。
④ 同上书，第273页下。
⑤ 同上书，第229页上。

宝庆三年（1227），五十一岁，始住育王，率庵梵琮至。《无准师范禅师语录》卷一：前仗锡率庵和尚至。① 《无准师范禅师语录》卷一：上堂："今朝解制，佛在世日，谓之自恣之辰，诸修学人，各呈所得。我此五百大众，一夏百二十日（按：此年闰五月，故有长夏），岂无长处？有则出来吐露看。"②

八月，天童如净（1162—1227）遗书至。《无准师范禅师语录》卷一：前住天童净和尚遗书至。③

据《无准师范禅师语录》卷五《送姝昭上人归乡》：

> 昭昭灵灵是何物，非物非心亦非佛。五湖云衲竞头参，空把光阴恣埋没。我游江湖，三十有四年，饱饭之余，一味闲打眠。子今迢迢苦寻讨，不知寻讨何慕焉。问吾道，今年大熟收成早；问吾禅，秋林噪晚声喧喧。抖擞屎肠都说了，莫将一字归去，容易空流传。斯言写就相违别，目断家山云迭迭。我亦欲归归不得，千里万里一条铁。④

绍定元年（1228），五十二岁，二三月，《无准师范禅师语录》卷一：请渊首座立僧，上堂。⑤

同门师弟、保宁住持即庵慈觉到访。《无准师范禅师语录》卷一：谢保宁即庵和尚至，上堂。⑥ 结制后，《无准师范禅师语录》卷一：请保宁西堂挂牌上堂。⑦

是年率庵梵琮住持云居，有《送率庵和尚住云居》二首。

二年（1229），五十三岁，二月，灵隐高原祖泉入灭，讣音至，上堂。《无准师范禅师语录》卷一：灵隐高原和尚讣音至，上堂："来无所从，南

---

① 《卍新续藏》70 册，第 229 页中。
② 同上书，第 229 页下。
③ 同上。
④ 同上书，第 268 页下、269 页上。
⑤ 同上书，第 230 页上。
⑥ 同上书，第 230 页中。
⑦ 同上。

高峰，北高峰；去无所至，东涧水，西涧水。幻泡忽灭，证得乌龟成白鳖；清风未已，须信高原元不死。既不死，且道在什么处？"拈起拄杖云："见么，见么？"卓一下，云："认著依前不相似。"① 六月九日破庵和尚忌日，上堂。

三年（1230），五十四岁，端午后，《无准师范禅师语录》卷一：新智门谊和尚至，上堂。②

四年（1231），五十五岁，重阳后，笑翁妙堪至。《无准师范禅师语录》卷一：大慈笑翁和尚至，上堂。③

五年（1232），五十六岁，四五月之际，径山住持少林妙崧（？—1232）遗书至。《无准师范禅师语录》卷一：径山少林和尚遗书至，上堂。④ 八月离院。

住持径山：

绍定五年（1232）八月奉诏住径山，是年初冬后，《无准师范禅师语录》卷二：天童晦岩和尚至，上堂。⑤ 晦岩即晦岩大光，应当是师范同门，故有"同身共命，同气连枝"之说。虚舟普度（1199—1280）曾从之参学。《虚舟普度禅师语录》卷一：居数年，辞通，以所得质当世。天童晦岩光、大慈石岩琏、虎丘石室迪，一见器异，为不可及。因留典法务于三师间。⑥ 年末，《无准师范禅师语录》卷二：谢保宁西堂挂牌及新旧都寺，上堂。⑦

史弥远请当时还相对年轻的师范住持径山，目的之一便是完成径山的重建。《行状》：又三年，嵩少林散麋径山。朝命以师补处，抵京师，见丞相史卫王。卫王曰："径山住持，他日皆老宿，无力葺理，众屋弊甚。今挽吾师，不独主法，更张盖，第一义也。"⑧

据《大川普济禅师语录》卷一：

---

① 《卍新续藏》70 册，第 231 页上。
② 同上书，第 232 页上。
③ 同上书，第 234 页上。
④ 同上书，第 234 页下。
⑤ 同上书，第 236 页上。
⑥ 《卍新续藏》71 册，第 96 页上。
⑦ 《卍新续藏》70 册，第 236 页上。
⑧ 同上书，第 278 页中。

径山无准和尚到，上堂，举："僧问云门：'如何是云门一曲？'门云：'腊月二十五。'"师云："大众只知门迎径山和尚，不知径山和尚与云门大师，唱拍相和，五音流畅。天宁虽不解音律，未免顺朱写字，辄举一颂：锦城歌管日纷纷，半入江风半入云。此曲只应天上有，人间能是几回闻。"①

六年（1233），五十七岁，四月二十一日火灾，《无准师范禅师语录》卷二：火后上堂。②《行状》：先是师梦有烈丈夫授以明珠二十一颗，莫知谓何，及寺焚，则四月二十一日也。③七月十五日，大内升座。《行状》：是年七月，有旨入内。上御修政殿引见，师奏对详明，上为之动色，赐金襴僧伽黎，仍宣诣慈明殿升座，上垂帘而听。上谓大参陈公贵谊，留心内典，以师所说法要示之。陈公奏云："简明直截，有补圣治。"乃赐"佛鉴禅师"号并缣帛、金银钱、香合、茶药等，侍僧各赐金帛。有差仍降银绢僧牒，俾助营缮。宠光锡赉，由佛照以来，未之有也。④

年末，《无准师范禅师语录》卷二：郡知府至。⑤（或次年初）

端平元年（1234），五十八岁，约八月，御书至，上堂。《无准师范禅师语录》卷二：

御书至，上堂，拈香祝圣罢，趺坐（问答不录）。乃云："须弥山为笔，香水海为墨，尽大地为纸，吾大圣人以主天下之力，秉此笔，蘸此墨，而于此纸大书特书，纵横得妙，辉腾今古，荣耀林泉。以此侈吾佛之光，以此霈神龙之泽，以此庄严宝，所以此成就福田，吉祥中吉祥，殊胜中殊胜。正怎么时，如何报称？万年恢正续，四海乐无为。臣僧（师范）恭奉圣旨，特赐本寺"释迦宝殿妙庄严阁凌霄之阁灵泽之殿宝所万年正续之院"二十四大字宸翰。臣僧领众迎接归寺，

---

① 《卍新续藏》69 册，第 760 页下。
② 《卍新续藏》70 册，第 236 页中。
③ 同上书，第 278 页中。
④ 同上书，第 278 页中下。
⑤ 同上书，第 236 页下。

永镇名山,升于此座,举扬宗旨,上祝圣寿无疆。臣上感圣恩,上感圣恩,下情无任感天荷圣激切屏营之至。复说偈云:

尧仁及物丽如春,荣宠名山御墨新。
将底酬恩崇寿域,碧天无际水无垠。①

二年(1235),五十九岁,《无准师范禅师语录》卷二:浴佛,上堂:"昔年当此日,生个老妖孽。殃害大地人,有屈无处雪。"②

是年中秋,侍者兀庵普宁禅师欲到蒋山参痴绝道冲,无准为书送行。

三年(1236),六十岁,《无准师范禅师语录》卷二:破庵和尚忌日,拈香。③

嘉熙元年(1237),六十一岁,《无准师范禅师语录》卷二:圣节,上堂,拈拄杖云:"天地之根,万物之主,大千无以居其尊,劫石难以并其固。"卓一下,云:"直得森罗万像、草木丛林、情与无情悉皆鼓舞,时哉,时哉,正月初五。"④

据《佛祖统纪》卷四十八:

嘉禧元年,太后王氏薨,诏径山师范禅师入对修政殿,赐金襕袈裟。宣诣慈明殿升座说法,上垂帘而听。赐号佛鉴。恭圣仁烈皇帝升遐,仍诏师范升座。既而乞归山林,复赐"圆照"之号。⑤

西岩了慧为蓬州人,时任后堂首座。

据《无准师范禅师语录》卷二:

谢新旧知事两堂秉拂,上堂:"衲僧家,无本据,动静去留,无非活路。进一步,临机没回互;退一步,声色如聋瞽,不进不退,又且

---

① 《卍新续藏》70册,第237页中下。
② 同上书,第237页下。
③ 同上书,第238页中。
④ 同上。
⑤ 《大正藏》49册,第432页中。

如何？前堂首座是果州人，后堂首座是蓬州人。蓬州人自打蓬州乡谈，果州人自打果州乡谈。虽然如是，君子千里同风。①

前堂首座别山祖智为果州人，后堂首座西岩了慧为蓬州人，皆为蜀人。
二年（1238），重九，能仁西堂同定首座至，上堂。
能仁西堂即石溪心月，曾住建康能仁，其年请为径山西堂，不久住持蒋山，无准为其引座。
三年（1239），六十三岁，《无准师范禅师语录》卷二：

师嘉熙三年正月二十五日，奉圣旨，特赐"佛鉴禅师"。师领众迎接，望阙谢恩毕，遂鸣鼓升座，拈香祝圣罢，据座（问答不录）。乃云："形名未兆，文彩全彰；见闻知觉，觌体纯真；坐卧经行，全身奉重。应万机而无滞，融十虚而不痕，左右逢原，纵横得妙。然虽如是，尧舜之君，犹有化在。且把定乾坤、独超今古一句作么生道，云净日月正，风暄草木香。臣僧师范，凉薄之踪，于道无取。兹者恭蒙圣恩，特赐禅号，宠踰其分，愧溢于中。是由昔日灵山付嘱之重，以至今日，有兹叨遇，上感圣恩，上感圣恩！但臣下情，无任激切屏营之至。复说偈云：
只个丛林粥饭僧，滥膺徽号愧无能。
临风将底祝君寿，遥指南山千万层。"②

重阳后，《无准师范禅师语录》卷二：挂御书宝所额，"五峰插天，一尘不到，特标宝所，云汉昭回。不问南来北来，普请一时证入。证入则故是，其中事作么生？香风吹动春长在，瑞气氤蟠夜不收。"
挂寺额（宁宗御书）。③
四年（1240），六十四岁，三月，《无准师范禅师语录》卷二：为新广

---

① 《卍新续藏》70册，第238页下。
② 同上书，第239页下。
③ 同上书，第240页中。

寿引座。① 夏中七八月，《无准师范禅师语录》卷二：谢翠岩西堂、新旧知事，上堂。②

淳祐元年（1241），六十五岁，《无准师范禅师语录》卷二：日首座瑞世延庆，上堂，拈拄杖云："释迦饮气，达磨吞声，德山临济曝腮鳞于龙门，自余之辈，三千里外斫额，放一线道。"卓一下，云："随分身春色，一枝三两花。"③

《无准师范禅师语录》卷二：

> 结夏，上堂："径山今日传箭令下，是汝诸人自今日去，眼不得妄视，耳不得妄听，口不得妄言，足不得妄举，一切皆不得妄。依吾令者，同此安居；不依吾令者，贬向无生国里。且如何说个不妄底道理？山僧淳熙四年生，经今六十五岁，本命丁酉。酉生人属鸡，何故？不闻道，养鸡意在五更初。④

二年（1242），六十六岁，重阳后，《无准师范禅师语录》卷二：孟节使舍财建造，上堂。⑤

据《行状》：

> 三年寺成，又六年复毁。师不惊不变，不徐不亟，而多助云至。荆湖制师孟侯珙，蜀之思、播二郡，与夫海外日本，皆遣使委施。不数年，寺宇崇成，飞楼涌殿，如画图中物矣。去寺四十里，筑室数百楹，接待云水。堂殿楼观，凡丛林所宜有者悉备。皇帝亲御宸翰，赐额曰"万年正续"。市良田九千亩，奏其徒以甲乙主之。正续西数百步，结庵一区，为归藏所。上建重阁，秘藏后先所赐御翰。敞室东西偏，奉祖师与先世香火。遇始生日，为饭僧佛事，以赞冥福。盖自狂

---

① 《卍新续藏》70册，第241页上。
② 同上。
③ 同上书，第241页中。
④ 同上。
⑤ 同上书，第242页上。

鞑犯蜀，师之先祀遂绝，天性至爱，有不可解于心者。上闻而嘉叹，赐扁"圆照"，详见待制李公心传所记。①

在住持径山期间，两次遭遇火灾，师范不惊不变，不动声色，很快便完成重建。

三年（1243），六十七岁，端午上堂。跋《西山亮禅师语录》称其"不事枝叶，有古宿风韵。"②

四年（1244），六十八岁，《无准师范禅师语录》卷二：圣节上堂。③五年（1245），六十九岁，《无准师范禅师语录》卷二：朝廷降香祈晴。④

据《无准师范禅师语录》卷五《跋出化先驰颂轴》：

> 淳祐五年秋，余将率师出征于山之南，拜玉为先锋，四方子弟各出奇策以助其行，观其意，视其势，决有必胜必取之効。后日奏凯回戈，吾当片析太虚为赏，有所不吝。⑤

六年（1246）七十岁，《无准师范禅师语录》卷二：朝廷拨赐万年正续院产业。⑥

八年（1248），七十二岁，二三月，空叟宗印门人净慈无极观（1185—1248）入灭。《无准师范禅师语录》卷二：净慈无极和尚遗书至。上堂："六十四年，作么生生憎佛祖？黄连未是苦，一笑翻身，什么处去也。虚空独露，元来只在这里。"下座，炷香瀹茗，以醒瞌睡。⑦

《无准师范禅师语录》卷二：朝廷降香祈雨，满散水陆。⑧《行状》：淳

---

① 《卍新续藏》70 册，第 278 页下。
② 《卍新续藏》69 册，第 651 页、652 页上。
③ 《卍新续藏》70 册，第 242 页下。
④ 同上书，第 243 页中。
⑤ 同上书，第 274 页中。
⑥ 同上书，第 243 页下。
⑦ 同上书，第 244 页下。
⑧ 同上书，第 245 页上。

祐戊申秋，寺再成。师筑室明月池上，榜曰"退耕"。①

淳祐九年（1249），七十三岁，病起，佛涅槃日，上堂。《无准师范禅师语录》卷二：闰月旦上堂："二月复二月，韶光尚可留。雪消深涧底，花发旧枝头。万木寒威解，千峰翠色浮。有谁知此意？"拍膝云："相共倚危楼。"②

《无准师范禅师语录》卷二：师将顺寂，上堂："山僧既老且病，无力得与诸人东语西话。从前说不到底，今日勉强出来，尽情向诸人面前抖擞去也。"遂起身抖擞云："是多少？"③ 三月去世。

淳祐九年（1249）四月，丞相游侣作《祭文》。

据《增集续传灯录》卷一：

径山无准范禅师法嗣（二十人）

仰山雪岩祖钦禅师　　净慈断桥妙伦禅师
天童西岩了慧禅师　　灵隐退耕宁禅师
天童别山智禅师　　天童璨溪一禅师
天童月坡明禅师　　雪窦希叟绍昙禅师
雪峰绝岸可湘禅师　　光孝石室辉禅师
国清灵叟源禅师　　天童简翁敬禅师
东林指南宜禅师　　荐福无文璨禅师
雪窦方岩垠禅师（此后无传）　江心兀庵宁禅师
东山日禅师　　石梁忠禅师
顽石玉禅师　　剑关益禅师④

师范门人众多，为其编辑语录者有宗会、智折（清凉）、觉圆（焦山）、如海、妙伦（雪窦）、惟一、了禅、了心（育王）、普明、了南、绍昙（径山）等。

---

① 《卍新续藏》70册，第278页下、279页上。
② 同上书，第245页下。
③ 同上。
④ 《卍新续藏》83册，第261页下。

石坡和尚曾于咸淳六年（1270）访绝岸可湘，亦为其门人。后住湖州道场，元代入灭，龙源介清为其秉炬，称十一处开法，寿八十七。

据《枯崖漫录》，福州越山法深于径山无准会下为书记，后归里居受业梅岩十余年，自号云山畎叟，为丞相郑性之、尚书陈韡所重，后主钓台，宝祐间迁越山，未几入灭。是故法深亦应为其门人。

其所度弟子，前期为了字辈，如了慧等，后期为德字辈，如德宁、德通、德辀、德义、德潜、德拱、德清、德敷等。

还有剑门妙深、谦侍者等。

其日本门人不少，除圆尔外，还有觉琳、然上人等。还有高丽僧人法明，亦于淳祐七年（1247）赴日弘法。

第二节　西岩了慧

西岩了慧（1198—1262）为无准师范门人，南宋著名禅师。

了慧，号西岩，庆元四年（1198）出生，四川蓬州人，俗姓罗。

幼从玉掌山安国寺祖灯出家，嘉定九年（1216）十九岁薙发，祖灯授以般舟念佛三昧，非其志。

至成都讲席，习性宗经论，后以其非究竟，舍教入禅。谒昭觉寺坏庵居照（北礀居简之兄），居照一见知为法器，促其南询。

由湖湘入浙，见浙翁如琰于径山。如琰嘉定十一年（1218）始住持径山，西岩到来当在此后。闻高原祖泉孤硬径直，至梨洲（天衣）从之，约在嘉定十四年（1220）左右。高原祖泉于嘉定十年（1217）始住梨洲，后于嘉定十五年（1222）继云窠道岩（？—1222）住瑞岩，令西岩俱行。泉问"山河大地，是有是无？"拟开口，即喝出。以偈呈，即曰没交涉。令书《龙门三自省》、《白杨示众语》。祖泉阅之笑曰：字写得好，只是没交涉。师愤悱莫伸，不知何处下手，泉曰：吾多行方便，汝自不省，看来缘法不在此，可去见雪窦无准。

时在宝庆元年（1225）左右，至雪窦见无准师范，自陈来历，师范呵曰："熟歇去！"已而令充不厘务侍者，语之曰："觑不透处，只在鼻尖头；道不著时，不离唇皮上。讨之则千里万里。"师抗声曰："将谓有多少奇特！"

宝庆三年（1227）师范迁育王，随行，尽其心要。乃行遍参，见石田法薰于净慈，与语，奇之，约在绍定二年（1229）左右。

约绍定三年（1230），至吴门万寿寺参妙峰之善（1152—1235），善问："近离何处？"曰："净慈。"曰："净慈有何言句示徒？"曰："好上堂！"曰："好在甚处？"曰："别日举似和尚。"之善笑曰："个川僧，不同其他。"

约绍定四年（1231），华藏淳庵善净入灭，之善迁华藏，随行，时断桥亦在会中。绍定五年（1232），之善迁灵隐，二人随行。

时师范亦由育王住持径山，故至径山再参师范，始为知藏，后迁第二座。

端平三年（1236）春，受宗室观文大学士赵与之请，住持平江定慧。

据《行状》，吴门诸刹，多为庸僧所据。节斋赵观文作牧，庸流望风退避，虚席处竟然一十有九。集诸山长老选本色衲僧住山，请了慧出世于定慧。定慧久废，补葺修茸，为之一新，始有衲子过门。

赴定慧时，至平江府双塔寿宁万岁禅寺拜访淮海原肇。虽然受请住持，然而颇厌廛嚣，值有司就寺夹勘所，挝鼓退，不容挽留。

据《西岩了慧禅师语录》卷一：

> 因使府就寺夹勘院，退院上堂："大地为囹圄，鞫勘佛与祖。款案犹未圆，棒喝如雷雨。平白累山僧，有屈无雪处。有雪处，栁棵横担不顾人，直入千峰万峰去。"①

看来他对官府不顾佛门尊严、到寺中夹勘僧人十分不满，击鼓退院以示抗议。

嘉熙元年（1237），归径山，任后堂首座。

淳祐七年（1247），住持温州能仁（旧名芙蓉）。东嘉使君刘大监，以能仁招，居之三年。谢渊书记、妙藏主、秉拂、都寺干结夏斋，并斡拈阄

---

① 《卍新续藏》70册，第484页上。

会，上堂。到台州瑞岩看望同门断桥妙伦。

淳祐八年（1248），四月浴佛上堂。

淳祐九年（1249）三月十八日，师范入灭，讣至，拈香。至兜率寺拜访淮海原肇。

住能仁时，出队，有诗上陈侍郎。

淳祐九年（1249）末（九月后），回灵隐。灵隐石溪心月以书招，翩然绝江，延以第一座，不就。

淳祐十年（1250），心月迁径山，大川普济继席，又延之，亦不就。

淳祐十一年（1251），住持东林。江州帅朱公，属径山心月，举堪东林者。心月以西岩应，朱礼致之。

请其源首座立僧，上堂。

据《大川普济禅师语录》卷一：

源上座火

道之有源，渴鹿奔阳焰；道之无源，日中逃影迹。此是其源，不受方便。平地上浪激千寻，虚空里星飞火迸。①

如此其源后来又到灵隐为首座，入灭于宝祐元年（1253）前。

谢新旧两班，及西堂、首座、藏主、秉拂。上堂。除夕说法，称有二百余众。

淳祐十二年（1252）元旦，上堂。

上堂，举南泉住庵公案，西堂显拈提，表明其时显禅师为西堂。

淳祐十二年（1252）十一月，住持天童。

《行状》称居一年，天童虚席，朝命诸禅公举，以师名奏，特差补处。事实上他在东林两个年头，一年或指实数。

据《行状》：

五年间，训徒起废，靡不加意，两阁后先，金碧昂霄，又将广选

---

① 《卍新续藏》69册，第771页下。

佛场一新之。回禄煽灾，半日而尽，非数也耶！师逆境顺处，不以灾故而弛丛规。衲子不忍舍，宗清、德渊、智月辈，占路分卫，助厥兴复。首新旃檀林，而库司厨庑诸寮，亦次第就，水陆堂已抡材。①

他在住持天童时，殚精竭虑，一心兴复，无奈遭遇火灾，半日之间，广刹化为灰烬。他在逆境之中，处之如顺，规范依旧。宗清、德渊、智月等人同心协力，四处化缘，助其恢复。未久寺宇重新，美仑美奂。

谢新前堂太平西堂，上堂，称"弟应兄呼成活业"，看来太平禅师为其同门师弟。

宝祐元年（1253），谢深都寺，舍钱建罗汉、知识二阁，升座说偈：起寨重招五百兵，等闲恢复百余城。凌烟阁上清风起，留得将军万世名。

据《西岩了慧禅师语录》卷二：

舍钱建阁深都寺（写师像并自真，同憩松下，乞赞）

非愚非贤，非亲非冤。渠不在后，我不在先。共行难行道路，欲了未了因缘。以松为誓，后五百年。咄！再来不直半文钱。②

深都寺舍钱建立罗汉阁、知识阁，功德不小。

灵隐大川普济（1179—1253）讣音至，上堂，表示哀悼。

四月，育王东谷妙光迁灵隐，兼管育王。他举大慧与宏智故事，表示要平和两山关系。

宝祐二年（1254）元旦，上堂。

据《西岩了慧禅师语录》卷一：

师颂云：霜蹄一跃趁春风，看尽深红及浅红。鞭影未摇归路活，杜鹃声在夕阳中。③

---

① 《卍新续藏》70册，第503页中上。
② 同上书，第501页下。
③ 同上书，第488页中。

这首诗颇有"春风得意马蹄疾，一日看尽长安花"之意味，良马见鞭影便行，归家之路实为活路，若能识途，所行即是。

结夏，上堂，强调不仅禁足，还要禁口，不说佛法，不道闲话。是年闰六月，故有长夏。

端午上堂，兼谢张即之寺丞，称之为老维摩，八十无病，福慧俱足，是难得的大居士。

雪窦、仗锡、黎州、岳林回礼归，上堂。回拜答谢四山长老。

再权育王，上堂。是年六月十四日浙翁如琰门人育王毒川济禅师入灭，再次虚席，故复代理住持。

十二月五日，在育王启建天基节。

十二月，浙翁如琰（1151—1225）门人大慈芝岩惠洪（1192—1254）卟音至，上堂。

宝祐三年（1255）元旦，上堂。上堂，兼谢黎州西堂。

上堂，谢两堂首座、秉拂、都寺结夏斋，召大众，云川僧藙苴，浙僧萧洒。开炉上堂，兼贺东山和尚会首座住院。

宝祐四年（1256）元宵，仍兼管育王。

径山石溪心月（1176—1256）遗书至，上堂。日本证禅师，以天台断桥法语，求印证。

七月遭火灾，回禄后，解制上堂。德清、智渊、如月等，分头行化，助其重建寺院。

约十一月，石田法薰门人雪崖圆禅师瑞世灵岩，门人海山瑞世仙岩。谢新灵岩（嗣石田）并仙岩（号海山）及化旃檀林兄弟，上堂。

宝祐五年（1257）元旦，因火灾，寓居磨院，上堂："千峰沐雨，万树笼烟。磨盘呈旧面，水碓拜新年。无作而作，不然而然。因思昔日肇法师，克由叵耐，道个物不迁（时寓磨院）。"[1]

佛涅槃日之后，得疾，退院上堂，住持六年。荐举同门别山祖智（1200—1260）继席。

居中峰三年（《行状》作三年），宝祐五年（1257）到开庆元年

---

[1] 《卍新续藏》70册，第492页中。

(1259)。开庆元年（1259），住持瑞岩山开善禅寺。

松壑赵大卿临访，道瑞岩乃先清敏王神游之地，请益甚力，受之。

谢雁荡山能仁寺（芙蓉全了开山，为诺讵那尊者道场）西堂芙蓉和尚，上堂。

谢天台平田寺（即台州万年报恩光孝禅寺，淮海原肇曾于淳祐六年至八年住此寺，雪巢法一曾居平田观音院）及暗室两处道旧。

景定元年（1260），上堂，谢璧都管、郁修造。

上堂，谢用堂首坐、大机西堂、通藏主、秉拂及都寺冬斋。

景定二年（1261）辛酉，元旦，上堂。端午，上堂。时有疾，故称"无病之药，不传之方。昨朝用不得，今日恰相当。"

疾作退居，寓天童清风坞幻智塔庵。

景定三年（1262）三月二十二日入灭。寿六十五，坐四十七夏。

据《增集续传灯录》卷一：

天童西岩慧禅师法嗣

天童东岩净日禅师　荐福月硐文明禅师
翠岩木庵讷禅师　天宁月舟乘禅师
绝壑淳禅师（无传）[1]

天童东岩净日（1221—1308）、荐福月硐文明影响最大。讷禅师，或名智讷，号木庵，又号木翁，始住翠岩，后住灵岩。门人修义（定慧、能仁）、景元（东林）、宗清、继燨（天童）编辑语录。语录中还提及小师智潮、智广、灵峰雪崖长老、仙岩海山长老，门人宗清、德渊、（灵江）智月助其重建天童。智潮、智涣请物初大观为作行状。所度弟子，属智字辈。

第三节　别山祖智

别山祖智为无准师范门人，南宋著名禅师。他曾于宝祐五年（1257）

---

[1]《卍新续藏》83册，第263页中。

至景定元年（1260）住持天童，号称宏智再来，是中兴天童的大功臣。宝祐四年（1256）天童遇到火灾，损失惨重，他于宝祐五年（1257）至景定元年（1260）间住持天童，极力兴复，不三年，焕然一新。他与宏智正觉（1091—1157）同号为"智"，故被认为是宏智再来，在天童寺发展史上具有重要地位。

有关别山祖智的事迹主要见于《别山智禅师塔铭》、《继灯录》、《五灯会元续略》、《续灯存稿》、《五灯严统》、《南宋元明禅林僧宝传》、《五灯全书》等，其说并不完全一致，需要甄别和研究。

除文复之所作《塔铭》外，鼓山元贤（1578—1657）于万历十九年（1591）作的《继灯录》属于较早的资料，其次是明净柱于崇祯十七年（1644）作的《五灯会元续略》，箬庵通问（1604—1655）的《续灯存稿》，费隐通容（1593—1661）顺治十年（1653）作的《五灯严统》，幻津自融（1615—1691）顺治四年（1647）作《南宋元明禅林僧宝传》，其后才是清人所作的《续灯正统》（成书于康熙三十年1691）、《五灯全书》（康熙三十二年1693）等。

《五灯会元续略》卷三之传与《继灯录》完全一样，显是延用，《五灯严统》卷二十一增加了其上堂举麻谷问临济的一则公案，并有"贼队相逢午夜时，搀旗夺鼓讨便宜。蓦然天晓重相见，满面羞惭各自归"[①] 一首偈颂。

《续灯存稿》的记载内容更多，尤其可贵的是增加了其世寿与夏腊，言其寿六十七，夏五十四，然而其说有矛盾之处，既云十四得度，五十四夏，应为六十八岁，因此"七"可能是"八"之误，其后《五灯全书》作寿六十有八，坐五十四夏，其他文字则与之全同（只是在嘉熙戊戌前增加了"宋理宗"三字），足以证明其有鲁鱼之讹。《续灯正统》亦作寿六十有八，夏五十四。

与《塔铭》相比，有关祖智最为详实的资料则是作于清初的《南宋元明禅林僧宝传》。

据《南宋元明禅林僧宝传》卷七《别山智禅师》：

---

① 《卍新续藏》81册，第263页下。

别山祖智禅师者，蜀人也。其先杨姓，世有显任。智既生正信之家，幼绝世缘。七岁绍印沙门化为行童，授以圭峰《圆觉叙》，脱口成诵。宋嘉定癸酉，试所习得度，其年十四矣。又五年，参彴牛全于昭觉。经二载，苦制话头，不敢展衾，每至后夜，或假寐而已。偶闻姑苏僧诵杀六岩法语，字字皆点著自己禅病。时岩住姑苏之穹窿山，智径走见，以古德因缘求指。岩惟瞑目端坐，展掌示之。不决，请益，岩如前无它语。于此又二载，智所求益衰，岩竟不换机。智乃拟简藏经，融会本参。因阅《华严》善财入弥勒楼阁，见阁中有无量不可思议诸佛境界，有省。默举祖师公案，皆会节目。举似于岩，岩方启齿曰："灵云见桃意在甚处？"对曰："万绿丛中红一点，几人欢喜几人嗔。"岩以为然，乃可之。

智复遍历名席，俱获美誉。渡钱塘，游天台，友断桥伦。见无准范禅师于雪窦，范棒喝风驰，智结舌，不能仰对。范每受参垂问，智每拟当机，瞻视范公，不能进措一辞。乃私叹曰："我生平所参所悟底，皆死法也，死法何济哉！"乃尽捐宿负，坚依范公。久之于范公棒喝中，大通妙旨，遂呈偈曰："用尽工夫夜欲阑，东挑西拨见还难。无端豆爆寒灰里，便把柴头作火看。"范公迁育王、径山，智皆负包与俱。径山毁，知事者多惧，劝范弃之。智曰："不可。昔南禅师住归宗，归宗被火，有司责其咎，南尚顺而居之，以故南公之名大重。今径山虽火，而时清道泰，且堂头和尚以咎自归，无弃去之心。我辈为人子臣，当仰体君父之心，父子君臣道合，反废为新，庸何虑焉？"智于是自充化主，而殿阁楼台，从鼓舞中涌起五峰矣。

嘉熙二年，出住洞庭之天王寺，以真言实践，接纳方来。然好贬剥诸方，江湖以"智天王"哂之。痴绝冲尝问洞庭来僧："曾见智天王否？"对曰："学人适从天王来。"曰："寻常有何言句？"僧举天王示众语曰"带锁担枷招罪犯，安禅入定坐深坑。两头踢脱无依倚，一个闲人天地间"，冲笑曰："怎么则智天王罪过不少。"丞相游公侣以西余虚席，请智补之。未久智自西余荷策迁金陵之蒋山，参徒蚁聚，名满淮南。

悦堂訚道者，初游吴，闻智寻常怒气噀人，不减居天王时，乃谒智。智问曰："是何法讳？"对曰："祖阐。""近离何处？"对曰："江西。"曰："马大师安否？"对曰："起居和尚。"智拽杖便起，阐蹑履便行。侍僧问曰："适来者僧未知留否？"智笑曰："是必去也。"侍僧出，访旦过堂，果去矣。阐住后乃曰："我当时只肯别山收，不肯别山放。"

宝祐四年，天童火，无少剩。州帅吴公潜以疏闻上，上以智居天童。智曰："携吾白骨，以伴青山足矣。兴复之事，岂吾望也！"遂于瓦砾堆中，构草庐以安众。三载之间，松关尽处，青山捧出梵宫，而壮甲东南焉。智处众，能耐小节，深得衲子之心。衲子互相颂曰："吾师讳祖智，即弘智再来也。"景定改元九月朔，示众曰："云淡月华新，木脱山露骨。有天有地来，个个眼睛活。"乃掩室，复令传语曰："不及相见，各自努力。"越十日，珍嘱后事，叉手捐世。寿六十一，坐四十七夏。塔于中峰。

赞曰：我师翁悟老人，新天童时，修辑历祖石塔。余得见智公之塔，圮于荆棘丛中。及考《天童中兴图志》，惟公大有功于天童者也。公初事无准，居径山，以大义鼓舞，遽成五峰楼阁。后公居天童，不三载而重兴莫大之精蓝，亦座下有其人而鼓舞之。嗟乎，非忠于事上，诚以接下，曷克有此哉！[①]

《南宋元明禅林僧宝传》所述内容更加详细可靠。观其《赞》，知自融虽然为圆悟法孙，却也亲见圆悟，并参与了圆悟复修祖塔之事，且亲见祖智之塔，其资料来源是《塔铭》及《天童中兴图志》，故更加可信。今依前述诸书，略述其经历。

诸书皆谓祖智为蜀之顺庆人，据《宋史》卷八十九，顺庆府本为果州南充郡，宝庆三年（1227）以理宗初潜之地而升为府，辖南充、西充、流溪三县。故顺庆府实即果州，祖智出生时尚隶属于潼川府，祖智实为潼川府果州人。

据《无准师范禅师语录》卷二：

[①] 《卍新续藏》79 册，第 613 页中至 614 页中。

【嘉熙元年（1237）】谢智首座、惠后堂并新旧头首，上堂："径山一句子似有如无，却须是个具大智慧底，领之于文彩未彰已前，然后知大藏小藏，尽从这里流出，至于或卷或舒，或进或退，靡不中的。虽然如是，可惜许。"①

此智首座，就是前堂首座别山祖智，惠后堂，即后堂首座西岩了慧（1198—1252），他们二人分别担任径山前后堂首座，是无准师范的大弟子和得力助手。

又据《无准师范禅师语录》卷二：

谢新旧知事、两堂秉拂，上堂："衲僧家无本据，动静去留，无非活路。进一步，临机没回互；退一步，声色如聋瞽；不进不退，又且如何？前堂首座是果州人，后堂首座是蓬州人。蓬州人自打蓬州乡谈，果州人自打果州乡谈。虽然如是，君子千里同风。"②

这里明确讲前堂首座祖智为果州人，后堂首座了慧为蓬州人，两地相接，各打乡谈，然千里同风，关系融洽。

据《西岩了慧禅师语录》卷二：

师名了惠，蜀之蓬州蓬池，罗氏子。③

这表明前引所述非虚，了惠确实为蓬州蓬池人，祖智为果州人之说也应当是可靠的。

又据《希叟绍昙禅师广录》卷七《别山和尚真（为瑞净头赞）》：

严冷面皮，软顽肠肚。对同参唱菩萨蛮，与行家说无义语。纵苍

---

① 《卍新续藏》70 册，第 238 页中下。
② 同上书，第 238 页下。
③ 同上书，第 503 页上。

鹰搏物机,辟狮子翻身路。医衲僧病,下天王补心圆;移睹史宫,换长庚大火聚。虽潜行密用处,鹘眼迷踪,点检将来,也是果州饭布。①

这是祖智同门师弟希叟绍昙(约1194—1275)为祖智门下瑞净头所作的《别山和尚真赞》,其中也暗示他是果州人。

祖智庆元六年(1200)生于果州,俗姓杨氏。母梦一僧求宿,遂怀孕生之。杨氏世为显宦,历奉佛法,故祖智幼年好佛,绝于世缘。开禧二年(1206)七岁时,沙门绍印化其为童行弟子,授以圭峰宗密之《圆觉经序》,他非常聪明,脱口成诵。嘉定六年(1213)癸酉十四岁剃度。嘉定十一年(1218)十九岁,又至成都昭觉寺参牣牛全禅师,经二载,苦参话头,不敢展被,或至后半夜,假寐而已。出峡至公安,偶闻姑苏僧人诵杀六岩法语,觉得字字点著自己禅病,便往从之。杀六岩本名晖,亦为著名禅匠,当时住苏州穹窿山,曾住衢州祥符,浙翁如琰(1151—1225)门人东山道源(1191—1249)曾于此参之,可惜其宗系不明。祖智约于嘉定十三年(1220)到苏州,参杀六岩,每以古德因缘求指,岩只是瞑目端坐,展手示之,如此二年,次次如此。祖智不契,乃阅《华严》,读至善财入弥勒楼阁,见阁中有无量不可思议诸佛境界,于此有省,再参祖师公案,历历明了,会其节目,乃见岩。岩问灵云见桃花公案,祖智答曰"万绿丛中红一点,几人欢喜几人嗔",岩肯之。

此后遍历丛席,参浙翁如琰、无际了派(1149—1224)、高原祖泉(？—1230)、淳庵善净、妙峰之善(1152—1235)等。祖智离开苏州约在嘉定十五年(1222)左右,先到径山参浙翁如琰,再到天童参无际了派,又至瑞岩参高原祖泉,再到常州华藏参淳庵善净,又参妙峰之善,之善当时可能继淳庵住华藏。他又游天台(应为四明),与断桥妙伦(1201—1260)为友,最后见无准师范于雪窦。

无准师范住持雪窦,当在嘉定十六年(1223)末至宝庆三年(1227)初之间,因祖智在师范门下资格很老,故其可能于嘉定十七年(1224)时已至。祖智于师范门下彻悟,呈偈曰"用尽工夫夜欲阑,东挑西拨见还难。

---

① 《卍新续藏》70册,第476页上。

无端豆爆寒灰里,便把柴头作火看",大得赏识。师范宝庆三年(1227)迁育王,绍定五年(1232)住持径山,祖智皆随行。绍定六年(1233)四月二十一日,径山火灾,祖智担任化主,力图兴复,不久寺宇焕然一新。嘉熙元年(1237),祖智担任前堂首座。

嘉熙二年(1238),祖智受郡守赵公之请,出任洞庭天王寺住持,好贬剥诸方,江湖以"智天王"名之,包含有嘲讽戏谑之意。痴绝道冲曾问洞庭来僧有关祖智的情况,由于道冲淳祐四年(1244)至九年(1249)间退居,未任丈,因此此事应当发生在淳祐四年(1244)前,既然祖智已然有了"智天王"的名号,其居天王寺时日非短,因此此事很可能发生在淳祐三年(1243)前后道冲住持天童时。

在天王时,他与同参西岩了慧、高峰密(或即井山密,枯禅自镜门人)、兀庵普宁、别庵甄(痴绝道冲门人,时住衢州南禅)等相互切磋,淳祐四年(1244),前辈灵隐住持痴绝道冲也对他赞不绝口,大大提高了他的声誉。

淳祐年间,受丞相游侣之请,再迁湖州西余大觉寺。游侣,又名游似,《宋史》卷四百十七有传,字景仁,号克斋,嘉定十四年(1221)进士,嘉熙三年(1239)正月拜端明殿学士同签书枢密院事,八月拜参知政事,四年闰月知枢密院事兼参知政事,后因与史嵩之不合离朝,淳祐四年(1244)提举万寿观兼侍读,五年拜右丞相兼枢密使,七年罢相,特授观文殿大学士醴泉观使兼侍读,十一年(1251)致仕,当年去世。据徐元杰《楳埜集》卷一淳祐四年甲辰《十二月二十一日进讲》,中有"杜范居天台,游侣寓苕霅,去天甚近,而犹未轻出",可知游侣离朝之后,便居湖州,淳祐七年(1247)罢相之后,又归湖州,故赵汝腾《庸斋集》卷六《祭克斋游丞相文》有"霅溪午桥,临流舒啸"之句。

据《痴绝道冲禅师语录》卷二:

明年己酉,访丞相弘毅游公、侍郎沧洲程公于苕溪私第。[1]

---

[1] 《卍新续藏》70册,第75页下。

这更加证明淳祐九年（1249）游侣居湖州私第，道冲还去看过他，可能也见过法侄祖智。

那么祖智究竟是在游侣拜相前移居西余、还是拜相后呢？

据《淮海原肇禅师语录》卷一：

【淳祐十一年（1251）】西余别山和尚赴蒋山，上堂："厎恁个金毛，久踞苔雪上。看他一出六出，卖弄些些伎俩。忽然大哮吼，闻者皆惊丧。且道颔下金铃什么人解得？志公和尚。①

淮海原肇为浙翁如琰门人，祖智曾参浙翁，故二人为同门友。是年祖智自西余赴蒋山，路过平江万寿报恩光孝禅寺，故原肇上堂说法，以示祝贺。

《南宋元明禅林僧宝传》道"未久"智自西余荷策迁蒋山，似是暗示他居西余时间不长，而原肇则道其"久居苔雪上"，二说矛盾，或许对"长久"的标准看法不同。然无论如何，祖智居西余，不应晚于淳祐七年（1247），因为原肇毕竟是当时之人，其说更加可信，因此祖智在淳祐六年（1246）游侣大拜前到西余的可能性更大。

淳祐十一年（1251），受金陵留守王埜之请，自西余赴蒋山。

宝祐四年（1256）丙辰天童遭遇火灾，五年（1257）西岩了惠以疾向沿海制置使判庆元府吴潜告退，吴潜请祖智迁天童，这当然也是了惠之意。

据《西岩了慧禅师语录》卷二：

【宝祐五年（1257）】俄属疾，谒告于制使履斋吴公。公以蒋山别山智奏继其席，法中友于也。②

诸书多称宝祐四年（1256）丙辰被旨住天童，其实是把天童遇火的时间当成了祖智受命之时，其实了惠并非在遇火之后当即辞职，而是在次年

---

① 《卍新续藏》69册，第778页下。
② 《卍新续藏》70册，第503页下。

始其因病退居。诸书多谓"三年"便使天童恢复旧观,其入灭时间为景定元年(1260),上溯三年前应为宝祐五年(1257)。

据《兀庵普宁禅师语录》卷一:

【开庆元年(1259)三四月(结夏前)】天童智别山至,上堂,举:"芙蓉访实性大师,上堂,以右手拈拄杖安向左边云:'若不是芙蓉师兄,大难委悉。'便下座。"师拈云:"实性用处,虽则左之右之,其奈翻成特地。南禅亦欲效古之作,未免拔贫作富,蒿汤备礼。"掷下拄杖云:"若不是天童师兄,大难委悉。"便下座。①

如此别山住天童时,曾于天庆元年(1259)结夏前到常州无锡南禅寺看望同门师弟兀庵普宁(1197—1276)。普宁虽然生年在前,然由于师从师范在别山之后,故尊其为师兄。

如此可以基本确定祖智四处住持的时间,嘉熙二年(1238)至约淳祐四年(1244)前后住持洞庭天王寺,约淳祐四年(1244)至十一年(1251)住持西余大觉禅寺,淳祐十一年(1251)至宝祐五年(1257)住持蒋山太平兴国禅寺,宝祐五年(1257)至景定元年(1260)住持天童。

在祖智去世之后,其同门兄弟都怀念不已。

据《希叟绍昙禅师广录》卷一:

【景定元年(1260)庚申末】天童别山和尚遗书至,上堂:"太白峰前施小伎,渊嘿雷霆人自畏。瓦砾翻成释梵宫,古佛门风重振起。不堕功勋,等闲游戏,金毛狮子忽翻身,草木昆虫俱抆泪。抆泪即不无,且甚处见天童师兄?"(良久云:)"杲日丽天,盲人摸地。"②

又据《希叟绍昙禅师广录》卷六:

---

① 《卍新续藏》71册,第4页上。
② 《卍新续藏》70册,第417页上。

俊侍者，将别山四会语录，归日本板行，求予序引。

圆照老人，佩临济正传之印，五据要津，印破天下衲僧面门，如春雷启蛰，飞龙升天，惊蛇窜草，各适所安。别山深入阃奥，搭无文印，古篆分明，六合云奔，千林气肃。辨龙蛇眼，隐不容丝；唾结砒霜，语含鸩毒。天王（指天王寺）为之竦骨，狮子（西余寺）听之落威，宝公（蒋山寺）因之死心，长庚（天童寺）拱之失色。恶声贯耳，充塞大唐。俊侍者不能防身远害，更将恶蘖，航海东归。予恐日本国中，流殃肆毒，累及无辜，酖味丧躯，贻无穷恨。故作序引，以冠其首云。

跋

跋天童别山和尚语录

别山四会语，如断鳌立极，无一毫倾侧处，贵令大地人，安家乐业。若知端的，坐致升平，苟涉迟疑，未免被毗蓝转却。[1]

这是绍昙为《别山语录》所作序引及《跋》。俊侍者为祖智门人，欲将其四会语录带归日本，行前请师叔绍昙为作序引。绍昙之作，虽然是呵佛骂祖的风格，却也充满敬意，表明二人关系密切。

又据《兀庵普宁禅师语录》卷二：

别山、断桥二法兄讣音至，上堂："南山白额虫，撞倒太白峰，直得西湖彻底枯竭，东海怒浪翻空，安汉圭峰拊掌，天台尊者槌胸郎忙，日本国里打鼓，大唐国里撞钟。何也？兄弟添十字，此意孰能穷。"拍膝一下，嘘一声，下座。[2]

这是兀庵普宁在日本听说别山祖智、断桥妙伦两位法兄入灭后上堂说法，表达哀思。

---

[1]《卍新续藏》70册，第461页下。
[2]《卍新续藏》71册，第11页上。

祖智四会语录，可惜现已不存，《禅宗颂古联珠通集》保存了他的一些偈颂。

别山祖智四处开法二十余年，门下弟子自然不少。

据《增集续传灯录》卷五：

天童别山智禅师法嗣

湖州西余大觉竹洲修禅师

上堂："有来由，没己鼻，一种春风，万般花卉。年年费尽巧精神，见彻根源能有几？直饶见得亲切，也是玄沙道底。"上堂："一叶坠林端，山河珠走盘。随流能转物，世上独称尊。离微不犯，切忌埳根。不见古人曾有言，犹是王老师儿孙。"

西林松岩秀禅师

上堂，举"玄沙参次，闻燕子声，沙云：'深谈实相，善说法要。'便下座。时有僧请益云：'某甲不会。'沙云：'去！无人信汝。'"师云："深谈实相，善说法要；钵盂著柄，虚空掘窖。者僧请益，利刃有蜜；玄沙道去，无人信汝。甜瓜彻蒂甜，苦瓠连根苦。①

这是别山的两个门人，竹州修亦居西余。二人都爱引玄沙公案，或是一门宗风。另外日本俊侍者、瑞净头都为其门人，惜其他事迹不详。门人永言、会彻为作行状并请文复之为作塔铭。

此外介石智朋（？—1262）门人悦堂祖阐（1234—1308）亦曾参别山于蒋山，后蒙别山指示参断桥于净慈，断桥灭后介石继之，从介石得悟，后为其嗣。

别山祖智在无准师范门下地位很高，为其大弟子，在当时影响很大，可惜其法系传承非久，语录亦不存于世，然而他对天童禅寺及中国禅宗发展的贡献还是不容抹杀的。

---

① 《卍新续藏》83册，第321页下、322页上。

第四节　希叟绍昙

希叟绍昙（约1194—1275）为无准师范门人，南宋著名禅师。
淳祐九年（1249），自西湖来住持佛陇，正月八日入院，为无准拈香。
据《希叟绍昙禅师广录》卷一：

> 为齐王上堂："山雨酿春寒，晓湿梅花重。结实较迟迟，且听香浮动。化工有意待重来，永为鼎鼐调羹用。且道重来底人是谁？"（乃起身曲躬，云:）"齐王万福。"①

正月十七日，百丈忌，拈香。
二月，谢新旧知事（应、亨、浩）。
三月十八日，师范入灭。径山佛鉴禅师遗书至，拈香。
五月，台州一翁夒（此一翁不可能是一翁庆如，偃溪有门人师夒，曾为其编雪窦语录，不知是否）、少野同相访。
据《希叟绍昙禅师广录》卷六：

> **一翁**
> 独立坤维老作家，心无二用裂千差。自从行道威音外，见著枯椿几度花。②

九月，谢爱云西堂相访。
谢南谷（广录作麓）雪崖圆庵主上堂。雪崖圆后来于西岩会中出世灵岩，为石田法嗣。
淳祐十年（1250）元旦，上堂。
谢新旧副寺、监寺，并谢应都寺岁斋上堂。

---

① 《卍新续藏》70册，第411页下、412页上。
② 同上书，第467页上。

清明，上堂。后退院，归灵隐任首座，有携十六应真画请痴绝道冲（1169—1250）作赞，道冲命其分作，得师称赞。后居灵鹫，自放山室，宝祐二年（1254）作《五家正宗赞》。

景定元年（1260）六月初九日入院，应李观察之请住持平江法华禅寺。

此寺痴绝为开山，于淳祐九年（1249）九月居之一月，希叟曾参之。

天童山有玲珑岩，四明有玲珑岩寺，可能此前他隐居天童山，故称踏翻玲珑二十余里松涛，来看洞庭七十二峰萝月。

谢三峰西堂、荫首座，上堂。

师兄天童别山祖智（1200—1260）遗书至，上堂。

应藏主为绵州人，与希叟可能是同乡。谢应藏主至（绵州人），上堂，道大康山杨浮山，共打乡谈，且听蒲许村（五祖法演家乡）中人热忱。据《江油县志》记载：大匡山，在县西三十里，一名大康山，又名戴天山。李白曾读书于此。

景定二年（1261），盖僧堂，上堂。

三月十八日，佛鉴禅师忌，拈香。

谢首座秉拂，监寺干如意袋，维那斡楞严会香烛，上堂。

兜率茆屋西堂至，上堂。

六月初九，住院周年。上堂。

断桥妙伦（1201—1261）遗书至，上堂。

谢连监寺，上堂。

上堂，称四十余年，白云高卧，表明出家已经四十余年。

中秋，谢都场监收并知客维那，上堂。

晚秋，退院上堂。

景定五年（1264）初，至嘉兴本觉禅寺拜访石溪心月门人云谷祖庆。《云谷和尚语录》卷一："谢法华希叟和尚、源别涧首座，上堂。"①

景定五年（1264）四月初八日入院，住持雪窦。

据《希叟绍昙禅师语录》卷一：

---

① 《卍新续藏》73 册，第 436 页中。

"山僧四十年前，在此六藏众底，语不动唇，行不动尘，佛眼觑不见。四十年后，滥尸此席，通身泥水，满面尘埃，无著惭惶处。事不获已，随分将牛溲马渤，狼毒砒霜，阿魏水银，灯心皂角，开个小小杂货铺子去也。众中莫有当场买卖底么？"（举拂子，云:）"无星秤子轻拈出，轻若鸿毛重若山。"①

嘉定十六年（1223）末，无准师范自焦山迁主雪窦，希叟称四十年前来此，即在无准初住本山时便至，也有可能自焦山等处随行而来。

谢都寺干斋、首座、藏主、秉拂，并谢灿首座、仁庵主，上堂。灿首座，可能是无文道灿。

中秋，谢坤监寺，上堂。重阳上堂，并谢殿主古西堂。

天童别山祖智相访，上堂。谢翠山相访，上堂。

追荐理宗，上堂。谢两首座秉拂、都寺干斋，并施主王判院。

十一月，上堂，谢大慈和尚相访。十二月，上堂，谢樵屋、梨洲二西堂相访。

咸淳元年（1265）元旦，上堂。正月十六日（元宵后，百丈忌前），秀岩师瑞门人枯山艮传（？—1265）讣音至。

上堂，谢育王知客、延庆座主。二月旦上堂，并谢白云元藏主。

上堂，谢慧理旧住，座主邻竹外。上堂，谢同山讲师、张制属、王判院。结夏，闰五月，故结长期。

上堂，谢郡主汪令人，同宅眷，入山施财，盖佛殿，建众寮。

上堂，自称四十余年游方。

六月，大慈环峰和尚（？—1265）讣音至，上堂。

据《希叟绍昙禅师广录》卷七：

大慈环峰和尚（福州人）

肚肠深，用白粘贼翳睛药，定沧海舶指南针。出智门莲花，换人鼻孔；握大慈苕帚，扫世烟尘。忘忌讳，绝疏亲，病在膏肓加蛊毒，

---

① 《卍新续藏》70册，第401页上。

直教石佛汗通身。①

环峰和尚，福州人，住持大慈，他似乎和物初大观有关，应当为其门人，故称其出智门莲花。物初大观曾经住持鄞县智门、大慈。

上堂，并谢刘省元、瑞岩、仙岩和尚，并诸道旧。

十月，继枯山枫桥法席之中庵和尚（？—1265）讣音至。

天童灵江智月禅师至，上堂。

据《西岩了慧禅师语录》卷二：

灵江

水底乌龟无卦兆，岸头神树不相关。要知祸福流行处，只在波心月一弯。②

如此灵江智月应当为石田法薰门人，他也是一山一宁的叔父，其时为天童首座，后来出世定海资圣。

咸淳二年（1266），上堂。谢龙首座相访，天童来。上堂，谢新旧知事头首，并东山元。九月初一，退雪窦。

咸淳二年（1266）九月至四年（1268）四月初五居东皋。四年（1268）戊辰四月初五，辞东皋。

咸淳五年（1269）三月初三日入院，住持瑞岩。

此次住山，受同门荐举，时藏主某僧为其师兄。江湖疏，可能由其同门所作，故有"义契金兰"之语。赵大卿入山，上堂。

四月九日，雪崖圆与灭禅来访。上堂，谢首座秉拂都寺干斋，新旧殿主，并雪崖、灭禅相访。五月端午，同门国清灵叟源来访。

八月，谢监寺、副寺、木禅西堂、圭藏主，上堂。木禅僧彬，后住持泉州承天，曾经不避嫌疑，为贾似道火化。

太白天童来访，自述经历，称四十八年参方。

---

① 《卍新续藏》70册，第746页上中。
② 同上书，第498页中。

九月九日至十五日间，师兄灵隐退耕德宁（？—1269）遗书至，上堂。

元礼都寺水陆，升座。礼都寺，与五祖法演首座元礼（老于瑞岩）法名相同。

上堂，谢太白、南山元翁二座元至。元翁，即嘉兴石门真觉元翁信禅师，荆叟如珏门人。

咸淳六年（1270），元宵并谢憩藏主相访，上堂。

正月十七日后，二月五日前，谢惠知客（自雪峰来）、恭侍者（从雪窦来），上堂。

冬，苏州穹窿剑门和尚（？—1270）讣音至，上堂。其辞世颂：珍重元无世可辞，临行书偈自涂糊。木人歌罢石人舞，击碎骊龙颔下珠。

咸淳七年（1271）元旦，上堂。谢雪窦义都寺、嘉定宁藏主，二人可能与师同乡。荐福无文道璨（？—1271）讣音至，上堂。

枯禅自镜门人育王寂窗有照来访，上堂。

咸淳七年（1271）除夕，小参。道"举世人贪食周粟，相逢难话首阳薇"，表达了对于国家将亡的悲愤之情。

咸淳八年（1272），二三月，无准师范门人雪窦方庵垠（？—1272）遗书至。方庵垠，广汉人，曾为师范侍者（另有天童垠首座，当为前辈），五处住持。

约绍熙五年（1294）后生，是年上堂，称"年近八十"。

秋，有僧自雪峰来主育王。上堂，谢江西巽藏主雪峰来。

上堂，谢远首座，并说规矩。

咸淳九年（1273），上堂，谢都寺、殿主，广福和尚相访。

三月，同门天童环溪惟一（1202—1281）至。上堂，谢天童环溪和尚相访，称四十年同参，廿余年相别。

上堂，谢智首座、龙维那相访。四月末，谢闽浙蜀中兄弟相访。

端午后，上堂，煎笋并谢前白云和尚相访。解夏上堂，闰六月，长期。

中秋上堂，谢痴绝道冲侍者祖印西堂太白客。重阳后，天童环溪惟一至。

咸淳十年（1274），元宵上堂，并谢知客监寺、绵州憩藏主。

德祐元年（1275）二月十六日退院，共住持六年。

他虽有《语录》，却无行状、塔铭等，故事迹不详。

希叟应当是蜀地绵州人，与五祖法演为同乡，生年不详，或在绍熙五年（1294），应当是在嘉定年间出家，后南下游方，于雪窦等处参无准得旨。据《环溪惟一禅师语录》卷一：

> 一切（如）、希叟和尚两讣音至，上堂。召大众云："去秋双峨摧，今夏芝岩坠。松江松惨然，花屿花流涕。惟有长空孤月圆，东西分照两无偏。"①

事在德祐元年（1275）夏，与希叟语录一致，故其寿命在八十二岁左右。据《增集续传灯录》卷一：

雪窦希叟昙禅师法嗣
中吴承天克翁绍禅师（此后无传）
方外圆禅师　绝流慧泅禅师
豹牛和庵主②

所度弟子，属居字辈。

希叟绍昙门人，编辑语录者有自悟、法澄（佛陇）、了舜、妙恩（法华）、豹牛普和、惠泅、希革（雪窦）、弥绍、道信、道亨、宗寿（瑞岩）有居泾日本僧人白云惠晓布施刊行。

第五节　环溪惟一

环溪惟一（1202—1281）为无准师范（1178—1249）门人，南宋著名禅师。

惟一，自号环溪，嘉泰二年（1202）出生，资州墨池人，俗姓贾，母

---

① 《卍新续藏》70 册，第 381 页中。
② 《卍新续藏》83 册，第 263 页中。

史氏。嘉定四年（1211），十岁，里中大疫，母病故，从梵业寺僧觉开为童子。六年（1213），十二岁，为享泉张公所重，复习举业。从叔父贾巨源衡读书，又从乡先生郑德厚游。

十四年（1221），二十岁，张享泉授以度牒，祝发受具于成都甘露寺。往凌云谢张公，勉其行脚。

十六年（1223），二十二岁，始游大慈讲筵，知其未为究竟。乃谒雪堂行机门人晦庵惠光于正法，云巢道岩（？—1222）门人万寿讷堂辨于六祖寺，土庵圭（？—1238）于东林，究明己事。一日因三江惠上人相访，问答有省。已而再从讷堂于六祖，土庵于正法。自是言语相契，机缘投合，二老皆击节称赏之。

出峡东游，抵公安二圣，游南岳，见福严无二月。

自庐山入浙，约于绍定五年（1232）初至玉几参育王佛鉴无准师范，许参堂，数月后侍香。

绍定五年（1232）八月，师范迁径山，随行，继西岩了慧后任知藏。

游金陵，依痴绝道冲（1169—1250）于蒋山二年，当在嘉熙元年（1237）至二年（1238）。道冲于宝庆元年（1225）至嘉熙二年（1238）住持蒋山十四年。

嘉熙二年（1238）再至径山，师范命其任后堂首座，其时原前堂首座别山祖智瑞世洞庭天王寺，原后堂首座西岩了慧任第一座。

淳祐六年（1246）十月，出世建宁瑞岩。

是年建宁瑞岩虚席，太守待制杨恢，命开元清溪谊长老，举有道行者主之。谊举师，中选。杨公敦请开堂，瓣香供佛鉴。清溪谊，《增集续传灯录》作"苏州虎丘清溪义"，云巢道岩门人，此时住持建宁开元。

淳祐七年（1247）正月，元宵上堂。

十二月二日古佛忌，祭开山扣冰古佛藻光（俗姓翁）禅师，上堂。

十二月二十五，上堂："微雨润枯荄，严风搅林木。梅唇已破香，柳眼眠未足。尘世竞奔忙，光景相追逐。林间无事人，好唱云门曲。只如云门曲，作么生唱？"良久云："今朝腊月二十五，明朝腊月二十六。"①

---

① 《卍新续藏》70 册，第 367 页中。

淳祐八年（1248）中秋，上堂："皎洁中秋月，清光处处同。是人皆照破，无水不形容。圆满纤尘净，婆娑桂影重。古今争赏玩，谁到广寒宫。莫有曾到底么？"良久云："三生六十劫。"①

重阳，九日道旧至，上堂："旧日重阳，今日重阳，篱菊披金浅浅黄。休讶去年蓬鬓，今岁半成霜。喜得同人相访，那边风景，此间风景，且莫论量。相与对花赊一醉，高歌大笑，手舞足蹈，听教人道掣颠狂。因甚如此，不见道，有朋自远方来，不亦乐乎。"②

淳祐九年（1249）正月，元宵，谢绮都寺，上堂。结夏，上堂，自称四十八岁。

秋，上堂："秋风卷地，秋水连天。千山影瘦，万木萧然。渔笛数声江上月，樵歌一曲岭头烟。诸人闻怎么告报，切忌作境话会。既不作境话会，毕竟作么生会？"良久云："佛身充满于法界，普现一切众生前。"③

十月五日，达摩忌，上堂。

九年末，受经略宋兹之招，住持莲峰庵四年，语录未存。

宝祐元年（1253），住持临江军瑞筻山惠力禅寺。升座说法，称宝祐改元，又从头起。

宝祐元年（1253），正月五日，满散天基圣节，上堂。

三月十八日，无准和尚忌拈香。开炉，上堂。

宝祐二年（1254）春，住持隆兴府泐潭山宝峰禅寺。留两班并谢新命日光长老，上堂。

延庆、祐圣二长老至，上堂。召大众云："开门待知识，知识喜来过。两两不成双，一一无回互。共卧不共床，同行不同步。昭然在目前，目前不可睹。虽则不可睹，我独知其故。诸人还知么？"良久云："圣容菩萨来西天，卢仙夏人在东土。"④

再住宝峰，上堂："云无心而出岫，功不浪施；水有时而回渊，法无定相。行固不厌，住亦不忻。昨从主而为宾，去不出门；今从宾而为主，来

---

① 《卍新续藏》70 册，第 367 页下。
② 同上。
③ 同上书，第 368 页上。
④ 同上书，第 369 页下。

不入户。既不出门，又不入户，明明来去无来去，历历主宾非主宾，泓潭元自碧沉沉，独秀依前高突兀。然虽如是，只如再呈旧面、重理新词一句，又作么生？"击拂子云："拍拍是令。"①

九月旦，从云居归山。开炉日，白塔、东山二老，并维那、道士至，上堂。

宝祐三年（1255）初，基首座、本藏主、昭侍者至，上堂。

中秋，剑州生监寺、绵州泰首座至，上堂。重阳，上方西堂至，上堂。延庆长老至，上堂。

宝祐三年（1255）初，住持黄龙崇恩禅寺（龙峰）。江西运判翁甫升师住持黄龙，凡五年而退藏疏山。

元宵，兴化、兜率长老至，上堂。慧日西堂、蓬莱二道士至，上堂。

城归，上堂："昨日动未常动，今日静未常静。所以道，静谓之性，心在其中矣；动谓之心，性在其中矣。只如心性俱泯，动静两忘时如何？一片白云横谷口，数声幽鸟语林阿。"②

假借入城归山之事，说明动静心性之理。静谓之性，心在其中；动谓之心，性在其中。所谓阴中有阳，阳中有阴，名为矛盾，其实统一。最上一著，在于动静两忘、心性俱泯。

四年（1256），天童化主至，当年遭火灾。天童化主入蜀。兼谢照都寺，上堂。

宝祐五年（1257）正月五日，圣节上堂。

三四月，虎丘清溪谊和尚（？—1257）讣音至。

据《环溪惟一禅师语录》卷一

清溪和尚讣音至，上堂："海涌山摧，剑池水竭。嘉州大像，为之含悲。峨嵋普贤，泪如雨滴。牵动灵源桥下水，号湍漱石声呜咽。且道因甚如此。子期去不返，伯牙良可哀。"③

---

① 《卍新续藏》70 册，第 369 页下、370 页上。
② 同上书，第 371 页下。
③ 同上书，第 372 页下。

剑池代指虎丘，言嘉州（乐山）大佛、峨嵋普贤，表明他是蜀人，灵源桥，代指黄龙。他以清溪和尚为知音，以伯牙子期为喻。

宝祐五年（1257）丁巳夏，受其法孙舟禅师之请，跋朱熹为净慈谷源至道题"不无轩"墨迹后。

六年（1258），上堂。召大众云："风萧萧，雨萧萧。山云漠漠，庭叶飘飘。普天匝地，祖意活鱍鱍；满眼满耳，心印何昭昭。便与么去，衲僧门下，大故相辽。何故？行到水穷山尽处，可中别有路通霄。"①

住持龙峰五年，自宝祐四年（1256）至景定元年（1260）。

景定元年（1260）秋，住持建昌资圣禅寺（松溪）。临川北禅虚席，太守右司黄恪请师住之，不赴。建昌郡守钱应孙起住资圣，漕使洪寿迁住筠州黄蘖，皆阅一年，而退归感山。

洪首座（能诵《法华》）至，上堂："经诵三千部，曹溪一句忘。尘尘皆宝所，处处是家乡。云净天如洗，潭清月愈光。须知远烟浪，别有好商量。"②

十月，开炉，上堂。竖拂子，召大众云："这个如大火聚，近之则燎却面门，是汝诸人如何凑泊？若也凑泊得去，盛夏不热，严冬不寒。其或未然，终日虽在火炉头，未免总是冻杀底数。"③

景定二年（1261），结制小参。结制："冲开碧落松千尺，仰弥高钻弥坚；截断红尘水一溪，澄不清搅不浊。这里挨得入，进得步，便可达显源源，截显源流，竭显源水，大显源派。搅长河为酥酪，变大地作黄金。拨乱乾坤，掀翻海岳。有何制可结，有何生可护？出则无无不是，入则个个归源。静作不痕，卷舒绝朕。然虽如是，更须知有松溪向上一路始得。且道路头在什么处？"良久云："苔生也。"④

景定三年（1262）住持瑞州黄蘖山报恩光孝禅寺（祇园）。

景定四年（1260）春，上堂，召大众云："九十春光，已过了三之二。是处园林减红添翠，莺迁乔木，燕垒新巢，也自忙忙地。衲僧门下，又且

---

① 《卍新续藏》70册，第373页中。
② 同上书，第373页下。
③ 同上书，第374页上。
④ 同上书，第381页下。

如何？炉香静坐，一物不为，日日一般，朝朝如是。"拍禅床云："未能如是，安能如是！"①

六月，宣首座至，上堂。中秋道旧至，上堂："雅爱中秋月，多情似故人。在天何皎皎，照我更频频。圆影随流水，清光绝点尘。孤高攀不及，觌面最相亲。"②

景定五年（1264）春，上堂，拈起拂子，召大众云："这一捏子，从上诸佛诸祖，以至天下老和尚，尽不奈何，诸人还奈何得么？莫道诸人，山僧也不奈何。既不奈何，毕竟如何？"良久云："雪消知地暖，云静见天高。"③

向上一路，千圣不知，佛祖也不奈何。毕竟如何，一切自然，雪消便知地暖，云静始显天高。末后一句，可谓千古名句，可惜外人难知。

景定三年（1262）除夕，上堂，是年六十余岁。

咸淳元年（1265）五月十七日入院，住持仰山太平兴国禅寺。是年洪州上蓝虚席，运使曹孝庆以之延请，辞不应命。复袁州仰山虚席，举师补处，省札既下，不可再辞。

六月中夏，上堂："六月中夏，诸方放假。大仰不然，绳头紧把。常住百无一有，不能挂怀，只忧兄弟不会狗子无佛性话。虽然，常啼菩萨卖心肝，风前狼籍谁人买。"④

引五祖公案，说明忧道不忧贫，参究话头始是禅僧本分事。

无禅和尚至，上堂："宝剑出匣，精金跃冶。色泽星辉，光铓斗射。投之重津，而光愈发越；加之烈火，而色无少假。行为人间报不平，定应索起辽天价。"⑤

无禅，即净慈谷源至道门人仰山无禅信禅师，后来继之住持仰山。他对无禅评价既高，期望亦深。

上堂："风动心摇树，云生性起尘。只如云未生风未动已前，心性在什

---

① 《卍新续藏》70册，第375页上。
② 同上书，第375页中下。
③ 同上。
④ 同上书，第376页中。
⑤ 同上。

么处，诸人还知么？若也知得，旋岚偃岳而常静，江河竞注而不流，野马飘鼓而不动，日月历天而不周。其或未然，不觉日又夜，争教人少年。"①

这是讲动静一如之理，会得则动而常静，不会则日月推迁，二鼠侵藤，如何不老。会理之要，则须向云未生、风未动之体会。

咸淳二年（1266）元旦，上堂，称"道泰时清万国宁，咸淳二年正月一。"

众僧入城。赴沩山斋归，上堂，召大众云："飞雪亭前，宜春台上。物有万殊，春无两样。住不顾去底，犹欠劈面拳；去不顾住底，好与拦腮掌。直饶去住两忘，如龙似象。未免卸下衲衣，连挥痛棒，棒折也不放。且道是罚是赏？不见道，为人须为彻，杀人须见血。"②

住不离去，去不妨住，即使去住两忘，如龙似象，亦未是极则处，需要痛下拳棒，一切剿绝。

中秋上堂："吾心似秋月，秋月似吾心。双照纤尘净，俱清万籁沉。十分明又白，一样古犹今。不是寒山子，何人解此吟。"③

蟠龙鉴首座至，上堂。

咸淳三年（1267）二月，上堂："二月初五，群花竞吐。或逞夭红，或夸雅素。月下精神，风前态度。明明祖意无回互，堪悲堪笑老灵云。错认桃花作眼睛，至今犹自不惺惺。"④

咸淳四年（1268）中秋，上堂："我心似秋月，道似又还别。秋月有亏盈，吾心无损益。人人只知登楼赏玩，向天边觅，殊不知，自己衣单下，有个光明藏子，十分圆满，十分皎洁。信得及，见得彻，非惟一夕欢，千古可怡悦。"⑤

咸淳四年（1268），六十七岁，岁末雪峰虚席。

据《环溪惟一禅师语录》卷二：

---

① 《卍新续藏》70册，第376页下。
② 同上。
③ 同上书，第377页中。
④ 同上书，第377页下。
⑤ 同上书，第378页上。

将赴雪峰，示圭上人
上人辞我去行脚，我亦早晚行脚去。
天涯海角或重逢，钵饭茎虀又相聚。
自笑年登六十七，眼昏耳瞆脚无力。
触事无能只面墙，百千追悔有何益。
少壮学道宜加鞭，危亡不顾勇直前。
如一人与万人敌，破坚挫锐成万全。
放牛归马群务息，好是太平无事日。
塞北归鸿截雾飞，江南野水连天碧。①

住持仰山一共五载，五年初迁福州雪峰。

咸淳五年（1269）三月二十一日入院，住持雪峰崇圣禅寺。

咸淳六年（1270）三月十八，无准和尚忌日，拈香。城归，兼谢辨藏主，上堂。

咸淳七年（1271）辛未元旦，正旦上堂："辛未元正有则语，大地无人知落处。屋角山禽破晓啼，为人一一从头举。且道说个什么？岁旦无风，甲子不雨。"

咸淳八年（1272）六月，上堂："一叶落天下秋。殊不知，象骨峰顶，一叶未落已前，秋已到多时了也。如何见得？"良久云："六月山房冷似冰。"②

据《环溪惟一禅师语录》卷一：

> 上堂："大作业人，安禅入定；大修行人，披枷带锁。怎么会得，清净行者，不入涅槃；破戒比丘，不入地狱，好与一状领过。虽然如是，莫将闲学解，埋没祖师心。"③

---

① 《卍新续藏》70册，第393页上中。
② 同上书，第379页上。
③ 同上。

咸淳八年（1272）末，退院，绝岸可湘继任。九年（1273）初离去，于此前后五年。

据《绝岸可湘禅师语录》卷一：

> 元宵有雨，谢天童环溪和尚上堂。拈主丈云："太白峰头月，寒泉水底灯。清光分上下，千里恰同明。同明且止，毕竟灯因谁焰，月自何升？"卓主丈云："一点不来翻夜雨，难谩迦叶老师兄。"①

事在咸淳九年（1273）元宵，表明当时环溪惟一已经退去雪峰，接受天童之命，然而还未离开雪峰，元宵之后才正式启程。

咸淳九年（1273）三月十一日入院，住持太白名山天童景德禅寺。

据《行状》：

> 又五年，被旨迁四明天童。初天童，自石帆衍公归寂，太傅平章魏国贾公，入演福饭僧，焦（集）诸山公选。江湖禅衲，咸属意于师。及阄拈中，欢声雷动。南北两山衲子，挑包过东州，以俟其来者，无虑百数。丛林之盛，前此未之有也。②

绍定五年（1232）在育王师事师范时，亦到天童，故言四十年前曾来。

三月末，访瑞岩希叟绍昙（？1294—1275）。

结夏小参，是年闰六月，故长夏一百二十日。

据《环溪惟一禅师语录》卷二：

> 结夏："一屙便了，狼藉不堪。眨上眉毛，早已蹉过。击石火，闪电光，构得构不得，未免丧身失命。除非知有，莫能知之。虽然，官不容针，私通车马。所以道，言语动用没交涉，非言语动用亦没交涉。若向言语动用中构得，是第三句。非言语动用中构得，是第二句。且

---

① 《卍新续藏》70册，第287页上。
② 同上书，第396页上。

道，如何是第一句？诸人若也知得，当甚破草鞋。其或未然，百二十日长期，快著脚手，昼里夜里，茶里饭里，动里静里，东卜西卜看，忽然卜著，也不定。①

解夏小参。据《环溪惟一禅师语录》卷二：

> 解夏："一物不为，切忌坐在这里；重关既透，更须转过那边。所以道，寸丝不挂，赤肉犹存；万里无云，青天尚在。一毫头圣凡情念未尽，未免入驴胎马腹里去；一毫头圣凡情念净尽，亦未免入驴胎马腹里去。恁么见得，克期取证，掘地觅天验定，蜡人开眼作梦。天童这里，万年一念，一念万年，眼挂枯松，苔封古路。百二十日前也恁么，百二十日后也恁么，百二十日里也恁么。二时清水白米外，断不敢加一毫外料蒭豢诸人。幸而诸人水乳和同，善自保爱，如昆山玉，似丽水金。纤瑕微翳，了不可得；真实贵重，无可议者。虽然，一夏空过耶，不空过耶？"良久云："幻人相逢，抚掌呵呵。"②

第一句，言语不及，理会不得。一物不为，一念不生，难免入驴胎马腹。修行不是小事，若非时时用功，处处用心，难得进步。

遇火灾，回禄后，上堂。

据《行状》：

> 居无几，而寺忽丁回禄。师躬栉风沐雨，分卫西州，得金钱累巨，方规欲修复寺。虽变故之余，安众行道，犹不少懈。凡住持职，任所当为者。非疾病大故，未尝暂辍。③

寺火是小，国难当头，当此之际，他安众行道，不遗余力，一方面设

---

① 《卍新续藏》70 册，第 383 页中。
② 同上书，第 383 页中下。
③ 同上书，第 396 页上。

法修复寺院，一方面维持寺院安定，确实难能可贵。

咸淳十年（1274）元宵，上堂，兼谢新都寺。召大众云："排难解纷，还他敏手；回生起死，须是其人。既得其人，可以定祸乱，可以致太平，复三代礼乐于今朝，开万解金莲于此日。元宵共庆，良夜同欢。虽然，犹是寻常游戏边事。极则一句，又作么生？疾风知劲草，版荡识诚臣。"①

当此之际，他还希望国家能够出现真正的人才，能够扭转乾坤，安邦定国，虽然这只是出家人的梦想，但是也体现了他的爱国精神。

据《环溪惟一禅师语录》卷一：

> 上堂，召大众云："仲春渐暖，是处花开。夭桃烘日晕生脸，红杏吟风笑满腮。是今弥勒，是古如来，一一分身不用猜。有人一见便见，敢保老兄未彻（在）。何故？即色即声求不可，离声离色觅犹乖。"②

苏湖行化归，上堂，道"去时元只空双手，归日依前双手空"，因为当时国家将亡，富裕的苏湖也无能为力了。

德祐元年（1275）二三月，前瑞岩希叟绍昙（？—1275）至，上堂："斗粟可舂，尺布可缝。情深义重，山包海容。载笑载言，喜而欲舞。何故？岂无他人，不如我同父。"③当此患难之际，同门前来看望，对于他是一个很大的安慰和鼓舞。

谢化士归，上堂。鼓励大家知难而进，勇敢承担。

据《环溪惟一禅师语录》卷一：

> 宏智祖师忌，拈香："偏中正，正中偏。正偏不及处，别是一壶天。水澄澄，风细细。云澹澹，月娟娟。金针兮纤纤，玉线兮绵绵。以此续洞脉于既微，以此大丹霞之正传。作兴太白，特游戏之余焉。今不在后，昔不在前。光明藏中，初无间然，一杯粗茗一炉烟。"④

---

① 《卍新续藏》70册，第380页中下。
② 同上。
③ 同上书，第380页下。
④ 同上书，第381页上。

大歇仲谦门人（亦参师范）天宁（后住承天）觉庵梦真至。

据《环溪惟一禅师语录》卷一：

> 天宁觉庵和尚至，上堂。拈主丈，召大众云："故人义重，访我岩扉。鸟啼花笑，云淡风微。莫恠坐来（卓主丈三下）频劝酒，自从别后见君稀。"①

同门希叟绍昙（？—1275）、承天（双峨）一切（如?）和尚（？—1274）讣音至。

据《环溪惟一禅师语录》卷一：

> 一切（如）、希叟和尚两讣音至，上堂。召大众云："去秋双峨摧，今夏芝岩坠。松江松惨然，花屿花流涕。惟有长空孤月圆，东西分照两无偏。"②

一如入灭于咸淳十年（1274）秋，希叟入灭于今夏，因为战乱关系，一如入灭消息过了大半年始知。

德祐二年（1276）元宵，上堂。

据《环溪惟一禅师语录》卷一：

> 元宵上堂，召大众云："天童今日著坚固铠，奋不顾身。"卓丈云："将德山棒，扫除四境魔军，贵图安靖；以临济喝，叱退三边强寇，遄至清平。然后打禾山鼓，奏凯回戈，归马于华山之阳，放牛于桃林之野。作金牛舞，唱太平歌。风以时，雨以时，五谷熟，民人育。且道是神通妙用，法尔如然？"良久云："我见灯明佛，本光瑞如此。"③

---

① 《卍新续藏》70 册，第 381 页上。
② 同上书，第 381 页中。
③ 同上。

当时局势已经不可逆转，然而环溪借说法之机，还是表达了一个爱国禅师的美好愿望，希望天下太平，众生安乐。

妙峰之善（1152—1235）门人净慈东叟仲颖（？—1276）遗书至，上堂。东叟《辞世颂》：南山末后句，未举先分付。生也何曾生，死也何曾死。

中秋上堂，并谢离相西堂。秋感疾，筑室于寺西，以家乡白莲峰名其庵，示不忘乡里，实有爱国之意。

景炎二年（1277），元兵入临安，抗节不屈。

据《行状》：

> 会至元更化，诸方风靡，折腰权门。师独抗节不屈。故当时名公巨卿，如庾使黄震、前永嘉郡守陈蒙皆致书推称之。①

祥兴二年（1279）冬，以老病谢事，退居东堂，实因宋灭，不欲为新朝效忠。

辛巳（1281）秋九月五日入灭，寿八十，腊六十。嗣法若干人，南华可堂悟悦为上首。

至元十九年（1282），住秀州海盐天宁禅寺嗣法门人觉此编辑语录，为作《行状》。二十年（1283），同门师弟天童住持月坡普明校其语录，并为作跋。门人吕禅人觉此跋涉三千里，到江西请前丞相抗山寓叟章鉴作序，同年，黄龙住持觉性亦书其后。

据《增集续传灯录》卷一：

天童环溪一禅师法嗣
承天雪镜明禅师（此后无传）　石梁忠禅师
可堂悦禅师　破衲修禅师
南峰吉禅师②

---

① 《卍新续藏》70 册，第 396 页上。
② 《卍新续藏》83 册，第 263 页中。

石梁忠为无准师范门人，曾与雪岩祖钦同游，或许参过惟一，但应为同门。

语录中还提到净明月长老、小师惠林、惠彰、果侍者、见侍者、圭都寺、牛峰奇都管等，其中还有法孙法济、与惠林一起请师真赞。

第十五章 断桥妙伦及其法系

第一节 断桥妙伦

断桥妙伦为无准师范最为出色的门人之一，在后世影响也最大。

据《行状》等，妙伦，号断桥，台州黄岩松山人，故又号松山子。俗姓徐。母刘氏，梦空中月明，已而有娠。嘉泰元年（1201）辛酉八月十七日生。嘉定十一年（1218）十八岁，依永嘉广慈院宗嗣论师出家。宗嗣乃其本家叔父。后来行脚，嘉定十八年（1225）首见谷源妙道于瑞岩，闻室中举麻三斤干屎橛话，顿起疑情。明年（1226）到杭州，谒灵隐石鼓希夷。一夕，石鼓为运庵普岩对灵小参，历举运庵平日见处，闻之愈疑。旋到华藏，遇淳庵善净卧疾，便冒雪过长芦。忽然自念曰："参禅若不彻去，孰若把本修行？"遂发心背诵《妙法莲华经》至三卷。有僧问曰："何不参禅去？"师曰："手拙耳聋，字又不识。佛祖要道，岂浅根小智可得哉！"僧曰："六祖是担柴汉，乃得黄梅衣钵。汝若参得一句透，胜背万卷莲经。"师由是停止诵经，单提庭前柏树子话头，废寝忘食，如坐刺棘，念念不忘。久之巡礼黄梅祖山，值岁歉收，或连日不得食，处之裕如。

宝庆三年（1227）至云居过夏，孜孜忘倦，胁不沾席。中心愤悱，或喜或瞋。一日往见山堂，阅《楞伽经》，至"或戏笑或怒骂，蚊虻蝼蚁，无有言说，而能办事"处，豁然有省，顿见赵州直截为人处，平昔凝滞，涣然冰释。自是机锋敏捷，人所不及。时同堂好友，如虚堂智愚、石帆惟衍等，号称俊绝，平居每举论古今，以相凌驾。

自江西还游四明，时佛鉴师范住持雪窦，执侍左右，朝夕决择。佛鉴多闻而一笑。一日佛鉴举狗子无佛性话，至末后"为伊有业识在"一句，征诘之，下语几三十转，皆不契。乞师方便，佛鉴乃举《真净颂》"海枯终见底，人死不知心"，良久闻板声赴堂，下阶三级，蓦然顿悟，彻见佛鉴钳锤妙密，机锋精绝，一心事之。

佛鉴迁育王，随行。虽泯然众中，不自炫耀，识者莫不器之。佛鉴题顶相付之，曰："弄假像真，弄真像假。裂破面门，非驴非马。世上有谁亲见来，天台石桥伦侍者。"

约在绍定三年（1230）辞去西游，时约翁久禅师唱无用净全之道于吴之荐严，命师侍香。翁入室，举国师三唤、侍者三应话，师曰："无风起浪。"约翁曰："将为吾辜负汝，却是汝辜负吾。"师曰："天堂未就，地狱先成。"约翁对之刮目相看，与之商确古今，日增智证。

至常州华藏见妙峰之善，妙峰对于衲子少有许可，对之独加赏识，命为知客。

绍定五年（1232）佛鉴奉诏住持径山，故来再参，命掌法藏。自惟实安鸩毒，不如劳身利众，乃为净头一年，拂垢涤秽，躬身为之。像他这样身份的高僧肯为净头、打扫厕所者，实不多见。佛鉴当众称赞他，延为第二座。提唱警拔，脍炙人口。当时径山号为多士，人才济济，师表仪其间，众皆悦服。

嘉熙三年己亥（1239）东归，寓居巾峰。问道旧藏密赵公曰："似地擎山，不知山之孤峻；如石衔玉，不知玉之无瑕。"公曰："自己。"师云："自己聻?"公于言下有省。

四年庚子（1240）秋，诸山举台州祇园出世，淳祐元年（1241）三月十一日入院，为佛鉴拈香。虽居荒野小刹，生活艰辛，处之自若，衲子纷至，至无所容。有僧正因，曾参短逢远和尚，来参，言下得旨，归鸿福延寿堂坐化。

淳祐三年（1243），解夏小参，兼谢宜首座。"涧水泠泠，岩云片片。满耳不闻，满眼不见。祇园早年行脚，游遍二十三州，四十七县。零零碎碎，收拾一布袋。拈起崄似悬崖，放下平如镜面。马簸箕冷地知得，走来腾身一觑：'囚！你者滞货，虽不直钱，煞有灵验。何不向自恣日打开，平等布施，直教贫贱者富贵，富贵者贫贱?'山僧被伊点破，不觉手脚忙，心胆颤。"卓主丈云："铁壁银山通一线。"①

宜首座，应当是同门东林指南宜禅师，后来住持东林。断桥自道早年行脚，曾经到过二十三州，四十七县，这些并非实指。又称马祖为其点破，令其说法。这些都相当诙谐有趣，体现了断桥说法的特色。

淳祐四年（1244）三月，退院上堂："来住瑞峰，去住瑞岩。未操雪曲，且打乡谈。"抚禅床云："会么？天上人间一十三。"②

淳祐四年（1244）初，迁台州瑞岩。以其乃开山空照故家，又是当年师从谷源妙道之处，久已不振，乃发心兴复，日勤槌拂，法席兴盛，名扬四方。

四月结夏后，开径山回嗣法书，上堂："三张白纸，千里同风。此是古人，吃不尽底涎唾。争如瑞岩，将个季春极暄，换个孟夏渐热。虽然，山头老和尚，蹉过也不知。"③

他在瑞峰出世之时，已经为无准拈香，此次住持瑞岩，乃正式通法嗣书。三月季春致书，四月孟夏回书。举雪峰玄沙公案，玄沙以三张白纸致书雪峰，雪峰道君子千里同风，不言而喻，玄沙却道山头老汉，蹉过也不知。

佛鉴喜其类己，自题真像为赞与之，有"累我累我"之语，师徒胪合如此。

淳祐六年（1246），结夏小参。"古佛心，即于今。"竖拂云："看，看，道是拂子则差，道非拂子则错。"放下云："阿呵呵，何奇特，浅浅个，又甚深。"划拂云："禅家流，但向百二十日内，如是参，如是学，如是入，如是证。且毕竟证个什么？"击拂云："韩干马嘶芳草渡，戴嵩牛卧绿杨阴。"④

是年闰四月，故有长夏。古佛与今人，心性不二，只因妄念自蔽，不能证得，故为众生，若能努力参学，必定证入涅槃。毕竟证个什么，马嘶芳草，牛卧绿荫。

---

① 《卍新续藏》70册，第550页下、551页上。
② 同上书，第551页上。
③ 同上书，第552页上。
④ 同上书，第553页上中。

淳祐七年（1247），师兄温州能仁（芙蓉）西岩了慧和尚至，上堂。《断桥妙伦禅师语录》卷一：举：芙蓉和尚，访实性大师，大师上堂，拈主丈，向左边云："若不是芙蓉师兄也，大难委悉。"

师拈云："实性大师，与么施设，大似将蒿汤当礼仪。瑞岩今日，能仁师兄到来，虽有主丈子，只是不动著。何故，彼此同出师门。"①

淳祐八年（1248），谢郭继一处士，上堂。举白云守端和尚，因郭祥正功父至公案。郭继一为当时名士，号天台耆旧，雅意禅学，慕师盛名，就弟子列。这对于提高断桥的知名度与影响力意义很大。诗人张次贤有《过郭继一处士草堂》诗。

淳祐九年（1249），佛鉴和尚遗书至，灵前拈香。

冬至后，能仁西岩和尚至，上堂："东海南，西海北，中有雁荡大龙湫。层层立万仞悬崖，落落泻千寻飞瀑。白头翁长年屈膝坐地只管看，听得更楼山一声鼓响，番转头来，与惺惺石上瞌睡汉，商量细大法门。商量则不无。"提起袈裟环云："且道者个作么生？罗公照镜。"②

据《断桥妙伦禅师语录》卷二：

> 吾有不孝子若舟，志气虽有，事业未成。一日来辞，往诸方去，乞语为警策。老僧主丈，虽在身里，且不似归宗胡挥乱打。待子踏破几緉草鞋，稍知痛痒，归来却烂与一顿。淳祐庚戌开炉日，住瑞岩老拙书。③

门人若舟，欲行遍参，断桥引归宗一味禅公案，以此法语示之。

住持瑞岩期间，说法之余，留情土木，营建堂宇，寺院为之一新。住持九年，贾似道于淳祐十年（1250）始镇两淮，久闻其名，以功德寺国清招致，当在宝祐元年（1253）。他始固辞，后因疏札敦迫，乃行，入院之日，已是宝祐二年（1254）初，时贾似道加同知枢密院事、临海郡开国公。

---

① 《卍新续藏》70册，第554页上中。
② 同上书，第556页下。
③ 同上书，第568页上。

结夏小参："恢张法要，一喝里分主分宾；大阐宗纲，三句中具杀具活，此乃先辈狗偷鼠窃之技能。山僧自生下来，双耳聋两眼瞎，推不去托不来，喂喂䏶䏶，儱儱侗侗。一夏百二十日，虽与大众同行同住，同坐同眠，且无针头线脚之衒耀。然虽如是，山门外两个金刚，为甚么弩目瞠眉，擎拳执杵？咄，咄。"①

是年闰六月，故为长夏。他可能确实听力不好，故多次强调耳聋。坐夏期间，他与大众同住同眠，以身作则，共同修行，克期取证。

七月，黄蘗直山和尚至，兼谢监收。上堂："佛祖命脉，危若悬丝。赤手扶持，还他作者。算子与筹子论义，胜负未问诸人，黄蘗打临济六十乌藤，且道那一个打不著？"良久云："明眼难瞒。"②

直山和尚，时住黄蘗，事迹不明，从断桥法语来看，应当为其门人，故以黄蘗打临济喻之，期待他扶持佛祖命脉。

宝祐三年（1255），元宵谢两序，上堂："前堂后堂，贱卖佛法僧；监寺副寺，贵卖麻麦荳。辨龙蛇，维那槌下定当；馁驴马，典座杓头设施。这个说话，虽则是直岁普请边事，明眼衲僧到来，切忌指柳作杨，证龟成鳖。何故，水上挂灯球。"③

首座贱卖佛法，典座喂驴喂马，明眼衲僧到来，切忌不辨龙蛇。何故，元宵挂灯笼，处处是燃灯。

上御书"国清教忠禅寺"寺额，说法。这一方面是由于断桥说法有功，更是由于皇帝"宣教化，奖忠勋"，因为国清寺是贾似道功德寺，御书寺额体现了其地位的提高。

雪山梵长老至，上堂。僧问："临济辞黄蘗，蘗云：'什么处去？'济云：'不是河南，便是河北。'此意如何？"答云："筑著便作屎臭气。"进云："黄蘗便打，又作么生？"答云："正令当行。"进云："济约住棒，遂与一掌。又且如何？"答云："得人一牛，还人一马。"进云："黄蘗召侍者：'将先师禅版拂子来。'意在于何？"答云："糖和蜜。"进云："济亦唤侍

---

① 《卍新续藏》70册，第557页下。
② 同上书，第558页上。
③ 同上书，第559页上。

者:'将火来。'又作么生?"答云:"漆投胶。"进云:"黄蘗云:'汝但将去,已后坐却天下人舌头。'为复是养子之缘,为复是据款结案?"答云:"被下有带。"进云:"只如雪山和尚,已出世为人,未审和尚当时有何传授?"答云:"一寸龟毛重九斤。"进云:"与么则祖翁一个破沙盆,已曾两手亲分付。"答云:"却被禅客唼啄。"①

梵禅师,住持新安雪山,他是最早明确住山的断桥门人。断桥举黄蘗临济、船子夹山公案,表明其一片婆心。

四年(1257)春,简翁和尚至,上堂:"彼此游方,彼此行脚,谁知末上见人不著,一齐被他激得耳聋,恼得头白。怨气至今无处著,无处著。"竖拂云:"手里把个破木杓。"②

同门简翁居敬来访,二人虽然不是一同游方,却同时为无准门人。

夏,送寒岩长老,上堂:"一住寒岩万事休,未是放身命处。更无杂念挂心头,吃饭屙屎薴。闲于石壁题诗句,大好无。任运还同不系舟,浣盆浣盆。寒山子得力句,国清已为花蘗了也。就中些子誦讹,不可说破。何故,自有主在。"③

会中某禅人出世寒岩,故引寒山诗送之。

住持国清期间,学徒纷至,户屦常满,人物之盛,诸方不及。乃捐己囊,建立众寮,扁曰琪林,以居学僧。又延续国清传统,围海造田数千顷。合港之时,人皆为难,他一心默祷,镇以法衣,果然成功,遂为膏腴。此外建阁立库,发展经济,为丛林不磨之基。

宝祐四年(1256)丙辰九月,被旨住持净慈。初至,执事以廪中匮乏相告。乃持钵行化,得到观相节斋赵与筹和贾似道的大力支持,大家巨室,闻风布施。寺田旱涝,收成不足,他典卖衣盂,贷粜供亿。寺中耆宿,以皇太后旧有中元普度会事告之。遂闻于晋庵中使杨公,奏复故典。设会之夕,细雨阴云,空中影像甚多,见者凛然。上闻灵应,赐内膳米数伯硕。自是锡赉日优,中元普度之会遂为永式,大大增加了寺院收入。

---

① 《卍新续藏》70册,第559页中。
② 同上书,第560页下。
③ 同上书,第561页上。

宝祐五年（1257）春，持钵至平江万寿，复至镇江焦山，请小参。

行化归，结夏，闰四月，故有长夏。

中秋后，天台宗柏庭善月门人雷峰北林和尚遗书至，上堂。后为其起灵。

六年（1258），中秋上堂，兼谢百丈西堂。举马祖与西堂、百丈、南泉玩月公案。

开庆元年（1259），正月旦，上堂："年年是好年，日日是好日。南山今日，好处又非常，石人起拜大人揖。因甚如此，蛇生角，虎插翼。"①

湖州归，上堂。年初到湖州参访。

景定元年庚申（1260），雪窦长老至，上堂："举：先雪窦云：'春山迭乱青，春水漾虚碧。'雪窦老汉，大似将公界物作私己用。窦云：'寥寥天地间，独立望何极。'果然。窦却顾侍者云：'有人看方丈么？'有。窦云：'作贼人心虚。'不勘自败。净慈虽则据款结案，亦未免遭人检点。"②

此雪窦和尚，不知何人，可能是大川普济门人野翁炳同。

是年大丞相履斋吴公召师翌日相见，夜梦老僧奋臂对其说法。公退朝见师，相谈甚欢，馆留竟日。他忘形说法，敛袖议论，与梦中老僧颇似。自后扣请教勤，致礼益重，道谊深厚。

他任荷大法，广开禅门，志未及施，忽而疾作，乃抱疾接纳，略无倦容。

临终之际，日本三僧正见等，绘师顶相请赞。他奋笔而书，笔力遒劲。

据《断桥妙伦禅师语录》卷二：

日本僧以生死求语

生死事大，无常迅速。衲僧入门款子，无有不会道者。及乎问他，胡为生耶，胡为死耶？十个五双，口如木榰。若只与么行脚，走遍四天下，又济甚事。

一日忽有三衲子到，口不能语，手却会书，乃知来自日本国。因

---

① 《卍新续藏》70 册，第 565 页上。
② 同上书，第 566 页中。

有颂语，求予决死生话，未免饶舌。要知生从何来么，但于父母未生前，密密究竟；要知死向何去么，但于风火散后研穷。十二时中，只么研来究去，蓦然引手摸著鼻孔，便知未跨船舷，已与汝三十棒了也。其或不然，且向先径山圆照葛藤参取。①

他在临行之际，一心不乱，奋笔疾书，答取日本三僧问生死话，确实感人。

致书遗丞相贾似道与藏密大监赵公告别。贾似道遗人问曰："师生天台，因甚死于净慈？"师笑曰："日出东方夜落西。"复书四句遗偈，云："来也握双拳，去也伸两掌。透得者一关，藕丝牵玉象。"景定二年（1261）四月二十五日，跌坐入灭，年六十一，腊四十四。学者奉全身塔于寺之西偏，小师若斯、若虚，募于中殿、宰府，赐钱成之。

日本国参学僧人正见，寄金拾两，命工刊师语录流行。

师为人乐易慈顺，性情和善，虽然略少文采，而于佛祖关钥，探微阐秘，可与前代尊宿比肩。法语一出，四海乐闻。志道之士，云聚影从。其为南宋末期禅门宗匠，非但名振当时，对于后世禅宗也有很大的影响。

第二节　断桥妙伦门下

断桥妙伦门人很多，杰出者亦众。

为其编辑语录者为文宝与善靖，语录中提及者有侍者若舟，开法请赞者有崇德圆、雪山梵、真如靖（善靖）、治平璧、支提宏、连云枢、慈恩泾、精严昂、净惠教、观音观等，都是一方住持。所度弟子，都是若字辈，有若舟、若楫、若虚、若斯等。还有日本学僧正见、云、门三人。

据《增集续传灯录》卷一：

净慈断桥伦禅师法嗣
　　净慈方山文宝禅师　　净慈古田垕禅师

---

① 《卍新续藏》70册，第567页下、568页上。

能仁藏室珍禅师　　西禅末宗本禅师
　　江心啸云庄禅师　　光孝雪矶纲禅师
　　新安雪山昙禅师　　隆教绝象鉴禅师
　　归宗竹屋简禅师　　别翁传禅师（此后无传）
　　雪山泽禅师①

又据《径石滴乳集》卷一：

天台伦禅师法嗣
　　瑞岩方山文宝禅师　　南华永宗达本禅师
　　雪山法昙禅师　　绝象鉴禅师
　　竹屋简禅师　　藏室会珍禅师
　　竹山如圭禅师　　古田垕禅师（语别见）②

据《径石滴乳集》卷一：

　　竹山如圭禅师，脱略异常。一日游佛岩，闻风吹殿角铃声，倚杖脱去。茶毗得舍利无数，塔于佛岩之阴。③

　　如圭禅师，号竹山，游佛岩，闻铃入灭，塔于佛岩。
据《增集续传灯录》卷五：

杭州净慈古田垕禅师
　　初住扬州雍熙，迁广德灵山、安吉凤山、吉州东山、吴中虎丘、台州慧因、天宁、杭州中天竺。上堂，举傅大士颂曰："空手把锄头，步行骑水牛。人从桥上过，桥流水不流。"师拈云："乡谈满口，也怪

---

① 《卍新续藏》83册，第263页中。
② 《卍新续藏》67册，第508页上。
③ 同上书，第515页中。

他大士不得。灵山亦有一颂：赤脚过乾溪，草鞋绊树生。仰身吃一撅，肚下污黄泥。"

解夏上堂，举：古德一夏不与兄弟说话，大开东合。有僧自叹云："只么空过。不望说佛法，得闻正因二字亦得。"把饭叫饥。德闻云："阇梨莫謷速。若论正因，二字也无。"这多口汉。德复扣齿云："适来不合与么道。"也是倒抽书。邻壁老宿闻云："好釜羹，被两颗鼠粪污却。"拈却卦盘。复云："古人三寸咽喉，被灵山一掐掐定了也。"顾视左右云："莫有与伊出气底么？"便下座。

上堂："此土清规，画圈禁蚁；西天古制，缚囤关羊。今日尽情革去，别立条章。"击拂子云："依旧熏风殿阁凉。"上堂，举：世尊升座，大众集定，迦叶白搥云："世尊说法竟。"世尊便下座。师拈云："元首明哉，股肱良哉。虽然如是，还知太平无象么？"上堂，举古德道："乾坤之内，宇宙之间。中有一宝，秘在形山。"又古德云："挂在壁上。"师拈云："好一宝，无端被二大老韫椟而藏之。凤山今日与诸人打开去也。乾坤之内，宇宙之间。中有一宝。"便下座。上堂："赵州倾鸩毒于茶瓯，不能烂院主肠肚；懒安露霜刀于笑面，未即断疏山命根。若是吾乡我里之人，决不敢轻易动著。何故？台州性，一触便发。"上堂："江南两浙，春寒秋热。一雨便凉，莫言不说。"上堂，拈拄杖卓一下云："白大众。"众举首。遂靠拄杖云："且待别时。"开炉上堂："南山自罹回禄之后，不敢道著火字，亦不敢动著死柴头。今日开炉，且拨冷灰，看！"以拄杖拨云："照顾燎却眉毛。"至元壬辰四月十四日，终于净慈丈室。①

德翬（？—1292），号古田，生年族姓不详。出世扬州雍熙，后迁广德灵山、安吉凤山、吉州东山、吴中虎丘、台州慧因、天宁、杭州中天竺，最后继无文义传之后住持净慈，至元二十九年（1292）入灭。

据《吴都法乘》卷十：

---

① 《卍新续藏》83册，第320页上中。

千顷云记

虎阜为吴会绝景，幽岩曲沼，佳木盘石之环丽娟秀，悉在寺前。剑池镵山腹以出清泉，在寺中。寺眂山势为高下广袤，规置不能平直，而梯空驾虚，俯仰避就，各有态度。丈室尽山之背，一目千里，以故退披远眺、空蒙浩渺之趣，乃在寺后。中为致爽阁，灌木蔽亏，目不得骋。少东可十步前，无蓊翳，望眼始逸，屋圮陋弗称。今住山古田师，彻西堂之前为轩居东面，以延纳空翠，收拾平远，然后畦畴畎浍之交错，遥岑平湖之隐见出没、风帆陆车、樵歌渔唱之断续欵乃，千古尘迹，盛衰兴亡，溯沧寂寞，可悲而不可绘、而不可言者，莫不悠然翼然于几席之上，使骚人墨客、登高能赋之士，低徊感慨，竟日徒倚而不能去也。既成，摘坡翁"千顷云"之句扁焉。

性存子来游而问义，师曰："宇宙之间，人物之众，荣枯生灭之相饯，盈虚消息之相禅，亦犹夫云之一聚一散，而不可常也。以名吾轩，使来者悟此观之本空、世谛之非有，划然省觉，以求吾常住不坏之实体，不与形器俱存亡者，其庶几乎！"性存子轩然笑曰："师赘矣。乍有忽无者，云也，而云未尝尽；倏成倏改者，世也，而世未尝穷。以至天地日月，子之教以为劫至皆坏，吾意有形虽有数，而天地日月无终息之昭昭矣。谓云为有，谓世为真，是之为缚；谓云为无，谓世为幻，是之为脱。臧与穀，俱亡羊也；尹与仆，俱昔梦也。且翁有言，自其变者观之，天地不能一瞬；自其不变者观之，物与我皆无尽。吾则不变者不能一瞬，变则长上古而不老。子知云，则知易知道矣。吾不学佛，以吾意言之云尔。"师曰："善哉，子之言，庄周不如。愿受而藏之，为记。"古田名德垔，天台人，宗通眼正。其主虎丘，百废具举，景物为一新云。咸淳九年正月三日性存子家之巽记并书。①

这篇文章水平很高，文意俱美。其中包含两个重要信息，一则德垔为天台人，与断桥为同乡，二则他在咸淳九年（1273）时住持虎丘。

据《无见先睹禅师语录》卷二，无见先睹（1265—1334）逮冠时

---

① 《大藏经补编》34 册，第 334 页上中。

(1284）从古田垕和尚，薙染于郡之天宁，具戒之后，命为侍者，旦夕精进，以道为务。表明他在至元二十一年（1284）时住持台州天宁。方山文宝住持瑞岩之时，古田德垕为其引座。

据《增集续传灯录》卷六：

净慈古田垕禅师法嗣
温州江心东涧洵禅师

　　台之仙居人，出世三学。上堂："山僧生缘仙居，如今把人杓柄又是仙居，可谓熟处难忘。况现前一众，尽是旧时相识，各各心眼相照。且不用说佛法长短，家太有无，入院之初，但只叙寒温而已。"喝一喝云："宾主历然。"上堂："今朝解夏了也。放得脚头阔，无往而不可。会么？紫栗一寻，青山万朵。"上堂："山僧平生不曾将一法击缀人，亦不曾将语言赚误人，只据平等真实处说与诸人。今朝冬至节，鲁史验书云，诸人也要知得分晓。"良久："惟有黄色是丰年。"上堂："双峰高耸东西塔，一日平分早晚潮。灯揭半空璇斗出，日升东海玉龙摇。个是我家一片天然境界，千百亿生受用不尽。既是千圣不传之妙，任是真歇老人亦乃未曾踏著。何故？灵踪更在猿啼处，月照须弥第一峰。"颂大通智胜佛话曰："直节虚心不受污，采薇甘隐首阳居。誓言不食姬周粟，千古夷齐只饿夫。"①

洵禅师，号东涧，台州仙居人，出世仙居三学，后迁温州江心。其说法提倡之语，只据平等真实之处道起，不用语言赚人。

据《增集续传灯录》卷五：

温州能仁藏室珍禅师

　　台州人，初住大同。上堂："吾法二千年后不移毫发。达磨大师预将后人田园界至高低，作一白契籍没了也。至若穷山深谷、猿狖昼啼、草木尘毛、形影相杂处，各住本位，各演本法，咸彰未兆之前，共助

---

① 《卍新续藏》83 册，第 345 页上中。

无为之化。新大同出来，亦只作得个证明而已，争敢妄通消息。虽然如是，台州管内近有七处开堂。"复举：僧问大同济："如何是祖师西来意？"济云："庭前一丛竹，经霜不自寒。"僧云："毕竟如何？"济云："只闻风击响，知是几千竿。"师云："如人善舞，节拍相成，只是罕逢别者。忽有问新大同，如何是祖师西来意，只向道，拄杖开封。毕竟如何，卸下衲衣痛与一顿。"上堂："大道通衢，曾无傍径；青天白日，何用指迷。新能仁恁时不轨，努力出头来，将从上古德间家溌具，德山棒、临济喝、石巩弓、秘魔叉一时籍没，普请大地人归家稳坐。"乃拍手笑云："且喜天下太平。"溪亭晚坐偈曰："雨饱山田稻正香，溪亭贫坐晚风凉。今无监院鸣参鼓，得听寒螀送夕阳。"①

珍禅师，后世称"会珍"，不知有何根据，号藏室，台州人，初住台州大同，后住天封，最后住持温州能仁。

据《无见先睹禅师语录》卷二，无见先睹始师古田德昼，然后见藏室珍公于天封，方山宝公于瑞岩西庵，而往来二公之间。这表明至元末期，他在天封住持。后来迁温州能仁，或在大德年间。

据《增集续传灯录》卷五：

归宗竹屋简禅师

上堂，举：鼓山晏国师参雪峰，峰搊住云："是什么？"山释然了悟，而忘其了，唯举手摇曳而已。峰云："子作道理耶？"山云："何道理之有？"峰抚而印之。师颂曰："蓦被曾郎搊著胸，平生途路忽然穷。无端抬手轻摇曳，笑倒南方大顶峰。"②

简禅师，号竹屋，住持归宗，有偈颂数首传世，生平事迹不详。《南宋元明禅林僧宝传》卷七称断桥临终，遂以后事分付门人方山宝、竹屋简，可见其颇受断桥看重。

---

① 《卍新续藏》83册，第320页中下。
② 同上书，第321页上。

据《蒲室集》卷八：

月上人周易解序

吾族世业儒，而吾幼学佛，于儒之事不通。临川危太樸，以其从父有为释氏曰月公者所注周易，征序于予。……吾又闻先师言，咸淳间，三衢耆□（宿）简竹屋，由余于（干）过临川，夜与月公论易，达且（旦）而别，简恨迫于官事，不克以禅门纲要相与激扬。盖月未尝出游，终日兀坐，观河图有警悟，非由师授而能也。受业双林寺，自号"双溪"云。①

如此竹屋简曾于咸淳年间由余干过临川，结识危素之叔父双溪月禅师，与之论《易》，相谈甚欢，惜为时所限，不尽其意。

豫章晦机元熙至元间筑庵于乡，曰竹所，与竹屋简、如翁申居住，相互酬唱，举扬宗旨。洪州人请住天宁，他不就，让竹屋简，简入灭，复请，又让祖岩秀，这表明天宁竹屋简入灭于至元末年。

据《增集续传灯录》卷一：

归宗竹屋简禅师法嗣

明教如翁申禅师（此后无传）　　慧日无禅海禅师②

竹屋简有二门人，传记不详。

第三节　方山文宝

方山文宝禅师是宋元时期禅宗大德，也是断桥妙伦最重要的门人，为后世临济宗杨歧派断桥系的发展做出了贡献，然而对于其生卒时间及事迹等不少问题尚存疑问，需要进一步考察。

---

① 《大藏经补编》24 册，第 295 页上、296 页上。
② 《卍新续藏》83 册，第 265 页中。

方山文宝生年不详，有说是宝祐三年（1255），这一说法显然是错误的。

《方山文宝禅师语录》卷一：

> 昔山僧偶阅《坛经》，见玄觉到曹溪，绕祖三匝，振锡一下，卓然而立。祖曰："夫沙门者，具三千威仪，八万细行。大德自何方来，生大我慢？"曰："生死事大，无常迅速。"祖曰："何不体取无生，了无速乎？"曰："体即无生，了本无速。"祖曰："如是如是。"觉方具威仪礼拜，即辞。祖曰："返太速乎？"曰："本自非动，岂有速耶！"祖曰："谁知非动？"曰："仁者自生分别。"祖曰："汝甚得无生之意。"曰："无生岂有意耶？"祖曰："无意谁当分别？"山僧于此，通身庆快，如获旧物，不胜踊跃。遂举黄梅衣钵因缘，问巩禅师曰："既不会佛法，为甚又绍祖位？"巩曰："不但祖师，大有人不会佛法，亦绍祖位。"山僧当日乍入其道，巩老入泥入水，来引导山僧，可谓血心片片。山僧不识好恶，当面错过，故又问："和尚还绍祖位否？"巩老曰："若绍祖位，即会佛法。"此时虽然不会巩老意思，幸具信力，大起疑情，必要讨个明白。即求芟染。与天界日兄，结伴参见数员知识，虽无利益，实赖东敲西击之力。在育王，有僧持佛鉴上堂语至，一见知为本色道流，心心念念，想去见他。一日忽闻朝廷旨下，诏住径山，其心喜之。不数月，杖锡果驻径山。时与日兄相依极久，凡佛祖公案，一一会尽，惟不会四方八面来的因缘。请益至再，终不为说，教令返观自看。不期佛鉴示疾，山僧同众，请鉴遗偈。鉴乃执笔，顾山僧而书偈曰："来时空索索，去也赤条条。更要问端的，天台有石桥。"山僧禀命，往谒断桥老师于国清。①

这是方山文宝自述早年入道经历，很有价值。由此可知，所谓宝祐三年出生说是完全错误的。方山最初所参的巩禅师不知何人，肯定不是后来的石林行巩（1220—1280）。同参天界日，事迹不明，肯定不是西岩了惠

---

① 《卍新续藏》70 册，第 576 页上中。

（1198—1262）门人天童东岩净日（1221—1308），因为他年龄太小，方山不大可能带著一个十岁左右的童子到处行脚。所谓天界日，有可能为无准门人东山日，后住清凉，其资历年龄高于方山，故尊之为兄。

方山读《坛经》有省，请教巩禅师，不明其意，乃与天净日一起遍参。后到育王，见无准上堂语，知为本色道流，想去拜见，不久闻径山旨下。无准迁径山，在绍定五年（1232），此前他已经游方，表明其生年不会迟于嘉定三年（1210）。

据《山庵杂录》卷一：

《禅门宗要》者，乃雪山曼公之所作也。雪山于宋淳祐间依方山禅师于台之瑞岩，则其成此集也，岂苟哉！余少时尝依凤山灵公，夜参次，公忽言及《宗要》，其中提掇古人不到处，余不能及也。故授一册，命读之。①

《山庵杂录》作者恕中无愠（1309—1386）为横川如珙（1222—1289）门人竺元妙道（1257—1345）法嗣，曾参方山文宝门人一源灵，故雪山祖昙为其前辈，此载雪山宋淳祐间（1241—1252）便依方山于台州瑞岩，则方山最迟于淳祐十二年（1252）便已经开法度人了，如此其年龄当在三十左右，不应太小。晦机元熙门人天衣业海子清曾重刊《宗要》，但有言其盗他成书之语，故无愠为其辩诬。

据《增集续传灯录》卷五《象山新安雪山昙禅师》：

闽中人，蚤从断桥得旨，相依方山于瑞岩甚久。尝著《禅门宗要》。凤山一源灵称羡此书，其中提掇古人不到处，余不能及。其首篇云："我宗无语句，亦无一法与人"，已是枝蔓了也。后代而降，口耳授受，何左途哉！或理于玄妙，则曰"风动尘起，云行鸟飞，动作施为，无非是道"，去道远矣。或堕于空寂，则曰"身如槁木，心如死灰。绝虑忘缘，静观默照"，谓道在是，去道远矣。愚常考诸古，如神

---

① 《卍新续藏》87 册，第 116 页中。

光三拜依位而立，有所传耶，无所传耶；鲁祖面壁，有所说耶，无所说耶？起模画样，百丑千拙，若谓之不立文字教外别传，吾宗扫土而尽。①

如此雪山祖昙本为断桥妙伦门下，后来又依方山于瑞岩，一般都将其列为断桥法嗣。虽然《山庵杂录》明确记载方山淳祐间便住瑞岩，但这一说法可能有错误。断桥妙伦一生住持四大道场，即瑞峰祇园、瑞岩净土、天台国清、杭州净慈，方山自言"往谒断桥老师于国清"，则他开悟及开法度人最早当在断桥居国清之时。

断桥居国清，是受贾似道之请，贾似道于淳祐十年（1250）始镇两淮，久闻其名，以功德寺国清招致。据《语录》及《行状》，断桥于淳祐元年（1241）始居瑞峰三年，后于淳祐四年（1244）初复居瑞岩九年后，受请住持国清，正式入院在宝祐二年（1254）。

如此，方山实际开法最早当在宝祐年间（1253—1258）。

方山文宝卒年不详，《径山滴乳集》指出卒于元至正元年（1335），陈垣《释氏疑年录》亦从其说，但这一说法明显是错误的，因为其门人无见先睹（1265—1334）卒于其前一年，按照此说，则文宝入灭于无见之后，寿命极长，其实文宝肯定入灭于无见之前。

据《无见先睹禅师语录》卷二《礼方山和尚塔》：

> 云峦矗下礼慈容，诲语如同一日中。
> 伫立塔前泥半掩，湖光黯黯雨蒙蒙。②

这是无见先睹到方山塔前礼拜垂吊时所写的一首诗，充满了对其师的怀念之情，足以证明方山卒于无见之前。

据《无见先睹禅师语录》卷二《蕳翁方山和尚书》：

---

① 《卍新续藏》83 册，第 321 页上。
② 《卍新续藏》70 册，第 587 页中。

  安洲遇维那持蕳翁、方山和尚遗墨，求一语于后。噫！二大老只为慈悲故，未免口里水漉漉地。余又岂可推波助澜！合掌加额，卷而还之。①

  如果说前面只是孤证，此处更加明显，表明无见看到了方山文宝和简翁居敬（径山道冲弟子，一说为无准师范门人，与断桥妙伦有旧）的遗墨。据《古林清茂禅师拾遗偈颂》卷二：

  未几皇元革命，大兵压境。有士卒以刃加师项者，师无变色。事定即遍参，首谒简翁敬禅师于雪窦。敬归寂，继席者欲致师，即逸去。众皆高之，一时传誉。寻往南屏石林巩禅师。一见乃曰："此子虽后生，却堪琢削。"遂问："甚处人？"曰温州。林云："永嘉到曹溪，因甚打失鼻孔？"师无语。少顷呈偈云："永嘉到曹溪，鼻孔何曾失？振锡绕禅床，九九八十一。"林云："善则甚善，只恐错会。试与我说看！"师拟开口。林喝，云："果然错会！"翌日林上堂举以示众，且峻励之。师愤愤不平，既归堂，迹不出门，誓期彻证。经两月入室，闻举南山笙笋、东海乌蟹话，微有省。林迁化。②

  古林清茂（1262—1329）于南宋末祥兴二年即元至元十六年（1279）首参简翁居敬于雪窦，不久简翁居敬就示寂了，如此简翁居敬应于此年入灭，他有可能和文宝为同参，但年龄比文宝大。

  据《即休契了禅师拾遗集》卷一：

  师讳正澄，字清拙，福唐连江邑刘氏子，世业儒。母孙氏梦僧伽授以神珠，有娠。咸淳甲戌正月十三日生，白光满室。幼敏不群，至元丙戌，年十三。父母知其志，送依城南之报恩圆公月溪师下发。既受具，即参方。造杭之净慈慧公愚极师之室，语契机，俾执侍。极入

---

① 《卍新续藏》70册，第591页中。
② 《卍新续藏》71册，第290页中。

寂，宝公方山师补处，改典法藏。职满巡礼，至袁之仰山，陵公虚谷师嘉其造诣，延以第一座。谷迁径山，熙公晦机师嗣席，举以鸡足，出世，倡极之道，立三关语，透者难之。既谢事，复吴淞，省其同母兄印公月江师于真净，因留以养高。①

清拙正澄（1274—1339）为石田法薰弟子佛心禅师愚极至慧门人，他在至元二十三年（1286）十三岁时出家受具，后参方，至杭州净慈，参愚极至慧，任侍者，愚极大德二年（1298）入寂，方山文宝继任净慈住持，正澄改任典藏。后至仰山参雪岩祖钦门人虚谷希陵（1247—1322），引为首座，虚谷于延祐三年（1316）丙辰迁径山，物初大观门人晦机元熙（1238—1319）继主仰山，荐其住持鸡足，后返吴淞，省其同母兄月江正印。

据《南屏净慈寺志》卷四，至元二十七年（1290）庚寅寺毁，五十三代住持古田德垕（？—1292）首建蒙堂，次作两库司、旃檀林、观音诸殿，五十四代愚极至慧于寺毁之余，力建大雄殿、罗汉殿、法堂，各有像设，这表明至慧于至元二十九年（1292）继任。五十五代方山文宝于至元中重建三门，此说有误，因为大德元年（1297）至慧仍在世。

文宝的继任者为本源善达（？—1315），云峰妙高（1219—1293）门人，他住持净慈的时间不详，当在大德年间。雪庭正传（？—1312）为本源善达的下任，据《护法录》卷一《佛真文懿禅师无梦和尚碑铭》，无梦昙噩（1285—1373）"闻雪庭传公主真之长芦，乃往依焉，遂薙除须发为大僧，师之春秋二十有三矣"。昙噩二十三岁时为大德十一年（1307），这是大德末年，因此如果寺志无误，则雪庭正传（？—1312）当于此年由长芦迁净慈，而本源善达亦应于此年离任，迁径山。

如此方山文宝住持净慈，当在大德年间。

据《续佛祖统纪》卷一：

　　十三，依方山宝禅师于瑞岩，为落发受具。柢中竺，元叟端禅师

---

① 《卍新续藏》71 册，第 104 页上。

留居侍旁。①

我庵本无（1286—1343），大德二年（1298）十三岁依方山文宝于瑞岩，方山为其落发受具。是年愚极至慧入灭，文宝迁净慈，本无随行。在净慈七年，大德九年（1305）方山文宝入灭，其年元叟行端住持中天竺，故又师元叟，为侍者。这是前后相承的关系，也是合理的解释。

与方山卒年相关的是他与无尽祖灯（1292—1369）究竟有没有师承关系。

据《护法录》卷二《无尽灯禅师行业碑铭》：

> 禅师讳祖灯，无尽其字也。族王氏，四明人。父好谦，尝写《华严经》，五色设利见于笔端，禅师年方幼，叹曰："般若之验，一至于斯邪！"年十四，即求出家。依郡之天宁僧良伟，寻事其寺住持东白明公。既得度，复受具戒于开元奎律师。已而日溪泳公来代明公说法，命掌纲维司藏钥。……禅师服勤数载，复出参名德，以验其所证。时中峰本公在天目，方山瑶公居净慈，无见睹公住华顶，斗岩芳公主景星，禅师皆与之辨，诘其所印，盖不异日溪云。②

无尽祖灯大德九年（1305）十四岁出家，初从明州天宁寺良伟，后从天宁住持东白明公得度，复受具戒于开元奎律师，后日溪泳公来代明公说法，从日溪开悟，服勤数载，出参诸方。后于延祐元年（1314）甲寅结庵于天台上云峰，影不出山五十余年。祖灯寿七十八，腊五十七，则其受具于皇庆元年（1312），其参诸方，当在此年至延祐元年（1314）间。

祖灯所参的净慈方山瑶公是否就是方山文宝，明幻轮大闻《释鉴稽古略续集》卷一便将二者分述，一称为"方山律师（宝）"，一称为"方山禅师（瑶）"③ 其实二字通用，当时没有两个住持净慈的方山禅师。

---

① 《卍新续藏》75 册，第 745 页上。
② 《嘉兴藏》110 册，第 617 页中下。
③ 《大正藏》49 册，第 920 页中。

其称方山宝为律师,是由于我庵本无(1286—1343)从其薙染,进具戒,其实当时禅师也能为人授戒,没有必要为此以方山宝为律师。然而,元代曾住持净慈,又号为方山者,只有方山文宝。祖灯《行状》由隆恩大师道原所撰,按说不应当有太大的差误,不知为何产生此说。

不论方山瑶是不是方山文宝,可以肯定的是这段时间二人都不是净慈住持。

据《佛祖历代通载》卷一:

> 至大戊申,佛智晦机和尚,自江西百丈,迁杭之净慈。禅师往参承,值上堂,佛智举太原孚上座闻角声因缘,颂云:琴生入沧海,太史游名山。从此扬州城外路,令严不许早开关。有省于言下,投丈室呈所解。佛智领之,遂俾掌记室,嘱之曰:"真吾教伟器,外护文苑之奇材也!"服勤七年,延祐乙卯佛智迁径山,禅师职后版表率。①

如此自至大元年(1308)至延祐二年(1315)七载,都是佛智晦机元熙担任净慈住持。这也表明方山文宝肯定于至大元年(1308)前入灭于净慈。

关于祖灯与文宝的关系,绝大多数史料如《续灯存稿》、《五灯全书》《继灯录》、《续指月录》等都将祖灯列为未详法嗣,但大都强调他参日溪泳机缘。只有《续灯正统》、《径石滴乳集》强调他为文宝之嗣,值得注意的是,《方山文宝禅师语录》题名为"嗣法门人先睹、祖灯等录",其中也有无尽灯来参的一段机缘,这似乎可视为祖灯为文宝门人的铁证,然而这段机缘语句与《径山滴乳集》全同,并且二书编者都有机云,实不足为据。

如果非要将祖灯和文宝联系起来,那么他参学的时间必须提前。祖灯于大德九年(1305)乙巳出家,假如同年他跟随良伟到杭州,就有可能遇到当时正任净慈住持的文宝,当然一个十四岁的孩子最多是和文宝见上一面,说不上是他的嗣法门人。或许祖灯真见过文宝,故后人为其作《行状》,提到他曾拜见过净慈方山,只是将时间后推了。

大德九年(1305)乙巳是文宝住持净慈的最后一年,《径山滴乳集》称

---

① 《大正藏》49册,第477页下。

其卒于至元元年（1335）乙亥，乙亥有可能是乙巳之误。

据《增集续传灯录》卷一：

净慈方山宝禅师法嗣
华顶无见先睹禅师　天宁镜堂古禅师
资福一源灵禅师　广孝秋江湛禅师（无传）
丁生①

据《山庵杂录》卷一：

予天历间参一源灵禅师于湖之凤山，因究赵州勘台山婆子话不破。一日侍次，举以问师。师云："我早年在台州瑞岩方山和尚会中充维那，亦曾扣以此公案。山云：'灵维那，你下一转语看。'我当时随口便道：'尽大地人无奈者婆子何！'山云：'我则不然，尽大地人无奈赵州何。'我当时如饥得食，如病得汗，自觉庆快。"乃云："侍者，你别下一转语看。"予当时打个问讯便行。尝记师初入院，上堂，举世尊升座、文殊白槌公案。拈云："世尊以是错说，文殊以是错传，新凤山今日以是错举。会么？字经三写，乌焉成马。"其时竺元先师隐居六和塔，闻之歆艳，曰："宣政院举许多长老，惟凤山较些子。"师，宁海人，径山云峰手度弟子，出世嗣方山。为人慈忍有容，提诲不倦。示寂，人识与不识，无不嗟悼。②

灵禅师，号一源，宁海人，早年师从径山云峰妙高（1219—1293）得度，后参瑞岩方山文宝，任维那，与师论赵州勘台山婆子公案，大悟得旨。天历元年（1328），住持湖州凤山，笑隐大䜣作疏，天渊湛为前堂首座，恕中无愠来参。其后任为一关正迳，至元之末（1340）自崇因迁至，这是一源灵住持之下限。

---

① 《卍新续藏》83册，第265页中。
② 《卍新续藏》87册，第116页上。

据《蒲室集》卷一：

灵一源住凤山资福寺杭诸山疏

丞相铨衡至公，蘘林且评有在，而法道非古，人物几何。联举三名，每愧熏莸之同器；幸中一善，始别玉石之殊科。故询众之言，常多异辞，独公之出，大尉同志。某学臻先哲，德重宗门，惟卓识之不群，矧师承之有自。凌霄峰顶，如帝释六欲天独尊；薜荔桩头，见蟠桃三千年一实。顾象阜之高风莫挽，岂禹泉之芳泽无穷。和王忠不谋身，九原可作；破庵位弗称德，五世其昌。从此入室外堂，于以考钟代鼓。凤皇鸣矣，梧桐生矣，式歌招隐以同归；晓狷惊兮，蕙帐空兮，虽欲移文而安敢。①

又据《蒲室集》卷一：

净慈首座古镜堂住天目大觉

文正请古公开堂，蘘林增重；九峰为大觉作疏，华衮非荣。惟兹寺之肇兴，与嘉名而适合。某化机密运，妙斲无痕，藏天壤于一筇，泻波澜于千偈。间（闲）房古寺，俨陈尊口（宿）之风规；得座披衣，夺王老师之机用。燕爵岂知鸿鹄，驽骀空羡骅骝！诵佛语，传佛心，名实相称；出天台，入天目，人境俱奇。遐想高标，愿闻极倡。②

古禅师，号镜堂，天台人，自方山文宝得法，后在净慈为首座。某年出世天目大觉，笑隐大䜣（1284—1344）为作疏。

据《增集续传灯录》卷六：

嘉兴天宁镜堂古禅师

上堂，举：僧问云门和尚："如何是诸佛出身处？"门云："东山水

---

① 《大藏经补编》24册，第200页上中。
② 同上书，第202页上。

上行。"师颂云："东山水上行，直截为敷扬。静里乾坤大，闲中日月长。"上堂："佛说一切法，为度一切心。我无一切心，何用一切法。六根门头空索索，十方世界空索索，山河大地日月星辰，甚么得来？"喝一喝。上堂："一不成，二不是。闪电未成，霹雳随至。耳里著得须弥山，眼里著得大海水。"击拂子，"万论千经只这是。"①

他后来住持嘉兴天宁，唯留法语数则。其门人有平湖则中度禅师。据《山庵杂录》卷一：

> 台州广孝秋江湛禅师，黄岩断江人。幼隶里之化城寺落发，寺之右有岩壁极高耸，名松岩。其巅有法轮寺基，五代唐时勤禅师所创，以久废，遗址芜没。师一日至其处，纵观不觉凄感，如久客乍归，恋恋不忍去，于是就傍巨石下禅定。乡民闻之，相劝送食，出资傲工兴造，不数年成丛林。又于寺之后冈建塔，作归藏计。忽一日，督其徒闻（开）塔。寻遣人遍请，凡往来者，约日俱到山译别。至期，道俗坌集，师于是令法轮住持信道原等设馔生祭。众骇异，以为年耄潦倒。师促之愈急，逐出草具致祭。师坐堂上受食，余者与徒众一一沾味。信等读文哭泣，师亦堕泪，于是起行，入窑中安坐。时檀越周衡之以观音像求赞，及众乞遗偈，皆迅笔为书。少顷气绝，某年四月二十三日也。师遗命，肉未冷即壅土閟之。众不忍，次日始闭，树塔其上。师之族姓及嗣法出世事，见诸用章俊公所著传云。②

元湛，号秋江，黄岩人断江人，幼时于本乡化城寺落发。寺侧松岩之上有法轮寺，五代所创，久废，见之不忍，乃禅坐于旁之巨石之上，乡人闻之，为其起寺，复建塔于后岗。一日命门人开塔，并约请故交，定期归寂，众至，乃命门人法轮寺住持道原信等生祭，礼毕入塔，示诸遗偈，奄然迁化。其生平事迹，见用笑隐大䜣门人净慈章廷俊所作传记，可惜已不

---

① 《卍新续藏》83册，第344页下。
② 《卍新续藏》87册，第123页上。

得见。《补续高僧传》卷十三有传，主要述其驯服二虎之传奇故事，及遗偈，曰："洗浴著衣生祭了，跏趺宴坐入龛藏。花开铁树泥牛吼，一月长辉天地光。"显然未见廷俊之作。

据《山庵杂录》卷二：

> 端雪崖者，黄岩人也。幼得度于秋江湛公，居新城山留庆院。持律严谨，日课《金刚般若经》。尤善瑜伽法事，赴道俗请，必尽恭恪，而施利则不较厚薄。或绝无，亦不经意，逮其再请，赴之如初。洪武辛亥夏五月，得微疾，索汤沐浴，更衣书偈，趺坐而逝。阇维，大星杂毫光迸散，绝无烟焰，获坚固子甚多。寿八十三。①

元湛门人雪崖端（1289—1371），住新城山留庆院，持律诵经，擅长瑜珈法事，已然不类禅僧，然而不计供施厚薄有无，足见心行平等，了无分别。

无见先睹是方山文宝最为重要的门人，在后世影响也最大。据天台山景德国清禅寺佛真文懿大师昙噩撰《无见睹和尚塔铭》，先睹，字无见，天台仙居人，姓叶氏，世为望族。咸淳元年（1265）乙丑五月六日生，元统二年（1334）甲戌五月二日卒。寿七十，腊五十。其师号"妙明真觉"，塔号"寂光"。

他天性聪颖，幼绝膻腥，苦嗜读书，过目成诵。父母期之以儒业起家，会沙门东州善公过而识之，曰此法器，毋滞乡里，因而出家。至元二十一年（1284）冠岁，从古田德垕和尚薙染于台州天宁，具戒之后，命为侍者。旦夕精进，一心成道。其后遍参，见藏室珍公于天封，方山宝公于瑞岩西庵。往来二师之间，虽有所契，未臻其极。遂筑室华顶，刻苦自励。一日作务之次，涣然省悟。平生凝滞，当下冰释。乃到西庵呈见解，方山以偈印之，遂辞还峰顶。他一坐华顶四十年，则始于至元之末（1294）。

无见先睹最重要的门人为白云智度（1304—1370）。据《护法录》卷一《处州福林院白云禅师度公塔铭》，智度，号白云，处州丽水人，姓吴氏，

---

① 《卍新续藏》87 册，第 132 页下。

母叶氏。生于大德八年（1304），延祐四年（1318）年十五有出尘之志，父母不允，师绝食累日，父母乃听，使归禅智寺空中以假（1268—1336）薙发受具。即寺侧楞伽庵深习禅定，胁不沾席，跌坐达旦，如是数载，外出游方。遂游七闽，遍历诸方，无有契其意者，复还本郡白云山，于澄禅师道场遗址筑福林院，以为憩息之所。日读《楞严》《圆觉》二经钞疏，不假师授，文旨自通。已而复叹拘泥文字、难以彻证，约在天历之初（1328）又出游浙西，见灵石如芝（1244—1335 后）于净慈。如芝于泰定四年（1327）住持净慈，故其来参当在此年之后。未几又上天目山，参断崖了义，了义谈锋铦利，人莫敢撄。了义住持天目师子正宗禅寺在泰定三年（1326）。

时闻无见先睹说法天台华顶峰，大振圆悟之道，复往拜之。问曰："西来密意，未审何如？"无见曰："待娑罗峰点头，却与汝言。"他摇手欲答，无见遽然大喝。他立述一偈曰："娑罗峰顶，白浪滔天。花开芒种后，叶落立秋前。"无见曰："我家无残羹剩饭也。"智度曰："此非残羹剩饭而何！"无见领之。服勤数载，辞还，无见嘱之以真正见解著于行履，报佛深恩，勿弄唇舌，多言妨道。

又到长沙见报恩无方智普，走云居见小隐师大，二人都是一山了万门人。当机问答，与华顶无异。

元统二年（1334），无见入灭，为其建塔，并请名公为作塔铭。

至元二年（1336），空中以假入灭，临终告门人智光、智度，示偈入寂。二人为师建塔，并请名流为作塔铭。

至正四年甲申（1344），县令依缁素之请，迎归福林，与毒种昙、成山钦互相策励，共进斯道。十四年甲午（1354）复隐楞伽庵。二十二年壬寅（1362）王府参军胡深安、安翼元帅王祐复请至福林。二十四年甲辰（1364）御史中丞章溢请住龙泉之普慈，僧徒云集，多至八百。二十五年乙巳（1365）移茅山。二十六年丙午（1366）迁武峰，所到之处，众集如初。朱元璋吴元年丁未（1367），复隐禅智之岑楼。洪武二年己酉（1369），有诏起天下名僧于蒋山，建立法会，敷宣大法，他列名其中，本不愿行，而戍将强起之。师至而法会告终，遂还杭州，杭人请居虎跑度夏，入秋移天台华顶。洪武三年（1370）春二月示疾，有归本寺之志，四众坚留，师曰：

"叶落归根，吾所愿也。"遂回福林，五日，沐浴易衣，索笔书偈，曰："无世可辞，有众可别。太虚空中，何必钉橛！"三月一日，掷笔而逝。寿六十七，腊五十二。法弟大贤、门人仁哲奉骨入塔。道岩为作《行状》。

禅师沉静寡言，机用莫测，临众无疾言厉色，唯以实相示人。所至之处，人皆倾慕，如见古德。度弟子凡二十人，平日随机开导，所作偈颂，不许记录，故无语录传世。

据《吴都法乘》卷五：

祖庭古拙俊禅师传

古拙禅师，生缘松陵之柳塘，因母持净戒，出胎不知有腥血。六岁出就外传（傅），不嘉鲁典，背习《法华经》，一文一礼，至十岁，日诵一部。年十三，思脱世累，子夜踰间，投城越州日铸寺者二载，获祠部披剃，登坛受具足戒。发大乘志，首谒石屋师，授以父母未生时面目，提撕多滞，冷淡无聊。又二载，徃叩三衢懒牧禅师，从前审核，乃示履践，昼则经行，夜则趺坐，历历惺惺，明明寂寂，如秋月寒潭，光凝一片；又如铁壁银山，浑忘进止。工夫虽得入彀，思心不能瘥。南参古梅老人，长途胼胝，静境俱失，及拜起，即欲供通，痛以竹篦趁出，如是三度被打，遂结三同参至故里，立限三周不语，过午不食，晨昏不寝，冬夏不澡。因念达磨大师壁观九载，方获及第，更发猛厉，续燃三指，每一指，限三年，迭三成九，切磨深入，尘垢自消，寂光坚凝，廓然瞥地。

行诣白云翁，当机不让，法战洞契，留为千僧首，时年二十八矣。膻风普布，参徒蚁集，遂遁迹下山，留偈奉别大人，云："半载相依唱祖机，几番谈道奉天威。出山便说归时路，又是重栽眼上眉。"韬光岩壑三十余稔，如聋若哑，罔测玄旨，有"平生最爱隈岩谷，三十余年懒放迎"之句。洪武间，奉旨到繁昌，一日剃度千人，众请东庐山开堂普说，发四愿文。师云："禅之一字亦是强名，云何曰参，在性而已。拟议即乖，开口即错。既不可道，何以名禅！可道又不是，不可道又不是。伶俐汉若向这里缁素分明，便见一生参学事毕。若是发心不真，志不猛厉，这边经冬，那边过夏，今日进前，明日退后，久久摸索不著，便道般若无灵验，却向外边记一肚，抄一部，如臭糟瓮相似。是这般野狐精，直饶弥勒下世，与生死甚干涉！直正道流，若要脱生死，须透祖思关。祖关透，生死脱，不是说了便休，要将从上诸祖做个样子。赵州老人四十余年不杂用心，为甚么事；长庆棱公坐破蒲团七个，为甚么事；香严老师四十年方成一片，为甚么事；乃至历代真实践履、克厉苦志，为甚么事；我今日口喃（喃）地，引古验今，为甚么事？诸禅德，既有从上不惜身命、积功累德、妙语亲证底样子，何不发大勇猛，起大精进，对三宝前，深发重愿：若生死不明，祖关不透，誓不下山！如是发愿之后，截断千差路头，不与万法为侣，向长连床上、七尺单头，高挂钵囊，壁立千仞。宽立限期，急下手脚，尽此一生，做教彻去。若办此心，决不相赚。我今为汝保任此事，终不虚也。"①

俊禅师，号古拙，姑苏松陵人，生于至元元年（1335）。至正七年（1347）年十三，往越州日铸寺出家。九年（1349）十五岁，祝发受具戒，首谒石屋清珙（1272—1352）。十一年（1351）十七岁，见三衢懒牧，得禅定工夫。十二年（1352）十八岁，复往叩古梅正友（1285—1352）于高仰山，依实供通，梅打趁出。如是三度被打，古梅复入灭，遂结伴归里，立限壁观九年，每三年燃一指，历燃三指。勤苦修道，九年之后，忽然有省。

至元二十二年（1362），白云智度住持福林，乃往参之。问答相契，遂留首众，时年二十八。众请出世，便遁迹出山，留偈曰："半载相依唱祖机，几番谈道奉严威。出山便说归时路，又是重添眼上眉。"此后在家乡韬光岩壑三十余年，有"平生最爱限岩谷，三十年来懒送迎"之句。约洪武二十五年（1392），奉旨剃度千僧，至繁昌，众请至东庐山开堂住持。

永乐五年（1407），奉旨住持天界寺。十二年（1414）住持湖州弁山白莲（又名南极、张墩）。空谷景隆（1393—1470）永乐十年（1412）在俗之时参弁山白莲懒云智安，后参古拙，十八年（1420）出家，从虎丘石庵为行童。月江觉净禅师（1401—1479），为古拙最后剃度的门人，永乐十三

---

① 《大藏经补编》34册，第151页中、152页上。

年（1415）十五岁师从张墩古拙剃染，受念佛公案，这与《径石滴乳集》卷一"师住南极日，单举无字勘验来学，诸方时号'南无字'"的记载一致。永乐二十年壬寅（1422）参菰城岘山大宗具寿，这应当是古拙卒年的下限，是年他已经八十七岁，年龄很大了。

古拙俊下传无际了悟、性天如皎等。

据《故性天皎禅师塔铭》，如皎（1374—1443），字性天，四明鄞县人，俗姓周，母金氏。七岁患肠痈，医生剖生蟾蜍为治，他见之不忍，夺而放之。病愈出家，礼同里观音院正庵中公为师。洪武二十五年（1392），正庵携其入京，次年得度，时年二十，住天界，受具。参左善世、凤山大天界寺住持同庵夷简，命为侍者，迁知藏。复依南隐正公习《楞严》，过劳，得咳血之疾。同庵谢世，值正庵受请住持饶州景德寺，与师同行，因疾还天界，正庵亦辞院退席。病愈之后，约于永乐二年（1404）至繁昌，参古拙俊，命参无字话头。还天界，发愤用工，千日不语。永乐五年（1407）丁亥，会古拙俊奉旨住持天界，山居终老，有幸再度亲炙。一夕夜静推帘见月，蓦然有省，呈偈云："午夜推帘月一弯，轻轻踏破上头关。不须向外从他觅，只么怡怡展笑颜。"古拙予以印可。遂归侍正庵。不久正庵中示寂，乃飘然度岭，至西坑筑圆觉庵居之。时在永乐十二年（1414）甲午冬。影不出山者二十年，坐死关千日。

宣德七年（1432）壬子，武林请主虎跑，不应。八年（1433）祖堂幽栖，复固请之，不获已应请住持，学徒云集。正统八年（1443）临终，集弟子曰："文章佛法空中色，名利身心柳上烟。惟有死生真大事，殷勤了办莫迁延。"复问死生事大，汝等且道如何了办。众不能对。徐云："我今无暇为君说，听取松风涧水声。"言讫而逝。寿七十，腊五十。

如皎仪状魁伟，性格清奇，度量弘大，戒行坚峻。不言人过失，徒众犯规者，惟以冷颜示之，待其自化。兼习外典，偈颂甚多。有古尊宿之风，近世罕及。法孙祖传结集著作，为作行状，并请倪谦为作塔铭。

第十六章　无际了悟及其法系

第一节　无际了悟及道林寺法系

无际了悟（1381—1446）为明代临济宗著名禅师，其法系是断桥系在明代的嫡派，在中国禅宗史上影响很大。

据王英《无际禅师塔铭》等，了悟，号无际，又号蚕骨，蜀潼川安岳县人，俗姓莫。幼时颖悟，好诵佛经，洪武三十一年（1398）十八岁时，礼定远罗围寺本真上人，祝发为僧，参学闻道，入大竹黑崖山苦修。蜀地有古渝幽谷禅师，号称善知识，为元代高僧，晓山元亮（？—1400）曾参之。他以幽谷为榜样，刻苦修行。复往大乘山，访独空通禅师，入楚，礼无念胜学（1326—1405），然皆不遇。约在永乐二年（1404），乃至繁昌山，参古拙俊禅师，一言契合，尽得秘奥。归蜀，住持寂光道林四十余年。正统五年（1440），万寿寺（戒台寺）戒坛落成，九年（1444），诏取大德十人为传戒宗师，住持鹅头禅师信庵道孚（1402—1456）以无际禅师精通内典，明心见性，道誉远播，后学楷模，上奏朝廷，请为宗师，于是他应诏入京。同为传戒宗师者还有大方、天泉祖渊、灵芝智淳（？—1455）等名僧。

三年在京，初在戒台登坛授戒，后居隆恩禅寺传禅，道俗纷至，归之如市，影响很大。正统十一年（1446）入灭，寿六十六，腊四十八，有《道林录》传世。

临济宗发展到明代中期时，产生了由突空智昇（后世误作智板）所创立的法派，这一法派与了悟系关系密切，甚至了悟的后世大都借用了此法派，使之成为本宗传承的依据。了悟本人没有创立法派。

据《宗教律诸宗演派》卷一：

临济下二十五世（碧峰下第七世）突空智板禅师演派十六字：
　　智慧清净，道德圆明。真如性海，寂照普通。
　　五台、峨嵋、普陀前寺续演三十二字：
　　心源广续，本觉昌隆。能仁圣果，常演宽宏。
　　惟传法印，证悟会融。坚持戒定，永纪祖宗。①

又据《缁门世谱》卷一：

　　（临济）派曰：智慧清净，道德圆明。真如性海，寂照普通。心源广续，本觉昌隆。能仁圣果，常演宽弘。惟传法印，证悟会融。坚持戒定，永继祖宗。②

这一法派后来成为临济宗最有影响的法派之一。然而其创始者突空智昇实非临济宗二十五世，而是了悟之曾孙，了悟传月溪惟澄，惟澄传天渊福源，福源传突空智昇，兹不具述。邢东风先生《关于古拙、无际的资料和遗迹》一文提供了宝贵的资料，为研究了悟与此法派的关系奠定了基础。

了悟所剃度的门人（剃派）是有字号的。据邢文中所提及的碑文，了悟门人为清字辈，主要有清贫（《西蜀东普道林无际禅师塔铭》、《道林寺塔院碑》、《道林塔院序》、《培修道林寺记》等）、清明（《塔铭》、《塔院碑》）、清印（《培修道林寺记》、《重修道林寺阶墁记》）、清林（《塔院序》）、清脱、清和、清玉、清照、清智（以上见《道林无际禅师语录记》）等，其中清贫护送其遗体回川，并继任道林寺住持，当为其大弟子。

了悟三世孙辈为净字辈，主要有净灯、净孚（《重修道林寺佛殿记》、《培修道林寺记》和《阶墁记》作净恭、净灯）、净果、净圆、净嵩、净禧（《塔院序》）、净玉、净智、净通、净善、净德、净端、净性、净演、净玄、净朗、净一、净祥、净日、净福、净明、净超、净源（《语录记》），另外邢东风发现的《繁昌古拙和尚劝念阿弥陀佛公据》一卷《序》中提到的"远

---

① 《卍新续藏》88 册，第 560 页上。
② 《卍新续藏》86 册，第 485 页上。

孙比丘净慧"可能也是了悟之孙。

由此可以清楚地判断，了悟所剃度的门系以"清净"为字派，可惜再下没有明确的资料。

虽然以"清净"为号递传，但与"智慧清净"的法派实无关系，仅属巧合。此"清净"之辈份比后者之"清净"高了四辈。

道林寺以了悟为第一世，清贫则为第二代住持。据《塔院序》，"其徒清贫等，录其平昔诲人之语，汇萃成帙，工部侍郎周忱恂如序其卷端，板行于世"，可见其《语录》是由清贫编订的，又称"令其徒清贫等十五人护龛，回蜀安葬"。《塔院碑》称"上遣礼官谕祭，给官舟归其灵骨。其徒清贫，实护以行。时尊宿大士、领宗教者，重师之道，佥以道林为香火所在，举贫嗣为住持。袈裟踵门，请文诸石，用图不朽。贫可谓善继者矣。"看来清贫编其《语录》，护送灵骨，继主山门，是当时功劳最大的嫡传门人。清贫至少在天顺年初依然是道林寺住持。

据《阶墁记》，"按弘治初，师高足清印，重整旧庭。"弘治年间（1488—1505），共十八年，自元年（1488）算起，上距了悟入灭亦已四十二年了，可见清印为其晚年所收门人，且寿命很长。据《佛殿记》，嘉靖年间，殿宇坠毁，"三世孙净灯、净孚"与众谋划重修，得居士徐方福之助，"修理之功完于辛卯冬末，记文之字刻于壬辰岁首"，即完工于嘉靖十年（1531）之末，刻石于次年之初。这次重修佛殿，上距弘治之初又过了四十余年，可见净灯、净孚也很可能是清印晚期门人。

据《重修塔楼牌坊塑装大佛记》，了悟入灭"逾百三十六年"，即万历九年（1581）亭塔飘损，"六世僧德永、十世法孙如爱"化缘重修，至十年（1582）春完工。这次重修距上次又过了五十年，主持者从三世到了六世甚至包括十世，变化极大。

这篇碑文由如试撰文，还提到"本寺十世僧众显如、果如、真如、稳如、理如、宗如、蒲如等捐施资粮、重修月台"，"什子僧众如现、性茔，徒性禅、性孚、海余、海钊、海庭"，"释门十世法孙僧如试撰文"，"度占比丘孙如爱号宝容、僧海银共书"，"当代住持性朝、院主僧海音"。这篇碑文的录文肯定有错误，由于未见原碑，难下定论，但十世为"如"字辈，或为"如显、如果、如真"等等。

可以看出，万历年间时道林寺已经采用突空智昇的法派，但他们将了悟而非智昇列为第一代，并将了悟列为智字辈，故六世孙德永，十世有如爱、如试、如现如果、如真、如稳、如理、如宗、如蒲等多人，十一世有如现门人性禅、性孚、性荃，最重要的是当时住持性朝，十二世有院主海音、海银、海余、海钊、海庭。碑文中不见七、八、九世，即圆字辈、明字辈、真字辈，不见是他们未曾参与此事还是当时寺中无此三辈僧人。

由于了悟以下的"清净"与智昇法派中"智慧清净"恰好一致，但却错了一辈，不知此时的德永到底是净孚的孙辈还是曾孙，从时间上看，相差五十年，法孙的可能性更大。在净孚的时代，法派尚未流行，但到万历年间已经非常普及了，了悟后辈必须将自己与流行的法派联系起来，不过借用起来有错了一辈的问题，不知他们是如何解决这一矛盾的。德永号为六世，肯定以了悟为创派的智字辈，如此清贫、清印及净灯、净孚与下面就不大好排。当然，五十年间传三代也不是太大的问题，因为此派以后传承很快，从德永到海音，竟然相差六代，这也是非常罕见的事例了。

这种借用导致了世系的混乱，因为如此将了悟与其曾孙智昇同辈，可以说降了三辈。另外，即使将了悟列为第一代智字辈，还存在第二代为"清"，第三代为"净"，没有"慧"字辈的问题。二者叠加起来，导致双重的混乱，将本派的辈份世系彻底搞乱了。看来他们对于本派的支系和传承并不清楚，而是盲目借用。

由于明清之际蜀地大乱，道林寺为之一空，海音等人的后世不知下落。据《阶墁记》，"洎明嘉靖间，净恭、净灯二师，咸有兴建。嗣经兵燹，鞠为茂草。我国家鼎兴以来，僧深效、深英，募赀重葺。康熙四十九年，僧南翁自楚来蜀，卓锡于此，补葺诸殿，焕然一新。雍正间，僧万庵续修之。……僧慈鉴苦行勤修，戒律精进，……发心重修"。如此清初僧人深效、深英，曾予修葺。二僧法系不明，虽然多家都有"深"字辈，但不知当对应哪派。康熙四十九年（1710），楚僧南翁来蜀，使寺宇焕然一新。此南翁与后来重修木门寺的晓南都是楚人，但可能不是一人。据乾隆四年（1739）邹升元《重修道林寺记》，在此之前，康熙四十年（1701），山僧孰能重修，又谓"万庵师南翁老人与余为忘年友，亦如退之之于文畅辈也"，可见南翁为万庵之师，且与邹升元为忘年交。南翁到底是否重修过道林寺，若有，为何邹升元不提，若无，为何徐观海言之？这里提出一个假设，即山僧孰能就是南翁老人，孰能为法名，南翁为其号，那么为何二碑所言时间不一致呢，有可能后碑有误，因为距离当时已经七八十年了。如果不是一人，且时间无误，那么四十年重修，四十九年再修，相隔岂非太短！当然也有可能不是一个人，孰能修之于前，南翁继之于后，一为本地山僧，一为楚僧。

万庵曾于雍正间（1723—1735）续修道林寺，其徒自静又于乾隆四年再修之。自南翁至自静，不知是何法派，临济二十一世云岩福爱演派三十字，其中第二十六世即临济四十六世为"自"，而至乾隆之时恐怕不大可能到四十六世。

万庵、自静之后，又有慈鉴于乾隆四十六年（1781）重修大士殿、东西寮房及山门等。慈鉴与自静不知有没有师承关系。然据徐观海《国清寺建坊记》，玉泉山国清寺由元僧性莲创建，康熙五十九年（1720）海智建大士宫，雍正三年（1725）道印续修大雄宝殿，同年，证山置斋田并增建僧寮等，乾隆九年（1744），证山之徒觉慧续修，使之为本邑僧庐之冠。僧慈量，"为觉慧法嗣，系磬山天隐修九世徒也"，住山二十余年，勤勤恳恳，日以修建为事，并于乾隆四十五年（1780）庚子春于寺前建坊一座。慈量能书，兼工小诗，常与县令徐观海唱和。

慈量与慈鉴可能有关系，很可能是同门。《培修道林寺记》称"道林寺，邑之名刹也。创自后周，实以明永乐中了悟禅师为鼻祖，而我朝慈鉴上人，其后劲也。中间由无际而清贫、清印，而净灯、净恭，暨南翁、万庵、慈量、鉴诸老宿，莫不秘参心印，缔阐真如，笔法钟王，诗凌鲍庾。"其中"慈量鉴诸老宿"，龙显昭本作"慈量"。慈鉴也是懂书法、能作诗，故言其"笔法钟王，诗凌鲍庾"。由于"量"、"鉴"形近，也不排除二者实为一人的可能。

慈量为天隐圆修（1575—1635）九世孙，本来应为"了"字辈，可能这一支后来又有分派。

慈鉴之后，"世更七圣，年逾二百"，至光绪七年（1881）后，住持乏人，寺宇破败，李廷燮等乃请雪皓禅师数世孙昌宽居之。由于在诸法派中找不到前"雪"后"昌"者，故雪皓可能是号，不是法名。昌宽有可能属于临济宗峨嵋一系，依"心源广绪，本觉昌隆"得名。

木门寺在县治北四十里，也是了悟传法之地。二寺关系密切，甚至碑文都混在一起。据安岳知县丁思显乾隆十五年（1750）《培修清凉山佛胜堂记》，丁思显于乾隆十一年（1746）丙寅来此，见殿宇倾颓，有兴修之意，乃与环山士民共商，众谓前僧荡废寺产，难以为继，宜招僧晓南住持，丁从众议，请晓南来主，果不数年而工竣。

《佛胜堂记》、《修正佛碑记》、《东普木门禅寺前后修葺工成总纪》三碑都以晓南为核心人物。《修正佛碑记》称"康熙年间，有僧圆麒，安荒承粮六两四钱五厘正，故无山主之称"。此圆麒事迹法系不明，他不应是智板法派圆字辈僧人。他对木门寺的贡献也有限，只是稍加修补、略具规范而已。对于木门寺的复兴，晓南的贡献最大。他于乾隆九年自楚来此，曾建王家观、濂溪祠、观音阁三刹，工成即去，不以为己有。乾隆十一年，丁思显请其住持此寺，开始重修，十五年完工。他在此寺住持二十余年，至二十五年，设立戒坛，开法度人。乾隆二十八年（1763），晓南入灭。

《佛胜堂记》载"同修师叔僧寂元、师弟僧照文、徒僧普容、僧普定修"，这表明晓南为照字辈。《总纪》称其"系楚金轮峰影脱国师之初孙、云贤和尚之法嗣"，说得很清楚，可惜还是不明其人。云贤当为号，属于寂字辈，金轮峰在庐山归宗寺后，影脱国师不明何人，也不知是明国师还是清国师。

晓南一派自楚而来，应非一人，其师叔寂元、师弟照文亦至，可能同宗来了不少。据《修正佛碑记》，在晓南入灭后，一时无人接管寺院，众议由通效住持。通效为晓南修宝塔，并千手观音、四大天王等像。遇岁歉，佃户欠租，三周年颗粒未纳。时通效师伯山湖想当住持，通效只得让位。山湖在位四载，拖欠十七余金，僧众不满。通敦、通寅二人将一寺分作两家，弊端四出。刘知县请通效居永康乡华严寺数载。通敦等滥花寺钱，一寺破败。至乾隆四十三年（1778），通效复任住持，五十年（1784）至五十三年（1787）间由师弟通叙继任住持。

值得注意的是，晓南之徒辈皆以"山"字为号，有"山湖、山河、山洪"等。山湖为通效之师伯，当为出现于《佛胜堂记》中的普容或普定，普容名字在前，可能性最大。普定应当是通效之师，或为山河。山湖普容以梵唱著称，并不善于管理，他先未当住持，等到师侄通效当住持后数年又表示想当，通效只好让位。山湖住持四载，寺中混乱。后来通效收拾残局，寺宇复兴。

除普容、普定外，还有普空、普密、普印、普清等。通字辈有僧会司通敏、住持通效、通叙，另有通武及以行持著称的通觉、通教、通斌，败坏寺产的通敦、通。心字辈有通效门人心坚、心莹、心应、心圣，心堂、心明（二人可能为通叙门人）、心会、心宽、心定、心学、心觉等。通效徒孙源照、源静、源福、源道、源柏、源升、源彻、源传等。

《总纪》称"通效之称贤干，继金粟以再来；僧通叙之举僧纲，接栖贤而复至，此皆足以绍衣钵而问宗风也"，可能是说二人之贤，足以媲美金轮峰之影脱国师及栖贤寺之寂某和尚，故有"云贤"可能是"栖贤"之误。总之，这一支出自庐山是毋庸置疑的。

无际了悟嗣法弟子很多，有说七人，实不止此。其著者有太冈月溪惟澄、楚山绍琦、古庭善坚、宝月潭、雪峰瑞、坏空成、妙峰玄、物外圆信、无为一、德翁淳、无碍鉴、洁空通、不二圆、太虚冲等。月溪惟澄，住持金陵太冈，景泰初年（1450）应诏住持北京广恩寺，皇帝闻法，赐号慈普禅师，三年（1452）敕归。下传太冈夷峰方宁（？—1491）、牛头古心宝（？—1456）、灵隐性天宗杲（1395—1451）、天真毒峰季善（？—1482）、五台孤月净澄、天渊福湛等。天渊传金陵栖霞突空智昇，智昇，后世误作突空智板，创建了著名的临济法派，下传无尽慧海，慧海传碧天清玄、月珠梅、大休宗隆（？—1542）。

夷峰方宁一系流传久远，夷峰方宁—宝芳进—野翁慧晓—无趣如空—无幻性冲—南明慧广—普明妙用—介庵悟进—山铎真在—齐安机云，从无幻性冲开始，使用"性慧（原作'慧性'，误）妙悟，真机全露。广济彻源，符因证果"①之法派，这一派最后有资料可据的一代为晦岳真旭门人嘉兴敬畏韫石全琳、嘉兴在闻全本、镇江帝青全宝，其下肯定仍有传承，只是资料不足。

---

① 《卍新续藏》88册，第559页中。

第二节 楚山绍琦

楚山绍琦（1404—1473）禅师是明代临济宗的高僧，他出自临济宗断桥一系，上承东普，弘法西川，为明代著名禅德。

绍琦，字楚山，号幻叟，唐安人，俗姓雷，永乐二年（1404）生，十年（1412）九岁，从玄极通禅师习出世法。后于普州道林寺师从无际了悟，正统六年（1441），再参无际，得法。七年（1442）于简州师子山灵音寺开法，学者云集。十四年（1449），再次出游。景泰五年（1454），于投子山住持。天顺元年（1457），由匡庐归蜀。成化九年（1473）入灭，寿七十，腊六十一。法嗣二百，著者十六人。

楚山道眼分明，文采出众，禅法义理，皆有可观，尤其对于佛教的心性论，研几穷微，深入浅出，值得重视。据《楚山语录》第一册《楚山和尚住同安投子禅寺语录》卷之一：

> （有缺字）说，乃集众登座，以拂子击香堂一下。良久，召众云："会么？于此会去，犹较（些）子。古人谓：道个直指，早是曲了也。若更说心说性，未免狼藉不少。虽然衲僧门下，固是官不容针，佛祖方便言中，不妨通一线道。夫所谓心者，乃真如自性之心，非妄想缘虑之心也，实万法之总有，群灵之幽府。所谓性者，即自心中本具真空之理，虚灵知觉之性也，非气禀情识之性，实二仪之所祖，三教之元宗。心乃性之灵，性即心之理。心性名殊，其体无异。所谓一而二，二而一者也。盖此心性之体，大包无外，细入无内；周遍圆融，隐显无碍；穷今极古，彻果该因；舍折有无，统括名相；在圣无得，在凡无失；无欠我（无）余，湛然常住。只为当人，无始妄生一念，逐境成迷，由迷而昧，结成虚幻，不能照了，遂没溺于生死海中，随业漂流，升沉无已。是以佛祖兴悲应世，曲设化机，故大觉释尊，舍金轮王位，遁迹雪山，六年苦行，至腊月八夜，目睹明星，忽然悟道，然后回机出世，说法利生四十九年三百余会，顿见（渐）偏圆之□（旨），三乘五教之宗，事无不穷，理无不尽。上（尚）恐群迷，滞

于名相,不达离言之妙,未契本怀,故末后于灵山会上,拈一支花,普示大众。当时人天百万,独迦叶一人破颜微笑。世尊乃云:'吾有正法眼藏,涅槃妙心,付与摩诃迦叶。'此教外别传之宗,始于兹也。由是西天列祖,递代相承,至二十八祖菩提达摩大师,单传心印,来此东土,是名初祖,始云'不立文字,直指人心,见性成佛。'次有二祖神光,立雪断臂,求安心法,于觅心了不可得处,忽然悟入,又云'灵灵不昧,了了常知。'此直指明心见性之说,乃验于斯也。及乎三祖忏罪,四祖求解脱法,五祖言性空故无,六祖谓本无一物,以至南岳磨砖,青原锄斧,擎义(叉)舞笏,架箭抛球,瞬目扬眉,伸拳竖指,三玄五位,棒喝交驰,逆顺卷舒,东涌西没,如此之大机大用者,则直指明心之道,皎如青天白日,昭然无隐。喧(差1)宇宙,照耀古今,而应用无尽也。观夫从上佛祖,当机垂手,勘辨之际,如是施设,如是钳锤,如是机用,究其本怀,不过只要点出当人心眼,扫除生死翳膜,直显此心之妙,俾尽大地人言外知归,直下顿了,彻证心源,妙契真常而已。故云'以心传心,以心印心。离心之外,实无一法可得也。'虽然,未审此心果怎么生明,性怎么生见,毕竟唤那个作本心本性?若言自己四大五蕴是,却成认贼为子;若言目前色空明暗是,何异唤奴作郎!此皆不出根尘二法,情识见解,此谓凡夫常见。若离却个四大、五蕴、色空、明暗、根境之外,端的唤甚么作本心本性?若谓无心可得,未免沉空滞寂,则堕二乘断见。若总不恁么见,则转更没交涉。"

"如是则何所谓明心见性之说耶?幻叟今日不惜口皮,重为诸人露个消息,要明此心么?"竖起手中拂子;"要见此性么?"打一〇。

放下拂子,良久云:"会么?于此会去,则庆快生平。便见此心此性,于物物头头上,全机显露;声色根尘里,触处洞然,直下与个四大、五蕴、色空、明暗、观体混融,了无同异,迥绝去来,物我一如,始终一贯。当处觅一毫是非、动静、去来之相,俱不可得。何内外根尘分别之有乎?以此为明,则尽十方世界,是个大圆宝镜,耀古腾今;以此为见,则山河大地,是个金刚正眼,烛地辉天。到此可谓,毒药醍醐,搅成一味;瓶盘钗钏,镕作一金。信手拈来,更我刹法。此非凡流识情所测，惟上根证悟者方知，故非明明之可明，实非见见之可见。斯即本妙灵心，真空妙□（性），实相体中本具之明见也。岂假揩磨拂拭，托缘藉境，然后而使其明见哉！到这里语言道断，开口即差；心识路穷，拟之则丧。道个明心见性，已是齿冷唇寒；更云直指单传，未免羞惭满面。即今拨开是非名相，拈过语默动静，合作么生荐取？咄！波厮掷出黄金弹，击碎沧溟老蚌珠。"

这段开示是楚山有关心性论的最为集中的描述。首先，他强调心乃真心，性为真性，心为真如自性之心，非是妄想缘虑之心；性乃本心所具真空灵知之性，非是情识气质之性。真心真性本来相即，一体无二，无有分别。心性非大非小，无内无外，超越空间；贯穿今古，该括因果，超越时间。心性周遍含容，具足万法。心性无欠无余，不增不减，圆满无缺。因此，此心性即是真如自性，即是佛性。心性本净，怎奈无始无明，妄生邪念，以此妄念，追逐外境，转觉为迷，昧于本性，造作诸业，流转因果，飘溺苦海，不得解脱。于是大觉世尊，生大悲心，苦行得道，救度众生，种种教义，种种言说，又恐众生执相，故传大迦叶教外别传之宗。

楚山认为，单传直指、明心见性之说，始自达摩慧可。其下历代祖师，皆明其大机大用，以种种方便接引学人，令其得道证果，见性成佛。其如南岳磨砖，教化马祖；青原垂斧，开示石头；秘魔擎叉，道吾舞笏；石巩架箭，雪峰辊球；眉目手足，尽是道具；临济三玄，洞山五位；德山临济，棒喝交驰；神通妙用，东涌西没，这些都是明心见性的手段，成佛作祖的门径。

真心真性本来具足，即是本心本性。本心本性，不是四大五阴，不离四大五阴；不是色空明暗，不离色空明暗。若谓无心可得，则堕二乘断见；若道总不如此，则离真道更远。楚山认为，若要明心见性，须得物我一如，始终一贯，将根尘内外打成一片，至此十方世界，尽成圆镜；山河大地，无非正眼。一味神乳，无有邪正；一月亘空，普映万川。因此，所谓明心，非是有心须明，此心本明，岂有明明可明，须假研磨始明；所谓见性，非是有性待见，此性本见，岂有见见可见，须待发明始见！本心本性，本来明见，不待后天明见，种种施设，只是空拳黄叶。所谓明心见性，也是一场游戏。

楚山先说心性为真心真性，本来具足，又言此心性为无明妄念所覆，造业受报，于是诸佛世尊出世，示以出离之方，单提教外别传一宗，再言中土禅宗初祖二祖立直指明心之法，后世祖师示见性机用。这是依照《大乘起信论》"本觉、不觉、始觉、本始合一"的思路，先示心性本觉，再述因无明而迷失，再言复明之方。楚山要妙，在于体用一如，事理无碍，即事明理，由体显用，本觉始觉，合为一觉；体明用明，同乎一明。最后自说自扫，遂立遂破，何人明心，何心可明，何方为明，何明待方！至此言语道断，心识路穷，除开是非名相，不假语默动静，无用心处，无开口处，无措足处，说什么明心见性！

这些道理，后来楚山晚年在纪念蜀王法会上也曾述及：

> 师云："选佛选官无别理，理明言顺自相当。寒岩昨夜回春梦，顿觉梅梢泄冷香。只个现成公案，今古难藏，拟涉思惟，剑去久矣。万仞崖头撒手，须是其人；千钧（钧）之弩发机，岂为□□（狐鼠）！故诸佛出世盖为一大事因缘，祖师西来只为个一著子。个一著子者何？即一大事因缘也。一大事因缘者又何？乃自心全体之谓也。所谓一者心也，离心之外，了无一法可得。故云："天得一以清，地得一以宁，人得一以真，万物得一以遂生成。"邵子诗云："天向一中分造化，人从心上起经伦。"儒典云："一本万殊，万殊一本。"又云："吾道一以贯之。"所言大者即心之全体也，事者即心之妙用也。大哉心体！广□无际，泛应无穷，寂寂虚灵，含具众理，能应万事者矣。原夫三教圣人，所设门庭虽异，究竟指归，理则一也。当知此法甚深微妙，岂可得而思议哉？故在天同天，天莫能盖；在地同地，地莫能载；在日月与日月同明，而明超日月；在阴阳与阴阳同消长，消长莫能移；在四时与四时同寒暑，寒暑莫能迁；在万物与万物同盛衰，盛衰莫能变。故能生于生，生莫能生；能死于死，死莫能死；能有于有，有不能有；能无于无，无不能无。故能大能小，能卷能舒，能悟能迷，能凡能圣，实万法之本源，乃群灵之幽府。若夫众人得之，则乃灵于万物，具乎五常；士大夫得之，乃能修身、齐家、治国、平天下；宰辅得之，则

能□（燮）理阴阳，调□补□；王侯得之，则乃分茅列土，藩屏圣明；圣天子得之，奄有四海，协和万邦；若夫阿罗汉得之，具五神通，位登四果；辟支迦得之，出无佛世，度有缘人；诸菩萨得之，行愿□（俱）资，智悲齐运；佛世尊得之，万行圆融，十身满证。至哉此法！无一理而不统，无一事而不该，物物全彰，头头显露，尘尘叶妙，法法归源。故我大觉释尊，为此□（一）大事因缘故，与悲愿力，出现世间，于无生中示生，无相中现相，始从兜率内院，降神摩耶腹中，十月满□，左肋降生，一生下地，便能启家创业，现大人相，周行七步，目顾四方，一手指天，一手指地，云'天上天下，唯吾独尊！'当此辟初之际，将个一大事因缘，已是七花八裂、□（天）机漏泄了也。洎乎后来出世，曲尽化机，巧设多种方便，演出百千三昧，有空性相之旨、顿慚（当为"渐"）偏圆之宗，大小三乘，十二分教，复将此一大事因缘，重重指注，揭尽玄微，末梢于灵山会上，拈一枝花，普示大众，唯迦叶一人破颜微笑，世尊乃云：'吾有正法眼藏，涅槃妙心，付与摩诃大迦叶尊者。'此所谓妙契离言之旨。自是双林入灭之后，祖师达摩西来，不立文字，直指人心，见性成佛，谓之教外别传。又乃和盘掇转，透底掀开，斯一大事因缘，至此昭然而无隐矣。至如德山临济，棒喝交驰，仰山扒出枕头，龙潭吹灭纸烛，秘魔擎叉（叉），道吾舞笏，俱胝竖指，长庆卷□（帘），□雪峰辊□（球），禾山打鼓，乃至纵横逆顺、杀活卷舒、正按旁敲、横拈倒用，如是展演，如是提唱，尽其机用，亦不过只要发明此一大事因缘也。

这段文字与前引大意无别，不过略有不同，一是强调一大事因缘便指一心，二是指出儒道所说"一"也是指一心，在世出世都不能暂离，结合三教来讲一心之体用，使之意义更加丰富。楚山还道佛祖相传便是传心，充分体现了禅宗重视心法的特色。

楚山还以禅摄净，强调"佛者，觉也，觉即当人之自心，心即本来之佛性。是故念佛者，乃念自心之佛，不假外面驰求"（《示月庭居士》）。念佛须"从有念而至无念，因无念而证无心。无心之心，始是真心；无念之念，方名正念；无佛之佛，可谓无量寿佛者矣。"（同上）如此将净土的念佛变成一种参禅法门，也坚持了道信以来无念念佛的传统。

楚山还著有《无相说》，强调"真心无心，实相无相。无相乃相之宗，无心即心之祖。心相名殊，其体不二"，将心相打成一片，又谓"心外无佛，佛外无心。心者佛之囊廓，佛者心之发用"，将心佛合为一体。如此楚山将心性说成包容一切而又超越一切的至上者，可以说是一个完全的"唯心主义"者，然而此心同样具足一切物，是物物而不物于物者。

第三节 德山翠峰

楚山绍琦（1404—1473）是明代著名禅师，他得无际了悟（1381—1446）之衣钵，大振临济宗风，门下英才辈出，得法如林。有关楚山事迹，已有不少的研究成果，但也还有一些疑点需要澄清，如楚山是否到过伏牛山、楚山与德山翠峰的关系等。

从现存的资料来看，没有楚山到过河南伏牛山的直接记录。然而清乾隆年间蒋超所修《峨嵋山志》却有这样一段记载：

> 千佛庵即洪椿坪，伏牛山楚山和尚开建，德心大师重修，梵宇精洁，结构弘敞，常有千人。此地曲折幽雅，最为隐僻矣。①

据此，峨嵋山洪椿坪的开创者为"伏牛山楚山"，此伏牛山楚山究竟为何人，他与通常所说的楚山绍琦是否为同一人，就成为学者争论的一个话题。向世山先生指出：

> 翻翻僧传，四川佛教史上出名的楚山和尚就是这个天成山楚山绍琦。在天顺、成化年间，声名已隆，又得官士民的追捧，去峨眉山创建一庵或一庙，完全有这个可能。特别是楚山绍琦于成化五年（1469）退院后，有充足的时间可以出外暂住。但是，蒋超明确说明洪椿坪开建僧人是伏牛山楚山禅师。众所周知，伏牛山是河南的名山，说明这

---

① 《峨嵋山志》卷三。

个楚山和尚是个游方和尚。外地僧留止峨眉山建寺筑庵铸像造塔植树凿路引水铺桥或修行诵经安心念咒坐禅打坐,史载不绝。而石经寺楚山与伏牛山没有任何瓜葛,因此,在没有新的史料发现以前,把"伏牛楚山"、"天成楚山"看成是两个僧人是更加合理的选择。①

依照这一说法,伏牛山楚山和天成楚山(绍绮)是两个人,虽然皆号楚山,都在四川弘法,但天成楚山没有到过伏牛山,不应该称为"伏牛山楚山",而且有资料说伏牛山楚山开创洪椿坪是在明洪武年间,在时代上亦与楚山不相符。

黄夏年先生对此不加赞同,他的结论是:

> 根据楚山曾经是无际的弟子,他本人又到全国各地参学的经历,不能排除楚山有可能到过伏牛山,他回四川之后,就有了'伏牛楚山'的另一个名字。"②

这一说法应当是有道理的。但这只是他的初步研究,后来他又找到了新的证据:

"伏牛楚山"与"天成楚山"是一人还是二人,成为楚山绍琦禅师生平的一个谜,为学者所惑。2007年4月26日至29日,在嵩县召开了"伏牛山云岩寺佛教文化研讨会",河南省古建研究所张建伟先生提供的《明清时期伏牛山龙池曼佛教寺院建筑盛衰原因探析》一文后面附有万历十七年立石的伏牛山《重修伏牛山红椿寺记》碑文,载"然所谓伏牛者何?辟支隐居,野牛阻路,自在和尚降之,名斯著耳。详载禅乘,无容赘论。论其显者,山之寺,环云岩,辖□百五十余区。宝刹霞张,纳流云聚。世宗时,荆壁和尚修之,印空和尚复修之。既□□□额,山额炳烺辉煌,诸天媲美。存历年所,剥落倾颓,是不可无精行者出于其间增饰之也。乃慈舟上人以

---

① 向世山《楚山禅师是否去过峨嵋山》。
② 《伏牛山佛教历史文化与发展分析报告》,河南省嵩县佛教协会、河南省嵩县旅游开发公司2007年4月版,第19页。

中贵披剃，栖迹伏牛，几星霜矣。企/荆壁踵印空，殚心肆力，大振宗风，润色招提，尽复当年之胜。伙同忝□□□□三大士天王祖师诸殿，兰若精舍，广石垣，周密巍峨，抑有大过焉者，岂偶致哉。"由兹可见，当时伏牛山的中心是云岩寺，这是唐马祖道一的弟子伏牛自在禅师开山的寺院，现在已经发掘到"唐自在禅师开山祖师碑"一块可以证明。根据《重修伏牛山红椿寺记》碑文的描述，可以看出，山上的寺院皆以云岩寺为中心，环绕而立，达到了150余所，并且在明世宗嘉靖朝时最为鼎盛，而红椿寺仅为众寺其中之一。碑文指出，红椿寺是"荆壁和尚修之。印空和尚复修之。""荆壁和尚"就是楚山绍琦禅师，他开凿了红椿寺，因此被记载下来，所以楚山禅师到过伏牛山是确凿无疑的事情了。①

如此这段公案似乎可以告一段落了，然而问题并没有这么简单，因为对这段碑文的解读还存在争议。碑文明言"世宗时，荆壁和尚修之，印空和尚复修之"，表明荆壁与印空修建红椿寺是在明世宗嘉靖年间（1522—1566），这就足以排除楚山绍绮建红椿寺、"荆壁和尚"就是楚山绍绮之结论，因为楚山绍绮早就于明宪宗成化九年（1473）入灭了。因此，"荆壁和尚"肯定另有其人，不是楚山。那么他到底是谁呢？此"荆壁"就是德山翠峰，是楚山"荆壁"的师侄。红椿寺碑现存两通，一是万历十七年的《重修伏牛山红椿寺记》，二是万历三十六年的《重修红椿寺记》。黄夏年只看过前碑，未见后碑。据张建伟先生提供的照片，《重修红椿寺记》中有"法讳德山，号翠峰，'荆壁'其别（号）"之句（所见照片不全，未得全碑），这就非常清楚了，此"荆壁"非彼"荆壁"，而是指德山翠峰，也是印空的师傅。又据李景《重修古刹延寿寺十方诸佛宝塔碑铭》②，中有"禅师法讳德山，号翠峰，荆壁老人其别号也"之句，这就更加清楚了。

据《补续高僧传》卷十六：

> 德山，号翠峰，关陕西夏人。幼质朴，深慕禅悦。年三十始出俗，从灵南牛首寺海公为弟子。束戒缚禅，日积月磨，渐有契会。海公就

---

① 黄夏年《楚山绍绮到过河南伏牛山》。
② 此碑文由北京图书馆王红蕾博士提供。

化，师得以自便，因遍参丛席，足迹殆半天下。虽历诸禅老钳椎，而碍膺之物终未脱然。偶遇古峰上人，悯师为道之勤，劝见宝月潭公。潭公，为时大禅伯，声光显著。一见相契，遂示以法要。且曰："子期心固远，然终欠一番彻骨在。必过此一番，死中发活，始可面目向人，出言吐气，皆有著落。不然徒使伎俩，了没交涉也。"师闻忽醒，即日辞去，入伏牛山。傍崖结茆，日食麸糠草根，不知身为何物。如是六年，而豁然融贯。瓣香为潭公嗣，不忘所本也。自是远近奔赴，法席大张，相从者动以千计。以众盛故魔起，浮言上闻，天威震怒。众皆为师危之，或劝师暂避，不从。安坐丈室，略无惧色，而卒亦无他。此在都门吉祥寺时事也。既而舍众归伏牛，而众终不舍师，故伏牛之众，视吉祥为尤盛。说法三十余年，度人不可称记。一旦谓众曰："归欤，归欤，吾北人。归化首丘，吾之愿也。"遂还京，居延寿。延寿在吉祥东，师所创也。未几而寂，年八十有一。弟子奉全身瘗于寺普同塔之后。师梵貌颀伟，观视凝定，喜怒不形于色，有容人之德。学子不谕其意，师谆谆为教，必使达之而后已。持身甚约，所蓄无长物，得檀施辄缘手尽，以广二田，若于己无与焉者。有为师赞者曰："有风斯清，有月斯明。猗欤翠峰，玉振金声。"师实录，当之无愧。①

据此，德山初从灵南（《五灯全书》卷五十九作"云南"）牛首寺海公受学，海公事迹不详，只知其住南京牛首寺，大抵以戒禅双修为本。海公卒后，他遍参知识，遇古峰上人，古峰见其求道心切，便令之往参宝月潭公，潭公为无际了悟门人，乃当时禅门大家。德山从之有省，但未得究竟，潭公令其下苦功，谓不得一番寒彻骨，何来梅花扑鼻香，只有死中得活，才能真正悟道。于是德山领旨，独自到伏牛山苦行六年，终得豁然融贯。于是拈香遥礼，自认为潭公之嗣，示不忘本。德山后住京师吉祥寺，因为参学极多，门庭鼎盛，随有浮言，道其欲为不轨，结果上闻朝廷，皇帝震怒。众人皆劝其避祸，德山安坐丈室，举止如常，终亦无事。此后德山再赴伏牛，在那里弘法三十余年。晚年有首丘之愿，归京师，不久卒于延

---

① 《续藏经》77 册，第 483 页上中。

寿寺。

僧传未明述德山生卒年，故有缺憾。又据王红蕾博士所提供的资料：

明故翠峰禅师碑文

赐进士第兵科都给事中陕右古灵近河俞撰

禅师吴姓，法名"德山"，"翠峰"其别号也，关陕西夏人。幼而质朴，长慕禅门，年三十，遂弃尘缘出家，礼灵南牛首寺海公和尚为师，守五戒，誓四愿，日积月磨，渐有领悟。未几而海公西化，师曰："释门法教，海阔无涯，彼岸未登，可遽已乎？"因遍游天下名（山），历访高僧，始遍证因缘于古峰，继受传心印于月天，禅门宗旨，颇得顿悟。乃入河南伏牛山励志苦修，日饭麸糠，菜根一食，为法忌躯，越六年而证果有成。师曰："佛者，觉也。已觉而不以觉人，非慈悲也。"由是北游神京，相地于崇文门外二里许，建寺吉祥，阐扬正法，以振聋□，当时闻教而景从者以千数，虽高明之士亦往叩其玄而服其说。第物盈□起，法盛魔生，浮言上闻，天威震赫。众皆为师危之，劝暂潜避。师稳坐蒲团，略无惧色，无妄之灾，纵击撞数月，而卒亦无事。乃辍讲归伏牛山，大建坛场，广演法教，受度者视昔愈倍，领悟者视昔愈多。时师年已七十矣，一旦谓众僧曰："归与，归与，吾北人也。归化首丘，吾之愿也。"遂辞众还京，仍于吉祥东买香火地七余顷建寺，以"延寿"名额。且演教有堂，参禅有室，养老有斋，普通有塔，比视吉祥、伏牛旧寺，地之广狭虽不同，而规制森严则一也。师度□□员甚广，而圆月其尤也，见为长老住持；师度功德主甚广，而内相李昕为首也，建寺之力居多。然寺功甫毕，师生成化四年十一月十二日，沐浴归化于嘉靖二十八年二月十一日，得寿八十有一。卜葬于普通塔后数丈余。锦衣户侯王君应隆亦夏人也，曾受师度，以事属予，予亦夏人也，宦游适逢其会，因言曰："儒、释异教也，释非儒所言也，然儒道广大如天也，释氏得其一者也，凡理所在，儒亦不容默也。尝观释氏法门大要，以无念为宗，以无相为体，以无住为本，此上乘也。若执有者泥相，迷无者落空，皆其下也，况日用而不知者，何纷纷耶？"师三十出家，日生顿悟，天资发迹与六祖同也；他如淡薄日甘，六根定也；累劫不惧，四大空也；南北阐教，功施□也。释门上乘，予固不敢以深许，要师□□旨归，亦得明心见性，不失六祖相传法门之正宗也。意使继之者守师之□，□师之心，自一世递百世，绵绵延延，师教岂有穷乎？铭曰：

翠峰之生，黄河之灵。翠峰之名，贺兰其凭。披剃牛山，五蕴皆空。苦修伏牛，百炼真精。否泰□□，宠辱不惊。南北阐教，玉振金声。猗欤翠峰，有风斯清，有月斯明。欹欤翠峰，磐石斯铭，沧□□□。

嘉靖二十九年岁次庚戌孟夏吉日立。①

这是有关翠峰的最原始和最可靠的资料，据此，翠峰生于成化四年（1468），卒于嘉靖二十八年（1549）。依此碑，翠峰在受古峰上人启发后，不是得法于宝月潭，而是继心印于月天。宝月潭为无际了悟门人，翠峰得法乃在三十多岁后，宝月潭未必能活到这个时候。据《径石滴乳集》卷二《八峰宝月潭禅师》：

成化间，一日挝鼓上堂："化缘已毕，大地山河绝消息。黄金殿上无知音，免教诸人空狼藉。"便化。②

若然，则宝月潭早在宪宗成化年间（1465—1487）便入灭了，不会活到孝宗弘治十年（1497）之后。此月天应为伏牛月天，乃宝月潭弟子。

据《补续高僧传》卷十九《月天传》：

月天，未详何许人，目双瞖。天顺末年，从一行童游方。至叶县平顶山西，忽据地坐曰："此可结庵。"土人异之，共施材为结一庵居焉。久之，发言辄应，事皆前知，远近施助无虚日。遂营梵刹，兴工得古基，盖前代废寺也。凡施将至，必预告其徒曰：某人来，施某物。已而果然。尝口占诗句，令僧行书之读之，甚有理致。年八十余，预

---

① 此碑文由王红蕾博士提供，标点有所改动。
② 《卍新续藏》67 册，第 522 页下。

言化期而终。今县北黄栋村云潮寺，即月天所建，骨塔在其傍。①

此月天有可能是伏牛月天，他曾活动在河南叶县平顶山，此去伏牛山不远，他活动在天顺末年（1464）后，与伏牛月天时代相当。此外，宝月潭的另外一个弟子无用文全也曾参之。

据《续灯存稿》卷九《槎山无用禅师》：

> 凤阳府槎山护国无用文全禅师，济南商河刘氏子。年十九投灵岩祝发，初见月天，蒙示法要。次参别传，有省入。……复往金山谒无极，嘱师见宝月。②

如此文全是先见月天，次参别传③，再参金山无极，最后谒宝月潭。可见月天在宝月潭门下是资格较老的门人。

德山有弟子印空，据《补续高僧传》卷十六：

> 圆月，字印空，姓熊，京师人。入翠峰之室，栖伏牛山。久之有得，性光显露。辟道场开法，学子麇至，声闻九重。被命于庆善戒坛，为受戒者宗师。④

印空为德山得力弟子，并在德山之后继主红椿，广其规模。《重修红椿寺记》亦有"印空恪守宗风，广兴禅舍"之句。这表明红椿寺在印空住持之时又加重修，更加兴盛。

据曾朝节《重修延寿寺记》⑤，"万历戊寅，印空禅师隐逝"，如此印空灭化于万历六年（1578）。圆月印空是德山最重要的门人，继其主持延寿

---

① 《卍新续藏》77 册，第 506 页中。
② 《卍新续藏》84 册，第 762 页上。
③ 《补续高僧传》卷十九有《别传老人传》，此别传法名慧宗，字别传，然其活动于嘉靖隆庆间，当为后世之别传。
④ 《卍新续藏》77 册，第 483 页中。
⑤ 碑文由王红蕾博士提供。

寺，并付法于慈舟明海。

据《憨山老人梦游集》卷二十二《住京都吉祥院无极信禅师道行法原碑记》：

> 无极禅师者，临济二十六代孙也。讳明信，顺德沙河宋氏子。年八岁，父母即舍出家，礼郡之天宁深公为师。稍长，以生死为忧。年十三，即请本师以行脚事。往牛山，入大火聚，精勤刻苦，日夜煅炼者二十余年。尘劳虽觉蹔谢，然未有所悟入。因觐省，归至郡之西山上栈坪，迥绝人迹。潜居六载，一食朝昏，诸念顿息。顷之，即参诸方知识。北走京师，登坛受具。复隐银山之中峰，避影三载，日以橡栗为食，专注禅观。时忽心境皆空，根尘顿脱，豁然开悟，自觉当体无依。翠峰大和尚，据临济正令，开法于都门。师往求印证，机缘契合。寻即谢隐京西之金山吉祥禅院，以长养为怀。坚持孤硬，澹然若无所寓，纳衣糗食，二十余年。内府太监张公暹辈闻而谒之，捐金重新梵宇，诸方学者日益进。居无何，师念家山寥落，有归欤之叹。杖策西游祖塔，以谢度脱。是时二三耆宿进曰："惟我虚照祖翁，远承曹洞正脉。其字派曰：洪子有可，福缘善庆，定慧圆明，永宗觉性。今将巳矣，师何以续之？"师因说偈曰："智能广达，妙用无方，蕴空实际，祖道崇香。"诸弟子唯唯志之。未几寻归吉祥，灭影人世，接纳四来，道风日益大振。一日无恙，召众说偈，安然危坐而逝，万历二年二月七日也。世寿六十有三，法腊三十有奇。[①]

如此无极明信（1512—1574）也是德山翠峰的弟子。他早年礼天宁深公，嘉靖三年（1524）十三岁时辞别本师，到伏牛山，苦行二十余年。嘉靖二十三年（1544）以后，归本郡，在西山隐居六载。其后遍参知识，大约在嘉靖二十八年（1549）时来到京城受具，并往翠峰大和尚处以求印证。不久，住京西金山吉祥禅院，在那里隐居二十余年，内府太监张暹为之重修梵宇。万历二年（1574）于吉祥示灭。

---

① 《卍新续藏》73 册，第 622 页中。

无极明信住在翠峰早年住止的吉祥禅院，在那里栖隐二十余年，得到太监张暹的崇奉，重修寺宇，其时已至万历元年（1573）。后来明信自知时近，乃西游礼祖塔，以谢师恩，不久归吉祥示化，时在万历二年（1574）。

翠峰虽然为楚山一系后辈，但他显然是不可能和楚山相见的，因为他六岁时楚山已经入灭了。虽然现在没有楚山绍绮为红椿寺开创者的证据，但也不能由此断定他从来没到过伏牛山。

黄夏年指出：

> 红椿寺的创建应是在楚山禅师第二次出川时间，这次他出去时间不长，只有五年的时间，所以红椿寺的建造是在正统十四年（1449）到景泰五年（1454）之内完成的。楚山禅师第二次出川曾经到过湖北，伏牛山是湖北、陕西、河南三省交界的地区，经湖北襄樊到南阳，再到嵩县，就进入了伏牛山地区。这里也是一支古代从华东到北方地区的一条商业贸易通道，从元代起就一直是通往北方地区的重要渠道。①

虽然楚山为红椿寺的开创者缺乏证据，但也不能说他和红椿寺毫无关系，更不能否认他到过伏牛山。楚山到伏牛山是完全可能的，因为当时伏牛山为佛教名山。楚山之师无际了悟曾经到河洛地区的大乘山寻访独空通禅师，而独空则于明洪武二十四年（1391）居伏牛山云岩寺，并加葺理，因此无际也很可能到过伏牛山。② 无际门下，有伏牛无碍鉴、伏牛物外圆信（1429—1491后），两大弟子均住伏牛山，这表明无际一系与伏牛山关系密切。楚山在湖北之时，顺道到伏牛山参访同门是非常合理的。

正是由于楚山绍绮曾经到过伏牛山，后世才有资料称之为"伏牛山楚山"。楚山与德山未曾谋面，却又有千丝万缕的联系，耐人寻味。伏牛山楚山，峨嵋洪椿坪，荆璧禅师，伏牛山德山，红椿寺，别号荆璧，将这些关键词联系起来，不由不做一番联想，提出一个假说：

楚山第二次出川，经湖北到达伏牛山，寻访无碍鉴和物外圆信等同门，

---

① 黄夏年：《楚山绍绮到过河南伏牛山》。

② 同上。

其间到红椿寺一带坐禅，见有红椿如围，印象深刻，后归蜀，一时到峨嵋山千佛庵，见其山势颇似伏牛，又见大椿数颗，亦如旧遇，故改称洪椿坪。数十年后，德山到伏牛山苦行，于红椿寺一带坐禅，闻有故老言，此地旧有荆璧禅师，在此头陀庵居，颇著异迹，后为大禅伯，天下闻名。德山乃忆先师所言，知有前辈名绍绮，号荆璧，曾到伏牛。德山在此修行，颇得受用，故亦号"荆璧"，在此开辟建寺，号红椿寺，以与故"荆璧"开创相应。

此外，相传峨嵋山洪椿坪由伏牛山楚山开辟，德心重修。此德心亦有可能为德山之误，"心"与"山"形近，容易相混。德山在牛首海公卒后，"遍参丛席，足迹殆半天下"，这段时间很可能到过峨嵋，也有可能是在住锡伏牛之时。或许德山到峨嵋山洪椿坪，得知此地经伏牛山楚山荆璧禅师开辟，经数十年，有所坏剥，乃发心重建。不过这一假说是否成立不好定论，因为据说锐锋为德心法嗣，而德山后辈未闻有名锐锋者。

总之，楚山与德山虽然未曾谋面，却有许多因缘相牵，二人同一法系，同一法号，皆与伏牛有缘，同和红（洪）椿相关，其间委曲，尚待深入探究。

第四节　憨山德清

憨山德清（1546—1623）为晚明四大高僧之一，在中国佛教史和禅宗史上有很大的影响。德清的师承属于临济宗杨岐派，有人称其宗系不明，实属误解。

无际了悟下传庆善潭，潭传无用文全、大慧觉华、伏牛月天、天宁默堂宣，宣传吉庵祚、径山天才英，吉庵传天宁法舟道济（1487—1560），道济下传云谷法会（1501—1575）、冬溪方泽、如渊、大芹等，法会传德清、真印。

据《憨山老人梦游集》卷五十四《憨山老人自序年谱实录》等，德清，号憨山，金陵全椒县人，姓蔡氏，父名彦高。母洪氏，爱奉观音大士。初梦大士携童子入门，接而抱之，遂有娠。及诞，白衣重胞。嘉靖二十五年（1546）十月己亥十二日丙申生。

自幼信向佛乘，九岁诵《观音经》，三十六年（1557）十二岁闻报恩寺西林大和尚永宁（1482—1564）之名，从之习佛。四十二年（1563）十九岁，参栖霞云谷法会，从祖翁西林披剃，从无极守愚大师受具。四十三年（1564）二十岁，师翁西林永宁入灭，寿八十三，云谷法会于天界建禅期，集名德五十三人，开坐禅法门，往参之。是年与妙峰福登（1540—1612）、雪浪洪恩（1545—1607）结交。隆庆五年（1571），与雪浪洪恩游庐山，至青原。六年（1572）二十七岁至京城，参遍融大师、笑岩德宝。万历元年（1573），二十八岁，游五台山，北台有憨山，故以为号。二年（1574）归京城，至少林，参大千润，未遇，又至山阴，见伏牛山法光禅师。三年（1575），与妙峰再入五台，一日入定，不见身心，惟有一大光明藏，山河大地，影现其中，出定之后，不知几日，釜已生尘。四年（1576），莲池大师袾宏来访，相谈甚契。性空觉门人庐山彻空通禅师来，与之同修。七年（1579），京城慈圣李太后建大圣慈寺，为之调护，完工。九年（1581），于五台山建无遮大会，为祈皇嗣，十年（1582）皇子诞生，即光宗。在一台山前后八年。

十一年（1583），隐居东海牢山（崂山）。十二年（1584），以五台祈子有功，李太后命赏赐大方、妙峰、德清三人，赐憨山三千金建寺，师转以赈灾济饥。十四年（1586），太后赐藏经一部与海印寺，入京谢恩。岁末达观禅师来访，相交两旬。十五年（1587），门人福善出家，为侍者。十七年（1589），为南京报恩寺请大藏一部，归乡见父母。二十年（1592），入京，见上方达观。二十二年（1594），入京，说戒慈寿寺。

憨山大师颇与海国有缘，始居东海崂山十二年，探山南深处，背负众山、面朝大海之奇绝胜地结茅安居，建海印寺，使彼外道盛行之处，渐知三宝，弥离车地，信向佛乘。又因东海阐化，得罪黄冠，遣戍雷州，光流南海。

二十三年（1595），因皇帝对太后信佛用度过多而不满，受其牵连，下狱八月，后以私自建寺为罪名，流放雷州。

据《憨山老人梦游集》卷五十四《憨山老人自序年谱实录》下：

（万历二十四年春）抵五羊，囚服见大将军。将军为释缚，款斋食。寓海珠寺。大参周海门公，率门生数十人过访。坐闲，周公举"通乎昼夜之道而知"发问，众中有一称老道长者答云："人人知觉，日闲应事时是如此知，夜闲做梦时亦是此知。故曰通乎昼夜之道而知。"周公云："大众也都是这等说，我心中未必然。"乃问予曰："老禅师请见教。"予曰："此语出何典?"公曰："《易》之系辞。"公连念几句，予曰："此圣人指示人，要悟不属生死的一著。"周公击节曰："直是老禅师指示亲切。"众皆罔然，再问，周公曰："死生者，昼夜之道也。通昼夜，则不属昼夜耳。"一座叹服。先是诸护法者，以书通制府大司马陈公，遣邮符津济。三月十日抵雷州，著伍，寓城西之古寺。夏四月一日，即开手注《楞伽》。时岁大饥，疫疠横发，经年不雨，死伤不可言。予如坐尸陀林中，以法力加持，晏然也。时旱，井水枯涸，唯善侍者相从，每夜半，候得水一罐，以充一日。饥夫视之，得一滴，如天甘露也。城之内外，积骸暴露。秋七月，予与孝廉柯时复，劝众收拾，埋掩骶骼以万计。乃作济度道场，天即大雨，平地水三尺，自此厉气解。八月，镇府檄还五羊，宇演武场，时往来。作《从军诗》二十首。①

憨山由于无意间介入了神宗皇帝与太后之争，被贬雷州，因而路过广州南海。万历二十四年（1596）春二月末，他到达广州，寓居海珠，与海门周汝登（1547—1629）大参有往来。

三月到雷州，八月回广州，在海南雷州谪居不足半年，寓城西古寺，注《楞伽经》。雷州大旱，疾疫横发，积尸遍地，大师劝众掩埋，为作济度道场。至诚动天，大雨倾盆，于是旱灾疠气顿解，生民得苏。

回广州后，居演武场。豫章丁右武大参谪居广州，与憨山为莫逆之交。二十五年（1597）春正月，广州死伤很多，骸骨露野，憨山令人埋葬，数以千计，又建普济道场七昼夜，"先是粤人不知佛，自此禽然知归"。可知当时南海佛教已经相当衰败。同年四月，作《楞伽笔记》，又为信佛而不明佛理之士子著《中庸直指》。时大司马军门陈如冈敬之，称其为"僧中麟

---

① 《卍新续藏》73 册，第 841 页上。

凤",自是时人知僧为重,不敢轻视。其时粤之士人向不知佛,海门周公传阳明学,门下人才众多,有龙璋、王安舜、冯昌历三人同归憨山门下,因此前来归依者越来越多,士子始知有佛法僧三宝。

又据《憨山老人梦游集》卷五十四:

> 每忆达师许经之愿,其夏始构禅堂于垒壁闲,将拟大慧冠巾说法,乃集远来法侣,并法性寺菩提树下诸弟子通岸、超逸、通炯等数十人,诵《法华经》,为众讲之。至《现宝塔品》,恍悟佛意,要指娑婆人人目前即华藏也。然须三变者,特为劣根,渐示一班耳。古人以后六品率为流通,亦未见佛意耳。遂著《法华击节》。①

万历二十六年(1598)夏,憨山忆起达观真可大师讲经之愿,便构筑禅堂,并且效法大慧宗杲儒服说法,在法性寺菩提树下,与门人通岸、超逸、通炯等数十人,一起诵《法华经》,为众人讲解。讲到《现宝塔品》,始悟人人目前便是华藏世界,不必外求,所谓三变,只是为了让劣根之人渐渐明白,故一时方便显现。古人把《法华经》后六品都作为"流通分",是不大准确的,因此憨山又作《法华击节》。通炯等三人是光孝寺的僧人,又是憨山弟子,他们是憨山在岭南传法的得力助手和传人。

憨山在广州停留四五年,直到二十八年(1600)秋才北上到韶州南华寺。其间还极力扭转粤俗好杀、遇中元节便杀生祭祖的陋习,与地方官和士大夫密切来往,使之信敬三宝、归依佛法。虽然时间不长,他却做了很多事,移风易俗,安定一方,广交士子,著书立说,对于岭南佛教的复兴做出了重大贡献。

憨山还为广州培养了一批出色的佛教人才,其中通炯、超逸最为出众。憨山自道"初予至粤时,法性弟子,相从者数十。久之渐零落,唯通炯、超逸,风波患难,疾病相从,未离左右。今将行,皆不舍,愿从之"②。憨山在庐山时,以通炯为首座,对之十分器重,后来南归南华,留其领众,

---

① 《卍新续藏》73册,第841页中。
② 同上书,第844页上。

临终之时，又三次致书令其南下，并反复提撕教诲。

据《光孝寺志》卷六，寄庵大师，法名通炯，字若惺，南海西樵人，俗姓陆，父进、母徐氏，皆持素信佛，母梦一僧径入其家，故有娠，生于万历六年戊寅（1578）十月七日，七岁随父游白云、蒲涧，有为僧之念，十一岁从光孝寺静文艺公，十七岁剃发出家，二载父师相继离世。二十四年（1596）听憨山说法，受沙弥戒，后迎憨山住光孝寺椒园，经其启发，豁然大悟。园中忽生金莲华一朵，憨山大喜，称为优昙花，作文记之，居士王性父、冯文孺等结昙花社，请憨山讲《四十二章经》。是年冬，其母去世，为诵《金刚经》，愿得往生。二十八年（1600），课诵《华严经》，与通志、超逸等八人讲经，其年秋，随憨山到曹溪。三十年（1602）奉命到杭州从云栖袾宏受具，间游普陀，感大士放光。又到游姑苏、荆楚等地。四十六年（1618）到庐山，为首座。天启三年（1623）憨山入灭后，回到诃林，一心兴复，赎回本寺为人所占之地。天启六年（1626），众请为光孝住持。崇祯八年（1635），又到仁化。不久闻超逸入灭，乃返光孝。十二年（1639）捐资建普同塔。通炯卒年不详，可能活到明末。他记录并收藏《憨山大师自序年谱实录》手稿，后来交由门人海幢寺今照、今光，钱谦益编辑憨山全集时，将此收录入编。通炯有《寄庵遗集》，惜不存于世。

通炯有同学通岸，字觉道，又字智海，南海人，为憨山大师书记，后居诃林，与陈子壮等唱和，结诃林净社、南国诗社，为明末诗僧，有《栖云庵集》。[①]

德清属于临济宗，为云谷法会门人，但他本人并无太强的宗派意识，而是以复兴全体佛法为己任。他在广州时间不算太长，却在此撒下了一批智慧种子，拉开了岭南佛教振兴的序幕。后来又恢复曹溪祖庭，重振六祖道场，并利用与慈圣太后及内庭宦官的特殊关系，说服开采使李公，约束采珠船千艘，免其纵横海上，为民之害，又减罢开矿负担，使得岭南山海地方，皆得安宁，世法佛法，并为重兴。

憨山在南华，一意复兴祖庭。三十一年（1603），达观大师紫柏真可在京城受妖书案牵连，入狱灭度。三十二年（1604），有命重归雷州戍所。三

[①] 参见《冼玉清文集》，中山大学出版社1995年版，第498页。

十三年（1605），重回曹溪。三十四年（1606）因皇长孙降生，皇恩大赦。三十五年（1606），脱罪，安置曹溪。三十八年（1609），受旧僧诬陷，辞职，于端州鼎湖山及广州长春庵养疾二年。四十一年（1613）离粤北上，至湖南。四十二年（1614），李太后去世，为建报恩道场，有旨灵前剃度，还为僧人。四十四年（1616）七十一岁，欲往径山吊念真可，路经九峰，礼无念胜有之塔，登庐山，吊故友彻空禅师，十一月至径山，主持真可荼毗佛事。四十五年（1617），游吴门，巢松、一雨请游花山天池，归庐山，寓居归宗。泰昌元年（1620），曹溪门人，欲请归，以疾谢之。二年（1621），曹溪道俗多次力请，乃南下归山。三年（1622）入灭，寿七十八。

第十七章　雪岩祖钦及其法系

第一节　雪岩祖钦

雪岩祖钦禅师为无准师范门人，下出高峰原妙等，成为临济宗流传最久远的一系，其生平事迹，尚有未详之处，需要探讨。

首先是其生年，诸书皆称未详。陈垣《释氏疑年录》卷九引《续灯存稿》四，唯称至元二十四年（1287）卒，年七十余。[①] 杨曾文先生亦言"祖钦（约1218—1287）"[②]。这些说法大致不错，但稍欠准确。

据《雪岩祖钦禅师语录》卷一：

　　上堂：集云峰头独立，仰祝圣寿无极，百千甲子春秋；臣僧今日七十，乙酉正月初一。[③]

这是至元二十二年（1285）乙酉元旦雪岩在仰山上堂说法，先祝皇帝圣寿，顺便自道年龄。如此可知雪岩生于宋嘉定九年（1216）丙子（可能就在正月初一），其于至元二十四年（1287）丁亥入灭，世龄七十二。

据《雪岩祖钦禅师语录》卷四：

　　原妙侍者请　（高峰）
　　上大今已无人，雪岩可知礼也。虚名塞破乾坤，分付原妙侍者。[④]

[①] 《释氏疑年录》，中华书局1964年版，第298页。
[②] 《宋元禅宗史》，中国社会科学出版社2006年版，第606页。
[③] 《卍新续藏》70册，第604页中。
[④] 同上书，第641页下。

此一赞语，据《千岩和尚语录》卷一，"又寄竹篦与高峰老祖，偈云：上大今已无人，雪岩可知礼也。一条黑漆竹篦，分付原妙侍者。"① 文句微有不同，大意无别。后世诸书都认为是雪岩临终付与高峰的付法偈，此中借用"上大人，孔乙己，化三千，七十二，尔小生，八九子，佳作仁，可知礼也。"描红字帖的说法，首句实际暗示自己行将迁化（无人），次句是说自己终年七十二（七十二原指孔门弟子之贤者，八九也是此数）。这一偈语体现了禅者临终的潇洒与诙谐。

据《雪岩祖钦禅师语录》卷二：

> 今夏一众，老成亦多，英俊不少，半是擎头戴角，半是伏爪藏牙，必欲与生死二字讨个明白。是故诸路乡头力到侍者寮陈请，必欲老僧为众告香。我心里道：今年七十，老不以筋力为能，成龙者从他上天，成蛇者从他窜草。而况老僧无禅无道，无见无闻，生平不事方册，又无记持，说个什么即得。只有个狗子无佛性话，扬下粪扫堆头四十余年了也，只得拈出布施诸人，从教西咬东咬，横嚼竖嚼，忽然失口咬碎，直得山河大地、森罗万象尽底平沉，一大藏教五千四十八卷、一千七百则葛藤冰消瓦解，生死与去来，不妨自由自在。若是逐旋参、逐旋透、逐旋和会、逐旋欢喜，丛林大有人在，非吾所知。②

据《雪岩语录》卷二，雪岩于嘉定十三年（1220）五岁时出家，绍定四年（1231）十六岁时受具为僧，绍定六年（1233）十八岁时行脚。初在双林铁橛远门下，大沩善果（1079—1152）有弟子双林远，但年龄不对，而且此铁橛远属于曹洞宗，可能是天童如净（1163—1228）的后辈。

雪岩端平元年（1234）十九岁时至灵隐，参妙峰之善（1152—1235），妙峰端平二年（1235）入灭后，石田法薰继席。这表明雪岩生年不误，若是嘉定十一年（1218）生，则十九岁时妙峰已卒，无法相见。时东叟仲颖（？—1275）在客司，雪岩在知客寮，有处州人来书记言其功夫是死水，动

---

① 《嘉兴藏》32册，第214页下。
② 《卍新续藏经》70册，第657页中。

静分成两片，劝其参公案，起疑情。来书记为松源崇岳（1132—1202）弟子不庵南明悟（曾住处州南明）门下。雪岩依其言参云门公案，并且长坐不卧，但依然无效。

端平二年（1236）天目文礼继主净慈，他便移单到净慈参礼，入室请益，天目举临济三度问黄蘖佛法的的大意、三遭痛棒之公案，又举混源昙密"现成公案，未入门来，与你三十棒了也"之语，强调但怎么看，必有所获。然而此语对于雪岩不甚契合，以为天目只是伶俐禅，不会做功夫。他依前坐禅，与漳泉二州七人结伴，昼夜不止。虽然用功二年，胁不沾席，然而并无所获。

后来得到漳州修上座的指导，也不再一味苦行，适度休息，果然有所省悟。觉知森罗万象、眼见耳闻、无明烦恼、昏沉散乱，元来尽自妙明真性中流出，自此目前露倮倮、静悄悄、浮逼逼，境界现前，半月余日，动相不生。

到此境界，本无百尺竿头，更进一步，可惜不遇具大眼目、大手段尊宿，为其打并。却在这里一坐坐住，执著净境，以至于见地不脱，碍正知见，还是未能到达究竟解脱。

此事发生在大约嘉熙四年（1240）时，当时北礀居简住持净慈，但雪岩未提及他，看来与之亦不相契合。约在是年之末，他又到径山参无准师范。

据《元亨释书》卷七：

> 淳祐元年四月辞佛鉴，鉴出密庵师祖法衣并自赞顶相与之。诸友送至山下，特湘绝岸、钦雪岩二人眷眷来行在。[①]

日本僧人圆尔辩圆淳祐元年（1241）四月归国之时，绝岸可湘与雪岩祖钦二人眷眷不舍，送至行在，这表明当时雪岩已到无准会下。无准作为大宗师，确实机锋过人，然而对于当时的雪岩并无太多受益。

雪岩指出，自己虽在无准会下许多年，每遇他开室举主人公话，便可

[①] 《大藏经补编》32 册，第 173 页上。

以打个踌跳，有所警醒。莫教举起衲僧巴鼻，佛祖爪牙，更无你下口处。然而有时在法座东说西说，并无一语打著他心下事。

如是碍在胸中，长达十年。后来淳祐九年（1249）无准入灭之后，与同门石梁忠过浙东，在天童、育王两山作住。一日佛殿前行，在天童五凤楼前，忽然抬眸，见一株古柏触著。向来所得境界，一时扬下，碍膺之物，扑然而散，如从暗室中出在阳光之下。自此不疑生，不疑死，不疑佛，不疑祖，方始彻悟，得见径山老人境界。

雪岩之悟，前面下了很多功夫，最后颖脱，则又十分突然，抬眼见古柏便悟，如同时人所谓牛顿见苹果落地而发明万有引力定律一样。若无前面多年功夫，再看一百次古柏也没有用。

雪岩悟道之时，大概在淳祐十年（1250），时偃溪广闻住持育王，天目文礼住持天童，其年入灭，弁山了阡继之，然而其悟道与两山住持并无直接关系。

这段悟道经历是雪岩在仰山为首座普说之时所述，表明他曾在仰山分座说法。后来又在湖州道场立僧。

据《雪岩祖钦禅师语录》卷四：

> 始造净慈天目之室，提狗子无佛性话，心心相承、念念相续者三载，昼以继夜，夜以达旦，是必欲剖此念，破此心，以见父母未生前本来面目。忽一日，于著力不到处，此念此心未萌处，泮若冰消，豁然迥露，如太虚之朗月，独耀于中霄。当是时也，上不见有诸佛，下不见有众生，内不见有自己，外不见有山河。巍巍堂堂，炜炜煌煌，惟一清净，无依无欲，大解脱境界。即前所谓，无得之得，是为真得。其戒定慧，亦无处容受。戒定慧既无处容受，则一切逆顺是非，好恶长短，如太虚之云，于我何有哉！尔后，即以此扣之灵隐石田，参之天童痴绝，证之径山无准，洎笑翁、大歇、北礀、石溪，莫不尽跨其门而审之。①

---

① 《卍新续藏经》70册，第637页中。

这是雪岩再次披露其参学悟道境界及其经历，表明他参过灭翁文礼、石田法薰、痴绝道冲、无准师范、笑翁妙堪、大歇仲谦、北磵居简、石溪心月等，当时禅门宗匠几乎尽行参访。

宝祐元年（1253），住持潭州龙兴禅寺，八月一日入院。

二年（1254）元旦，上堂："昨夜日从西没，旧年已去；今朝日自东升，新岁又来。新岁既来，有何奇特？风前铁树花开，别是一般春色。"①

解夏小参："无解无结，犹是空中钉橛；有修有证，何异捕风捉月。"②是年闰六月，故一夏百二十日。他强调坐夏期间，不以丛林规矩约束众人，要人撒手撒脚，履践得去，逆顺卷舒，纵横自在，以开悟为目的。

三年（1255），住持潭州道林，这是圆悟克勤曾经住持过的道场，故开堂说法，重提故事。

冬至上堂，谢横舟相访。

"晓天月白，古岸舟横。一阳来复，吾道大亨。直得千年晋栢树，与千尺陶公井，起来叉手当胸，互相庆贺道：且喜寒冰发焰，枯干花开，堂前露柱也怀胎。"③

看来横舟是道林附近某一寺院的住持，那个寺院中有口陶公井，二人当为同辈。

大概在五年（1257），从道林退院，归杭州，住北磵塔院，应当是北磵居简的塔院。在北磵时，高峰原妙（1238—1295）来参。

据《高峰原妙禅师语录》卷二：

> 二十二请教断桥伦，令参生从何来、死从何去话。于是胁不至席，口体俱忘。或如厕，惟中单而出；或发函，忘扃鐍而去。时同参僧显慨然曰："吾己事弗克办，曷若辅之有成。"朝夕护持惟谨。时雪岩钦寓北磵塔，欣然怀香往扣之。方问讯，即打出，闭却门。一再往，始得亲近，令看无字，自此参扣无虚日。钦忽问："阿谁与你拖个死尸

---

① 《卍新续藏经》70 册，第 594 页中。
② 同上。
③ 同上书，第 595 页中。

来。"声未绝即打。如是者不知其几，师扣愈虔。①

开庆元年（1259），高峰原妙二十二岁，请益净慈断桥妙伦，又到北磵塔参雪岩。

景定元年（1260），住持处州南明佛日禅寺。

五年（1264）冬，住持台州仙居护圣禅寺。拈香祝圣罢，提纲云"皇图更统，佛运亦新。"② 这表明是年理宗去世、十月度宗即位。

咸淳元年（1265），退护圣，在湖州道场挂牌立僧。

二年（1266），住持湖州天宁。

二月十五日上堂，谢月溪侍者、砚溪上人。

秋，上堂，谢天竺侍者肯顽石、省清梦、默翁西堂。默翁一禅师，曾参石溪心月，石溪有《送一默翁入浙》，后来为雪岩门人，住持苏州万寿。

四年（1268）初，住持袁州仰山禅寺。在此住持最久，长达二十年。

至元二十四年（1287）入灭，寿七十二。

第二节　雪岩祖钦门下

雪岩祖钦开法三十余年，门人人才很盛。

据《增集续传灯录》卷一：

仰山雪岩钦禅师法嗣
天目高峰原妙禅师　径山虚谷希陵禅师
道场及庵信禅师　灵云铁牛持定禅师
高丽铁山琼禅师　药山天隐圆至禅师（无传）
慧力海印昭如禅师（无传）　达本陡崖戒禅师（无传）
华藏无涯浩禅师（无传）　万寿默翁一禅师（无传）

---

① 《卍新续藏经》70册，第699页上。
② 同上书，第597页中。

茶陵无学习禅师（无传）　　石溪无一全禅师（无传）①

　　语录中还提到资圣成长老等，海印昭如、虚谷希陵为其编辑语录。铁山绍琼曾经来参，然而不是他的嗣法门人。

　　据《五灯全书》卷五十等，希陵（1247—1322），号虚谷，婺州义乌人，俗姓何。淳祐七年（1247）生，咸淳元年（1265）年十九，薙发于东阳资寿院，并受具戒。谒双林虚舟远。又到净慈，依石帆惟衍。一日往叩雪岩祖钦于北礀，祖钦举黄龙见慈明因缘问之。称师颖利。咸淳四年（1268）钦迁大仰，招居第一座。一日钦问："临济在黄檗，三度吃六十拄杖，因甚向大愚胁下筑拳？"师曰："钝置杀人。"钦便打。师拂袖而出。

　　元世祖至元丙戌（1287），钦将示寂，命其荷担大法，众遂请师继席。一住三十年，规矩森严，毫不动摇。岁饥，每食必与众共，一次与客谈论太晚，饥饿难耐，侍者欲取一勺粟作饭，被他拒绝，道是常住之物，住持不可私用。

　　仁宗延祐三年丙辰（1316），住持径山。早年尝梦游净慈罗汉堂，至东南隅，忽见一尊者指楣梁间，有诗曰："一室寥寥绝顶开，数峰如画碧于苔。等闲翻罢贝多叶，百衲袈裟自剪裁。"初不解其意，后自仰山迁双径，始明。仰山有贝多叶经，径山有杨岐衣，故两处住持，已然前定。世祖时召对说法称旨，赐号佛鉴禅师。大德中，加赐大圆。迨主径山，加号慧照。英宗至治壬戌（1322）四月十二日，示寂于不动轩。谥大辨，塔曰宝华。世寿七十六，腊五十七。有《瀑岩集》及《语录》行世。

　　据《增集续传灯录》卷一：

径山虚谷陵禅师法嗣

　　径山竺远正源禅师　　仰山了堂圆照禅师
　　兴圣觉隐本诚禅师　　中竺空海念禅师
　　千福木岩本植禅师　　桐江（绍）大禅师（此后无传）

---

① 《卍新续藏经》83 册，第 263 页上。

唯堂一禅师①

据《五灯会元续略》卷一：

径山陵禅师法嗣

宝林绍大禅师　径山正源禅师

觉隐本诚禅师　智者义禅师（不列章次）②

虚谷希陵的门人也很出色，兹不具述。

据《天如惟则禅师语录》卷六《灵云铁牛和尚行业记》，持定（1240—1303），号铁牛。生于嘉熙四年（1240）庚子八月十一日，吉安太和磻溪人，姓王氏，故宋尚书户部侍郎王赟九世孙。自幼绝荤茹苦，有尘外之志，而世缘不足。咸淳六年庚午（1270）年三十一，谒永新西峰寺肯庵勤禅师剪发。闻教外别传之旨，情累尽去。寻依仰山雪岩和尚，居槽厂劳作。雪岩示众云："兄弟家做工夫，若也七日夜一念无间，眼不交睫，无个入处，斫取老僧头做舀屎杓。"师默领其旨，为众持净，众人患痢，委身事之。未几亦被传染，疾革，医生谓不可救。乃取一触桶，危坐其上，禁绝药食，单持正念，目不交睫者七日。第七日夜半，忽然境界现前，觉山河大地草木蘙林，遍界透明，如雪天明月，堂堂一身，广大无边，乾坤不能包。久之闻击木声惊醒，遍体汗流，其疾亦愈。欢喜踊跃，自庆不已。时在咸淳九年（1273）癸酉六月廿四日。明日诣方丈报告雪岩举公案诘之，应答无滞，复示偈曰："昭昭灵灵是什么，眨得眼来已蹉过。厕边筹子放光明，直下元来只是我。"至元十五年戊寅（1278）受具为大僧，雪岩付以法衣，偈曰："无相福田衣，我今付与汝。悟明心地后，如龙吐甘雨。"自是归堂，胁不沾席者六年。一日闻雪岩上堂举亡僧死了烧了向甚么处去，自代云"山河及大地，全露法王身"，言下悟旨，示偈云："劫外春回万物枯，山河大地一尘无。法身超出如何举，笑倒西天碧眼胡。"雪岩敲面前桌子，

---

① 《卍新续藏经》83册，第265页上。
② 《卍新续藏经》80册，第449页中。

云："山河大地一尘无，这个是什么？"师作掀倒势。岩笑曰："一彩两赛。"

一日雪岩巡堂，见其睡觉。召至方丈，厉声曰："我巡堂，汝打睡。若道得即放过汝，若道不得趁汝下山。"师随口答云："铁牛无力懒畊田，带索和犁就雪眠。大地白银都盖覆，德山无处下金鞭。"岩曰："好个铁牛也！"因以为号，一时同辈，无不推服。

至元二十四年（1287）雪岩入灭之后，二十五年戊子（1288）游方至衡阳之酃县，过桃源山，爱其幽深，与二三禅徒居之。县达鲁花赤伯颜、县尹陈首相率入山，拜跪问道，居士尹桂芳公施地，段德祥父子首倡，众为建寺，榜曰灵云。僧众益至，乃大唱雪岩之道。说法不尚奇峻，务直截单提。后作屋寺西，曰西庵。又为普济塔，收拾遗骸，聚而藏之。

大德六年壬寅（1302）冬，手书长偈示众，其末曰："尘世非久，日销月磨。桃源一脉，三十年后。流出一枝无孔笛，虚空吹起太平歌。"明年（1303）春正月十五日示寂，全身奉于西庵。越三年启视，趺坐如生，爪发俱长。泰定元年甲子（1324）塔于寺北三十里沙潭。寿六十有四，僧腊二十有六。度徒弟正悟等八十余人。嗣法匡徒者有洪州般若绝学世诚（1260—1332）、瑞州南山志清、潭州皇庆克绍、白鹿思念、韶州南华智规、江陵资寿福越等。

他与陡崖戒、鲁山慧生同里，剪发、剃发同师，同得法，为法门昆季。陡崖开山于永新六字峰，距灵云二百里。化风交扇，衲子往还，号称二甘露门。殁三十六年，其徒别流智泾走江浙，将求当世名公虞集铭其塔。与天如惟则相会华亭，命述行状。天如惟则谦称陡崖和尚乃受业师祖，师为叔祖，尊卑悬殊，不敢闻命。智泾道，子孙显扬先世行业，正合其宜，礼不可辞，故为行实。

据《增集续传灯录》卷五：

湖州道场及庵宗信禅师

婺之方氏，僧问："一念未兴时如何？"师云："名不得。"僧云："名不得后如何？"师云："初八二十三。"上（原文"三"与"上"顺序颠倒）堂："千说万说不如亲见一面，东去西去无过只要到家。"竖拂召大众云："见么（也）见了。"击拂云："到也到了，且其中事作么生?"以拂子画一画云:"不是与人难共住,大教缁素要分明。"上堂,举:岩头访仰山,才跨门便提起坐具,云:"和尚。"仰山拟取拂子。岩头云:"不妨好手。"师云:"仲尼温伯雪,目击而道存。千古之下,谁是知音?"顾视大众云:"不可谓秦无人。"上堂,举:杉堂长老问仰山和尚云:"学道人还假悟也无?"山云:"悟则不无,争奈落在第二。"师颂云:"油煎石碨盘,一口吞一个。不是不与人,只缘劈不破。"上堂,举僧问赵州:"万法归一,一归何处?"州云:"我在青州作一领布衫重七斤。"师颂曰:"万法归一一何归,南海波斯舞柘枝。青山只解磨今古,流水何曾洗是非。"①

宗信,号及庵,婺州人,俗姓方。与本源善达参雪岩于仰山,得旨。初住建阳西峰,后住湖州道场。

大德九年(1305),为《庐山莲宗宝鉴》作跋。大德十一年(1307)住持道场。

延祐二年(1315),蒙冤被逮,于杭州坐化,不久平反。

门人有石屋清珙(1272—1352)、平山处林(1279—1361),都是一代名僧。石屋传太古愚,高丽高僧。平山门人止庵德祥、净慈同庵夷简,亦为明代高僧。

据《海印昭如禅师语录》卷一,昭如,自号海印,临江新淦人,俗姓杨。生于宋淳祐六年丙午(1246)十二月二十日,能言即随母邹氏作梵呗声。七岁出家学佛,居本乡建兴寺香室院。景定五年(1264)十九岁落发,始学于沙门智宁。咸淳元年(1265)二十岁受具,后参雪岩祖钦得法,后为仰山第一座。至元十七年庚辰(1280),侍雪岩入觐,赐紫衣。至元十九年(1282)住持木平,前后十年。至元二十八年辛卯(1291)住慧力,达十九年。元贞二年丙申(1296),赐号普照大禅师,给金襕袈裟。高丽亦具衣,副以金经玉瓶。至大二年己酉(1309)行宣政院请住持饶州荐福。皇庆元年(1312)春,还慧力。六月十六日入灭,年六十七,夏四十八。度弟子六十余人,嗣法很多。门人行纯,请作塔铭。门人行纯、道彰、从心

---

① 《卍新续藏经》83册,第318页下。

为编三会语录。

据《吴都法乘》卷八方回《天隐禅师文集序》等,圆至(1256—1298),字天隐,高安人,俗姓姚,有《天隐文集》。咸淳十年(1274)甲戌年十九出家,依仰山慧朗大师祖钦剃度,至元元贞间住持建昌能仁禅寺,不两年弃去。大德二年(1298)戊戌卒于庐山,年四十三。

天隐季父癸丑状元姚勉,父文叔、兄云皆宋进士。吴门碛砂魁禅师,与其友清表,将以其文梓行。魁与清表皆英妙高亢,为天隐门人。大德三年(1299)已亥十月初九日丙辰,紫阳方回万里为序。方回自称为为其徒之长,为其俗家弟子。

圆至《牧潜集》有《横川和尚塔记》等重要文记,对于保存禅宗史料有很大贡献。

第三节　高峰原妙及其法系

原妙(1238—1295),吴江人,徐氏子。淳祐十二年(1252)十五岁,恳请父母出家,投嘉禾密印寺法住为师。宝祐元年(1253)十六剃度,二年(1254)十七受具,三年(1255)十八习天台教。五年(1257)二十岁入净慈,立三年死限学禅,时断桥妙伦为住持。开庆元年(1259)二十二请教断桥妙伦,令参生从何来、死从何去话。于是胁不至席,日夜用功。时雪岩祖钦寓北磵塔,怀香往参,方问讯,即被打出,闭门不纳。一再前往,始得亲近,令看无字。又问阿谁与你拖个死尸来,声未绝即打。祖钦赴处州南明。即上双径,参堂半月。梦中忽忆断桥室中所举万法归一归何处话,疑情顿发,三日目不交睫。三月二十二日少林妙菘忌,随众诣三塔讽经,抬头忽见五祖法演真赞云:"百年三万六千朝,返覆元来是这汉。"蓦然了知拖死尸是谁,其年即景定二年(1261)二十四岁。解夏之后,到南明再参祖钦。

景定三年(1262)到温州江心过夏,四年(1263)见国清西江广谟,五年(1264)参雪窦希叟绍昙。咸淳元年(1265)祖钦在湖州道场挂牌立僧,往参。二年(1266)雪岩住持湖州天宁,与之同赴,欲任以职事,不听。祖钦问其睡眠之时如何,不能答,命其于饥餐困眠、日用之际看主人翁何在。

咸淳二年（1266）冬，辞别雪岩，入临安龙须山。卧薪饭松，誓欲明白。经五载，正思主人公事，道友中夜推枕子堕地有声，廓然大悟，打破疑团，跳出罗网。时在咸淳六年（1270），年满三十。

十年甲戌（1274）春迁武康双髻峰，庵居说法，开堂度众。

德祐二年丙子（1276），岁旦示众："山僧去年三十六（八），今年又添一岁，诸人共知。"拈拄杖云："且道拄杖子年多少？"击禅床云："元正启祚，万物咸新。"① 这是其庵居开堂第三年，应当是三十九年。《语录》误作"去年三十六"。

春，元兵大至，人皆逃散，独绝食兼旬，危坐不动。

己卯（1279）春，避入西天目师子岩。辛巳（1281）于张公洞造小室丈许，榜曰死关。并日一食，梯山以升。弟子罕见其面，乃共筑师子院以居。以三关语示众，不契则不纳。

丁亥（1287），祖钦知将离世，三次召唤原妙，欲付以仰山，不应，乃寄竹篦、拂子、法语与之，以示付嘱。冬，众请开堂，遂就石室内拈香祝圣罢，瓣香为雪岩拈出。此后道价日隆，远方异域问道者接踵而至。

至元二十五年（1288），因从一禅人有省，上堂："二十余年，布个缦天网子，打凤罗龙，竟不曾遇著一个虾蟹。今日不期有个蟭螟虫，撞入网中，固是不堪上眼。三十年后，向孤峰绝顶，扬声大叫。且道叫个甚么？大地山河一片雪。"②

从一禅师是他门下认可的开悟者，他为此上堂，表达了随喜之意，可惜后来从一禅师事迹不详。

冬，《高峰原妙禅师语录》卷一：直翁居士至，上堂："山僧有一奇特因缘，未尝轻易拈出。今日幸遇直翁证明，供养大众。"良久云："美食不中饱人餐。"③

辛卯（1291）转运副使鹤沙瞿霆发，慕师道行，一见机契，即舍田庄

---

① 《卍新续藏经》70册，第677页下。
② 同上书，第679页下。
③ 同上书，第680页上。

为供养。师辞不受。然舍心益坚，为造禅刹，请于官，扁"大觉禅寺"，以祖雍摄理寺事。

乙未（1295）子月二十七日，忽书二真轴，以后事嘱祖雍、明初。腊月朔上堂，云："西峰三十年妄谈般若，罪犯弥天。末后一句，不敢累及平人，自领去也。大众，还有知落处者么？"良久云："毫厘有差，天地悬隔。"别书偈云："来不入死关，去不出死关。铁蛇钻入海，撞倒须弥山。"泊然而逝。寿五十八，腊四十三。弟子百人，受戒请教者万数。

据《增集续传灯录》卷一：

天目高峰妙禅师法嗣

天目中峰明本禅师　　天目断崖了义禅师
中竺布衲祖雍禅师　　白云空中以假禅师
辨山千江珂月禅师（无传）[①]

明本之外，其他门人也很出色，兹不具述。

明本（1263—1323），号中峰，杭州钱塘人，俗姓孙。宋景定四年（1263）癸亥十一月二日生，母李氏梦无门慧开持灯笼至其家，翌日遂生。儿时嬉戏，必为佛事。七岁读论语孟子，九岁丧母，未终卷便辍学。年十五，决志出家，其父不许。居近灵洞山，时登山颠习禅定。至元二十三年丙戌（1286）五月，年二十四，参高峰。诵《金刚经》，至荷担如来处，恍然开解，自是内外典籍，无旨不达。

二十四年（1287）二月，善信女杨氏授以资具，从海翁明山至天目山师子院，高峰为其薙染。二十五年（1288）受具戒。二十六年（1289）观流泉有省，诣高峰求证，高峰打出。民间讹传官选童男女，因问曰："忽有人来问和尚讨童男女时如何？"高峰曰："我但度竹篦子与他。"言下洞然，大彻法源。

高峰书真赞付之，曰："我相不思议，佛祖莫能视。独许不肖儿，见得半边鼻。"命为堂司。

[①]《卍新续藏经》83册，第265页上。

淮僧子证曾问高峰诸弟子境界，高峰曰："若初院主等一知半解，不道全无。如义首座，固是根老竹，其如七曲八曲。惟本维那却是竿上林新篁，他日成材，未易量也。"可见对其评价甚高。

二十七年（1290），有潜去之意，密为居士松公所知，助良田三亩，再令参堂，不久染疾，高峰派人护理，关怀备至。

二十八年（1291），松江瞿霆发施田二百七十顷，高峰不受，使驰书归还。

二十九年（1292）充知库。瞿霆发坚持施田，即天目之莲华峰建大觉正等禅寺。至元三十（1293）、三十一年（1294）两年，他负责与大施主瞿氏联络，参与建寺。

元贞元年（1295）乙未冬十一月，高峰将迁化，以大觉属之，师辞而不受，推第一座祖雍主之。

元贞二年（1296），往来吴门。时吴兴赵孟俯提举江浙儒学，叩师心要，为说防情复性之旨。赵孟俯后入翰林，复遣问《金刚般若》大意，师答以《略义》一卷。赵孟俯每见师所为文，辄手书，又画师像以遗同参。

大德元年（1297）丁酉春，登天柱山，秋游庐山，冬至金陵，于此隐居十月。二年（1298）戊戌冬结庵湖州弁山，学者纷至。三年（1299）冬结幻居庵于吴门雁荡，参众既多，遂成法席，于此居止三年。六年（1302）大觉虚席，大护法瞿公坚请还住大觉，力辞，避之南徐。七年（1303）送布衲祖雍归大觉住持。八年（1304）乙巳归山，守高峰塔。九年（1305）丙午冬，住持师子院，住持三年。至大元年（1308）戊申，仁宗在东宫，赐号法慧禅师。共年冬，因行化吴松，不返，谢院事。

二年（1309）己酉买舟仪真，夏至雪城。三年庚戌（1310）众请归天目居山。兵部尚书郑云翼时金书浙西廉访司事，候师余杭问法，师推明经世出世之学以答之。

四年（1311）辛亥复为船居，吴江陈子聪建顺心庵，请师开山，既而渡江，往汴水，欲游少林，至汲，隐居城隅土屋，而僧俗争相瞻礼，尊之江南古佛。

皇庆元年（1312）壬子春，结庵六安山，秋舟行往东海州。二年（1313）癸丑春舟次开沙，瞿霆发以两浙转运使终，师还吊其丧。瞿公之子时学奉宣政院疏，复请住大觉，举首座永泰代之，永泰欲承嗣师，不许，使嗣本师开先一山了万。当时以院易嗣，其来已久，闻师高风，莫不赞之。夏送定叟永泰住持大觉，就寓环山庵。

延祐元年（1314）甲寅春，复领师子院事。是年，灵隐虚席，丞相延师私第，恳请住持灵隐禅寺，固辞不受，孤独淳朋住持灵隐。中书平章又请其定居一刹，以建立祖道，弘扬法化，师曰夫住持者须具三种力，一道力二缘力三智力，三力具足，始不败事，某无其实，故不敢冒其名。平章知师意坚，不敢强之，师辞以有疾，还山中。

二年（1315）乙卯，结庵大窝。三年（1316）丙辰春，仁宗命宣政院使整治释教，距杭，期入山候谒，师闻讯，避之镇江。夏舟泊南浔。

四年（1317）丁巳，丹阳蒋均建大同庵，延师居之。

五年（1318）戊午，复还天目。九月，仁宗赐号佛慈圆照广慧禅师并锡金襕袈裟，仍勅杭州路优礼外护，俾安心禅寂。改师子禅院为师子正宗禅寺，诏翰林学士承旨赵孟俯撰碑以赐。特赠高峰原妙佛日普明广济禅师。

驸马太尉沔王王璋遣参军洪钥赍书币，叙弟子礼。六年（1319）己未秋九月，王璋奉御香入山，谒师草庐，咨诀心要，请师升座，为众普说，复求法名别号。师与法名胜光，号曰真际。王璋因建亭师子岩下，以记其事。

至治二年（1322）壬戌六十岁，是年之夏，结庵于中佳山。

虚谷希陵入灭，径山虚席，行宣政院强师主之，师辞而不就，元叟行端住持径山。

三年（1323）癸亥六月十五日，致书大用上座，曰秋将离散，继书属门人死后送归三塔，忌做一切佛事，不许徇世礼。

八月十三日，手书遗别外护，仍写偈遗别法属故旧，十四日，复写偈辞众曰："我有一句，分付大众。更问如何，无本可据。"置笔安坐而逝。世寿六十有一，僧腊三十有七。

据《护法录》卷三《佛慧圆明广照无边普利大禅师塔铭》等，元长（1284—1357），字无明，一号千岩，越州萧山县许贤乡人，俗姓董，世以诗书为业，父讳九鼎，母何氏。其生也晚，父母欲弃之，嫂谢氏养之。七岁即就外傅，诗书过目成诵，出入循规蹈矩，其父甚喜，以为他将以文行显世。诸父昙芳住富阳法门院，乞师为嗣，谢氏不从。未几遘疾甚重，谢氏祷于观音，许愿若其痊愈，则令终身事佛，随即汗下而愈，乃从昙芳游，时在大德四年（1300），年始十七。

六年（1302）年十九薙发受具，至武林，习律于灵芝寺。会行丞相府饭僧，师随众入，中峰明本亦在座，遥见，即呼至，问日用何如，师曰惟念佛尔，问佛今何在，方拟议间，本公厉声叱之，师遂胡跪作礼，求示法要，本公以狗子无佛性之语授之。

至大元年（1308），习禅灵隐山中，雪庭正传召长内记，下笔成章，见者叹服。不久归富阳法门院，随顺世缘，将近十载。约在延祐六年（1319）复至灵隐，跏趺危坐、胁不沾席者三年。至治二年（1322），因往望亭，闻雀声有省，亟见本公具陈，公复斥之。师愤然来归，夜将寂，忽鼠翻食猫之器，堕地有声，恍然开悟，觉身跃起数丈，如蝉蜕然，浮游空中，天地清朗。被衣待旦，复往见本公。本公问曰："赵州何故云无？"师曰："鼠餐猫饭。"公曰："未在。"师曰："饭器破矣。"公曰："破后云何？"师曰："椀子扑落地，打破常住砖。"公乃微笑，嘱曰："汝宜善自护持，复遁岩穴，时节若至，其理自彰。"

师受付嘱，乃隐天龙之东庵，一心坐禅，不事外缘。有二蛇日来环绕座下听法，师为说三皈五戒，蛇作拜势而去。自是声光日显，名扬丛林。泰定二年（1325）冬，笑隐大䜣方主中天竺，力荐起之。江浙行省丞相脱欢时领宣政院事，亦遣使迫师出世，师皆不听。

不久，名山争相劝请，乃与弟子希升离开杭州，至乌伤之伏龙山，见山形如青莲花，乃曰，山若有水吾将止焉，不久山泉溢出，色如白乳。遂依大树以居，时在泰定四年（1327）丁卯冬十月。初伏龙山有禅寺号圣寿，废弃已久，乡民感梦有异僧来，相率访之，见师晏坐不动，各持食物献之。是邑大姓楼如浚、楼一得等为造精庐，因圣寿旧号重建大伽蓝。

四方来学，无远弗届，本国之外，日本三韩，八番罗甸，交趾琉球，莫不奔走膜拜，咨请心学。师随其根性而为说法，一雨所施，小大均沾。

说法三十年，至正十七年（1357）丁酉夏六月十四日，示微疾，书偈云："平生饶舌，今日败欹。一句轰天，正法眼灭。"投笔而逝，春秋七十四，夏五十六。弟子德亨、德馨等用陶器奉全身瘗于青松庵。

千岩元长门人众多，杰出者有万峰时蔚和松隐德然等。

时蔚（1303—1381），号万峰，温州乐清县人，金氏子，母郑氏，大德七年（1303）癸卯八月二十九日午时生。母晚年生双胞胎，师为第二，故欲弃之。姊金氏养以为子。七岁父母俱丧。延祐二年（1315）十三岁依本县演庆寺升讲主出家，五年（1318）十六岁为僧。读《法华经安乐行品》云"在于闲处修摄其心"有省，问其意，升讲主道世尊教人向山间林下结庵办道，师闻其语不胜欣喜，便长时打坐，升讲主知其与禅宗有缘，令师游方问道。至治元年（1321）十九岁学禅，受具足戒。至杭州，闻虎跑止岩普成和尚盛名，遂往参礼。止岩示以南泉三不是公案，依教修行，夜不沾席，经数月，未有所得。复回明州达蓬佛迹山，一日忽闻寺中宗律师举百丈问沩山净瓶公案，触发疑情，顿时打破疑团，直得虚空粉碎，大地平沉，世间境界，无有可比。始悟南泉不是心不是佛不是物之意。有偈云："颠颠倒倒老南泉，累我工夫却半年。当下若能亲荐得，如何不进劈胸拳。"遂往见止岩，献偈云："南泉正是恼人心，更要将心去觅心。不是心兮不是物，性天宽廓有何寻。"

天历元年（1328）二十六岁，往华顶峰参无见先睹，问答契机，无见云，你虽悟得个真性。年纪尚小，且居山十年二十年，我自令人来取你。依复回达蓬，居止十载，却无消息。

至元三年（1337），闻虎跑止岩和尚圆寂已久，遂往扫塔。宿灵隐旦过，忽闻方殿主举千岩和尚一颂云："断崖和尚春圆寂，无见知翁夏亦亡。毕竟有生还有死，千岩不久也无常。两轮日月如梭过，一合乾坤是磨忙。寄语诸方参学者，莫教蹉过好时光。"一闻便知其意，同方殿主僧直上伏龙，参见千岩和尚。才入门，千岩便问："不是心不是佛不是物，是个甚么？"师将坐具打一圆相，叉手而立。以偈相呈："南泉不是恼人心，有要将心去捉心。不是我心不是佛，性空宽廓有何寻。"千岩印可，命为堂中第一座。一日千岩和尚升堂，举"无风荷叶动，必定有鱼行"，师出众震声一喝，拂袖而行。千岩和尚示偈云："郁郁黄花满目秋，白云端坐碧峰头。无宾主句轻拈出，一喝千江水逆流。"师从此退职，先归佛迹山，又于至正元年（1341）往兰溪州嵩山庵居九载。千岩令人招之，未行。

至正九年（1349）己丑，因浙东大旱，田少山多，不堪住止，便到苏州，后见光福邓蔚山山水相连，龙盘虎踞，便发心开建道场。

至正十二年（1352）壬辰三月二十四日，千岩和尚令源藏主送法衣顶相来。岩云："老僧袈裟一顶，送与嵩山蔚长老。略表丛林之道念，非诸方兜法子者也。呵呵。"

洪武十四年（1381）辛酉正月十五日，告众时节将至，切莫远去。当月付嘱衣法与众弟子。门人行宗问和尚会中几人得法弟子，师示偈曰："慈悲无念，华开果熟。因地分明，慧宝致嘱。清彻源源一派流，千古万古来相续。"二十九日乙卯午时，付嘱门人已，结跏趺坐，说偈曰："七十九年，一味杜田。悬崖撒手，杲日当天。"语毕入灭，春秋七十九，僧腊六十。门人普鉴等奉全身瘗于院西涅槃山之永光塔。门人普寿持行实，请门人海舟普慈弟子沈贯为铭。弟子普寿、普福、普坚、普隐、普持、普华、普荣、普慈等立石。

万峰时蔚门人众多，所度弟子，多属普字辈。杰出者有无念胜学（1326—1405）、翠峰普华、果林普荣、宝藏普持、海舟普慈等。

无念胜学得到高祖的赏识，招之便殿，应对称旨，以诗文赠之，是当时政治地位很高的僧人之一。洪武三十年（1397），胜学将御制诗文于受业时蔚之寺立石，这也提高了时蔚一系的声誉。

时蔚开创之圣恩禅庵，洪武九年（1376）辟地为观音宝阁，号为圣恩，与其徒普寿等构演法堂，落成之际而时蔚示寂。普寿、普隐相继住持。其后则是普现、善（普）明、智璇等主持扩建。虚碧智璇（1363—1440）始从万峰得度，后参无念胜学得旨，永乐七年（1409）继之住持邓尉天寿禅寺及圣恩禅庵上下道场，继续增建，十四年（1416）毕工，十五年（1417）请陈亢宗作记并立石。复请陈氏为时蔚作传，永乐十七年（1419）立石。后来智璇年老谢院事。智璇门人碧潭道清遣法弟道立上书，合二寺为一，即天寿圣恩禅寺。正统八年（1443）道清继席，请王一宁为作《天寿圣恩禅寺事迹记》，正统十二年（1447）立石。景泰五年（1454），道清又将无念胜学与高祖来往诗文及事迹立石为纪。

宝藏普持为万峰大弟子之一，约于洪武末期住持圣恩，下传东明虚白慧昺（1372—1441）等。慧昺，字东明，号虚白，姓王氏。其先湖广人，后家于丹阳。洪武十八年（1385）年十四，礼本邑妙觉寺僧性某湛然为师，落发受戒。服勤三载，二十年（1387）年十六，湛然转任江西疏山住持，闻松隐德然唱导云间，即往参请。至一小庵，禅定六日，方出定，举首睹松，豁然有省。自此昼夜无眠，坐如铁幢，诸方号之为"昷铁脊"。寻又至苏州玄墓山，见果林普荣和尚，针芥相投。后见宝藏普持禅师，亲炙座下。参究多时，蓦然彻见法源，呈偈曰："一拳打破太虚空，百亿须弥不露踪。借问个中谁是主，扶桑涌出一轮红。"宝藏对其印可，令其善自护持。

永乐二年（1404）甲申登天目山，结千日期，六年（1406）戊子期满，至昭庆受具，访安溪古道场道通禅师遗踪，于山中入关，一住三十余年，迹不出山，道风远扬。宣德十年（1435）乙卯赐额为东明禅寺。正统四年（1439）己未，重建净慈佛殿。六年（1441）辛酉六月二十九日入灭，世寿七十，僧腊五十有五。弟子百人。

门人上首安溪接待寺住持白庵觉明，令僧智宗、智鉴持天竺灵山住持临川妙偘所作行状，请资德大夫毗陵胡濙为铭。十四年（1449）己巳秋七月望日，本寺徒弟比丘觉澄、觉明、觉泉、觉净、觉昙、觉圆、觉海、觉真，徒孙智林、智诚、智满、智宗、智庚、智鉴、智茂同立石。碑石立于安溪接待寺，顺治年间始移于东明塔院之后。

慧昷最著名的门人为海舟永慈（1394—1466）。

据《南宋元明禅林僧宝传》卷十二，永慈，法号海舟。明洪武二十七年（1394）甲戌生，成都人，余氏子。早年从彭县之大隋山景德寺，礼独照月禅师，为其剃度。永乐十一年（1413）癸巳，月禅师殁。入西山，庵居八载。十九年（1421）年二十八，出谒大初和尚。复至东普访无际了悟。宣德二年（1427）出川，抵灵谷，见雪峰祖渊，延为灵谷第一座。约在正统二年（1437）至安溪，投机于虚白慧昷。慧昷称"居古道山三十载，今日只见这僧"，以临济正脉付之，嘱其保任。

至金陵牛首山，为前堂首座，领众三载，复隐居全椒焦山三载，后至天界。正统十年（1445）出世东山翼善禅寺。

古溪惟澄禅师，常过东山。师与谈论，喜其见处稳实。乃举以住持高座寺。

天顺五年（1466）辛巳，升座说法毕，一喝而逝。大冈古溪惟澄以文吊之，称其"续高峰七世之灯，烁群昏而独照；绍昷祖百年之踵，吞众派以周流。"

海舟永慈在慧昼门下时间很短，当时并未视为东明正统传人，碑记之中亦无其名字，只是后来他得到南京守备太监袁诚的支持，开法翼善、影响很大之后，才被承认为慧昼门人，也有了慧昼如何重视并付法于他的故事。其实际开法很晚，正统十年（1445）已五十二岁，后世称其于正统二年（1437）四十四岁时开法，其实《海舟永慈札付碑》尚在，明言是在十年六月，这都是为了提高他的地位。

据《正名录》卷九，依永慈石碑载，徒子一百有四人，宝峰智忍居首，第十三位为云溪智瑛，第二十五位为玉峰智瑄，第三十八位为智玺。智瑛下出静庵智素。

门人古源智清，为翼善第二世。

海舟普慈（1355—1450）为万峰时蔚重要门人。然而后世出于误会，反将其列为法侄东明慧昼门人，爷孙颠倒。其事迹也为后人所改，加入参访东明一节，不合情理。

据《续灯正统》卷二十七《杭州府东明海舟普慈禅师》等，普慈，号海舟，苏州常熟人，钱氏子，自幼出家破山。听《楞严》，至"但有言说都无实义"处有疑，往参万峰。问如何是实义，峰劈头两棒，当胸一踏，道只这是实义。师起曰："是即是，太费和尚心力。"万峰然之，后为首座，以偈付之，曰："龟毛付嘱与儿孙，兔角拈来问要津。一喝耳聋三日去，个中消息许谁亲。"普慈参与编辑万峰语录，其门人沈贯又为万峰作塔铭，足见他在当时之地位。

正统六年（1441）东明慧昼入灭之后，普慈受请为第二代住持，于此住持十年。

师年腊并尊，临终说偈曰："九十六年在世，七十四载为僧。中间多少誵讹，今日一齐锁殒。"掷拂而逝，时在景泰元年（1450）。建塔于东明，题"明当山海舟慈祖师塔"。

普慈门人，有宝峰明瑄、无文学、太虚满、无著空、心印证等。太虚满传天泽雨，雨传无尽灯、月辉净。

据《正名录》卷八，南京高峰寺宝峰明瑄禅师，苏州吴江人，范氏子。在俗为木匠，因为海舟和尚造塔院，斧伤己足，疼痛难忍，故索酒吃，海舟闻之，谓曰：范作头伤足犹可索酒，若斫去头，纵有酒千石，还能吃否。师言下有省，遂求为僧，乃充火头。一夕刻意参究，不觉被火燎去眉毛，面如刀割，以镜照之，豁然大悟。往白海舟，呈偈曰："棒头著处血痕斑，笑里藏刀子细看。若是英灵真汉子，死人吃棒舞喃喃。"海舟以为可绍吾宗，乃付以偈曰："临济儿孙是师子，一吼千山百兽死。今朝汝具爪牙威，也须万壑深山止。"出世金陵高峰寺，天奇本瑞来参，问答相契。后住东明，为第三世，成化八年（1472）腊月九日示寂。

宝峰明瑄与玉峰智瑄，由于法名相近，又被后世弄混。其实二人辈份相差两代，时代也不一致。

据《正名录》卷十一，楚山《赠翼善住山瑄玉峰掩关偈》，"有一朝养就金毛力，出窟跑哮自逸群"之句。又自叙：景泰岁（1452）至金陵访月溪、海舟二老，二老辄虚中寝以待。如此景泰三年壬申（1452）时玉峰智瑄尚在翼善掩关苦修，并未得法。按大咸《重修退居大殿碑》曰：天顺五年（1461），门人智瑄卜此造塔建院。如此智瑄掩关得法在前，卜地造塔在后。范木匠以俗人身份造塔院，在未出家之前。二人事迹，显然不同，不可混合为一人。又永慈付智瑄偈曰："迷悟犹如空里云，碧天明净了无痕。历然世界其中露，杀活拈来总现成。"普慈付范木匠偈曰："临济儿孙是师子，一吼千山百兽死。今朝汝具爪牙威，也须万壑深山止。"二人法偈各别。永慈付智瑄，在景泰五年（1454）。普慈示寂，在景泰元年（1450），付灶明瑄（范木匠）在正统年间（1441—1449）。这些足以证明二人事迹相差很大，完全没有可能为同一人。

据《正名录》卷十一，按《金陵梵刹志》：高峰寺，在神策门外，正统十四年（1449）敕赐为崇化寺。天奇本瑞自叙到南京高峰寺见宝峰瑄和尚，不言到崇化，足证天奇参宝峰在正统十四年（1449）之前。而永慈付法智瑄，在景泰五年（1454）。正统年间玉峰智瑄尚未得法，何以付法于他人。

据《辟妄救略说》卷八、《续灯正统》卷二十九等，本瑞，字天奇，别号荧绝，南昌钟陵人，江氏子，母徐氏。年将二十，至荆门，礼无说能公披剃，教看一归何处。后于随州观音寺佛照闻进长老会中度夏处。遇道昱（《补续高僧传》作道翼）首座，对之要求严格，一心提携。他修行刻苦，五年不得棉花上身，二年无里衣。冬夏一领破衲，蓝缕不堪。后与高邮全首座往襄阳，偶闻妇人唤猪声，全说偈曰："阿娘墙内唤哪哪，途路师僧会也么。拶破者些关棙子，阿娘依旧是婆婆。"全举了便行，再不回顾。一日病中，山东静东晖举大慧禅师发背因缘，豁然透得全首座说偈之意，乃作颂曰："直下承当事不差，皆因分别隔天涯。若能返此回光照，直下承当本不差。"复到中天竺参究。入蜀，见楚山绍琦、雪峰圆觉法鉴瑞禅师（在重庆西禅飞雪山，孤月净澄曾参之）诸老，二人皆为无际了悟门人，各有省发。复到北京。天奇入蜀，当在正统八年（1443）左右，时楚山住持简州龙泉山师子山灵音寺，因为在住持之初（七年1442始住），所以门人不多，只有三十众。参楚山后，再到重庆西禅参雪峰瑞禅师，西禅亦三十众。九年（1444），道林无际了悟诏至京师说法，他有可能随至北京参礼，十一年（1446），了悟入灭，他离开北京。

据《正名录》卷八，年将四十，到南京高峰寺见宝峰明瑄和尚。瑄留过冬，明春告辞。峰问何处来，答北京。问曾到四川见法鉴、楚山否，云曾见。又问二师会下多少众，答皆三十。峰云且不一般，云本无差别，岂分彼此。峰云：四川境界，与此间如何。云：江山虽异，风月一般。峰竖起拳头云：还有者个么。云：无。峰云：因甚却无。云：非我境界。峰云：如何是你境界。云：诸佛不能识，谁敢强安名。峰云：汝岂不是著空。云：终不向鬼窟里作活计。峰云：西天九十六种外道，你是第一。天奇拂袖便出。于此机契，遂留过冬，明春告辞。峰授以法衣拂尘，偈曰："济山棒喝如轻触，杀活从兹手眼亲。圣解凡情俱坐断，昙花犹放一枝新。"

他著作很多，有《荧绝集》。寂后，门人于弘治十一年（1498）戊午，建塔于卫辉府辉县白鹿山之白云寺左，复建塔于宛平。

天奇门人众多，塔铭载其法嗣，曰：高峰第八代远孙二百余人。其《荧绝集》载三百四十余人，门人虽众，然而后世知名者只有无闻明聪一人，并且其事迹多有争议。

据《正名录》卷十三，天奇本瑞《荧绝集》载，法嗣三百余人，内有三人，可能是无闻明聪。

第一百七十五位临潼无闻聪，天奇问："天理非形，如何得形？"聪曰："本非造作。"奇曰："灵机本妙，如何取妙？"聪曰："休休。"奇曰："二相非修，如何却修？"聪曰："语默动静。"奇付偈曰："济安扶弱在佳贤，可目先宗救世缘。彼此两边成两见，老渔串锦具清传。"

第二百八十六位馆陶绝学聪，此人虽然名聪，然而号绝学，不是无闻聪。

第三百二十四位延安无闻聪。天奇问："在世忘世，是如何？"聪曰："了物非物。"奇曰："在念忘念，是如何嵘"聪曰："于心无心。"奇曰："心物俱忘时如何？"聪曰："华山高？太行峨。"奇付偈曰："破情情破破还情，绝迹无私精内精。知是个中今不借，尽识分付与仁行。"

两个无闻聪都是陕西人，一在临潼，一在延安。

后世又有《无闻聪禅师梦说录》（住明州天童嗣法孙圆悟编，古吴虚堂居士查祖恩集），其中有《略传》，称禅师讳明聪（1514—1572），字无闻，俗姓奚，母吴氏，闽之邵武光泽人也，生正德九年腊月五日子时。三岁丧父，次年母亡，九岁始言，十二岁叔子良又死焉。外祖怜而收养，不期年亦死。母舅恶其命孤苦，乃送于且隐庵念初禅师出家。十七剃度，二十受戒于心灯律师。后来日参夜究，五六年不言不笑，如痴若呆。一日忽闻马嘶，豁然大悟。至三十三参天奇和尚。奇问曰："如何是在世忘世？"师曰："了物非物。""如何是在念忘念？"师曰："于心无心。""心物俱忘时如何？"师曰："华山岭突巍，太行峰嵯峨。""意旨如何？"师曰："洞庭湖中水大，岳阳楼上人多。"奇曰："教坏人家男女者，惟汝一人。"乃服勤五祀，礼辞。奇付以偈曰："破情情破破还情，绝迹无私精内精。知是个中今不借，尽籲分付与仁行。"后住随州关子岭龙泉寺，为开山第一世。

此《梦说录》，乃查氏伪作，圆悟不察而刊之，宝华通忍已经指出。然而其中又有关于无闻明聪的真实史实，不可尽弃。无闻明聪，即是延安聪，并非福建光泽人，其俗姓生缘、早年事迹俱不可靠。其生年尤其荒唐，所谓正德九年（1514）腊月五日子时，其时天奇已然去世十六年，根本没有可能为其门人，且道隆庆六年（1572）五十九岁入灭，这一时代上距天奇实在太远。然而其中可能隐含真信息，即明聪生于甲戌，然而却是景泰五年甲戌（1454）。若此假说成立，则他在成化二十二年（1486）三十三岁时参天奇，是故其机缘见弘治元年（1488）所刻之《茧绝集》中。后住随州关子岭龙泉寺，然而并非开山，因为这是天奇住持寺院之一，济庵大休实曾与天真、月印三人同行，到关子岭参天奇，后随天奇移承天，因此明聪是继师住持，并非开山始祖。

此外，还有一位三河宝鉴无闻明聪（1450—1512），乃南竺橘法嗣，事迹见《径石滴乳集》卷三，属于断桥系。

笑岩德宝（1512—1581）二十七岁，嘉靖十七年（1538）岁次戊戌季秋，已受关子岭无闻之印。明年（1539）二月，辞入终南。

据《笑岩集》，济庵大休实与无闻同参，嘉靖十五年（1536）丙申、十六年（1537）丁酉两年间，笑岩参济庵，叙见无闻事。庵云："我与那老兄相别，将四十年。"二人相别，当在弘治十一年（1498）天奇入灭，为其办理后事并建塔之时，至嘉靖十五年为三十九年，正合将四十年之说。这也表明笑岩德宝先参无闻，再参其同门伏牛济庵实、沔州古岩济及襄阳大觉圆（1466—1538）等，然后再参无闻得法。其时无闻正聪已到晚年，可能不久就去世了。虚云《增订佛祖道影》称是嘉靖二十二年（1543），其时年已九十，不排除这种可能。

据《续灯正统》卷三十，顺天府善果月心笑岩德宝禅师，金台吴氏子，生正德七年（1512）壬申腊月望日，弱冠听讲华严有省，决心出家。嘉靖十一年（1532）从广惠能祝发，十二年（1533）受具。遍谒大川洪、月舟文载、古春、古拙俊诸老，后至关子岭参无闻正聪。未几复往见济庵实、古岩济、大觉圆诸老，皆器重之。嘉靖十七年（1538）再参无闻，乃授记莂，十八年（1539）春辞往终南。再回湘汉间，后抵金陵，寓净海、牛首、高座等处。数载还里，居圆通，次迁南寺、鹿苑、慈光、善果诸刹。晚年退居京城柳巷，万历九年（1581）辛巳正月十六日示寂，门人奉全身塔于小西门外。世寿七十，僧腊四十八。

据《五灯严统目录》卷二：

笑岩宝禅师法嗣
龙池正传禅师　东台师峰和尚
灵谷昙芝禅师[1]

---

[1] 《卍新续藏经》80册，第580页中。

据《续指月录》卷一：

  龙池幻有正传禅师 金陵灵谷昙芝禅师
  五台三际广通禅师 凤阳正宗悟上座
  京兆高庵杰上座 天台天常经上座
  武林素庵智上座
  嘉兴幻也慧禅师（已上八人笑岩宝嗣）①

据《续指月录》、《续灯正统》等，正传（1549—1614），初号一心，后号幻有，溧阳人，李氏子，隆庆四年（1570）年二十二，投荆溪静乐院乐庵广悦芟染。庵示以本分事。矢志见性明心，旦夕用功，一夕闻瑠璃灯华煇爆声，有省。举似乐庵，乐庵可之。万历元年（1573）乐庵迁化，为师掩室守制三载。万历三年（1575）与云栖袾宏同行，直造燕都，谒笑岩德宝于观音庵。指示之下，豁然悟旨，岩乃书曹溪源流付之，复赠一笠，嘱其毋露圭角。笑岩万历九年（1581）入灭之后，游方遍参，见荆山珂、梦塘觉等。万历十二年（1584）往五台山秘魔岩，居止十有三载。万历十九年（1591）太常少卿唐鹤征（1538—1619）问道，二十五年（1597）请师南还，住荆溪龙池六载。三十年（1602）复游燕都，三十一年（1603）寓居普照。万历三十六年（1608）春仍归龙池，于万历四十二年（1614）甲寅二月十二日示寂，世寿六十六，僧腊四十四。

据《正名录》卷十四：

  三际通叙师北集云：师得绝学老人不传之旨，望临济二十六代之祖，而弗专临济之称，唯曰曹溪正脉。但所付灵谷芝、高庵杰、正宗悟、天常经、三际通、素庵志，六人无传。禹门遥嗣，得剃度之子曰天童悟。②

---

① 《卍新续藏经》84 册，第 11 页上。
② 《大藏经补编》24 册，第 498 页上。

这一说法是不公平的，幻有正传不见于《笑岩集》中，没有所谓付法偈，是因为他参师较晚，不能因此抹杀他参过笑岩的事实。云栖袾宏与幻有正传同参笑岩，称其事师最久，可见他在笑岩晚年一直追随，直至最后。说其遥嗣不合事理，亲闻宗旨，奉事六七载，何以诬为遥接！

据《五灯全书目录》卷十三：

禹门传禅师法嗣

  天童密云圆悟禅师 磬山天隐圆修禅师
  云门雪峤圆信禅师 净名抱朴莲禅师[1]

正传门人不是很多，但都非常出色，特别是圆悟、圆修、圆信三家，各自形成一个相当大的支系，成为后来临济宗的主流派系。

第四节　梦东际醒与禅宗的净土化

禅宗在发展的过程中与净土宗关系密切，禅净双修逐渐成为法门的风尚，在这方面，出自磬山系的际醒是一个突出的代表。

际醒为磬山七世，从天隐圆修到彻悟际醒的传承法系是：天隐圆修—箬庵通问—天笠行珍—梦庵超格—调梅明鼎—粹如实纯—彻悟际醒。

天隐圆修（1575—1635），荆溪人，闵氏子，自幼失怙，鬻蔬奉母。弱冠之时，听讲《楞严经》，惕然有省，知有死生大事，遂投龙池幻有座下，二十四岁得度。后开法于磬山，因此，又称磬山圆修。崇祯八年（1635）示寂，寿六十有一，僧腊三十七，有《天隐修禅师语录》二十卷。法嗣五人：林皋通豫、箬庵通问、玉林通琇、山茨通际、松际通授。

箬庵通问（1604—1655），吴江俞氏子，其父恐晚年无子，于鹫峰寺设无遮大会百日，通问应祷而生。幼失怙，年十六始发奋读书，二十四岁因婚事所逼，先后师从南涧理安寺佛石法雨、金粟寺密云圆悟，最后参磬山圆修。崇祯九年（1636）出世南涧理安寺，住持十年。后迁金山。顺治七

---

[1] 《卍新续藏经》81册，第384页中。

年（1650）住持嘉兴西河古漏泽寺。十一年（1654）至南涧理安营塔，还磬山。顺治十二年（1655）寓吴江天应寺，圆寂，有《续灯存稿》行世。法嗣十四人：黄云晓庵行昱禅师、五祖千仞行冈禅师、净居汝风行杲禅师（？—1678）、理安梅谷行悦禅师（1619—1684）、颐浩子山行如禅师、黄檗一庵行月禅师（？—1655）、广教天章行玉禅师、理安天笠行珍禅师、胜法斯瑞法禅师、金山铁舟行海禅师、理安济水行洸禅师（？—1695）、仰山雪谷古石行藏禅师（？—1678）、理安六吉行谦禅师、胜法云峰行授禅师。另有天逸本圆（1619—1668），住持北京西山戒坛寺、仁寿寺。密传行能（？—1663），住持真州北山。截流仁策（1626—1682），相传为憨山后身，从学五年得旨，后弘净土。金陵隐明行纶（？—1669），蒋虎臣序其遗录，为其刊行，谓其堂奥不让高峰。

天笠行珍（1624—1694），云间（今上海市松江区）陈氏第三子，十八岁出家，参箬庵于南涧，二十岁圆具，历参古南牧云通门、雪窦石奇通云，再参箬庵通问于夹山。法嗣五人：理安梦庵超格、琅琊樗关超真、理安越鉴超彻（1660—1709）、理安独超方、龙华蓑舟超元。

梦庵超格（1639—1708），芜湖丁氏子，康熙五年（1666）年二十八，于金陵清凉寺剑门和尚处落发，依宝华山见月读体和尚受具。遍参诸方，偶登五老峰，豁然开悟，有踏破虚空作两边之句，遂至禹门，参天笠行珍，蒙印可，出住嘉善东禅、慈云、杭州南涧、清波、北京柏林诸寺。康熙四十七年（1708）六月二日示寂，世寿七十，僧腊四十二。有五会语录、《宝伦集》。法嗣十人，知名者大觉迦陵性音（1671—1726）、万寿调梅明鼎（1680—1751）。

性音，号迦陵，别号吹余。姓李氏，沈阳人，母许氏梦日轮堕怀，感而生音。康熙三十三年（1694）年二十四，始投高阳毘卢真一薙发，寻受具戒。南游参方，见梦庵于南涧理安，便入记室。受衣拂已，辞去，道经六安，爱雪峰山水之胜，欲留栖止。康熙丁亥（1707），梦庵入主柏林，招之入京，分座临众，莫不推服。康熙戊子（1708）夏，梦庵入灭，诸山耆旧咸请继席，乃遁之西山。是年缁素复以大千佛寺，敦请出世。英俊奔趋，门下三百。住持六载，得道如林。康熙五十二年（1713），住持柏林。三载之后，至康熙五十五年（1716），杭州理安虚席，南下住持。住持理安三载，五十七年（1718）退院，祖灯明绍禅师继席。康熙五十八年（1719）江右许兆麟以庐山归宗为请，忻然赴之。康熙五十九年（1720），住持京都大觉。雍正元年（1723）春，忽谢院事，飘然而南，一瓢一笠，山栖水宿，居无定止。四年（1726）秋，复还归宗，独居静室。九月偶示微疾，举疏山造塔事，作颂，有"此处埋老僧不得，羊肠鸟道自庚辛"之语，或为后来迁塔燕都西山大觉先兆。雍正四年九月二十九日示寂，礼亲王汇其事迹奏闻，敕赠圆通妙智大觉禅师，著有十会语录二十卷、《语要》、《指要》各一卷，外集《宗鉴法林》七十二卷、《是名正句》八卷、《宗统一丝》十二卷、《杂毒海》八卷。门人实絳为作行实。

性音门人佛泉实安（？—1744）于雍正四年（1726）继之住持大觉寺，五年（1727）御前赐紫，十年（1732）重赐紫衣三袭，乾隆九年（1744）入灭。佛泉门人月天际宽（1703—1752），乾隆九年（1744）继任住持，十七年（1752）入灭。际宽门人七位，具体情况不明。道光八年（1828），大觉住持真空向宛平县报告寺内损坏情况，表明其时已是真字辈僧人住持。同治二年（1863），大觉住持、性音第八世孙空恒重装佛泉实安所作性音真赞，表明直到清末，大觉寺的住持还是属于性音法系。

性音与雍正关系密切，交往二十余年，雍正即位之初，即飘然南下，或有不得已之苦衷。雍正对其十分敬重，赠以国师，对其门系也十分照顾。然而雍正十一年之后，对其态度大变，不知何故。无论如何，性音一系在清代的兴盛与此因缘息息相关，总的来说，他们是颇受皇家亲近照顾的。

明鼎，字调梅，号粟庵，晚岁自号恬退翁，黄梅人，冯氏子，八岁于汇源礼石白薙染，依万杉大楚受具，后遍参，如金粟碧、包山柯皆有启发。复参理安梦庵超格，当下大悟，康熙四十五年（1706）遂承记莂。明年（1707）超格入主京师柏林，随行。四十七年（1708）梦庵入灭，载柩南还，卜葬石林，该塔五载。五十一年（1712）出世娄江永宁。五十三年（1714）住持磬山，五十九年（1720）住持理安，雍正五年（1727）住持柏林，十一年（1733）退院，南还石林。雍正十三年（1735）刊修大藏，奉诏入京。乾隆三年（1738）藏经告成，庄亲王奏请住持京城万寿，并掌僧录。乾隆十六年（1751）入灭，寿七十二，腊五十四，塔于磬山。有四会语录十四卷，得法弟子二十余人，实瑄述其行状，庄亲王为撰塔铭。

法嗣三人：崇恩法南实胜（1690—1752）、拈花恢慈实仁、万寿粹如实纯（1714—1774）。

据《正源略集》卷十四：

京都万寿粹如禅师

顺义黄氏子，礼本邑观音寺悟上师出家，依贯文律师具戒，遍参宗匠。次谒万寿调梅和尚，亲炙数载，日穷底蕴，始授记莂，出住栴檀、广通等处。……乾隆甲午（1774）七月二十日示寂，世寿六十一，僧腊四十二，全身塔于本寺之后园。①

粹如实纯生于康熙五十三年（1714），雍正十一年（1733）左右出家。何时参调梅和尚，以及何时开始住持广通寺，由于史料不足，具体时间无从知晓。

彻悟际醒（1741—1810），法名际醒，字彻悟，一字讷堂，号梦东。创建了红螺寺净土道场，被后世奉为净土宗第十二代祖师。与其相关的史料主要有《彻悟禅师语录》、《彻悟大师遗集》、《净土圣贤录续编》卷一、《正源略集》卷第十六、《莲宗十祖略传》、《新续高僧传四集》等。

彻悟际醒生于乾隆六年（1741）十月十四日，俗姓马氏，父讳万璋，母亲高氏，京东丰润县人（今属河北省唐山市）。自幼聪颖，遍览群籍。乾隆二十七年（1762）二十二岁，因病发愿出世，至房山县三圣庵荣池老宿处剃度。第二年（1763），诣岫云寺恒实律师圆具。

乾隆三十三年（1768）冬，参广通寺粹如纯翁，明向上事，得传心印，是为临济三十六世，磬山七世。

乾隆三十八年（1773），粹如实纯迁万寿寺，彻悟际醒继席广通，时年三十三岁。

住持广通寺期间，他率众参禅，策励后学，津津不倦，宗风大振，声驰南北，如是十四年如一日。乾隆五十二年（1787），不知何故，他忽然由禅转净，"每忆永明延寿禅师，乃禅门宗匠，尚归心净土，日课十万弥陀，

---

① 《卍新续藏》第85册，《正源略集》卷十四，第84页。参见附录三，第56页。

期生安养。况今末代，尤宜遵承。遂栖心净土，主张莲宗"。

据《彻悟禅师语录》卷一：

自序

余自乾隆癸巳，住持京都广通寺，领众参禅。间有东语西话，笔以记之。至丁卯岁，以宿业深重，多诸病缘。因思教乘五停心观，多障有情以念佛治。且此一门，文殊普贤等诸大菩萨、马鸣龙树等诸大祖师、智者、永明、楚石、莲池等诸大善知识，皆悉归心。我何人斯，敢不归命！于是朝暮课佛，而禅者愿随者颇伙，因顺时机，且便自行，遂辍参念佛。时门墙见重者，谤焰四起。余以深信佛言，不顾也。十余年来所有积稿，一旦付之丙丁。不意为多事禅者，于灰烬中拨出若干则，然百不存一矣。嗣后为业风所吹，历主觉生、资福两刹。为虚名所误，往往有请开示、索题跋者，迫不得已而应之，日久岁深，复积成卷。戊辰夏，李居士逢春在山听讲，闻法有悟，遂欲付之剞劂。余曰："不可。身既隐矣，焉用文为！此世间隐者之言尚然，余已栖心净土，复何文字可留？"居士坚请不已。爰弁数语，用示皆不得已之言也。

嘉庆岁次庚午九月重阳后三日，讷道人书于资福二有丈室。①

这里说得相当清楚，他之所以由禅到净，是由于"多诸病缘"。关键是始于何时，依此说，则始于嘉庆十二年（1807）丁卯，然而《梦东禅师遗集》作乾隆四十二年（1777）"丁酉"，二说相差三十年，然考之前后，皆不成立。这一转变肯定发生在住持觉生、资福（红螺）之前，不可能是嘉庆丁卯。丁酉（1777）之说则过早，因为《行略》道其转变在住持广通十四年后，《正源略集》亦谓"首住广通，足不出寺十五年，凡求指示者，以寸香为度"，表明他在广通十五年年间还是以传禅为主。此外，其康熙五十年（1785）乙巳所作之《净土津梁跋》还强调"唯心净土，当处现成；自

---

① 《卍新续藏》62册，第331页下、332页上。

性弥陀，觌体不隔"①，而后来所作之《二有室跋》，则云"世之昧者，犹谬执唯心，横生异议。"② 这几乎是完全自我否定了。因此，其真正转变，则在康熙五十二年（1787）"丁未"，丁酉、丁卯皆为误刻。

乾隆五十七年（1792），住持觉生寺。住持八年，百废尽举。于净业堂外，别立三堂，名涅槃、赡养、学士，使老病者有所依托，初学者便于诵习。其于禅净宗旨，皆深造其奥。遐迩仰化，道俗归心，号称当时法门第一人。

嘉庆五年（1800），受法侄德宽之请，退居红螺山资福寺。十五年（1810）二月，诣万寿寺，扫粹如之塔。十月十七日，集众付院务。命弟子松泉了石（？—1815）领众住持。十二月十六日，命监院贯一续魁设涅槃斋，十七日，告众入灭。世寿七十，僧腊四十九，法腊四十有三。

际醒门人有松泉了石、天朗了睿（1766—1833）、惺聪、大枝、决真、明空等。松泉了石继任资福寺住持，嘉庆二十年（1815）入灭，同门了睿继席。道光八年（1828），重修本寺。道光十三年（1833），了睿入灭，门人盛茂达林继席。光绪四年（1878），盛茂达林入灭，门人昆泉通兴（1835—1908）继席。光绪十年（1884），通明寺成为资福寺下院，昆泉兼任通明寺住持。光绪十二年（1886），印光法师（1861—1940）到资福寺参学。光绪三十四年（1908），昆泉通兴入灭，普泉继席。总之，在际醒之后，直到民国时期，红螺山资福寺一直属于磐山法系，维持着禅净双修的宗风。③

---

① 《卍新续藏》62 册，第 345 页下。
② 同上书，第 346 页中。
③ 本节参考了赵依澍《清代北京红螺寺的法系传承研究》，北京师范大学哲学学院 2012 级硕士论文，导师徐文明。

第十八章 密云圆悟及其法系

第一节 密云圆悟

密云圆悟（1566—1642）为明朝晚期最为著名的禅宗宗师，法脉绵延，至今不绝。

圆悟，号密云，俗姓蒋氏，常州宜兴人，嘉靖四十五年（1566）出生。万历二十二年（1594）年二十九安置家室，二十三年（1595）三十岁至显亲寺，礼龙池幻有正传和尚出家。二十六年（1598）三十三岁始服僧衣。

二十七年（1599）三十四岁闭关。

据《密云禅师语录》卷六：

> 一日，本师过关前，闲话，及有心无心之旨，本师云："你既有心，把将心来。"我呈偈云："自心本自心，心不自自心。心不非自心，心心即自心。"本师云："心不自心，自心非心。有无既非，无自心耶？"复呈偈云："心心即自心，有无皆自心。有无皆自心，无心无自心。"本师云："今日张渚买两把青菜来，无个大萝卜头。"我云："某在关房不知，谢和尚三拜。"本师云："终未大悟在。"一日宇师弟与安师弟于关前话间，安云："字（宇）师兄，你在家杀几多羊，来索命时如何？"宇而（面）热不能答。我代云："者畜生，更要甚么命？"一晚山阴静虚王居士至茶话，及云门问陈操尚书云："闻尚书看《法华经》，是不？"书云："是。"门云："经中道，一切治生产业皆与实相不相违背。且非非想天，几人退位？""居士作么生？"士云："请师兄说。"我云："大家在者里。"士大喜。又因袖破有感，呈本师云："袖破露出手，鞋破赤脚走。暮撞富家郎，他丑我不丑。"本师正云："汝

走不害丑，我丑不耐走。若要赌猜枚，大家出只手。"①

在他闭关之时，也不只是一味自修，正传及同门师兄弟、甚至居士也会前来看望，与其交流。他对有心无心、自心自性比较关心，于此一意参究，虽有所得，毕竟是意解分别，终未大悟。同门觉宇出家之前为屠户，是故师弟问其有羊来索命时如何。圆悟代答要什么命，表明"了则业障本来空"，索命更造一重业。他因袖破有感，正所谓云开日出，无明净尽，智慧显现，若非袖破，何以露手。赤裸裸，净洒洒，没可把，本来天真，何以为丑？正传示之，入水见长人，出手知高低，针锋相对，和盘托出。经过他闭关修行和师傅的谆谆教诲，确有进步。

三十年（1602）三十七岁，正传往北京，命为显亲监院。

三十一年（1603）三十八岁，一日过铜棺山，豁然大悟。

据《密云禅师语录》卷六：

> 一日自城归，过铜棺山顶，忽觉情与无情，焕然等现，觅纤毫过患不可得。大端说似人不得，正所谓大地平沉底境界。尔时恍恍惚惚、昭昭灵灵底，要起起不来，欲觅觅不得，不知甚处去了。又自密举前所见所会古人因缘，宛尔不同，亦不自疑，道是与不是。②

这是密云圆悟悟道的经历，十分重要。心中如大圆镜，有情无情，一齐显现，心无分别，不见一切过患。当时恍恍惚惚，若有若无，昭昭灵灵，若隐若现。以此智慧审视以前所见古人公案，见解大有不同，至此自信生起，心无疑惑。

据《密云禅师语录》卷六：

> 至三十九岁，同觉宇、三藐二师弟到京，省觐本师。本师问："老僧离汝等三年，汝等有新会处么？"我即出云："有。"本师云："有甚

---

① 《嘉兴藏》10册，第35页中下。
② 同上书，第36页上。

么新会处?"我云:"一人有庆,万人乐业。"本师云:"汝又作么生?"我问讯云:"某甲得得来省觐和尚。"本师云:"念子远来,放汝三十棒。"我抽身便出。又一日到室中,本师问:"近日又如何?"我举起右脚。本师云:"驴脚马脚?"我举起左脚。本师云:"马脚驴脚。"时宇师弟在傍,我以手指伊,眼顾本师。宇便出。我云:"不消一指。"亦出。又一晚,同众兄弟入室,本师云:"寂然不动,感而遂通。"我便出。本师云:"此子如伤弓之鸟,见弓影便行。"①

三十二年(1604)三十九岁,他与同门觉宇、三貌两位师弟一起进京省师。此时他已经觉悟,故发言举止与众不同。所谓良马见鞭影便行,既是感而遂通,故闻言便出。

三十五年(1607)四十二岁,南归,到龙池山过夏,并到径山、天目、天台、绍兴、杭州、嘉兴、苏州、松江、九华、普陀等地游历,前后四载,后住绍兴护生庵。

三十九年(1611),四十六岁,归龙池,再参正传。正传集众上堂,付以法衣拂子,命为西堂。

万历四十二年(1614)幻有正传入灭之后,为其守制三载。

万历四十五年(1617)丁巳,五十二岁,众请开法于禹门。天启二年(1622)登匡庐,登东林、归宗,于袁之泗州寺度夏。有僧自天台来,请师住通玄寺。

三年(1623),住持通玄寺。四年(1624)三月,蔡子谷请师主金粟山广慧寺,宗风大振,学徒踵至,众满七百。

崇祯三年(1630)庚午住持福建黄檗。四年(1631)辛未住持阿育王寺。不久宁波司理黄端伯、邑侯王章暨诸绅士请主天童寺。师主法二十有五年,以本分接人,终始不易。

崇祯十四年(1641)辛巳,师有退居之志,曳杖出山,卒岁于山阴祁氏之密园。

十五年(1642)壬午,正月至天台通玄寺,遂休止于此。

---

① 《嘉兴藏》10册,第36页上。

七月七日午时入灭，寿七十有七，腊四十有七。建塔于天童之南山。

第二节　密云圆悟门下

密云圆悟门人很多，付法弟子为五峰如学、汉月法藏、破山海明、费隐通容、石车通乘、朝宗通忍、万如通微、木陈道忞、石奇通云、牧云通门、浮石通贤、林野通奇十二人。

据《大沩五峰学禅师语录》，潭州沩山五峰如学（1585—1633），关中临潼人，任氏子。万历十三年（1585）乙酉四月八日出生，三十二年（1604）二十岁丧父，薙发五台，从大岭寺天齐观修静业，法名如学，别字无为。其后游方，始谒熊耳无言大师。又到金刚台，遇性空禅师，同居仙人洞。同往南海，路过虎跑，谒三空禅师。至常州，再遇性空，复居仙人洞。至伏牛打七，进至终南山五峰岩，住静三载。到五台山，参月川禅师。圆戒于澄方律师。入楚，访黄檗无念。至庐山，参憨山德清。到云门，访湛然圆澄。闻密云和尚开法龙池，深契法旨，相从入天台通玄。天启六年（1626）丙寅冬，金粟众盈五百，命为西堂。天启七年（1627）辞行，机锋相契，圆悟乃付源流拂子，往南京弘济寺掩关。崇祯三年（1630）庚午，悟住黄檗，亦为西堂。

崇祯四年（1631）辛未，来主大沩，从学如云，宗风大振。座下得旨者如养拙正明（1600—1649）等。六年（1633）癸酉出山，行化五台，路至金陵，为余集生中丞请说法祇陀林。是年七月二十二日正午示寂，先致书养拙明，使主沩山。世寿四十有九，僧腊二十九。十五年（1642）壬午弟子郢素、复智等依法阇维，函师灵骨，奉归大沩，养拙正明建塔。所著《五宗派叙》，示衡州僧谷应，后黄龙牧夫付梓行世。门人养拙正明继主沩山，下传慧山智海，亦为沩山住持。

据《续指月录》，苏州三峰汉月法藏（1573—1635），无锡苏氏子，年七岁就乡塾，万历十五年（1587）年十五出家，万历十九年（1591）十九剃染得度。究心教典，精析儒术，著《四书五经参同》。后决志行脚，参万法归一话。二十九年（1601）至云栖，礼袾宏大师求戒，大师告以朝廷未开戒坛，先授息慈戒。三十七年（1609），从金陵灵谷寺古心德馨律师受具。三十八年（1610）隐虞山三峰。会窗外二僧夹篱，拗折大竹，声若迅雷，闻之大悟。又因闭关之地时，忽推窗见黄梅堕地，始得彻证。乃握一竹篦，开发学者。一时称三峰垆鞴，名重丛林。天启四年（1624）甲子秋，礼圆悟和尚于金粟，请为首座。不久辞行，圆悟手书临济源流，并信拂授之。

五年（1625），住持三峰清凉禅院。六年（1626），住持吴郡北禅大慈。崇祯元年（1628），开堂杭州临平安隐。二年（1629），受吴郡邓慰天寿圣恩之请，为第十一世。一度住持龙山锦树。六年（1633），住持杭州净慈，复住长水真如。八年（1635）春，住持吴江圣寿。

初开三峰法席，历主净慈、北禅、龙山锦树、真如、圣寿，复重兴邓尉圣恩祖席。崇祯八年（1635）乙亥七月二十二日入寂，门人奉全身建塔于圣恩寺之右，曰天山塔院。著有八会广录、《智证传提语》行世。

法藏门人众多，形成一度势力很大的三峰系，后因雍正干预，渐归湮灭。

据《破山禅师语录》，海明（1597—1666），号破山，万历二十五年（1597）丁酉岁生，蜀北果州大竹人，姓蹇氏。四十三年（1615）十九岁，诣本郡佛恩寺，礼大持律师出家，为名海明，号旭东。四十四年（1616）大持入灭，听延福寺慧然法师讲《楞严经》，有疑不决，出蜀遍参。四十六年（1618），住黄梅破头山三载。四十八年（1620），参憨山德清、博山元来。天启二年（1622）上径山，参雪峤圆信和尚。三年（1623）癸亥冬，二十七岁，参显圣湛然圆澄和尚，受具足戒，补维那职。四年（1624）甲子春，闻天台密云圆悟和尚赴金粟，前来参礼。问答得旨，始为维那，后为西堂。七年（1627）丁卯春，悟书曹溪正脉来源一纸付师，师受之，辞别出山，八年（1628）寓莒溪福山。

崇祯二年（1629）己巳秋，出世嘉禾东塔。三年（1630）庚午。金粟圆悟和尚专使送法衣至。住持三年，道风大振。

五年（1632）退院，准备还蜀，抵夔州万县，寓广济寺。六年（1633）受请住持梁山万峰太平禅寺。八年（1635）春，迁主中庆禅寺。

九年（1636）冬，迁开县栖灵。十一年（1638）冬，住持渠县祥符。十二年（1639）春，住持广安大竹县无际寺，后再归万峰太平。十三年

(1640）十二月，开县徐通碧修大宁待师住持。

十四年（1641），弘法蜀南，住持叙州佛莲禅院。十五年（1642）春，于泸州蟠龙解制，东下住持开县大宁。十六年（1643）冬，闻乱起，归大竹佛恩。

十七年（1644），受石砫土司总兵秦良玉之请，住持三教寺。

顺治四年（1647），住持天祐寺。七年（1650），住李总兵涪陵军营，教其止杀。八年（1651），住福田寺。九年（1652），住太白崖万年寺。十年（1653），开建双桂堂，结冬安众。

康熙三年，欲至天童扫塔，未果。

五年，入灭，世寿七十，僧腊四十三。开堂一十有四刹，说法三十有七年，嗣法弟子八十七人。

据《费隐禅师语录》，通容（1593—1661），号费隐，闽之福清江阴里人，何氏子，母翁氏。生于万历二十一年（1593）癸巳五月二十四日戌时。父母早亡，万历三十四年（1606）十四岁从三宝寺慧山老师剃度。三十五年（1607）随慧山迁福州华林寺。三十八年（1610）十八岁，参湛然圆澄。三十九年（1611）十九岁，参寿昌无明慧经。四十年（1612），参博山无异元来。再参湛然于云门。四十三年（1615），至庐山，见憨山德清，又到皖公山，访瑞白明雪。四十四年（1616）二十四岁，自皖公山过金陵，见古潭禅师，随到吉祥寺，逢离我禅师。又至东塔同麦浪禅师往埭头陆庵度夏。至萧山，值湛然和尚讲楞严，与会，随即受具。天启二年（1622），至天台，参密云圆悟。崇祯二年（1629），再参圆悟于金粟。三年（1630），至金粟，迎请圆悟住持福州黄檗，冬，就职西堂。四年（1631）春，随圆悟赴黄檗法席，七月圆悟付以拂子，住持上马峰。六年（1633），四十一岁，开法黄檗，隐元隆琦来参。九年（1636）春辞黄檗，秋住持莲峰，著《原道辟邪》一卷，回应天主教之毁佛。十年（1637）春，往天童省师，命为首座，秋住持温州法通。十一年（1638），住持金粟广慧寺。十五年（1642），圆悟入灭，举林野通奇继席通玄。十六年（1643），举万如通微住持禹门。顺治六年（1649），住持云间超果。七年（1650），刻《五灯严统》，以回应曹洞宗远门净柱之《五灯续略》，十一月，住持径山。十一年（1654），因《五灯严统》致讼，离开径山。十二年（1655），住持虞山维摩院，年末，请再住径山，不应。十三年（1656），住持尧峰。十四年（1657），住持福严。十八年（1661），三月二十九日，入灭，世寿六十九，法腊五十六。自四十一岁开法黄檗，历迁莲峰、法通、金粟、天童、超果、径山、维摩、尧峰，最后示寂福严，十坐名刹，力挽颓宗，有《说法语录》四册十四卷及《祖庭钳锤录》《心经斲轮解》《渔樵集》《挂瓢集》《别集》并行于世。嗣法弟子隆琦、行玑、行弥等六十四人。

据《林野奇禅师语录》，通奇（1595—1652），字林野，合州人，姓蔡氏。万历二十三年（1595）乙未十二月廿六日生，三十一年（1604）年十岁，依金钟寺叔父道然为童行，三十九年（1611）十七岁剃落。四十一年（1613）年十九，出峡南游，历江南讲肆十四载。天启七年（1627），居嘉兴当湖德藏，准备掩关千日阅藏，半载得疾。闻圆悟和尚化众金粟，欲往就参，为缁素所留。崇祯三年（1630）春圆悟过当湖，遣僧请教，圆悟曰教伊关中莫妄想。一日失足坠楼，恍然而觉。闻圆悟在吴门，即日破关，见之苏州清凉庵。四年（1631）圆悟赴育王，随往。举洞山与泰首座吃果子因缘，命众下语，师曰："食到口边，被伊夺却。"圆悟首肯，丛林以此知名。侍师十年，逢场对垒，当仁不让。崇祯十二年（1639）秋，受付嘱，犹居天童座下踰年，为西堂。十三年（1640）六月，住静余杭广化。十五年（1642）壬午秋，圆悟示寂，师奔赴通玄，众议住持，枚卜同门，三卜而得师名，不容推逊，乃继席。十六年（1643）出世通玄，四月入院。住持五载，学者如云，其付授者二隐谧、自闲觉、大衢壁、博融本、慧日升、破颜祖、大用志、佛古闻、法澍长、云将清、商尊玄、汉日杲、牧庵则一十三人。顺治四年（1647）冬出队嘉禾，为暗斋黄观察、寓公高水部、曾城汪进士坚留，住持东塔。五年（1648）春，移主栖真，湖州当道士绅请师开戒于护生禅院。六年（1649）己丑冬，宁绍台三郡当道诸绅于栖真寺请师住天童。此时得法者空生行慈、佛海行云、破梦行义、乳峰行溧、白兆行新、蘷石行周、悦可行明、了悟行能、捃拾行学、云峨行喜、默云行耀、无碍行辙、了源行昭、法坛行海、含章行益、云父行遍、即香行观、月瓢行度十有八人。七年（1650）庚寅五月初三日，入天童。前后临众十年，夙兴夜寐，谨慎小心，持正不阿。

顺治九年（1652）感微疾，三月二十九日，时有出冶上座求更名，师援笔书"行果"二字，乃曰行果圆成。端坐而逝，世寿五十八，僧腊四十一。门人二隐行谧、自闲行觉、佛古行闻请木陈道忞为铭。

第三节　木陈道忞

　　明末清初曹洞宗大盛于岭南之时，临济宗也悄然而起。憨山之后，临济宗木陈道忞（1596—1674）一系渐次兴起。

　　道忞号山翁，广东潮州茶阳（大埔县湖寮乡）人，俗姓林，幼有凤慧，一目十行，以艺文擅名乡里，试博士弟子员。冠岁读《大慧录》，忽忆前身游方生涯，乃至庐山开先寺，参若昧智明禅师（1569—1631）出家。后有天池僧告之其父到处寻找他，劝其回乡，在他回家之后，家人迫令娶亲。泰昌元年（1620）二十五岁，生一子，乃再还匡庐，长跪山门，求师出家。明师以其志气不群，又命参憨山德清、黄檗无念深有等尊宿，皆有所得。后于崇祯二年（1629）在金粟参密云圆悟，奉事十四年。崇祯十五年（1642），圆悟圆寂，继之住持天童。顺治三年（1646）秋，退天童，入慈溪五磊禅寺。四年（1647）五磊道忞移住台州广润禅寺。六年（1649）开法越州大能仁寺。八年（1651），住湖州道场山护圣万寿禅寺。又住青州大觉禅寺。十四年（1657）再住天童。十五年（1658），玉琳通琇应诏至京，不久乞归山门，留门人行森。十六年（1659），道忞入京。十七年（1660），四月，封宏觉禅师。五月归山，留本月旅庵、本皙山晓开法于善果、隆安。康熙元年（1662），移金粟。后投老于会稽化鹿山之阳明洞天，康熙十三年（1674）入灭。①

　　道忞是明末清初广东最为知名的佛教大师之一，但也是一个有争议的人物。他自称是宗杲后身，钱谦益也曾赞他为"血性男子"，可与大慧相比，不过他不久又成新朝国师，故颇为后世所诟病。然而或许他也有无法言说之苦衷，而顺治皇帝虽为满人，但在真心奉佛方面与梁武帝相近，非其后辈假崇奉佛教而欺世盗名所能比，通过化导顺治而救天下万民于倒悬，这应当是玉琳通琇和木陈道忞等人的初衷和本意。

---

　　① 参见《冼玉清文集》，中山大学出版社1995年版，第508、509页。

道忞本人未在家乡弘法，门下有不少人在广东传禅，出现了宗符智华、雪樆真朴、龛山本微、报资旷圆本果等大师。

报资旷圆本果，初名行果，后依道忞平阳法派改为本果，字旷圆，号硕堂，湖北江陵人。其生卒年不详。

据潘耒《报资禅院记》：

> 旷圆禅师，荆州人，儒家子。早岁出家，遍参名宿，得法于弘觉国师。礼塔曹溪，薄游广城，道望翕然。新州龙山寺，六祖故居也，四众延师住持。师有父友胡念嵩致书粤东学使陈省斋，嘱为之护法，省斋亦自重师。师住龙山，有不适意，即辞去。省斋欲留师于广州，见西郊外有废藩支子海州之墅，园池竹木，最为清幽，捐俸倡募，以官价得之，改为招提，请师开法其中，此壬戌春事也。
>
> 师道眼圆明，践履纯笃，教典儒籍，无不精通，诗文与作者争胜。面目严冷，未尝委曲就人，而人自尊信之。宰官绅士，抠衣问道者，踵相接。寸丝粒粟，不以自私。殿堂斋寮，以次成就。屋不多而曲折清疏，徒不众而整齐严肃，精修办道，莫善于此矣。余十年前游粤东，与师仅一再见而别，今兹复来，师年且七旬矣，骨坚神王如故。[①]

潘耒再游粤东，是在康熙三十八年己卯（1699），其时旷圆年已七十，故生于崇祯三年（1630）。他出身于荆州江陵诗书世家，早年出家，遍参尊宿，后得法于弘觉国师。参礼曹溪六祖之塔，游历广州，道望甚隆，龙山虚席，为四众共请，住持六祖旧居国恩寺。父友胡念嵩致书粤东学使陈省斋，请为护法。他住持龙山，有不如意，便辞去。陈省斋为其买广州城西尚之信故园，置为招提，请其开法。

不过，此言壬戌春开法报资，与成鹫所记不合。成鹫《挽硕堂十章，历序平生相遇之缘》，中谓"予归自珠崖，谒翁于国恩寺之丈室"，时在康熙二十三年甲子（1684）成鹫四十八岁时，表明其时旷圆尚在龙山，不可

[①]《清代诗文集汇编》170册，《遂初堂诗集遂初堂文集遂初堂别集》，上海古籍出版社2010年版，第587页。

能于壬戌（1682）开法报资。

潘耒康熙二十七年戊辰（1688）初游岭南，有《报资寺访旷圆禅师不遇》，称"零落王家旧兔园，招提新改棘为藩"，表明是年新改招提，如此所谓"壬戌春"实为"戊辰春"之误。

潘耒未言旷圆早年住持潮州之事，不知何故。元韶康熙五年（1666）十九岁时"辞亲出家，投入于报资寺旷圆和尚"，此时广州报资寺尚未开创，只能是潮州的报资寺。此外，明海禅师（1670—1746）九岁时即康熙十七年（1678）于报资寺从真朴门人、旷圆法侄超长禅师出家，此报资寺也只能是潮州报资。

一说他为潮州灵山寺僧，因为他所编之书称为《灵山正宏集》，此说可能有误。其门人毗陵严长居士蒋鑨（法名元稔）与"粤东报资旷圆果"水乳契合，可见他在粤东潮州时亦住报资寺。

据《纪梦编年》，康熙六年（1667），成鹫馆于碧江梁氏之家，其时本果住佛山铁门帘，与之旦夕论辩。不知他是暂住此寺，还是已经离开潮州，转至佛山长期住持。既然成鹫与其旦夕讨论，表明并非一时，可能他已经辞别潮州报资，改由法侄超长（大车如长）接任，自己长住佛山铁门帘，门人元韶亦应随行。

康熙十六年丁巳（1677），由于三藩反清失败，元韶被迫前往越南，旷圆亦可能暗中参与其事。其年成鹫出家，礼石洞为师，亦参旷圆。

康熙二十三年（1684），成鹫自海南归来，路过新州，拜见担任新州国恩寺住持的本果，然他可能早就住持此寺，非始于此年。

自康熙二十七年（1688）始，本果长期住持广州城西报资寺，前后二十余年，使此寺成为岭南临济宗法窟。

报资寺中有榕树消暑，号称"第一清凉地"，游人常往赏花吟咏，为仙城西郊胜地。

大约在二十八年（1689），门人元韶受命于越南阮氏国主，前来广州迎请大汕，并取经书佛像，与师相见。大汕未行，乃请其门人兴莲果弘前往，后为国师。另外又请本宗法侄明弘子融、明海法宝等赴越。

本果同门，还有号为薿山的潮州灵光寺僧，他们同在潮州，皆与反清力量有关。总之，本果及元韶曾经参与岭南反清活动，并且为此远行躲避，并非捕风捉影。

三十二年（1693），本果始编著《灵山正宏集》一卷，首列灵山寺图，次为元僧了性《大颠本传》，次为韩愈与大颠古书上，次为欧阳修别传跋，次为虞集别传赞，次为诸家诗文，终乃本果自《跋》。其《自序》署"时康熙癸酉秋七月江陵释本果书于仙城西畴之报资方丈"，《后序》署"时康熙乙亥九月十七日江陵释本果硕堂题"，表明成书于三十四年（1695）。

旷圆兼通儒释，长于诗文，著述甚多。除所编《灵山正宏集》外，传世不多。他为道忞所编《历传祖图赞》所作序尚存，中称"先师弘觉老人住天童时，自释迦佛至密云悟祖绘图制赞，供养山中，其赞语载《宝积录》。往往学者读其赞，以不见祖图为恨。隐元琦和尚开化日本，门人雪峰一公刻有图赞传彼国。今秋，寿宗韶子寄一册至广州，欲刻之传于安南，因采其行述、图其祖像，易以先师之赞，并补刻其像而赞之，而不肖陋影，亦滥入于韶子之请也。相既非相，心亦非心，赞亦非赞，传亦非传，见闻随喜者，应作如是观。"[①] 此序作于辛未年（1691）秋，乃元韶回到越南后，准备重刻隐元隆琦门人雪峰即非如一（1616—1671）所刻带有祖师影像的《佛祖正印源流图像赞》，此与道忞所作《历传祖图赞》相似，并请本果加上道忞及本果自己的传赞及画像，本果对之进行重编，圆悟以下改为本师道忞，赞文改用道忞所作，然而不知为何，现存续编两个版本（天和寺手写本、慈昙寺复印本）只有道忞之传，而缺失本果之传。其中道忞传中称其为"大明人"，足以表明本果、元韶及其越南子孙的态度。

他与法孙成鹫关系密切，多有诗文往来。康熙四十六年（1707）入灭，成鹫有诗悼念，即《硕堂十章》，历述二人生平交往故事。

旷圆门人，还有燕京天龙卓午元曜禅师、毗陵严长居士蒋鑨（元稔）。

潘耒对旷圆评价甚高，称其道眼圆明，践履纯笃，并且旁通儒典，精于诗文，揭正法眼，为岭南佛教表率。

据《五灯全书》卷七十四：

---

① 《历传祖图赞》，1691年慈昙寺复印本，引自黎氏垂庄《越南南河地区十六至十九世纪中国禅宗的发展及相关文献的考察》，华东师范大学2014年博士论文，第7页。

广东惠州曹源螯山本微禅师

潮州傅氏子。上堂:"诸方浩浩说禅,宛似画梁春燕,古树秋蝉。且道禅作么生说?"一僧出问:"只如从上师僧,升座入室,所为何事?"师掷拄杖曰:"看,看!"竟归方丈。师一日赴斋归,中途一僧问:"檀越斋僧,还有功德也无?"师曰:"不可无心得。"曰:"只如梁武帝,五里一庙,十里一寺,为甚初祖道实无功德?"师曰:"不可有心求。"曰:"除此二途,请道一句。"师曰:"大道透长安。"(山翁忞嗣)。①

禅本无说,天复何言,诸方浩浩,亦是一时方便。檀越斋僧,受者当顾念四恩,大庇三有,不可无心而得,受之无愧;施者当知福德不如功德,宜行无相布施,不可有心而求,只修福德。然而三轮体空,无施无受,离此两边,中道不二,则条条大道透长安,门前皆有涅槃路。

螯山本微,为潮州傅氏子。据梅州祥云庵(旧属潮州)《真愧比丘记略碑》,真愧比丘慧日(1660—1734后)自述早年九岁即康熙七年(1668)时得法于祖师螯山和尚,康熙二十四年(1685)二十六岁时祖师命其为祥云庵住持,之后不久,便游交趾,数年之后,螯山回到广州报资寺,并且在那里圆寂,慧日将祖师舍利迎回祥云庵安葬。

螯山出家的阴那山灵光寺正好位于元韶家乡程乡县,同门本果早年亦在潮州报资寺弘法,他与本果、元韶自然认识,且交情深厚,元韶后来远走越南、螯山也携带法孙慧日"几历风波",可能先到惠州曹源弘法,后又来到更加偏远的潮州祥云庵躲避,都是由于岭南反正失败。螯山后来远游交趾,可能是投奔已在越南立足的法侄元韶,而他回到广州报资寺的时间也与元韶一样,可以认为二人同行,他们共同参访本果,可见关系密切,可能螯山还有重回交趾之愿,然而却在报资圆寂了,大约在己巳(1689)岁末。

有人认为螯山可能就是崇祯太子朱慈烺(1629—?),后为翰林李士淳(字二何)带回家乡梅县。此事需要进一步考证,或许并非空穴来风。假如

---

① 《续藏经》82册,第370页上。

此事属实，那么道忞后来投顺，或许有难言之苦衷。

据《五灯全书》卷七十四：

韶州曹溪雪櫃真朴禅师

闽之漳州徐孝廉也，得法于天童忞。初住福建太平，后主曹溪。上堂："浃旬寒雨落潇潇，冻得天王鼻孔焦。厂内碓头花匼匝，庭前石柱笋横标。空锅湿菜和根煑，冷灶生柴带叶烧。寒拾无端拍手笑，且道笑个什么，丰干何事舌频饶。"击拂子，下座。小参，举花药英云："十七十八，道著即瞎；十九二十，人信不及。更要待枯木生花，胡饼出汁。"师曰："花药老汉，虽则克期取证，未免活逼生蛇。若是曹溪，也不教你胡饼出汁，只教你眼若不睡，诸梦自除。何则？不见道，瓮里何曾走却鳖？"僧问："威音王初出世时，参甚么人？"师竖拳曰："参见渠来。"（山翁忞嗣）。①

花药进英（？—1122）为真净克文门人，号"英铁嘴"，这一公案，常为后人道及，其中奥秘，却被真朴一语道破，"眼若不睡，诸梦自除，心若不异，万法一如"，人人尽有这个，迷之不失，悟之不得，瓮里何曾走却鳖。

真朴禅师，号雪櫃，漳州徐氏，曾为孝廉，生卒年不详，成鹫称"雪师翁，平阳之大弟子也"②，故其为道忞门人之首，生年当不迟于宗符（1613）。他初住福建太平，后于康熙七年（1668）至十一年（1672）住持南华寺，曾著《重修曹溪通志》。又为法侄元觉（1624—1681）作塔铭，表明他在此时仍然在世，故寿命不减于七十。他后来可能又曾住持光孝，故成鹫谓师叔铁航之书有"带累平阳，牵连光孝"之忧，今释澹归有康熙年《雪櫃和尚住光孝寺开堂启》，表明此事不虚。

真朴为漳州人，其法名不从平阳法派及祖渊派，可见并非从道忞出家，而是出家于漳州南山寺。其门人大车如长（超长），可见是用南山寺喝云派

---

① 《续藏经》82册，第370页下。
② 《咸陟堂集》第二册，第195页。

所用之突空智昇字派。如此他的剃度师当为明字辈，不知何人。他和南山寺住持怡石真纯（1627—1669）情况相近，虽然接的是圆悟系（用祖渊字派）的法，但剃度是在南山寺，故用南山派，其门人为如字辈，怡石门人有如彦、如闻、如严、如亨、如森等①。

真朴何时师从道忞不详，应当较早。永历十二年戊戌（1658）春，他曾到道忞家乡潮州，并携带道忞伯兄元孺之信到天童。永历十三年己亥（1659），道忞致书家兄，认为生世乱离、家园残破，皆由我辈三毒炽盛、无明妄染所造恶业所致，改往修来，自净其心，便可转祸为福。

如此真朴可能在永历十二年（1658）前便到潮州，弘化于道忞家乡，后与同门旷圆本果、蔹山本微并化，门下大车如长在本果离开后住持潮州报资寺，为其于潮州行化之一证。可能后来康熙之初与蔹山一起离开潮州，前往惠州弘法，后自惠州到曹溪，住持南华。南华退席后息身广州粤秀云林北郭，后应光孝四众之请，于此开法。

真朴门人，还有际明大师成复、乘乘大师成注、无怀大师等琨（原字宗瑶），皆云顶戒子。

除真朴外，道忞门下还有住持光孝者。法孙敏言法师（1664—1737），字符默，号葆庵，南海九江人，俗姓冯，参道忞门人天岳本昼禅师得法，乃归隐诃林，雍正间受请为光孝方丈，乾隆二年（1737）入灭，其弟子圆德，乾隆间亦为光孝住持。

据《五灯全书》卷七十四：

韶州曹溪天拙本宗禅师

上堂：" 如来禅，祖师禅，鼻孔两窍；即此说，离此说，出气同源。即与离且置，只如大佛顶，如何见？" 振威一喝。晚参："自从踏著曹溪路，了知生死不相干。汝等大众，即今行住坐卧，为甚还在生死海中，头出头没？" 复曰："自是诸人，二六时中，脚跟不曾点地，又说甚么踏著。"（山翁忞嗣）。②

---

① 《南山寺志》，福建省漳州南山寺编，2001年版，第110至112页。
② 《续藏经》82册，第372页中。

本宗住持曹溪，或在真朴之后。用鼻孔两窍来比喻如来禅与祖师禅，说明二者出气同源，不可分离，相当新奇。诸人行事不实，悟理虚浮，脚跟不能点地，曹溪之路，如何轻易踏著！若能万缘放下，一念心开，悟理明，践履实，则与永嘉把手共行，何来生死！

鼎湖系在当时岭南势力最盛，影响最巨，栖壑门下人才辈出，而道忞系在岭南的扩展，得力于与鼎湖系的的融合。其中典型，最为著名的便是宗符智华（1613—1671）。

据成鹫《愚关和尚传》等，师法名智华，字宗符，号愚关，本为福建漳州林氏子，天启七年（1627）年十五，礼本郡昭然禅师出家，崇祯五年（1632）二十，行脚入粤，十年（1637），礼云顶栖壑老和尚圆具，从学十余年，穷研律部，梵行精严，为后来模范。后于顺治三年（1646）出岭参方，先后参朝宗通忍（1594—1648）、罗峰弘丽、天界道盛、三宜明盂、费隐通容、玉林通琇等，无不升堂入室，针芥相投，罗峰弘丽住韶州日亲山，又亲近数年，任首座。罗峰入灭后，回广州。顺治七年（1650），创双桂庵，后来又创勇猛庵（顺治十年前）。约十五年（1659），谒弘觉国师木陈道忞于天童，尽得其大机大用。宗符最大的贡献是开创华林寺和中兴云门寺。

据离幻元觉《华林寺开山碑记》：

> 吾粤自卢祖传灯，曹溪滴水，遍洒天涯，后之溯宗门者，莫不首列南华。要之法乳渊源，西来一脉，我华林寺，实肇其基。旧称西来庵，地曰西来初地，萧梁大通元年，达摩尊者，自西域航海而来，登岸于此，故名。至今三摩地，西来古岸，遗迹犹存。明嘉靖间，慧坚老宿悬记云：一百单八年，当有大善知识，在此建立法幢。崇祯初季，我师宗符老人，由漳州行脚入粤，路出西来。先一夕，庵主梦金翅鸟，翱翔空际，光烛茆茨。及见师，大奇之，愿布坐具地，为建道场。师以志切游方，力辞不就。厥后遍参海内诸大名宿，传毘尼于云顶，印心法于天童，复飞锡南来。一时当道宰官暨绅士程可则、王念初、梁佩兰、陈恭尹诸公，仰师道范，为卜地西来，请转法轮。由是遐迩向风，皈依恐后。爰拓基址，定方隅，引河流为功德水，植材木为祇树

园,首建大雄宝殿,次及楼阁堂庑、寮室庖湢,无不圆成,榜曰"华林禅寺",乃国朝顺治乙未岁也。师住持一十有七载,大建西来宗旨,常垂三关语,勘验诸方学者。道风远播,闻者景从。前后复开法双桂、勇猛、东湖、云门诸刹,嗣法门人,离幻、铁航、识此、天藏,皈依弟子,不可以数计。

犹忆掩关石洞时,曾晤天然和尚云:自少室潜踪,遗下一片闲田地,孕奇毓秀于千载之外,斫额望师久矣。今乃应运崛兴,适符往纤,地灵人杰,相得弥彰,此论殆非灵誉。无何,辛亥之夏,偶示微恙,未几归寂。宏法方殷,报缘莫续,距非神龙变化,见首不见尾者耶?元觉忝列门墙,虽经大冶陶炼,仍惭钝铁,安敢主盟保社,为世导师。奈承属个未了公案,只得努力向前,十载于斯:法之昌而明之,缘之辐而癏之,要皆先老人道隆德盛,感格人天所致。后之藉其荫而享其成者,自当饮水知源,善继善述,西来一脉之传,正未有艾也。是为记。大清康熙二十年,岁次辛酉孟秋。

(同治七年、岁次戊辰季冬,此碑经满汉公旗义学主讲南海陈文瑞补书,华林常住重立石。)①

如此宗符初入粤之时,便路过西来庵,其庵主僧前一夜梦见有金翅鸟翔空,故奇之,欲留不可。后来罢参归岭,程可则、王念初、梁佩兰、陈恭伊等名士请其入住西来庵,并兴建殿堂,易名为"华林禅寺",时在顺治十二年(1655)。康熙元年(1662)冬,木陈道忞将天童圆悟道场金粟从汉月法藏一系中夺回,号称反正,宗符再来参,得受拂子。六年(1667),于东莞开创东湖禅院。十年(1671),受请中兴云门。同年示疾,回华林,不久入灭。

宗符门人有嗣法弟子离幻元觉(1624—1681)、铁航元海、识此元印(?—1707)、天藏元浸,传戒弟子元俨,受法弟子闲云元睿、成惠、元奘及庆云寺第四代住持契如成渠等。

元觉为宗符首徒,据陶璜(握山)《石洞幻和尚传》,师为顺德简氏

---

① 宣统《续修南海县志》卷十三。

子，早年慕道，值鼎革兵乱，仅以身免，乃逃入鼎湖，礼宗符得度，其时或在顺治三年（1646）。初名成安，字离幻，顺治十年（1653）三十岁时，从栖壑大师受具。研穷律部，参究大事，一日打扫除尘，忽有省，以偈呈师：有离即有患，无患亦无离；证得离离患，即纪证真离。宗符肯之，许其入室，改名元觉，号"离幻"。顺治十七年（1660），发足游方。归岭助师阐化于华林，任西堂。康熙九年（1670），解职往循州，受宗符记莂。游罗浮，过石洞，爱其幽深。康熙十年（1671），宗符受云门请，命其还住华林。是岁宗符入灭，元觉继之住持，为华林第二代，多所营造，使之蔚为大刹。康熙二十年（1681），元觉入灭。

宗符门人还有契如元渠（1626—1700）。据尹崧《第四代东湖契如老和尚塔铭》，师法名元渠，号契如，番禺人，俗姓苏，六岁随母斋居，十五有出尘之志，因父母不允，便结社念佛。顺治七年（1650）二十五岁，至诃林双桂洞，礼宗符和尚出家。九年（1652）冬，二十七岁，至鼎湖山，从栖壑大师受具。次年夏满，归双桂，事师勤劳，朝夕不懈，持戒精严，禅观绵密，颇受器重。十二年（1655），宗符住持华林，委以监院。十七年（1660），发足参方，遍历从席，谒竺庵大成、雪航智楫（别号汝航），游方之时，又遇宗符和于康熙元年（1662）冬参木陈道忞于金粟，乃随之南行，未尽己志。归岭之后，受职于华林、双桂、东湖诸刹。康熙十年（1671）春，宗符受请住持云门，以元渠为都寺。是年冬，宗符示疾，回华林，元渠奉事汤药，问以后事，宗符告之当往东湖传戒，继鼎湖师翁之风。宗符入灭后，元渠依命还东湖，三载之后，又受请住持双桂。又以早年参请，未曾遂愿，乃于康熙十九年（1680）与同门竺仙元奘一起发足游方。入浙，谒杨坟、南涧、天竺诸大老，后入天童，参道忞门人山晓本晳和尚（1620—1686），委以监院，颇受器重，是冬于七堂得悟，有偈曰：三十余年枉用心，无端时逐外边寻；蒙师一击冰团碎，始识眉毛眼上横。山晓对之印可，传以衣拂手卷。于是归东湖，掩关三载。康熙三十年（1691）鼎湖虚席，众请住持。于此九载，三十八（1699）秋，归东湖，次年示寂，世寿七十五，僧腊四十九。门人光益等建塔。

铁航元海（原名心如），先住云门，后住华林，门人有而卓大师一犖、绍昙大师光瞿、远辉大师光达、澜大师光柱等。

宗符法孙之中，最为著名的为成鹫（1637—1722）。成鹫，番禺人，俗姓方，名颛恺，字趾麐，其父方国骅，字楚卿，号骑田，明乙酉科乡荐，为当地名士，后曾为永历翰林庶常。母为碧江苏氏（1615—1695），先礼报资旷圆受三皈，法名悟乾，后礼佛山仁寿寺纯觉和尚，受五戒。家世士宦，书香不绝。

早岁业儒，负忠义之心，十五岁时，不赴满清校士考试。十八岁后，砚耕糊口，设馆授徒。三十一岁丁未（1667），馆于碧江梁家，遇佛山铁门帘旷圆行果禅师，每与之论辩，得识宗乘。四十丙辰（1676）三月，三藩抗清，岭南反复衣冠，随喜本来面目得全。

四十一岁（1677）丁巳，三藩将败，"滇黔之炎炎者，将见扑灭；闽广之滔滔者，渐睹安澜"，不忍衣冠之毁，愤而出家。其出家因缘，成鹫自己便有两种说法，一依《纪梦编年》，道是丁巳年自己剃度，四十三岁（1679）方礼石洞和尚元觉为师，得名光鹫，字即山，后依道忞平阳祖派，改名成鹫，别字删迹，号东樵；一依《再复华林方丈书》，道"至丁巳之夏，入先师门，一见心折，遂薙染焉"①，此与悼硕堂诗之说相应，又与《祝发呈本师》之"蹉跎四十一回春，参差两鬓同鸡肋。蒙师为我操慧刀，头上不与留纤毫"②一致，可见并非自己剃度，而是由元觉操刀，当从之。四十六岁（1682）渡海南游，遍历海南，在琼州等地三年，结识多异山圆达禅师，四十八岁（1684）北归，礼闲云本睿受具，以觉兴成隆、圆捷一机（1630—1708）为阿阇黎。他先后阐化于惠州罗浮山石洞禅院、琼州会同县多异山灵泉寺海潮岩、南海县马山龙华禅院、香山县东林一庵、番禺县大通烟雨宝光古寺。六十六岁壬午（1702）住持大通，七十二岁戊子（1708），受请为鼎湖山庆云寺第七代住持，七十八岁甲午（1714）退居，还大通。其著作有《楞严经直说》十卷、《金刚经直说》一卷、《道德经直说》二卷、《鼎湖山志》八卷、《鹿湖近草》二卷、《咸陟堂集》五十七卷等。

---

① 曹旅宁、蒋文仙、杨权、仇江点校：《咸陟堂集》第二册，广东旅游出版社2008年版，第195页。
② 《咸陟堂集》第一册，第13页。

成鹫早岁习儒，中年出家，是当时遗民逃禅的代表人物之一。其《纪梦编年》自述平生经历，在三藩反清之时，他并未直接参与，然丙辰"春三月，岭南反复衣冠，予从缫经中见作随喜，自幸本来面目得全，生全归见先人于地下也"，其欣喜之状溢于言表。而次年反清失败，他"闻变而起"，剪发出家，大声疾呼"黄面老子，而今而后，还我本来面目，见先人西方极乐之世矣"，可见他出家的直接原因就是为了借僧服保全自己的本来面目。

成鹫曾经在海南三年，并于琼州海潮岩短暂住持，登望海潮，观鱼龙出没，帆樯去来，因此是经历海潮的禅师，后来又曾到过澳门，故他与海洋佛教及海上丝绸之路有直接的关系。

宗符虽然晚年得法于临济宗高僧木陈道忞，其门人、法孙因此改从平阳法派，但他本人及其后世大都是从鼎湖得戒，还有担任庆云寺住持者，故又从属于鼎湖山系，兼传曹洞法脉。宗符系以华林寺、双桂庵、勇猛庵等为根本，对于岭南佛教的发展有很大贡献。

另外玉琳通琇门人茚溪行森（1614—1677）为博罗人，俗姓黎，崇祯十三年（1640）从宗宝道独出家，十四年（1641）从栖壑道丘受具，后参崇福玉林通琇，得法。

顺治五年（1648），开法龙溪，后名圆照寺。十六年（1659）通琇入京，当年归山，举行森留京城。十七年（1660）归龙溪，赐名圆照禅寺。十八年（1861）住持黄梅老祖寺，康熙四年（1665）归杭州圆照。

康熙十四年（1675），通琇入灭，行森继席崇福，十六年（1677）春退院，至吴山华严兰若，六月二十七日说偈入灭，寿六十四，腊三十六。

行森虽然与顺治关系最密、时间最久，并为之剃发、营葬，但本人比较低调，不以国师身份炫耀，故并未受到时人太多责难。雍正十一年（1733）封为明道正觉国师。

木陈道忞一系在岭南势力不及曹洞宗，然在向海外传播方面成就更大，旷圆一系由元韶创立元韶禅派，真朴一系由超长门人明弘子融下传了观，创立了了观禅派，超长门人明海法宝又创祝圣寺派，在越南长期流传，延续至今，影响很大。

木陈道忞一系除在岭南发展之外，在浙江地区、特别是天童寺长期兴盛，是天童寺的主流法派。道忞之后，门人远庵本伫（1623—1683）、山晓本晳（1620—1686）、天岳本昼（1621—1705）相继住持天童，第三世有柏堂元静、慰弘元盛、伟载元乘（1651—1724）、石吼元彻（1662—1738）、敏庵先性、介愚元晟、泉声元煌、懒耕元来、千岩元日等，第四世有子常成桢、訒庵成感、湘南成衡、慈云成度、千日成眼等，第五世有文耀佛慈、万份佛川、大舆物度、德山佛性、祖芳佛联、省三佛才、守中佛安等，第六世有一轮祖元、云中际龙、仑源际沛、慧海祖源、甬清祖泉、易悟祖和、克明祖先、嵩岳祖集、天际祖缘、文秀祖参等，第七世有敏庵先性、福明先缘、体如先山、永亮先运、怀真先空等，第八世有静照明然、海云明雯、月恒明修、常勤明文、大本明烈、宝睦明琪、永斋明远等，第九世有端严如圆、彻尘如熺、宝藏如渊、胜庵如裕等。

值得注意的是，道忞平阳法派到第九世便不传了，下面没有出现"杲"字辈的禅师，但是幻有正传所依的祖渊法派还有，二者事实上并存，"如"字辈与"悟"字辈为一辈，"杲"字辈与"真"字辈为一辈，并非第九世之后真的一个传人都没有了，而是恢复传统，改为祖渊法派。另外还表明道忞一系占绝对优势的情况有所改变，其他临济宗派系也开始进入天童寺，但是天童寺属于临济宗杨岐派的局面并没改变。

清朝晚期，林野通奇一系进入天童，其传承是林野通奇—无碍行彻—纪安大经—悟性源达—界清远信—云光化正—纯经导琇—普洽英皓，普洽传广昱悟净（？—1883）、慈运灵慧（1826—1910），广昱传慧修宏智（1838—1894）慈运下出圆瑛宏悟，为中国佛教现代高僧。无相真—西峰守传（1846—1907）—净心隆瀛、文质，这一系在天童影响也很大。

清朝末期，号称"八指头陀"的著名高僧寄禅敬安（1851—1912）于光绪二十八年（1902）成为天童住持，他于民国元年（1912）为中华佛教总会首任会长，同年末入灭。①

---

① 本节参考了《天童寺志》编纂委员会编：《新修天童寺志》，北京：宗教文化出版社1997年03月版。

第四节　万如通微一系在北京地区的传播

万如通微（1594—1657）为密云圆悟重要门人，其法系长期延续，在北京地区一直流传。

通微，号万如，浙江秀水人，俗姓张。万历二十二年（1594）生，四十年（1612）年十九投郡南兴善寺涵初出家，后参湛然圆澄，有省。归乡养母，创建净明庵。后至金粟参密云老人，仍归事母。母逝，再到金粟，得旨。崇祯十四年（1641），开法于如如庵。十五年（1642），住持莆田曹山。十六年（1643）住持龙池。顺治十四年（1657）入灭，寿六十四，腊四十五。门人剃度者二百余人，嗣法者数十人。弟子行舟为作传记。

门人行乾（1602—1673），字大博，姓胡氏，达州人。母梦神人抱子入怀，生时白光弥室。年十三，祝发西圣寺。天启元年（1621）二十游方，首参金粟圆悟，复参石车通乘。后入都门愍忠寺得戒。南询参万如通微于龙池，机契，乃付衣拂归，时在顺治九年（1652）。顺治十二年（1655）出世于天津地藏庵。十三年（1656）住持如来庵。十四年（1657）住持保定府雄县崇宁寺。继住杨村报成、涿州普度、良乡十方、津门般若、滦州万善、西山潭柘、都城法通，慈寿放生池等。顺治十六年（1659）住持北京法通。后应和硕亲王请，住弘善三年。退休盘山之古中盘寺，得和硕诸亲王之助，额曰正法禅院。

康熙十二年（1673）八月十日冥坐而逝，坐道场十有四处，说法十有七年，著有语录四卷，董阎为之序。其塔院碑记，乃魏裔介所撰。

大博行乾门人有房山云居溟波超古、京都洪光解三超洪、京都海会圣心超觉、蓟州盘山佛藏超正、京都隆禧容宇超贵、京都胜果景山超禅、京都慈慧奇波超尘、盘山了宗超见（1614—1688）、冀州古中盘德心超常等。其门人大都在京津一带弘法，对于这一地区的禅宗影响很大。盘山了宗超见有语录四卷传世

超古（1619—1692），字溟波，武清郭氏子。七岁舍入天仙庵，礼智安薙染。至二十五，跪诵华严三载。偶禅客抱璞勉令参学，遂于愍忠圆具戒，时在顺治十二年（1355），年三十七（一说二十七），故生于万历四十七年

(1619)。顺治十三年（1356）参大博乾于天津如来庵。便求挂搭，刻苦研究。一日进方丈，问如何是本来面目，行乾竖拳。师曰："除此还有么？"行乾便打。从此疑情愈发。后随至杨村报成寺。行乾曰："堂中有个病汉，欠出一身白汗在。"闻之，工夫弥切，目不交睫者四昼夜。因上单脱履，忽有省。遂白行乾。行乾问："如何是你本来面目？"师曰："六六三十六。"行乾曰："不是！更道。"师曰："九九八十一。"行乾打一掌曰："这是九九八十一，还是六六三十六？"师一喝便出，自是当机不让。复侍三载，得蒙印可。顺治十五年（1658）年四十，守静西峪云居，十载，至康熙六年（1667）始应多罗惠王博翁果诺及李德云居士之请，开法京城朝阳门外海会，继住龙溪、南塔、如来、盘山、甘露诸刹。康熙三十一年（1692）于云居入灭，寿七十四，腊三十七。

门人明广（1642—1729），字圆通，姓高氏，雄县人。父性果，母孟氏夜梦一灯入怀觉而有孕，故生有夙根不类凡童。顺治十六年（1659），年十八，父母相继没亡，因辞亲里，至白沟河观音庵从义天祝发。义天尚苦行，时勤作务，明广每求参生死以决疑情，会溟波禅师就庵结制，明广昕讲，密究未生已前本来面目。复充行者，随赴京师海会，命往愍忠寺受具戒，时在康熙六年（1667），年二十六。康熙十年（1671）辛亥，溟波再住西域云居，参究得旨。康熙十二年（1673）癸丑，溟波命住中江，明广辞之，即上五台、少林等地游方。十四年（1675）乙卯归省溟波，充首坐三年。二十一年（1682）壬戌，出住慈愍十有一载。三十一年（1692）壬申溟波示寂，继席西域云居。雍正七年（1729）入灭，寿八十八，腊六十二。明广生性刚直，诲人不倦，接物有方，弘法利生五十载，著有语录二卷。门人实福等为建塔院，请文渊阁大学士陈元龙为撰塔铭。嗣法门人实泽、实福等四十余人。

实福（1676—1745），字了尘，河北河间人，父陈氏，母夏氏。礼双塔村兴隆寺本宗出家，康熙四十五年（1706）于西峪求戒。后参圆通二十余年，得旨。雍正七年（1729），圆通入灭，受请继席，多事营建，寺宇一新。乾隆十年（1745）入灭，寿七十，腊三十六。门人际瑜请多罗宁郡王弘晈撰塔铭并书，十一年（1746）立石。

际瑜（1698—1768），号万安，商河人，俗姓朱，母沈氏。康熙三十七年（1698）生，雍正九年（1731）三十四岁，礼德州法雨寺明如玺公出家，从莲镇十方院清公受戒。十年（1732），师从云居了尘。十三年（1735），从潭柘寺岫云本公坐夏，依戒坛憨公结冬，仍还云居。一日问本来面目，得师印可。乾隆十年（1745）实福入灭，众请继席，谦让不就，推师叔实云住持。乾隆十一年（1746），实云入灭，乃应请继席。乾隆三十三年（1768）入灭，寿七十一，腊三十七。门人了正等建塔，请拈花寺住持达天通理撰铭。

了正（1724—1781），号恒朗，徐州萧县人，俗姓杜氏，年四十三为云居教授，乾隆三十三年（1768）继席，乾隆四十七年（1781）入灭。嘉庆七年（1802）门人大乘达焕建塔，请徐梦辰撰铭。

达焕（？—1810），字大乘，广平人，俗姓赵，嘉庆十五年（1810）入灭。门人悟辉请彭希濂撰铭，嘉庆十九年（1814）立石。

悟辉（1769—1825），字福渊，兖州汶上人，俗姓刘，早年从德普剃度，年十七从大乘老人受具。年二十二，为维那，遂受心法，为临济三十九世。嘉庆十五年（1810）继席云居，道光五年（1825）入灭。世寿五十七，僧腊三十七，法腊三十一。

真达（1792—1832），字明文，河间景州人，父王香，母荆氏。十三岁从圣会寺荣安大师出家，年十七，从大乘老人受具，嘉庆二十年（1815）得悟辉付法。后参嘉兴璨翁、万寿正翁，皆得印可。道光五年（1825）继席云居，十二年（1832）入灭。寿四十一，戒腊二十五，法腊十八。继席门人空利等请拈花寺洞天明心撰铭，十六年（1836）立石。

空利（1808—1859），字广泰，俗姓马，顺天文安人。早年入道，依大悲寺德真习经，年十九，从云居福渊受具。明文付以龙池法藏。道光十二年（1832）继主云居法席，咸丰九年（1859）入灭，寿五十二，戒腊三十三，法腊十九。太子太保许乃普撰铭，同治三年（1864），法孙密增等立石。

值得注意的是，由于"空"字辈为祖渊法派的最后一辈，经过京城临济各派共议，北京僧录司正堂、万善寺住持、临济三十七代了信决定启用海舟永慈所立法派，空字辈以下，从"性海澄清显密印"之"显"字起，并立《大清京都西直门外笑祖塔院反本寻源归复临济正宗碑记》。

空利门人显慧（1804—1859），号体耀，俗姓李，母王氏，山东恩县人。十岁出家于夏津县甘露寺，道光三年（1823）二十依云居福渊受具。历参拈花体老，后遍游四大名山，居金山久之。复归京城，筑室于上方望海庵，面壁习定。道光二十四年（1844）得广泰付法，命为西堂。咸丰九年（1859）八月广泰入灭，继席云居，十月入灭。寿五十六，戒腊三十八，法腊十七。门人密增等请许乃普撰塔铭，同治三年（1864）立石。

密增（？—1871），字雅纯，山东兖州宁阳人，俗姓郭，母张氏。年十四，礼本府宝像寺月融尊宿落发，年十九至西域云居寺习沙弥行，道光二十三年（1843）依广泰老人受具。咸丰五年（1855），广泰付以龙池正法。九年（1859）广泰入灭，受请继席。其卒年有疑问，碑文称"同治乙丑"即四年（1865）入灭，然而其门人印照却于十年（1871）继席，并且法孙大澄还于同治十年二十四岁时从其受具。因此碑文可能有误，当作"同治十年"。他有可能二十受具，俗寿只有四十六。法弟镜如撰文，户部尚书、军机大臣景廉书，门人印照等光绪八年（1882）立石。

印照（1845—1893），字慈霞，俗姓王，山东德州北厂人。早年投观音寺修真剃度，同治元年（1862）年十八，依雅纯老人受具。同治四年（1865）年二十一得付正法。同治十年（1871）住持云居，光绪十九年（1893）入灭，世寿四十九，戒腊三十二，法腊二十八。门人笑凡大明、保泰大澄等二十余人。总统府秘书陆树仁撰文，法孙乘和等中华民国十三年（1924）立石。

大澄（1848—1914），号保泰，俗姓李，母张氏，山东东阿人。童年入道，九岁参禅，依平阴县天齐庙先桂剃度。同治十年（1871）年二十四从雅纯受具。光绪十二年（1886）年三十九得慈霞付法。十六年（1890）继席云居（此说与前碑相违，因为当时其师慈霞尚在），中华民国三年（1914）入灭。世寿六十七，戒腊四十四，法腊二十九。陆树仁撰文，门人乐禅乘和等立石。

自溟波之后，云居寺便成为万如一系的子孙庙，历十三世，直到民国时期，若加上乐禅乘和则是十四世，甚至更多。他们共同维护了云居寺的生存发展，也对北京地区禅宗的繁荣做出了重大贡献。

第十九章　杨岐派的海外传播

第一节　杨岐派与日本禅宗

杨岐派兴起之后，不仅遍及中国，还传播到周边国家。杨岐派对于日本禅宗影响很大，很多日本僧人来华求法，也有许多中国禅僧赴日传禅，其中兰溪道隆、无学祖元、一山一宁三人最具有代表性。

兰溪道隆是最初赴日传禅的杨岐派著名禅僧。据《元亨释书》卷六等，道隆（1213—1278），号兰溪，西蜀涪江人，姓冉氏。宝庆元年（1225）年十三薙发于成都大慈寺，游学讲肆。后南游入浙，见无准师范、痴绝道冲、北磵居简等诸大老，皆不契。至阳山尊相寺，依无明慧性禅师，慧性室中举东山五祖法演牛过窗棂、尾巴不过话，闻之有省。

淳祐六年即日本宽元四年丙午（1246），从明州出发，率门人义翁绍仁、龙江应宣、法平等，乘商舶至日本，初寓居筑前（福冈）圆觉寺。后受月翁智镜之邀请，于淳祐七年（1247）入住都城寓泉涌寺之来迎院。智镜在宋时与之结交，故友相见，礼遇非常。又杖锡赴相阳，时大歇了心禅师（曾经入宋）住持龟谷山寿福寺。道隆挂锡于席下。

宝治二年即淳祐八年（1248）末，副元帅平时赖闻道隆来化，延居大船常乐寺。军务之暇，命驾问道。平帅乃启巨福山之基趾，构建大禅苑，名建长寺，请道隆开山说法，时在建长五年即宝祐元年（1253）十一月。东关学徒，奔走来听。

居十三年，文永二年（1265）迁平安城之建仁，兀庵普宁继为建长住持。都下缁素，钦领禅风。逢开山千光禅师荣西忌日，上堂曰："蜀地云高，扶桑水快。前身后身，一彩两赛。昔年今日，死而不亡。今日斯晨，在而不在。诸人还知落处么？"良久曰："香风吹委（萎）花，更雨新好者。"① 自此寺众更加敬爱。

宽元上皇闻隆道誉，文永四年（1267）召见宫中。隆奏一偈曰："夙缘深厚到扶桑，忝主精蓝十五霜。大国八宗今鼎盛，建禅门废仰贤王。"

住持建仁三载，文永四年（1267）返建长。福山寝室之后有池，池侧有松，本来条直，一日忽然斜向丈室。众僧怪之。道隆称有伟服之人居松上，自称居山左鹤岗，语已不见。故松偃斜。诸徒道鹤岗为八幡大神之祠所，恐神来此。自此其树名为灵松。

因此流言，流放甲斐国，时在文永九年（1272）。其实这只是一个借口，事实上由于北条时赖于弘长三年（1263）去世，他失去了一个重要门徒和护法，再加上天台宗人的忌妒谗言，他受到迫害是自然的。他在甲州时，不以为苦，照常弘法，禅流北方。

又还相阳，住持龟谷山寿福寺。六群之徒再次诽谤，又迁甲州。复还寿福。弘安元年（1278）孟夏归于福山建长，秋七月示疾。二十四日书偈辞众，曰：用翳睛术，三十余年。打翻筋斗，地转天旋。尔后安然示寂。寿六十六。阇维得五色舍利。谥赐大觉禅师，日本禅师之号始于道隆。

道隆在日本弘法三十余年，影响巨大。日本门人有无隐圆范、南浦绍明等二十四人，其中佛灯大光国师约翁德俭、苇航道然、桃溪德悟、无及德诠号称门下四杰。

道隆之后，无学祖元（1226—1286）继任建长寺住持。

据《佛光禅师行状》及《元亨释书》卷八传记等，祖元，明州庆元府人，姓许氏。世为衣冠望族。母陈氏，梦一沙门抱婴儿与之，乃娠。宝庆二年（1226）三月十八日生。自幼好佛，不喜戏弄，避食荤腥。七岁就家塾，记闻超群。嘉熙二年（1238）十三岁丧父，其兄冲虚仲举时在南屏，携之七月投杭州南屏山，十月礼住持北磵居简薙发，当年受具。三年（1239）十四岁，至双径，拜佛鉴师范，许其参堂。不久归净慈，前后师事居简五载，淳祐二年（1242）年十七，居简退净慈，祖元再登径山，誓不出云堂，提撕狗子无佛性话。淳祐七年（1247）二十二岁，一夜四更闻首座寮板有省，本来面目，顿时现前，历劫关锁，爆然破碎。便作偈曰："一

---

① 《大藏经补编》32 册，第 203 页中。

槌打破精灵窟，突出那咤铁面皮。两耳如聋口如哑，等闲触著火星飞。"呈于佛鉴，佛鉴更举香严击竹颂征之，艰于应对。

淳祐九年（1249），佛鉴迁化，谒灵隐石溪心月。

十年（1250）至育王，参偃溪广闻。十一年（1251）偃溪广闻住持净慈，祖元随行，命为书记，不就。再参径山心月。读松源普说，看打牛车话，顿忘所得。时怪石杈为后堂首座，执著于"硬禅"，误导众人，祖元设计驱之。夏后，归净慈，偃溪命为藏主。

十二年（1252），归灵隐。虚堂智愚栖鹫峰庵松源塔院，祖元经常往来。冰谷衍、石林行巩、横川如珙三人之天台国清，虚堂以偈送之，有"相送当门有修竹，为君叶叶起清风"之句。虚堂举示祖元，祖元曰此颂只是闲言语，中间并无巴鼻。虚堂拈起颂子，曰："这个聻？"祖元正欲进语，虚堂劈面一挥，祖元自是有悟，得句语三昧。秋后赴天童。

宝祐二年（1254），物初大观主大慈。祖元与大观有世系，为同族兄弟，又同为北磵门人，故往依之。发心作净头二载，不辞劳苦，江湖高其操行。

宝祐三年（1255），一日看痴禅元妙（云门宗，住持中天竺）普说，蹶井楼打水，牵动辘轳，忽然得悟无碍机用。以前佛鉴所示狗子无佛性话及香严击竹颂，尽明其理，始识佛鉴师范妙手之深密。时年三十，无准师范去世后七年，始得打发大事。

景定三年（1262），里人萍乡县宰罗季庄以东湖白云庵，延请祖元居止，时其老母无人奉养，故居之，便于养亲。经七岁母亡，咸淳四年（1268）归灵隐退耕德宁席下，居第二座。

咸淳五年（1269），太傅贾似道闻其道誉，请于台州真如住持。十月初二入院，开堂演法，为佛鉴师范拈香。住持七载，德祐元年（1275）北房兵至，骚扰寺刹，乃辞去，潜至温州雁荡能仁，依横川如珙。景炎元年（1276）丙子之岁，元兵入温，众皆逃窜，祖元独兀坐堂中。房酋将刃加颈，祖元不动，述一偈曰："乾坤无地卓孤筇，喜得人空法亦空。珍重大元三尺剑，电光影里斩春风。"群房闻而感悔，作礼而去。

景炎二年（1277）复至四明天童，环溪惟一请居第一座。祥兴二年己卯（1279），日本建长虚席，副元帅平时宗具疏币航海聘名宿，派无及德诠、杰翁宗英入宋，明州以祖元应命。环溪惟一授以佛鉴法衣。祖元拈起曰："师兄，世尊传金襕外，别传何物。咄！过在汝，殃及我。"乃披衣。五月离太白天童，镜堂觉圆、梵光、一镜等同行，六月登舟，八月到岸，时为弘安二年。八月到相阳。平时宗执弟子礼，邀入福山，待遇优渥。

弘安五年（1282）即至元冬圆觉寺成，请祖元为开山第一祖。十二月八日开堂之时，群鹿临筵，祖元以为吉征，即以瑞鹿名山。

道元善于词章，偈句俊伟，有古作者之风。其《锁口诀》句法步骤，与《宝镜三昧》相似，近世罕有其比。

祖元谓其徒，初不欲来此土，而禅定中尝见神人，旁有群鸽，告曰愿和尚降我国。如是数度。及入日本，知是八幡大菩萨。并命门人造其像，膝上安鸽子及金龙，以应往年之谶。

弘安四年春正月平帅来谒。祖元书呈平帅曰："莫烦恼。"平帅曰："莫烦恼何事？"祖元曰："春夏之间，博德扰骚。而一风才起，万舰扫荡，愿公不为虑也。"至期，果有元舡百万，来寇镇西。风浪骤起，一时破没。初道元在雁荡山，定中观音大士现形曰："我将舡来取汝。"乃示日月二字。祖元于像前卜签，亦得日月二字。此日蓺香作《锁口诀》，因神人指点，执笔而成，中加八字，曰"箭掷空鸣，风行尘起。"先三年平帅乞法语，祖元书《锁口诀》预谶。寇平之后，平帅问何以先知，祖元笑而不答。这些传说有神话色彩，表明祖元鼓舞士气，对于日本抗击元兵侵略起了一定的作用。

九年八月，祖元语首座无象静照曰："吾有一事，办在季秋。"照问何事，笑而不语。月末示疾，九月三日亲书遗书，别太守及诸方。晚以偈示众曰："诸佛凡夫同是幻，若求实相眼中埃。老僧舍利包天地，莫向空山拨冷灰。"亥时更衣端坐，复书曰："来亦不前，去亦不后。百亿毛头师子现，百亿毛头师子吼。"置笔而逝。年六十一，腊四十九。谥佛光禅师。

一山一宁（1247—1317）是赴日传禅的代表人物，据《行记》等，一宁，号一山，台州临海人，俗姓胡。淳祐七年（1247）生，少时敏悟，景定二年（1262）年十六，师从台州鸿福寺无等慧融禅师，时知藏灵江智月为其本家叔父。慧融察其心无尘累，故悉心抚念三年。景定四年（1264）灵江智月在四明太白山，将其带到天童，他与普光寺处谦习《法华经》。咸淳二年（1266）得度，至城中听应真律师讲律，到延庆教寺习天台教观。复到杭州，依集庆观损庵文节法师习止观。咸淳三年（1267），归天童，时叔父灵江智月为天童首座，简翁居敬为住持，从居敬参堂坐禅。是年，灵江智月出世定海资圣寺，随往。四年（1268）智月移灵峰，又从之。不久至育王，师从藏叟善珍。五年（1269）藏叟善珍往径山，东叟元恺住持育王，令其主客。六年（1270），元恺谢事，寂窗有照为住持。七年（1271），育王失火，寂窗有照谢事，往南屏净慈，顽极行弥住持育王。他一心亲近，至"我无一法与人"，忽然契悟。八年（1272），行弥命为知藏。九年（1273），与友人自诚明云游天台、雁荡。十年（1274）归四明，时环溪惟一住持天童，法席兴盛，从之挂单。不久，天童失火，乃归育王。

祥兴元年（1278），在育王时，与古林清茂结交，时他为知藏。

《行记》称时育王住持为横川如珙，误，因为如珙至元二十年（1283）始住持育王。咸淳九年（1273）顽极行弥入灭，清溪了沅继任住持。至元十七年（1280）末，净慈石林行巩入灭，十八年（1281）初，育王了沅迁净慈，朽庵德祥继任住持。至元二十年（1283），德祥入灭，横川如珙住持育王。

至元二十一年（1284）甲申，出世昌国之祖印寺，为顽极行弥拈香。于此一住十载，新修佛殿外门，买田增加寺产。宝陀愚溪如智与其同乡，欲以宝陀让之，不听。愚溪乃告于僧官，府帖遽至，不得已迁宝陀，时在至元三十年（1293）。

在宝陀住持六载，至大德二年（1298），日本商船至明州。元朝有意选派禅僧赴日，劝诱归附，首选愚溪如智，以老病未发，乃改请一山一宁，命为江浙释教总统，赐以妙慈弘济大师号，请其赴日通好。曾经到过日本的西涧子昙与其同行，一行五人，其出行之时，已是大德三年（1299）八月，当日本正安元年。

到达日本之后，一宁因为元朝国使之身份，被编置豆州修禅寺。后来因为他是有道高僧，故予以释放。十二月七日，请主福山大道场建长寺，规矩整肃，万衲听命。是年日本僧人梦窗疏石来参。

大德四年（1300），兰溪道隆门人前住持痴钝讣音至。

大德六年（1302）西涧子昙谢事瑞鹿山圆觉兴圣禅寺，退居东堂，一宁代理住持。是年，虎关师炼（1278—1346）来参。

大德七年（1303），东福山叟讣音至。

辞去建长住持，正式住持圆觉寺，为第七世。

大德十年（1306），六十岁，因目疾退居寿藏院。是年，西涧子昙入灭，谥大通禅师，为其入圆觉祖堂，上堂说法。再住建长，镜堂觉圆（1244—1306）入灭，遗书至。

大德十一年（1307），桃溪和尚遗书至。是年退建长。门人雪村友梅入元。

至大元年（1308），于玉云庵休养。月潭智圆门人东里弘会（？—1318）赴日弘法。

至大二年（1309），元僧东明惠日赴日，于禅兴寺传戒。一宁门人嵩山居中入元求法。

至大三年（1310），住持京都净智寺。白云东明惠日（1272—1340）至，上堂。

皇庆二年（1313），退净智，于此住持四载。在城瑞龙山太平兴国南禅禅寺住持规庵祖圆入灭，八月一日，一宁继任住持。

延祐元年（1314），闰三月旦，上堂说法。延祐二年（1315），四月十三日，天皇敕命再住。延祐三年（1316），住慈济庵，太上皇入山问道。

延祐四年（1317），十月二十四日，示偈曰："横行一世，佛祖饮气。箭既离弦，虚空落地。"入灭，寿七十一。宇多天皇赠国师之号，亲书法雨塔额，又赞其像，称"宋地万人杰，本朝一国师"。

一宁门人有雪村友梅、虎关师炼、石梁仁恭、闻溪良聪、东林友丘、固山一群（1283—1360）等。门人了真为其编辑语录。

延祐七年（1320），门人缘首座以其七会语录，请本觉住持灵石如芝作序。古林清茂、东生德明、中峰明本亦为其语录作跋。

一山一宁长期在日本弘法，建立了日本禅宗"一山派"，对于日本佛教及五山文化具有很大的影响，在中日两国佛教史上都有突出的地位。

普庵普宁于景定元年（1260）赴日，咸淳元年（1265）归国。

此外，石溪心月门人大休正念咸淳六年（1270）赴日，至相阳，兰溪道隆待以上宾，平时宗请住持禅兴寺，后移建长、寿福、圆觉。正应二年十一月入灭于正观，谥佛源禅师。其住持之金峰山净智寺，为镰仓五五山之一。西涧子昙（1249—1306）得法石帆惟衍，两度赴日，初于咸淳七年（1271），住建长寺，至元十五年（1278）归国。二十三年（1286）住持台州紫箨山广度，二十六年（1289）退院，至径山为首座。二十七年（1290）住持潭州天柱。三十一年（1294）至庐山，圆通玉崖振请为首座。大德元年（1297）平江万寿南州珍请为首座。正安元年即大德三年（1299）与一山一宁同行再至，迎居圆觉，大德六年（1302）退居东堂，七年（1303）移建长，大德十年即德治元年（1306）入灭，谥大通禅师。

元代赴日弘法之高僧，还有雪岩祖钦门人灵山道隐（1255—1325），延祐六年（1319），他与铁牛持定及其门人别传妙胤（日本僧人）一起赴日弘法。谥"佛慧禅师"。清拙正澄（1274—1339）为愚极至慧门人，泰定三年（1326）入元，谥"大鉴禅师"。虎岩净伏门人明极楚俊（1262—1336）、古林清茂门人竺仙梵仙（1297—1348），皆于天历二年（1329）赴日，楚俊号"佛日焰慧禅师"。

在日本禅宗二十四流中，杨岐派有二十流，显然为其主流宗派。

明永历八年（1654），隐元隆琦（1592—1673）赴日弘法，门人慧林性机（1609—1681）、独湛性莹（1628—1706）、大眉性善（1616—1673）、独吼性狮（1624—1688）、南源性派（1631—1692）等随行，九年（1655）门人木庵性瑫（1611—1684）亦至，十一年（1657），即非如一（1616—1671）、千呆性侒赴日，十五年（1661）高泉性敦、柏严性节至。隆琦与其门人在日本传禅，得到了幕府将军德川家纲的支持，开创京都黄檗山万福禅寺，建立日本黄檗宗，在日本有很大的影响。

第二节　杨岐派传入朝鲜半岛

杨岐派始盛于北宋末年，南宋之时，由于金人阻挠，高丽与南宋难以正常发展关系，两国佛教来往也受到影响。因此南宋禅僧到高丽弘法者不多，前来求法的高丽僧人也不多见。

杨岐派传入高丽，铁山绍琼是一个十分关键的人物。

据《增集续传灯录》卷五：

高丽铁山琼禅师

湘潭人，年十三，因一僧教导，方知有佛法，但以诵经礼佛为事。见经云：种种供养非报佛恩，惟发菩提心能报佛恩。然不知菩提心作么生发。又见《法华经》云新发意菩萨常于间处修摄其心，自此乃学坐禅。二十二为僧，二十四受具，往参雪岩于仰山，值岁歉不纳。径到石霜讨住，众中有庚首座，他是有发明者，师遂亲炙学坐禅。偶见雪岩《坐禅箴》，思量做处不曾从这里过，乃复上仰山，久之方得归堂。一日岩上堂有云："兄弟家终日在蒲团上瞌睡，也须是下地后架头走一遭，冷水灌漱洗开两眼，却上蒲团上竖起脊梁，壁立万仞，单单提一个无字，如关云长百万军中斩颜良头相似，斩得头来，百万军众总不知。诚能如是用工七日七夜，若不悟去，斩取老僧头去作舀屎杓，此是老僧四十年前已用之工。"师闻如是说，便咬定牙关依彼所说而坐。至第四日夜，忽觉如劈破髑髅相似，又如万丈井底掇出在虚空中相似，突出这一段光明露裸裸地在面前，直是无著欢喜处。次日见岩，才入门，岩便问："什么人？"师云："某甲。"岩云："有什么事？"师云："门前好五凤楼。"岩以拄杖连打二三十下，却坐定问数转语，师一一答了。岩云："未在，更去做工夫。"师寻以纸求语，岩示以偈曰："一掇虚空粉碎时，花开铁树散琼枝。绍隆佛种向上事，脑后依前欠一槌。"

已而至庐山东岩作夏，一日东岩开堂次，举：心不是佛，智不是道，师云："抱赃叫屈。"又云："不是心不是佛"师云："眉间放出辽天鹘。"岩命师掌藏教。未几，岩迁育王，师送入院，又请充后堂。

后到苏之休休，见蒙山机契，蒙山甚喜，请居第一座。冬节秉拂云："冬在月头，卖被买牛。冬在月尾，卖牛买被。"卓拄杖云："者里无头无尾，中道齐休，行也休休，坐也休休，住也休休，卧也休休。睡眼豁开五云现瑞，光风霁月无处不周，梅绽枯枝古渡头，风前时复暗香浮，虽然到此，向上一路万里崖州，何以见得？"靠拄杖云："休休。"蒙山谓人曰："说禅还是铁山始得。"

高丽国王钦师道德，具礼币遣使专请。师至彼国，玄风大行，得度者甚伙。因洪宰相请普说有云："蒙山和尚宗门旨要最亲最切，前辈到处不到处悉捡点得出，细大法门莫不精通。从前承师友教导者多，独蒙山胜他前辈，所谓纵擒杀活，掣电之机而得自在。雪岩道，如人入海，轻（径）入轻（径）深；蒙山道，犹如剥珠，愈剥愈光。二老之言若合符节。"师终时，甚多灵异。①

绍琼，号铁山，湘潭人，生卒年不详。年十三知有佛法，二十二为僧，二十四受具。始参仰山雪岩祖钦，值岁歉，不得入堂。雪岩住持仰山，始于咸淳四年（1268），是故其生年当在淳祐五年（1245）之后，或在淳祐末期（（1245—1252）。他到石霜，得庚首座指点，从学从禅。后再到仰山，久之始得归堂。依教一边坐禅，一边单提"无"字话头，日夜参究，至第四日，果然有省，雪岩予以认可，但认为火候尚欠。他以纸求书，雪岩示偈，有"花开铁树散琼枝"之语，与其名号相关。至元二十四年（1287），雪岩入灭。

他约于至元二十八年（1291）再参东林东岩净日，东岩命为知藏，二十九年（1292）东岩住持四明育王，他随行入院，充后堂首座。

他最后参蒙山德异，其时应在至元末年（1294）。他在蒙山门下契机，命为首座。蒙山认为，说禅还是铁山始得。他自称"独蒙山说法胜他前辈"，因此他应当为德异门人。当然，他也在雪岩那里有所得，然而最终悟道是在蒙山。

蒙山德异很注意与高丽佛教界的关系，故其师徒在高丽知名度很高。

据《普光寺重创碑》，高丽国圆明国师雪峰冲鉴（1275—1339）到中国求法，闻听绍琼之名，邀请他到高丽传法，于是二人于大德八年（1304）七月一起返回高丽。

据《高丽史》卷三十二《忠烈王五》载：

> 甲辰，忠烈王三十年（1304年）秋七月］己卯，江南僧绍琼来。遣承旨安于器迎于郊。琼自号铁山。……［八月］丁亥，王率群臣具礼服，邀绍琼于寿宁宫，听说禅。

---

① 《卍新续藏经》83册，第319页中。

绍琼在高丽传法三年，影响很大，玄风大行，道遍三韩。他回国之后，传法湖南，住持石霜及南岳。

据《湘山志》，至大四年（1311），铁山长老奉高丽国王之命，奉送六宝至全州湘山寺，供养寿佛①，这表明其年绍琼还在世。

绍琼在高丽门人甚多，影响最大者为圆明国师冲鉴。冲鉴，字纪照，号雪峰，礼慈悟国师，祝发于禅源寺，后闻铁山琼禅师道行，迎之东还，绍琼归国之后，冲鉴住持龙泉寺，并推行《百丈清规》，后住持禅源寺十五年，至元元年（1335）移普光寺，五年（1339）入灭。寿六十五，腊五十八。在普光时，门人多至三百人。嗣法门人绍珠、慧昷等。

高丽权晅（1249—1332），字晦之，号梦庵居士，枢密副使权守平之孙，早有出世之志，其父不允，致仕之后，绍琼前来传法，趁其子权溥不在，潜入禅兴社剃发。忠宣王三年（1332）入灭，寿八十四。

冲鉴之后，太古普愚（1301—1382）入元求法。据李穑《杨州太古寺圆证国师塔铭》与维昌《利雄尊者圆证行状》等，普愚，号太古，俗姓洪，洪州杨根人。高丽忠烈王二十八年即大德五年（1301）出生。十三岁出家，二十岁中选。至元四年（1338）三十八岁，住持逍遥山白云庵。至正元年（1241），有元僧无极，才辩过人，航海来此，与之语，道是南朝有临济正脉，宜往参之。此无极禅师，不知何人，铁山绍琼有门人无极导，然而他至顺三年（1332）便入灭了，也没有到高丽的记载。他有可能为竺源永盛的门人，故后来普愚首参竺源。五年之后，至正六年（1246），普愚入元，先至京城，住大观寺。七年（1247）四月南下，至南巢欲参永盛，可惜永盛已经入灭了。竺源门人指其往参湖州天湖庵石屋清珙。二人相见，问答契机，石屋予以印可。

普愚得法之后，当年回京城。至正八年（1248）归国，后来成为高丽王师、国师。明洪武十五年（1382）入灭，寿八十二，腊六十九。他建议禅宗九山合一，对于高丽禅宗的发展有深远的影响。其法系传承久远，使杨岐派在高丽长期兴盛。

其后懒翁慧勤（1320—1376）于忠穆王三年（1347），四年（1348）到

---

① 张云江：《禅史与禅思》，宗教文化出版社2014年版，第95页。

大都，忠定王二年（1350）到平江府休休庵结夏，八月至净慈参平山处林，得法。至正十一年（1351）辞别平山，至明州，参育王雪窗悟光及明州无相和尚、枯木荣和尚。至正十二年（1352），至伏龙山参千岩元长，又至松江，参了堂惟一、泊岩和尚。至正十五年（1355）住持大都广济寺。十八年（1358）归国。洪武九年（1376）入灭，寿五十七。

此外，还有无学自超（1327—1404）、竺源智泉（1324—1395）入元求法。智泉曾于五台山参碧峰宝金。雪山千熙（1307—1382）在本国时多次梦见蒙山德异付其衣法，后于至正二十四年（1364）入元，至苏州休休庵，后于二十四六年（1366）参万峰时蔚得法。这表明德异一系对于高丽禅宗具有持久的影响。[①]

第三节　杨岐派在越南的传播

越南与中国山水相连，在文化宗教方面更是融为一体。越南禅宗源自中国禅宗，杨岐派在其中更是占有突出的地位。

越南竹林禅派源自南宋时期来越的天封禅师，天封肯定属于临济宗，具体是哪一个派系不明，然而南宋末期黄龙派已经衰微，属于杨岐派的可能性更大。

越南南北朝时期，临济宗再次从中国传播过来。北朝最有影响的是拙拙禅派。

拙拙禅师（1590—1644），俗姓李，福建省漳州府海澄县渐山人，万历十八年庚寅（1590）二月生，五年丧母，七岁丧父，后静习于渐山寺，三十二年（1604）十五岁投南山寺菩提庵陀陀和尚德冠出家，法名圆炆。陀陀和尚，法名德冠，有谓明世宗（当为明神宗）时应诏赴阙，拜为状元僧，赐号匡国大师，当然这些都是传说，可以肯定的是他为漳州南山寺僧。

拙拙一派肯定出自临济宗，实为漳州南山寺喝云派，此派以金陵栖霞寺突空智昇所创"智慧清净，道德圆明，真如性海，寂照普通"十六字为字派。这一字派后来传到全国各地，影响广泛。

[①] 本节参考了陈景富《中韩佛教关系一千年》，宗教文化出版社1999年版，第95页。

漳州地区这一字派最早可知的祖师是开元寺净慧,隆庆四年(1570)前后任开元寺住持,然嘉靖二十四年(1545)南山寺遇火时由寺僧圆性募建,隆庆元年1567)时寺僧行钦重修,似乎其时还未用这一法派。

德冠生卒年不详,如果他长拙拙二十岁,则应生于隆庆四年(1570),万历三十二年(1604)前后任住持。王志远撰万历四十六年(1618)《南山寺放生池碑记》提及寺僧"德育上人",当与德冠为同辈。其中又言"住持普竭、云集、元焰、元鼎募建"①,又有沙门普辉等,看来当时并未完全依照一个法派,或许元焰等当作"圆焰",属于圆字辈。

德冠之师"道某"若生于嘉靖二十九年(1550)左右,而净慧生于嘉靖九年(1530)前后,从时间上看是符合情理的。

由此也可以得知,南山寺可能只是后来借用这一法派,未必是从智昇一系直接传来。

据《继灯录》卷左,列此派六十七祖为密云圆悟、六十八祖为林野通奇、六十九祖为二隐行谧(1606—1665),七十祖缺,"未查得迹,不敢下笔",七十一祖为南山状元僧陀陀。此说大有问题,六十九祖生于万历三十四年(1606),七十二祖生于万历十八年(1590),倒错如是,何以传承?另外,拙拙禅派属于漳州南山寺系统,此派后来与密云派确实有缘,亘信行弥(1603—1659)受戒于南山寺樵云禅师,得法于费隐通容禅师,于崇祯九年丙子(1636)后入住南山寺,其时拙拙已经离开三十年了。行弥之后,门人真纯怡石(1626—1668)继住南山,用智昇法派,弟子如闻等。如此行弥依南山派为明字辈,又名明弥,为拙拙圆炆之法侄。二隐行谧同样为拙拙法侄辈,不可能为其祖师。

拙拙万历三十六年戊申(1608)十九岁受具,此后云游四方,随缘度众,乃度海至古眠,国王待之师礼,于此度化十六年(1608—1623)后,万历四十年壬子(1612)正式开法。后于天启四年(1624)返漳州故里。不久,复游于广南顺化,于此进止七八年,崇祯三年(1630)遇明行禅师(1596—1659),以之为宝,授以心法。崇祯六年(1633)受东都大贾阮齐之请,离开南方北上,至清化,开化泽林寺,复到京师升龙,阮齐得罪,

---

① 《南山寺志》,福建省漳州南山寺编,2001年版,第108至110页。

师徒乞食数月，后遇老宫嫔德婆好佛，请师讲学，三女皈依，复有太弟勇礼公慕师禅学，执弟子礼，并供亲女从之出家，由是四方云集，送师住仙游佛迹寺，复住笔塔寺，晚住看山寺。师开化四镇，大说法要，王公贵族，无不向化，其中包括黎神宗、郑庄王等，郑主赐名师祖。在京都十二年，崇祯十七年（1644）入灭。师十五入道，十九受具，说法度人三十三载，得旨数十人，从者数百人，见闻觉悟者半于天下，在当时影响很大。灭后尊为"明越普觉广济大德禅师肉身菩萨"，真身不坏，保存至今。

陀陀最重要的门人为明行禅师与明良禅师，明行为中国江西建昌人，俗姓何氏，法号在在，为拙公禅派第二代传人。他从江西到越南，必然路过广东，后来又曾依师命到中国求取经书，应当是到广东，因此亦与广东有缘。

明良为河内人，生卒年不详，但他在神宗万庆元年壬寅（1662）归扶朗寺，一新梵宇，表明其年仍然在世。

明良下传真源正觉禅师（1647—1726），真源参明良时，明良有"四目相顾"之机，是故后来真源常以此机示人。而亘信行弥（1603—1659）参费隐通容，问临济东西两堂首座同时下喝、如何分宾主之公案时，通容对以"两眼对两眼"，这或许是"四目相顾"之来源。

真源传如澄麟角，如澄传性泉湛公、性燸宝山，性泉、性燸传海焖慈风（1728—1811）。《继灯录》所载时间错乱很多，依《继灯录》，如澄（1696—1732）当"正和十七年丙子五月初五日酉时出世"，三十七岁而终。然而其门人性泉湛公（1675—1744）却长其二十一岁，师徒年龄完全颠倒，不合事理。据安禅禅师绍治五年（1845）《禅门修持毗尼日用》，法师生于丙子年（1696）六月二十七日戌时，法名性泉，号杜多和尚，甲辰年（1724）五月十日从救生如如和尚（如澄）受沙弥戒，乙卯年（1735）腊月七日来大明国广东省广州府鼎湖山庆云寺拜见金光端禅师，经过六年修学，请到一千多卷经典归国，置于乾安寺。乙卯年（1735）腊月七日从金光端和尚受具足戒，八日受菩萨戒。

上述说法有对有错，不可尽信。虽然出生时间十分精确，还是不足采信，因为如此则其与师如澄同年而生，这和乙卯（1675）说一样，都是不可能的。值得重视的是甲辰年（1724）出家说与乙卯年（1735）到鼎湖山说。

综合诸说，可假定性泉生于永盛九年（1713），保泰五年（1724）十二岁从如澄出家于莲宗寺，受沙弥十善戒；修学六年后，永庆二年（1730）开始云游参禅；龙德元年（1732）二十岁，如澄临终前付嘱大法，示传授偈，次年率众为师建塔造像；永祐元年（1735）二十三岁，依先师生前之命，梯山航海，到广东省鼎湖山求法，第三年永祐三年（1737）二十五岁时从其金光端和尚等受具；在鼎湖山修学六年，于永祐六年（1740）归国，带回三藏三百部、一千余卷，安置在乾安寺，一切僧尼请师为和尚，重受戒法，越南弘四分律，以师为始。《继灯录》与《供祖课》皆称其寿七十岁，故当入灭于景兴四十三年（1782）。性泉长期在河内三玄门崇福寺说法，为此寺始祖，二传慈严海书，寿九十八，三传智镜寂光，寿六十六，四传照方（1758—1822），寿六十五。

与拙拙同时，还有中国人碌湖圆景禅师与大深圆宽禅师在南朝传授临济宗，二人共传香海明珠禅师（1628—1735），香海出生在升花府平安上乡，二十五岁（1652）任广治省肇封县知府，其时跟从圆景禅师参禅，得法名明珠，后来又从大深圆宽。二十八岁（1655）辞官出家。香海后来又到北朝传授禅法，下传门人真理，真理又传如月，看来这一派亦用突空智板的法派。圆景、圆宽与圆炆同一辈份，不知是否同样属于南山寺派。①

南朝影响最大的临济宗派是元韶派、祝圣寺派和了观派。

有关元韶的资料主要有《敕赐河中寺焕碧禅师塔记铭》、《大南一统志》、《大南列传前编》等，而以越国主阮福澍1729年所作《塔记铭》最为可靠。

元韶禅师（1648—1728），《塔记铭》称"原籍广东潮州府程乡县，谢氏子，生于戊子年五月十八日。戌牌十九，辞亲出家，投入于报资寺旷圆和尚，法名元韶，字焕碧。历自航来余境，计五十年矣。至戊申年得病，于十月十九日，召集四众人等，谈及玄机，嘱留秘语，临期拔笔说偈，偈曰：寂寂镜无影，明明珠不容。堂堂物非物，蓼蓼空勿空。书罢端然正寂，

---

① 此部分参见谭志词《越南闽籍侨僧拙公和尚与十七、十八世纪中越佛教交流》，暨南大学2005年博士论文。

法腊八十一岁。"

如此元韶永历二年戊子（1648）出生，康熙五年（1666）十九岁出家，事报资寺旷圆法师，法名元韶（依平阳派），又名超白（依祖渊派），字焕碧，号寿宗，谥号行端。《塔铭记》称"于丁巳年从中华来"，即康熙十六年丁巳（1677）三十岁时乘商船从广东来到越南，与入灭时到越境五十年说相应，而后两种资料均称太宗皇帝乙巳十七年（1665）至越显然是错误的，且与十九岁（1666）在华出家说矛盾。

元韶来越原因不详，不过其年恰好是三藩抗清走向失败之年，也是成鹫下决心出家之年，表明他是由于不忍看到广东再受满清统治或者因为参与了抗清之事而不得不逃亡。

元韶初住归宁府，建十塔弥陀寺，后于正和四年（1683）到顺化富春山，造国恩寺，建普同塔，此寺初名永恩，正和十年（1689）阮福溙改为国恩，敕封金牌"敕赐国恩寺"。又奉国主英宗阮福溙之命到广州延请大汕石廉禅师等高僧，并请佛教经像法器，大汕未行，于是请明弘子融、明海法宝、明物一智等到越南。此行还拜见了业师旷圆，时住广州报资寺。

元韶乘船回广州，应当是在正和十年（1689）下半年，十一年（1690）初归越南。因他此行在英宗之时，必然是在十二年（1691）前，而且是在广州报资寺康熙二十七年（1688）建成之后，回程时还带著明海法宝等，而明海是二十岁时（1689）年于中国受具，加上季风影响，因此只能是此年秋趁东南风前来，次年初乘东北风回归。元韶此行意义重大，一则是受命于国主，成为朝廷崇敬的禅师，获得了很高的政治地位，这对于一个外国僧人来说十分重要，二则可以拜见阔别十几年的师友，联络感情，三则迎请经像法器，拜见对于海上贸易十分内行且又擅长法器制作的大汕，可以加强大越与广东的海上丝绸之路建设，四是迎请广东高僧，加强自己的力量，五是观察国内形势，借机联络反清复明人士。

可以说，元韶此行几个主要目的都达到了，获得了圆满成功。首先是获得了越南国主的高度认可，认为他"来往完成，多著功绩"，归来后便奉旨住持顺化河中寺，成为一代高僧，其次是请来观音像等佛像，供于河中寺，还有不少经典，另外大汕虽然认为时机未到，未允前来，但命其门人果弘应命，并且对于开展贸易欣然应允。此行他趁机引来了同门法侄明弘子融、明海法宝等，扩大了自己的力量。在秘密联络方面，他也有所作为，此行他与康熙二十四年（1685）来到越南投奔自己的故人蘟山禅师同行，然而其人不幸到了报资寺后不久便圆寂了，壮志未酬身先死，但他可能还把觉灵禅师（玄溪）带到越南，此人为广东人，少好游侠，精通武艺，因杀人而逃禅，可能属于反清义士，后来初到东浦（嘉定），再到顺化法云寺，传授武艺与禅法，为越南禅拳俱精的武僧，其为临济三十五世，属于元韶的法孙辈。

元韶此行大获成功，改变了越南佛教的格局，壮大了禅宗的力量。后来本宗的扩大、祝圣寺派与了观派的建立，皆与此有关。

元韶南归之后，大受封赏，正和十二年（1691）建造河中寺，奉旨住持。保泰九年戊申（1728）得疾，十月十九日书偈而逝，寿八十一。次年阮国主谥号行端禅师，立碑于国恩寺。

元韶为临济宗三十三世，又名超白，属于木陈道忞法系。其师报资寺旷圆行果，又名本果，他们兼用两个字派，一是临济宗雪峰祖渊之字派，即"祖道戒定宗，方广正圆通，行超明实际，了达悟真空"，二是道忞自立的"平阳法派"，即"道本元成佛祖先，明如杲日丽中天，灵源广润慈风溥，照世真灯万古悬"。元韶有三位著名门人，即成等禅师（1704—1774）、成乐禅师和明物一智禅师（？—1823）[1]，前二人用的是平阳法派，后一人用的是祖渊法派，但他们确为同宗同辈。元韶法派一直流传至今，十塔寺初由不明传承的道源性提（1656—1716）为第二任住持，其人可能属于临济宗明珠香海法孙，如海门人。后由元韶门人明觉（又名成道）琦芳（1682—1744）接任第三代住持，此后皆为其子孙，用祖渊法派。国恩寺由其门人明恒定然（？—1793）为第二任住持，此后皆其子孙，兼用祖渊派与平阳派。元韶门人还有嘉定省大觉寺开山祖师成觉明吆禅师，他来自中国，下传佛意灵岳，佛意下传祖印密弘（1735—1825），密弘后来成为天姥寺住持，又兼国恩寺住持，为当时佛教领袖。元韶禅派成为越南临济宗的主流派系之一，流传至今，影响很大。

元韶临终之偈云：寂寂镜无影，明明珠不容。堂堂物非物，蓼蓼空勿

---

[1] 释清决：《越南佛教史论》，第143页。

空。此偈明显是模仿六祖惠能之临终偈，即"兀兀不修善，腾腾不造恶。寂寂断见闻，荡荡心无著"，还综合了"菩提本非树，明镜亦无台。本来无一物，何处惹尘埃"等理念，体现了"观身本空"的般若思想。这表明他对六祖思想十分重视，与之一脉相承。

祝圣寺派由明海法宝（1670—1746）建立，明海禅师生于庚戌年（1670）六月二十八日，俗姓梁，名世恩，福建省泉州府同安县绍安乡人，九岁（1678）至潮州报资寺从超长禅师出家，二十岁（1689）受具，可能是在鼎湖山庆云寺得戒，法名明海，字得智，号法宝。[1]

明海于鼎湖得戒，还有一证。近世发现由明海永庆四年（1732）重刻的《沙弥律仪要略增注》，原本出自"康熙丁未仲冬鼎湖山经寮楼"，"得智大师法名明海合本寺众等共募化奉刊"。

明海来越，是在庚午年（1690），由师叔元韶带领，与明弘子融、明物一智等同行。有人认为是在乙亥年（1695）与大汕同行[2]。

明海在广南弘法，建立祝圣寺，于此弘化五十余年，开创临济宗祝圣寺派。丙寅年（1746）十一月初七日，示偈入灭。

明海留有两首偈语，一传法名，续祖渊法派，一传法字。

> 明实法全彰，　　　　得正律为宗，
> 祖道解行通。　　　　印真如是同。
> 祝圣寿天久，　　　　觉花菩提树，
> 祈国祚地长。　　　　充满人天中。

祝圣禅派在平定省亦有二偈，乃后世对此扩充增改。

传法名偈：传法字偈

> 明实法全彰，　　　　得正律为宗，
> 印真如是同。　　　　祖道解行通。

---

[1] 释如净：《临济祝圣禅派的传承历史》，越南胡志明：东方出版社2009年版，第109页。
[2] 释密体：《越南佛教史略》，越南河内，宗教出版社2004年版，第235—236页。

万有唯一体，	觉花圆镜智，
观了心境空。	充满利人天。
戒香成圣果，	恒沙诸法界，
觉海涌莲花。	济度等含生。
信进生福慧，	周围体相用，
行智解圆通。	观照刹尘中。
影月清中水，	去来当一念，
云飞日去来。	能所岂非他。
达悟微妙性，	心境谁边取，
弘开祖道长。	真妄总皆如。

这也是把中国禅宗的传统传到越南，利用这两个字派，就可以明显体现本宗的特色。

明海门人有实妙正贤（？—1809），为中国福建省泉州府同安县人，与明海为同乡，或有亲戚世谊，何时来越不详，继师住持祝圣寺。实营正显（1712—1796），初住祝圣寺，后立福林草庵，实慰正成（？—1770），住持广义省天印寺，有实灯正智（1699—1782），号宝光，开他平定省龙山寺。还有实寿正课等，为其嫌嗣。祝圣寺派如今遍布广南、平定、富安等地，子孙繁多，影响很大。

与明海同时，还有一位法化禅师（1670—1754），为天印寺的开创者。法化，福建人，俗名黎灭，法名佛宝，字法化，其塔碑称"嗣临济正宗三十五法化讳上佛下宝和尚之塔"[①]。他于1694年在广义省平山县天印山创建天印寺，住持此年达六十年。据《大南一统志》第二集记载，此寺先朝（1716）御笔匾额"敕赐天印寺"，居山绝顶，园林扶疏，僧徒颇众，四时香花不绝，为佛教名山胜迹。

有学者认为明海法宝与法化佛宝为同一人，黎氏垂庄反对这一观点，

[①] 如净：《临济禅派的传承历史》，第119页。

认为实非一人。① 黎氏垂庄的观点是正确的，二人虽然生年相同，同时来越，然而一为三十四世，一为三十五世，辈份不同，开法地区及创建寺院不同，卒年不同，俗家姓名不同，没有可能为同一人。依平阳派，明海属于成字辈，比佛宝高一辈。依祖渊派，佛宝当为"实"字辈。佛宝根本不叫明海，只能叫"实海"，所谓"明海佛宝"本为子虚乌有，实属误会。

佛宝为元韶之法孙，可能他刚来时年龄太少，后来又跟从元韶门人接法，故得名佛宝。

了观禅派为越南最为兴盛的临济宗禅派之一，其本师则是明弘子融。

据真金法林《列祖禅传》②，通天弘觉国师下传二人，一为雪櫨真朴，下传大车如长（讳超长），如长传明弘子融、明海法宝，子融传实妙了观、实荣宝行，法宝传实营正显。一为旷圆本果（开山江陵报资寺，传天开偈），下传元韶焕碧（讳超白），元韶传成党明吣（传天开偈，赴越南一边和开山大觉寺）。

又据《历传祖图赞》：

> 祖讳明弘，字子融，大清入南，卓振迹印宗寺（即今慈昙寺）。黎年十一月十六日祖寂。初塔于慈昙寺之右。成泰十六年（1904）为官所逼，诸官寺、山寺鐩赀移墓于报国寺之东，合五塔为一区，祖其居中最大者，猊位仍祀于慈昙。

如此明弘子融之师为超长（大车如长），和明海法宝为同门。其来越南的原因是"大清入南"，其实是不满满清异族的统治。他们都是元韶从广州请来的，属于元韶一派。从辈份上讲，明弘属于元韶（超白）的子侄，为旷圆行果之侄孙。

明弘生卒年不详，其生年可能在永历十一年（1657）前后，在元韶与了观之间，其卒时是"黎年十一月十六日"，所谓"黎年"，当为黎朝景兴

---

① 参见黎氏垂庄《越南南河地区十六至十九世纪中国禅宗的发展及相关文献的考察》，华东师范大学2014年博士论文，第175页。
② 参见《越南南河地区十六至十九世纪中国禅宗的发展及相关文献的考察》，第81页。

（1740—1786）时，有可能是在景兴元年（1740），在其门人了观前入灭，其寿命超过八十。

超长事迹不详，其师真朴，曾任南华住持。

真朴生卒年不详，曾编辑《北游集》，始住持福建太平寺，康熙初年在惠州，又于康熙十年（1671）与马元编《重修曹溪通志》，为一时宗匠，影响很大。

超长继本果住持潮州报资寺，收门人明弘子融、明海法宝等，与本果、元韶关系密切。

元韶趁机将明弘他们都请到越南，可谓一举两得，一应阮王之命，二是可以扩大本宗。他们为其法侄，到达越南后，有可能归附其门下。

如此了观派与元韶派关系密切，同属于密云圆悟、木陈道忞系，道忞平阳系与费隐通容系关系密切，禅法相互影响，道忞入京便是由于通容法孙性聪的推荐，他们两派之间相互了解是十分正常的。

明弘子融除传了观外，还传实荣宝行，实荣开山平康府凤垂山寺，下传门人济感天应，继主此寺。

据《敕赐临济正宗第三十五世了观和尚谥正觉圆悟碑铭》①，了观禅师（1667—1742），原籍富安府同春县泊马社，俗姓黎氏，法名实耀（《列祖禅传》作实妙，误，实妙正贤为明海门人），字了观。他师从多位中国禅师，六岁（1702）丧母，有出尘之志，其父送于会宗寺师从中国际圆禅师（？—1679），十三岁（1679）时，际圆入灭，又到顺化报国寺师从觉峰禅师，觉峰禅师为广东人，传曹洞正宗，到顺化开创天寿寺，即含龙山报国寺。从学十余年后，1690 年从觉峰剃度，一年后（1691）由于父亲有病，便回到家乡照顾父亲四年。1695 年，父亲去世，便回到顺化从大汕受沙弥戒。丁丑（1697）又从中国慈林禅师受具，己卯（1699）遍参丛林，闻诸方禅和共传子融和尚善教人，念佛参禅第一，便于壬午（1702）到龙山印尊寺（今慈昙寺）师从中国明弘子融禅师，令参"万法归一，一归何处"之话头，历八九年不得悟，便回富安省，继续参究，一日读《传灯录》，至"指物传心人不会"处，忽然有省，然而山隔水遥，直到戊子（1708）春才

---

① 《越南南河地区十六至十九世纪中国禅宗的发展及相关文献的考察》附录三。

到龙山求证，明弘告之："悬崖撒手，自肯承当，绝后再苏，欺君不得，作么生道看？"师抚掌呵呵大笑，和尚云未在，师云秤锤原是铁，和尚仍云未在。次日，和尚云："昨日公案未了，再道看。"师云："早知灯是火，饭熟已多时。"和尚大加称赞。他在天台山立草庵用功，后来草庵成为禅宗寺。

《碑铭》存在一些时间的矛盾，如言壬午（1702）从学参一话头，"至八九年一无所得"，而至"戊子（1708）春"龙山求证，大得称赞，只有七个年头，何来八九年之说？另外又道其"四十三传衣，说法利生三十四载"，则只能从己丑年（1709）算起。如此，要么龙山求证发生在己丑年（1709），这样有八个年头，与"八九年"相符，要么其受到印可、接受传衣是在此年，龙山求证还只是一个中间阶段。总之，直到己丑年（1709），他才正式开法，此年四十三岁，历三十四载而终。

壬辰（1712）夏，明弘和尚来广进，师呈浴佛偈，和尚问其祖祖相传，传个什么，了观答"石笋抽条长一丈，龟毛拂子重三斤"，明弘道"高高山顶行船，深深海底走马"，了观又言"折角泥牛彻夜哄，没弦琴子尽日弹"，大得明弘印可。

二人对话常引曹洞宗之语，但在法系上却是属于临济宗。

据《隐元禅师语录》卷四：

> 复说偈云："龟毛拂子重千斤，挂在虚空待个人。磕著无情真铁汉，不妨拈起更尖新。"[1]

这是费隐通容（1593—1661）门人黄檗隐元隆琦（1592—1673）顺治十三年（1656）六十五岁时所说偈，了观所述与之接近，有可能是暗引其句。

据《性空臻禅师语录》卷二：

> 如何是向上事？无文铁印向空抛，折角泥牛连夜吼。[2]

---

[1] 《嘉兴藏》27册，第241页中。
[2] 《嘉兴藏》39册，第753页上。

性空行臻（1608—1678）为通容门人。

又据《百痴禅师语录》卷十六：

> 头头不昧，无文铁印向空抛；刹刹相通，折角泥牛连夜吼。①

百痴行元（1610—1662）亦为通容门人，二人所述语句完全一样，未明先后。行元年二十时见《禅关策进》中有"万法归一"话，遂事参究，如此此派对于此句颇下功夫。断桥妙伦曾令高峰元妙参此句，可见此乃临济一宗宗风，行元及门人憨璞性聪（1610—1666）等皆参此句，足证他们对此很有心得。

壬寅（1722），了观来顺化，住持天台祖庭，并应诸护法之请，于癸丑（1733）、甲寅（1734）、乙卯（1735）连续三年开四大戒坛，庚申（1740）至龙华传戒，复回祖庭。国主诏敕入宫供养，师志在林泉，不赴。壬戌（1742）春，于圆通寺重开戒坛，秋末示疾，至十月间，告诸门人曰："吾将归矣，世缘已尽。"门人涕泣，师曰："汝等悲泣阿谁？诸佛出世，犹示涅槃。吾今来去分明，归必有所。汝等不合悲泣。"至十一月示寂。

了观临终之语，与六祖惠能所述几乎完全一样，可见其得六祖之真传，为南方之禅匠。了观春秋七十六，四十三传衣，说法三十四载，得旨嗣法四十九人，缁素蒙利多达十万。他与六祖俗寿一样，说法相似，有如六祖再来。

了观临终偈曰：

> 七十余年世界中，空空色色亦融通。
> 今朝愿满还家里，何必奔忙问祖宗。

这一偈语体现视死如归、融通色空的潇洒自在精神，表明他确实是一个悟道的高僧。

了观《传法偈》云：

---

① 《嘉兴藏》28册，第81页下。

实际大道，性海清澄。
心源广润，德本慈风。
戒定福慧，体用圆通。
永超智果，密契成功。
传持妙理，演畅正宗。
行解相应，达悟真空。

这一偈语实际是将本宗字派暗含其中，显示向上宗承。其中奥妙，是将乃师明弘之明字派藏于首，即"明实际"，又将自己之号了字隐于末句之首，即"了达悟真空"。还有将海舟永慈所演一百二十字派中"性海澄清显密印"之前四字即暗含其中，又将临济宗另一字派之"道德圆明"、"真如性海"、"心源广续"等嵌入，十分巧妙。

了观下传际合海奠（？—1775）、际愍祖训（？—1778）、际恩流光等，以天台禅宗寺、报国寺等为主要道场，其下法脉流衍，影响至今。

参考文献

佛教典籍

《天圣广灯录》，《卍新续藏》78 册
《建中靖国续灯录》，《卍新续藏》78 册
《禅林僧宝传》，《卍新续藏》79 册
《僧宝正续传》，《卍新纂续藏经》79 册
《南宋元明禅林僧宝传》，《卍新纂续藏经》79 册
《联灯会要》，《卍新续藏》79 册
《嘉泰普灯录》，《卍新纂续藏》79 册
《五灯会元》，《卍新纂续藏》80 册
《五灯会元续略》，《卍新纂续藏》80 册
《续传灯录》，《大正藏》51 册
《五灯全书》，《卍新纂续藏》82 册
《增集续传灯录》，《卍新纂续藏经》83 册
《续灯存稿》，《卍新续藏》84 册
《续灯正统》，《卍新续藏》84 册
《续指月录》，《卍新续藏》84 册
《锦江禅灯》，《卍新续藏》85 册
《佛祖纲目》，《卍新续藏》85 册
《继灯录》，《卍新续藏》86 册
《居士分灯录》，《卍新续藏》86 册
《建州弘释录》，《卍新续藏》86 册
《缁门世谱》，《卍新续藏》86 册
《宗教律诸宗演派》，《卍新续藏》88 册

《径石滴乳集》,《卍新续藏》67 册
《古尊宿语录》,《卍新续藏》68 册
《续古尊宿语要》,《卍新续藏》68 册
《石霜楚圆禅师语录》,《卍新纂续藏》69 册
《杨岐方会禅师语录》,《大正藏》47 册
《白云守端禅师广录》,《卍新续藏》69 册
《白云守端禅师语录》,《卍新续藏》69 册
《保宁仁勇禅师语录》,《卍新续藏》69 册
《法演禅师语录》,《大正藏》47 册
《虚堂和尚语录》,《大正藏》47 册
《瞎堂慧远禅师广录》,《卍新纂续藏经》69 册
《开福道宁禅师语录》,《卍新纂续藏经》69 册
《月林师观禅师语录》,《卍新纂续藏经》69 册
《无门慧开禅师语录》,《卍新续藏》69 册
《死心悟新禅师语录（黄龙四家录第三）》,《卍新续藏》69 册
《西山亮禅师语录》,《卍新续藏》69 册
《圆悟佛果禅师语录》,《大正藏》47 册
《密庵和尚语录》,《大正藏》47 册
《大慧普觉禅师宗门武库》,《大正藏》47 册
《大慧普觉禅师年谱》,《嘉兴藏》01 册
《普觉宗杲禅师语录》,《卍新续藏》69 册
《长灵守卓禅师语录》,《卍新续藏》69 册
《济颠道济禅师语录》,《卍新续藏》69 册
《普庵印肃语录》,《卍新续藏》69 册
《佛果克勤禅师心要》,《卍新续藏》69 册
《应庵昙华禅师语录》,《卍新续藏》69 册
《北涧居简禅师语录》,《卍新续藏》69 册
《介石智朋禅师语录》,《卍新续藏》69 册
《率庵梵琮禅师语录》,《卍新续藏》69 册
《大川普济禅师语录》,《卍新续藏》69 册

《淮海原肇禅师语录》，《卍新续藏》69 册
《偃溪广闻禅师语录》，《卍新续藏》69 册
《笑隐大欣禅师语录》，《卍新续藏》69 册
《破庵祖先禅师语录》，《卍新续藏》70 册
《樵隐悟逸禅师语录》，《卍新纂续藏经》70 册
《希叟绍昙禅师广录》，《卍新纂续藏经》70 册
《昙芳守忠禅师语录》，《卍新续藏》70 册
《运庵普岩禅师语录》，《卍新续藏》70 册
《雪岩祖钦禅师语录》，《卍新续藏》70 册
《西岩了慧禅师语录》，《卍新续藏》70 册
《痴绝道冲禅师语录》，《卍新续藏》70 册
《松源崇岳禅师语录》，《卍新续藏》70 册
《破庵祖先禅师语录》，《卍新续藏》70 册
《石田法薰禅师语录》，《卍新纂续藏经》70 册
《无准和尚奏对语录》，《卍新纂续藏经》70 册
《无准师范禅师语录》，《卍新纂续藏经》70 册
《绝岸可湘禅师语录》，《卍新续藏》70 册
《运庵普岩禅师语录》，《卍新续藏》70 册
《环溪惟一禅师语录》，《卍新续藏》70 册
《断桥妙伦禅师语录》，《卍新续藏》70 册
《方山文宝禅师语录》，《卍新续藏》70 册
《无见先睹禅师语录》，《卍新续藏》70 册
《雪岩祖钦禅师语录》，《卍新续藏》70 册
《高峰原妙禅师语录》，《卍新续藏》70 册
《月涧禅师语录》，《卍新续藏》70 册
《天如惟则禅师语录》，《卍新续藏》70 册
《樵隐悟逸禅师语录》，《卍新续藏》70 册
《西岩了慧禅师语录》，《卍新续藏》70 册
《了庵清欲禅师语录》，《卍新续藏》71 册
《元叟行端禅师语录》，《卍新续藏》71 册

《月江正印禅师语录》，《卍新续藏》71册
《昙芳守忠禅师语录》，《卍新续藏》71册
《石溪心月禅师语录》，《卍新续藏》71册
《兀庵普宁禅师语录》，《卍新续藏》71册
《古林清茂禅师拾遗偈颂》，《卍新续藏》71册
《即休契了禅师拾遗集》，《卍新续藏》71册
《了堂惟一禅师语录》，《卍新续藏》71册
《楚山绍琦禅师语录》，《四川石经寺本》
《永觉元贤禅师广录》，《卍新续藏》72册
《玄沙师备禅师语录》，《卍新续藏》73册
《云谷和尚语录》，《卍新续藏》73册
《憨山老人梦游集》，《卍新续藏》73册
《庐山莲宗宝鉴》，《大正藏》47册
《大明高僧传》，《大正藏》47册
《释氏稽古略》，《大正藏》第48册
《人天眼目》，《大正藏》48册
《禅林宝训》，《大正藏》48册
《无门关》，《大正藏》48册
《禅关策进》，《大正藏》第48册
《佛祖统纪》，《大正藏》49册
《佛祖历代通载》，《大正藏》49册
《释鉴稽古略续集》，《大正藏》49册
《南岳总胜集》，《大正藏》51册
《续佛祖统纪》，《卍新续藏》75册
《历朝释氏资鉴》，《卍新续藏》76册
《补续高僧传》，《卍新续藏》77册
《大光明藏》，《卍新续藏》79册
《仁王经科疏科文》，《卍新续藏》26册
《禅林备用清规》，《卍新续藏》63册
《丛林校定清规总要》，《卍新续藏》63册

《百丈清规证义记》,《卍新续藏》63册
《入众日用》,《卍新续藏》63册
《丛林公论》,《卍新续藏》64册
《禅林宝训合注》,《卍新续藏》64册
《证道歌注》,《卍新续藏》65册
《禅宗颂古联珠通集》,《卍新续藏》65册
《宗门拈古汇集》,《卍新续藏》66册
《宗鉴法林》,《卍新续藏》66册
《禅门诸祖师偈颂》,《卍新续藏》66册
《雪堂行拾遗录》,《卍新续藏》83册
《罗湖野录》,《卍新续藏》83册
《皇明名僧辑略》,《卍新续藏》84册
《佛祖纲目》,《卍新续藏经》85册
《丛林盛事》,《卍新续藏经》86册
《云卧纪谭》,《卍新纂续藏经》86册
《林间录》,《卍新续藏》87册
《禅苑蒙求拾遗》,《卍新续藏》87册
《山庵杂录》,《卍新续藏》87册
《枯崖漫录》,《卍新续藏》87册
《人天宝鉴》,《卍新续藏》87册
《护法录》,《嘉兴藏》21册
《石门文字禅》,《嘉兴藏》23册
《大沩五峰学禅师语录》,《嘉兴藏》25册
《破山禅师语录》,《嘉兴藏》26册
《费隐禅师语录》,《嘉兴藏》26册
《林野奇禅师语录》,《嘉兴藏》26册
《千岩和尚语录》,《嘉兴藏》32册
《晦岳旭禅师语录》,《嘉兴藏》38册
《古今图书集成选辑（下）》,《大藏经补编》16册
《禅林象器笺》,《大藏经补编》19册

《新续高僧传》，《大藏经补编》19 册
《蒲室集》，《大藏经补编》24 册
《武林梵志》，《大藏经补编》29 册
《元亨释书》，《大藏经补编》32 册
《吴都法乘》，《大藏经补编》34 册
《上方寺置田畴记》，《大藏经补编》34 册
《雪峰空和尚外集》，《国家图书馆善本佛典》第 50 册

地方志、寺志

《明州阿育王山续志》，《中国佛寺史志汇刊》第 012 册
《径山志（第 1 卷—第 5 卷）》，《中国佛寺史志汇刊》第 031 册
《径山志（第 6 卷—第 14 卷）》，《中国佛寺史志汇刊》第 032 册
《天台山方外志》，《中国佛寺史志汇刊》第 089 册
《雪峰志》，《大藏经补编》24 册

（元）俞希鲁编纂：《至顺镇江志》，江苏古籍出版社 1990 年版。

（明）释大壑：《南屏净慈寺志》，杭州出版社 2006 年版。

（明）元贤：《鼓山志》，鼓山涌泉寺顺治初刻本。

（清）白潢等修，查慎行等纂：《江西省西江志》，成文出版社有限公司 1989 年版。

（清）郑荣监修，桂坫纂：《续修南海县志》，成文出版社 1961 年版。

（清）谢旻监修，陶成编：《江西通志》，文渊阁四库全书本。

许止净：《峨嵋山志》，江苏广陵古籍刻印社 1997 年版。

琅琊山志编撰委员会：《琅琊山志》，黄山书社 1989 年版。

杨永泉、陈蕊心：《灵谷寺志》，江苏古籍出版社 2001 年版。

余庆绵主编：《广州六榕寺志》，内部资料，1999 年。

福建省漳州南山寺编：《南山寺志》，2001 年。

何逸东主编；德兴市地方志编纂委员会编：《德兴县志》，光明日报出版社 1993 年版。

喀喇沁左翼蒙古族自治县志编纂委员会编：《喀喇沁左翼蒙古族自治县志》，辽宁人民出版社 1998 年版。

古籍

《二十五史补编》，中华书局1955年版。

（宋）李焘：《续资治通鉴长编》，中华书局1985年版。

（宋）王安石撰，李之亮补笺：《王荆公诗注补笺》，巴蜀书社2002年版。

（宋）吕祖谦：《宋文鉴》，商务印书馆1937年版。

（宋）张方平：《乐全集》，台湾商务印书馆1969年版。

（宋）卫泾：《后乐集》，文渊阁四库全书本。

（宋）黄庭坚：《山谷集》，文渊阁四库全书本。

（宋）洪迈：《夷坚志》，中华书局1981年版。

（宋）李心传：《建炎以来系年要录》，中华书局2013年版。

（宋）陆游撰，钱忠联、马亚中主编，马亚中校注：《陆游全集校注》，浙江教育出版社2011年版。

（宋）陈兴义撰；白敦仁校笺：《陈兴义集校笺》，上海古籍出版社1990年版。

（宋）罗愿撰，萧建新、杨国宜校著：《〈新安志〉整理与研究》，黄山书社2008年版。

（宋）王象之撰：《舆地纪胜》，四川大学出版社2005年版。

许红霞：《珍本宋集五种》，北京大学出版社2013年版。

李修生主编：《全元文》，凤凰出版社2004年版。

（元）戴表元撰，陈晓冬、黄天美点校：《戴表元集》，浙江古籍出版社2014年版。

（元）赵承禧等编撰，王晓欣点校：《宪台通纪》，浙江古籍出版社2002年版。

（明）陈文修撰，李春龙、刘景毛校注：《景泰云南图经志书校注》，云南民族出版社2002年版。

（明）宋濂：《宋濂全集》，人民文学出版社2014年版。

（明）毛晋辑：《明僧弘秀集》，安徽师范大学出版社2015年版。

（明）沈德符撰：《万历野获编》，中华书局1959年版。

（清）成鹫：《咸陟堂集》，广东旅游出版社2008年版。
《清代诗文集汇编》编纂委员会：《清代诗文集汇编》，上海古籍出版社2010年版。

研究著作

徐文明：《青原法派研究》，中国社会科学出版社2016年版。
陈垣：《释氏疑年录》，中华书局1988年版。
杨曾文：《日本佛教史》，浙江人民出版社1995年版。
杨曾文：《宋元禅宗史》，中国社会科学出版社2006年版。
段玉明：《圆悟克勤传》，宗教文化出版社2012年版。
佟建荣：《西夏姓名研究》，社会科学文献出版社2015年版。
龚延明、岳朝军编：《岳飞研究论文集汇编》，浙江大学出版社2013年版。
高文学主编：《中国自然灾害史》，地震出版社1997年版。
李国均主编：《中国书院史》，湖南教育出版社1994年版。
王德毅编：《元人传记资料索引》，中华书局1987年版。
韩鹏杰主编：《周易全书》，团结出版社1998年版。
陶福履：《豫章丛书》，江西教育出版社2007年版。
韩溥：《江西佛教史》，光明日报出版社1995年版。
曾枣庄：《中国文学家大辞典》，中华书局2004年版。
李之亮：《宋两淮大郡守臣易替考》，巴蜀书社2001年版。
李之亮：《宋两湖大郡守臣易替考》，巴蜀书社2001年版。
李之亮：《宋川陕大郡守臣易替考》，巴蜀书社2001年版。
李之亮：《北宋京师及东西路大郡守臣考》，巴蜀书社2001年版。
李之亮：《宋两江郡守易替考》，巴蜀书社2001年版。
李之亮：《宋福建路郡守年表》，巴蜀书社2001年版。
李之亮：《宋代路分长官通考》，巴蜀书社2003年版。
特木尔巴根：《古代蒙古作家汉文创作考》，内蒙古教育出版社2002年版。
张如安：《南宋宁波文化史》，浙江大学出版社2013年版。

沈文泉编著：《湖州古代主官列表》，浙江古籍出版社 2014 年版。

吴熊、陶然册：《唐宋词汇评》，浙江教育出版社 2004 年版。

杨宪萍主编：《宜春禅宗志》，中国文史出版社 2007 年版。

张云江：《禅史与禅思》，宗教文化出版社 2014 年版。

韩天雍：《中日禅宗墨迹研究》，中国美术学院出版社 2008 年版。

朱谷忠：《人与山水的约会》，海峡文艺出版社 2015 年版。

张宏生：《宋元文学与宗教》，上海古籍出版社 2015 年版。

冼玉清：《冼玉清文集》，中山大学出版社 1995 年版。

何孝荣：《明代北京佛教寺院修建研究》，南开大学出版社 2007 年版。

北京图书馆：《北京图书馆藏中国历代石刻拓本汇编》，中州古籍出版社 1989 年版。

王新英：《全金石刻文辑校》，吉林文史出版社 2012 年版。

许兴植编著：《韩国金石全文》，亚细亚出版社 1984 年版。

论文

徐文明：《佛鉴惠勤禅师生平略述》，杨源兴：《禅和之声》，宗教文化出版社 2009 年版。

徐文明：《知信禅师与云门福昌系》，明向：《禅宗丛林的当代实践探索》，华文出版社 2013 年版。

朱刚：《中兴禅林风月集》续考，北京大学国际汉学家研修基地，《国际汉学研究通讯》第 4 期，北京大学出版社 2011 年版。

冯国栋：《灵隐居简及其北磵文集》；

光泉：《灵隐寺与南宋佛教：第三届灵隐文化研讨会论文集》，宗教文化出版社 2015 年版。

何冠环：《将门学士：杨家将第四代传人杨畋生平考述》，载李裕民主编．《首届全国杨家将历史文化研讨会论文集》，科学出版社 2009 年版。

邢东风：《关于古拙、无际的资料和遗迹》，载黄夏年主编《禅文化（第 1 辑）》，中州古籍出版社 2011 年版。

向世山：《楚山绍琦禅师生平索疑》，载素慧主编，《禅心映天成显密照石经：纪念楚山禅师诞辰 600 周年能海上师诞辰 120 周年学术研讨会论文集》,宗教文化出版社 2007 年版。

黄夏年:《明代伏牛山佛教派系考》,《世界宗教研究》2010 年第 2 期。

黎氏垂庄:《越南南河地区十六至十九世纪中国禅宗的传播和发展及相关文献的考察》,华东师范大学,2014 年。

赵依澍:《清代北京红螺寺的法系传承研究》,北京师范大学,2015 年。

杨岐宗大事记

北宋·雍熙三年	986	石霜楚圆出生
端拱二年	989	达观昙颖出生
至道二年	996	杨歧方会出生
至道三年	997	云居道齐入灭
		云峰文悦出生
咸平五年	1002	黄龙慧南出生
景德四年	1007	石霜楚圆受具
大中祥符元年	1008	石霜楚圆到汾阳拜见善昭
大中祥符六年	1013	五祖法演出生
大中祥符七年	1014	杨亿知汝州
大中祥符九年	1016	石霜楚圆辞别汾阳善昭
乾兴元年	1022	黄宗旦知袁州
天圣三年	1025	道吾契诠入灭
		石霜楚圆住持道吾山
		白云守端出生
		晦堂祖心出生
天圣五年	1027	圆通法秀出生
		大阳警玄入灭
天圣八年	1030	洞山晓聪入灭
明道元年	1032	潜庵清源出生
		佛印了元出生

续表

景祐二年	1035	云盖智本出生
景祐三年	1036	广慧元琏入灭
		楚圆自石霜迁南岳福严
景祐四年	1037	石霜楚圆移居潭州兴化
		杨歧方会开法
宝元元年	1038	石霜楚圆抵京
宝元二年	1039	石霜楚圆入灭
庆历四年	1044	白云守端剃度
庆历六年	1046	杨歧方会迁居潭州云盖
		云盖志颙入灭
庆历七年	1047	五祖法演出家
皇祐元年	1049	杨歧方会入灭
皇祐三年	1051	大慧宗杲门人桐江大悲闲禅师出生
皇祐五年	1053	开福道宁出生
至和元年	1054	云盖智本受具
嘉祐元年	1056	白云守端住持能仁寺
嘉祐四年	1059	白云守端住持圆通寺
		佛印了元住持承天寺
		佛鉴惠勤出生
嘉祐五年	1060	达观昙颖入灭
嘉祐六年	1061	湛堂文准出生
嘉祐七年	1062	云峰文悦入灭
		白云守端任五祖寺首座
		白云守端住持法华寺
嘉祐八年	1063	圆悟克勤出生
治平元年	1064	五祖法演参圆照宗本
治平二年	1065	五祖法演参浮山法远

续表

		五祖法演任浮山首座
		大随元静出生
治平三年	1066	白云守端住持龙门寺
		龙门清远出生
治平四年	1067	五祖法演参白云守端
		佛眼清远出生
熙宁元年	1068	白云守端住持太平寺
		翠岩可真入灭
熙宁二年	1069	黄龙慧南入灭
		五祖法演住持四面双泉
熙宁五年	1072	白云守端入灭
		五祖法演住持太平禅众
熙宁六年	1073	西禅文琏出生
熙宁九年	1076	白杨法顺出生
熙宁十年	1077	虎丘绍隆出生
元丰元年	1078	杨杰为仁勇语录作序
元丰二年	1079	月庵善果出生
元丰三年	1080	觉海赞元入灭
		云居法如出生
		佛眼清远出家
元丰四年	1081	开福道宁参法泉
元丰六年	1083	开福道宁住持圆通寺
元丰七年	1084	真牧正贤出生
元丰八年	1085	佛智端裕出生
		正堂明辩出生
元祐三年	1088	五祖法演自太平禅众住持白云海会
		大随元静得度

续表

元祐四年	1089	大慧宗杲出生
		雪堂道行出生
元祐七年	1092	懒庵鼎需出生
元祐八年	1093	白杨法顺出家
绍圣元年	1094	此庵景元出生
		万庵道颜出生
绍圣二年	1095	五祖法演离开白云海会
绍圣三年	1096	五祖法演住持五祖寺
		雪峰慧空出生
		竹庵士珪门人顽庵德昇出生
		佛眼清远至庐山
绍圣四年	1097	穷谷宗璡出生
元符元年	1098	开福道宁到庐山开先，参东林常总门人广鉴禅师开先行瑛
		佛印了元入灭
		佛智端裕门人寒岩慧升出生
元符二年	1099	佛鉴慧勤住持太平寺
元符三年	1100	晦堂祖心入灭
		开福道宁参五祖法演
		大慧宗杲门人竹原宗元出生
崇宁元年	1102	圆悟克勤离淮归蜀，住持六祖，迁昭觉
崇宁二年	1103	密印安民参昭觉克勤
		瞎堂慧远出生
		文尔出生
		应庵昙华出生
崇宁三年	1104	五祖法演入灭
		法演门人表自住持五祖
		广慧通理圆性禅师出生

续表

		开福道宁任崇宁寺首座
崇宁四年	1105	云居法如受具
崇宁五年	1106	广慧通理门人双峰广温出生
大观元年	1107	云盖智本入灭
		水庵师一出生
大观二年	1108	或庵师体出生
		晦庵弥光门人中庵慧空出生
大观三年	1109	开福道宁住持报恩寺
		圆悟克勤出蜀
		别峰宝印出生
大观四年	1110	圆悟克勤住夹山灵泉禅院
		晦庵弥光门人混源昙密出生
政和元年	1111	此庵景元出家
		云门宗寂室慧光门人痴禅元妙出生
政和二年	1112	佛鉴惠勤应诏住持东京智海
		夹山圆悟克勤住持道林
政和三年	1113	宗恺住持天宁万寿禅寺，募郡人林修建轮藏阁，宗顺督理
		开福道宁入灭
		简堂行机出生
政和四年	1114	佛智端裕门人无庵法全出生
政和五年	1115	佛鉴惠勤住持蒋山
		普庵印肃出生
政和六年	1116	大慧宗杲门人无等有才出生
政和七年	1117	灵源惟清入灭
		佛鉴惠勤入灭
		宗顺住持天宁万寿禅寺，重修大雄宝殿
		道林圆悟克勤住持蒋山太平兴国禅寺

续表

		雪庵从瑾出生
重和元年	1118	佛眼清远住持褒禅
		密庵咸杰出生
宣和元年	1119	高庵善悟住持吉州天宁
		穷谷宗琏受具
		大圆遵璞门人妙智从廓出生
宣和二年	1120	竹庵士珪住持和州天宁
		佛眼清远退褒禅，至蒋山入灭
		竹庵士珪住持褒禅
		高庵善悟住持云居
		佛性法泰出世德山
		混源昙密出生
		竹林了奇出生
宣和三年	1121	广慧通理圆证门人怀鉴善照出生
		佛照德光出生
宣和四年	1122	月庵善果住持上封
		云卧晓莹出生
宣和六年	1124	圆悟克勤奉旨入京，住天宁寺
宣和七年	1125	政言出生
靖康元年	1126	竹庵士珪住持东林
		文琏开山遂宁西禅
南宋·建炎元年	1127	圆悟克勤奉勅住持云居真如禅寺
		竹庵士珪退东林，结庵西峰，号竹庵
建炎二年	1128	住持宗顺重修戒坛
建炎三年	1129	潜庵清源入灭
		八月，圆悟克勤于云居退院归蜀，住昭觉寺
		高庵善悟再住云居

续表

		橘洲宝昙出生
绍兴元年	1131	黄道姑入灭
		高庵善悟到天台
绍兴二年	1132	高庵善悟开山浮山鸿福，入灭
		松源崇岳出生
绍兴三年	1133	复庵可封出生
绍兴四年	1134	云门庵大慧宗杲入闽
		真牧正贤住云门庵
		桐江大悲闲禅师参大慧宗杲契悟
		此庵景元出世处州南明
绍兴五年	1135	圆悟克勤入灭
		九顶清素入灭
		大随元静入灭
		此庵景元住持处州连云
绍兴六年	1136	虎丘绍隆入灭
		瞎堂慧远出世龙蟠山寿圣
		宗琏任南岳福严首座
		蒙庵元聪出生
		相了出生
		破庵祖先出生
绍兴七年	1137	诏改天宁万寿禅寺为报恩广孝禅寺
		圆悟克勤门人袁觉出世眉州象耳
		寿圣瞎堂慧远住持琅琊开化
		高庵善悟门人普云自圆住持荐福
		无用净全出生
		济颠道济出生
		懒庵鼎需住持泉州云门庵

杨岐宗大事记 691

续表

		水庵师一门人息庵达观出生
绍兴九年	1139	月庵善果住持黄檗
		白杨法顺入灭
绍兴十年	1140	光孝住持慈轼施田
		圆悟克勤门人明室本明入灭
绍兴十一年	1141	晦翁悟明门人无念慧真出生
		文尔住持报恩
		顽庵德昇开法福州石门
绍兴十二年	1142	以天台太平兴国为万年报恩光孝，无著道闲开山住持
绍兴十三年	1143	舟峰庆老入灭
		普庵印肃参沩山牧庵法忠
		印肃门人圆通出生
		月林师观出生
绍兴十四年	1144	遂宁西禅文琏入灭
		希秀住持遂宁西禅
		懒庵鼎需住持福州东禅
		此庵守净住持泉州云门庵
		光孝住持慈轼施田
		印肃门人圆成出生
绍兴十五年	1145	高庵善悟门人善能住持福州中际
		简堂行机住持鄱阳筦山
绍兴十六年	1146	此庵景元入灭
		云居法如入灭
		应庵昙华出世处州妙严
绍兴十七年	1147	高庵善悟门人无著道闲入灭
		开化瞎堂慧远住持婺州普济
		应庵昙华住持衢州明果

续表

		印肃门人圆泝出生
绍兴十八年	1148	佛智端裕住持育王
		乌巨雪堂道行住持饶州荐福
		稠岩了赟入灭
		普济瞎堂慧远住持衢州子湖定业
		中观沼出生
		蒙庵元聪门人自牧行谦出生
		印肃门人圆信出生
绍兴十九年	1149	黄龙牧庵法忠入灭
		子湖瞎堂慧远住持衢州光孝
		真牧正贤住持归宗
		枯木祖元住持温州能仁
		应庵昙华住持蕲州德章安国
		晦庵弥光住持福州龟山
		中庵慧光住持教忠
		无际了派出生
		退谷义云出生
绍兴二十年	1150	佛智端裕入灭
		大慧宗杲南迁梅州
		应庵昙华住持饶州报恩光孝
		虚明教亨出生
绍兴二十一年	1151	饶州荐福雪堂道行入灭
		退庵休住持饶州荐福
		东禅懒庵鼎需住持西禅
		此庵守净住持东禅
		光孝住持广炤慈轼建大鉴阁三间，重建毗卢殿
		瞎堂慧远住持衢州光孝

续表

		浙翁如琰出生
绍兴二十二年	1152	月庵善果入灭
		应庵昙华住持饶州东湖荐福
		妙峰之善出生
绍兴二十三年	1153	福州西禅懒庵鼎需入灭
		晦庵弥光入灭
		归宗真牧正贤住持云居
		普庵印肃住持慈化
		庆珠到广州
		西山亮出生
绍兴二十四年	1154	蒙庵思岳门人蓬庵宗逮住持鼓山
绍兴二十五年	1155	晦庵慧光入灭
绍兴二十六年	1156	应庵昙华住持婺州报恩光孝
		饶州荐福退庵休住持资福
		万庵道颜住持江州圆通
		大慧宗杲住持育王
		运庵普岩出生
		月林师观出家
绍兴二十七年	1157	卫林正堂明辩入灭
		应庵昙华再住归宗，后迁东林
绍兴二十八年	1158	雪峰慧空入灭
		育王大慧宗杲住持径山
		大圆遵璞住持育王
		衢州光孝瞎堂慧远住持南岳南台
		应庵昙华住持蒋山
绍兴二十九年	1159	云居真牧正贤入灭
		南台瞎堂慧远住持台州护国

续表

		圆通万庵道颜退院归蜀，住持昭觉
		从廊住持江州圆通
绍兴三十年	1160	玉泉宗琏入灭
		育王大圆遵璞入灭
		芦山慈航了朴住持育王
		大慧宗杲行化至建业，说法保宁、蒋山
		护国瞎堂慧远住持国清
		成都正法别峰宝印与缙云冯时行等十五人聚会赋诗
绍兴三十一年	1161	别峰宝印至蒋山，应庵昙华馆以上方
		蒋山应庵昙华住持平江光孝
		育王慈航了朴住持明州万寿寺
		圆通从廊住持育王
		简堂行机受江州太守林晌之请住持江州圆通
		蒙庵思岳门人石庵师珆出世白云
		蓬山永聪出生
绍兴三十二年	1162	应庵昙华住持天童
		应庵昙华门人守诠出世凤山
		破庵祖先受具
		保宁一庵善直住持蒋山
		别峰宝印受陈俊卿之请住持保宁
隆兴元年	1163	径山大慧宗杲入灭
		大禅了明住持径山
		无庵法全受吴兴太守郑作肃之请住持道场
		智显住持光孝寺，建弥勒阁
		无著妙总住持平江资寿
		圆悟克勤门人伣堂中仁出世大觉
		天童应庵昙华入灭

续表

		应山慈航了朴住持天童
		保宁别峰宝印住持金山
		中天竺痴禅元妙退院
隆兴二年	1164	万庵道颜入灭于昭觉
		痴禅元妙入灭于李氏庵
		竹林了奇庵居柘水西溪
		大慧宗杲门人普慈蕴闻住持雪峰
		无用净全门人灭堂了宗出生
		北磵居简出生
乾道元年	1165	径山大禅了明入灭
		无等有才住持径山
		国清瞎堂慧远住持浮山鸿福
		晓林住持国清
乾道二年	1166	文尔入灭
		木庵安永出世乾元，
		月林师观受具
乾道三年	1167	密庵咸杰住持衢州西乌居山乾明禅院
		鸿福瞎堂慧远住持虎丘
		佛照德光住持台州鸿福
		或庵师体住持苏州觉报
		木庵安永住持黄檗
		中庵慧空谢事崇福
		鼓山蓬庵宗逮入灭
		怀鉴善照禅师自中都竹林禅寺退居
		了奇住持中都竹林禅寺
		天目文礼出生
乾道四年	1168	怀鉴善照入灭

续表

		双峰广温入灭
		无等有才入对选德殿
		伊庵有权住持台州万年
乾道五年	1169	虎丘瞎堂慧远住持皋亭山崇先寺
		径山无等有才入灭
		普慈蕴闻住持径山
		顽庵得昇入灭
		普庵印肃入灭
		湖州道场无庵法全入灭
		瞎堂慧远门人了乘出世宜春光孝
		痴绝道冲出生
乾道六年	1170	瞎堂慧远住持灵隐
		竹林了奇入灭
		石庵师玿住持鼓山，年末入灭
		泉州法石晦庵慧光入灭
		中庵慧空住持泉州法石
		光孝了乘住持上蓝
		石田法薰出生
乾道七年	1171	瞎堂慧远入对选德殿
		木庵安永住持鼓山
		佛照德光住持台州光孝
		双林水庵师一住持净慈
		密庵咸杰住持祥符
		混源昙密出世苕溪上方
		日僧觉阿上人参见灵隐慧远
乾道八年	1172	福州东禅住持寓庵德潜刊印大慧语录三十卷入藏
		蒋山一庵善直谢事

续表

		密庵咸杰住持蒋山
乾道九年	1173	木庵安永入灭
		普慈蕴闻自径山再度住持雪峰
		寓庵德潜住持径山
淳熙元年	1174	圆悟克勤门人温州雁荡山伵堂中仁入对选德殿，奏答称旨
		泉州法石中庵慧空入灭
		蒋山密庵咸杰住持常州华藏
		子超住持广州光孝
		松源崇岳门人北海悟心出生
淳熙二年	1175	广慧通理入灭
		觉阿上人遣僧问讯慧远
		归云如本出世资德
		育王住持从廓奉舍利宝塔入内供养，赐号妙智禅师
淳熙三年	1176	灵隐瞎堂慧远入灭
		寒岩慧升入灭
		嘉禾光孝水庵师一入灭
		台州光孝德照德光住持灵隐
		伊庵有权住持台州光孝
		简堂行机住持台州平田万年
		云庵祖庆住持钟山
		竹原宗元入灭
		育王妙智从廓作《阿育王王舍利宝塔记》
淳熙四年	1177	径山寓庵德潜入灭
		常州华藏密庵咸杰住
		伊庵有权住持华藏
		金山别峰宝印住持雪窦
		焦山蕴衷住持金山

		续表
		澄照或庵师体住持焦山
		归云如本谢事显恩，寓居平田西山小坞
		笑翁妙堪出生
		无准师范出生
淳熙五年	1178	御书太白名山赐天童住山慈航了朴
		诏于燕京西山建仰山栖隐禅寺，玄冥顗禅师开山
		雪窦别峰宝印入对选德殿，应对称旨，敕住径山
		简堂行机自天台景星岩再赴太平隐静
		大梦德因出生
淳熙六年	1179	焦山或庵师体入灭
		雪峰普慈蕴闻入灭
		大川普济出生
淳熙七年	1180	径山密庵咸杰住持灵隐
		雪窦别峰宝印住持径山，七月入内说法，问答称旨
		育王妙智从廓入灭
		佛照德光住持育王
		简堂行机归台州国清，入灭
		华藏伊庵有权入灭
淳熙八年	1181	可宣门人此山师寿出生
		竹林海门人竹林庆新出生
淳熙九年	1182	子超应请自广州光孝住持南华禅寺，祖莹住持光孝寺
		觉阿上人住持日本叡山寺
		月窟慧清门人北山宗信出生
淳熙十年	1183	孝宗御制《圆觉经注》，请别峰宝印作序
		伽堂中仁入灭
		东山道源出生
		孝宗御注《圆觉经》，敕宝印作序刊行

续表

		铁庵宗一住持雪峰
		黄龙慧开出生
淳熙十一年	1184	天童慈航了朴入灭
		灵隐密庵咸杰归老天童
		兴教谁庵了演住持灵隐
		圆极彦岑入灭
		净慈晦翁悟明入灭
		混源昙密住持净慈
		松源崇岳出世平江澄照
		无极观出生
淳熙十二年	1185	破庵祖先住持夔州卧龙咸平禅院
		虚堂智愚出生
		政言入灭
		无准师范出家
淳熙十三年	1186	密庵咸杰入灭天童
		瞎堂慧远门人全庵齐已退天童，入灭
		雪庵从瑾住持天童
淳熙十四年	1187	竹岩妙印出生
		华藏纯庵善净门人石翁了玉出生
淳熙十五年	1188	祖莹继任南华住持，子超又回到光孝寺
		径山别峰宝印退院，居别峰
		华藏塗毒智策住持径山
		净慈混源昙密入灭
		万庵道颜门人肯堂彦充住持净慈
		钟山住持云庵祖庆刊行大慧语录
		退谷义云出世香山
淳熙十六年	1189	日本僧人大日能忍入宋，师从拙庵德光

续表

		天童雪庵从瑾退院
		天台万年虚庵怀敞住持天童
		无际了派门人仰山无境彻出生
		痴钝智颖门人南翁汝明出生
		复庵可封入灭
		雪峰铁庵宗一退居
		痴绝道冲受具
绍熙元年	1190	别峰宝印入灭
		灵隐谁庵了演退院
		华藏最庵道印住持灵隐
		逊庵宗演住持常州华藏
		铁庵宗一二住雪峰
		松源崇岳住持饶州荐福
		云庵祖庆跋大慧语录
		蒙庵思岳门人海庵南莹住持鼓山
		居简门人胜叟定出生
绍熙二年	1191	蒙庵元聪门人自牧行谦住持宁德凤山
		晦庵弥光门人惟玉庵居莆田辟支岩
		东山道源出生
		归云志宣出生
		皖山正凝出生
绍熙三年	1192	信庵唯裎入灭
		退谷义云住持台州报恩光孝
		曹源道生出世饶州西湖妙果
		妙峰之善门人雪峰霜林果出生
绍熙四年	1193	胜叟宗定出生
		铁庵宗一入灭

续表

		育王佛照德光住持径山
		秀岩师瑞住持育王
		海庵南莹住持雪峰
绍熙五年	1194	雪峰海庵南莹入灭
		荐福松源崇岳住持明州香山
		曹源道生住持信州龟峰
		无准师范受具
		藏叟善珍出生
庆元元年	1195	蒙庵元聪住持雪峰
		佛照德光退径山,归老育王东庵
		蒋山云庵祖庆住持径山
庆元二年	1196	少室光睦出世能仁
		痴绝道冲辞别龟峰曹源道生
		无准师范参保宁无用净全、金山退庵道奇
		无准师范参育王秀岩师瑞
		枯禅自镜门人愚谷元智出生
庆元三年	1197	径山云庵祖庆入灭
		蒙庵元聪住持径山
		橘洲宝昙入灭
		灵隐介堂伦谢事
		虎丘松源崇岳住持灵隐
		肯堂彦冲住持净慈
		兀庵普宁出生
庆元四年	1198	曹源道生住持饶州荐福,逾月入灭
		西岩了慧出生
庆元五年	1199	乾元宗颖门人桧堂祖鉴住持鼓山
		虚舟普度出生

续表

庆元六年	1200	天童雪庵从瑾入灭
		无用净全住持天童
		别山祖智出生
		福州开元毒海出生
嘉泰元年	1201	金山退庵道奇入灭
		息庵达观住持金山
		破庵祖先住持真州灵岩
		月林师观住持平江蠡口圣因禅院
		掩室善开出世云居
		断桥妙伦出生
		物初大观出生
嘉泰二年	1202	破庵祖先住持平江秀峰
		灵隐松源崇岳入灭
		灵岩笑庵了悟住持灵隐
		海云印简出生
		环溪惟一出生
嘉泰三年	1203	相了入灭
		佛照德光入灭
		温州灵峰伽堂中仁入灭
		北磵居简出世天台般若
嘉泰四年	1204	灵隐笑庵了悟入灭
		金山息庵达观住持灵隐
		净慈肯堂彦充入灭
		净慈灾毁，住持退谷义云重修
开禧元年	1205	破庵祖先开山广寿慧云
		玄悟重玉入灭
		桧堂祖鉴退鼓山

续表

		芥庵慧意住持鼓山
开禧二年	1206	绝岸可湘出生
		净慈退谷义云入灭
		石桥可宣住持净慈
		运庵普岩出世镇江大圣普照
		桧堂祖鉴入灭
开禧三年	1207	天童无用净全入灭
		灵隐息庵达观住持天童
		铁牛心印住持灵隐
		华藏逊庵宗演入灭
		皖山正凝出家
		妙峰之善门人友云宗鳌出生
		宝叶妙源出生
嘉定二年	1209	径山蒙庵元聪入灭
		净慈石桥可宣住持径山
		破庵祖先住持吴门穹窿
		台州报恩蓬山永聪住持保宁
		般若北磵居简住持报恩
		鼓山芥庵慧意入灭
		自牧行谦住持鼓山
		济颠道济入灭
		愚极至慧出生
嘉定三年	1210	少林妙崧住持净慈
		穹窿破庵祖先住持湖州凤山资福
		云巢道岩住持平江府穹窿山福臻禅院
		虚舟普度出家

杨岐宗大事记　703

续表

嘉定四年	1211	破庵祖先退凤山,到径山,入灭
		西山亮出世建康清真
嘉定五年	1212	竹林庆新入灭
		天童息庵达观入灭
		云居掩室善开住持金山
		天目文礼出世临安慧云
嘉定七年	1214	石田法薰出世高峰
		笑翁妙堪出世明州妙胜
		愚谷元智参枯禅自镜于凤山
嘉定八年	1215	石田法薰住持枫林
		石桥可宣创建化城寺,宁宗御书"化城",并赐可宣"佛日禅师"
		北磵居简退席报恩,隐居飞来峰北磵
嘉定九年	1216	灵隐铁牛心印入灭
		天童海门师齐住持灵隐
		蒋山浙翁如琰住持天童
		痴钝智颖住持蒋山
		月林师观住持湖州乌回
		西岩了慧出家
		雪岩祖钦出生
嘉定十年	1217	径山佛日石桥可宣入灭
		光孝住持了闻建西塔殿,并于此年及宝庆间两次捐田
		妙胜笑翁妙堪住持金文
		高原祖泉住持四明梨洲
		大慈惠洪参天台报恩镜中大
		月林师观入灭
嘉定十一年	1218	天童浙翁如琰住持径山

续表

		大梦德因住持天童
		无门慧开住持安吉报国
嘉定十二年	1219	痴绝道冲出世嘉禾光孝
		率庵梵琮出世庆元仗锡山延胜
		云峰妙高出生
		虚明教亨入灭
嘉定十三年	1220	中观沼入灭
		笑翁妙堪住持明州报恩光孝
		无准师范出世庆元清凉
		容庵海退居竹林西堂
		归云志宣住持竹林
		石林行巩出生
嘉定十四年	1221	少林妙崧再主净慈
		运庵普岩住持道场
		东岩净日出生
		环溪惟一出家
嘉定十五年	1222	台州瑞岩云巢道岩入灭
		高原祖泉住持瑞岩
		竹林容庵海入灭
		自牧行谦住持雪峰
		虎丘佖堂善济入灭
		台州报恩镜中大住持虎丘
		笑翁妙堪住持台州报恩光孝
		横川如珙出生
嘉定十六年	1223	灵隐海门师齐入灭
		雪窦石鼓希夷住持灵隐
		无准师范住持焦山，岁末迁雪窦

续表

		金山掩室善开入灭
		蒋山永聪住持金山
		枫林石田法薰住持蒋山
		明州瑞岩如净再住净慈
		大同道全住持瑞岩
		密庵咸杰门人枯禅自镜住持鼓山
		懒牧悟归门人竹林道慧出生
嘉定十七年	1224	天童无际了派入灭
		净慈如净住持天童
宝庆元年	1225	径山浙翁如琰入灭
		少林妙崧住持径山
		蒋山石田法薰住持净慈
		嘉兴天宁痴绝道冲住持蒋山
		别浦法舟住持嘉兴天宁
		虎丘镜中大入灭
		台州报恩光孝笑翁妙堪住持虎丘
		金山蓬山永聪入灭
		石溪心月门人南州珍出生
宝庆二年	1226	道场运庵普岩入灭
		北海悟心住持道场
		灵隐石鼓希夷入灭
		枯禅自镜住持灵隐
		雪峰自牧行谦入灭
		虎丘笑翁妙堪住持雪峰
		长芦蕨藜昙住持虎丘
		北磵居简住持湖州铁佛
		无学祖元出生

续表

宝庆三年	1227	天童长翁如净年初退院，八月入灭
		灵隐枯禅自镜住持天童，不久入灭
		瑞岩高原祖泉住持灵隐
		无量宗寿住持瑞岩
		育王晦岩大光住持天童
		雪窦无准师范住持育王
		焦山无相范住持雪窦
		古衲法遵出生
绍定元年	1228	率庵梵琮住持云居
		偃溪广闻出世庆元府显应山净慈禅院
		偃溪广闻门人平楚光耸禅师出生
绍定二年	1229	灵隐高原祖泉入灭
		雪峰笑翁妙堪住持灵隐
		灭堂了宗住持雪峰
		介石智朋出世温州雁荡山罗汉禅寺
		虚堂智愚出世嘉兴兴圣
		乾元绝照鉴住持鼓山
绍定三年	1230	破庵祖先门人谊禅师住持智门
		秀岩师瑞门人瑞岩无量宗寿请无门慧开为首座
		铁镜至明出生
		开元契祖出生
		无文道燦门人愚叟澄鉴出生
绍定四年	1231	石田法薰于净慈佛殿前开凿双井
		雪窦无相师范入灭
		云屋自闲出生
绍定五年	1232	径山少林妙崧入灭
		育王无准师范住持径山

续表

		大梦德因住持育王
		灵隐笑翁妙堪住持大慈
		华藏妙峰之善住持灵隐
绍定六年	1233	笑翁妙堪退大慈,庵居上柏
		偃溪广闻住持香山智度禅寺
		淮海原肇住持通州光孝
		介石智朋住持临平佛日净慧
		蒋山痴绝道冲行化,访师兄虎丘蒺藜具
端平元年	1234	道场北海悟心入灭
		悦堂祖訚出生
端平二年	1235	灵隐妙峰之善入灭
		净慈石田法薰住持灵隐
		天目文礼住持净慈
		台州瑞岩无量宗寿入灭
		日本求法僧圆尔辩圆到达明州
		淮海原肇住持平江双塔寿宁万岁禅寺
		虚堂智愚住持嘉兴报恩光孝
端平三年	1236	笑翁妙堪住持台州瑞岩
		西岩了慧出世平江定慧
		介石智朋住持大梅山保福
嘉熙元年	1237	笑翁妙堪住持江心
		虎丘双杉中元住持嘉禾天宁
		建州天宁东山道源住持虎丘
		偃溪广闻住持庆元万寿
		虚堂智愚开山庆元显孝
		成都正法无相圆在元兵烧成都时自焚入灭
嘉熙二年	1238	雪峰灭堂了宗入灭

续表

		痴绝道冲住持雪峰，半载退院，迁天童
		育王大梦德因住持雪峰
		北硐居简住持湖州道场
		无念慧真入灭
		绝照鉴住持育王，未受命，入灭
		石溪心月住持蒋山
		晦机元熙出生
		悦堂祖訚门人无外宗廓出生
		别山祖智住持洞庭天王寺
嘉熙三年	1239	佛慧无住住持育王
		道场北硐居简住持净慈
		愚谷元智住持平江荐福
		剑关子益住持隆兴兴化
		育王寂窗有照门人龙源介清出生
嘉熙四年	1240	虚堂智愚住持瑞岩开善
		胜叟定出世明州昌邑兴善，不久入灭
		蒋山石溪心月退院
		枯椿昙住持蒋山
淳祐元年	1241	雪峰大梦德因入灭
		东山道源退虎丘，应雪峰请，途至建宁光孝入灭
		枯椿昙住持虎丘
		圆尔辩圆辞别径山无准师范归国
		断桥妙伦出世台州祇园
		空山祖中住持罗浮山宝积寺
		物初大观住持临安法相禅院
		虚堂智愚住持启霞
		介石智朋住持香山

续表

		愚极继聪出生
		一山了万出生
淳祐二年	1242	西山亮入灭
		北磵居简门人胜叟宗定入灭
		浙翁如琰门人虎丘枯椿昙入灭
		净慈北磵居简退院
		江心笑翁妙堪住持净慈
		石翁了玉住持雪峰
淳祐三年	1243	净慈笑翁妙堪住持育王
		北磵居简再住净慈，是年至显慈
		石溪心月住持虎丘
		淮海原肇住持建康清凉广惠禅寺
		介石智朋住持婺州宝林
		友云宗鉴居东山佛顶峰，后名龙济清凉禅寺
		顽极弥门人东生德明出生
淳祐四年	1244	灵隐石田法薰入灭
		天童痴绝道冲住灵隐
		天目文礼住持天童
		断桥妙伦住持台州瑞岩
		虚堂智愚住持万松山延福
		虚舟普度住持金山
		环溪惟一门人镜堂觉圆出生
淳祐五年	1245	偃溪广闻奉敕住持雪窦
		虚堂智愚住持婺州宝林
		灵石如芝出生
		竺西妙坦出生
淳祐六年	1246	净慈北磵居简入灭

续表

		无极观住持净慈
		灵隐痴绝道冲退院
		虎丘石溪心月住持灵隐
		建宁开元清溪谊住持虎丘
		兰溪道隆赴日
		无门慧开住持建康保宁
		无门慧开开山护国仁王
		淮海原肇住持台州万年
		石田法薰门人月庭至华出世莆田石泉
		归云志宣入灭
		东屿德海出生
		雪岩祖钦门人海印昭如出生
		环溪惟一住持建宁瑞岩禅寺
淳祐七年	1247	西岩了慧住持温州能仁
		一山一宁出生
		雪岩祖钦门人虚谷希陵出生
淳祐八年	1248	无际了派门人仰山无境彻入灭
		净慈无极观入灭
		大慈大川普济住持净慈
		育王笑翁妙堪入灭
		雪窦偃溪广闻住持育王
		宝林介石智朋住持平江承天
		兀庵普宁出世庆元象山灵岩广福禅院
淳祐九年	1249	径山无准师范入灭
		痴绝道冲住持径山
		希叟绍昙出世天台佛陇
		能仁西岩了慧退院

续表

		西涧子昙出生
淳祐十年	1250	天童天目文礼入灭
		金山弁山了阡住持天童
		径山痴绝道冲入灭
		灵隐石溪心月住持径山
		净慈大川普济住持灵隐
		无极观住持净慈
		雪峰石翁了玉入灭
		北山宗信住持雪峰
		石林行巩门人绝学道勤出生
淳祐十一年	1251	雪峰宗信入灭
		霜林果住持雪峰，请正凝为首座
		净慈无极观入灭
		育王偃溪广闻住持净慈
		东谷妙光住持育王
		西余别山祖智住持蒋山太平兴国禅寺
		淮海原肇住持平江万寿报恩光孝
		西岩了慧住持东林
淳祐十二年	1252	石桥可宣门人此山师寿入灭
		天童弁山了阡入灭
		东林西岩了慧住持天童
		日本僧人无象静照入宋求法，参径山石溪心月得旨
宝祐元年	1253	灵隐大川普济入灭
		育王东谷妙光住持灵隐，入灭
		毒川济住持育王
		何山云山和尚入灭
		云峰妙高住持何山

续表

		绝岸可湘住持嘉兴流虹兴圣禅寺
		环溪惟一住持临江惠力禅寺
		月庭至华住持宁德支提
宝祐二年	1254	育王毒川济禅师入灭
		天童西岩了慧兼管育王
		大慈芝岩慧洪入灭
		智门物初大观住持大慈
		净慈偃溪广闻住持灵隐
		道场荆叟如珏住持净慈
		瑞岩断桥妙伦住持国清
		虚堂智愚住鹫峰庵
		介石智朋住持安吉州柏山
		中际住持承天
		石屏卢住持护国
		元叟行端出生
宝祐三年	1255	竹岩妙印入灭
		环溪惟一住持泐潭宝峰
		兀庵普宁住持无锡南禅福圣
		开平出世东山
宝祐四年	1256	径山石溪心月入灭
		灵隐偃溪广闻住持径山
		净慈荆叟如珏住持灵隐
		国清断桥妙伦住持净慈
		灵叟源住持国清
		鹫峰虚堂智愚住持育王
		云谷祖庆出世平江圣寿
		石田法薰门人雪崖圆出世灵岩

续表

		西岩了慧门人海山出世仙岩
		天隐牧潜圆至出生
		东州寿永出生
		国清溪西泽门人无象易出生
		东屿德海出生
		环溪惟一住持黄龙崇恩禅寺
宝祐五年	1257	海云印简入灭
		云巢道岩门人虎丘清溪谊入灭
		明州仗锡山延胜禅院棘林和尚枯山艮传入灭
		松源门人雪窦大歇仲谦入灭
		皖山正凝住持福州钓台
		石林行巩出世安吉上方
		竺原妙道出生
		天童西岩了慧退院
		蒋山别山祖智住持天童
宝祐六年	1258	月庭至华退支提，寓居鼓山白云寮
		泉州开元契祖门人元明如照出生
开庆元年	1259	囊山南翁汝明入灭
		淮海原肇再住平江万寿
		西岩了慧住持瑞岩开善
		住持竹岩本际、枯崖圆悟与曾顺伯等游九日山
		独孤淳朋出生
景定元年	1260	南禅兀庵普宁退院，赴日
		虚堂智愚住持柏岩慧照
		淮海原肇住持温州江心龙翔兴庆禅寺
		希叟绍昙住持平江法华
		天童别山祖智入灭

续表

		简翁居敬住持天童
		黄龙慧开入灭
		千濑善庆出生
景定二年	1261	无损一麟住持雪峰
		净慈断桥妙伦入灭
		栢山介石智朋住持净慈
		万寿淮海原肇住持育王
		月庭至华住持鼓山
		开善西岩了慧退院
景定三年	1262	空山祖中出任广州光孝寺方丈
		天童西岩了慧入灭
		净慈介石智朋入灭
		荆叟如珏住持净慈
		云谷祖庆住持嘉兴本觉
		绝岸可湘住持雁荡能仁
		孤岩启出世东林
		无学祖元住庆元府东湖白云庵
		一山一宁师从天台鸿福寺无等慧融
		古林清茂出生
景定四年	1263	径山偃溪广闻入灭
		净慈荆叟如珏住持径山，岁末入灭
		雪峰无损一麟迁灵隐，是年冬入灭
		秋育王淮海原肇住持净慈，年末迁灵隐
		大慈物初大观住持育王
		环峰住持大慈
		国清灵源叟入灭
		西江广谋住持国清

续表

		藏叟善珍住持雪峰
		月庭至华退鼓山
		愚谷元智住持鼓山
		中峰明本出生
		断崖了义出生
		绝岸可湘住持九岩惠云禅寺
景定五年	1264	灵隐淮海原肇住持径山
		万寿退耕德宁住持灵隐
		育王虚堂智愚住持净慈，赐田天赐庄
		国清西江广谋住持育王
		清虚心住持国清
		希叟绍昙住持雪窦
		月硐文明出世信州鹅湖仁寿
		虚舟普度住持中天竺
		石帆惟衍住持承天
		明极楚俊出生
咸淳元年	1265	径山淮海原肇入灭
		净慈虚堂智愚住持径山
		承天石帆惟衍住持净慈
		孤蟾如莹住持承天
		剑关子益住持福州西禅
		秀岩师瑞门人枫桥枯山艮传入灭
		大慈环峰入灭
		福州开元毒海禅师入灭
		竺元妙道出世宁海慈源
		虚堂智愚门人宝叶妙源住持昆山荐严
		愚谷元智退鼓山

续表

		皖山正凝住持鼓山
		月庭至华住持南康军开元寺
		环溪惟一住持仰山太平兴国禅寺
		月硐文明住持饶州天宁
		兀庵普宁从日本归天童
		日本僧人无象静照辞别虚堂智愚归国
		无见先睹出生
咸淳二年	1266	希叟绍昙退雪窦，住持东皋
		愚谷元智入灭
		足翁德麟住持岳林
咸淳三年	1267	虚堂智愚送门人日本南浦绍明归国
		日本僧人寒岩义尹归国
		绝岸可湘住持天台护国广恩禅寺
		虚舟普度门人德岩祐出世明州天王
		足翁德麟退居育王关主
		月江正印出生
		甘露无传出生
咸淳四年	1268	天目文礼门人嘉兴天宁冰谷衍入灭
		虚堂智愚门人雪蓬明住持嘉兴天宁光孝
		国清清虚心入灭
		孤岩启住持国清
		福州西禅剑关子益入灭
		虎丘云谷祖庆入灭
		藏叟善珍跋云谷语录
		育王物初大观入灭
		藏叟善珍住持育王
		仰山环溪惟一住持雪峰

续表

		雪岩祖钦住持仰山
		虎岩净伏住持石霜
		虚堂智愚门人俊禅师住持杭州庆远
		足翁德麟住持镇江焦山
		双林兀庵普宁致书日本东岩慧安
		横川如珙出世雁荡山灵岩
		灵江智月出世定海资圣
		日本僧人山叟慧云归国
		寂照无极导出生
		东岩净日门人平石如砥出生
		天童东云佛海出生
咸淳五年	1269	径山虚堂智愚入灭
		育王藏叟善珍住持径山
		东叟元恺住持育王
		灵隐退耕德宁入灭
		虚舟普度迁灵隐
		宝叶妙源住持鼓山
		希叟绍昙住持瑞岩开善
		无学祖元出世台州真如
		资圣灵江智月住持灵峰
		大休正念赴日弘法
咸淳六年	1270	天童简翁居敬退院
		净慈石帆惟衍住持天童
		道场东叟仲颖住持净慈
		无等慧融住持道场，入灭
		顽极行弥住持道场
		一如妙因住持承天

续表

咸淳七年	1271	云峰妙高住持蒋山
		焦山足翁德麟入灭
		育王东叟元恺入灭
		江心寂窗有照住持育王，访瑞岩希叟绍昙
		绝岸可湘住持江心龙翔兴广禅寺
		西涧子昙赴日弘法，住建长寺
		别岸若舟出生
咸淳八年	1272	天童石帆惟衍入灭
		雪峰环溪惟一退院
		江心绝岸可湘住持雪峰
		思忠参育王寂窗有照
		育王寂窗有照入灭
		道场顽极行弥住持育王
		横川如珙住持雁山能仁
		无准师范门人雪窦方庵垠入灭
		及庵宗信门人石屋清珙出生
咸淳九年	1273	月庭至华入灭
		雪峰环溪惟一住持天童
		育王顽极行弥入灭
		清溪了沅住持育王
		古田德垔住持虎丘，建千顷云轩
		古林清茂师事国清孤岩启
		月岩桂出生
咸淳十年	1274	承天一如妙因入灭
		黄龙石林行巩住持承天
		绝岸可湘退雪峰，寓居南山太清
		愚极至慧住持雪峰

续表

		平江万寿囷叟源入灭
		石楼明住持平江万寿
		法云住持庆元清凉
		华国子文出生
		竺田汝霖出生
		清拙正澄出生
		皖山正凝入灭
德祐元年	1275	雪峰霜林果入灭
		希叟绍昙退瑞岩，入灭
		横川如珙退能仁，止瑞光
		何山觉庵梦真住持天宁
		月碉文明住持饶州荐福
		昙芳守忠出生
		竺源永盛出生
元·至元十三年	1276	石室弥坚入灭
		净慈东叟仲颖入灭
		承天石林行巩住持净慈
		天宁觉庵梦真住持承天
		兀庵普宁入灭
		一山了万出世寒岩
		竺西妙坦隐居婺州智者，应请出世白鹤
		太华山无照玄鉴出生
至元十四年	1277	径山藏叟善珍入灭
		灵隐虚舟普度住径山
		竺西妙坦退白鹤，至径山为书记
		金山默庵贤住持灵隐
		蒙山德异住持松江澱山

续表

		寒岩一山了万住持紫箨广度
		木翁讷住持藏山
至元十五年	1278	雪岩祖钦门人大休住持云南圆照山兴祖寺
		平楚光耸得妙严师号，住持宁德支提
		古林清茂在育王为藏主，与一山一宁相识
		西涧子昙由日本归国
至元十六年	1279	无学祖元赴日
		环溪惟一门人镜堂觉圆赴日
		雪窦简翁居敬跋希叟绍昙语录，是年末入灭
		西涧子昙至天童，环溪惟一命为知藏
		天童环溪惟一退院
		月坡普明住持天童
		东生德明出世昌国祖印
		广州光孝设僧录司，免本寺税粮
		及庵宗信门人平山处林出生
至元十七年	1280	净慈石林行巩入灭
		径山虚舟普度入灭
		蒋山云峰妙高住持径山
		雪岩祖钦应诏入京，海印昭如随行
		孚中怀信出生
		古鼎祖铭出生
		松隐实庵僧茂出生
		平山处林出生
至元十八年	1281	宝叶妙源入灭
		环溪惟一入灭
		育王清溪了沉住持净慈
		朽庵德祥住持育王

续表

		铁镜至明住持湖州何山
至元十九年	1282	合郡文武于广州光孝寺结坛，焚毁道经
		海印昭如住持袁州木平兴化
		梅屋念常出生
至元二十年	1283	育王朽庵德祥入灭
		横川如珙住持明州育王
		云屋自闲出世双林
		昙芳守忠师从云居玉山德珍出家
至元二十一年	1284	黄道姑墓遭毁，光孝寺僧拾其金色舍利再葬
		愚叟澄鉴重建宁德支提山政和万寿寺
		一山一宁住持定海祖印寺
		承天觉庵梦真为月硐文明语录作序
		无见先睹从台州天宁古田德垕剃度
		笑隐大䜣出生
		竹泉法林出生
至元二十二年	1285	龙源介清住持湖州道场
		梦堂昙噩出生
		绝学世诚门人古梅正友出生
		泉州开元合一百二十院为一寺
至元二十三年	1286	无学祖元入灭
		断崖妙恩为泉州开元第一世
		平楚光耸住持鼓山
		广度一山了万住持疏山
		西涧子昙出世台州紫箨山广度
		桐江绍大出生
		我庵本无出生
至元二十四年	1287	高峰原妙开堂说法

续表

		天童月坡普明入灭
		仰山雪岩祖钦入灭
		虚谷希陵住持仰山
		承天觉庵梦真入灭
		龙济友云宗鉴入灭
		云屋自闲退双林
		石湖至美出世苏州双塔
至元二十五年	1288	西林悦堂祖闾住持庐山开先
		集江南禅教庭前辩论，云峰妙高奏对称旨
		了庵清欲出生
至元二十六年	1289	灵隐默庵贤入灭
		虎岩净伏住持灵隐
		育王横川如珙入灭
		愚极至慧住持育王
		大休正念入灭
		竺原妙道住持台州慈源
		西涧子昙退广度，径山云峰妙高请为首座
		大千慧照出生
		别峰大同出生
		秋江元湛门人雪崖端出生
至元二十七年	1290	岑山绝岸可湘入灭
		蒙山德异于休休庵刊印《六祖坛经》
		东屿德海出世天台寒岩
		西涧子昙住持潭州天柱
		绝学道勤出世婺州崇照
		净慈毁于火灾
		竺远正源出生

续表

		无用守贵出生
		晦机元熙门人仲方天伦出生
至元二十八年	1291	宗宝编订《坛经》，号为流通本
		海印昭如住持临江慧力
		古衲法遵入灭
		松江淀山思忠重刊《联灯会要》
		石室祖瑛出生
至元二十九年	1292	东林东岩净日住持四明育王
		开先悦堂祖訚住持东林寺
		一山了万住持开先
		净慈古田德垕入灭
		愚极至慧住持净慈
		一源永宁出生
		无尽祖灯出生
		雪窗悟光出生
		竹林道慧入灭
至元三十年	1293	径山云峰妙高入灭
		灵隐虎岩净伏住持径山
		玉山德珍住持灵隐
		绝岸可湘门人泉州开元断崖妙恩入灭
		契祖住持泉州开元
		宝陀观音愚溪如智退院
		祖印一山一宁住持宝陀观音
至元三十一年	1294	山翁宗宝住持广州光孝寺
		无用贤宽于庐州太湖创普明禅居
		月硐文明退荐福

续表

		西涧子昙至庐山，圆通玉崖振请为首座，与开先一山了万往还
		孤峰明德出生
元贞元年	1295	悦堂祖訚入京
		平楚光耸入京
		月江正印住持常州碧云
元贞二年	1296	晦机元熙住持江西百丈
		海印昭如赐号普照大禅师
		南州珍于苏州万寿说法
		楚石梵琦出生
大德元年	1297	偃溪广闻门人平楚光耸禅师住持雪峰
		智者竹素退院
		云屋自闲住持金华智者
		平江万寿南州珍请西涧子昙为首座
大德二年	1298	净慈愚极至慧入灭
		瑞岩方山文宝住持净慈
		竺西妙坦再主常州华藏
		天隐牧潜圆至入灭
		古林清茂出世平江天平山白云禅寺
大德三年	1299	愚叟澄鉴入京，赐号通悟明印大师
		一山一宁赴日，住持建长兴国禅寺
		西涧子昙再度赴日，住持圆觉
		月硐文明再住荐福
		平石如砥出世庆元保圣
		懒庵廷俊出生
大德四年	1300	雪峰平楚光耸禅师入灭
		育王东岩净日退院

		东生德明住持育王
		铁镜至明再住何山
		元叟行端住持湖州资福
		天童止泓道鉴门人玉溪思珉住持明州吉祥
		平江灵岩木翁讷入灭
		古山宗住持武康达观院
大德五年	1301	宗宝募都元帅悉哩哈唎及合郡宰官同修悉达太子殿，并塑太子像及两壁彩画降诞、成道、转法轮、入涅槃等像
		德瑾为光孝寺住持，建观音殿一间，募修风幡堂
		湖州道场龙源介清入灭
		开先一山了万住持温州江心
		荐福月硐文明住持开先
		杰峰世愚出生
		枯木荣出生
		晦机元熙门人一关正逵出生
大德六年	1302	野翁炳同入灭
		相模州瑞鹿山圆觉兴圣禅寺西涧子昙退院
		建长一山一宁兼住圆觉兴圣
大德七年	1303	铁牛持定入灭
		月江正印住持松江澱山
		钝翁住持扬州天宁
		西涧子昙住持建长
		万峰时蔚出生
大德八年	1304	广州光孝住持无禅德瑾重修方丈，复修大殿
		云屋自闲退智者寺
		一山了万退江心
		白云智度出生

续表

		觉原慧昙出生
		约之崇裕出生
大德九年	1305	灵隐竹坞常入灭
		东林悦堂祖訚住持灵隐
		无外宗廓住持东林
		元叟行端住持中天竺
		净慈方山文宝入灭
		保宁本源善达住持净慈
		崇因远峰宏住持保宁
		昙芳守忠出世建康崇因
		东屿德海住持苏州寒山
		梦观大圭出生
大德十年	1306	樵隐悟逸住持雪峰
		西涧子昙退居正观,十月入灭,谥大通禅师
		镜堂觉圆入灭
		天平白云古林清茂住持平江开元
		方崖成大出生
大德十一年	1307	径山虎岩净伏入灭
		净慈本源善达住持径山
		长芦雪庭正传为梦堂昙噩剃度
		长芦雪庭正传住持净慈
		西峰及庵宗信住持道场
		崇照绝学道勤住持西峰
		建长一山一宁退院
		一山一宁门人雪村友梅入元
		灵隐普觉明门人无旨可授出生
至大元年	1308	天童东岩净日入灭

		华藏竺西妙坦住持天童
		灵隐悦堂祖阇入灭
		净慈雪庭正传住持灵隐
		百丈晦机元熙住持净慈
		东林无外宗廓入灭
		东里弘会赴日
		壁峰宝金出生
至大二年	1309	慧力海印昭如住持饶州荐福
		东屿德海住持昆山东禅
		万寿南州珍入灭
		万寿南州珍门人中峰宗海住持苏州万寿
		东明惠日赴日
		一山一宁门人嵩山居中入元
		行中至仁出生
		恕中无愠出生
		仲颁克岐出生
至大三年	1310	一山一宁住持日本京都净智寺
至大四年	1311	支提愚叟澄鉴入灭
		笑隐大䜣出世湖州乌回
		中峰明本门人祖震住持吴江白洋山顺心庵
		粤翁昙谡出生
		万峰时蔚出生
		复原福报出生
皇庆元年	1312	海印昭如入灭
		开先一山了万入灭
		智者云屋自闲入灭
		明本门人无照玄鉴入灭

续表

			灵隐雪庭正传入灭
			元叟行端住持灵隐
			古林清茂再住平江开元
			石屋清珙居天湖
			愚庵智及出生
			竺原妙道门人木庵司聪出生
			天镜原潜出生
			德隐普仁出生
皇庆二年		1313	石林行珙门人虎丘东州寿永入灭
			怪石大奇门人无作文述入灭
			古林清茂赐号扶宗普觉佛性禅师
			东屿德海住持中天竺
			平石如砥住持定水
			平山处林出世大慈定慧
			净智一山一宁住持在城瑞龙山太平兴国南禅禅寺
延祐元年		1314	竺源永盛为优昙普度《庐山莲宗宝鉴》作序
			独孤淳朋住持灵隐
			樵隐悟逸再住雪峰
			物初大观门人雪窦觉明入灭
			开元古林清茂退居天平松下
延祐二年		1315	径山本源善达入灭
			净慈晦机元熙住持径山
			中竺东屿德海住持净慈
			大觉布衲祖雍住持中竺
			道场及庵宗信入灭
			崇恩晋翁士洵住持道场
			天童竺西妙坦入灭

		昙芳守忠住持金陵崇因
		铁镜至明入灭
		天平古林清茂住持饶州永福
		一山一宁再住持南禅
		西峰绝学道勤住持智者
延祐三年	1316	仰山虚谷希陵住持径山
		梅屋念常住持嘉兴祥符
		智者绝学道勤入灭
		樵溪悟逸举同门师弟幽岩首座住持中山
		牧隐文谦出生
延祐四年	1317	南巢居民柳氏舍山建庵，名竺源兰若，请永盛居之
		中竺布衲祖雍入灭
		南禅一山一宁入灭
		雪岩门人大休禅师入灭
		愚极继聪入灭
		晦机元熙住持仰山
		笑隐大䜣门人用贞辅良出生
		清远怀渭出生
延祐五年	1318	幽岩中山禅师入灭
		东里弘会入灭
		中峰明本授佛慈圆照广慧禅师号
		本无玄门人圆悟赈修磐山报国寺，赐号契宗禅师
		平山处林开山嘉兴当湖福源兰若
		灵山道隐赴日，住持建长
		性原慧明出生
		全室宗泐出生
		行中至仁出生

续表

延祐六年	1319	仰山晦机元熙入灭
		开元契祖入灭
		元明如照住持泉州开元
		月庭忠门人宛陵章教玉冈正珪住持池州报恩光孝
		樵隐悟逸自雪峰退居西庵
延祐七年	1320	一源永宁住持广德大洞
		乌回笑隐大䜣住持杭州大报国寺
		永福古林清茂跋一山一宁语录
		平山处林门人高丽懒翁慧勤出生
至治元年	1321	崇因昙芳守忠住持蒋山
		白岩住持金陵崇因
		饶州永福古林清茂住持保宁
		石湖至美住持永福
		樵隐悟逸跋雪峰真觉大师语录
至治二年	1322	径山虚谷希陵入灭
		元叟行端住持径山
		古林清茂扫苏州虎丘祖塔，说法万寿
		月江正印住持湖州何山宣化
		达观古山宗入灭
		祖震创建能仁庵，以门人正性住持
至治三年	1323	中峰明本入灭
		玉山德珍门人三塔古禅性入灭
		英宗召古林清茂入京，不赴
		朝廷设金山大会，诏浙右三宗师德辩论，古林清茂、月江正印等四十一善知识、一千五百比丘僧与会
		一源永宁于宜兴龙池受请建立禅林
泰定元年	1324	古梅正友开山建阳高仰山大觉妙智

续表

泰定二年	1325	晦机元熙门人来峰道泰入灭
		太子梁王至建康，参昙芳守忠
		净慈东屿德海住持灵隐
		本觉灵石如芝住持净慈
		报国笑隐大䜣住持中天竺
		一源永宁住持九里寺
		樵隐悟逸三住雪峰
泰定三年	1326	育王东生德明入灭
		鄱阳永福石湖至美住持育王
		慈信门人明颜住持清远飞来寺
		日本迎请清拙正澄弘法，十一月，至相州
		太子启建崇禧寺
		孚中怀信出世四明观音
		断崖了义住持师子正宗禅寺
		无用贤宽入灭
		无念胜学出生
泰定四年	1327	灵隐东屿德海入灭
		虎岩净伏门人普觉明住持灵隐
		仲方天伦住持广德东泉
		竺远正源住持上海观音
		岱宗心泰出生
		白庵万金出生
		清远怀渭出生
天历元年	1328	昙芳守忠特授广慈圆悟大禅师，开山大崇禧寺，兼领蒋山
		本觉灵石如芝住持净慈
		大千慧照住持乐清明庆
		楚石梵琦住持海盐天宁永祚禅寺

续表

		一源灵住持凤山资福
		天渊湛任凤山资福前堂首座
		天渊清濬出生
天历二年	1329	中竺笑隐大䜣开山大龙翔集庆寺
		云峰妙高门人一溪自如住持中天竺
		平石如砥住持天童
		竺源永盛住持饶州西湖妙果
		何山月江正印住持湖州道场
		了庵清欲出世溧水开福
		保宁古林清茂入灭
		观音孚中怀信住持普陀
		金陵崇因白岩退院
		晦机元熙门人一关正逵住持崇因
至顺元年	1330	昙芳守忠与龙翔大䜣奉诏入京
		了堂惟一出世庆元延庆
		一源永宁住持李山
		雪窗悟光出世平江白马
至顺二年	1331	泉州开元元明如照入灭
		灵隐普觉明退院
		竺田悟心住持灵隐
		净慈灵石如芝退院
		育王石湖至美住持净慈
		昙芳守忠门人西源达禅师出世移忠
		觉原慧昙住持牛头山祖堂
		杰峰世愚兴复衢州西安乌石山福慧古刹
		平山处林退嘉兴福源，住持中天竺
		石屋清珙住持嘉兴福源

续表

		道勤门人景琳以其行状请黄溍作塔铭
		顺心庵祖震入灭
至顺三年	1332	宣让王帖木尔不花移镇庐州，遣使致请竺源永盛，称疾不至
		灵隐竺田悟心入灭
		横川如珙门人圆通竹田住持灵隐
		玉溪思珉住持婺州双林
		桐江绍大住持严州乌龙山景德禅寺
		竺芳守忠门人天云禅师住持玉泉
		竺芳守忠门人端禅师出世宜兴保安
		寂照无极导入灭
		平山处林门人止庵德祥出生
		石室祖瑛作能仁庵记
元统元年	1333	开福了庵清欲住持嘉禾本觉
		道场月江正印住持育王
		古鼎祖铭住持昌国隆教
		白马雪窗悟光住持开元
		竺芳守忠门人西印祖禅师出世兴教
		太初启原出生
元统二年	1334	玉溪思珉住持湖州道场
		一源永宁住持常州天宁
		孚中怀信时为普陀住持，赐广慧妙悟智宝弘教禅师
		断崖了义入灭
		华顶无见先睹入灭
		樵隐悟逸入灭
至元二年	1336	独孤淳朋入灭
		处州白云空中以假入灭

续表

至元三年	1337	湖州道场玉溪思珉入灭
		虚舟普度住持径山
		石屋清珙退归天湖
		愚庵智及门人空叟忻悟出生
至元四年	1338	明极楚俊入灭于日本建仁寺
		灵隐千濑善庆入灭
		竹泉法林住持灵隐，顺帝锡以金襴法衣
		竺田汝霖住持苏州万寿
		南楚师悦住持平江承天
		雪窗普明住持虎丘
		崇因一关正逵住持凤山资福
至元五年	1339	梦堂昙噩住持四明保圣
		清拙正澄入灭
		苏州万寿竺田汝霖入灭
至元六年	1340	笑隐大䜣为竺源永盛《证道歌注》作序
		铁关法枢入灭
		福源平山处林住持中天竺
		逆川智顺住持闽天宝
		无旨可授出世台州大雄山安圣
		德然门人道安出生
至正元年	1341	径山元叟行端入灭
		昙芳守忠退蒋山，归老龙蟠庵
		平石如砥退天童
		古鼎祖铭住持普陀
		桐江绍大住持金华智者广福禅寺
至正二年	1342	昙芳守忠住持径山
		育王石室祖瑛退居苏州吴江普向寺

续表

		开元雪窗悟光住持育王
		中竺平山处林住持净慈
		普陀孚中怀信住持中天竺
		一源永宁归龙池
		用贞辅良出世嘉兴资圣
		懒庵廷俊住持苏州白马
		竺远正源住持湖州道场
		广度慧因愚仲退院
		延庆了堂惟一住持台州紫箨广度
		独峰道高住持海盐天宁，同年入灭
		松隐实庵僧茂出世明州瑞云山清凉寺
		愚庵智及出世昌国隆教
		本觉了庵清欲退居南堂
至正三年	1343	普向石室祖瑛入灭
		我庵本无入灭
		觉原慧昙住持清凉
		笑隐大䜣作《送常道夫游武夷诗序》
至正四年	1344	龙翔笑隐大䜣入灭
		安圣无旨可授住持隆恩
至正五年	1345	竺原妙道入灭
		径山昙芳守忠住持龙翔
		承天南楚师悦住持径山
		晦机元熙门人虎丘雪窗普明住持平江承天
		天童龙门膺退院
		中天竺孚中怀信住持天童
		古鼎祖铭住持中天竺
		了庵清欲住持苏州灵岩

续表

		隆教愚庵智及住持普慈
		南石文琇出生
至正六年	1346	住持继隆同智昌建宝宫殿、翠微亭
		杰峰世愚住持广德石溪兴龙禅寺
		隆恩无旨可授住持白岩
		祖芳道联出生
至正七年	1347	径山南楚师悦入灭
		中天竺古鼎祖铭住持径山
		报国一关正逵住持中天竺
		甘露无传入火
		温州仙岩仲谋良猷入灭
		灵岩了庵清欲退居南堂
		白岩无旨可授住持龙华
		呆庵普庄出生
		竺源永盛入灭
至正八年	1348	大龙翔集庆昙芳守忠入灭
		别岸若舟入灭
		壁峰宝金奉诏入京
		一源永宁奉召入京，说法龙光殿，授佛心了悟大禅师
至正九年	1349	天童孚中怀信住持大龙翔集庆寺
		焦山月岩桂入灭
		广州光孝住持志立复建毗卢殿
		顺帝于延春阁召见壁峰宝金
		雪窗普明再任平江承天住持
至正十年	1350	壁峰宝金授圆明寂照大禅师，诏主海印禅寺
		天龙大道平入灭
		无用守贵住持天龙

续表

		育王雪窗悟光建承恩阁，黄溍为记
至正十一年	1351	木庵司聪至太白蒙堂闭关禅诵
		雪窦华国子文入灭
至正十二年	1352	天湖石屋清珙入灭
		高仰山古梅正友入灭
		千岩元长令源藏主送法衣顶相与万峰时蔚
		兰室德馨住金华城西君子泉，后成清隐精舍
至正十三年	1353	竺西妙坦门人蒋山正宗法匡住持天童
至正十四年	1354	明州海会无象易首座入灭
		竺远正源住持灵隐
		元长门人法秀大德中始住江宁般若院，是年明太祖入山，与语相契
		资圣用贞辅良住持天章
至正十五年	1355	仲方天伦入灭
		了幻法林入灭
		觉原慧昙住持保宁
		大千慧照住持四明宝陀
		白庵万金住持苏州瑞光
		德隐普仁出世金华西峰净土禅寺
		海舟普慈出生
至正十六年	1356	保宁觉原慧昙住持蒋山
		天镜元瀞住持会稽长庆
		古林清茂门人大方因住持苏州定慧
		松隐僧茂退清凉
至正十七年	1357	大天界寺孚中怀信入灭
		蒋山觉原慧昙住持大天界寺

续表

		圣寿千岩元长入灭
		松隐德然住持婺州圣寿
		天童正宗法匡入灭
		育王雪窗悟光兼领天童，入灭
		天童平石如砥入灭
		开寿梦堂昙噩住持天台国清
		千岩门人西山良亮驻锡龙游宝盖山，三四年成实际禅居
		中天竺一关正逵入灭
		天章用贞辅良住持中天竺
		古鼎祖铭退径山，中天竺住持用贞辅良请归了幻庵
		竺远正源住持径山
		枯木荣住持海会
		孚中怀信门人觉初慧恩出世建业圣泉
至正十八年	1358	净慈平山处林住持灵隐
		愚庵智及住持净慈
		别源法源门人瑞岩元明原良住持天童
		桐江绍大住持义乌云黄山宝林禅寺
		懒翁慧勤到北京法源寺参指空
		懒翁慧勤参净慈平山处林
		德隐普仁住持婺州智者
		古鼎祖铭入灭
		定慧大方因入灭
至正十九年	1359	桐江绍大入灭
		德隐普仁住持智者禅寺
		龙华无旨可授退院，作休庵于西坞
		广度了堂惟一退院，归圆明庵
		千岩元长门人明叟昌同弟子无闻聪住锡浦阳栖静精舍

续表

		祖芳道联礼昆山荐严悦堂希颜得度
至正二十年	1360	一源永宁住持善权寺
至正二十一年	1361	竺远正源入灭
		平山处林归净慈入灭
		杭州天龙无用守贵入灭
		净慈愚庵智及住持径山
		万寿悦堂希颜住持净慈
		逆川智顺住持雪峰
		兰室德馨住持圣寿
		懒翁慧勤归高丽
		杭州普明立中成出生
至正二十二年	1362	径山愚庵智及退院
		净慈悦堂希颜住持径山
		兰室德馨再住清隐
		一源永宁归龙池
至正二十三年	1363	八月二十五日嘉禾千佛慈云塔院了庵清欲入灭
		径山悦堂希颜退院，退居荐严东堂
		愚庵智及再住径山
		了堂惟一住持庆元天宁
		国清梦堂昙噩住持象山瑞龙
		木庵司聪住持国清
		一源永宁住持广德慈慧庵
		中天竺懒庵请空叟忻悟分座说法
		虚碧智璿出生
至正二十四年	1364	松隐实庵僧茂入灭
		育王住持象先元舆重建下塔，危素为记
		智者德隐普仁住持净慈

续表

		白云智度住持龙泉普慈
		左庵元明原良门人大基行丕住持四明佛陇
至正二十五年	1365	大基行丕重修佛陇
至正二十六年	1366	日本僧太初启原来华,敕见季潭宗泐,后参杰峰世愚得法
		天童左庵元明原良退院
		天宁了堂惟一住持天童
明·洪武元年	1368	觉原慧昙领善世院事
		懒庵廷俊入灭
		东海德湧入灭
		白庵万金住持天界
		全室宗泐住持中天竺
		约之崇裕住持育王
		象原仁淑住持嘉禾天宁
		莹中景瓛住持海盐天宁
		天渊清濬住持四明万寿
		岱宗心泰住持姚江龙泉
		永嘉雅山觉初慧恩住持江心
洪武二年	1369	天童了堂惟一退院
		国清木庵司聪住持天童
		一源永宁入灭
		无尽祖灯入灭
		玉溪思珉门人大梅保福寿岩智昌退居东涧庵
		大基行丕重修佛陇完工
		灵隐空叟忻悟门人觉庵宗妙出生
洪武三年	1370	觉原慧昙出使西域
		粤翁昙谡始住光孝寺,号六指僧
		楚石梵琦入灭

续表

		福林白云智度入灭
		别峰大同入灭
		杰峰世愚入灭
		诏征江南有道僧，馆于天界，梦堂昙噩居首
		空叟忻悟住持浙江崇宁万寿
		壁峰宝金奉诏入京，留大天界寺供养
洪武四年	1371	吕诚访光孝寺，作《诃林光孝寺方丈》诗
		觉原慧昙入灭
		灵隐用贞辅良入灭
		雪崖端入灭
		行中至仁住持虎丘
		请壁峰宝金、枯木荣等高僧十人设普济佛会于钟山
洪武五年	1372	壁峰宝金入灭
		孤峰明德入灭
		诏天下高僧建斋会于钟山，白庵万金、径山季潭为首，性原慧明、天镜原潝、牧隐文谦、象原仁淑、木庵司聪、逆川智顺、约之崇裕与会
		牧隐文谦入灭
		圣寿兰室德馨入灭
		象原仁淑住持径山
		逆川智顺继清远怀渭住持净慈
		南石文琇出世苏州普门
		寿岩智昌住持昌国吉祥
		虚白慧昺出生
洪武六年	1373	梦堂昙噩入灭
		白庵万金入灭
		海会枯木荣入灭于车桥庵

续表

		大千慧照入灭
		逆川智顺入灭
		诏有道高僧十人居天界寺，愚庵智及居首，逆川智顺与列
		性原慧明住持镇江金山
		行中至仁住持苏州万寿
		无旨可授住持净慈
洪武七年	1374	日本国请恕中无愠前往彼国化导，无愠奉诏入京，以老病辞
		净慈无旨可授退院
		智者德隐普仁住持净慈
		天童木庵司聪退居东堂
		吉祥寿岩智昌住持天童
		千岩元长门人雪庵禅师无授可传创建仁和圆应庵
		古拙俊门人性天如皎出生
洪武八年	1375	愚庵智及还穹窿山
		清远怀渭入灭
		净慈无旨可授入灭
		净慈德隐普仁入灭
洪武九年	1376	广州光孝住持僧悦重修罗汉阁
		僧庆祖重建广州廨院寺
		天镜原潚住持灵隐
		千岩元长门人明叟昌入灭
		懒翁慧勤入灭
		正庵訚门人月江宗净出生
		时庵敷门人简庵希古出生
洪武十年	1377	昙噩应诏赴京，同年受命为光孝寺住持

续表

		全室宗泐奉诏同杭州普福如玘注《心经》《楞伽经》《金刚般若经》三经
		空叟忻悟住持中天竺
		天童寿岩智昌入朝，敕令制"昼讲夜禅"之规
		天童正宗法匡门人竺芳慕联住持湖州道场
		方崖成大入灭
		湛然自性住持常州永庆
洪武十一年	1378	愚庵智及入灭
		天镜原潚入灭
		天童寿岩智昌入灭，门人保福希素、妙严道远立石
		前天童住持元明原良撰文祭宏智正觉
		性原慧明住持灵隐
		同庵夷简住持净慈，重建钟楼，新作巨钟，栽松竹
		无作慎行参灵隐慧明
		诏天下僧徒习《心经》《楞伽经》、《金刚经》三经
		竺芳慕联奉旨校雠新注三经
洪武十二年	1379	呆庵普庄住持抚州北禅
		普门南石文琇住持灵岩报国永祚
洪武十三年	1380	径山象原仁淑入灭
		复原福报住持径山
		浙右三宗诸山长老，奉旨会于天界寺
		岱宗心泰住持中天竺
		性海善法住持苏州秀峰
洪武十四年	1381	木庵司聪入灭
		万峰时蔚入灭
		无际了悟出生
洪武十五年	1382	设僧录司，天渊清濬为觉义

续表

		于光孝寺设立僧纲司,以正源为都纲,置正副僧官二员。颁给光孝僧官正源敕书一道
		楚王为孝慈皇后于洪山设千僧会,无念胜学参与,楚王为建九峰寺
		独庵道衍住持燕京庆寿
		行中至仁入灭
		莹中景瓛住持青州华严,入灭
		育王禅寺为禅宗五山之五,住持崇裕修复塔寺庄田,宋濂为记
		天童湛然自性赐号"佛朗禅师",以天童为五山之二
洪武十六年	1383	净慈殿毁
洪武十七年	1384	高祖招无念胜学入京,应对称旨
洪武十八年	1385	昙谖复修光孝戒坛
		左讲经如玘入灭,御制祭文
洪武十九年	1386	性原慧明入灭
		恕中无愠入灭
		天渊清濬住持灵谷
		太初启原入安固梅公洞居止
洪武二十年	1387	湖州道场竺芳慕联入灭
		无作慎行住持杭州报国
		愚溪弘智任湖州都纲
		复原福报退径山
		大宗法兴住持径山
		妙觉湛然性某住持疏山
		太祖诏工部侍郎黄立春恭重建法秀曾住之般若寺,以僧绍义主事
洪武二十一年	1388	径山大宗法兴入灭

续表

		云间松隐德然入灭
		绍义与慈圆宗祐兴复般若寺
洪武二十二年	1389	万峰时蔚入灭
		天泉祖渊出生
洪武二十三年	1390	全室宗泐再住天界
		灭宗宗起入灭
洪武二十四年	1391	十月，和光寺并入光孝寺
		仲颁克岐入灭
		全室宗泐为右善世，入灭
		愚溪弘智入灭
		行中至仁入灭
		灵隐空叟忻悟入灭
		虚碧智璿于常州锡峰圆通寺说法
洪武二十五年	1392	天渊清濬入灭
		净慈同庵夷简住持天界
		能仁祖芳道联住持净慈
		性海善法住持虎丘
洪武二十六年	1393	光孝昙谔入灭
		天界同庵夷简入灭
		径山止庵德祥住持天界
		呆庵普庄奉诏入京，秋至庐山祭祀称旨，冬住持径山
洪武二十七年	1394	复原福报入灭
		天界止庵德祥入灭
		海舟永慈出生
洪武二十八年	1395	性海善法自虎丘退居
		性天宗昊出生
洪武二十九年	1396	灵谷巽中道谦入灭

续表

		高祖御制怀僧无念诗一轴
		灵岩南石文琇住持苏州万寿报恩光孝
		无作慎行任青州僧纲兼弥陀寺住持
		无初德始住持无为大隋
洪武三十年	1397	止庵普震住持苏州示光
		无念胜学将御赐诗上石
洪武三十一年	1398	洁庵正映住持泉州开元
		净慈祖芳道联建法堂、方丈、香积厨
建文二年	1400	简庵希古出世杭州崇福
建文三年	1401	慧品门人月江觉净出生
建文四年	1402	无作慎行任僧录司左觉义兼碧峰寺住持
		道衍为僧录司左善世
		洁庵正映住持雪峰
		信庵道孚出生
永乐元年	1403	天泉祖渊受具于青原山
		岱宗心泰住持径山
		呆庵普庄入灭
永乐二年	1404	洁庵正映住持雪峰
		楚山绍琦出生
永乐三年	1405	九峰无念胜学入灭
永乐四年	1406	祖芳道联为永乐大典释教总裁
		岱宗心泰入京参修永乐大典
		南石文琇参修永乐大典
		简庵希古师赜参修永乐大典，碧峰无作慎行请为首座
		止光止庵普震参修永乐大典，入灭
		无念胜学入灭
永乐五年	1407	太初启原入灭

续表

		非幻道永为右阐教，住持南京碧峰寺，迁灵谷
		古拙俊住持天界
		净慈祖芳道联谪居五台
		明极楚俊门人无碍禅师住持支提
永乐六年	1408	岱宗心泰谢事径山，退居寂照庵
		南石文琇住持径山
		无初德始住持平坡
永乐七年	1409	祖芳道联还京，敕住五台大佑国寺，未行入灭
		性海善法入灭
		南石文琇住持径山
		虚碧智璿住持天寿圣恩
永乐九年	1411	照庵宗静出世护国
永乐十年	1412	无初德始住持北京龙泉
		日本妙乐寺僧人恒中宗立入灭
永乐十一年	1413	海舟永慈受业师大隋山景德寺独照月入灭
永乐十二年	1414	无作慎行入灭
		万寿觉庵宗妙住持杭州报国
		古庭善坚出生
永乐十三年	1415	广州光孝住持元楚建孔雀殿
		岱宗心泰入灭
		雪心明显入灭
永乐十四年	1416	德然门人丹霞道安入灭
		育王住持宗正重建大殿
永乐十五年	1417	简庵希古住持中天竺
		虚碧智璿请陈亢宗作圣恩禅庵记并立石
永乐十六年	1418	南石文琇入灭
		秋崖远芷住持雪峰

续表

永乐十七年	1419	毒峰本善出生
		虚碧智璿请陈亢宗为万峰时蔚作传并立石
		僧录止庵门人原石良玠住持虎丘
永乐十八年	1420	非幻道永入灭
		简庵希古住持净慈
永乐十九年	1421	云外道超出生
永乐二十年	1422	天泉祖渊回到天界寺，刺血书写《华严经》
		月江觉净参岘山宗
永乐二十一年	1423	古渊智源出生
洪熙元年	1425	月江宗净住持径山
		洁庵正映住持南京灵谷
宣德元年	1426	灵谷洁庵正映入灭
		天泉祖渊住灵谷
		行密住持西京小庵
		照庵宗静住持雪窦
		天界住持月山延祖渊为首座
宣德二年	1427	古庭善坚门人大巍净伦出生
		海舟永慈至金陵灵谷，雪峰祖渊和尚请为首座
宣德三年	1428	净慈简庵希古退院，居寺北万工池右
宣德四年	1429	无初德始入灭
		古渊智源礼千佛性空出家
		无念圆信出生
宣德五年	1430	照庵宗静退雪窦
		古庭善坚至金陵，谒无隐道
宣德六年	1431	天界雪骨会中门人大阐慧通出生
宣德七年	1432	净慈简庵希古师颐入灭
		节庵礼住持净慈，入灭

续表

		鼎庵需住持净慈，谢事
		报国觉庵宗妙住持净慈，修复山门、天王殿
宣德八年	1433	性天如皎住持祖堂幽栖
宣德九年	1434	灵谷祖渊召入京城，任左善世，兼任大功德寺住持
宣德十年	1435	月江宗净退居径山东堂
		右觉义前育王住持澹庵自学入灭，皇帝遣礼部主事龙燦谕祭
		虚白慧昺所住安溪古师山精蓝敕额东明禅寺
		古庭善坚至贵州攞萝山
正统二年	1437	明通礼光孝寺副都纲慧俊为师
		海舟永慈受太监袁诚之请开法翼善
		古渊智源得度，入大功德寺雨庵祖渊室中为侍者
		净慈大殿毁
正统三年	1438	照庵宗静门人南宗广衍创建北京弥陀寺，为开山祖
正统四年	1439	觉庵宗妙迎东明慧昺同建正殿
正统五年	1440	圣恩虚碧智璿入灭
		净慈宗静请胡 为其师祖芳道联作铭
		云外道超依大功德寺祖渊，知藏三年
正统六年	1441	杭州东明虚白慧昺入灭
		楚山绍琦再参道林了悟得法
		宗正住持天童
正统七年	1442	径山退居月江宗净入灭
		定俊出生
正统八年	1443	净慈觉庵宗妙入灭
		照庵宗静住持净慈
		光孝广源捐谷赈济，特敕旌奖谕
		杭州普明立中成入灭

续表

		祖堂性天如皎入灭
		碧潭道清出世圣恩
		毒峰本善参无际了悟
		古渊智源受具
正统九年	1444	无际了悟入京传法，开万善戒坛
		育王住持体元正入京，开万善戒坛
		古渊智源出世钱塘真表珠寺
正统十年	1445	无为禅师出生
		颁赐光孝寺大藏经一部
		朝廷颁赐净慈大藏经一部
		海舟永慈所住禅寺敕名翼善禅寺
		古庭善坚参无际了悟得法，止大容山
正统十一年	1446	无际了悟入灭
正统十二年	1447	照庵宗静入京谢恩
		光孝广源奉敕旌表，建义僧牌坊于河林门外
正统十三年	1448	净慈照庵宗静入灭于北京弥陀寺
		觉庵宗妙门人中天竺大章如珪请王直为师作塔铭，住持净慈
正统十四年	1449	天泉祖渊入灭
		广源重修东铁塔
景泰元年	1450	海舟普慈入灭
		太冈月溪惟澄住持广恩寺，赐号慈普禅师
		无闻明聪出生
景泰二年	1451	惟澄门人灵隐性天宗杲入灭
		弥陀南宗广衍住持净慈
		无为禅师出家
景泰三年	1452	月溪惟澄奉旨回南京太岗

续表

景泰五年	1454	智璿门人、无念法孙天寿圣恩禅寺住持道清立石纪事
		楚山绍琦住持投子
		真珠古渊智源住持万寿
		庐山智素出生
景泰七年	1456	南京牛头古心宝入灭
		信庵道孚入灭
		静山禅师出生
		净慈休休门人幻寄雪庭出生
天顺元年	1457	月溪惟澄门人孤月净澄至五台山，代王于华严谷建普济寺，延请住持
		楚山绍琦归蜀，韩都候于方山建云峰寺，请为住持
		净慈南宗广衍除僧录司右觉义
天顺二年	1458	小庵行密入灭
		万寿古渊智源住持千佛
天顺三年	1459	龟峰寺住持真泰重修六祖殿
天顺四年	1460	毒峰季善开山西湖三塔寺
		净慈别宗一演荷赐白金，建僧堂
天顺五年	1461	住持僧道遂修饰伽蓝像，建拜亭
		古溪觉澄住持金陵高座寺
		无念圆信于繁昌参无际了悟
天顺七年	1463	光孝住持僧文德重修钟楼，龟峰寺住持真泰仍铸洪钟
		南宗广衍入灭，英宗遣官致祭
天顺八年	1464	无相真门人金谷岩大华严寺南宗胜禅师纂《佛祖宗派图》，立碑于嵩山会善戒坛大殿前
成化元年	1465	古庭善坚门人大巍净伦于京城创建万福寺
成化二年	1466	金陵东山翼善海舟永慈入灭
		净庵智素门人大觉圆出生

续表

成化三年	1467	冬，光孝寺住持明达重建仁王寺
成化四年	1468	千佛古渊智源住持中天竺
		定俊从古心道坚受具
		伏牛月天门人翠峰德山出生
成化六年	1470	戒玫任广州光孝住持，重修檀度堂
		静山禅师礼光孝寺海峰出家
成化八年	1472	宝峰明瑄入灭
成化九年	1473	楚山绍琦入灭
		楚山门人南京香严古溪觉澄入灭
		幻寄雪庭从仙林休休出家
成化十年	1474	六月，有诏考试，给度僧道，定俊拿到度牒，得到劄付，成为东禅寺住持。
		圆钦住持二仰
		中天竺古渊智源住持净慈，重建大殿等
成化十一年	1475	泉州开元寺云外道超入灭
成化十五年	1479	苏州水心月江觉净入灭
成化十六年	1480	毒峰季善掩关石屋寺
成化十八年	1482	定俊进京为广州光孝寺申请御赐寺额，得到皇帝恩准，赐名光孝禅寺，受命为光孝住持
		月溪惟澄门人杭州天真毒峰季善兴建登云山上天真寺，殿后有毒峰真身洞
		万松慧林出生
		报恩无瑕玉门人西林永宁出生
成化十九年	1483	无为在苏州万福寺受具
		僧洪戒募缘建观音殿于大殿后
成化二十年	1484	幻寄雪庭受具
		净慈请异岩似瑽开堂传法

续表

成化二十一年	1485	夷峰宁奉旨重修山门
成化二十二年	1486	净慈古渊智源退院
成化二十三年	1487	法舟道济出生
		毒峰本善重建下天真寺
		无为游杭州，充昭庆寺禅堂首座
弘治三年	1490	幻寄雪庭受休休印记
弘治四年	1491	伏牛物外圆信入灭
		太岗月溪澄门人夷峰宁入灭
		无趣如空出生
弘治五年	1492	五台山显通大巍净伦入灭
		月泉法聚出生
弘治六年	1493	古庭善坚入灭
弘治七年	1494	广州光孝寺住持定俊对寺院进行大规模整修
弘治八年	1495	雪峰瑞门人南峰休休住持净慈
弘治十一年	1498	天奇本瑞入灭
弘治十三年	1500	净慈文怀修复天王殿，次年修复罗汉殿、大士殿
弘治十四年	1501	邵武君峰大阐慧通入灭
		戒钦任广州光孝住持
		无为回到光孝寺，与众僧请于官，依曹溪事例分光孝寺为十房
		云谷法会出生
弘治十五年	1502	幻寄雪庭开法杭州昭庆
正德二年	1507	汉阳古岩门人庐山大安出生
正德四年	1509	翠峰德山门人大迁圆慧出生
正德六年	1511	静山禅师入灭
正德七年	1512	定俊入灭

续表

		三河宝鉴无闻明聪入灭
		无极明信出生
		笑岩德宝出生
正德九年	1514	邵武光泽无闻明聪出生
		云溪智瑛门人静庵智素出生
正德十年	1515	无为禅师入灭
正德十四年	1519	杭州天目宝芳进入灭
嘉靖二年	1523	巫山松门人黄冈白云山宝明鉴入灭
嘉靖三年	1524	扩修贡院，占西竺寺地，寺僧并入光孝寺
		悟性寺并入光孝
		廨院寺并入光孝寺，由僧德护买北廊书舍修建
嘉靖七年	1527	大迁圆慧依北京吉祥寺德山披剃受具
嘉靖十年	1531	西林永宁住持大报恩寺
		千松明得出生
嘉靖十五年	1536	宝珠门人蕴空明照出生
嘉靖十六年	1537	大迁圆慧门人大安明启出生
		宝珠门人象先真清出生
嘉靖十七年	1538	襄阳大觉圆入灭
		笑岩德宝门人幻也佛慧出生
嘉靖十八年	1539	一山圆敬出生
嘉靖十九年	1540	广州光孝住持道隆呈巡按李某使众僧捐资重修寺宇
		无幻性冲出生
嘉靖二十年	1541	西林永宁为僧录右觉义
嘉靖二十一年	1542	石门慧海门人大休宗隆入灭
嘉靖二十三年	1544	黄檗无念深有出生
嘉靖二十五年	1546	西菩圆䦆任广州光孝寺住持
		西林永宁升左觉义

续表

嘉靖二十六年	1547	龙池慧闻门人鹅湖养庵广心出生
嘉靖二十八年	1549	北京延寿翠峰德山入灭
		幻有正传出生
		支提明香门人天恩真受出生
嘉靖二十九年	1550	光孝住持圆阙重修大殿、彩饰佛像
嘉靖三十一年	1552	紫柏真可门人洞闻法乘出生
嘉靖三十四年	1555	都纲定晓重修拜亭
嘉靖三十五年	1556	正记为光孝寺住持
		樵云真常出生
嘉靖三十六年	1557	金台大觉门人径山万松慧林入灭
嘉靖三十七年	1558	荆山怀宝以法付铁牛德远，隐终南
嘉靖三十九年	1560	嘉兴天宁法舟道济入灭
		不二云庵真际门人一然如幻出生
嘉靖四十二年	1563	天池玉芝月泉法聚入灭
		天池云亭正宗入灭
嘉靖四十三年	1564	百松真觉住持天台
		南京报恩西林永宁入灭
		静安盛宁住持天童
嘉靖四十五年	1566	憨山门人通岸出生
		仪峰方蠡门人闻谷广印出生
		密云圆悟出生
隆庆四年	1570	超逸受具，师从光孝云岳禅师
		天隐圆修出生
隆庆五年	1571	雪峤圆信出生
隆庆六年	1572	邵武光泽无闻明聪入灭
万历元年	1573	李太后请大迁圆慧重建支提
		月明联池出生

续表

万历二年	1574	无极明信入灭
万历三年	1575	云谷法会入灭
		天隐圆修出生
万历四年	1576	南明慧广出生
万历六年	1578	十月七日，寄庵通炯出生
		迎请大通寺达岸祖师真身入光孝大殿供养
		翠峰德山门人印空圆月入灭
万历七年	1579	庐山大安入灭
万历八年	1580	嘉兴敬畏无趣如空入灭
万历九年	1581	笑岩德宝入灭
万历十年	1582	龙池默庵慧闻门人天目兰风真定入灭
		聚云吹万出生
万历十二年	1584	圆洸重修罗汉阁圣像及龛座
万历十三年	1585	住持广翰入灭
万历十四年	1586	铁眉慧丽出生
万历十五年	1587	都纲广现主持重修藏经楼，十九年完工
		因怀住持天童
		鸳湖妙用出生
万历十六年	1588	秀水东禅千松明得入灭
		悟性寺僧普潜募修月溪寺
		鹅湖广心门人广信府弋阳冨山慧济次斋智季出生
万历十七年	1589	万年蕴空明照入灭
		都纲广现捐资重建诃林拜亭
		云庵真际门人仪峰方象离开杭州清平山归蜀
		大迁圆慧与门人明启入京参见李太后
万历十八年	1590	大迁圆慧住持福州升山寺
万历十九年	1591	明瑞门人日新真灿住持开元寺护藏

续表

万历二十年	1592	仪峰方象住持夔州白马寺
		密云圆悟门人费隐通容出生
		无尽开缘门人逊庵圆昂入灭
万历二十一年	1593	天台慈云象先真清入灭
		密云圆悟门人浮石通贤出生
		密云圆悟门人石车通乘出生
		磬山圆修门人松际通授出生
万历二十二年	1594	支提大迁圆慧入灭
		寄庵通炯出家
		林野通奇门人廣德崇化了悟能出生
		石奇通云出生
万历二十三年	1595	林野通奇出生
		寄庵通炯听憨山说法，受沙弥戒
		木陈道忞出生
		破山海明出生
万历二十五年	1597	憨山德清于广州埋葬骸骨，超度亡魂，作《楞伽笔记》，著《中庸直指》
		百痴行元门人未发性中出生
万历二十六年	1598	憨山德清讲诵《法华经》，作《法华击节》。
万历二十七年	1599	春，憨山刻印《楞伽笔记》百余部，为众讲解，并受通炯之请，住光孝寺之椒园，讲解《法华》《楞严》《唯识》等经论各一遍
万历二十八年	1600	憨山德清北上韶州南华寺
		寄庵通炯课诵《华严经》，与通志、超逸等八人讲经。其年秋，随憨山到曹溪
万历二十九年	1601	西林顶门人能仁济舟洪入灭
		牧云门人虞山直指尼圆鑑玄出生

杨岐宗大事记

续表

万历三十年	1602	孟冬，憨山再到雷阳，超珍持所书《华严》，请为作记
		寄庵通炯奉命到杭州从云栖袾宏受具，寓昭庆院
		超逸与通炯共谋修复六祖戒坛，次年完成
		传僖住持天童
		密云圆悟门人优昙颐出生
万历三十一年	1603	铁壁慧机出生
万历三十二年	1604	憨山德清受达观一案牵连，按院命回雷州戍所，著《春秋左氏心法》，是年末，南下到达广州
		寄庵通炯返粤，归法性寺
万历三十三年	1605	兰风真定门人浮渡山华严寺朗目本智入灭
		三月憨山德清渡海到琼州，访苏轼所居桄榔庵，游白龙泉。四月自海南回到广州时，正值夏日，过光孝，作诗二首
		光孝寺僧通维率门人行佩等重修六祖殿，清其眉宇，扩其门庭，并请憨山为记
		寄庵通炯往游荆楚名山，精持梵行，传播宗教，后归光孝
万历三十五年	1607	光孝寺僧正裔重建景泰寺
		云外行泽出生
万历三十六年	1608	费隐通容门人性空行臻出生
万历三十七年	1609	天恩真受入灭
		介庵悟进门人素弘真理出生
		林皋通豫门人无尘行增出生
万历三十八年	1610	憨山德清辞别曹溪南下，寓五羊长春庵，通炯从之
		无幻性冲住持径山
		费隐通容门人百痴行元出生
		百痴行元门人憨璞性聪出生
		牧云通门门人岫云行玮出生
万历三十九年	1611	春三月，憨山德清至端州鼎湖山养疾

		续表
		径山无幻性冲入灭
		衡山灯炳出生
万历四十年	1612	憨山德清居长春庵,为诸光孝门人等讲《起信论》《八识规矩》,述《百法直解》,著《法华击节品节》
		介庵悟进出生
		白松行丰出生
万历四十一年	1613	通炯于广州长春庵听德清听《圆觉经》。十月,从师离粤
		憨山寓居南岳之湖东万圣兰若
		宗符智华出生
		鸳湖妙用门人衡石悟钧出生
		百痴行元门人莲峰超素出生
万历四十二年	1614	幻有正传入灭
		三山灯来出生
		玉林通琇出生
		盘山了宗超见出生
万历四十三年	1615	慧高住持天童
		超逸住南岳灵湖
		鸳湖妙用门人一初悟元出生
		雪峤圆信住持径山千指庵
万历四十四年	1616	憨山德清至武林径山,为达观大师作茶毗佛事,并作塔铭.留度岁
		万如通微门人通天逸叟行高出生
万历四十五年	1617	密云圆悟住持龙池
		超逸于庐山金轮峰闭生死关
		次庵真本出生
万历四十六年	1618	正月,通炯到庐山,憨山开堂启讽华严,为众讲诸经论,命通炯为首座

续表

		一然如幻受太常黄官、文学何其祥等之请住持白虎山志公道场
		山铎真在门人天则机能出生
万历四十七年	1619	北京牧园企贤广清出生
		佛国南音言出生
		玉林通琇门人骨岩行峰出生
泰昌元年	1620	南明慧广入灭
		天隐圆修结庵石磬
		山晓本晳出生
天启元年	1621	山铎真在出生
		天岳本昼出生
天启二年	1622	行佩住持光孝寺．得浙中许比部及海宁董公等支持，革除光孝寺供应花卉的负担
		退庵断愚真智出生
天启三年	1623	憨山德清入灭，寄庵通炯回到诃林，赎回光孝寺为人所占之地
		支提大安明启入灭
		海虞破山洞闻法乘入灭
		木陈道忞门人远庵本侰出生
天启五年	1625	卓峰性玨出生
天启六年	1626	寄庵通炯为光孝住持。其年冬，入曹溪，为憨山建塔于象岭
		宗符门人契如元渠出生
		箬庵通问门人截流仁策出生
		通岸、通炯、超逸等募缘赎回寺内地址二十四所，重建禅堂殿宇，何相国、陈子壮等施财共成
		通炯于禅堂开讲经论，每岁说戒二坛

续表

		通炯等复修方丈，建斋堂三间、香积厨三间
天启七年	1627	宗符智华出家
		黄檗无念深有入灭
		鹅湖养庵心禅师入灭
崇祯元年	1628	智海、超逸与陈子壮、袁崇焕等结禅藻社于禅堂
		袁崇焕督师入辽，通炯集僧俗十七人为其壮行
		嘉兴天宁幻也佛慧入灭
崇祯二年	1629	行佩再度出任住持，捐资重修六祖戒坛，九年竣工
		破山海明出世嘉禾东塔
崇祯四年	1631	密云圆悟住持天童
		超逸便自诃林入月溪，筑室于白云山，号"别峰"
崇祯五年	1632	金明悟进门人逾祖觉出生
崇祯六年	1633	圆悟门人沩山五峰如学入灭
		慧门如沛门人高泉性潡出生
崇祯七年	1634	僧法舟创建延寿庵
		介庵悟进门人妙云真雄出生
		柏岩性节出生
崇祯八年	1635	超逸入灭
		磐山天隐圆修入灭
		汉月法藏入灭
崇祯九年	1636	妙峰彻庸周理入灭
		真寂闻谷广印入灭
		南涧佛石法雨入灭
		箬庵通问住持南涧
崇祯十年	1637	显观为住持，明睿为都纲
		云顶栖壑道丘于光孝寺戒坛授戒，宗符智华礼老和尚圆具，同戒还有四无成己、古县寂证、了幻成公等

续表

崇祯十一年	1638	月明联池入灭
		嘉禾金粟石车通乘入灭
		山茨通际于南岳掷钵峰下庵居
		竺峰幻敏出生
崇祯十二年	1639	寄庵通炯捐资建普同塔
		樵云真常入灭于漳州白云庵
		聚云吹万广真入灭
		铁壁慧机继任聚云住持
		天笠行珍门人梦庵超格出生
崇祯十三年	1640	天然函昰在归宗为首座
		南海人张㥦与僧智力、显理等修《光孝寺志》，南海知县朱光熙序
崇祯十四年	1641	鸳湖妙用退云峰，门人悟钧继其住持
		石奇通云住持台州灵鹫
		百痴行元出世建宁莲峰
		万如通微出世如如庵
崇祯十五年	1642	鸳湖妙用入灭
		磬山松际通授入灭
		天童密云圆悟入灭
		木陈道忞住持天童
		万如通微住持莆田曹山
		莲峰百痴行元住持宝峰百山
		溟波超古门人圆通明广出生
崇祯十六年	1643	黄州白虎山兴善寺一然如幻入灭
		介庵悟进住持径山
		林野通奇住持通玄
		雪峤圆信住持嘉禾东塔

续表

		万如通微住持龙池
崇祯十七年	1644	次斋智季开创嵞山
		天隐圆修门人山茨通际入灭
		百痴行元住持皇岗太平
		牧云通门住持四明栖真
清·顺治二年	1645	隆武帝召衡石悟钧入内说法
		天童木陈道忞退院
		费隐通容住持天童
		太平百痴行元退院，归金粟
顺治三年	1646	建宁紫云峰衡石悟钧入灭
顺治四年	1647	智海通岸入灭
		雪峤圆信入灭
顺治五年	1648	密云圆悟门人赣州宝华朝宗通忍入灭
		湖州报恩退庵行重入灭
		天童费隐通容退院
		百痴行元住持金粟
		茚溪行森开法龙溪
		介庵悟进住持金明
		一初悟元住持嘉兴永正
顺治六年	1649	林野通奇住持天童
		云外行泽出世蕲州菩提
		次斋智季住持峰顶
顺治七年	1650	铁眉慧丽入灭
		箬庵通问住持漏泽
		宗符智华创双桂庵
		契如元渠至诃林双桂洞礼宗符出家
		冬，契如元渠至鼎湖山从栖壑大师受具。次年夏满归双桂

续表

		菩提云外行泽住持老祖
顺治八年	1651	一初悟元住持竺隐禅院
		天岳本昼门人伟载超乘出生
顺治九年	1652	天童林野通奇入灭
		古南牧云通门住持天童
		老祖云外行泽住持神鼎
顺治十年	1653	智华与了幻成公、四无纪公、共捐衣钵修复戒坛，古昙寂证住持其事于十一年完工
		宗符智华住持勇猛庵
		金粟百痴行元退院
		莲峰超素出世莆田孤山
顺治十一年	1654	神鼎云外行泽入灭
		一初悟元再住持永正
		百痴行元住持松江明发
		幻庵住持竺隐
顺治十二年	1655	箬庵通问入灭
		瑞州黄檗一庵行月入灭
		宗符智华创华林寺
		天峰性禅师出世松江清凉庵
		远庵本伫受请住持潭州神鼎资圣，明年四月入院
		大博行乾住持天津地藏庵
顺治十三年	1656	宝峰慧丽门人忠州天宁耳庵灯嵩入灭
		亘信行弥住持雪峰，兼主庆城
		孤山莲峰超素住持仙游九座太平
		大博行乾住持天津如来庵
顺治十四年	1657	密云圆悟门人常州龙池万如通微入灭
		天童牧云通门住持苏州秀峰

续表

		木陈道忞再住天童
		古璧文禅师开法浠川万寿
		天峰性住持小贞种福院
		次斋智季于嵩山开堂说法
		南涧梅谷行悦增订重刊《禅宗杂毒海》
		大博行乾住持保定雄县崇宁
顺治十五年	1658	玉林通琇应诏入京，赐号大觉国师
		天峰性重兴多云山
		密云圆悟门人明州白云延祥鹿门西师太入灭
		天笠行珍出世菩提
		密深古照出生
顺治十六年	1659	庆城亘信行弥入灭
		玉林通琇离京还山，举行森留京
		顺治为玉林通琇门人慧枢行地建造万安法海寺
		天童木陈道忞入京
		华山同叶浮石通贤住持天童
		古璧文住持三角
		大博行乾住持北京法通
		圆通明广投白沟河观音庵义天出家
顺治十七年	1660	费隐通容入灭
		林皋通豫门人京口夹山蘧夫行一入灭
		木陈道忞还山
		茆溪行森归龙溪，赐名圆照
		旅庵本月出世善果
		山晓本晳出世隆安
		素弘真理住持武康栢山资寿寺
		菩提天笠行珍住持德章

续表

		别庵性统出生
		越鉴超彻出生
顺治十八年	1661	远庵本侟住持天童
		圆照茆溪行森住持老祖
		北京安化世高本则禅师住持涌泉
		雪窦石奇通云住持娄东南广
		高泉性潡、晓堂道收、柏岩性节、未发性中赴日
		了宗超见开法滦州隆阬
康熙元年	1662	百痴行元入灭
		隆安山晓本晳退院还山，移杭州佛日
		宗符智华再参道忞，得付衣拂
		灵远本应门人石吼元彻出生
康熙二年	1663	素弘真理入灭
		南广石奇通云入灭
		金明悟进门人古璧文入灭
		太仓问梅院宧陈永修禅师入灭
		广德崇化了悟能入灭
		箬庵通问门人真州北山密传行能入灭
		截流仁策住杭州法华山西溪莲枻庵
		了宗超见住持滦州万善
康熙三年	1664	元默出生
		山铎真在住持东林
		佛日山晓本晳住持洞庭包山
康熙四年	1665	山铎真在住持华桂山能仁寺
		玉林通琇住持天目
		老祖茆溪行森住持圆照
		即非如一住持小仓广寿山福聚禅寺

续表

康熙五年	1666	三空灯昊入灭
		破山海明入灭
		憨璞性聪入灭
		灵隐具德弘礼住持径山
		铁壁慧机住持龙昌
		莲峰超素住持兴化报恩
		觉树灯世住持忠州聚云
		解三超洪参大博行乾于慈寿放生池
康熙六年	1667	浮石通贤入灭
		具德弘礼入灭于扬州天宁
		德章天笠行珍住持南涧
		报恩莲峰超素住持兴化龙华万寿
		圆通明广受具于憨忠
康熙七年	1668	铁壁慧机入灭
		三山灯来住持嘉禾天宁
康熙八年	1669	嘉兴府三塔景德寺主峰圆法禅师入灭
		通天逸叟行高入灭
		三角古禅师入灭
		天峰性住持三角
		长崎崇福即非如一入灭
		山铎真在住持黄安碧云山龙兴禅院
		三山灯来编梓聚云等三世语录,入楞严藏
康熙九年	1670	截流仁策住持虞山普仁院
		洞庭包山山晓本晳再主佛日
康熙十年	1671	牧云通门入灭
		宗符智华住持云门寺,以元渠为都寺。后因疾归华林,是年冬入灭

续表

		莲峰超素住持兴化西明
		迦陵性音出生
康熙十一年	1672	黄安县碧云山龙兴寺山铎真在入灭
		天童远庵本伴住持瑞岩
		佛日山晓本晢住持天童
康熙十二年	1673	介庵悟进入灭
		虞山直指尼圆鉴玄入灭
		景福柏岩性节入灭
		大博行乾入灭
		圆通明广受请住中江，辞不赴
康熙十三年	1674	天峰性复兴东永福及菩提等处
		兴福木陈道忞入灭
		瑞岩远庵本伴住持兴福
		金明悟进门人明心佛音尼入灭
		牧云通门门人嘉兴祖灯崇己行峻入灭
		金陵蒋山佛国南音言入灭
		元渠受请住持双桂
		善权乐庵塔毁于火
		善权白松行丰入灭
		了宗超见住持盘山中盘正法禅院
康熙十四年	1675	玉林通琇入灭
		圆照茚溪行森住持崇福
		永正一初悟元门人东溪退庵断愚真智住持永正
康熙十五年	1676	远庵本伴再住瑞岩
		达信迁居兰湖
		真朴于南华寺重刊德清本《六祖坛经》

续表

		苏州西华秀峰岫云行玮入灭
		高泉性潡住持金泽明法山献珠寺
康熙十六年	1677	茚溪行森入灭
		真朴住持光孝
		山铎真在门人霆庵机云住持黄州石门
		太仓藕庵竹庵真衍入灭
		断愚真智入灭
		越州明觉宝掌雪厂道白入灭
康熙十七年	1678	箬庵通问门人武林南涧梅翁汝风行杲入灭
		仰山古石行藏入灭
		性空行臻入灭
		扬州宝胜无尘行增入灭
		一初悟元出生
		元默法师出家
康熙十八年	1679	高泉性潡住持山城纪伊郡伏见大龟谷天王山佛国寺
康熙十九年	1680	元渠同门竺仙元奘一起发足游方，入天童，参道忞门人山晓本晳和尚，委以监院。是冬于七堂得悟
		北京牧园企贤广清入灭
		南岳法轮石隐贞入灭
		衡山灯炳入灭
		玉林通琇门人杭州大雄济芝行觉入灭
		藏海洪济行演入灭
康熙二十一年	1682	普仁截流仁策入灭
		圆通明广出世慈愍
康熙二十二年	1683	远庵本俤入灭
		晦岳智旭住持嘉兴金明
		妙云真雄住持山东临清大悲禅寺

续表

		建宁府妙峰益庵素颖真鉴禅师于普明入灭
		越鉴超彻门人佛日明义出生
康熙二十四年	1685	三山灯来入灭
		卓峰性珏入灭
		别庵性统住持高峰
		伟载超乘出世金峨
康熙二十五年	1686	天童山晓本皙入灭
		柏堂元静住持天童
		安亲王请伟载超乘住持北京隆善
康熙二十六年	1687	别庵性统住持普陀法雨
康熙二十七年	1688	普陀别庵性统住持杭州永寿
		慰弘元盛住持天童
		中盘正法了宗超见入灭
康熙二十八年	1689	镇江甘露逾祖真觉住持北京开化寺
		晦岳智旭住持三塔龙渊海会景德禅寺
		康熙南巡，礼拜别庵性统，拨帑金建造寺院
康熙二十九年	1690	调梅明鼎门人法南实胜出生
康熙三十年	1691	元渠住持鼎湖
		别庵性统门人翠崖空必住持杭州永寿
		行森门人莲峰超源出生
康熙三十一年	1692	北京云居溟波超古入灭
		慈愍圆通明广住持云居
		无际洪赞住持光孝寺
		妙云真雄住持嘉兴三塔景德寺海会禅院
		北京开化逾祖真觉入灭
		高泉性潡住持京都黄檗山
康熙三十二年	1693	郑际泰太史延请华林寺得闻住持慧云寺

续表

康熙三十四年	1694	晦岳智旭住持镇江北固山甘露寺海门禅院
		翠崖空必住持江西赣州府长宁县狮林禅院
康熙三十四年	1695	南涧理安济水行洸入灭
		高泉性激入灭
		隆善伟载超乘住持平阳
康熙三十五年	1696	天童慰弘元盛退院
		天岳本昼住持天童，元默来参
康熙三十六年	1697	湖州报恩骨岩行峰入灭
		别庵性统住持杭州圣因
		翠崖空必住持北京嘉兴禅寺
康熙三十七年	1698	晦岳智旭住持京口大觉禅寺
		万安际瑜出生
康熙三十八年	1699	别庵性统住持径山
		别庵性统再与康熙相见
		元渠归东湖
		晦岳智旭再住金明
康熙三十九年	1700	成鉴圆德可能生年
		元渠入灭
		别庵性统住持无锡慈云
康熙四十年	1701	达津可能卒年
		达津门人愿光住持法性禅院
康熙四十一年	1702	晦岳智旭住持嘉兴真如禅寺
		竺峰幻敏住持嘉禾楞严
		优昙颐入灭
康熙四十二年	1703	光孝寺法华院之七世僧别三住持顺德慧云寺
		越鉴超彻住持南涧理安
康熙四十三年	1704	栖云行岳门人南谷超颖入灭

续表

康熙四十四年	1705	天童天岳本昼入灭
		平阳伟载超乘住持天童
康熙四十六年	1707	竺峰幻敏入灭
		理安梦庵超格住持北京柏林
		净慈重建钟楼
康熙四十七年	1708	柏林梦庵超格入灭
		迦陵性音住持北京大千
康熙四十八年	1709	理安越鉴超彻入灭
康熙五十年	1711	愿光和余锡纯、周大樽、真默协助梁无技编辑《唐诗绝句英华》十四卷
康熙五十一年	1712	雍正请迦陵性音坐禅七
		伟载超乘住持安国寺
康熙五十二年	1713	五祖超蕉为迦陵性音语录作序
		大千迦陵性音住持北京柏林寺
康熙五十三年	1714	迦陵性音重刊《禅宗杂毒海》
		粹如实纯出生
康熙五十五年	1716	广东提督王文雄与僧通兆募修戒坛
		柏林迦陵性音住持南涧理安
康熙五十六年	1717	法雨别庵性统入灭
康熙五十七年	1718	查慎行游法性寺，瞻礼心公影堂，有诗
		理安迦陵性音退院
		祖灯明绍住持南涧理安
康熙五十八年	1719	迦陵性音住持归宗
		安国伟载超乘住持天童
		光孝寺僧复修檀度堂，佟世临作记
康熙五十九年	1720	归宗迦陵性音住持北京大觉
		调梅明鼎住持南涧理安

续表

康熙六十一年	1722	调梅明鼎入京，门人法南实胜随行
雍正元年	1723	大觉迦陵性音退院，离京南下
		调梅明鼎奉圣祖御书入京
雍正二年	1724	伟载超乘入灭
		恒朗了正出生
雍正三年	1725	法南实胜住石林塔院
雍正四年	1726	迦陵性音入灭
		迦陵性音门人佛泉实安住持大觉
		雨怀实慧住持圆明园
雍正五年	1727	佛泉实安赐紫
		理安调梅明鼎住持柏林
		圆明园雨怀实慧住持南涧理安，年羹尧奉旨送行
雍正六年	1728	迦陵性音赐圆通妙智师号
雍正七年	1729	北京云居圆通明广入灭
		了尘实福住持云居
		法南实胜出世瑞征寺
雍正八年	1730	法南实胜启金刚会，修建寺宇
雍正十年	1732	佛泉实安重赐紫衣三袭
		履亲王、庄亲王赐瑞征扁额
雍正十一年	1733	玉林通琇法孙若水超善奉旨住持北京拈花
		茚溪行森追封明道正觉国师
		柏林调梅明鼎退院，还石林
		南涧雨怀实慧退院，进京，住静于凤凰山崇圣院
		瑞征法南实胜住南涧理安
		石吼元彻住持天童
雍正十二年	1734	雍正撰《御制重修拈花寺碑》，果亲王允礼书
		雨怀实慧住持径山

续表

		法南实胜兼任虞山普仁寺住持，七月退南涧
		磐山溶庵明湛住持南涧
		佛日明义住持云居
雍正十三年	1735	朝廷刊修大藏，调梅明鼎奉诏入京
		法南实胜奉旨入京
乾隆元年	1736	径山雨怀实慧退院，归静崇圣
		法南实胜住持京口竹林
乾隆二年	1737	元默法师入灭
		定宗住持光孝寺
乾隆三年	1738	调梅明鼎住持万寿
		天童石吼元彻入灭
		青岩元日住持天童
乾隆六年	1741	南涧溶庵明湛入灭
		佛日明义住持南涧
		訒庵成感住持天童
乾隆七年	1742	竹林法南实胜住持磐山
乾隆九年	1744	大觉佛泉实安入灭
乾隆十年	1745	姑苏怡贤莲峰超源禅师入灭
		北京云居了尘实福入灭
		万安际瑜住持云居
乾隆十六年	1751	万寿调梅明鼎退院，居庄亲王家庵旃檀寺，同年入灭
		粹如实纯出世旃檀寺
		乾隆南行，赐理安寺御书"树最胜幢"扁额、御书《心经》塔一幅
乾隆十七年	1752	磐山法南实胜入灭
		南涧理安佛日明义入灭
		天童訒庵成感退院

续表

		湘南成衡住持天童
乾隆十八年	1753	崇圣雨怀实慧入灭
		慈云成度住持天童
乾隆二十七年	1762	光孝寺住持成鉴圆德为祖师天岳本昼建立祖堂三间
		圆德捐资重建方丈
乾隆三十年	1765	千日成眼住持天童
乾隆三十一年	1766	天朗了睿出生
乾隆三十三年	1768	北京云居万安际瑜入灭
		恒朗了正住持云居
乾隆三十四年	1769	光孝住持圆德重建拜殿并修仪门
		福渊悟辉出生
乾隆三十五年	1770	光孝寺重修山门
乾隆三十八年	1773	广通粹如实纯住持万寿
		梦东际醒出世广通
乾隆三十九年	1774	万寿粹如实纯入灭
乾隆四十四年	1779	一轮祖元住持天童
乾隆四十六年	1781	北京云居恒朗了正入灭
		大乘达焕住持北京云居
乾隆四十七年	1782	天童一轮祖元退院
		千日成眼门人省三佛才住持天童
乾隆四十八年	1783	敏庵先性住持保国
乾隆五十年	1785	梦东际醒作《净土津梁跋》
		天童省三佛才退院
乾隆五十一年	1786	普济云中际龙住持天童
乾隆五十二年	1787	梦东际醒由禅入净
乾隆五十七年	1792	广通梦东际醒住持觉生
		明文真达出生

续表

乾隆六十年	1795	甬清祖泉住持天童
嘉庆二年	1797	净慈际祥重修大殿，次年完工
嘉庆五年	1800	觉生梦东际醒住持红螺资福
嘉庆六年	1801	天际祖缘住持天童
嘉庆九年	1804	体耀显慧出生
嘉庆十年	1805	天童天际祖缘退院
		文秀祖参住持天童
嘉庆十三年	1808	广泰空利出生
嘉庆十四年	1809	保国敏庵先性住持天童
嘉庆十五年	1810	红螺资福梦庵际醒入灭
		北京云居大乘达焕入灭
		福渊悟辉住持云居
嘉庆十七年	1812	天童敏庵先性退院
嘉庆十八年	1813	静照明缘住持天童
嘉庆十九年	1814	彭希濂撰大乘焕公和尚碑，门人福渊悟辉等立石
嘉庆二十年	1815	光孝住持齐方请恽敬作《光孝寺碑铭》
		红螺资福松泉了石入灭
嘉庆二十三年	1818	天朗了睿撰《重修凤翔寺碑》
道光二年	1822	理融满事住持天童
道光五年	1825	云居福渊悟辉入灭，拈花寺住持体宽通申撰碑铭，门人明文真达立石
		明文真达住持云居
道光六年	1826	东传悟净住持天童
道光八年	1828	红螺资福天朗了睿重修本寺
道光十二年	1832	纯经导琇门人普洽英皓住持天童
		北京云居明文真达入灭
		广泰空利住持云居

续表

道光十三年	1833	红螺资福天朗了睿入灭
		盛茂达林住持资福
道光十五年	1835	昆泉通兴出生
道光十六年	1836	云居明文真达入灭，拈花住持洞天明心撰碑，门人广泰空利立石
道光十七年	1837	天童普洽英皓退院
道光十八年	1838	广昱悟净门人慧修宏智出生
		性涵住持天童
道光二十一年	1841	慧源嗣铣出生
道光二十二年	1842	僧录司正堂、万善殿住持了信立《大清京都西直门外笑祖塔院反本寻源归复临济正宗碑记》
道光二十四年	1844	广泰空利付法于体耀显慧
道光二十六年	1846	西峰守传出生
道光二十八年	1848	顶超门人信真空修住持慧济
		保泰大澄出生
咸丰元年	1851	寄禅敬安出生
咸丰三年	1853	慧济信真空修住持天童
咸丰六年	1856	天童信真空修退隐佛顶
		本聚真晃住持天童
咸丰九年	1859	天童本聚真晃退院
		祥旦悟修住持天童
		北京云居广泰空利入灭
		体耀显慧住持北京云居，入灭
		雅纯密增住持北京云居
咸丰十一年	1861	天童祥旦悟修退院
		普洽英皓门人广昱悟净住持天童
同治二年	1863	迦陵性音八世法孙空恒重装佛泉实安赞先师文

续表

同治三年	1864	天童广昱悟净退院
同治四年	1865	普慧一仁住持天童
同治五年	1866	观中门人道一惟心出家
同治七年	1868	天童普慧一仁退院
		兰斋馥禅师住持天童
同治十年	1871	天童兰斋馥退院
		今铭小岳住持天童
		北京云居雅纯密增入灭
		慈霞印照住持北京云居
同治十三年	1874	天童今铭小岳退院
		慈运灵慧住持天童
光绪元年	1875	西峰守传出世慈溪芦山
光绪二年	1876	道一惟心住广州光孝寺。钞写《遍行堂集》、《遍行堂续》
光绪三年	1877	天童慈运灵慧退居万善
		广昱悟净再主天童
光绪四年	1878	资福盛茂达林入灭
		昆泉通兴住持资福
		慧修宏智住持慈溪宝庆
光绪六年	1880	天童广昱悟净退院，兴复表山寺
		定智果门人慧源嗣铣住持天童
光绪八年	1882	镜如撰增公和尚行略，印照立石
光绪九年	1883	广昱悟净三主天童，入灭
		寄禅敬安习定天童玲珑岩
光绪十年	1884	通明寺成为资福寺下院，昆泉通兴兼任住持
光绪十二年	1886	印光法师至红螺山资福寺参学
		慈霞印照付法于保泰大澄
光绪十六年	1890	慈运灵慧住持七塔

续表

		宝庆慧修宏智住持天童
光绪十七年	1891	佛顶信真空修入灭
光绪十九年	1893	天童慧修宏智住持宝庆
		德清空行住持天童
		北京云居慈霞印照入灭
		保泰大澄住持北京云居
光绪二十年	1894	宝庆慧修宏智入灭
光绪二十二年	1896	天童德清空行退院
		西峰守传住持天童
光绪二十四年	1898	慧源嗣铣入灭
光绪二十五年	1899	天童西峰守传退居芦山
		达光宏辉住持天童
光绪二十八年	1902	天童达光宏辉退院
		寄禅敬安住持天童
光绪二十年	1904	道济住持广州光孝寺
光绪三十三年	1907	西峰守传入灭
光绪三十四年	1908	资福昆泉通兴入灭
		普泉住持资福
宣统二年	1910	七塔慈运灵慧入灭
中华民国元年	1912	中华佛教总会成立，寄禅敬安任会长，入灭

杨岐宗史传承图

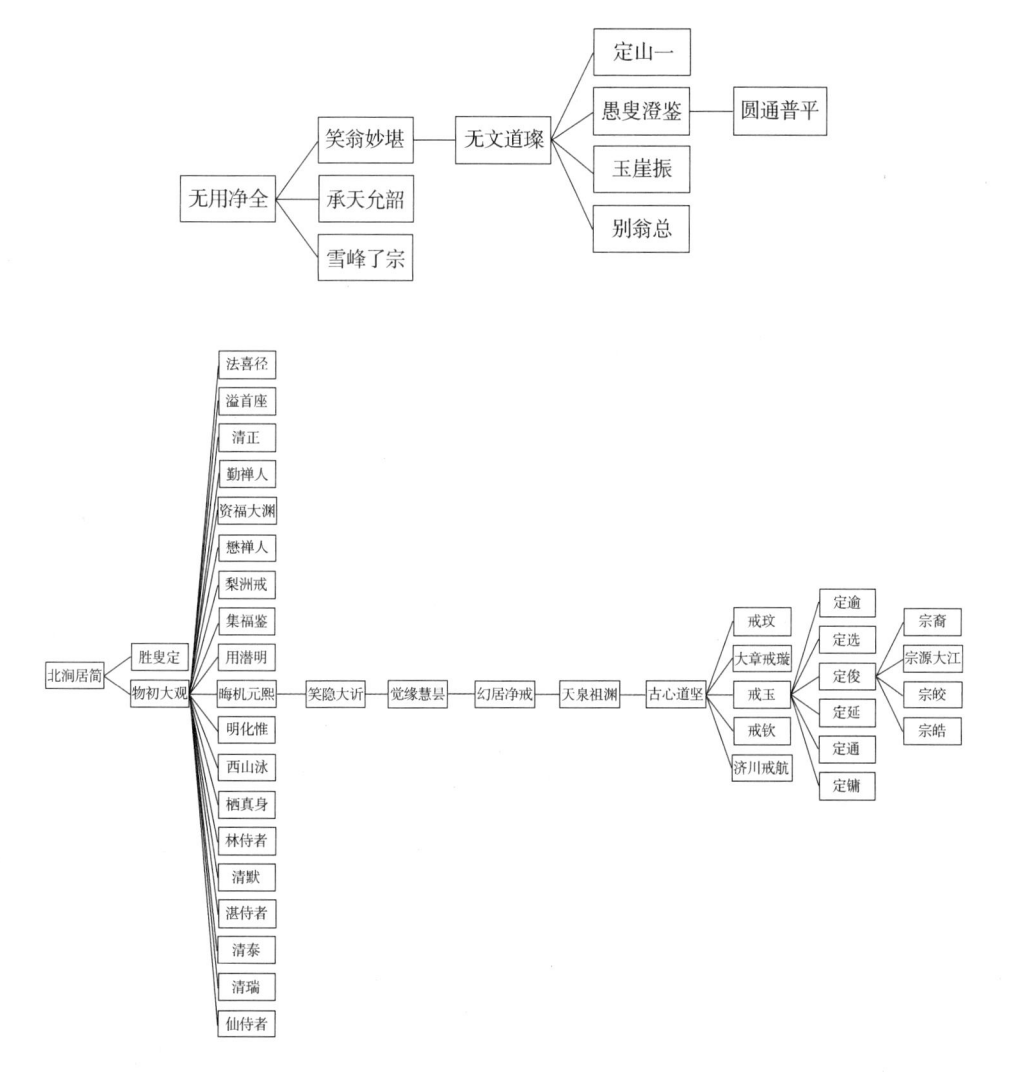

```
                                    ┌─ 定山一
                                    │
              ┌─ 笑翁妙堪 ─ 无文道璨 ─┼─ 愚叟澄鉴 ─ 圆通普平
              │                     │
无用净全 ─────┼─ 承天允韶           ├─ 玉崖振
              │                     │
              └─ 雪峰了宗            └─ 别翁总
```

```
              ┌─ 法喜径
              ├─ 溢首座
              ├─ 清正
              ├─ 勤禅人
              ├─ 资福大渊
              ├─ 懋禅人
              ├─ 梨洲戒
              ├─ 集福鉴                                    ┌─ 戒玫         ┌─ 定逾      ┌─ 宗裔
       ┌ 胜叟定 ─ 用潜明                                    ├─ 大章戒璇     ├─ 定选      ├─ 宗源大江
北涧居简┤     ├─ 晦机元熙 ─ 笑隐大䜣 ─ 觉缘慧昙 ─ 幻居净戒 ─ 天泉祖渊 ─ 古心道坚 ─┼─ 戒玉 ─┼─ 定俊 ─┼─ 宗皎
       └ 物初大观 ─ 明化惟                                  ├─ 戒钦         ├─ 定延      └─ 宗皓
              ├─ 西山泳                                    └─ 济川戒航     ├─ 定通
              ├─ 栖真身                                                    └─ 定镛
              ├─ 林侍者
              ├─ 清默
              ├─ 湛侍者
              ├─ 清泰
              ├─ 清瑞
              └─ 仙侍者
```

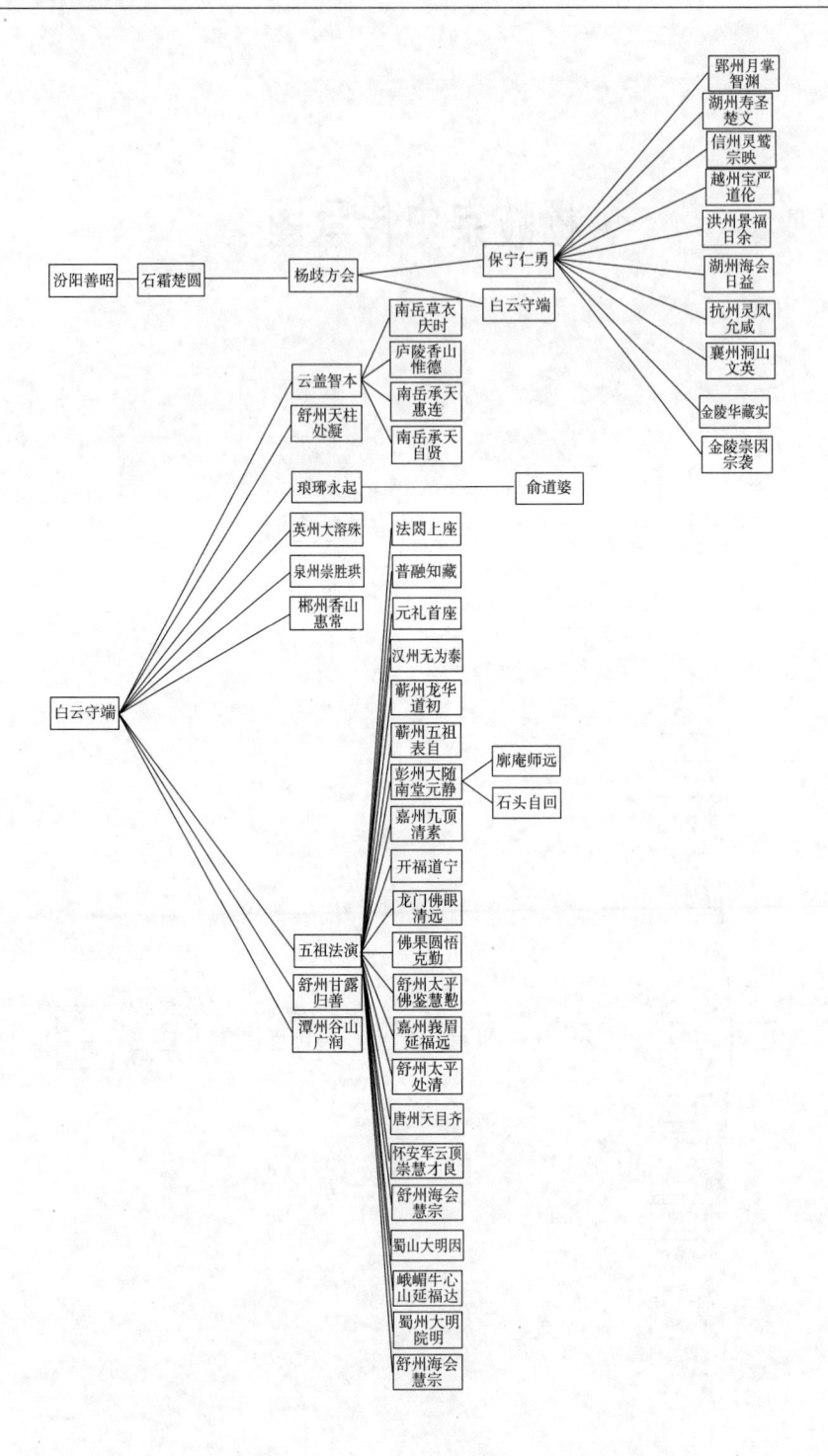

杨岐派史

```
汾阳善昭 ── 石霜楚圆 ── 杨岐方会 ┬── 保宁仁勇 ┬── 郢州月掌智渊
                                │            ├── 湖州寿圣楚文
                                │            ├── 信州灵鹫宗映
                                │            ├── 越州宝严道伦
                                │            ├── 洪州景福日余
                                │            ├── 湖州海会日益
                                │            ├── 抗州灵凤允咸
                                │            ├── 襄州洞山文英
                                │            ├── 金陵华藏实
                                │            └── 金陵崇因宗袭
                                └── 白云守端
```

云盖智本 ┬── 南岳草衣庆时
         ├── 庐陵香山惟德
         ├── 南岳承天惠连
         └── 南岳承天自贤

舒州天柱处凝

白云守端 ┬── 云盖智本
         ├── 舒州天柱处凝
         ├── 琅琊永起 ── 俞道婆
         ├── 英州大溶殊
         ├── 泉州崇胜珙
         ├── 郴州香山惠常
         └── 五祖法演 ┬── 法闷上座
                     ├── 普融知藏
                     ├── 元礼首座
                     ├── 汉州无为泰
                     ├── 蕲州龙华道初
                     ├── 蕲州五祖表自
                     ├── 彭州大随南堂元静 ┬── 廓庵师远
                     │   └── 石头自回
                     ├── 嘉州九顶清素
                     ├── 开福道宁
                     ├── 龙门佛眼清远
                     ├── 佛果圆悟克勤
                     ├── 舒州太平佛鉴慧懃
                     ├── 嘉州峨眉延福远
                     ├── 舒州太平处清
                     ├── 唐州天目齐
                     ├── 怀安军云顶崇慧才良
                     ├── 舒州海会慧宗
                     ├── 蜀山大明因
                     ├── 峨嵋牛心山延福达
                     ├── 蜀州大明院明
                     └── 舒州海会慧宗

舒州甘露归善
潭州谷山广润

杨岐宗史传承图

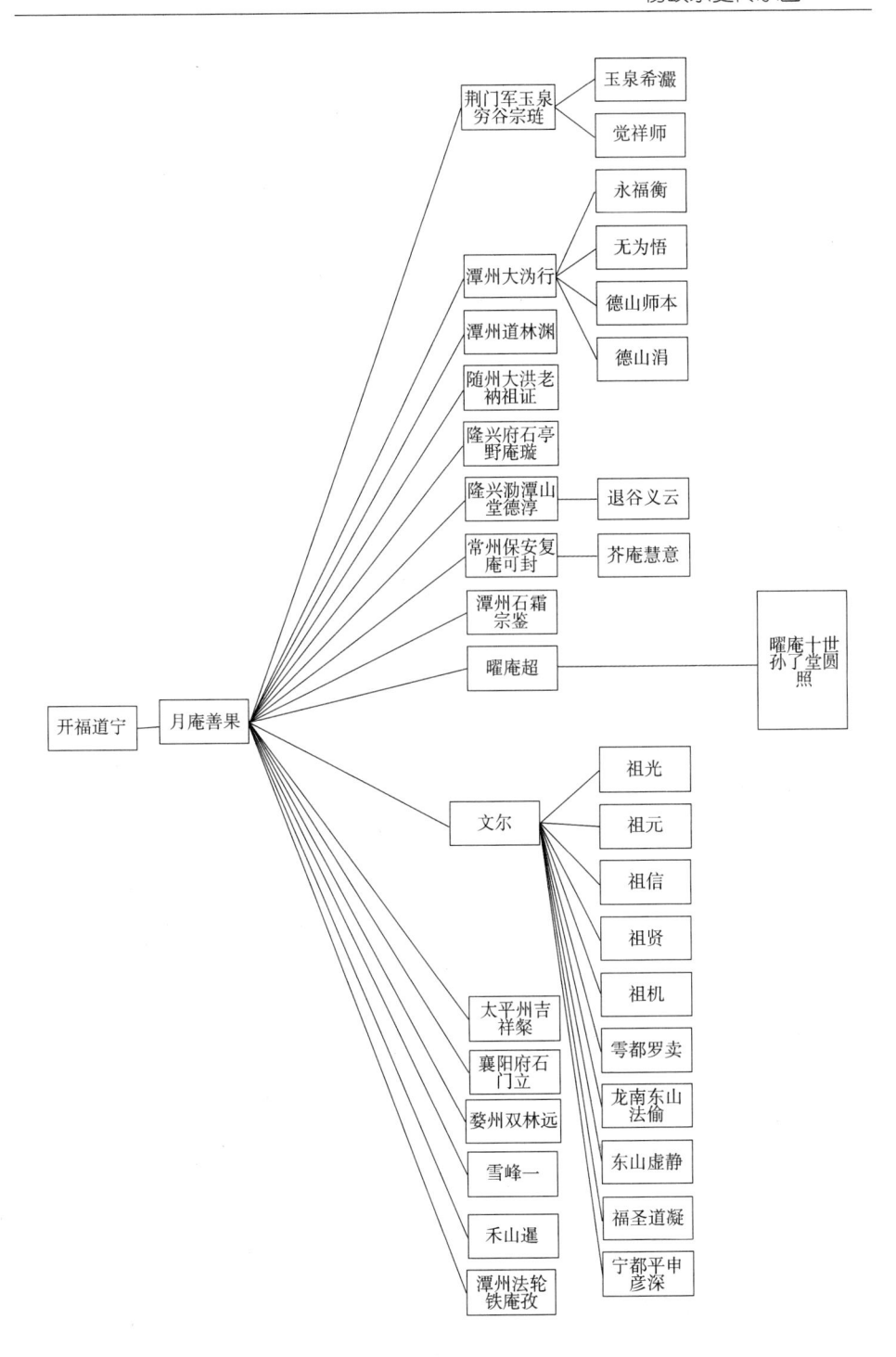

```
开福道宁 — 月庵善果 ┬ 荆门军玉泉穷谷宗珏 ┬ 玉泉希瀇
                    │                      └ 觉祥师
                    ├ 潭州大沩行 ┬ 永福衡
                    │           ├ 无为悟
                    │           ├ 德山师本
                    │           └ 德山涓
                    ├ 潭州道林渊
                    ├ 随州大洪老衲祖证
                    ├ 隆兴府石亭野庵璇
                    ├ 隆兴泐潭山堂德淳 — 退谷义云
                    ├ 常州保安复庵可封 — 芥庵慧意
                    ├ 潭州石霜宗鉴
                    ├ 曜庵超 — 曜庵十世孙了堂圆照
                    ├ 文尔 ┬ 祖光
                    │     ├ 祖元
                    │     ├ 祖信
                    │     ├ 祖贤
                    │     ├ 祖机
                    │     ├ 雩都罗卖
                    │     ├ 龙南东山法偷
                    │     ├ 东山虚静
                    │     ├ 福圣道凝
                    │     └ 宁都平申彦深
                    ├ 太平州吉祥粲
                    ├ 襄阳府石门立
                    ├ 婺州双林远
                    ├ 雪峰一
                    ├ 禾山暹
                    └ 潭州法轮铁庵孜
```

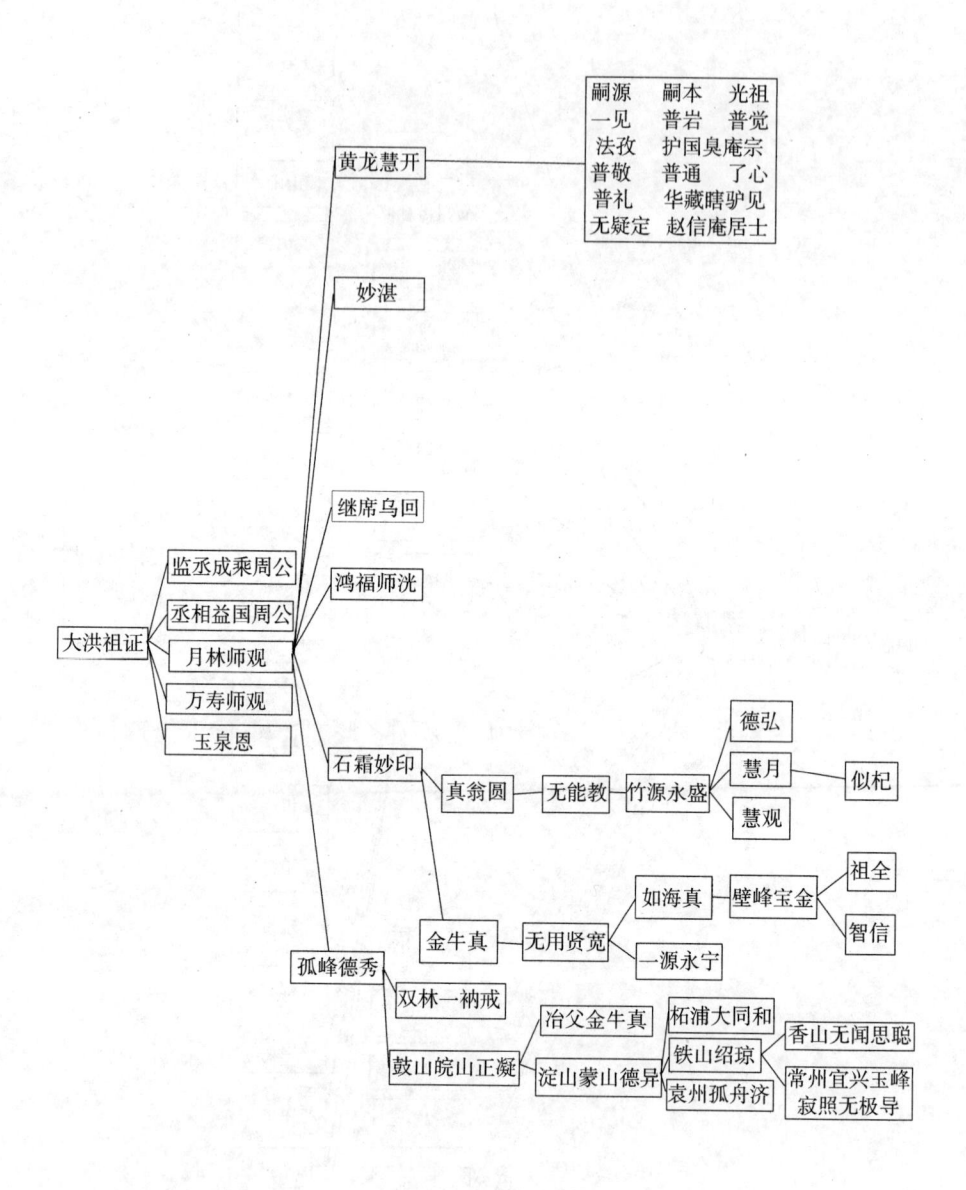

```
                                          ┌─ 嗣源   嗣本   光祖
                                          │  一见   普岩   普觉
                        ┌─ 黄龙慧开 ──────┤  法孜   护国臭庵宗
                        │                 │  普敬   普通   了心
                        │                 │  普礼   华藏瞎驴见
                        │                 └─ 无疑定 赵信庵居士
                        │
                        ├─ 妙湛
                        │
                        ├─ 继席乌回
          ┌─ 监丞成乘周公
          ├─ 丞相益国周公
          ├─ 月林师观 ──┼─ 鸿福师洸
大洪祖证 ─┤
          ├─ 万寿师观
          ├─ 玉泉恩
                        │                                        ┌─ 德弘
                        │                                        │
                        ├─ 石霜妙印 ─ 真翁圆 ─ 无能教 ─ 竹源永盛 ┼─ 慧月 ─ 似杞
                        │                                        │
                        │                                        └─ 慧观
                        │
                        │                        ┌─ 如海真                 ┌─ 祖全
                        │                        │        ┌─ 壁峰宝金 ────┤
                        └─ 孤峰德秀 ─ 金牛真 ─ 无用贤宽           │        └─ 智信
                                     │          └─ 一源永宁
                                     ├─ 双林一衲戒
                                     │                  ┌─ 冶父金牛真 ─ 柘浦大同和
                                     │                  │               ├─ 铁山绍琼 ─ 香山无闻思聪
                                     └─ 鼓山皖山正凝 ──┤                │             └─ 常州宜兴玉峰
                                                        │                │                寂照无极导
                                                        └─ 淀山蒙山德异 ─┴─ 袁州孤舟济
```

杨岐宗史传承图

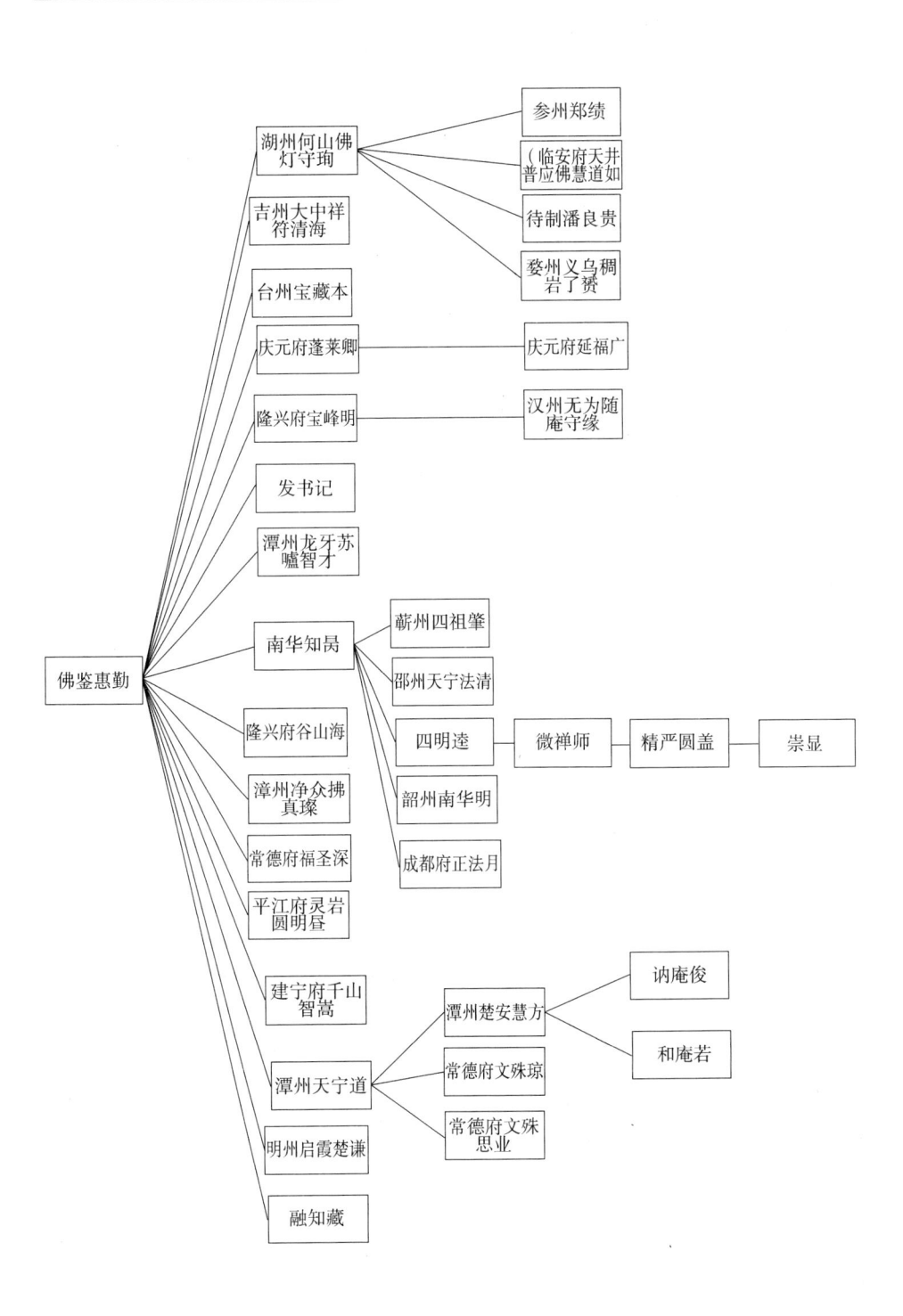

```
佛鉴惠勤 ┬─ 湖州何山佛灯守珣 ┬─ 参州郑绩
         │                    ├─ （临安府天井普应佛慧道如
         │                    ├─ 待制潘良贵
         │                    └─ 婺州义乌稠岩了赟
         ├─ 吉州大中祥符清海
         ├─ 台州宝藏本
         ├─ 庆元府蓬莱卿 ─── 庆元府延福广
         ├─ 隆兴府宝峰明 ─── 汉州无为随庵守缘
         ├─ 发书记
         ├─ 潭州龙牙苏嚧智才
         ├─ 南华知昺 ┬─ 蕲州四祖肇
         │           ├─ 邵州天宁法清
         │           ├─ 四明逵 ─ 微禅师 ─ 精严圆盖 ─ 崇显
         │           ├─ 韶州南华明
         │           └─ 成都府正法月
         ├─ 隆兴府谷山海
         ├─ 漳州净众拂真璨
         ├─ 常德府福圣深
         ├─ 平江府灵岩圆明昙
         ├─ 建宁府千山智嵩
         ├─ 潭州天宁道 ┬─ 潭州楚安慧方 ┬─ 讷庵俊
         │             │                └─ 和庵若
         │             ├─ 常德府文殊琼
         │             └─ 常德府文殊思业
         ├─ 明州启霞楚谦
         └─ 融知藏
```

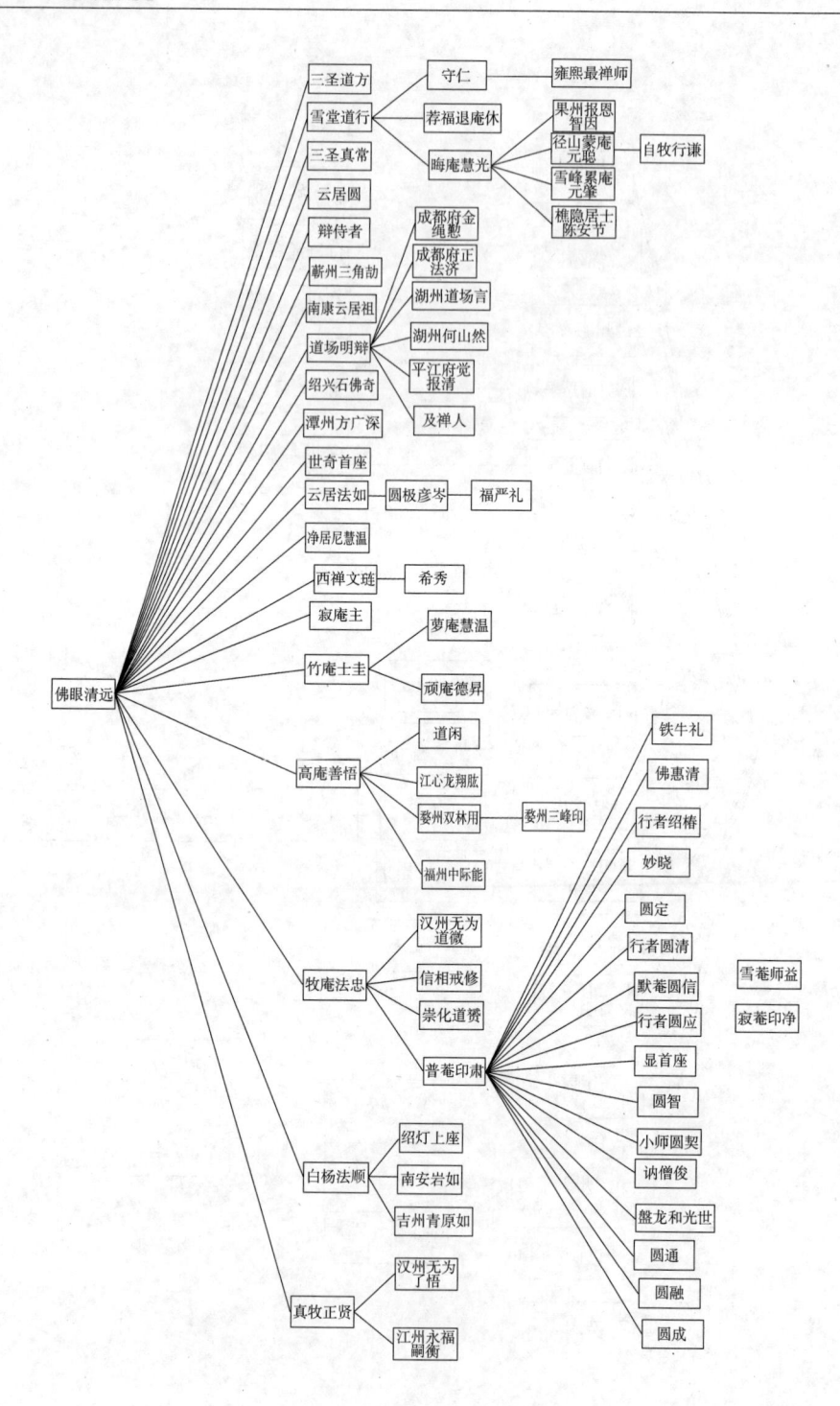

杨岐派史

```
佛眼清远
├── 三圣道方
├── 雪堂道行 ─┬─ 守仁 ── 雍熙最禅师
│            ├─ 荐福退庵休
│            └─ 晦庵慧光 ─┬─ 果州报恩智因
│                          ├─ 径山蒙庵元聪 ── 自牧行谦
│                          ├─ 雪峰累庵元肇
│                          └─ 樵隐居士陈安节
├── 三圣真常
├── 云居圆
├── 辩侍者
├── 蕲州三角劼
├── 南康云居祖
├── 道场明辩 ─┬─ 成都府金绳勋
│            ├─ 成都府正法济
│            ├─ 湖州道场言
│            ├─ 湖州何山然
│            ├─ 平江府觉报清
│            └─ 及禅人
├── 绍兴石佛奇
├── 潭州方广深
├── 世奇首座
├── 云居法如 ── 圆极彦岑 ── 福严礼
├── 净居尼慧温
├── 西禅文琏 ── 希秀
├── 寂庵主
├── 竹庵士圭 ─┬─ 萝庵慧温
│            └─ 顽庵德昇
├── 高庵善悟 ─┬─ 道闲
│            ├─ 江心龙翔肱
│            ├─ 婺州双林用 ── 婺州三峰印
│            └─ 福州中际能
├── 牧庵法忠 ─┬─ 汉州无为道微
│            ├─ 信相戒修
│            ├─ 崇化道赟
│            └─ 普菴印肃 ─┬─ 铁牛礼
│                          ├─ 佛惠清
│                          ├─ 行者绍椿
│                          ├─ 妙晓
│                          ├─ 圆定
│                          ├─ 行者圆清
│                          ├─ 默菴圆信 ── 雪菴师益
│                          ├─ 行者圆应 ── 寂菴印净
│                          ├─ 显首座
│                          ├─ 圆智
│                          ├─ 小师圆契
│                          ├─ 讷僧俊
│                          ├─ 盘龙和光世
│                          ├─ 圆通
│                          ├─ 圆融
│                          └─ 圆成
├── 白杨法顺 ─┬─ 绍灯上座
│            ├─ 南安岩如
│            └─ 吉州青原如
└── 真牧正贤 ─┬─ 汉州无为了悟
              └─ 江州永福嗣衡
```

杨岐宗史传承图　787

祖麟道者、清凉珠禅师、花药继明禅师、大云颖禅师、昭觉子文禅师、龙王自隐禅师、岳麓梵禅师、南华因禅师、超宗道人、大沩惠仰禅师、洛浦相禅师、径山祖庆禅师、伊山冲密禅师、祥符如本禅师、象田德禅师、象田信禅师、龙牙信禅师、岳侍者、光孝林禅师、云卧晓莹禅师、九鼎法生禅师、黄义昌编修、郑昂居士、径山有才禅师、大悲间禅师、雪峰慧然禅师、华严觉印禅师、福严了贤禅师、庆冲禅师、报恩崇海禅师、光孝祖彦禅师、荐福妙照禅师、博山能禅师、石门仁禅师、龙翔宗常禅师、蒋山恩禅师、蒋山等诠禅师、光孝圆禅师、黑水昊振禅师、秀峰南禅师、法济僧鹗禅师、报恩行禅师、舟峰法老禅师、荐福普仁禅师、水陆野庵和尚、大沩如晦禅师、玉泉道成禅师、明招观禅师、昭觉祖明禅师、兴王如沼禅师、从庆庆禅师、法宏首座、石泉禅师、光孝立禅师、明昭徽禅师、大明广容禅师、昭觉祖明禅师、正法秀禅师、仰山圆祥师、正焕首座、关西尼真如、教忠弥弥禅师、开善道谦禅师、育王德光禅师、华藏宗演禅师、天童净全禅师、大沩法宝禅师、玉泉昙懿禅师、育王遵璞禅师、能仁祖元禅师、灵岩了性禅师、蒋山善直禅师、万寿自护禅师、大沩景晕禅师、灵隐了演禅师、光孝致远禅师、雪峰蕴闻禅师、连云道能禅师、灵隐道印禅师、竺原宗元庵主、近礼侍者、净居尼妙道禅师、资寿尼妙总禅师

大慧宗杲
├─ 荐福悟本 ─ 法灯首座 ─ 晦翁悟明
├─ 懒庵鼎需
│　├─ 龙翔南雅
│　├─ 木庵安永
│　│　├─ 圣因芥堂璁
│　│　├─ 圆通宗照
│　│　├─ 泉山太初
│　│　└─ 一庵法坚
│　├─ 天王志清
│　└─ 剑门安分
├─ 蒙庵思岳
│　├─ 鼓山宗逮
│　├─ 径山德潜
│　└─ 白云师沼
├─ 西禅守净
│　├─ 乾元宗颖
│　│　├─ 桧堂祖鉴
│　│　└─ 白云讷庵仁 ─ 绝照鉴
│　└─ 中际才
└─ 万庵道颜
 　├─ 芥庵清皎
 　├─ 南康军栖贤辩
 　├─ 圣麟庵开
 　├─ 积善道昌
 　├─ 报恩法演
 　└─ 逊庵祖珠

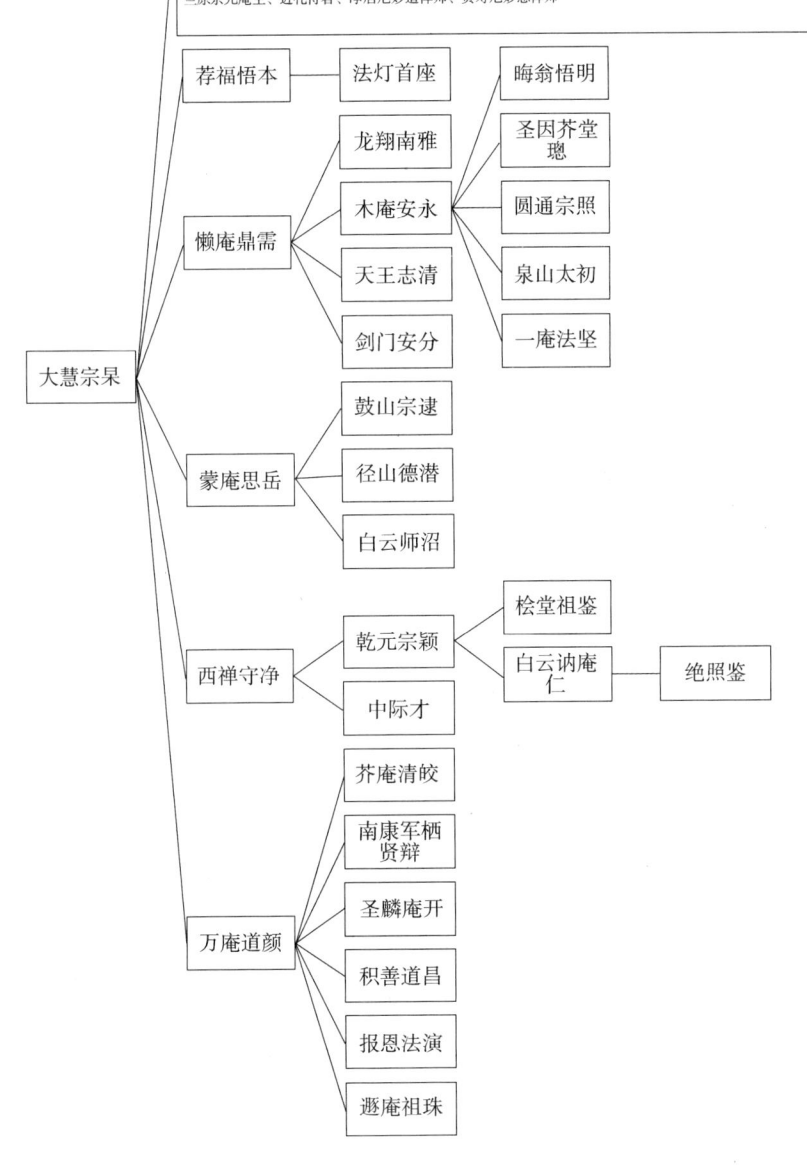

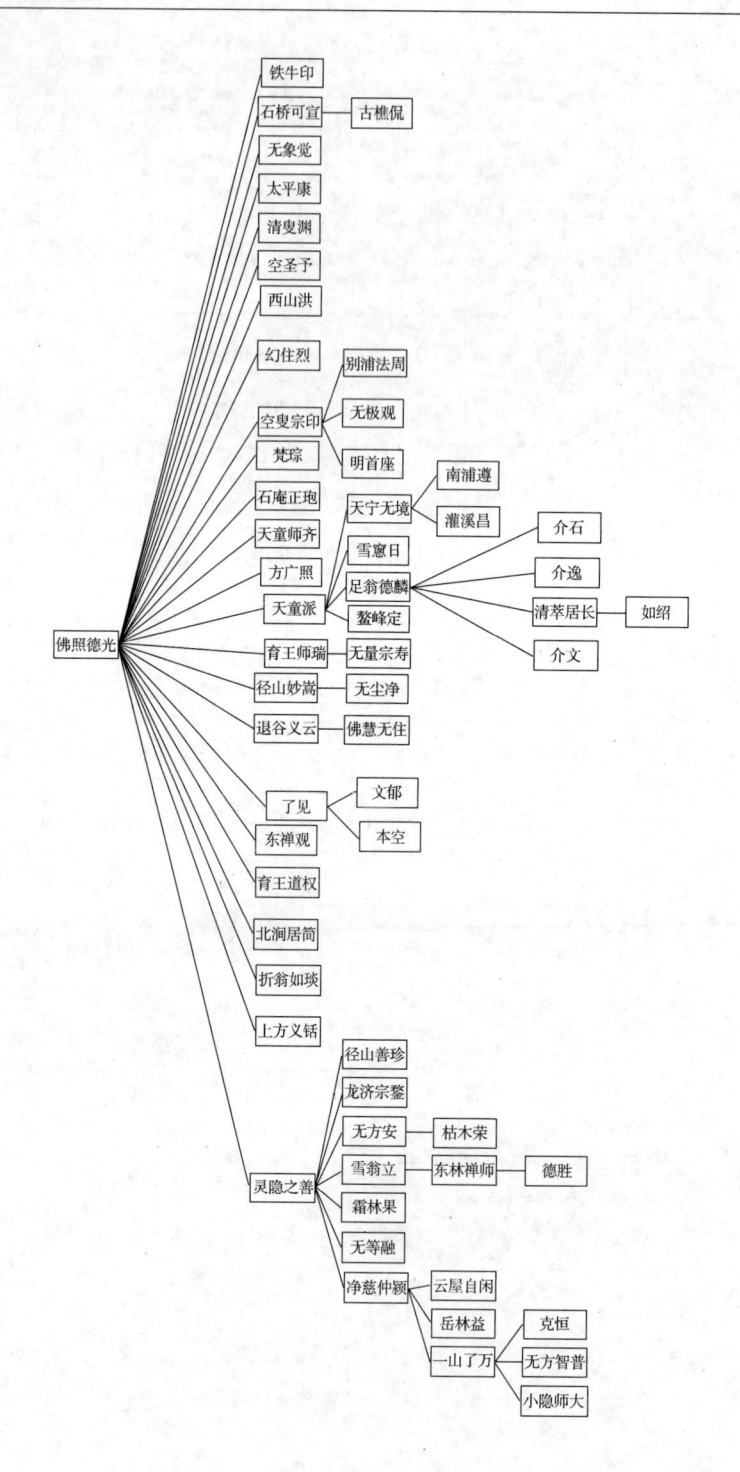

佛照德光
┣ 铁牛印
┣ 石桥可宣 ─ 古樵侃
┣ 无象觉
┣ 太平康
┣ 清叟渊
┣ 空圣予
┣ 西山洪
┣ 幻住烈
┣ 空叟宗印 ─ 别浦法周
┣ 梵琮 ─ 无极观
┣ 石庵正玿 ─ 明首座
┣ 天童师齐
┣ 方广照　　　┏ 南浦遵
┣ 天童派 ─ 天宁无境 ┫
┃　　　　　　┗ 灌溪昌
┃　　　　 雪窗日　　　┏ 介石
┃　　　　 足翁德麟 ─┫ 介逸
┃　　　　 鳌峰定　　　┣ 清萃居长 ─ 如绍
┃　　　　　　　　　　┗ 介文
┣ 育王师瑞 ─ 无量宗寿
┣ 径山妙嵩 ─ 无尘净
┣ 退谷义云 ─ 佛慧无住
┣ 了见 ┬ 文郁
┃　　 └ 本空
┣ 东禅观
┣ 育王道权
┣ 北涧居简
┣ 折翁如琰
┣ 上方义铦
┗ 灵隐之善
　┣ 径山善珍
　┣ 龙济宗鉴
　┣ 无方安 ─ 枯木荣
　┣ 雪翁立 ─ 东林禅师 ─ 德胜
　┣ 霜林果
　┣ 无等融
　┗ 净慈仲颖
　　┣ 云屋自闲
　　┣ 岳林益
　　┗ 一山了万 ┬ 克恒
　　　　　　　┣ 无方智普
　　　　　　　└ 小隐师大

杨岐宗史传承图

```
                    ┌─ 梦窗嗣清
                    ├─ 辨山仟
                    ├─ 龙溪闻
                    ├─ 芝岩慧洪          ┌─ 云峰妙高
                    ├─ 虎丘枯桩          ├─ 铁镜至明
                    ├─ 偃溪广闻 ────────┼─ 南山寿
                    │                    ├─ 毒果因
                    ├─ 东山道源          ├─ 平楚耸
                    │                    └─ 止泓鉴
                    │                                    ┌─ 希白
                    │                    ┌─ 祖阇 ───────┼─ 希清
 浙翁如琰 ──────────┤                    │              ├─ 古智庆喆
                    │                    │              └─ 无外宗廓
                    ├─ 介石智朋 ────────┼─ 濆首座
                    │                    ├─ 竹林慧
                    │                    └─ 兴化贤
                    ├─ 困叟源
                    ├─ 承天琎
                    │                    ┌─ 东叟元恺
                    │                    ├─ 石门来
                    ├─ 大川普济 ────────┼─ 野翁同
                    │                    └─ 权长老
                    ├─ 法藏闻
                    ├─ 草堂隆
                    └─ 淮海原肇 ────────┬─ 法思
                                         └─ 孤岩启
```

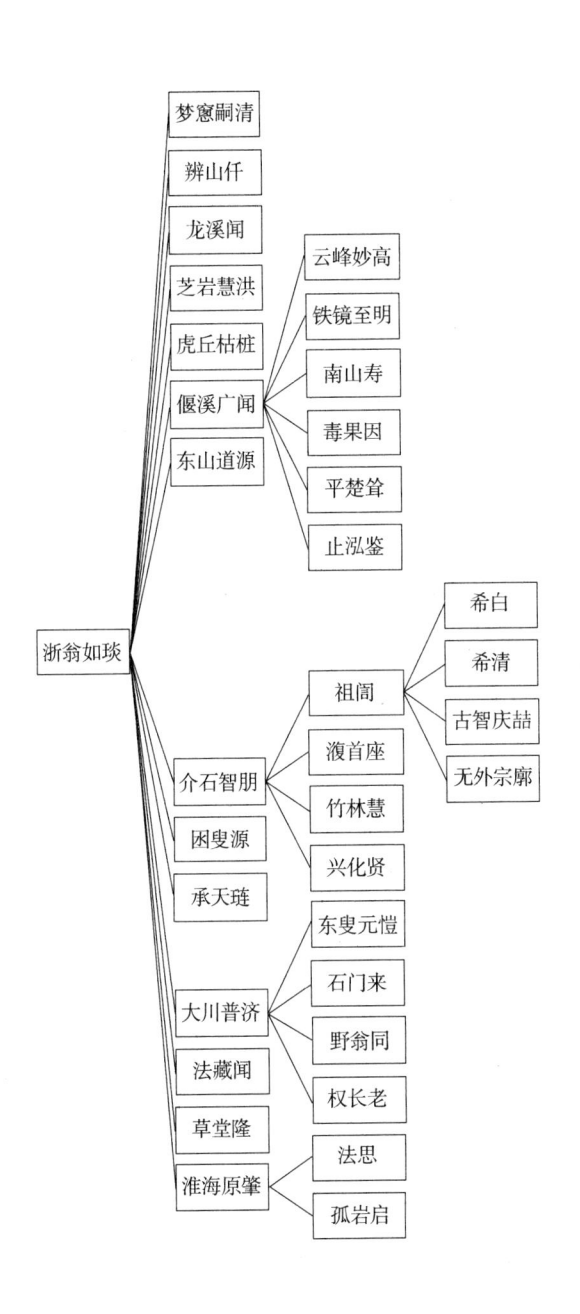

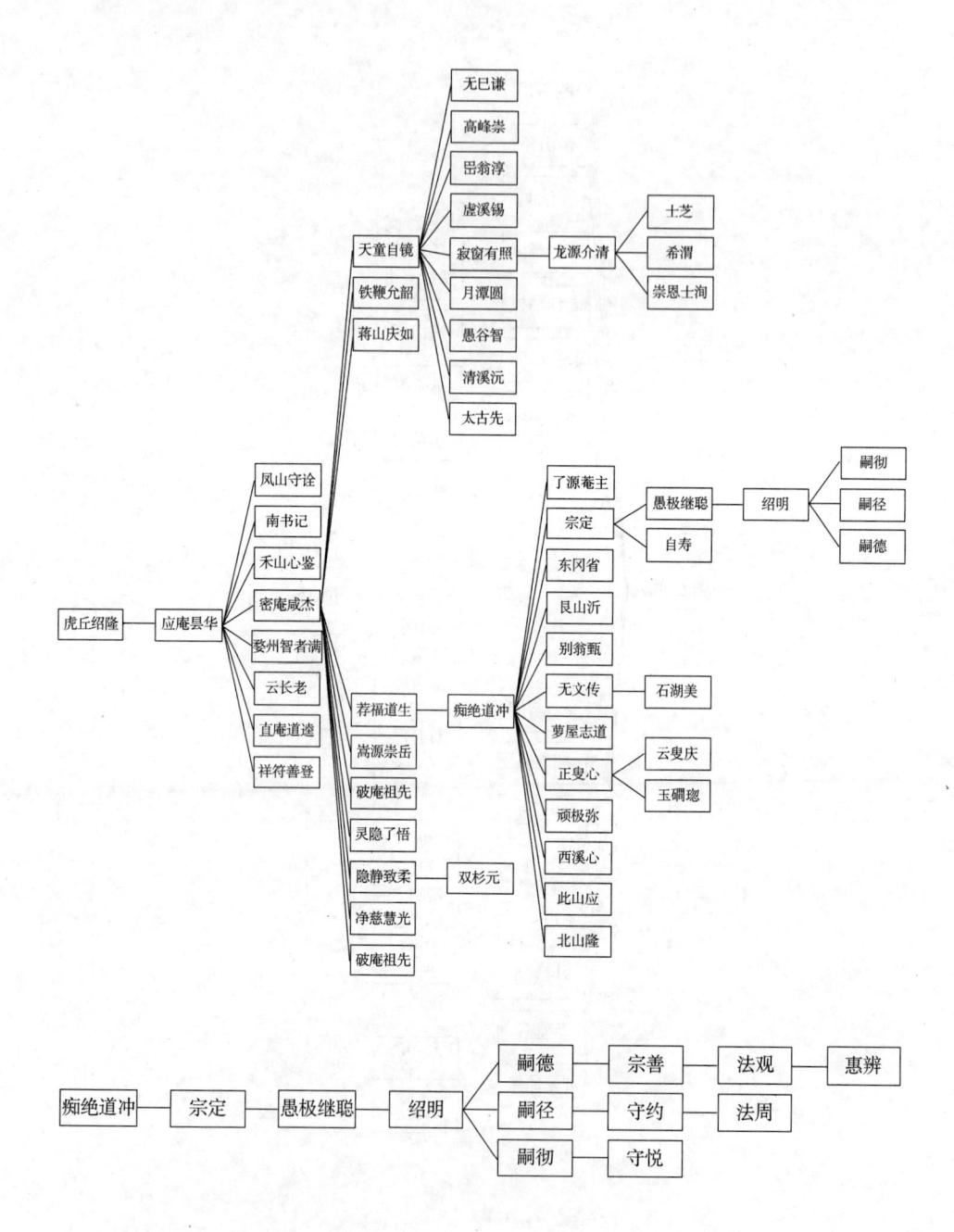

杨岐派史

```
虎丘绍隆 → 应庵昙华 → 凤山守诠
                    南书记
                    禾山心鉴
                    密庵咸杰
                    婺州智者满
                    云长老
                    直庵道遄
                    祥符善登
                    天童自镜 → 无巳谦
                              高峰崇
                              岊翁淳
                              虚溪锡
                              寂窗有照 → 龙源介清 → 士芝
                                                    希渭
                                                    崇恩士洵
                              月潭圆
                              愚谷智
                              清溪沅
                              太古先
                    铁鞭允韶
                    蒋山庆如
                    荐福道生
                    嵩源崇岳
                    破庵祖先
                    灵隐了悟
                    隐静致柔 → 双杉元
                    净慈慧光
                    破庵祖先
                    痴绝道冲 → 了源菴主
                              宗定 → 愚极继聪 → 绍明 → 嗣彻
                                                      嗣径
                                                      嗣德
                              自寿
                              东冈省
                              艮山沂
                              别翁甄
                              无文传 → 石湖美
                              萝屋志道
                              正叟心 → 云叟庆
                                      玉磵璁
                              顽极弥
                              西溪心
                              此山应
                              北山隆
```

```
痴绝道冲 → 宗定 → 愚极继聪 → 绍明 → 嗣德 → 宗善 → 法观 → 惠辨
                                  嗣径 → 守约 → 法周
                                  嗣彻 → 守悦
```

杨岐宗史传承图

```
                                           ┌─ 一岩唯
                                           ├─ 虚室满
                                           ├─ 南坡岳
                                           ├─ 梅岩默
                          ┌─ 金山善开       ├─ 虎岩净伏
                          ├─ 无得觉通       ├─ 德岩佑
                          ├─ 大纯惠足  ┌虚州普度─┼─ 楚山端
                          ├─ 无相范    │        ├─ 玉山德珍
                          ├─ 诺庵肇    │        ├─ 竺西妙坦
                          ├─ 云巢道岩──┤        └─ 庸叟时中
                          │           ├─ 万寿讷堂辩
               松源崇岳 ──┤           └─ 清溪义
                          ├─ 北海悟心
                          ├─ 蕨藜县
                          ├─ 谷源至道
                          ├─ 大歇仲谦 ── 觉庵梦真
                          ├─ 天目文礼
                          ├─ 瑞岩光睦
                          ├─ 龙翔希璇
                          └─ 运庵普岩 ┬─ 虚堂智愚
                                     └─ 石溪心月
```

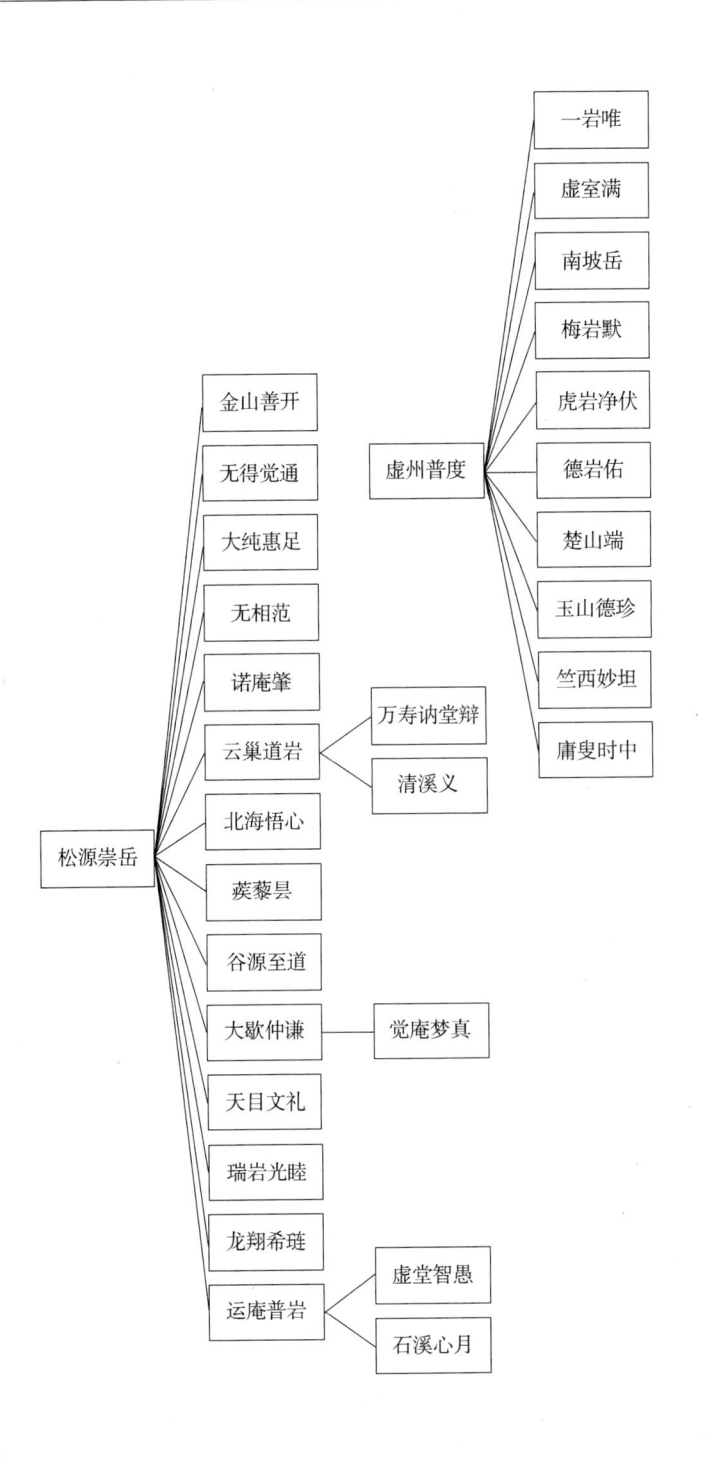

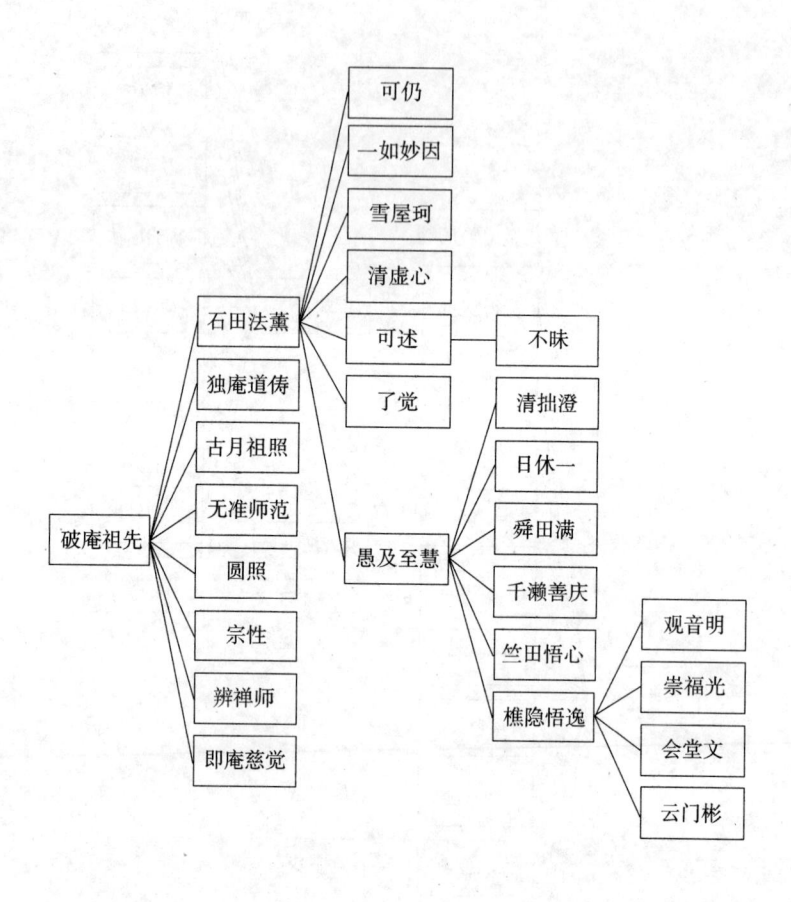

```
                           ┌─ 可仍
                           ├─ 一如妙因
                           ├─ 雪屋珂
                           ├─ 清虚心
              ┌─ 石田法薰 ──┼─ 可述 ── 不昧
              │            └─ 了觉
              ├─ 独庵道侪
              │                      ┌─ 清拙澄
              ├─ 古月祖照              ├─ 日休一
              │                      ├─ 舜田满                 ┌─ 观音明
破庵祖先 ──────┼─ 无准师范 ── 愚及至慧 ─┼─ 千濑善庆              ├─ 崇福光
              │                      ├─ 竺田悟心   樵隐悟逸 ──┤
              ├─ 圆照                  └─ 樵隐悟逸              ├─ 会堂文
              │                                               └─ 云门彬
              ├─ 宗性
              │
              ├─ 辨禅师
              │
              └─ 即庵慈觉
```

杨岐宗史传承图

```
                        ┌─ 正门
                        ├─ 竹山如圭
                        ├─ 正云
                        ├─ 正见
                        ├─ 观音观
                        ├─ 净惠教
        ┌─ 雪岩祖钦      ├─ 精严昂
        ├─ 西岩了慧      ├─ 慈恩泾
        ├─ 剑关益        ├─ 连云枢
        ├─ 别翁祖智      ├─ 支提宏
        ├─ 顽石玉        ├─ 治平璧
        ├─ 石梁忠        ├─ 真如靖
        ├─ 断桥妙伦      ├─ 雪山梵
        ├─ 兀庵宁        ├─ 崇德圆
        ├─ 方岩垠        ├─ 雪山泽
        ├─ 无文璨        ├─ 别翁传                ┌─ 无禅海
        ├─ 指南宜        ├─ 竹屋简 ──────────────┤
        ├─ 简翁敬        ├─ 绝象鉴                └─ 如翁申
        ├─ 灵叟源        ├─ 雪山法昙
无准师范─┤ 石室辉        ├─ 雪矶纲
        ├─ 绝岸可湘      ├─ 啸云庄
        ├─ 希叟绍昙      ├─ 永宗达本
        ├─ 月坡明        ├─ 藏室会珍   ┌─ 无见先睹 ─ 白云智度 ─ 古拙俊 ┬─ 性天如晈
        │                ├─ 古田厘    ─┤                               └─ 无际了悟
        │                ├─ 方山文宝 ──┼─ 镜堂古 ── 则中度
        │                │              ├─ 秋江元湛 ── 雪崖端
        │                │              └─ 一源灵
        │                ├─ 南峰吉
        ├─ 环溪惟一      ├─ 破衲修
        ├─ 东山日        └─ 雪镜明
        ├─ 天童明
        ├─ 雪峰一
        ├─ 东林直
        ├─ 无学元
        ├─ 松麓然
        └─ 牧溪常
```

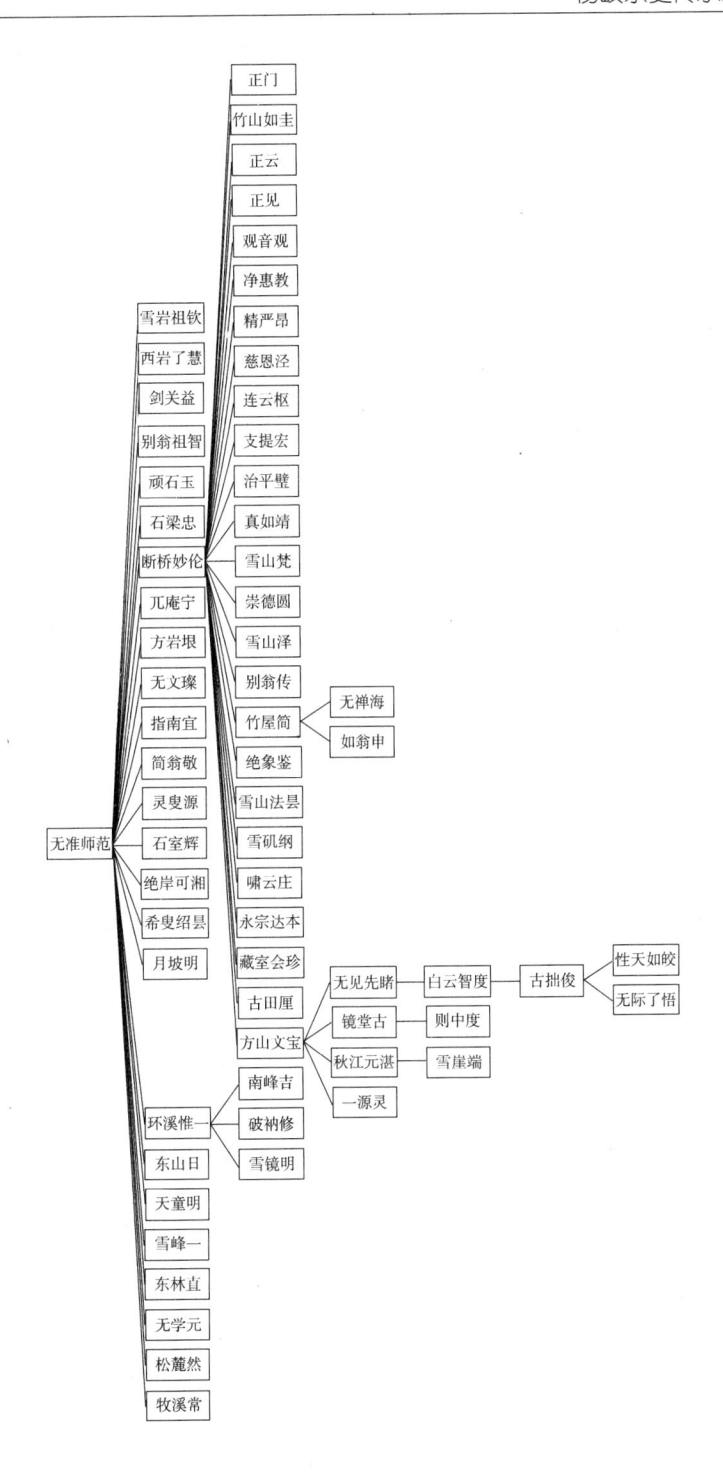

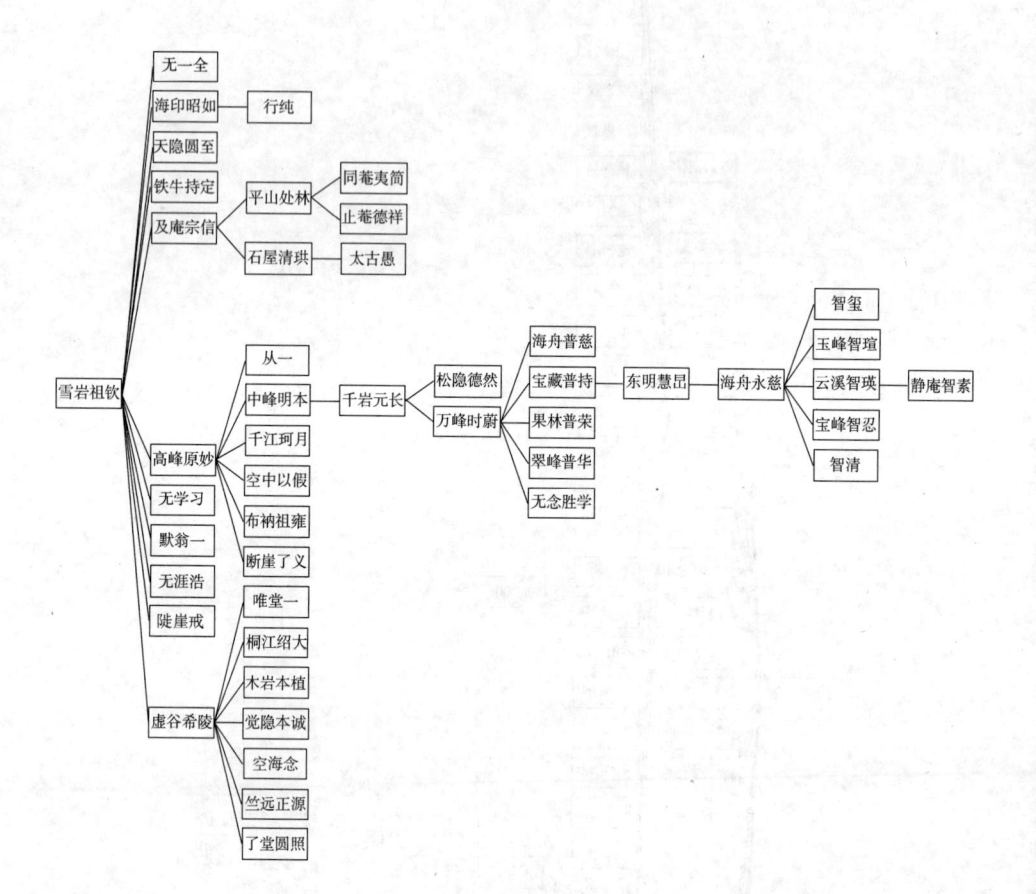

杨岐派史

```
雪岩祖钦 ─┬─ 无一全
         ├─ 海印昭如 ── 行纯
         ├─ 天隐圆至
         ├─ 铁牛持定
         ├─ 及庵宗信 ─┬─ 平山处林 ─┬─ 同菴夷简
         │           │            └─ 止菴德祥
         │           └─ 石屋清珙 ── 太古愚
         ├─ 高峰原妙 ─┬─ 从一
         │           ├─ 中峰明本 ── 千岩元长 ─┬─ 松隐德然
         │           │                       └─ 万峰时蔚 ─┬─ 海舟普慈
         │           ├─ 千江珂月                          ├─ 宝藏普持 ── 东明慧昍 ── 海舟永慈 ─┬─ 智玺
         │           ├─ 空中以假                          ├─ 果林普荣                          ├─ 玉峰智瑄
         │           ├─ 布衲祖雍                          ├─ 翠峰普华                          ├─ 云溪智瑛 ── 静庵智素
         │           ├─ 断崖了义                          └─ 无念胜学                          ├─ 宝峰智忍
         │           └─ 唯堂一                                                                 └─ 智清
         ├─ 无学习
         ├─ 默翁一
         ├─ 无涯浩
         ├─ 陡崖戒
         └─ 虚谷希陵 ─┬─ 桐江绍大
                     ├─ 木岩本植
                     ├─ 觉隐本诚
                     ├─ 空海念
                     ├─ 竺远正源
                     └─ 了堂圆照
```

后　记

作为一个长期专业从事禅宗研究的学者，我对杨岐派的关注当然由来已久。前年参加了一个杨岐派的学术会议，不仅参礼了慕名已久的杨岐寺，还结识了当山道源法师，给我留下了深刻的印象，更增加了进一步研究杨岐派的信心和愿望。

去年四月，道源法师和县委肖妮娜书记、杨岐景区王均洪书记等领导一起到京，与我商谈研究计划，双方意见一致，五月份便达成正式协议。然而由于技术性原因和程序问题，直到八月份，协议才真正落实。

去年七月份，我到福建参加第五届世界佛教论坛预备会，见到了广东佛协会长、光孝寺住持明生法师，法师说是光孝寺开放三十周年，要进行一系列的庆祝活动，其中需要有一部有关光孝寺历史与文化的著作，希望由我来承担这一重任。当时我心理确实矛盾，主要是杨岐一书协议尚未落实，而光孝寺这边也是时间很紧，年底就要开会。然而经不住法师再三要求，我只好答应了。过去曾经多次与光孝寺合作，他们办事效率很高，协议很快便落实了。

让我尴尬的是，光孝寺这边刚落实不到一个星期，杨岐这边也到位了。没有办法，光孝寺这边可谓时间更急，虽然提议在后，然而落实在先，我只好先顾这边了。

没有办法，那边一结束，我就立即投入本书的写作之中。杨岐派问题之复杂、头绪之繁多，都是前所未有的挑战。虽然我以前有不少论文，但是没有办法直接用，都得大改或重写。我的原则是先把能够写完的支派如此前学界关注不多的道宁、惠勤、清远一系等写完，佛果克勤是主流，只能写一部分，其他照此类推，如大慧门人太多，只能写几个最重要的人物。

每天都面临巨大的压力，我必须把前面延误的时间补回来，只能拚命工作。每天四五点起床成为新常态，甚至更早。上千个禅师、数百相关居士、士大夫，无数个寺院，一千多年的历史跨度，如今回顾起来，我都不知道是如何把他们写出来的。

一月初完成初稿，二月底完成定稿，三月份再修改补充，每一步都很艰难，每一步都有成就感。

我总是想把所有重要的人物都写进去，更不想漏掉一个重要支派，然而如果这么写下去，时间和篇幅都不允许，没有办法，只能忍痛割爱。我最遗憾的是，天目齐到海云印简一系北方临济宗和元叟行端一系，都很重要，而且都在计划之中，然而最后不得不搁置，只好在《大事记》中列出相关重要事件以为补充。

本书以杨岐派历史为主线，对于禅法说得不够详细，还有很多重要人物没写，这些都留待日后专门写宋元明清临济宗时弥补了。

从去年八月到现在，在连续七个月的时间里，我完成了两部著作，出版字数可能多达上百万字，这种劳动强度是我前所未有的，最后感觉精疲力竭，甚至写个后记都很吃力。

本书引用了作者以前的论文和著作，特别是第十九章第三节，引用了《广东佛教与海上丝绸之路》相关部分，特此说明。

书中肯定有不少细节问题需要推敲，不过我只能做到这个程度了。希望学界前辈同行和读者多加指教。

本书责任编辑冯春凤老师性格温和，态度认真，为本书做出了很大贡献，特此致谢。我的学生张敬川帮我做了参考文献，刘田田做了传承图，他们还承担了部分文献的初步标点、校对等很多具体工作，对于本书有很大贡献。丁先锋、张与弛、张新亚对本书校对也有贡献。

感谢上栗县委肖妮娜书记的关心和成就，感谢王均洪书记、陈训华副主任的运作和联络，感谢道源法师的指导，感谢我的家人的支持。

徐文明

2018 年 4 月 8 日